민중·민주·민족을 향한 여정
— 목민 고영근 사료집 IV(1980-1987년)

민중·민주·민족을 향한 여정
— 목민 고영근 목사 사료집 IV(1980-1987년)

2021년 8월 27일 처음 펴냄

엮어쏨 | 고성휘
펴낸이 | 김영호
펴낸곳 | 도서출판 동연
등 록 | 제1-1383호(1992. 6. 12)
주 소 | 서울시 마포구 월드컵로 163-3
전 화 | (02)335-2630
전 송 | (02)335-2640
이메일 | h-4321@daum.net
블로그 | https://blog.naver.com/dong-yeon-press

ISBN 978-89-6447-555-3 03300

이 저서는 2020년 대한민국 교육부와 한국연구재단의 인문사회분야 학문후속세대(박사후국내
연수)지원사업의 지원을 받아 수행된 연구임. (NRF-과제번호: NRF-2020S1A5B5A01046795)

민중·민주·민족을 향한

여정

목민 고영근 사료집 IV (1980-1987년)

고
성
휘

엮
어
씀

동연

추 천 의 글

목민(牧民) 고영근(1933~2009) 목사의 방대한 유고(遺稿)를 정리하여 발간한 이 사료집을 크게 환영합니다. 이번에 네 번째로 발간된 고영근 사료집은 1980년부터 1987년까지 제5공화국 시기에 그가 걸어간 생애 발자취를 자세히 말해주고 있습니다. 당시의 살벌한 군사독재 시대에 예언자의 삶을 살아낸 고영근은 구약성경의 예언자 예레미야를 떠오르게 합니다.

고영근의 목회 발자취를 돌이켜보면, 1958년 전북 임실군 갈담리 강진교회에서 시작된 그의 목회는 약 15년 동안 교회 부흥을 위한 교역자 부흥과 목회자료 전시(교회주보 등)에 매진했습니다. 1965년에 시작된 '민족복음화' 운동에 동참한 그는 전국 여러 교회를 순회하면서 부흥회를 인도했습니다. 산업화 시대의 한국 개신교가 경제성장에 발맞추어 교회 성장으로 도약하던 1974년에 그는 "'77민족복음화 대성회" 준비위원회의 총무를 맡았습니다.

그러나 일 년 뒤(1975), 그의 목회 방향에 대전환이 일어났습니다. 그는 부흥사협회에서 탈퇴했고, '목민목회'를 시작했습니다. 산업화 과정에서 양산된 민중(농민, 노동자, 도시빈민)이 사회의 약자이자 소외자로서 고통과 고난의 구렁텅이로 내몰린 현실에 눈이 열렸기 때문입니다. 그는 민중 속으로 들어가는 목민목회를 시작했습니다. 이제부터 그는 "입체적인 복음화운동"에 착수했습니다. 개인 구원을 포함하여 정치, 경제(공정한 분배), 사회, 그리고 문화 등 제반 영역에서 마치 누룩처럼 복음이 확산되는 운동이었습니다. 이 운동이 당시의 유신체제와 충돌하게 되어서, 고영근은 긴급조치 9호로 구속되었습니다.

이 사료집의 시작 시기인 1980년에, 고영근은 '한국목민선교회'를 창립했습니다. 그리고 나라를 위한 기도회를 시작했습니다. 1982년 광주민주화운동 2주기 추모예배에서 설교한 그는 7일 동안 구류되어 엄중한 조사를 받았습니다. 이때부터 1987년까지 그는 군사독재 시기 내내 수시로 연행, 심문, 구류되는 고난을 당하였습니다. 그 시기의 한국 사회와 교회의 전모(全貌)를 이 사료집이 상세히 말해 줄 것입니다.

1960년대 중반 이후 산업화 시대의 정신은 '성장'이었습니다. 경제성장이 중심이었습니다. 국민 모두의 가슴에 "우리도 한번 잘 살아보세!"가 아로새겨졌습니다. 절대 빈곤에서 벗어나려는 몸부림이 시작되었습니다. 개신교 교인들의 가슴에도 예외 없이 그 성장이 새겨졌습니다.

그래서 교회는 경제성장의 물결을 타고 성장을 지향하고 추구했습니다. 교회 성장은 교인 수가 늘어나고 헌금이 증가하는 것으로 대변되었습니다. 예배당 건물 짓고 교회의 규모가 확대되었습니다. 그러자 세계 여러 대륙의 교회들이 한국교회를 경이롭게 바라보았습니다. 기독교 2천 년 역사 속에서 이렇게 짧은 기간에 그 유례를 찾아볼 수 없는 교회 성장을 한국교회가 일구었기 때문입니다. 이런 식의 물량적 성장에 몰입하던 한국교회는 복음의 정신인 생명, 정의, 평화의 가치에 상대적으로 소홀했습니다. 이러한 현실에 맞선 고영근은 땅에 임하는 하나님 나라의 복음을 증언하고 선포했습니다.

이 사료집은 고영근의 따님 고성휘 박사의 노작(勞作)입니다. 아버지의 유고인 편지글, 성명서, 회고록, 설교, 저서, 회의록, 추모사, 건의안, 격려사, 진정서, 경위서, 호소문, 사진 등 다양하고도 엄청난 분량의 원고를 하나하나 낱낱이 읽고 정리해 냈습니다. 오로지 아버지에 대한 존경과 사랑이 이 방대한 작업을 해냈습니다. 감사드리며 축하합니다!

이 사료집을 통해 고영근 목사가 부활했다고 봅니다. 사료를 통해 그가 다시 입을 열기 시작합니다. 카랑카랑한 그의 목소리는 그동안 목회자들이 잃어버린 예언자 정신을 소생시킬 것입니다. 기대합니다.

2021년 8월 5일
장로회신학대학교 명예교수, 교회사 임희국

사료집을 펴내며

목사 고영근의 사료는 참으로 방대하다. 방 세 칸에 자리 잡은 연구실에 그의 사료는 목록조차 정리하기 어려울 만큼 빼곡했다. 사료집의 체계를 만들기 위해 오랫동안 고민했는데 문서 자체 종류나 성격, 크기가 다를 뿐 아니라 물품이나 녹음자료도 상당했고 다양한 형태로 남아 있는 봉투 및 엽서, 통장, 영수증 등은 이를 어떤 체계로 정리해야 할지 가늠하기 어려웠기 때문이다. 그래서 주제별로 또 시대별로도 묶는 등 모음과 해체를 반복하다가 결국 이들을 시대별로 묶을 수밖에 없었다. 그의 다양한 사료들은 시대를 떠나서는 그 가치와 본질을 잃을 것이라는 생각 때문이다. 그가 어떤 시점에서 왜 그런 설교를 했는가, 왜 그런 성명서를 냈는가는 순전히 시대의 요청이 있었기 때문이다. 그는 시대의 요청, 즉 하나님이 명하신 복음의 사명에 순종했을 뿐이다. 그래서 그를 시대의 예언자요 선지자라고 부르게 되었으리라.

그의 자료에 대한 애정은 대단했다. 그에게는 한 편 서간문에 보내진 응원의 힘이 그의 힘든 삶의 과정에서도 다시 일어설 수 있는 커다란 용기의 핵심이었던 것 같다. 그는 겉으로 보았을 때는 독재를 향한 성난 사자의 모습이었으나 개인적으로 돌아왔을 때는 세심하기 이를 데 없는 모습이었다. 누가 알 수 있을까. 그의 섬세한 삶의 조각들을. 그의 세심함은 서간문을 대하는 태도에서 보면 알 수 있다. 한 장의 서간문에도 답장을 했는지 답장과 함께 어떤 책을 보냈는지 모두 기록했다. 서간문뿐 아니라 수첩에도 꼼꼼하게 기록하는 습관, 다른 분들의 강연에도 녹음 버튼을 누르는 습관, 성명서와 공문 등을 모아서 철끈으로 묶어 놓은 습관들이 사료집의 기초가 되었다.

또 그 바쁜 80년대 순간에도 그는 양심수들을 꼼꼼히 챙겼다. 건강 상태는 어떤지 직접 찾아가 살펴보고 사식을 넣어주고 속옷을 넣어주었다. 그리곤 서둘러 전국 집회에 나섰다. 자세히 살펴보지 않으면 아무도 알 수 없으나 가장 실질적인 돌봄의 방법을 택했다. 그의 접근방식은 내 발이 직접 가고 내 손이 직접 가서 일일이 확인하고 돕는 길이었다. 오랜 구류생활을 마치고도 자신의 건강은 아랑곳하지 않고 교도소로, 구치소로 뛰어갔고 분신한 열사들의 병실을 뛰어갔다. 누군가를 향한 발걸음의 시간 총량, 누군가를 위해 사식을 넣어주며 건강을 체크하는 마음의 총량을 말로만 전하는 사랑과 어찌 비교할 것인가. 이러한 그의 세세한 면들이 목민 사역의 기초를 형성하고 있다.

1980년대는 고영근의 사역 중에 가장 강렬하고도 뜨거운 시기였다. 어쩌면 그의 전성기라 할 수 있을 정도로 왕성한 활동을 한 시기였다. 우리나라의 역사에 있어서도 1980년대는 숨 가쁜 시기였기에 역사와 함께 움직이는 고영근의 움직임 역시 숨 가쁘다. 1985년『우리 민족의 나아갈 길 4권』으로 안기부에 연행되어 책의 낱장이 너덜너덜해지도록 뺨을 맞고 잠을 못 자고 온갖 욕설을 듣고 나온 4월 4일 이후로 5월 9일 또다시 안기부에 연행되기까지 그는 총 10회의 전국 집회 설교를 하고 재야간담회 회의 등 굵직한 일을 마무리하였다. 안동, 청주, 강진, 해남, 마산, 군산, 수원, 다시 군산, 광주로 마무리 한 그의 집회 일정에 참가자 수가 3,000명이 넘는 다. 결국 한 달 사이에 전국의 3천 명이 넘는 시민들에게 "광주시민 학살죄를 회개하라" 외치고 다시 연행되어 모진 매를 감당하였다. 1985년이 이러했으니 86년 87년은 오죽하랴. 그가 남긴 자필 설교문은 점잖으나 그가 남긴 카랑카랑한 설교 음성은 정권의 정수를 찌르는 사자후였다. 유난히 속도감 있는 그의 외침과 곧바로 이어지는 시민과 학생들의 '호헌철폐 독재타도'의 긴박 함을 사료집에 싣지 못하는 아쉬움이 크다.

사료들을 묶으면서 1980년 시대를 함께 호흡했다. 너무나 소중한 자신의 삶을 버리면서까 지 이 땅의 민주화를 앞당기고자 했던 젊은이들의 안타까운 죽음부터 멀게는 삶의 터전조차 개발의 미명하에 빼앗긴 도시빈민의 삶들. 어느 것 하나 중요도를 가늠할 수 없을 만큼 한 사람 한 사람의 삶이 소중하게 다가왔다. 자신의 소중한 삶을 민주를 위해 기꺼이 바친 숭고한 죽음을 마주하였다. 김세진 열사, 이재호 열사부터 박종철 열사 등 … 이루 다 호명할 수 없는 많은 분의 삶의 마침이 잠자던 시민들의 삶을 일깨워 민주의 열망을 불태웠다. 이들의 피 끓는 헌신이 없었다면, 그 뜨거운 6월 항쟁과 이한열 열사의 희생이 없었다면 오늘 우리가 누리는 민주주의는 가능하지 않았으리라.

이 사료집은 박정희 독재 정권의 오랜 억압에서 벗어난 '서울의 봄'부터 대통령 직선제와 부정선거를 온몸으로 맞선 사람들의 '구로부정개표투쟁'까지의 역사 안에 올곧이 자신의 예언 자적 사명을 다하려 노력했던 목사 고영근의 삶을 교차하여 실었다. 한 개인의 역사임에도 그 속에 도도히 흐르는 거대한 민주화의 물결이 용솟음침을 보았다. 텍스트를 기반으로 한 사료집과는 달리 이 사료집은 고영근 한 사람의 8년간 삶을 입체적으로 다뤘기 때문에 복잡다 단한 편집과정이 필요하였다. 비언어적 텍스트까지 포함하여 한 인물의 역사적 삶을 엿볼 수 있었던 것은 오로지 동연출판사의 노력과 힘이 크다. 지면을 빌어 감사의 마음을 전한다.

해제

고영근의 사료는 그의 행보에 따라 다섯 시기의 영역으로 나눌 수 있다.

첫째 시기는 1954년~1968년까지 거제도 포로수용소 시절부터 제주도 군인 생활, 갈담리 강진교회, 대전 백운교회 목회 시기의 사료들이다. 세밀하게 기록된 사료들은 지역사회와 교회의 긴밀한 연결지점의 형성 과정을 보여 주고 있으며 전국단위 부흥사, 교육목회자, 민족목회로서의 특성들을 볼 수 있다. 군인 생활부터 갈담리 강진교회 사역을 중심으로 2권의 사료집이 출판되었는데 군인 생활부터 강진교회 정착까지의 시기를 담은『민중을 위하여 1』과 강진교회 사역 등이 기록된『민중을 위하여 2』가 있다. 갈담리 강진교회 사역까지의 시기는 그의 자필 기록문 111권 중 64권에 기록되어 있으며 그중 1권에서 48권까지 사료 정보가 수록되어 있다.

둘째 시기는 1968~1975년까지『한국교회혁신과 사회정화방안』출판을 시작으로 하는 전국 목회 시기로서 부흥사, 민족목회의 사료를 볼 수 있다. 그는 특히 민족목회를 교육적 시각으로 접근하는 방법을 택했는데 전국교역자수련회가 이 시기 가장 핵심적인 사역이다. 자필 기록문, 구체적인 사역 일정이 적혀 있는 연도별 수첩 그리고 활동사진들이 주요 사료이다.

셋째 시기는 1976~1979년까지 긴급조치 9호 위반 구속사건에 대한 사료들이다. 이 시기에 관련한 사료집은 재판 관련 사료를 중심으로 엮은『목사 고영근의 시대를 향한 외침 Ⅰ』(2012년)과 서간문과 회고록을 중심으로 엮은『옥중에서 희망을 노래하다』(2013)가 출판되었다.

넷째 시기는 1980~1987년까지 하나님의 정의를 위하여 전두환 정권에 정면 도전한 시기로서 그의 전성기라 할 만큼 활발한 활동이 전개된 시기이기 때문에 설교문, 성명서, 회고록, 수첩, 서간문, 사진 등 방대하고도 다양한 사료들이 남아 있다. 이번 사료집은 이 시기에 속한다.

다섯째 시기는 1988~2003년까지로 노태우, 김영삼, 김대중 정부로 이행되는 동안 '조국의 정의화, 자주화, 민주화, 통일'을 중심으로 다양한 활동을 하였는데 고영근의 시기 중 가장 많은 성명서와 서간문이 남아 있다.

고영근 사료의 특징은 다양한 사료 형태와 시기별 특징이 명확하게 드러나 있다는 것 그리고 이 모든 사료가 시국사건과 긴밀한 연관성을 갖고 있다는 것에 있다. 사료 형태의 다양성은 양적 규모를 넘어서 제일 큰 특징이 될 수 있다. 출판된 서적, 설교문, 성명서, 공개 권고문, 공개 편지, 공문, 매해 사업보고서 등의 인쇄된 사료뿐 아니라 자필 기록문, 자필 설교문, 상세한 활동 내역을 담은 연도별 수첩 등이 있으며 고영근 자신의 기록뿐 아니라 타인의 기록이 고영근 사역과 맞물리어 남아 있는데 성명서 동의서, 위임장, 양심수 석방동의엽서, 이문옥 감사관 후원금 봉투, 비전향 장기수 후원사업과 관련된 300여 편의 서간문 등이다. 또 '내어줌'의 목민선교로서 가장 큰 특징으로 볼 수 있는 양심수 후원사업 내역 등은 그의 60년 사역을 통틀어 일관된 사업으로 자리하고 있다.

본 사료집은 그의 넷째 시기인 1980년~1987년까지 그가 남긴 사료를 중심으로 엮었다. 성명서와 설교문을 위시하여 본인 회고록, 타인 구술 녹취록, 서간문, 수첩의 상세 내역, 영수증, 공문, 사진, 그의 인물 및 민주화운동 단체와의 관계도 등을 연도별로 묶었다. 그가 남긴 수첩과 사업보고서를 기반으로 그의 일정을 최대한 상세히 정리하여 날짜별로 흐름을 볼 수 있도록 재구성하였다. 또한 수첩 기록 중 의미 있는 활동 업무 내역에는 관련된 사건과 연결될 수 있도록 짧은 안내를 하였다. 그리고 개인기록이기 때문에 사실 여부가 중요하기에 「인권소식」과 각종 신문자료, 「민주화운동기념사업회」의 기록, 타인 출판물 등을 대조하여 최대한 사실 확인 작업을 마쳤다. 그리고 사료집이 문서 묶음으로만 기능하지 않도록 사건별로 본인 회고록과 타인 구술을 함께 실었고 사진 자료를 교차해서 엮었으며 그가 남긴 개인소장품 등을 사건과 연결하여 가능한 입체적인 사료집이 될 수 있도록 구성하였다. 텍스트는 수많은 담론의 끈으로 조직된 직조물의 한 매듭이며 역사와 문화를 구성하는 수많은 텍스트들과 상호 연관관계에 있기에 최대한 다양한 방식과 접근으로 텍스트를 엮는 데 많은 시간을 소요했다. 한 사람의 삶은 지극히 정치적이며 역사적이다.

이러한 상호 텍스트적 순환 속에 있는 고영근의 내러티브적 사료들을 시간의 흐름으로 펼쳐 놓았다. 예를 들어 1987년 의성지구 '나라를 위한 기도회'를 담은 사진들은 집회 시작부터 끝나는 과정이 그대로 담겨 있어 당시 상황을 입체적으로 볼 수 있도록 엮었다. 사료 엮음 중 개인 회고록은 이미 그의 『죽음의 고비를 넘어서 2, 3, 4』로 출판되어 있기 때문에 요약본을 실었고 출판된 서적, 『민족의 나아갈 길』, 『우리 민족의 나아갈 길 1~6』, 『민주화냐 독재 연장이냐』 중 『민족의 나아갈 길』, 『우리 민족의 나아갈 길 1~4』는 핵심 부분만 발췌하였다. 해외 교포들의 서간문은 주요 사건과 관련된 것들만 선정하였다. 타인 녹취록은 지난해 11월부터 시작한 「목사 고영근, 30인의 증언」 사업 중 일부만을 발췌하였다. 이 구술 작업이 완료되지 않았기 때문에 또 다른 출판물을 통해 자세히 기록될 예정이다.

연도별 사료들은 사건별 사료 목록을 첨부하였는데 그 중 선별되어 싣게 된 사료들은 음영 처리를 하였다. 음영으로 처리되지 않은 사료는 보관하고 있으나 이 사료집 안에 수록되지 않은 사료들이다.

이러한 과정을 통해 드러난 그의 사역은 하루도 빠짐없이 빼곡히 적힌 그의 꼼꼼한 기록과 수집 노력 덕분에 추적하게 되었고 한 사람의 기록이 이만큼 방대하고 다양하고 심화되어 있는 것은 우연한 일이 아니다. 강서경찰서 형사들이 주기적으로 집안 수색을 하였는데도 불구하고 이러한 자료가 남아 있는 것은 사료에 대한 중요성을 일찍부터 인식한 그의 선견지명이다.

이로써 우리는 그의 사료들을 만날 수 있었다. 이 시기의 사료들로 보는 그의 1980년대 사역은 세 시기로 세분된다. 첫째, 1980~1981년까지는 김재규 구명 활동, 김대중과 김대중 내란음모 사건으로 구속된 동지들의 구명 활동, 교회교육과 민주시민교육에 집중하였던 시기이다. 그 발현으로 각 지방 부흥회와 교역자 수련회와 기독교회관 교양강좌회에 더욱 열심을 기하였다. 둘째, 1982~1983년까지는 민주화 투쟁의 기초를 확립하였던 시기이다. 그는 우선 광주 2주기 추모예배와 문부식 구명 운동에 집중하였다. 광주 2주기 추모예배 설교는 전두환 집단의 불법성뿐 아니라 미국 정부의 책임과 정치적 연관성을 지적하여 광주항쟁투쟁의 명확한 방향 제시를 선진적으로 했다는 의미가 우선적으로 대두된다. 그리고 1983년에는 해외 교포 결집에 나섰다. 미국, 캐나다, 독일을 위시하여 교포들의 민주화 의지와 국내 민주시민의 민주화 의지와 역량을 모으는 일에 집중하였음을 사료를 통해 살펴볼 수 있다. 셋째, 1983년 12월 학원자율화조치를 시작으로 형성된 유화 국면에 따라 1984~1987년 본격적인 민주화 투쟁을 통해 전두환 정권의 부당성과 민주시민 권리의 중요성을 부각하는 데 집중하였던 시기로 볼 수 있다. 1983년까지 민주시민교육과 기독교시민교육에 집중하였다면 1984년부터는 전국을 순회하며 나라를 위한 기도회를 통해 대중연설에 나섰다. 유화 국면을 맞이하면서 고영근의 활동은 더욱 확장되었다.

이들 사료를 통해 여러 가지 그의 사역 특징을 살펴볼 수 있는데 이는 독자의 몫이다. 사료를 최대한 중요한 사건 순서대로 엮었던 과정을 살피는 후행 연구자들의 뛰어난 직관과 통찰을 바랄 뿐이다.

차례

1장

1980년도 사료

I. 수첩으로 보는 사역

1980년 1월 활동

	월일	활동 내용
	1.3.	신년하례회(해방교회)
	1.4.	신년예배
	1.6.	헌신예배
	1.7.	부산 영락교회 교회 부흥회 & 교역자회
	1.8.	김재규 광주 법정(상무대 남문 군법회의)
	1.9.	원일한(H.G. Underwood) 선교사 김재규 구명운동
	1.11.	종암교회 직원 수련회
	1.13.	신성교회 하루 부흥회
	1.14.	이북 교역자회 설교 동안교회("한국교회의 나갈 길")
	1.16~21.	효성교회 부흥회(김창걸 목사)
	1.21~24.	전남 용학교회(임기준 목사)
	1.27.	태평교회, 이두수 목사
	1.28~31.	양평 연합집회(서울노회 농촌부)

1980년 2월 활동

	월일	활동 내용
	2.3.	태평교회(이두수 목사)
	2.4.	서노회 평신도 조찬 기도회
	2.4~7.	부산 산정현교회(박광선 목사)
	2.8.	부산 청년연합회 특별집회
	2.9~13.	전남 강진교회(윤기석 목사)
	2.17.	장위중앙교회
	2.18.	서울 여교역자회(묘동교회, 고보옥) "한국교회의 나갈 길"
	2.18~22.	평광교회(김광준 목사)
	2.23~24.	신내교회(김덕용 목사)
	2.25~29.	대현교회(김용진 목사)
	2.29.	부산지구 교역자회(대현교회, 황병보 목사)

1980년 3월 활동

	월일	활동 내용
	3.1.	광주성결교회(1차), 익산 황등교회(송현상 목사)
	3.2.	광주 양림교회(은명기 목사)
	3.2.	대구문화교회
	3.6.	울산지구 교역자회, "현대 속의 목회"
	3.3~7.	울산연합집회(울산제일교회, 제직회)
	3.7.	부산지구 교역자회(영도교회, 김정환 목사) "한국교회 나갈 길"
	3.9.	증가동교회 & 한성교회
	3.10~14.	신상교회(전주, 백윤석 목사)
	3.13.	전주지구 교역자회(신상교회) "한국교회의 나갈 길"
	3.15.	형제감리교회
	3.17.	감리교 동지방회(미아리감리교회) "한국교회의 나갈 길"
	3.19~23.	중곡동교회(한승직 목사)
	3.20.	중곡동지구 교역자회 "현대 속의 목회"
	3.24~28.	전주 성광교회(김경섭 목사)
	3.30.	광주성결교회 하루 부흥회(2차)
	3.31.~4.4.	도원동교회(김성수 목사)

1980년 4월 활동

	월일	활동 내용
	4.4.	좌담회(인명진)
	4.6.	동원장로교회 하루 부흥회
	4.7~11.	수원 서둔교회(송성학 목사)
	4.9.	수원지구 교역자회 "한국교회의 나갈 길"
	4.12~15.	충남 서산교회(방총화 목사)
	4.16~20.	남가좌교회(김용수 목사)
	4.21.	신당중앙교회 하루 부흥회
	4.22~26.	대구 남성교회(이진수 목사)
	4.24.	대구지구 교역자회(대구방송국) "한국교회의 나갈 길"
	4.26.	가락동교회 하루 부흥회
	4.28~5.4.	부산 상애원교회(천대성 목사)

1980년 5월 활동

	월일	활동 내용
	5.2.	부산 조찬기도회
	5.4.	부산 금호교회
	5.6.	부산 여전도연합회 설교
	5.7~11.	부산 영도교회(김호일 목사)
	5.13~17.	군산 신흥교회(이공선 목사)
	5.16.	군산시 구국기도회
	5.17.	사당동 연합회
	5.18.	개봉장로교회
	5.19~23.	서울 양암교회(신영식 목사)
	5.25.	백석교회, 산정현교회
	5.26~30.	부산 대연교회(황병보 목사)

1980년 6월 활동

	월일	활동 내용
	6.1.	동대문 태평교회 하루 부흥회(이두수 목사)
	6.2~5.	동노회연합집회(남선교회, 신성북교회)
	6.8.	성덕교회(2회 설교)
	6.11~15.	부산제일교회(채종목 목사)
	6.16~20.	부산 망미동교회(안대극 목사)
	6.22.	화곡동교회(김학만 목사)
	6.23.	서울지구 교역자회(종교교회, 김홍기 목사) "현대 속의 목회"

1980년 7월 활동

	월일	활동 내용
月間予定表 7 (handwritten calendar notes)	7.1~5.	경주지구 연합집회(전도사회, 경주중앙교회)
	7.3.	경주지구 교역자회 "현대 속의 목회"
	7.5~6.	빈들교회(최준수 목사) 하루 부흥회
	7.8~10.	청년연합 수련회(순천노회 청년회, 중앙교회)
	7.13.	일신교회 하루 부흥회
	7.22~23.	포항 연합집회(남선교회, 포항제일교회)
	7.24~26.	포항 양포교회(이척우 목사)
	7.27.	영등포산업선교회 & 영등포 양평교회

1980년 8월 활동

	월일	활동 내용
月間予定表 8 이달의 目標	8.4~8.	익산지구 연합집회(익산시찰, 산상교회)
1 金 2 土 3 日 4 月 산상기도원 872 448? 익산모임 5 火 〃 장덕 24번 6 水 〃 7 木 〃 8 金 〃 9 土 10 日 11 月 익산모임 12 火 13 水 14 木 15 金 16 土 17 日 18 月 19 火 20 水 21 木 22 金 23 土 24 日 25 月 26 火 27 水 28 木 29 金 30 土 31 日 신성교회 밤	8.7.	익신지구 교역자회
	8.31.	도봉 신성교회

1980년 9월 활동

	월일	활동 내용
	9.1~5.	영천중앙교회(우복암 목사)
	9.7.	동두천 청산교회(이국현 목사) 동대문 산정현교회
	9.8~12.	여수 구봉교회(김병현 목사)
	9.12~13.	동노회 연합진회(남선교회, 삼양제일교회)
	9.13.	김용복 면회
	9.15~18.	성남 주민교회(이해학 목사)
	9.16~18.	영등포산업선교회(도시산업선교회) (인명진 목사)
	9.18.	성남지구 교역자회
	9.29~30.	포항송도교회(권무호 목사)

1980년 10월 활동

	월일	활동 내용
	10.4~7.	인천 율도교회(김현경 목사)
	10.8~12.	신림중앙교회(김용우 목사)
	10.12.	동대문 수산교회
	10.14~18.	대전 민중교회(유영소 목사)
	10.19.	도봉제일교회
	10.20~24.	송청중앙교회(김영일 목사)
	10.24~26.	영등포산업선교회(도시산업선교회)
	10.30~11.2.	영서교회(서광연 목사)
	10.31.	영서교회 청년부흥회

1980년 11월 활동

	월일	활동 내용
	11.4~7.	목민교회(김동엽 목사)
	11.9.	구파발교회
	11.9~12.	인천제일교회(홍성현 목사)
	11.13~16.	본동교회(오세영 목사)
	11.18~22.	경기 광주성결교회(김영제 목사)
	11.20.	광주지구 교역자회 "현대 속의 목회"
	11.23.	전농 나사렛교회
	11.24~27.	수산교회(백용진 목사)
	11.27~30.	부천 일신교회(주영철 목사)

1980년 12월 활동

	월일	활동 내용
	12.1~5.	인천 천광교회(여일심 목사)
	12.6.	저서 착수 『민족의 나아갈 길』(1982년 출판될 책)
	12.7~10.	청년연합집회(전남연합, 광주 동광교회)
	12.11~14.	안양 덕장교회(오창흠 목사)
	12.15~19.	전북 강진교회(권태호 목사)
	12.18.	임실지구 교역자회 "현대 속의 목회"
	12.21.	파주 갈현교회

II. 세부적 활동 내용으로 보는 한 해 일정

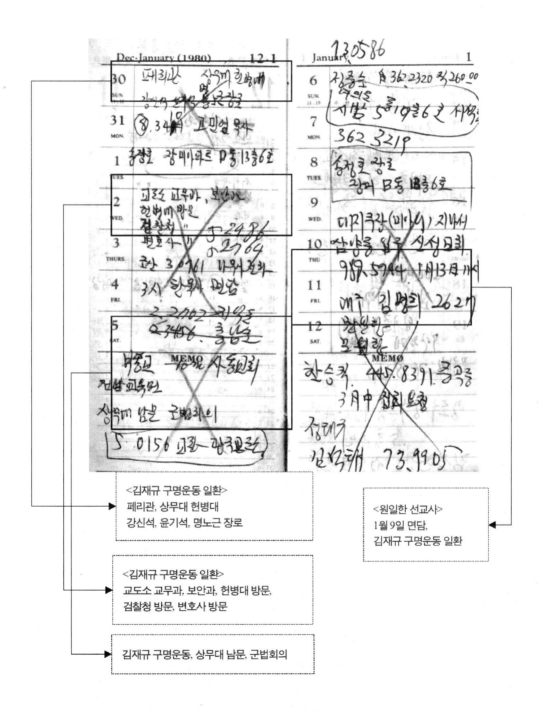

<김재규 구명운동 일환>
페리관, 상무대 헌병대
강신석, 윤기석, 명노근 장로

<김재규 구명운동 일환>
교도소 교무과, 보안과, 헌병대 방문,
검찰청 방문, 변호사 방문

김재규 구명운동, 상무대 남문, 군법회의

<원일한 선교사>
1월 9일 면담,
김재규 구명운동 일환

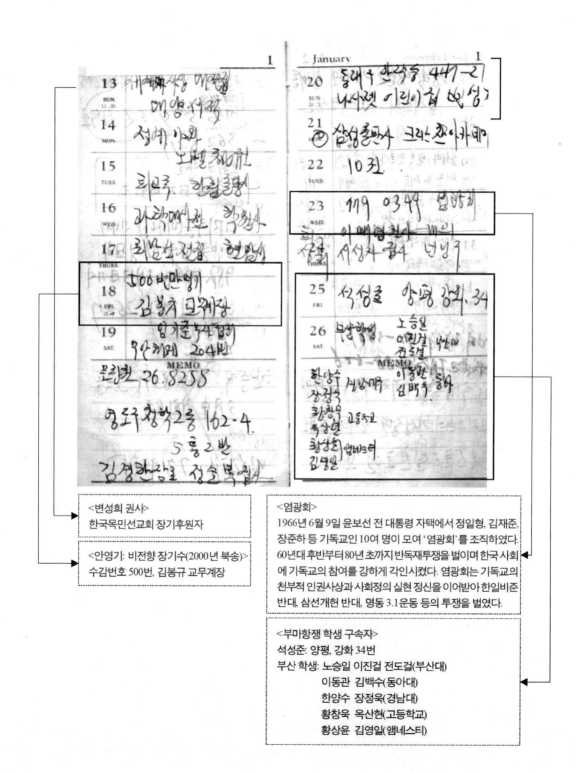

<변성희 권사>
한국목민선교회 장기후원자

<안영기: 비전향 장기수(2000년 북송)>
수감번호 500번, 김봉규 교무계장

<염광회>
1966년 6월 9일 윤보선 전 대통령 자택에서 정일형, 김재준, 장준하 등 기독교인 10여 명이 모여 '염광회'를 조직하였다. 60년대 후반부터 80년 초까지 반독재투쟁을 벌이며 한국 사회에 기독교의 참여를 강하게 각인시켰다. 염광회는 기독교의 천부적 인권사상과 사회정의 실현 정신을 이어받아 한일비준 반대, 삼선개헌 반대, 명동 3.1운동 등의 투쟁을 벌였다.

<부마항쟁 학생 구속자>
석성준: 양평, 강화 34번
부산 학생: 노승일 이진걸 전도걸(부산대)
　　　　　 이동관 김백수(동아대)
　　　　　 한양수 장정욱(경남대)
　　　　　 황창욱 옥산현(고등학교)
　　　　　 황상윤 김영일(앰네스티)

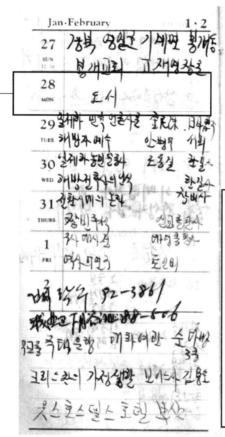

<학습도서>
일제하 민족언론사론(김민주, 일월서각)
해방자 예수(안병무, 기독교서회)
일제하 농민운동사(조동길, 한길사)
해방전후사의 인식(한길사)
전환시대의 논리(창비사)
칼빈주석(신교출판사)
역사의 연구(토인비)

<주요 교류 인사>
김상본(일신) 임태평 문익환 박광선 김창걸
문동환 임기윤 백윤식 김정관 김경식 조지송
인명진 금영균 공덕귀 이인수 윤두호 김재훈
고영근 한완상 이문영 김동길 이우정 김용복
이재정 조남기

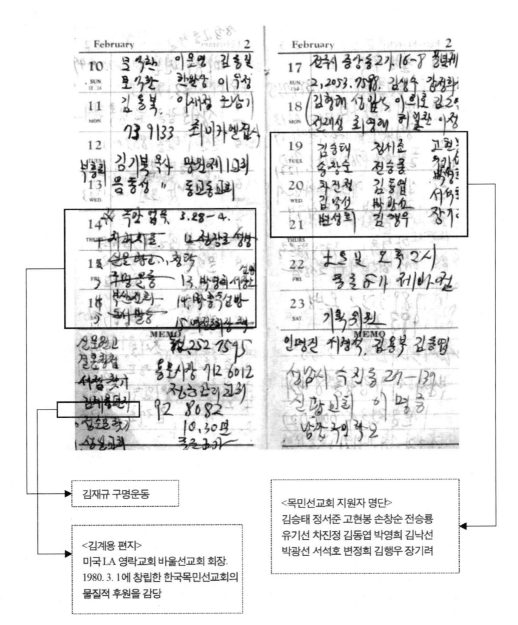

김재규 구명운동

<김계용 편지>
미국 LA 영락교회 바울선교회 회장.
1980. 3. 1에 창립한 한국목민선교회의
물질적 후원을 감당

<목민선교회 지원자 명단>
김승태 정서준 고현봉 손창순 전승룡
유기선 차진정 김동엽 박영희 김낙선
박광선 서석호 변정희 김행우 장기려

March		3
9 SUN.	영로구 영선동2가 62번지 7동7반 천학훈지방 이연화	
10 MON.	고성래 (치천사 룡추) 고출수 (〃 룡男)	
11 TUES.	김용삼 989 0136 오병수	
12 WED.	이성재 2972 황현승 1773	
13 THURS.	나경일 2089 무월	
14 FRI.	진성서 김의기 도서 영치 광주 면담 면회 상담	
15 SAT.	문서 신문 원고 도서기증	

MEMO

김낭수 주동희 김흥기 이명응 김동엽
김중해 강계축 차건정 정계숙 차상

회 1254 112—1 차상품

March		3
16 SUN.	순창 딸김 국민설교 성법	차천사 방문 기도전 교습
17 MON.	조서3김 사업인허 방문	강선병원 크라운참성
18 TUES.	서제크인 참성앟3	
19 WED.	박수랑서 호선 술창소 기록보사상	150 100
20 THURS.	번정희 세벗 김학만 3선	1000 1500
21 FRI.	고현봉 왕곽비 권승롱 기록미사상	1500 1000
22 SAT.		

MEMO

영로교회
영로주 대교동5가 185번지
7통 5반 변정자술
정성원 12세 짜종
정성옥 우세 (49) 3148
정우종 8세

구속자: 이성재(2972) 황현승(1773) 나경일(2089)

진정서: "미국 정부의 대한정책 시정을 촉구합니다"

김의기: 1980년 5월 30일 기독교방송국 6층에서 5.18 광주민주화운동 유혈진압을 비판하는 유인물을 뿌린 뒤 떨어져 사망(향년 21세, 동포에게 드리는 글, 1980년 5월 30일 김의기)

도서, 영치: 광주 면담, 면회, 상담, 문서, 신문, 원고, 도서 기증

May		5
18 SUN 4.5	홍남순 변	1010
19 MON	이기홍 변호	979
	김성용 신부	1440
20 TUES	김종배 학생	2150
21 WED	박남선 운전	2884
	배용주 "	1373
22 THURS	정동년 학생	2591
	박노정 인쇄	1501
23 FRI	송기숙	1563
24 SAT	명노근	2468
	장두석 MEMO	3578
	정옥면 책상	128
	이선배 책상	손국장
	이창선 책상	

구속자 영치금 차입 &
도서 및 접견물 차입 활동(이름 옆은 수감번호)

홍남순 변호사 1010   이기홍 변호사 979
김성용 신부 1440   김종배 학생 2150
박남선 운전 2884   배용주 운전 1373
정동년 학생 2591   박노정 인쇄 1501
송기숙 교수 1563   명노근 교수 2468
장두석 선생 3578   손주항 128

목민선교

*구속자를 위한 성원

1. 영치금 차입 65명   2. 도서 차입 250명   3. 접견물 차입 15건
4. 구속자 면회 11건   5. 구속자 가족 돕기 25건   6. 가족심방 26건
7. 민주화단체 찬조 15건   8. 고난받는 민주인사 성원 31건 9. 비전향장기수 후원

* 1980년 부흥회 참가인원 세부 기록

III. 고영근이 만난 사람들

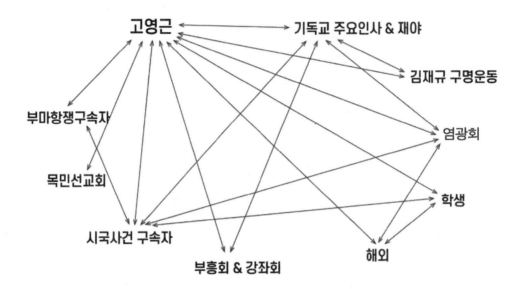

김승태 정서준 고현봉 손창순 전승룡 유기선 차진정 김동엽 박영희 김낙선 박광선 서석호 변성희
김행우 장기려

부흥회 & 강좌

박광선(부산 산정현) 윤기석(전남 강진) 김광훈(평광) 고보옥(묘동 여전도) 김덕봉(신내) 김용진(대현)
황병보(부산 대현) 임기준(전남 용학) 김창걸(효성) 이두수(태평) 송현상(익산 황등) 은명기(광주 양림)
김정팔(부산 영도) 백윤식(전주 신상) 한승직(중곡동) 김경섭(전주 성광) 김성수(도원동) 김영제(광주성결)
방충화(충남 성산) 송성학(수원 서든) 김용수(남가좌) 이진수(대구 남성) 천대성(부산 상애원)
김호일(부산 영도) 이공선(군산 신흥) 신영식(양암) 채종옥(부산제일) 안대옥(부산 망미동) 김학민(화곡동)
최준수(빈들) 이철우(포항 양포) 우복암(영천 중앙) 이국헌(동두천 청산) 김병현(여수 구봉)
이해학(성남 주민) 권무호(포항 송도) 김현경(인천 율도) 김용우(신림 중앙) 유영소(대전 민중)
김영일(송청중앙) 서광연(영서) 오세영(본동) 김동엽(목민) 홍성현(민중제일) 김영제(경기 광주성결)
백용진(수산) 주영철(부산 일신) 여일심(인천 청라) 오창흠(안양 덕장) 권태효(전북 강진) 전유성(파주 갈현)
변성희 권사 김자겸 김유웅 정규봉 서석호 김원희 이두칠 조준래(안동 무릉동) 권택조(영해)
권혁종(영등포) 박광혜(완도) 이경식(해남) 김금동(평택) 원일한 선교사 김기복(망원제1) 음동성(동교동)

염광회
—

학생(부마항쟁, 부산 한일)
석성호 노승일 이진걸 전도걸(부산대) 이동관 김백수(동아대) 한양수 장광옥(경남대) 최창묵 옥상현(고등학교) 최상윤 김영일(앰네스티)

해외
김계용(LA 영락 바울선교회) 김용주 목사(라더폴드 한인장로교회)

재야 & 기독운동
김상봉(일신) 임태평 문익환 박광선 문동환 김창걸 임기문 백윤식 김정관 김경식 조지송 인명진 금영균 공덕귀 이인수 윤두호 김재훈 고영근 한완상 이문영 김동길 이우정 김용복 이재정 조남기 강신석 윤기석 김경식 인명진 서경석 김용복 김동엽 전승룡 고현봉 김학민 손창준 박광선 김종희(경신) 김형태 성인식 이희호 김소영 허일찬 이정학 전재성 최영래 노경규 유중람

구속자
김명희(대구) 안영기(500번) 김봉규 교무계원 홍남순(1010) 이기홍(979) 김성용 신부(1440) 김종배 학생(2150) 박남선(운전, 2994) 배용주 운전(1373) 정동련 학생(2591) 박노정 인쇄(1501) 송기숙(1563) 명노근(2468) 장두석(3578) 손규항(128)

김재규 구명운동
강신석 윤기석 명노근 고민영 교도소 교무관 보안과 허병재 검찰청 변호사 지익표 홍남순 정금순 서석균 김범태

IV. 사진으로 만나는 역사의 현장

1980. 2. 26~29.
서울 대현교회 부흥회

1980. 4. 16~20.
서울 남가좌교회 부흥회

1980. 5. 7~11.
▪ 부산 영도교회

부산 소재 대연교회에서 부흥회 인도
5.18 광주학살 직후인지라 전투경찰
이 교회 근처에 포진한 삼엄한 분위기
에서 진행되었다(1980. 7.14~18./부산
대연교회)

1980. 7.
부산제일감리교회 당회장 임기윤 목사
내외와 함께. 임기윤 목사는 군사정권
에 항거하다가 부산 보안사에 연행되
어 고문당하다 의문사로 순교하였다.
1980년 7월 20일 부산 보안사에서 연
락, 혼수상태에 NCC 감리교단은 명확
한 사인 규명을 요구했고 NCC는 감리
교단 대책위의 요구에 응해 적극적으
로 지원 대책키로 하였다(1980년 7월
29일 NCC 회의록). 고영근 목사는 고
임기윤 목사 추모예배를 추진하여 이
사건을 공론화하였다(1982년 7월 26
일, 1986년 7월 21일, 1987년 7월 23일).

대연교회 부흥회를 인도하던 중 황병보 목사와 같이 유엔 묘지에서 기도를 드리다. 이 땅에 참된 평화가 오기 위하여(고영근 메모. 1980. 7. 16. 유엔묘지에서).

1980. 11. 23.
전농동 나사렛교회 부흥회.
고영근 목사는 70년대 부흥회를 대부분 4박 5일로 실시하였으나 80년대로 들어와서 하루 부흥회와 일반 부흥회(3박 4일)로 부흥회 패턴을 바꿔나갔다.

1980. 12. 1~5.
인천 천광교회

V. 사건별 사료

NO	구분	사료명	날짜	주요 사건 배경
1	1980-1 공개 편지	김영삼 총재님께 드립니다. -계엄령 해제 위해 투쟁, -김재규 씨 구명운동 전개, -정권욕 버리고 애국애족	5.16	대법원전원합의체는 김재규 등 5명에게 내란목적살인 및 내란미수죄로 사형을 선고(1/28), 서울구치소에서 교수형(5/24); 고영근은 김재규 구명운동을 전개하려 윤보선, 임 모 대법원 판사, 원일한 선교사 등을 찾아다니며 구명을 위해 노력하였다. 그들의 사형 집행 후 김재규, 박흥주, 박선호 등 유족방문 등 1983년까지 이들을 도왔다. 1979년 10월 18일에는 유신체제 반대 시위가 격화된 부산지역을 대상으로 3번째 비상계엄이 선포되었는데, 같은 해 10월 26일 박정희 대통령이 저격되면서 10월 27일 제주도를 제외한 전국으로 확대되었고, 1980년 5월 17일에는 제주도까지 확대되었다. 이 비상계엄은 456일 동안 계속되어 1981년 1월 24일 해제되었다.
2	1980-2 성명서	미국 정부의 대한정책 시정을 촉구합니다. -5월 17일 민중학살에 모호한 태도 -7월 4일 애국지도자 37명 군사재판회부에 회피 -안보를 빙자한 죄악	7.7	신군부는 5월 17일 21시 30분경 비상계엄 전국 확대를 국무회의에 상정, 불과 8분 만에 아무런 토론과 설명도 없이 통과시켰다. 5월 18일 0시를 기해 비상계엄 전국 확대를 발표, 계엄포고령 10호에 따라 모든 대학에 군부대가 진주하였다. 민주화를 요구해온 재야인사와 사회운동 세력을 지명수배해 일제 검거하였고 무장한 33사단 101연대 병력이 국회를 점령하여 사실상 헌정 중단 사태가 발생했다. 5월 17일 당일 김대중은 "사회 혼란 및 학생, 노조 배후조종 혐의"로 20여 명과 함께 전격 연행되었고 김영삼은 가택 연금, 김종필은 보안사령부에 감금되었다. **5·18 광주항쟁**: 당시 한국군의 군사 통제권은 미국이 가지고 있었고 미국의 승인 없이는 군사 이동을 하지 못하는 상황이었다. 미국은 이미 22일에 광주 사태를 진압하기 위해 신군부가 요청한 4개 대대의 한국군을 미국의 통제에서 풀어달라는 안에 동의한 상태였다. 미군은 앞서 5월 초 질서 유지에 필요하다면 시위자들에 대한 무력 사용을 반대하지 않겠다는 뜻을 한국 정부에 전달한 바 있었다. 고영근은 이 성명서를 통해 미국의 모호한 태도를 비판하였는데 1982년 광주 2주기 추모예배 설교에서는 한발 더 나아가 광주학살의 책임 문제에 미국을 지적하였다. **김대중 내란음모 사건** 1980년 신군부 세력이 김대중을 비롯한 민주화 운동가 20여 명을 북한의 사주를 받아 내란음모를 계획하고 광주민주화운동을 일으켰다는 혐의로, 군사재판에 회부한 사건으로 2004년 김대중은 재심을 통해 무죄를 선고받았다. 7월 4일 37명의 민주인사 군사재

NO	구분	사료명	날짜	주요 사건 배경
				판 회부(김대중, 문익환, 이문영, 예춘호, 고 은, 김상현, 이신범, 조성우, 이해찬, 이석표, 송기원, 설 훈, 심재철, 서남동, 김종원, 한승헌, 이해동, 김윤식, 한완상, 유인호, 송건호, 이호철, 이택표, 김녹영, 한화갑, 김옥두, 박성철, 전대열, 김대현, 김홍일, 권혁충, 오대영, 함운식) 김대중 사형, 문익환, 이문영은 징역 20년에서 5년, 서남동 등 11명에게는 징역 4년에서 2년이 선고되었다.
3	1980-3 회고록	부산 대연교회 부흥회 압력	5/26~30	
4	1980-4 회고록	성남 주민교회 부흥회 압력	9/15~18	
5	1980-5 회고록	보안사령부의 압력과 회유	9/19	
6	1980-6 타인 회고록	김대중 선생 구명을 위하여 (노경규 선생 구술)		1981년 1월 대법원은 군사재판에서 김대중에 대해 사형을 선고했으나, 당시 김대중이 "이 땅의 민주주의가 회복되면 먼저 죽어간 나를 위해서 정치보복이 다시는 행해지지 않도록 해달라"고 한 법정 최후진술이 국제사회에 알려지면서 큰 반향을 불러일으켰다. 지미 카터 전 미국 대통령, 레이건 행정부, 미국 의회와 심지어는 당시 교황인 요한 바오로 2세를 비롯한 세계 각국 지도자와 종교인, 인권단체들로부터 김대중 사형 중단 압력이 거세어짐에 따라 이듬해인 1981년 1월 23일 김대중의 형량은 무기징역으로 감형되었다. 얼마 후에는 20년형으로 다시 감형되었다. 고영근은 김대중 씨의 구명을 위해 윤보선 전 대통령을 수차례 면담하였다.

* 음영 처리한 부분만 자료를 싣습니다.

1. 1980-1-공개 편지 – 김영삼 총재님께 드립니다.

〈김영삼 총재님께 드립니다〉

선악 간에 공의롭게 역사를 진행시키는 하나님께서 김영삼 총재에게 지혜를 주사 바르고 슬기롭게 직무를 감당할 수 있는 은총 주시기를 기도합니다. 저는 정치인이 아닌 종교인으로서 정치에 대한 이해 관계없이 하나님 앞에서 공정한 입장에서 몇 가지 뜻을 개진하고자 하오니 참고하시어 정사에 도움되기를 바랍니다.

첫째, 계엄령 해제를 위해 투쟁하기 바랍니다. 민주주의 건설을 위해 가장 급선무는 계엄령 해제입니다. 당국은 안보를 빙자하여 계엄령을 유지하고 있으나 사실은 공화당의 안보를 위하여 계엄령을 존속한다고 생각합니다. 신민당은 계엄령 해제하기 위하여 과감히 투쟁해야 마땅하거늘 이 일에는 관심이 적고 당권투쟁에 열을 올리고 있는 듯이 보이고 있습니다. 김 총재께서는 있는 힘과 지혜를 다하여 계엄령 해제를 위해 과감히 싸워주기를 바랍니다. 그리하여 속히 언론, 출판, 집회, 결사의 자유를 쟁취하여 민주국가 건설의 기초를 닦기 바랍니다.

둘째, 김재규 씨의 구명운동을 전개하기 바랍니다. 10·26사태가 오게 된 것은 신민당이 아니라 김재규 씨의 용감한 거사였다는 것은 천하가 다 아는 사실인데 마치 신민당이 10·26사태를 이룩한 것처럼 표현하는 것은 너무나 사실과 왜곡된 표현입니다. 김 총재께서 양심 있는 크리스천이며 정치인이라면 김재규 씨 구명운동부터 하는 것이 급선무인 것입니다. 그런데 지금까지 김재규 씨의 구명에 관하여는 일언반구 언질이 없으니 웬일입니까? 들리는 말에 의하면 5월 20일에 재판이 있다고 하니 속히 서둘러서 김재규 씨를 구출해야 할 것입니다. 만일 불행히 김재규 씨가 처형된다면 저와 김 총재님은 역사의 죄인이 될 것이며 민중의 지탄을 면치 못할 것입니다.

셋째, 정권욕을 버리고 애국애족하기 바랍니다. 성경에 교훈하기를 너희 중에 으뜸이 되고자 하는 자는 섬기는 자가 되어야 한다(마태 20:26)고 하였습니다. 김 총재께서 대통령이 되려면 국민을 섬기는 자세를 가져야 할 것입니다. 그런데 몇 달 전에 김 총재께서 대통령 출마의 뜻을 비친 것은 유감스러운 일입니다. 저의 판단으로는 김 총재께서 출마하면 김종필에게 어부지리를 주는 결과가 오고 김종필이 집권하면 한국은 김일성에게 어부지리를 주는 결과가 올

것이라 믿습니다. 대단히 죄송하지만 김 총재는 자신이 걸어 온 과거를 철저히 회개하고 자신의 역량을 검토해야 할 것입니다. 소위 비당권파를 징계한다는 불쾌한 당권싸움을 중지하시기를 바랍니다. 김 총재께서 대통령이 되려는 욕심만 없다면 신민당과 재야인사 단결은 하루아침에 이루어질 것이며 민주 회복도 빨라질 것입니다. 김 총재께서 다음 기회에 출마하고 이번은 민주 회복만 위하여 당총재로써 과감히 투쟁하십시오. 이 길만이 김 총재께서 성공하는 길입니다.

이 편지가 김 총재님을 불쾌하게 하는 무례한 편지라고 생각할지 모르나 김 총재님께 유익한 편지가 될지 모릅니다. 나는 김 총재님이 장로님이시니 아끼는 마음으로 이 편지를 드립니다. 주위에서 아첨하는 소리보다 이 편지를 참고해 주십시오. 나는 오랫동안 심사숙고하여 이 편지를 보냅니다. 하나님께서 솔로몬에게 지혜를 주심같이 김 총재님께도 지혜 주시기를 기도하면서 이 편지를 마치려 합니다. 건투를 빕니다.

1980. 5. 16 목사 고영근

2. 1980-2-성명서 – 미국 정부의 대한정책 시정을 촉구합니다.

〈미국 정부의 대한정책 시정을 촉구합니다〉

미국이 이차대전에서 승리하므로 우리나라를 일본에서 해방되게 하고 대한민국의 정부수립의 협조 그리고 6.25 전쟁 때 수많은 미국 장병들이 파병되어 공산 침략을 막은 데 대하여는 항상 고마움을 금할 수 없습니다.

특별히 1885년 미국 선교사들이 한국에 와서 거의 100년 동안 복음을 전하여 지금 국민의 20%를 육박하는 신도를 갖게 된 것도 감사하지 않을 수 없습니다. 뿐만 아니라 35년에 걸쳐 받은 경제 원조와 여러 가지 당면의 경제 협력 그리고 국제무대에서 우리나라 권익을 위해 변호해준 일 등 정치, 경제, 문화, 사회, 종교 등 여러 부분에 걸쳐 미국의 우호적 협조에 대하여 지극히 감사하게 여깁니다.

그리하여 전능하신 우리 하나님 앞에 미국을 위하여 기도합니다.

미국 정부와 국민 위에 하나님의 은총이 더욱 풍성하여 자유세계는 물론 전 세계를 바르게 지도하며 또 봉사할 수 있기를 간구합니다.

전 세계 인류의 자유와 평화를 위하여 미국의 정당한 노력은 계속 필요한 것입니다. 그런데 근래 미국 정부는 대외 정책에 있어서 많은 실수를 범했습니다. 쿠바, 월남, 캄보디아, 이란은 돌이킬 수 없는 어려움에 빠지게 되었고 특히 한국도 대단히 위기에 빠지게 되었습니다.

미국의 대외 정책은 어디까지나 "그 나라와 그 의를 먼저 구하라" 하신 예수님의 뜻에 의하여 자유 정의 평등 인권의 민주 정신에 의하여 시행되어야 할 터인데 이러한 정의보다는 미국 근시안적인 국가 이익이 앞서는 것 같이 보여집니다. 국가 이익을 앞세우면 자연히 불의한 방법의 정책이 시행되고 하나님의 축복은 떠나가고 세계인에게 지탄을 받게 될 것입니다. 아무리 미국이 강대하다 할지라도 하나님과 세계 인류에게 버림받으면 설 자리가 없을 것입니다.

미국 정부는 지금 각성하여 이권 중심의 대외 정책을 개선하고 하나님의 정의 실현을 위하여 공명정대한 정책을 수립하고 시행해야 할 것입니다.

특별히 한국에 대하여 올바른 정책이 시행되어야 하겠습니다. 과거 박정희 정권에 대하여 겉으로는 인권을 말하면서 실상은 박 정권을 음성적으로 방조하였고 79년 10월 26일 이후에도 미국의 태도가 심히 모호하여 유신잔당을 계속 방조하고 있는 듯이 느껴집니다.

특별히 지난 5월 17일 있은 계엄령 확대 선포 후 정치활동은 중지되고 인권은 어이없이 탄압되고 세계에서 유례없는 민중 학살이 감행되는 등 민주주의가 역행되고 있는 이 시점에 미국 정부는 모호한 태도를 취하면서 군사 독재자로 하여금 악정을 계속하도록 간접적으로 강조하는 것 같이 느껴지게 하고 있습니다.

지난 7월 4일 우리나라의 가장 양심적이고 애국적인 지도자 37명을 악랄한 누명을 씌워서 군사재판에 회부한다는 발표 후 미 국무성은 조사 중이라는 이유로 논평을 회피하였습니다.

독재자 박정희도 공산당으로 처단하지 못했는데 이제 갑자기 공산당이라고 발표하는 어처구니없는 망언에 대해서 고려해볼 여지도 없이 옳지 못한 처사라고 통박해야 함에도 불구하고 논평을 회피하는 이유는 무엇입니까? 미국 정부는 어서 바삐 선악을 바르게 판단하여 선악 간에 태도를 분명히 해야 합니다. 선도 아니고 악도 아닌 양 어물어물하지 말기 바랍니다. 소위 내정 간섭을 하지 않는다는 명분을 내세워서 불의한 독재자들의 처사를 방관하지 말기 바랍니다. 우리나라 국민은 지금까지 미국에 대하여 고마움을 느끼고 있었으나 지금의 미국 정부의 대한 정책에 대하여 실망을 하게 되고 이제는 실망이 지나쳐 분노감 마저 느끼기 시작했습니다. 친미주의라고 평가받는 지성인들도 미국의 모호하고 교활한 정책에 대하여 격분을 하기 시작합니다. 미국의 대한정책을 바르게 시정하지 않으면 앞으로 반미적 감정이 노골화될까 염려됩니다.

미국 정부는 어찌하여 한국마저 쿠바와 월남같이 공산화하려고 공산주의 요인을 조성하는데 방조하고 있는 것입니까? 빈부격차 부정부패 독재정치는 공산화의 요인입니다. 소위 안보를 빙자하여 이러한 죄악을 조장하면 안 됩니다. 진실로 미국 정부가 대오각성하여 한국이 진정한 자유, 정의, 평등, 인권이 시행되는 민주주의 정부가 수립되도록 성원해주기 바랍니다. 민주주의를 역행하는 어떤 행위도 규탄해야 합니다. 이것이 한국이 사는 길이며 미국이 자유세계 지도력을 유지하는 길입니다. 이 글은 자유세계 인도국인 미국을 아끼고 염려하여 쓰는 글입니다. 참고해 주시기 바랍니다. 계속하여 하나님께서 미국 정부와 미국 국민을 축복하도록 기도하겠습니다.

오늘 우리 한국의 정치가 바르게 되게 하려면 다음 몇 가지 조건이 시정되어야 할 것이라 믿습니다.

1. 계엄령을 조속히 해제하고 군대는 국방에만 전념할 것.

2. 정치범을 모두 즉각 석방할 것.

3. 정부 주도의 개헌 작업을 중지할 것.

4. 정치 일정을 최대한 단축할 것.

1980년 7월 7일

대한예수교장로회 서울 서노회 전도목사 고영근

3. 1980-3-회고록 ― 부산 대연교회 부흥회 압력

〈부산 대연교회 부흥회 압력-총칼의 위협 속에서도 부흥회를 인도하다〉

1980년 5월 26일부터 30일까지 부산 대연교회(황병보 목사)에서 부흥회를 인도하였습니다. 교회를 신축하고 은혜를 사모하는 교회였기에 열심히 모여서 은혜를 받았습니다. 특별히 부산 시내 여러 교회에서 모여들어 약 800명이 회집하였습니다. 경찰과 정보기관에서는 무섭게 감시와 탄압을 하였는데 교회에 나오는 교인들의 가방을 뒤지면서 괴롭게 하였고 계엄군은 무장을 하고 교회 근처에 배치되어 삼엄하게 경계를 하였습니다. 부흥회를 하는데 계엄군이 무장하고 경계하는 일은 현재 이 지구상에 어느 나라에도 없는 일일 것입니다. 소련 모스크바에서는 빌리 그래함 목사를 청해 부흥회를 하는 판국인데 한반도에서는 소위 정의와 민주주의를 부르짖으면서 계엄군이 무장하고 교회를 감시하며 위협을 주니 참으로 통탄할 일이 아닐 수 없습니다. 이렇게 어려운 여건 속에서도 나는 성령의 인도대로 담대하게 해야 할 바른말은 주저하지 않고 외쳤습니다. 그랬더니 계엄군보다 먼저 교인들이 그런 말 하면 은혜가 안되고 마음에 부담이 간다고 부드럽게 설교하라는 간청이 많았습니다.

정의롭고 합법적인 정권 안보는 국가 안보와 연결되지만, 불의한 독재 정권, 불법으로 집권한 비민주적 정권은 오히려 국가 안보를 위하여 불의한 정권은 속히 무너져야 합니다. 저희들은 정권 안보와 국가 안보를 동일시하고 자기가 곧 국가의 상징인 양 정권 수호를 국가 수호와 같이 하라고 국민에게 강요하는 것입니다.

부산 대연교회 집회는 광주시민 학살 직후이기에 살기등등하였고 그들은 민중을 잡아 삼킬 듯한 사나운 기세였습니다. 전능하신 하나님께서 크신 힘을 주사 그 어려운 감시 속에서도 소신껏 집회를 인도하게 하셨으니 영광과 찬송을 주님께 돌릴 뿐입니다. 안디옥에서 핍박받는 바울이 이고니온에 가서 더욱 담대히 복음을 전파했듯이 부족한 종도 무서운 감시의 눈초리가 항상 뒤따르지만 담대하게 복음을 증거하며 하나님의 정의를 외쳤으니 이는 전능하신 나의 하나님이 되시고 나의 산성과 방패와 요새와 병기가 되어주신 연고였습니다. 영광과 감사는 오직 하나님께 돌릴 뿐입니다.

4. 1980-4-회고록 ― 성남 주민교회 부흥회 압력

〈성남 주민교회 부흥회 압력〉

광주시민 학살이 자행된 직후 전두환이라는 이름도 함부로 부르지 못했던 공포의 시기인 1980년 9월 15일부터 18일까지 성남시 주민교회(이해학 목사)에서 부흥회가 열렸습니다. 주민교회는 공화당 시절에 가장 수난을 많이 받은 교회입니다. 당회장 이해학 목사님은 전도사 시절에 긴급조치법 위반으로 3년 동안 옥고를 치르고 교인 중 대부분이 유치장에 갔다 오는 고통을 받은 교회였습니다. 경찰이 교인 집을 찾아다니면서 괴롭게 하고 그 교회에 나가지 못하도록 압력을 가하여 많은 시련을 겪어 교인은 약 80명쯤 모이는 교회였습니다. 부흥회 첫날부터 정보과 형사가 시간마다 참석하여 설교내용을 녹음하고 감시했습니다. 그런데 정보 과에서는 설교내용 중에 자극적인 말은 보고를 아니하고 평범한 내용만 보고하였던 모양입니다. 보안사 당국에서는 고영근 목사의 설교가 갑자기 부드러워질 이유가 없는데 이상하다고 생각하여 9월 17일(목)에 보안사에서 직접 나왔습니다.

마침 그날 김대중 선생님이 군법회의 재판에서 사형을 언도 받은 날이었습니다. 참으로 분노를 누를 길이 없었습니다. 무고한 자를 공산당으로 몰아서 사형 언도를 내리는 처사는 차마 묵과할 수 없는 악행이었습니다. 나는 십계명 중의 제 6조항 "살인하지 말라"는 계명을 설교하면서 개인적 살인도 크지만, 정치적 살인이 큰 살인죄라고 설명했습니다.

"만일 김 모 씨가 공산주의자라면 박정권은 18년간 그를 공산당으로 처벌 못 한 직무유기의 범죄를 자행한 셈이고 현 정부는 지난 2월 그에게 정치활동을 허용했으니 이는 공산당을 방조한 죄가 아닙니까? 자기의 정적을 공산당으로 몰아치는 일은 너무나 옹졸하고 정신적 살인죄를 범하는 행위입니다. 하나님의 진노를 두려워하십시오"라는 요지의 설교를 하였습니다. 나는 그 후에도 예배 때마다 김대중 선생님, 문익환 목사님, 이해동 목사님, 명노근 장로님, 이문영 장로님, 홍남순 변호사님을 위해 그리고 많은 애국청년들을 위하여 기도했습니다.

주민교회는 그 후에 크게 부흥되어서 성남지역에서 고난받는 주민을 위해 많은 일을 하여 주님의 사랑과 정의를 선포함으로 하나님께 큰 영광을 돌리고 있습니다. 과연 한국교회가 시범해야 할 교회라고 해도 지나친 표현이 아닐 것입니다. 특별히 이해학 목사와 박점동 장로는

3, 4, 5, 6공화국에 걸쳐서 끝까지 신앙의 지조를 지키며 하나님의 정의 구현과 민주화운동의 구심교회가 되도록 크게 공헌하고 있습니다. 주민교회야말로 주님 말씀대로 자기를 이기고 십자가를 지고 주님의 뒤를 따르는 교회임을 나는 의심 없이 믿고 경의를 표합니다.

『죽음의 고비를 넘어서』 2권, 178~181 발췌.

5. 1980-5-회고록 — 보안사령부의 압력과 회유

〈보안사령부의 압력과 회유〉

주민교회 부흥회를 마치고 집에 돌아오니 보안사령부의 M 중령이 우리집에 온다는 전화가 왔습니다. 그는 말하기를 "고 목사님이 부흥회 다니면서 당국을 비판한 데 대하여 당국에서는 구속하기로 방침을 세웠습니다. 고 목사님이 부흥회에서 발언한 것 중에서 문제의 발언만 몇 가지 간추려진 것이 여기 인쇄되어 있습니다. 자~ 이것을 보시고 여기 인쇄된 것과 고 목사가 설교한 내용과 다름이 있는가 검토해 보시오" 하면서 인쇄물을 내어놓았습니다.

나는 그 인쇄물을 보았는데 그 표지에는 이렇게 쓰여 있었습니다. "문제의 목사 고영근의 발언, 보안사령부." 한 장 넘기니 6월 2일부터 5일까지 신성북교회에서 남선교회 주최로 열린 집회 때 발언한 내용이 기재되어 있었습니다. 그리고 끝에는 주민교회 설교 내용이 적혀 있었습니다. 그 내용은 대강 다음과 같습니다.

① 79년 10월 26일 박정희가 시해당한 것은 김재규가 총을 쏘아서 죽었다기보다 하나님께서 공의의 심판을 내린 것입니다. 불의한 자의 말로가 어떤 것을 우리에게 보여준 것입니다. 우리는 다시는 박정희가 범한 죄악을 반복해서는 안 됩니다(전 대통령 모독죄에 해당).

② 목사는 피해자와 가련한 자를 돌보아 줌이 옳거늘 가해자요 살인자들 앞에 나아가 살인자를 위해 축복기도를 하고 조찬 기도를 하니 목사의 양심이 이래서야 되겠습니까? 구역질나는 아부를 일삼아서야 되겠느냐 말입니다. 우리는 강자 편에 서기보다 하나님과 정의 편에 서서 정당하게 행동해야 합니다(특정인 모독죄).

③ 1961년 5월 16일 박정희가 총칼로 정권을 강탈하여 혁명이라는 미명으로 불의와 강탈을 은폐시키다 하나님의 심판을 받더니 또다시 총칼로 국민의 자유와 권리를 빼앗고 유린하니 회개치 않으면 하나님의 심판을 면치 못합니다(교란선동죄).

④ 자유당이 신익희 선생님을 공산당으로 몰다가 심판받았듯이 당국은 김 모 씨를 공산주의자로 몰아 사형을 언도하니 천벌이 무섭지 아니한가? 무죄한 자를 모함하면 하나님의 심판을 면치 못합니다.

이상과 같은 내용을 인쇄하여 내게 보이면서 "보안사에서 구속하기로 한 것을 내가 간곡히 만류하면서 내가 잘 권고해 보겠으니 이번만은 구속을 보류해 주시오 하고 간청하여 겨우 구속을 중지했으니 고 목사님, 앞으로 나를 보아서 조심하시오. 다음에 또 자극적인 발언을 하여 구속되면 내 입장도 난처해지고 나는 더 이상 변명할 방법이 없으니 잘 알아서 하시오" 하는 것입니다. 그 M 중령은 초면이 아니었습니다. 부천에 있는 공수부대에 군인을 위한 집회를 하러 갔을 때 만나서 아는 중령이었습니다. 나는 그래서 "그처럼 나를 위해서 변명해 주셨다니 우선 그 호의에 감사합니다. 앞으로의 일은 내가 알아서 처리해 나가겠습니다" 하고 헤어졌습니다.

참으로 무서운 공갈입니다. 5.17 사건으로 구속되어 고생하는 소식을 들어보니 실로 끔찍했습니다. 갖은 고문과 구타, 잠 안 재우기, 무서운 협박과 공갈, 인간의 양심을 가지고는 행할 수 없는 인권탄압이었습니다. 나는 다행히 구속되지 않아서 그 어려운 고초는 겪지 않았는데 항상 위험은 따라다녔습니다. 언제 어떠한 장소에서 어떠한 일을 당할른지 알 수 없기에 나는 항상 마음의 준비를 하고 있었습니다.

그들은 내가 양보하면 할수록 더욱더 압력을 가해 왔습니다. 나는 도저히 더 이상 양보할 수 없다고 생각하여 이젠 소신껏 외치기로 했습니다. 하루는(1980. 11. 17) 또 보안사 M 중령이 우리집에 왔습니다. 피차 인사를 나눈 후 그가 첫 마디로 하는 소리가 "고 목사는 어찌하여 우리 일에 협조하지 않고 사사건건 괴롭히는 것이요. 그 진의가 어디에 있소?" 나는 대답하기를 "예수님께서 말씀하시기를 회개하고 복음을 믿으라 하였소. 그러므로 나는 회개를 권고하는 것이요. 어느 시대 누구에게도 회개를 권고하는 것이 전도자의 사명이요, 특별히 부흥사의 사명입니다. 나는 내 사명을 다했을 뿐 고의적으로 누구를 괴롭게 하려고 자극적인 말을 하는 것이 아닙니다"라고 대답했습니다. 그는 나에게 따지며 물어왔습니다. "도대체 전두환 각하가 무엇이 나쁘기에 고 목사는 그렇게 비판적인 말만 하시오?" 하기에 "전두환에게는 세 가지 죄가 있습니다. 첫째는 하극상의 죄를 범했고 둘째는 불법으로 정권을 탈취하였고 셋째는 광주 시민을 학살한 죄요. 이 세 가지는 너무 크기 때문에 무슨 선한 일이나 업적을 남김으로 가리워질 죄가 아닙니다. 잔재주 부리면 하나님이 용서하지 않습니다." …

『죽음의 고비를 넘어서 』2권, 182~189 발췌.

6. 1980-6-타인 회고록 — 김대중 선생님 구명을 위하여, 노경규 선생[1] 구술

〈김대중 선생 구명을 위하여〉

노경규 내가 화곡동 집에 있을 때 해위(윤보선 전 대통령) 선생님께 가는 게 나으재? 그때 김대중 내란음모 사건의 수사보고서가 신문에 나올 때라. 1심 사형, 2심 사형 하고 나올 땐데 이건 완전 사형이야. 김대중 내란음모사건 중간보고서로 나올 땐데 부산 책임자로 내 이름이 나오는 거야. 보니까. 기도 안 차. 그 분위기에서 김대중이 1심 사형, 2심 사형 나중에 사면받기 전까지 그 과정에서 아버지와 우리(노경규, 유중람) 와 의논해 갖고 해위 선생님께 가봐야 되겠다. 해위 선생님이 전두환하고 가까울 때거든. 영향력을 미칠 때라. 그래서 안국동으로 2번이나 3번 정도 안 갔나.

질문자 같이 가셨어요?

노경규 아니 우리는 집에 숨어 있었고. 목사님 혼자서 가셨지.

질문자 아~ 그래서 수첩에 보면 윤보선 면담이라고 쓰여 있어요.

노경규 여러 번 가셨지. 가 갔고는 집에 들어올 때면 벨이 뚜~~뚜뚜 뚜~~뚜뚜 뚜~~뚜뚜 하고 세 번 울리는 거야. 그렇게 세 번 울려야 문을 열어주게 되어 있어. 누구도 다 그랬어. 벨 소리를 정했어. 방 창문 뒤로 넘어갈 수 있도록 모기장을 쳐놓고 연탄 창고로 가는데 전부 아이디어를 낸 사람이 어머니야. 사모님이 모기장을 뚫어놓고 넘어가는 거, 연탄창고를 재서 들어갈 수 있게 한 것 모든 게 어머님의 아이디어야. 그런데 세상에 윤보선 집이 안국동 아이가. 가서서 김대중 좀 살려주시오. 이거야. 그때는 사형, 그러면 그냥 가는 거야. 1심 2심 3심까지 사형선고가 됐는데 김대중 살려주시오 이거 하려고 간 거야. 목사님도 고민하다가 우리하고 의논했지. 목사님 갈 사람이 없습니다. 갔는데 올 때 되면 벨을 누르고 딱 들어오잖아. 그러면 어깨 힘이 하나도 없는 거야. 힘이 축 처져서 들어와, 뻔한 거라. 차 한잔하면서 탄식을

---

1 노경규 선생은 김대중 내란음모 사건으로 수배되어 1980년 6월에 고영근 목사 집에서 유중람 선생과 함께 약 6개월여 지냈다. 신민당 중앙당 총무국장, 김대중 씨 비서, 민주헌정동지회 부산총책으로 4차례 투옥되었다.

하지. 땅굴, 잠수함 숫자 비교하고 그때는 북한이 남한보다 잠수함 숫자가 더 많았거든. 그게 뭐냐면 정부가 내놓은 논리야. 정부가 늘 그렇게 선전했어. 북한에서 땅굴을 팠다고 나왔잖아. 땅굴 이야기를 해위 선생님이 잠수함 비교를 하면서 말씀하시기를 김대중이는 머리가 너무 영리해. 이런 말을 하는 거야. 아버지가 마 말이 안 나오는 거야. 그래서 돌아오는기라. 그러기를 두 번이나 세 번 했다 아이가. 그래왔는데 그때 아버지 표정, 대문 들어오면서 아버지 어깨가 축 늘어져 있는 표정 그게 생생하단 말야. 근데 목사님의 진정성은 나오는 거야. 그렇게 한다 해서 효과는 없지. 그렇지만 진정성이 있는 거야. 그렇게 한다 해서 김대중 살려주는 것도 아니고 해위 선생님도 나라를 위해서 할 일이 많은 사람인데 그때 선생님의 처지는 그랬어. 그러니까 믿고 구해달라고 찾아간 건데 그 과정을 우리가 봤잖아.

(2021. 3. 22 오후 11시)

2장

—

1981년도 사료

I. 수첩으로 보는 사역

1981년 1월 활동

월일	활동 내용
1.5~6.	안성지구 제직수련회(기장 안성시찰회)
1.11~15.	대전 세광교회(함경보 목사)
1.14.	대전지구 교역자 강좌 "현대 속의 목회 방법"
1.15~19.	경북 건천제일교회(윤상곤 목사)
1.20.	부산 산정현교회 제직수련회
1.21.	예장 청년 겨울 선교 교육대회 "나를 보내소서"
1.22-26.	안동 무릉교회(조준래 목사)
1.25.	안동지구 교역자 강좌 "현대 속의 목회 방법"
1.27~31.	청양교회
1.27	서울지구 교역자 강좌(임태평 목사) "한국교회의 나아갈 길"

1981년 2월 활동

	월일	활동 내용
	2.1.	남가좌교회
	2.7~11.	전북 김제 난산교회(강희남 목사)
	2.12~15.	광주 운암교회(정해동 목사)
	2.17~21.	울산 대현교회(윤응오 목사)
	2.20.	울산지구 교역자 강좌 "한국교회의 나아갈 길"
	2.22~25.	전주 중산교회(신삼석 목사)
	2.25.	전주지구 교역자 강좌 "한국교회의 나아갈 길"
	2.26.	이리 신광교회 청년집회

1981년 3월 활동

	월일	활동 내용
	3.2~6.	태안지구교회 연합부흥회 (태안지구연합회, 태안교회)
	3.5.	태안지구 교역자 강좌 "현대 속의 목회 방법"
		태안지구 직원 강좌회
	3.8.	성남 동산교회, 영등포 영신교회
	3.9~12.	태백 철암교회(안상혁 목사)
	3.10.	태백지구 청년연합회(황지교회)
	3.11.	철암지구 교역자 강좌 "현대 속의 목회 방법"
	3.15.	수도교회
	3.15~18.	삼송교회(이능백 목사)
	3.19~23.	울산 일산교회(강기원 목사)
	3.22.	울산지구 교역자 강좌 "현대 속의 목회 방법"
	3.24~28.	우림교회(김병덕 목사)
	3.29~4.2.	창원 상남교회(박진환 목사)

1981년 4월 활동

	월일	활동 내용
	4.1.	창원지구 교역자 강좌 "현대 속의 목회 방법"
	4.3~6.	안양 논곡교회(김병서 목사)
	4.6~8.	여수 성동교회(박창근 목사)
	4.9~11.	경기노회 청년부흥회
	4.12.	기자촌교회
	4.13.	집회차 미국 출국 예정이었으나 출국금지
	4.17.	좌담회, 송진섭
	4.18.	교문리 부활절 연합예배
	4.19.	청주시 청년연합회 4.19 기념예배
	4.20~23.	양평동교회(이정학 목사)
	4.23~26.	서교동교회(문용오 목사)
	4.27~30.	태백 황지중앙교회(노윤경 목사)
	4.29.	황지지구 교역자 강좌 "현대 속의 목회 방법"

1981년 5월 활동

	월일	활동 내용
	5.4.	한국목민선교회 주최 「교역자 위한 정기 강좌회」1회차 안병무 박사, "마가복음 연구와 재평가"
	5.7~11.	대구삼일교회(설명수 목사)
	5.10.	대구지구 교역자 강좌 "현대 속의 목회 방법"
	5.12~15.	울산 전하교회(정찬준 목사)
	5.15.	울산지구 교역자 강좌 "현대 속의 목회 방법"
	5.17.	장위동교회
	5.17~21.	도림동교회(유의웅 목사)
	5.18.	한국목민선교회 「교역자 위한 정기 강좌회」2회차 이만열 교수, "역사의식을 가져야 할 한국교회"
	5.21~24.	충남 성수제일교회(함영식 목사)
	5.23.	보령지구 교역자 강좌 "현대 속의 목회 방법"
	5.24.	청담교회
	5.24~27.	신촌교회(최창수 목사)
	5.26.	의정부지구 교역자 강좌 "현대 속의 목회 방법"
	5.28~31.	영해교회(권택조 목사)

1981년 6월 활동

	월일	활동 내용
月間予定表 이달의 目標 동신교회 764 1181~4 6 1 月 2 火 3 水 4 木 5 金 6 土 7 日 청담교회 8 月 전소 9 火 10 水 11 木 12 金 13 土 14 日 청측389,034 팔. 372.6625 15 月 16 火 17 水 18 木 19 金 20 土 21 日 22 月 강좌회 23 火 24 水 25 木 예방 830 26 金 낮 예진회의 27 土 28 日 539 4346 용천노회 평신도 29 月 30 火	6.7.	청담교회
	6.8.	목민선교회「교역자 위한 정기 강좌회」 3회차 김관석 목사, "NCC 운동의 어제와 오늘"
	6.14.	청죽교회
	6.22.	장신대 대학원생 강좌회 (이종성, 장로회신학대학교)
	6.22.	한국목민선교회「교역자 위한 정기 강좌회」 4회차 - 서남동 목사, "민중신학의 원리" - 송건호 선생, "한국교회 백년사의 공로와 과오"
	6.28.	용천노회 평신도 연합예배
	6.28.	예원교회

1981년 7월 활동

	월일	활동 내용
	7.5.	목민교회
	7.6.	한국목민선교회 「교역자 위한 정기 강좌회」 5회차 유인호 교수, "한국경제의 현재와 전망"
	7.12.	광주성결교회, 신성교회
	7.26.	성남제일교회

1981년 8월 활동

	월일	활동 내용
	8.2.	구로제일침례교회
	8.9.	답십리교회
	8.13~14.	부산 동노회 청년부흥회 (부산동노회 청년연합회)
	8.16.	이문동교회
	8.23.	신성교회, 한신장로교회
	8.30.	성남제일교회
	8.31.	기도회

1981년 9월 활동

	월일	활동 내용
	9.3.	기장 교역자연수회(서남동, 기장 선교원) "오늘의 부흥 설교"
	9.3~7.	신성교회(김영준 목사)
	9.7.	한국목민선교회 「교역자 위한 정기 강좌회」 6회차 한완상 박사, "한국교회 사회적 사명"
	9.13.	베데스다교회
	9.20.	한빛교회, 숭의감리교회
	9.27.	한신교회
	9.28~10.1.	광주 송정순복음교회

1981년 10월 활동

	월일	활동 내용
	10.4.	천세장로교회, 인천 숭의감리교회
	10.5~7.	충남노회 교역자 수련회 (기장 충남노회)
	10.8.	한신대, "한국교회의 나아갈 길"
	10.9~11.	신내교회(김덕용 목사)
	10.11~14	도봉교회(황명식 목사)
	10.12.	한국목민선교회 「교역자 위한 정기 강좌회」 7회차 함석헌 선생, "한국교회는 무엇을 하고 있는가"
	10.15~19.	충주 구세군(방기창 목사)
	10.16.	충주지구 교역자 강좌 "현대 속의 목회 방법"
	10.21.	수원중앙교회(손병섭 목사)
	10.25.	구의교회(최지웅 목사)
	10.31.	군산노회 청년연합회 설교

1981년 11월 활동

	월일	활동 내용
	11.4~8.	중앙감리교회(황을성 목사)
	11.9.	한국목민선교회 「교역자 위한 정기 강좌회」 8회차 조남기 목사, "한국교회와 인권문제"
		부흥사 수련회(부흥사 연수원) "한국 부흥사의 나아갈 길"
	11.9~12.	성화교회(김동관 목사)
	11.13~15.	청주노동교회(정진동 목사)
	11.19.	온양지구 연합회
	11.20.	양평지구 노인 위한 강좌
	11.23~27.	전남 장천교회(유은옥 목사)
	11.29.	양평 국수리 장로교회

1981년 12월 활동

	월일	활동 내용
	12.7.	기장 선교교육원 교역자 강좌회
	12.5~7.	광주 한빛교회(윤기석 목사)
	12.13.	서교동교회, 청년헌신예배
	12.14.	한국목민선교회 「교역자 위한 정기 강좌회」 9회차 김동길 박사, "기독교와 역사의식"
	12.14~18.	익산 무형교회(조기범 목사)
	12.15.	익산지구 교역자 강좌 "현대 속의 목회 방법"
	12.19.	익산 성탄예배
	12.20.	강서성결교회
	12.27~30.	대구 성빈교회(김제민 목사)

II. 세부적 활동 내용으로 보는 한 해 일정

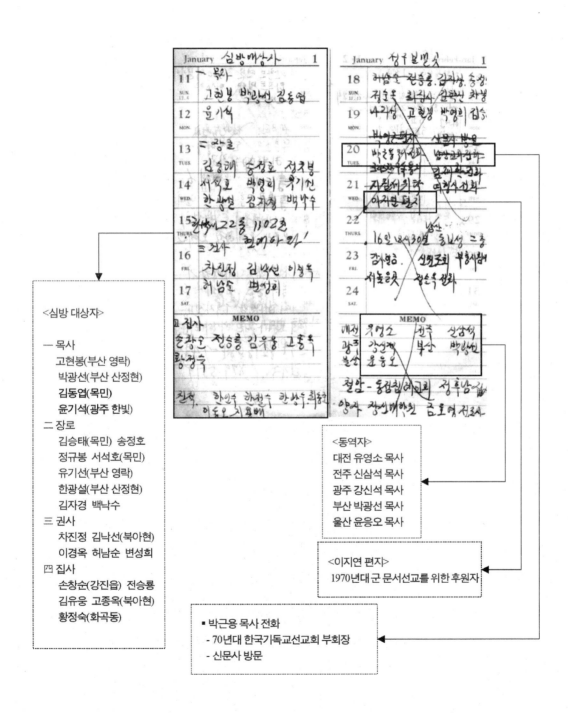

<심방 대상자>

一 목사
  고현봉(부산 영락)
  박광선(부산 산정현)
  김동엽(목민)
  윤기석(광주 한빛)
二 장로
  김승태(목민) 송정호
  정규봉 서석호(목민)
  유기선(부산 영락)
  한광설(부산 산정현)
  김자경 백낙수
三 권사
  차진정 김낙선(북아현)
  이경옥 허남순 변성희
四 집사
  손창순(강진읍) 전승룡
  김유웅 고종옥(북아현)
  황정숙(화곡동)

<동역자>
대전 유영소 목사
전주 신삼석 목사
광주 강신석 목사
부산 박광선 목사
울산 윤응오 목사

<이지연 편지>
1970년대 군 문서선교를 위한 후원자

▪ 박근용 목사 전화
  - 70년대 한국기독교선교회 부회장
  - 신문사 방문

<**사업계획**>

1. 도서출판: 교계의 나아갈 길
2. 교역자 수련회
3. 부흥사 소개
4. 도서 보내기 운동
5. 구속자 가족 돕기
6. 구속자 가족 심방
7. 도서 소개 광고
8. 전도부장 회의

<**업무**>

부흥사 선택, 임인식 목사,
김영제 면담, 최열(한국공해문제연구소), 양도천,
봄 채소 파종, 교도소 편지
부산 족자 보내기, 책장 사오기
연합선교사업보고서, 원고 작성(죽음의 고비를 넘어서)
방주교회 설교, 부활절 설교 제목
부흥회 지침서, 신문 광고문
문익환 목사, 부흥노래 타자
조판 독촉, 신학생 초대
정 장로 초대, 안명섭 초대
도서 구입, 사업보고서 발송
미국 편지, 사도행전 발송
문익환 가정방문, 영도교회 5
조찬 기도회, 군산 신흥 12
한완상 방문, 대연교회 8
장제학 교수 방문, 무궁화유지(차진정 권사) 보고서
변 집사(변성희 후원자) 방문, 부산 편지
NCC 방문

<회원교회>

(지방)	(서울)
1. 부산영락	1. 북아현
2. 산정현	2. .화곡동
3. 영도	3. 목민
4. 제일	4. 이문동
5. 주안	5. 동안
6. 대성	6. 평광
7. 광복	7. 서교동
8. 부산진	8. 상평동
9. 대전백운	9. 장위중앙
10. 여수성남	10. 장위동
11. 부산구덕	11. 광림
12. 울산대현	12. 구파발
	13. 염천
	14. 해방
	15. 대현
	16. 도원동
	17. 인천제일
	18. 수산
	19. 화양
	20.. 신광
	21. 동학대
	22. 신당중앙
	23. 천호성결
	24. 공능
	25. 종암
	26. 청량리
	27. 신촌성결

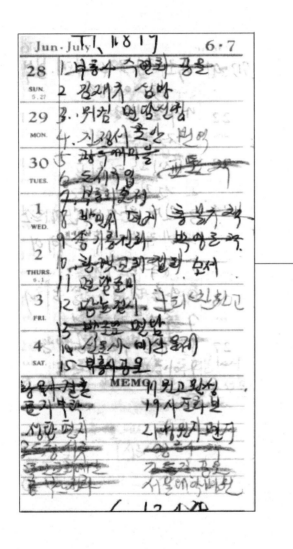

<사업계획>

1. 부흥사 수련회 공문
2. 김재규 가족 심방
3. 워컴(주한미대사관) 면담 신청
4. 진정서 초안
5. 광주 새마을
6. 도서 구입
7. 부흥회 순서
8. 박민서 편지, 홍봉규 책
9. 송기흥 전화, 박영도 책
10. 한빛교회 집회 순서
11. 면담 준비
12. 당뇨 검사
13. 박조준 면담
14. 신문사 예산 문제
15. 부흥사 공문
16. 황 목사 결혼
17. 원고 완성(죽음의 고비)
18. 표지 부탁
19. 사진 화보
20. 성탄 편지
21. 성원자 편지
22. 교도청 서류
23. 목민교회 예산
24. 서울대학병원(병문안)
25. 부산 전화

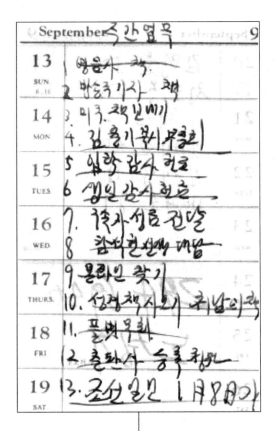

<주간업무>
1. 영음사 책
2. 방송국 기자 책
3. 미국 책 보내기
4. 김중기 목사 부흥회
5. 입학 감사 헌금
6. 생일 감사 헌금
7. 구속자 성금 전달
8. 함석헌 선생 대담
9. 온라인 찾기
10. 성경책 사오기 처남의 책
11. 풀빛 목회
12. 출판사 등록 청원
13. 조선일보 1월 8일
    (청계피복노조 해산명령서 발부)

목민선교

*옥중에서 고난받는 양심수를 위하여

1. 위로 편지 발송
    ① 부활절 380명 ② 광복절 265명 ③ 성탄절 290명
2. 수감자 영치금 및 접견물 차입
    ① 서울구치소 15명 ② 광주교도소 10명 ③ 대전교도소 2명
3. 구속자와 석방자 가족 방문
4. 구속자 도서 보내기 388권
5. 양심수 재판 방청 및 가족 격려
6. 영치금 차입 25명(추가)
7. 구속자 가족 돕기 주선(신성장로교회, 도봉성결교회)

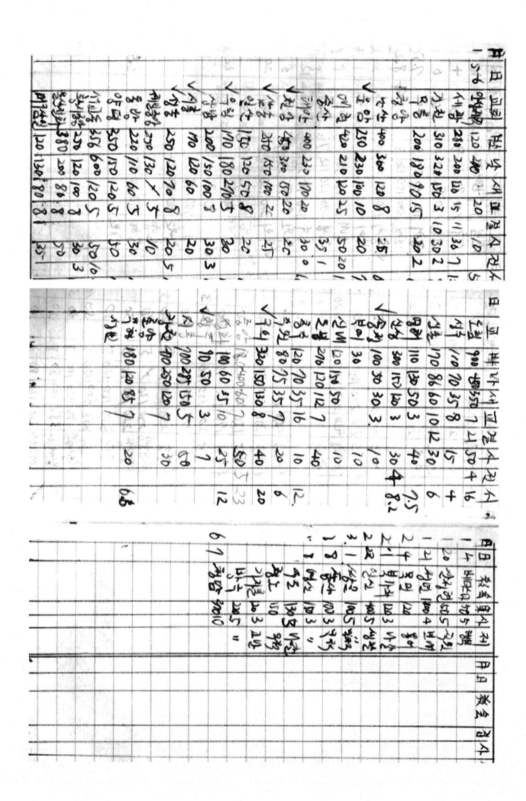

III. 고영근이 만난 사람들

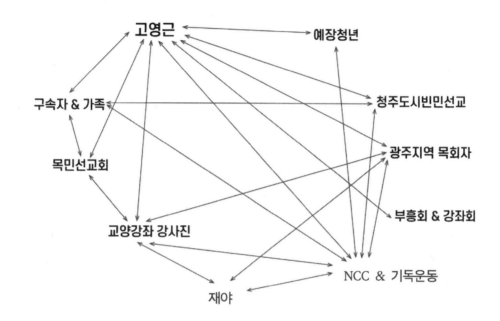

교계 주요 인사
유영소(대전) 신삼석(전주) 강신석(광주) 박광선(부산) 윤응오(울산) 이해학 목사 문장식 송진섭 조지송 목사 이경재 임태평 장성용 김홍기 <면담> 김소영(NCC 총무) 조남기(NCC 인권위원장) 박형규(기장 총회장) 김관석(기독교방송국 사장) 공한봉(예장 총회장) 이의후(예장 총회 총무) 백기완 임영천 남덕우 총리 <수감자 영치금 & 접견물> 서울 구치소 광주 교도소 대전 교도소

재야인사
윤보선(전 대통령) 함석헌 김수한 추기경, 남덕우 총리

부흥회 & 강좌
함경보(대전 세광) 윤상곤(경북 건천제일) 박광선(부산 산정현) 조준래(안동 부림) 임태평(청양) 강희남(김제 난산) 정해동(광주 운암) 윤응오(울산 대현) 심상석(전주 중산) 안상혁(태백 철암) 이능백(삼송) 강기원(울산 일산) 김병덕(우림) 박진환(창원 상남) 김병서(안양 논곡) 박창근(여수 성동)

이정학(양평동) 문봉오(서교동) 노윤경(태백 황지) 설명수(대구 상일) 정찬문(울산 전하) 이인구(장위동) 유의웅(도림동) 함병식(충남 성주) 최창수(신촌) 권택조(영해) 김영준(신성) 김덕용(신내) 황명식(도봉) 방기창(충주 구세군) 손명섭(수원 중앙) 최지웅(구의) 김동관(성화) 정진동(청주 노동) 유은옥(전남 장천) 윤기석(광주 한빛) 조기범(일산 부형) 김제민(대구 성빛) 황을성(중앙감리) 김경덕(전주 성공회) 홍만조(금호중앙) 박봉양

목민선교회 강좌

안병무 김관석 서남동 송건호 유인호 김용길 함석헌 조남기 이만열
<후원자 및 목민선교회 주요 인사>
목사: 고현봉 박광선 김동영 윤기석
장로: 김승재 송정호 정규봉 서석호 박영희 유기성 하광설 김자경 백남수
권사: 차진정 김낙선 이경옥 허남순 변성회
집사: 송창순 전승룡 고종옥 한정숙 한관설 김병일 손동길 유승호 유현정(차상옥 집사) 이경수

예장 청년선교대회

겨자씨회 태백지구 청년회 청주시 청년회 장신대 한신대 군산노회 청년회 용천 청년회 평신도

IV. 사진으로 만나는 역사의 현장

여수성동교회 청년집회
(1981. 4. 6~8.)

군사 통치 퇴진과 민주화를 절규하다
가 군인들의 총칼에 쓰러진 광주의 민
주투사들이 잠들고 있는 망월동 묘지
를 찾아 기도하다(1981. 3. 홍남순 변
호사와 함께)

신성교회 부흥선교대회
(1981. 9. 3~7.)

V. 사건별 사료

NO	구분	사료명	날짜	주요 사건 배경
1	1981-1 설교문	예장 청년 겨울선교대회 설교문 「나를 보내소서」	1/21	장청, 기청, 감청 등 교단 청년연합은 70, 80년대 청년운동의 핵심을 이룬다. 예장 청년연합은 매해 여름과 겨울 선교대회를 통해 전국 각지의 장청 회원들을 결집하고 확대하는 데 총력을 다하였다.
2	1981-1 회고록	나를 보내소서		『죽음의 고비를 넘어서』 2권, 190~192
	1981-2 회고록	전북 김제 난산교회 설교 (강희남 목사)	2/7~11	『죽음의 고비를 넘어서』 2권, 291~294
3	1981-3 서간문	구속자에게 드리는 편지	4/15	
	1981-4 녹취록	목민선교회 [교역자 위한 정기강좌회]	6/22	서남동, "민중신학의 원리" 송건호, "한국교회 백년사의 공로와 과오"
4	1981-5 회고록	부산동노회 청년연합회 선교교육대회	8/13~14	
	1981-6 저서	기독교인의 나아갈 길	9/15	기독교인의 자세 확립; 사도신경, 주기도문, 십계명 강해 신앙의 성장; 회개, 거듭, 기도, 예배, 성경, 신앙의 생활화
5	1981-7 회고록	청주 노동교회 (정진동 목사)	11/12~15	
	1981-8 저서	죽음의 고비를 넘어서	12/30	출생부터 긴급조치 9호 수감생활까지 삶의 이야기

* 음영 처리한 부분만 자료를 싣습니다.

1. 1981-1-설교문 — 예장 청년 겨울선교대회, "나를 보내소서"

〈나를 보내소서〉
이사야 6장 7-10

'교만한 웃시야 왕이 하나님의 징벌을 받아 문둥이가 되어 죽은 뒤 하나님께서 이사야에게 말씀하시기를 "내가 누구를 보내며 누가 우리를 위하여 갈꼬"하고 말씀하실 때 이사야는 서슴치 않고 "내가 여기 있나이다. 나를 보내소서"라고 선교 전선에 헌신하였습니다. 그는 이스라엘 민족과 국제적인 예언자가 되어 범죄를 날카롭게 책망하는 동시 자기 민족과 세계 인류에게 나갈 바 방향을 제시하고 희망을 용기를 주었습니다. 오늘, 청년 선교교육대회에 참석한 여러분은 "누가 나를 위하여 한국교회와 한국 민족 그리고 세계 인류를 위하여 나설꼬" 하시는 주의 음성을 듣고 "내가 여기 있나이다. 나를 보내소서" 하고 나서야 할 것입니다. 우리도 이사야처럼 내 민족과 세계 150여 개 나라를 향한 예언자가 되어 민족의 죄와 세계 인류의 죄를 책망하는 동시 민족의 나갈 길과 인류의 나갈 길을 제시하며 또 희망을 주고 예수 그리스도를 증거하며 주의 재림을 예비하는 20세기의 이사야와 세례 요한이 되어야 할 것입니다.

1. 한국교회 위해 나를 보내소서

한국의 28,000 교회를 섬기고자 하오니 나를 보내주소서
1) 신앙의 기본자세를 재정비하자.
　(1) 신앙의 3대 요소를 갖추고 조화를 이루기 위하여
　- 하나님의 영광(신비성) 하나님 제일주의의 신본주의
　- 영혼의 구원(보수성) 죄와 고통의 심판에서 구원
　- 인류의 봉사(사회성) 육신을 위한 봉사, 정신과 영혼 위한 봉사
　- 진리충만(진리운동) 지식(의식화) 진리로 무장하고
　- 능력충만(영화운동) 감정(조직화) 성령으로 하나 되고
　- 사랑충만(인화운동) 의지(행동화) 사랑의 실천

한국교회는 3대 요소 중에서 한 가지에만 치우치는 외골수 신앙을 고집한다. 우리는 3요소를 원만하게 갖추어 좌우에 치우치지 않는 신앙을 가지자.

2. 축복의 兩面을 所有하자

하나님은 복의 근원이며 기독교는 축복의 종교이다.
  - 구약적 축복(肉身上祝福) 건강, 부귀, 장수, 번영, 형통
  - 신약적 축복(心靈上祝福) 八福의 축복(마5장) 인격 변화

한국교회는 보이는 육신적 축복만 요구하고 신령한 축복은 등한시함. "의를 위하여 핍박을 받는 자는 복이 있나니 천국이 저의 것이요. 이런 축복은 이 시대에 가장 귀한 축복인데 이런 축복은 멀리하고 저속한 축복만 요구하는 기복신앙(祈福信仰)에 떨어지고 있다. 우리는 받기 위한 믿음보다 받치려하는 奉獻中心의 신앙을 소유하자.

3. 하나님의 正義를 확립하자

기독교는 정의와 사랑의 종교이다(구약은 정의, 신약은 사랑). 한국교회는 사랑을 빙자하여 不義를 용납하고 不義에게 아부하고 또 이런 죄악을 성경으로 合理化하고 있다. 작은 죄악은 책망하고 큰 죄악은 모른 체하고 작은 善은 열심히 시행하나 큰 善은 外面한다(버가모, 두아듸라 교회처럼 계시록 2장 12-19).

1885~1905년까지의 한국교회는 正義와 사랑을 겸비한 교회였고, 1905~1907년 사이에 正義가 무너지기 시작했으니, 이는 1905년 7월 미국 대통령 루즈벨트는 태프트 장관을 시켜서 日本의 桂首相과 담판케 하여 日本의 韓國外交權 박탈을 是認하는 대신 필리핀에는 손대지 말아 달라는 密約을 하기에 이르렀다.

그 후 일부 주한 미국 선교사들은 한국교회는 日本 통치에 順從해야 한다고 가르쳤고 한국교회의 모 부흥사는 모든 權勢는 하나님이 정한 바이니 복종해야 한다고 역설하였고 1920년대는 식민지 치하의 神學敎育이 실시되어 오늘까지 社會正義가 무너진 채 나쁜 전통은 持續되어 있다. 그러므로 한국교회는 구약시대 정의의 예언자였든 나단, 엘리야, 이사야, 아모스, 미가, 세례 요한

같이 正義를 외치고 실현하는 한편 베드로, 요한, 스데반, 바울처럼 사랑의 實踐者가 되어야 할 것이다.

1) 信仰을 生活化하자(敎會에서는 信仰, 社會에서는 生活)
기독교의 五大敎理를 믿어서 敎授을 받고 이를 生活化하여 하나님께 榮光을 돌리자. 제사 (종교의식)보다 긍휼을 원하는 주님 앞에서
    (1) 예수님의 陸生(빌 2:1-8)역사 속에 참여키 위하여 道成人身하신 예수를 믿어 구주로 영접하고 나도 예수님의 심장을 품고 역사 속에 참여하여 인류를 구원하자.
    (2) 예수님의 贖罪(마 10:38, 16:24-26)
        기독교는 十字架의 종교이니 믿어야 할 十字架와 져야 할 十字架가 있다. 예수님의 십자가를 믿어 죄 사함 받아 하나님과 和平을 누리며 구원을 받고 내 몫에 태인 십자가를 지고 주의 뒤를 따라가야 한다. 특별히 민족의 아픔에 동참하며 자유정의가 실현되기 위하여 민족적인 십자가를 지고 골고다로 올라가야 한다.
    (3) 예수님의 復活(롬 4:25)
        예수님의 부활은 죽음에 대한 생명의 승리이며 不義에 대한 正義의 승리이며 거짓과 강포에 대항한 진실과 사랑의 승리이다. 우리는 부활하신 주님을 믿어 승리의 생활을 하며 구원을 받고 적극적 구원을 베푸신 주님 뜻을 따라 우리도 남을 구원할 때 소극적인 선행보다 적극적인 선을 행함에 힘써야 한다.
    (4) 예수님의 昇天(행 7:54-60)
        하나님 보좌 우편에 일어서서 기도하시는 주 예수를 믿으면서 世上에 있는 惡人의 亨通을 부러워하거나 굴복하지 말고 에녹처럼 주님과 同行하면서 그리고 스데반처럼 天使의 얼굴로 不義와 싸워 이기고 또 이기자.
    (5) 예수님의 再臨(살전 4:13-18)
        산 자와 죽은 자를 심판하며 再臨하는 주 예수를 믿으며 오늘에 주어진 時代的 使命에 충성을 다하여 영광스러운 구원에 참여하자.

2) 敎界 不條理를 是正하자(이를 위하여 기도하고 의식화하자)
    (1) 敎派亂立을 정비

70여 교파(文公部에 등록된 교파만)를 통합하여 民族敎會를 形成하고 민족을 지도하며 南北統一을 실현할 실력태세를 完備해야 함.

(2) 神學校 亂立을 정비

신학대학 以外에는 모두 聖書學院으로 개칭하고 각 신학대학은 진리와 은혜가 충만하고 개인 복음화와 정치 복음화를 성취하려는 역사의식이 강력한 人材養成에 全力을 경주해야 한다.

(3) 開拓敎會 난립을 정비

개척교회 난립을 중지하고 이웃교회와의 거리를 도시에서는 500미터, 농촌교회는 3킬로미터의 간격을 확보하고 반드시 필요한 곳만 개척하게 한다.

(4) 外國 宣敎 再考

不實 外國 宣敎로 하나님의 영광와 祖國의 명예를 손상시키지 말고 政治 福音化, 經濟 福音化, 文化 福音化, 社會 福音化가 어느 정도라도 이룩되어 세계 앞에 우리나라 위신이 세워진 후에 선교하도록 하자.

(5) 올바른 예산 책정

칼빈 선생의 主張은 교회 예산 중에 50%는 내부 목회비에 50%는 외부선교 봉사비에 使用하라고 했으나 우선 도시 교회에서는 30%, 중소도시에서는 20%, 농촌교회에서는 15%를 외부선교 봉사비에 사용하도록 최선을 다하자.

(6) 敎役者의 聖役姿勢

교역자는 교회 내부에서 제사정적인 사명과 지역사회에서는 主的使命과 外部社會에 대해서는 예언자적 사명을 다하도록 각 교회에서는 적극 성원할 것이다.

(7) 敎權主義 止揚

敎會와 總會에서 선거할 때 하나님 앞에서 良心 바르고 가장 民主主義 방법으로 선거하며 사회에 모범을 보이고 神聖한 교회를 직업 종교인의 호구지책을 위한 직장같이 보이게 하는 나쁜 인상을 씻어 버리게 하고 순수한 복음주의 입장에서 개교회와 교계를 운영해 나갈 것이다.

○우리는 위와 같은 뜻이 이루어지기 위하여 첫째, 하나님 앞에 기도하고 둘째, 교인에게 意識化시키고 셋째, 지도자에게 건설적으로 건의해야 할 것이다.

2. 1981-1-회고록 — 나를 보내소서

〈나를 보내소서〉

광주시민을 학살하고 편법으로 집권한 전두환 정권의 무서운 철권통치가 시작되던 1981년 1월 20일, 부산 수안교회에서 전국 청년 선교교육대회가 열렸습니다. 나는 그때 결단 예배 설교를 부탁받고 설교를 하게 되었습니다. 당국은 청년대회를 못 하게 하려고 백방으로 압력을 가하다가 청년들의 담력 앞에 굴복하고 예정대로 수안교회(이만규 목사)에서 대회를 진행하게 되었습니다. 1월 20일 낮 2시부터 한완상 교수의 강의가 있었는데 당국에서는 한 박사로 하여금 강의를 못 하게 하려고 한 박사를 납치하다시피 하여 김해공항으로 데리고 가서 항공편으로 서울에 올려보냈습니다.

청년들은 분노해서 단식을 하자는 등 데모를 하자는 등 대단히 흥분되었고 당국에서는 초긴장하여 경찰기동대가 수안교회 근처에 수백 명이 배치되었습니다. 그렇게 긴장된 분위기에서 내가 설교하게 되니 참으로 내 입장이 난처했습니다. 나는 그때 미국의 영락교회 초청을 받고 부흥회를 떠나려고 신원조회를 의뢰했던 때였는데 그 설교의 내용을 강하게 하면 신원조회가 불허될 것이고, 또 미국에 가기 위해 당국에 거스르게 않게만 할 수도 없는 처지였습니다. 나는 그때 우리 하나님께 기도하면서 미국을 가고 못 가는 것은 주의 뜻에 맡기고 나는 소신대로 정의를 말하는 설교를 하기로 결심했습니다.

약 1,200명이 회집된 청년대회는 흥분한 분위기였습니다. 나는 그때 "기독청년의 나아갈 길"이라는 제목으로 열심히 설교했습니다. 나는 설교하는 중에 정치악을 책망하기에 이르렀습니다. 북한의 김일성은 1945년 11월 23일 신의주에서 데모하는 학생을 향하여 비행기에서 기총소사를 감행하여 23명을 죽이고 700명이 부상을 당했습니다. 소위 정치한다는 자가 맨손으로 데모하는 학생을 쏘아 죽이고는 말끝마다 정의, 정의를 가증하게 부르짖었습니다. 자고로 악독한 일을 많이 하는 살인자들이 정의 정의하고 정의를 많이 내세우는 것입니다(청년들이 일어서서 박수, 박수).

남침 위협이 있다면서 서울에 인구를 천만 명이나 모아 놓은 이유가 어디에 있습니까? 이는 서울시민을 폭삭 죽이려는 뜻이 아니면 남침 위협이 심각하지 않다는 증거일 것입니다(청년들은 아멘, 아멘). 그러므로 정치악과 경제악 그리고 문화악과 사회악을 정복하고 정치 복음화, 경제 복음화, 문화 복음화, 사회 복음화를 성취하고 더 나아가서 북한을 복음화함으로 남북통일을 성취해야 한다고 나는 역설했습니다.

약 한 시간 30분가량 설교할 때 청중들은 말씀에 도취 되어서 아멘, 아멘으로 화답하면서 경청했습니다. 나는 미국에 가건 못 가건 속 시원하게 말씀을 전파한 것이 통쾌했고 또 통쾌했습니다. 설교를 마치고 나니 수안교회의 이만규 목사님은 나를 뒷문으로 안내하여 미리 대기시켜 놓았던 차로 동래의 호텔로 안내했습니다. 이 목사님은 보안상 자기의 주민등록을 제시하여 이름을 쓰고 나를 호텔에서 쉬게 하고 다음 날 서울로 올라가도록 주선해 주었습니다. 이만규 목사님의 고마운 주선에 감사했습니다.

부산대회의 설교는 굉장한 영향력을 발휘했습니다. 전국 각 노회 청년연합회에서 강사초청이 많이 왔습니다. 강사로 초청할 때 다른 설교는 하지 말고 부산대회 때 한 설교를 그대로 해달라는 부탁이 쇄도했습니다. 이 어려운 시대에 잡아갈 테면 잡아가라 하고 담대히 설교한 것이 청년들 가슴에 큰 감동을 주게 된 것을 생각하니 하나님께 감사하며 기쁨과 보람을 느꼈습니다.

『죽음의 고비를 넘어서』 2권, 190~192 발췌.

3. 1981-3-서간문 ― 구속자에게 드리는 편지

〈구속자에게 드리는 편지〉

그리스도의 고난주간과 승리의 부활절을 맞이하여 하나님의 크신 은총이 선생님과 가정 위에 충만하기를 기도합니다.

그동안 영어 생활에 얼마나 고생이 많았습니까?

불초 교말은 그저 부끄러울 뿐입니다. 환절기를 맞이하여 각별히 몸조심하시며 하나님 앞에서 신령한 기도 생활로 크신 은혜를 체험할 수 있기를 바랍니다.

예수님께서 말씀하시기를 "인자가 온 것은 섬김을 받으며 함이 아니라 도리어 섬기려 하고 자기 목숨을 많은 사람의 대속물로 주려함이니라"(마태 20장 28절)라고 말씀하시고, 말씀하신 대로 살으시다가 십자가에 못 박혔습니다. 그러나 하나님께서 그리스도를 다시 살리셨으니 이는 사망에 대한 진실의 승리요 마귀에 대한 하나님의 승리였습니다.

예수님 부활의 역사적 사실은 우리에게 깊은 교훈을 줍니다.

고난 후에 영광이 있고 십자가 진 후에 영생이 있음을 실증으로 교훈해 주고 있습니다. 4월 19일 부활절을 맞이하면서 부활하신 주님의 크신 은총이 더욱 풍성하기를 다시 한번 기도합니다.

1981년 4월 15일

고영근 드림

4. 1981-5-회고록 － 부산동노회 청년연합회 선교교육대회(청년부흥회)

〈담배 피우는 자를 잡아 오시오〉

1981년 8월 12~13일까지 부산동노회 청년연합회 주최로 양산읍교회에서 개최된 선교교육대회에 한완상 교수와 강사로 초청받았습니다. 당회장 탁월한 목사님과 청년 임원들이 반갑게 맞아 주었습니다. 그리고 형사 2명은 집회 장소 안에, 5명은 밖에서 배회하고 있었는데 설교 중에 바람에 실려 온 담배 냄새가 코를 찔렀습니다. 그래서 큰소리로 호령을 했습니다. "밖에서 담배를 피우고 있는 자가 누구요? 공산당들도 교회에 오면 정중한 태도를 취했는데 교회에 와서 상식 없이 담배를 피우며 배회하는 자가 누구요? 청년들, 나가서 저 무례한 자를 잡아 오시오. 단단히 훈계를 해야 하겠소"라며 호통을 치니까 담배 피우던 형사들이 혼비백산하여 도망쳐 버렸습니다. 뻔히 형사가 피우는 줄 알았지만, 오히려 큰 소리로 위압을 준 것입니다.

마귀에게는 "사단아 물러가랏!" 하고 호령해야 하는데 기백 없는 소리로 "마귀님께 비옵나니 물러가 주시기를 삼가 바라옵니다"라고 해봐야 마귀는 코웃음을 치면서 더욱 덤벼들 것입니다. 그러므로 "마귀를 대적하라. 그리하면 너희를 피하리라"(약 4:7)고 하신 성경 말씀대로 마귀는 강하게 대적해야 합니다. 그 후 형사들이 다시는 교회에 와서 담배를 피우며 배회하지 못했습니다. 하나님의 사자로서 권위 있게 호령했기 때문입니다. 독재정치가 횡포를 부리는데 누가 감히 형사에게 호통을 칠 것입니까? 나는 목사이기에 호통을 쳤으며 저들은 잘못했기 때문에 물러간 것입니다. 소위 전두환 정권이 만든 "집회에 관한 시위법"이라는 것은 수사관이 그 집회 장소에 임의로 참석할 수 있게 되었습니다. 천하에 고약한 악법입니다. 언론집회의 자유를 깡그리 빼앗아 가는 악법이었습니다. 그러나 교회에 와서 담배를 피우는 일은 상식에 벗어나는 행위이므로 그들은 말 한마디 못 하고 도망쳤던 것입니다. 부산동노회 청년집회는 한완상 박사님의 훌륭한 강의도 있었고 나도 소신껏 말씀을 전파하여 은혜로운 가운데 끝났습니다.

"네 대적들이 일어나 너를 치려하면 여호와께서 그들을 네 앞에서 패하게 하시리니 그들이 한 길로 너를 치러 들어왔으나 네 앞에서 일곱 길로 도망하리라"(신 28:7).

『죽음의 고비를 넘어서』 2권, 93~194 발췌.

5. 1981-7-회고록 － 청주노동교회(정진동 목사)

〈형사들은 조심하시오〉

1981년 11월 13일부터 15일까지 청주노동교회(정진동 목사)에서 부흥회를 인도하였습니다. 청주노동교회는 경찰 당국의 모진 핍박을 받아 교인들이 흩어지고 100명 내외의 교인들이 회집하는 특수교회였습니다. 첫날 밤 예배 시간이 되어 교회에 와 보니 교인은 10명 정도 모였는데 형사들은 교회 안과 밖에 약 30여 명이 배회하면서 교인들을 살피고 있었습니다.

나는 북한 공산 치하에서도 볼 수 없었던 삼엄한 분위기를 경험하면서 서글퍼졌습니다. 민주주의와 정의를 말하는 이 나라 정부가 교회에서 열리는 부흥회를 이처럼 감시하니 참으로 어처구니없는 일이었습니다. 속담에 배보다 배꼽이 크다는 말이 있듯이 교인보다 형사가 많으니 어이가 없었습니다. 시간이 조금 지난 후에야 교인들이 모여 오기 시작하여 예배가 시작되었습니다. 사방으로 에워싸임을 당하는 교회인지라 활기가 없었고 어딘가 침울한 분위기가 감돌았습니다. 아무리 어려워도 기도하면서 집회를 인도했습니다.

그러던 중 주일 낮 예배를 인도하게 되었는데 형사들 5, 6명이 뒷자리에 앉아서 예배를 감시하고 있었습니다. 예배 도중에 두 명의 형사가 무전기를 들고 왔다 갔다 하는 것입니다. 그들의 몸가짐과 인상이 조심스러워하는 빛이 추호도 없으며 학원을 짓밟고 데모대를 방지하는 태도같이 보였습니다. 보다보다 못하여 나는 호통을 쳤습니다. "저기 왔다 갔다 하는 사람은 누구욧! 정 목사님 저 사람들이 교인이요?" 하니까 정 목사님이 답변하기를 "교인이 아닙니다" 라고 말하기에 나는 더욱 큰 소리로 "교인이 아니라면 형사들이구만. 형사들 조심하시오. 왔다 갔다 하며 예배를 방해하지 마시오. 공산당들도 교회 오면 조심했어요. 아무리 독재 정권이 교회를 감시하라고 보내서 왔지만, 국민 앞에 미안해하는 마음은 있어야 할 것이 아니겠소? 자유세계 어느 나라가 예배당에 형사가 와서 설교를 감시한단 말이욧! 아무리 독재 정권하의 형사지만 자그마한 상식과 예의는 갖추어야 할 것이 아니겠소? 형사들 자중하시오" 이렇게 호통을 치니 나머지 형사 네 사람은 머리를 푹 숙이고 나갈 수도 없고 머리를 들 수도 없어서 어찌할 바를 모르고 앉아 있었습니다.

주일예배는 아무 사고 없이 마치었고 또 부흥회도 무사히 끝났습니다. 나는 마음속으로

통쾌하기도 했고 또 슬프기도 했습니다. 정보과 형사에게 호통을 쳤으니 이는 목사의 권위가
아니었다면 어려울 것입니다. 안하무인이며 오만방자한 독재 정권 아래서 정보과 형사에게
호통치기란 그리 쉬운 일이 아니었습니다. 그들이 호통을 맞고는 보고내용을 거칠게 보고한
모양입니다.

또 한편 내가 심히 슬퍼한 것은 언제야 이 나라에 민주주의가 이뤄지겠는가 하는 탄식입니
다. 날이 갈수록 점점 더 독재의 지수가 심해질 뿐 조금도 나아지는 것이 없으니 한심하기만
했습니다. 우리를 불쌍히 여기시는 하나님께서 속히 불의한 권세를 꺾어 버리고 정의의 권세를
일으켜 세우는 날이 빨리 오기를 간구하며 또 간구할 수밖에 없었습니다.

『죽음의 고비를 넘어서』 2권, 195~196 발췌.

3장

1982년도 사료

I. 수첩으로 보는 사역

1982년 1월 활동

	월일	활동 내용
月間予定表 **1** 이달의 目標 1 金 2 土 3 日 모산감리교회 4 月 송악감리교회 5 火 6 水 7 木 8 金 9 土 10 日 11 月 망월교회 12 火 한인숙 맨시 13 水 14 木 15 金 16 土 17 日 18 月 안덕제일교회 19 火 20 水 21 木 22 金 23 土 24 日 동안교회 25 月 26 火 오대교회 27 水 28 木 29 金 30 土 31 日 화전교회 수산교회	1.3.	모산감리교회
	1.4~8	충남 송악감리교회(김영주 목사)
	1.7.	아산지구 교역자 강좌 "목회 계획과 교계의 나아갈 길"
	1.11~14	경북 망월장로교회(정소봉 목사)
	1.13.	경북 망월지구 교역자 강좌 "목회 계획과 교계의 나아갈 길"
		망월지구 직원 수련회
	1.18~22.	경북 안덕제일교회(권영성 목사)
	1.21.	경북 안덕지구 교역자 강좌 "목회 계획과 교계의 나아갈 길"
		안덕지구 직원 수련회
	1.24.	동안장로교회
	1.26~30.	경북 오대장로교회(김덕진 목사)
	1.27.	경북 오대지구 교역자 강좌 "목회 계획과 교계의 나아갈 길"
	1.31.	화전교회, 수산장로교회

1982년 2월 활동

	월일	활동 내용
月間予定表 (handwritten calendar)	2.1~5.	군산복음교회(조용술 목사)
	2.4.	군산지구 교역자 강좌 "목회방법과 민족의 나아갈 길"
	2.7.	대조제일교회
	2.8.	한국 목민선교회 「교역자 위한 정기 강좌회」 10회차 김성식 박사, "기독교와 역사의식"
	2.8~12.	강진 도암장로교회(성창효 목사)
	2.11.	강진지구 교역자 강좌 "목회방법과 민족의 나아갈 길"
	2.15~19.	목포 양동제일교회(윤여권 목사)
	2.18.	목포지구 교역자 강좌 "목회방법과 민족의 나아갈 길"
	2.14.	부산 산정현교회
	2.21.	대전북부교회, 목민교회
	2.22.	목민교회 직원 수련회
	2.22~26.	전북 부용성결교회(김동규 목사)

1982년 3월 활동

	월일	활동 내용
月間予定表 **3** 1 月 인천 용현 2 火 처생일 〃 3 水 〃 4 木 〃 5 金 〃 6 土 7 日 8 月 9 火 10 水 11 木 녹번동 12 金 〃 13 土 〃 14 日 〃 15 月 16 火 17 水 18 木 19 金 20 土 21 日 일신교회 22 月 해방교회 23 火 〃 24 水 〃 25 木 〃 26 金 〃 27 土 28 日 해방교회 29 月 30 火 31 水	3.1~5.	인천 용현감리교회(박점덕 목사)
	3.8.	한국 목민선교회「교역자 위한 정기 강좌회」 11회차 김용준 박사, "기독교와 과학"
	3.11~14.	녹번장로교회(박봉옥 목사)
	3.21.	일신장로교회, 안양제일교회
	3.22~26.	해방장로교회(박치순 목사)
	3.28.	해방교회

1982년 4월 활동

	월일	활동 내용
	4.6.	목민선교회 「교역자 위한 정기 강좌회」 12회차 민경배 교수, "한국교회의 어제와 오늘"
	4.11.	녹번동교회
	4.13.	부활절 & 4.19혁명 기념예배(광주 한빛교회, 윤기석 목사) 「3차 연행사건」 - 광주지구 EYC주최 - 김상근 목사 설교 - 고영근 목사 격려사
	4.14~15.	장흥, 강진, 영암 청년 연합집회
	4.14~18.	강진 성전장로교회(윤홍성 목사)
	4.25.	여의도제일교회
		구세군사관학교 교역자 강좌 "이상적인 목회 계획"
	4.26.	서울지구 교역자 강좌(성민교회, 신현균 목사) "목회 방법과 민족의 나아갈 길"
	4.26~30.	남서울중앙교회(전홍상 목사)

1982년 5월 활동

	월일	활동 내용
月間予定表 **5** 1 土 2 日 3 月 익산 상남 1 도정 2.7812 4 火 5 水 6 木 7 金 8 土 9 日 10 月 익산 서당 참멸 6.0290회화 11 火 12 水 13 木 14 金 15 土 16 日 7.30 상원교회 17 月 익산 상원에 18 火 19 水 20 木 21 金 22 土 23 日 양령동 24 月 항서동 25 火 26 水 27 木 28 金 29 土 30 日 검사회 31 月 영락	5.3.	목민선교회 「교역자 위한 정기 강좌회」 13회차 장을병 교수, "민주주의의 본질"
	5.3~6.	순천노회 청년 연합집회(순천제일교회, 박정식 목사) 순천노회 청년연합회 주최
	5.10.	강남지구 교역자 강좌회(안디옥교회) "목회 방법과 민족의 나아갈 길"
	5.10~14.	숭립산 기도원집회 "교회와 민족의 나아갈 길"
	5.13.	익산 & 익산지구 교역자 강좌회 "교회와 민족의 나아갈 길"
	5.16.	서울 상원교회
	5.17~19.	부산노회 청년연합회 교육선교대회(부산 항서교회)
	5.18.	광주 2주기 추모예배 설교 「4차 연행사건」
	5.31~6.3.	여수 영락교회(원경선 목사)

1982년 6월 활동

	월일	활동 내용
	6.2.	여수지구 교역자 강좌 "한국교회의 나아갈 길"
	6.7.	부산지구 교역자 수련회
	6.7~9.	답십리 반석장로교회(길영찬 목사)
	6.7.	목민선교회, 「교역자 위한 정기 강좌회」 14회차 김윤식 목사, "현대 속의 목회 계획"
	6.14.	전북지구 교역자 강좌회
	6.20.	목포시 청년연합회 설교
	6.25.	전주 목사장로 조찬기도회 "한국교회의 나아갈 길"
	6.27~30.	이수장로교회(김병두 목사)

1982년 7월 활동

	월일	활동 내용
月間予定表 **7** 1 木 2 金 3 土 4 日 5 月 6 火 7 水 8 木 9 金 10 土 11 日 12 月 13 火 14 水 15 木 16 金 17 土 18 日 19 月 20 火 21 水 22 木 23 金 24 土 25 日 26 月 27 火 28 水 29 木 30 金 31 土	7.2~6.	동부성신교회(명진홍 목사)
	7.5.	목민선교회 「교역자 위한 정기 강좌회」 15회차 박현채 교수, "한국경제를 점검한다"
	7.5.	장신대 졸업반 수련회(영락기도원) "목회 계획과 교회의 나아갈 길"
	7.11.	백석교회
	7.18.	공릉교회
	7.19.	서울노회 교역자 강좌(동산교회) "목회 계획과 교회의 나아갈 길"
	7.25.	부산 산정현교회 하루 부흥회
	7.26~30.	안동 기도원(여전도회 수련회)

1982년 8월 활동

	월일	활동 내용
  月間予定表 8 1 日 2 月 3 火 4 水 5 木 6 金 7 土 8 日 9 月 10 火 11 水 12 木 13 金 14 土 15 日 16 月 17 火 18 水 19 木 20 金 21 土 22 日 23 月 24 火 25 水 26 木 27 金 28 土 29 日 30 月 31 火	8.1.	서대문, 동부 성신교회
	8.8.	태평교회
	8.9~13.	만덕산 기도원 집회(김병두 목사)
		강진지방 교역자 강좌 "목회 계획과 교회의 나아갈 길"
	8.15.	베데스다교회, 군산지역 8.15 기념 연합집회
	8.19.	전주지역 8.15 기념 연합집회(전주 중앙교회) (신삼석 노회장, 김경섭 목사)「5차 연행사건」
	8.29.	수유리성결교회, 신성교회

1982년 9월 활동

	월일	활동 내용
	9.3.	기장 부흥사수련회(수원아카데미) "한국교회의 나아갈 길"
	9.6.	목민선교회 「교역자 위한 정기 강좌회」 16회차 진덕규 교수, "한국 사회 변동과 정치구조"
		서울지구 교역자 강좌(해방교회) "한국교회의 나아갈 길"
		장로회신학교 전도사 수련회(목민교회) "목회 계획과 한국교회의 나아갈 길"
	9.6~8.	강화 동지방 교역자 수련회 (감리교 강화도 지방, 불광동수양관)
	9.12.	서울지구 교역자 강좌(동산교회) "목회 계획과 한국교회의 나아갈 길"
	9.20.	좌담회
	9.22.	기장총회
	9.23.	목요기도회 설교
	9.24.	예장 총회
	9.26.	적성중앙교회 하루 부흥회

1982년 10월 활동

	월일	활동 내용
	10.1~3.	동교동교회(이태준 목사)
	10.4~6.	인천감리교 동지방 청년집회 - 당국의 압력으로 무산됨
	10.10~14.	서울중앙교회(조규향 목사)
	10.14.	목민선교회 「현대인을 위한 교양강좌회」 1회차(누적 횟수 17차) 김성식 교수, "애국정신 확립"
	10.15.	장신대 전도사 강좌회(양평교회) "목회자의 바른 자세"
	10.18~22.	대구 명성교회(구정학 목사)
	10.24.	대구시 교역자 강좌(명성교회) "목회 계획과 한국교회의 나아갈 길"
	10.24~28.	강원 상동교회(유종만 목사)
	10.31~11.4.	의정부 선린장로교회(고우섭 목사)

1982년 11월 활동

	월일	활동 내용
 月間予定表 어달의 目標 **11** 1 月 선희미팅 2 火　　〃 3 水　　〃 4 木 천리동 323.4086 신봉남 5 金　　〃 6 土　　〃 7 日　　〃 낮 의정부 발 8 月 흥화 기념회 9 火　　〃 10 水　　〃 11 木 초모강좌 12 金 2회차 13 土 14 日 15 月 목사 16 火 여수 중부 2,7661 17 水 18 木 19 金 20 土 21 月 울산? 22 月 23 火 24 木 25 木 울산 26 金 27 土 결혼기념일 28 日 29 月 강경 감리교회 30 火　　〃 　　　　〃	11.4.	장신대 전도사 강좌 　"한국교회의 나아갈 길"
	11.4~7.	연희동교회(신봉남 목사)
	11.7~11.	의정부 금오중앙교회
	11.11.	목민선교회「현대인을 위한 교양강좌회」 　2회차(누적 횟수 18차) 　안병욱 교수, "국민정신 확립"
	11.16~20.	여수중부교회(임명흠 목사)
	11.25.	울산시 교역자 강좌 　"우리 민족의 나아갈 길"
	11.25~29.	울산전하제이교회(최병국 목사)
	11.29~12.2.	강경감리교회(원형수 목사)

1982년 12월 활동

	월일	활동 내용
月間予定表	12.1.	강경지구 교역자 강좌 "목회 계획과 민족의 나아갈 길"
	12.6~8.	전주노회 청년집회
	12.9.	목민선교회「현대인을 위한 교양강좌회」 3회차(누적 횟수 19차) 유인호 교수, "한국경제의 오늘과 내일"
	12.13~17.	무안청계교회(김의용 목사)
	12.20~24.	설악산교회(최중찬 목사)
	12.21.	속초지구 교역자 강좌 "목회 계획과 민족의 나아갈 길"
	12.27.	서울지구 교역자 강좌 "목회 계획과 민족의 나아갈 길"

II. 세부적 활동 내용으로 보는 한 해 일정

[구입할 서적]
아카데미 총서
젠센 성경연구
구약성서 이해(김정준)
예수칼럼(김준곤)
인권문제와 과정(조남기)
한국의 엘리야(박관준 장로. 임영옥)

<주간 업무>

조선일보 논설
가정부흥회
김경길 편지(①거제도②겨자씨회③북아현교회 장로④미국교포)
추도식 현수막
일신교회 순서
송진섭 면회
강좌회 공문 발송(목민선교회 주최, 「현대인을 위한 교양강좌회」)
차장로 면담(부산산정현교회)
손창순 편지(강진읍교회)
이해학 연락(목민선교회 임원)
이지연 편지(제주 보목교회 후원자)

『민족의 나아갈 길』 초안
• 민주주의의 본질
• 추도식 순서
• 강좌회 공문 발송(교역자를 위한 교양강좌회)
• 후원회 행사
• 부흥협회 총회
• 옥중수기 원고
• 손주항 책 발송
• 임휘윤 검사(공안사건 담당)

〈6월 업무〉
• 사업보고서
• 강좌회
• 인쇄 상담
• 『민족의 나갈 길』 (9.25. 출판)
• 박현채 교수 전화(교역자 강좌회 7월 강의 부탁)
• 재정보고서
• 명진흥 목사 전화
• 박대윤 목사 자녀 장학금(광주 상무대 군생활)
• 윤 선생 면담(윤보선)
• 목민선교회 임원회
• 백석교회 설교 제목
• 산정현교회 우편
• 과천기도원 방문

<하나님 마음에 합한 사람>
1. 의인이 되자
   1) 하나님의 진노
   2) 의인의 기도: 380명 희망 있나
   3) 더 많은 의인
       (1) 하나님 앞에서 바르게
       (2) 멸사봉공: 송진섭, 최태섭
2. 역사의 주인(마 12장)
   1) 민중을 사랑하라
   2) 민중을 지도하라
   3) 단결
3. 위대한 투사
   1) 신앙의 투사
   2) 애국의 투사
   3) 정의의 투사

<주간 업무>

• 현대종교지 구입
• 서점 공문 발송
• 강좌회 보고서 발송
• 장소사용 계약
• 교역자 위한 정기 강좌회 & 현대인을 위한 교양강좌회
  강사 선정: 안병무 박사
• 김관석 면담(전 NCC 총무, 기독교방송 사장)
• 사업보고서 교정
• 정순옥 면담
• 죽음의 고비 원고 작성
• 연하장 발송
• 출옥자 방문
• 김동엽 면담(목민교회)
• 가정부흥회
• 이돈명 변호사 면담

<설교 제목>

• 숨은 의인, 행동하는 의인
• 믿어야 할 십자가, 져야 할 십자가
• 하나님은 첫째로, 동포를 둘째
• 안전만 외치는 거짓 선지자
• 악인의 형통을 부러워 말라
• 종교의식이냐 사랑의 실천이야
• 형제끼리 어찌하여 해하나
• 저 소경을 누가 보게 할꼬
• 저 귀머거리를 누가 듣게 할꼬
• 저 벙어리를 누가 말하게 할꼬
• 회개와 십자가 없는 한국교회
• 신의가 더욱 중요하다

1982년 부흥회 참가인원 세부기록

부흥선교대회

NAME	☎ (OFFICE)			☎ (HOME)		
영등포	250	290	90	25	40	20
여기	230	120	80	51	40	23
영원	240	120	70	5	50	12
의정부	120	50	35	5	16	8
안흥교	165	240	✕	4	10	12
군포당	40	25	17	3	10	2.7
마수	180	80	55	13		13
송산	150	70	20	31	30	12
도산	350	200	170	18	30	36
크루						
목포	200	120	80	7	25	12
설악						

NAME	☎ (OFFICE)			☎ (HOME)		
월	일	교회	밤	낮	새벽	교육	계
송악리	180	150	120	20	20	
망월	190	170	150	20	20	
산적리	265	210	125	15	15	
오메	240	180	110	12	20	
군산	300	190	120	9	50	
도양	280	180	130	7	20	13
목포	800	350	250	54	60	30
부흥	230	150	90	9	30	12
용현	450	280	180	10	50	40
목천	110	70	35	5	23	7
해방	850	450	230	8	50	
예계리	350	200	120	9	20	
서진	200	90	90	6	15	6
양영	120	45	35	5	20	6
소치	350	130	120	10	7	10
익산	200	150	150	21	25	
부산	380		120	8	10	
발산	350	280	120			
이주						
청산	120	60	45	6	20	10
만리산	450					

III. 고영근이 만난 사람들

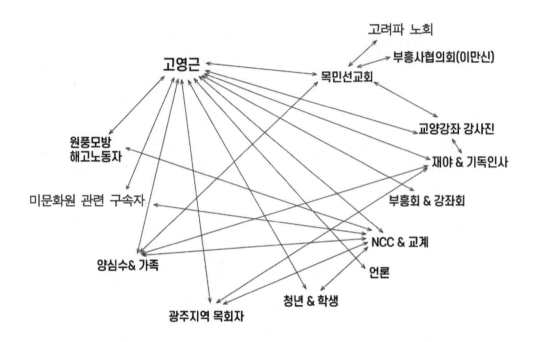

고려파 노회

부흥사협의회(이만신)

고영근

목민선교회

교양강좌 강사진

원풍모방
해고노동자

재야 & 기독인사

미문화원 관련 구속자

부흥회 & 강좌회

NCC & 교계

양심수& 가족

언론

광주지역 목회자

청년 & 학생

교계 & 재야

김관석 이돈명 안병무 주재용 김학순 조화순 고 은 박현채 이만열 김인수 최호진 문희식 예춘호
진방주(매일경제) 안병욱 이재정 오충일 금영균 이경배 윤기석 김경식 김영진
임휘윤 검사(공안)

목민선교회 & 강좌

김성식 박사 김용준 박사 민경배 교수 장을병 교수 김윤식 목사 박현채 교수 진덕규 교수 김성식 교수
안병욱 교수 유인호 교수 한완상 교수
목민선교회 임원진: 김동엽(총무) 손정웅(기획) 이해학(교육) 황명식(선교) 송진섭(사회) 임영천(출판)
조영래 방문 변우량 김대현 장신대 서울노회 강원도 감리교 기장 부흥사(수원 아카데미)
부흥사협의회(이만신) 고려파 노회 전남노회 교사위원회 EYC

부흥회 & 강좌회

김영주(송악감리) 정소봉(경북 망원) 권영성(경북 인덕제일) 김덕진(경북 오대장로) 조용술(군산 복음)
성창효(강진 도암장로) 윤여권(목포 양동제일) 박광선(부산 산정현) 김동규(전북 부용성결)

박정덕(인천 용현감리) 박치순(해방장로) 윤기석(광주 한빛) 윤홍성(강진 성전장로) 신현균(성민)
전홍상(남서울중앙) 박정식(순천제일) 원경선(여수 영락) 김영찬(답십리 반석) 최동우(익산 숭림산기도원)
김병두(이수장로) 명진홍(동부 성신) 김병두(만덕산기도원) 신삼석, 김명섭(전주중앙) 구정학(대구 명성)
유종민(강원 상동) 고우섭(의정부 선진장로) 신봉남(연희동) 임명흠(여수 중부) 최병록(울산 전하제이)
원형수(강경감리) 김의용(무안 청계) 최중찬(설악산) 이상귀(변화산기도원) 이지연 집사 윤응섭 장로
김남빈(익산 북성) 고환규 박영섭(간석동) 이태모(명성) 이행희 이병준 조병환 배덕수 손창순
박대윤(대전군생활) 유승남(봉수리) 이종구(아리비아전도사) 김영실 권사

언론

강홍모 사장(연합신문사)

학생 & 청년

한승주 송유성 변광순 김철기 박준철 변영수

Ⅳ. 사진으로 만나는 역사의 현장

1982. 5. 18.
광주 2주기 추모예배
설교
YWCA 강당
"순국열사의 핏소리"

1982. 5. 18.
광주 2주기 추모예배가
열렸던 YWCA 앞에 모
인 군중과 이를 막으려
는 전투경찰

성남 NCC 인권예배
(1982. 11. 12.)

V. 사건별 사료

NO	구분	사료명	날짜	주요 사건 배경
1	1982-1 격려사	**3차 연행사건** (4/25 심문1일) 광주 한빛교회 부활절과 4·19 혁명 기념예배 광주지구 EYC 주최, 김상근 목사 설교, 고영근 격려사	4/13	고영근은 기도와 회개를 촉구하면서 한국교회 갱신, 공산주의 체제 붕괴, 미국의 대한정책, 탈선된 군인의 5·18 범죄 등을 언급하였다. 1982년 당시 미국의 대한정책, 즉 광주항쟁의 계엄군 진압은 미국의 군사 독재의 방임임을 거론, 정치 및 경제침략의 개선을 촉구하였다. 이 사건은 1980년 성명서의 연장선이었으며 2주기 추모예배 설교의 미국의 회개를 촉구하는 일과 부산 미문화원 방화사건의 문부식, 김현장 구명운동으로 긴밀히 연결되어 있다.
	1982-2 회고록	강진 성전장로교회 & 장흥, 강진, 영암 청년연합집회	4/14~ 15	
2	1982-3 설교문	**4차 연행사건** (5/19~5/26 심문 7일) 광주항쟁 2주기 추모예배. 설교문, "순국열사의 핏소리"	5/18	광주 YWCA는 광주항쟁 2주기에야 비로소 공식적인 추모예배를 조직할 수 있었다. 부산에서 부흥회를 하고 있던 고영근은 이 중대한 설교에 목숨을 걸고 할 설교자에 선뜻 나섰다. "전두환 살인마! 하나님의 진노를 피하지 못하리라"는 설교는 광주항쟁 유가족을 더욱 결집하는 데 큰 힘을 발휘하였고 이는 NCC와 기독운동 세력의 결집을 이끌어 내었다. 그의 설교 중 미국의 군사개입 회개 문제는 1984년 이후 광주항쟁투쟁의 중요한 핵심적 이슈가 되었다. 군부는 5·18 2주기 추모행사 참석자 18명을 연행하였다.
3	1982-3 회고록	**4차 연행사건** 4차 연행사건 회고록		고영근의 설교특징은 사실에 입각해 정권을 비판하는 데 있다. '순국열사의 핏소리'의 설교 내용 중 전두환 정권의 경제문제를 비판하는데 1981년 5차 경제개발 5개년 계획 기간 중 총 60억 달러 공공차관을 일본에 요청한 사실(8/22), 대일무역적자 21억 달러로 전체 무역적자의 82.8%를 차지(12/29) 등 경제운용 능력의 부재를 비판하였다. 사회적으로는 우순경 총기 난사 사건(4/26)이나 원풍모방 노조해체 등 폭력 등 현실에 입각한 비판과 역사적, 성서적 접근을 통한 비판이 주요 근거가 된다.
4	1982-3 회의록	인권위원회 확대 회의록; 고영근 목사의 광주 2주기 추모예배 설교에 대한 입장	5/24	
5	1982-3 타인	안성례 권사 (고 명노근 교수 아내,		

NO	구분	사료명	날짜	주요 사건 배경
	회고록	전 오월 어머니집 이사장) 구술		
6	1982-3 타인 회고록	김병균 목사 (전 나주 고막원교회 목사) 구술		
7	1982-3 타인 회고록	김경일 신부 (광주 성공회 주임 신부) 회고집		
	1982-4 회고록	부산지구 교역자 수련회 설교	6/7-9	
8	1982-5 추모사	고 임기윤 목사 추모예배 추모사	7/26	1980년 7월 부산 보안사 분실에서 '김대중 내란음모사건'과 관련 조사받던 중 고문으로 숨진 사건. 80년 당시 기독교대한감리회 부산지방 감리사이자 부산지역의 대표적 민주화 인사 가운데 한 명이었던 고 임기윤 목사는 신군부의 5.17 비상계엄확대조치에 따라 80년 7월 19일 부산지구합동수사단에 연행돼 '김대중 내란음모 사건' 관련 혐의로 조사를 받던 중 사흘 만에 쓰러져 26일 부산대병원에서 뇌출혈로 사망했으며, 이후 조사과정에서의 구타 등 가혹행위에 의한 사망 가능성이 유가족에 의해 제기되었다. 고영근은 임기윤 목사의 순교를 한국교회가 잊지 않고 추모해야 함을 강조하였다.
9	1982-6 회고록	**5차 연행사건** (8/23~8/24 심문 2일) 전주 8.15 연합집회 (전주중앙교회, 심삼석 노회장, 김경섭 목사)	8/19	
10	1982-7 저서	민족의 나아갈 길	9/26	민주주의 원리 등 핵심 주제를 다룸
11	1982-8 회고록	문부식, 김현장 구명운동 건의(NCC 인권세미나), 대구고등법원 재판 방청, 노승두 재판장에게 진정서 제출, 주한 선교사 구명운동(원일한 선교사)대법원 판사에게 진정서 제출	10/5	1980년 5·18 광주민주화운동 시기에 미국이 신군부의 군대 동원을 용인했다는 정황이 알려지고, 1981년 2월 전두환 대통령이 미국을 방문하여 미국의 지지와 공고한 한미 동맹관계를 확인하는 일련의 과정은 민주화운동 세력에게 미국 정부가 군사독재 정권을 비호한다는 비판 의식을 확산. 이에 1982년 3월 18일 부산의 고신대 학생 문부식, 김현장, 김은숙, 김화석, 박정미 등은 미국이 신군부의 쿠데타를 방조하고 광주학살을 용인한 것을 비판하면서 부

NO	구분	사료명	날짜	주요 사건 배경
				산미문화원에 점거, 방화하고 "미국은 더 이상 남조선을 속국으로 만들지 말고 이 땅에서 물러가라"는 내용을 담은 유인물을 살포
12	1982-8 회의록	인권위원회 회의록, 미문화원 방화사건 대응책		
13	1982-8 건의안	인권위원회 건의안, 미문화원 방화사건 적극 대응건의		

* 음영 처리한 부분만 자료를 싣습니다.

1. 1982-1-격려사-3차 연행사건 – 광주 한빛교회 부활절과 4.19혁명 기념예배

〈3차 연행사건[1]–광주 한빛교회 부활절과 4.19혁명 기념예배〉

1) 문제가 된 광주의 4.19 격려사

1982년 4월 13일 오후 7시 30분 광주 한빛교회(윤기석 목사)에서 부활절과 4.19혁명을 기념하는 예배가 있었습니다. 광주지구 EYC 주최로 열린 이 예배는 서울 수도교회 목사인 김상근 목사님을 강사로 모시고 광주지구 EYC 회장의 사회로 약 200명 회집되어 진행하였습니다.

나는 전남 강진군 성전교회에서 개최되는 기독교장로회 장, 강, 영(長興, 康津, 靈巖) 지구청년주최로 열리는 선교교육대회를 인도하러 가던 도중에 광주 윤기석 목사님 댁에 들러 이 집회가 있음을 알게 되었습니다. 이 뜻깊은 예배가 있다기에 이 예배에 참석하여 은혜를 받고자 7시 20분까지 교회에 나갔습니다. EYC 청년 임원들이 반갑게 맞이하면서 귀한 걸음을 하였으니 격려사를 해달라고 간곡히 권고하기에 격려사를 하기로 수락하였습니다. 김상근 목사의 설교를 들으면서 격려사와 권고할 내용을 몇 가지로 준비하고 모든 순서가 끝날 무렵 7분에 걸쳐 격려사 겸 권고사를 하게 되었습니다.

이 격려사는 당국에 굉장한 자극을 주었습니다. 당시 부산 미국문화원 방화사건으로 인하여 국내정세가 어수선하던 때였고 특히 EYC가 지구별로 주최한 집회로 인하여 당국의 신경이 곤두섰던 때였습니다. 더구나 광주는 전두환 정권이 크나큰 범죄를 저지르는 지구였기 때문에 신경을 날카롭게 하고 주시하던 때였는고로 격려사 내용은 구구절절이 저들의 비위를 건드리는 내용으로 받아졌습니다.

"오늘 부활절과 4.19혁명을 기념하는 예배에 참석한 광주지구 청년 여러분에게 하나님의 은총이 충만하기를 기원합니다. 특별히 여러분은 하나님의 정의실현을 위하여 어느 지역 청년보다 더욱 열심히 활약하고 있음에 대하여 경의를 드리는 바입니다. 나는 이 시간을 비롯하여 여러분에게 부탁하고자 하는 말씀 몇 마디를 드리고자 합니다. 청년 여러분은 하나님의 일을

---

1 1차 연행사건은 1976년 3월 긴급조치 9호 위반으로 구속된 사건이고 2차 연행사건은 1977년 11월 긴급조치 9호 위반으로 다시 구속된 사건을 말한다.

할 때 반드시 기도하며 노력하고 노력하며 기도하기 바랍니다. 기도 없는 노력은 하나님을 제외하고 자기 혼자 행동하려는 불신앙의 행위이며 그 반면 행동이 없는 기도는 미신적 행위에 지나지 않습니다. 이 시대야말로 청년들이 뜨겁게 기도하고 행동해야 할 때입니다. 그러므로 나는 여러분에게 다섯 가지 기도의 제목을 드립니다.

첫째, 하나님의 정의와 예수님의 복음 선교를 위해 순교할 수 있는 성신의 능력을 받기 위하여 기도하기 바랍니다.

둘째, 한국교회 갱신을 위해 기도하기 바랍니다. 오늘 한국교회는 모순과 비리가 많아서 사회신문에서까지 지탄을 받고 있는 형편입니다. 우리는 신문기자가 교회를 비판한다고 원망 하지 말고 국민의 여론이 교회를 비판한다고 생각하며 속히 교계가 갱신되기 위하여 기도해야 하겠습니다.

셋째, 공산주의 체제가 무너지기 위하여 기도합시다. 소련이 아프간과 폴란드를 침략하는 악행을 중지하도록 기도합시다. 그리고 북한 김일성 집단이 세습정치를 버리고 물러감으로 북한 동포가 공산주의 학정에서 해방되고 통일될 수 있기 위해 기도합시다.

넷째, 미국의 대한정책이 개선되도록 기도합시다. 미국은 자유, 정의, 인도주의 이상 아래 유엔창설국가로서 이제 유엔 정신을 위배하고 독재 정권을 방조하는 일은 참으로 회개할 일입니다. 월남, 쿠바, 이란과 한국 등지에서 군사독재를 방조함으로 민주주의를 파괴하는 범죄를 자행하였습니다. 뿐만 아니라 우리나라를 경제적으로 침략하고 있는 일은 심히 유감된 일이 아닐 수 없습니다.

다섯째, 우리나라의 탈선된 일부 군인을 위해 기도합시다. 국방의 중대한 사명을 지고 있는 일부 군인들이 1979년 12월 12일 소장이 대장에게 총을 쏘는 난동을 부려 하극상의 범죄를 자행하고도 여전히 회개하지 않고 또 이 범죄를 법률로 다스리지 못하고 있는 데 대해서는 이 나라의 정의 질서의 유지를 위하여 우려를 금할 수 없습니다. 뿐만 아니라 군인들이 신성한 국방의무를 저버리고 총칼로 정권을 강탈하여 불법 집권하는 잘못도 속히 회개해야 할 일입니다. 더구나 1980년 5월 광주에서 수많은 동포의 피를 흘린 죄악은 너무나 큰 범죄였습니다.

나는 오늘의 집권자들이 이기붕, 최인규, 박정희 같이 비참한 심판받는 것을 원치 않습니다. 그러한 심판을 받지 아니하려면 즉시 회개해야 합니다. 우리는 탈선된 일부 군인들이 철저히 회개 하고 물러가서 군 본연의 의무를 성실히 이행하도록 위하여 기도합니다. 나는 목사이기에 기도하 자는 부탁밖에 할 수가 없습니다. 여러분이 나가는 앞길에 부활하신 승리자 예수님의 은총이 함께

하기를 기원합니다"라는 내용의 격려사였는데 축도 후에 예배는 평온히 폐회되었습니다.

2) 격려사의 파문

부활절과 4.19를 기념하는 예배가 폐회된 후 교회 밖을 나와 보니 수십 명 사복경찰이 골목 골목에서 우리들 목사 일행을 뚫어지게 주시했습니다. 공기가 심상치 않았습니다. 윤기석 목사 님 사택에 돌아와서 윤 목사님과 몇 마디 말씀을 나누고 있는데 밤 11시경 전화가 걸려 왔습니 다. 서울에서 온 목사를 만나려고 하는데 어디 갔느냐 하는 전화였습니다. 윤 목사님은 김상근 목사님을 만나려는 줄 알고 내일 아침 9시경에 목사님을 찾아서 만나도록 해 줄 터이니 지금은 곤란하다고 답하였습니다.

다음날 14일 아침 7시경 또다시 정보과에서 같은 내용의 전화가 왔습니다. 윤 목사님은 서울에서 온 목사는 둘인데 누구를 가리켜서 하는 말인가 하고 반문했더니 고영근 목사라고 말하여 나는 문제가 생겼구나 하고 마음으로 기도하고 다시 구속당할 각오를 했습니다. 아침 식사를 마치고 나니 9시에 서광주 경찰서 정보과 정보계장과 형사가 찾아왔습니다. 피차 인사 를 교환하고 난 후에 정보계장은 말하기를 어제 부활절 기념예배를 무사히 끝나도록 협조해 주셔서 감사하다고 정중히 인사를 하기에 나도 수고 많이 한다고 대답했습니다. 그리고 작별의 인사를 하고 나는 강진군 성전교회로 갔습니다.

성전교회에서 5일 동안 집회를 마치고 19일 집에 돌아와서 곧바로 한국기독교교회협의회 인권위원회를 후원하기 위해 조직된 후원회의 임원회에 참석했습니다. 나는 후원회 부회장의 책임이 있기에 이 회의에 참석하여 여러 가지 의논을 하였습니다. 회의를 마치고 밤 열 시경에 집에 돌아와 보니 강서경찰서 정보과장에게서 전화가 왔다고 하며 또 담당 형사가 나를 종로경 찰서 정보과에 같이 잠간 다녀오자며 와서 기다리다가 갔다는 것입니다. 다음날 8시경 정보과 장이 전화하기를 종로서에 잠간 오라고 부탁하였습니다. "내가 무엇 때문에 종로서에 가야 합 니까? 갈 필요 없습니다. 볼 일이 있으면 와서 일을 보시오. 그렇게 한가한 사람이 아닙니다. 나의 관할 경찰서도 아니고 아무 관계도 없는 경찰서에서 왜 나를 오라 가라하는 것이요? 나는 종로서에 갈 필요가 전혀 없습니다." 하고 완강히 반대했습니다. 그랬더니 정보과장은 말하기 를 "지난 13일 새문안교회에서 있었던 부활절, 4.19 기념예배 때 문제가 되어 구속한 송유성 등에 대해 물어볼 말이 있어서 오라고 하는 것 같으니 가서 그들을 위하여 잘 해명하고 조언을 하여 그들을 나오게 하는 데 도움이 되면 얼마나 좋겠습니까?"라고 말하기에 그렇다면 내가 가서 그 청년들을 위하여 말하겠노라고 하였습니다. 그랬더니 잠시 후에 경찰서 차를 가지고 정보과장, 정보계장, 담당형사 등 세 사람이 나의 집을 찾아왔습니다. 잠시 동안 인사를 나눈 후 내가 저서한 『기독교인의 나아갈 길』, 『죽음의 고비를 넘어서 』 1권 등을 각각 기증하고 곧 종로서로 향하여 출발했습니다.

종로서에 도착하니 정보과장실에 시경 정보5계장이 기다리고 있었습니다. 정보계장은 몇 가지 조사할 일이 있으니 협조해 달라고 하면서 정보과 형사에게 진술을 받게 하고 시경 정보 계장과 경찰서 정보과장은 나가 버렸습니다. 진술을 위임받은 형사는 인적 사항부터 물은 다음 에 이번 부활절과 4.19 기념예배를 뒤에서 조종하지 않았는가를 자세히 캐물었습니다. 나는 사실 배후 조정한 일이 없기에 없다고 진술했습니다. 그리고 격려사를 하게 된 동기와 그 내용 에 대하여 추궁에 추궁을 거듭했습니다. 특별히 미국이 독재 정권을 방조한 일을 회개하도록 기도하자고 한 뜻이 무엇이냐 하고 추궁을 당했습니다. 그래서 나는 "미국은 독재 정권을 방조 하며 무기와 상품을 팔아먹는 데만 여념이 없다 한다면 우려를 금할 수 없는 일입니다. 그래서 청년들에게 미국 정부가 각성하여 대외정책을 바르게 할 수 있도록 기도하자고 호소했다 … (이하 중략)"고 답변했습니다.

오전 9시 30분에 도착해서 오후 2시 30분까지 조사를 끝내고 밤 8시 30분에야 비로소 경찰 서를 나와 집으로 오게 되었습니다.

『죽음의 고비를 넘어서』 2권, 197~207 발췌.

2. 1982-3-설교문-4차 연행사건 – 광주 5.18 2주기 추모예배 설교, "순국열사의 핏소리"

4차 연행사건	
일시	1982년 5.19~26일
장소	광주 YWCA
사건내용	광주의거 2주기 추모예배
설교제목	순국열사의 핏소리
취조관서	안기부 수사국
수감처	안기부 수사국 취조실

〈순국열사의 핏소리〉
창세기 4:6~12

1980년 5월 18일은 자유 정의를 수호하고 이 나라의 민주주의를 죄악 세력에 항거하며 정의의 피를 흘린 의거의 날이었습니다. 오늘 우리는 순국선열들이 의로운 피를 뿌리고 불의와 싸우다가 용감히 순국한 2주년을 기념하면서 머리 숙여 순국열사들을 추모하면서 우리의 무능을 깊이 반성함과 동시에 비장한 결의를 다시 정립하려고 합니다.

"정의를 위하여 핍박받는 자는 복이 있나니 천국이 저희의 것임이요"라고 말씀하신 우리 주님께서 이 나라의 정의를 수호하기 위하여 고귀한 피를 뿌리고 순국한 애국선열들을 많은 상금으로 갚아주셨으리라 나는 분명히 믿고 은혜받은 것입니다.

순국선열들의 유족 여러분과 광주시민 여러분께서는 정의를 위하여 핍박받는 자에게 상금을 주시마고 하신 주의 약속을 믿으시면서 깊은 위로를 받으시기를 바랍니다. 그리고 하나님께서 크신 축복을 여러분께 내려주시기를 진심으로 기원하는 바입니다. 오늘 봉독한 말씀에 의거해서 잠시 말씀드리고자 하는 제목은「순국열사의 핏소리」라는 제목으로 말씀코자 합니다.

인류의 시조 아담의 장남 카인은 자기보다 의로운 동생 아벨을 들에서 쳐 죽였습니다. 하나님께서 카인에게 문책하시기를 "네 아우 아벨이 어디 있느냐" 하고 물으시니 카인이 대답하기를 "내가 알지 못하나이다. 내가 아우를 지키는 자니까" 하고 반항하였습니다. 자고로 살인자들은 자기 죄를 뉘우치지 아니하고 자기 죄를 합리화하며 자기 죄를 책망하는 자에게 대해서 반항하고 나서는 것이 오늘날까지의 방법인 것입니다. 그리고 작은 요행이나 여러 가지 업적을 남겨서 자기가 범한 살인죄를 은폐하고 망각해 버리려고 하는 것이 살인자들의 생리인 것입니다. 그러나 하나님께서는 이렇게 말씀하셨습니다. "네가 무엇을 하였느냐, 네 아우의 핏소리가 땅으로부터 내게 호소하였느니라. 땅이 입을 벌려 네 손에서부터 네 아우의 죄를 받았은즉 네가 땅에서 저주를 받으라"고 말씀하셨습니다. 참으로 두려운 말씀입니다. 피 흘린 죄는 결코 숨길 수도 없으며 또 없어지지도 아니하며 잊혀질 수도 없는 것입니다. 이는 그 핏소리가 하나님께 호소하기 때문입니다.

무죄한 아벨 한 사람의 피를 흘린 죄도 그렇게 엄중한 경고를 받았는데 하물며 2년 전 광주의거 때 잃은 수많은 애국선열들의 핏소리가 하나님께 호소하지 아니할 리가 없으며 하나님께서도 결단코 침묵만을 지키고 계시지는 아니할 것입니다. "피는 땅을 더럽게 하나니 피를 받은 땅은 이를 흘리게 한 자의 피가 아니고는 결코 속죄할 수 없다"라고 민수기 35:33에 말씀하신 하나님은 지금도 살아계셔서 공의로운 역사를 지배하고 계십니다.

요한계시록 6:9를 보시면 하나님의 말씀과 복음 진리를 위해 죽임을 당한 선열들이 제단 아래서 큰 소리로 하나님께 호소하기를 피 흘림 받은 원한을 속히 갚아주시기를 간청한다고 기록하였습니다.

오늘 우리는 2년 전의 의로운 피를 조국의 제단에 뿌리고 순국한 애국선열들이 하나님의 제단 앞에서 무엇을 호소하고 있을 것인가? 깊이 생각하면서 앞서가신 애국선열들의 요구에 부응하는 삶을 살아야 하며 우리에게 주어진 사명을 위하여 애국선열들의 뒤를 용감하게 따라갈 것을 다짐해야 할 것입니다.

광주 시가에서 고귀한 피를 흘린 애국선열들이 하나님을 향하여 부르짖는 핏소리가 무엇이겠습니까? 분명코 내가 생각하기에는 이 나라에 회개 운동이 일어나도록 하나님께서 역사해 주실 것을 간절히 원할 것이며 우리나라가 자유, 정의, 평등, 인권이 보장된 민주국가가 이룩되고 남북통일이 성취되도록 하나님께 호소하고 있으리라 믿는 것입니다. 또 한편 자비의 하나님께서도 민족을 향하여 속히 회개하고 바른 데로 돌아와 바르게 살라고 권고하시니 오늘 우리는 애국선열을 추모하는 이 자리에서부터 회개 운동을 전개해야 할 것입니다.

나는 이 시간 전능하신 하나님의 말씀에 의거하고 애국선열들의 귀한 뜻을 따라서 다섯 가지 방법으로 회개 운동을 권고하는 바입니다. 나는 추호도 정치적인 욕망이나 개인적인 욕망에서가 아니라 하나님이 말씀을 전파하는 성직자로서 공명정대하게 우리 동포 앞에 주의 말씀을 전파하는 바입니다.

1) 제일 먼저 한국교회부터 회개하기를 촉구하는 바입니다.

(1) 하나님을 공경하고 이웃을 내 몸과 같이 사랑해야 할 한국 교인은 하나님을 이용하여 자기 위안만을 받고 있으며 고통받는 이웃을 외면하고 이기주의와 기복신앙에 빠져버린 잘못을 회개하고 속히 하나님 제일주의와 이타주의 정신의 자세를 가지고 우리 신앙의 자세를 재정비해야만 되겠습니다.

(2) 정의 편에 서서 불의를 항거해야 할 종교인이 항상 강자 편에 아부하면서 조찬 기도회와 지지 성명만을 일삼고 불의한 권세를 방조한 것을 즉시 회개하고 정의와 사랑으로 든든히 무장하여 하나님의 정의 실현을 위하여 과감하게 불의에 항거하면서 역사하시기를 바라는 바입니다.

(3) 교계 부조리는 과감하게 시정해야 하겠습니다. 교파난립과 신학교 난립 개척교회 난립 등을 즉시 중지하는 한편 초호화판 교회 건축 버스구입, 묘지구입, 예산의 자체 소모 등 부조리를 과감하게 시정하고 동포를 구원하고 섬기기 위하여 선교비와 봉사비로 교회 예산의 30% 지출하도록 힘써서 사랑과 봉사를 행동화할 수 있어야 하겠습니다.

(4) 한국교회는 신앙논쟁과 교회 논쟁에 말려들지 말고 십계명을 중심으로 한 국민윤리를 확립하고 이타주의 정신에 입각한 생활이념 확립과 애국정신을 확립하여 우리 민족의 나아갈 바 정신적 방향을 수정하고 국민을 선도하는 데 힘쓰시기를 바랍니다.

(5) 한국교회는 개인 복음화에만 머물지 말고 정치 복음화, 경제 복음화, 문화 복음화, 사회 복음화, 구조 복음화에 힘써서 개인 구원과 사회 구원이 병행되도록 높은 차원의 복음화 운동을 전개하기를 한국교회에 촉구하는 바입니다.

2) 우리 동포에게 회개를 촉구하는 바입니다.

(1) 이기주의와 경제 제일주의를 회개하시기 바랍니다. 우리는 정의와 국가보다 더 개인의 이기적인 욕심을 위해서 고귀한 국민 주권을 남용하였고 정당한 방법보다 편법적인 방법을 가지고 성공을 도모하였기 때문에 무질서와 비리를 살포하였습니다. 이기주의와 경제 제일주의의 방식을 가졌기 때문에 독재자들이 우리를 우롱해 왔습니다. 이제 우리는 하나님 제일주의 동포 제이주의, 자기 제삼주의 정신을 가지고 개인의 인격과 국가를 건설해 나가야 되겠습니다. 그리스도의 숭고한 봉사주의를 가지고 국가와 민족을 위해서 봉사하고 충성할 자세를 확립하여야 하겠습니다.

(2) 불의한 권세 앞에 침묵과 맹종을 우려하고 저지하여야 하겠습니다. 독재자들은 침묵과 맹종을 애국인 양 이야기하지만 민주주의 국가에서는 침묵과 맹종은 나라를 망치는 처사인 것입니다. 한 가지 예를 들면, 우리나라가 지금 340억 불이라는 많은 빚을 지고 있습니다. 이 많은 빚을 진 것은 과거의 박정권 때에 침묵이 지켜졌기 때문에 빚을 진 것입니다. 우리는 과거 박정권 때에 많은 침묵을 지켰습니다. 지금까지 국민들은 침묵과 맹종을 애국으로 아는데 결단코 침묵과 맹종은 애국이 아니고 망국인 것입니다. 우리는 과감하게 불의를 보고 "아니오" 해야 하고 국민 주권을 바르게 행사해야 하는데 우선적으로 국민주권을 바르게 행사하지 않고 침묵과 맹종만을 일삼아왔습니다. 그럼으로 더 이상 무능하지 않고 불의를 보고 참지 말고 과감하게 국민주권을 바르게 행사하기 위해서는 불의를 보고 "아니오" 담대하게 이 불의에 항거하는 용감한 민주 국민들이 되도록 우리 모두 각성해야 되겠습니다. 그럼으로 민중들은 욕심 없는 진정한 애국심을 가지고 건설적인 비판을 하면서 자기 맡은 본분의 충성을 다 하는 것이 애국하는 길이 되는 것입니다.

(3) 정치에 관여하는 군인들은 회개해야 합니다. 국토방위에 전념해야 할 군인들이 자기의 본분을 망각하고 정치에 관여하여 국민에게 공갈과 탄압을 일삼는 군인은 너무나 큰 죄악이니 즉시 회개하고 군 본연의 사명에만 충성해야 합니다. 군인이 정치에 관여하는 나쁜 전통은 속히 종지부를 찍어야 합니다.

(4) 사이비 언론인도 회개해야 합니다. 신속, 정확, 공평하게 보도하고 비판해야 할 언론인이 권력자의 시녀가 되어서 왜곡되게 비판하고 보도함으로써 국민을 오도한 죄악은 너무나 큰 죄악이니 철저하게 회개해야 합니다. 요사이 부산문화원 화재 사건과 사회선교협의회의 성명 사건을 왜곡되게 보도한 언론인의 처사는 국민들의 경악과 분노를 금할 수 없는 일이었습니다. 차라리 붓을 꺾고 신문사 문을 닫는 한이 있더라도 왜곡된 보도를 하지 말아야 할 것이며 언론들은 생명을 내어놓고 불의를 파헤치고 진실을 보도할 수 있는 참신한 언론이 되기를 촉구하는 바입니다.

(5) 진리를 왜곡 해석한 어용학자들도 회개해야 합니다. 박정권 이후 지금에 이르기까지 진실을 곡해한 학자들은 권세자에 아부하면서 검은 것을 희다고 하고 흰 것을 검다고 하면서 민중을 기만한 죄악을 철저히 회개하기 바랍니다. 대학교수들, 목사들, 신학 교수들, 텔레비전에 나와서 그 본뜻을 이야기하면서 권력자에게 아부한 것은 가증스럽기 짝이 없습니다. 학문을 연구한 학자가 되면 그래도 기본 양심을 갖추고 있을 것이 아닙니까? 구역질 나는 아부만을 일삼다가 역사의 심판자 하나님이 엄중한 심판을 어떻게 피하렵니까. 이제라도 회개하고 불의를 향하여 불의라고 말할 수 있는 양심적인 학자가 되기를 촉구하는 바입니다.

3) 공산주의자에게 회개를 촉구하는 바입니다.

(1) 소련은 세계 150여 개국 국가를 향하여 선동과 파괴를 일삼는 코민테른의 폭동지령을 즉각 중지하고 아프칸과 폴란드 침공을 즉시 중단하기를 바랍니다. 그리고 자유, 정의, 평등, 인권을 보장하여 공산 세계는 자유하고 세계적화의 망상을 포기하기 바랍니다.

(2) 북한의 김일성 집단은 북침 위협이란 거짓 위기를 조성하며 북한 동포에게 침묵을 강요하며 탄압하는 악행을 회개하고 북한 동포를 자유화하기 바랍니다. 특히 세습정치를 자행하려는 망상을 버리고 자유, 정의, 평등, 인권이 시행되는 민주주의의 실현을 위하여 김일성 집단은 권좌에서 물러나기를 촉구하는 바입니다.

(3) 김일성 집단은 한국의 민주화를 방해하지 말기를 바랍니다. 1968년 1월 21일 서울에

무장 공비 31명을 남파하고 그해 11월 1일에 무장 간첩 120명을 남파하여 난동을 부리게 하므로 박정희로 하여금 소위 국가 안보라는 명분을 내세워 69년도에 삼선개헌 할 수 있는 구실을 주었고, 1971년 8월 30일 동해에서 어선을 납북하여 위기를 조성하므로 박정희로 하여금 72년 유신헌법으로 개헌할 수 있는 구실을 주었습니다. 1974년 11월 15일 김일성 집단은 땅굴을 파줌으로 박정희로 하여금 국가안보라는 미명으로 75년 2월 12일 국민투표를 실시하여 유신 체제를 공고히 하는데 방조하였으니 박정권이 정치적 위기에 직면할 때마다 위기를 조성하므로 독재 정권을 연장케 하여 민주주의를 방해하여 왔습니다. 그러므로 김일성 집단은 민주주의 건설을 방해하는 악행을 즉시 중지하고 하나님 앞에 돌아오기를 주님의 이름으로 촉구하는 바입니다.

나는 북한 공산 치하에 살면서 공산당에게서 진실을 한 번도 보지 못했습니다. 공산당의 무기는 거짓과 폭력입니다. 99%가 거짓말이라고 해도 과언은 아닐 것입니다. 그러므로 공산당 말은 항상 반대로 듣는 것이 정확합니다. 6.25는 남한에서 북침했다 이 말은 남침했다 이 말입니다. 김대중이 "살려라" 이 말은 "죽여라" 이 말입니다. 왜냐면 그들은 김대중을 미워합니다. 왜 미워합니까? 김대중 같이 자유, 평등을 실현할 수 있는 분이 정치를 하게 되면 자신이 곤란하게 되기 때문입니다. 빈부 차가 많고 독재가 심해야만 공산사회가 이루어질 텐데 김대중 씨 정치이론에서는 대중 경제를 하자 하므로 공산당이 진짜 그를 미워합니다. 박정희는 겉으로 미워하고 속으로 좋아합니다. 빈부격차, 부정부패, 독재해서 국민이 은근히 공산주의를 흠모하게 만들거든요. 박정희는 사실상 입으로만 미워하지 속으로는 좋아하고 김대중이는 진짜 미워합니다. 그래서 김일성이 김대중을 살려라 그러면 죽여라 그 말입니다. 다음에 박정희 물러가라 그 말은 물러가지 말라 그 말입니다. 박정희가 오래 정치해야 공산당이 빈부격차를 이용하여 유리합니다. 올림픽 하지 말라 이 말은 올림픽 하라는 말입니다. 하지 말라 그러면 기를 쓰고 하거든요. 그러니까 결과적으로 하게끔 하려고 방해 공작을 하거든요. 그래야 한국 정부도 기를 쓰고 하게 되면 50억 달러가 들기 때문에 경제가 망하게 되거든요. 전두환이 물러가라 그 말은 물러가지 말라 그 말입니다. 물러가게 되면 곤란하거든요. 우리 한국이 민주주의가 되면 그들이 곤란하거든요. 학생들 데모 잘한다 이 말은 데모하지 말라 이 말이에요. 데모하게 되면 민주주의가 되거든요. 민주주의가 되면 곤란하게 되거든요. 데모해야 잘한다 해야 만이 당국에서는 봐라 좌경공산주의자들이 조종한다 이렇게 되거든요. 공산주의자들은 우리 한국이 자유 민주를 실현하는 것을 제일 두려워합니다. 그러므로 그들은 역설적인 표현으로 민주화운동을 반대하는 것이니 공산주의의 책동을 우리는 엄중히 경계하며 하루 속히 자유 정의의 민주주의로 공산주의를 정복해야 하겠습니다.

4) 미국 정부의 회개를 촉구하는 바입니다.

세계를 공산화하려는 소련의 침략을 견제하고 자유세계를 바르게 영도하려면 미국의 정의와 힘이 절대 필요합니다. 그리고 우리나라도 공산주의의 침략을 막고 자유를 수호하려면 미국의 힘과 주둔이 필요하다고 생각합니다. 그런데 작금의 미국 정책은 자유, 정의, 인도주의를 내세운 유엔의 이상과는 위배되는 정책을 볼 때 유감과 우려를 금할 수 없어서 미국이 바른 정책을 시행하도록 몇 가지 회개를 촉구하고자 하는 바입니다. 이는 이스라엘 선지자들이 열국을 향하여 각성을 촉구한 것과 다를 바가 없는 권고입니다. 나는 결코 반미적인 뜻에서 이 말을 하는 것이 아닙니다. 미국 정부가 바르게 정치를 하여 세계 인류를 위해 봉사하고 하나님의 정의를 실현하는 데 힘써주기를 바라는 마음에서의 권고입니다. 부산문화원 방화사건이나 선교협의회 성명서 사건도 미국에게 각성을 촉구하는 것이지 결코 반미를 위한 의도에서 이루어진 것이 아닌 것으로 나는 믿습니다.

(1) 독재 정권을 방조한 정책을 회개하기 바랍니다. 유엔총회를 창설한 미국은 자유, 정의, 평등, 인도주의 정신에 입각하여 세계 각 나라로 하여금 민주주의를 실현하도록 협조하고 지도함이 옳은 일이거늘 오히려 민주주의를 짓밟는 독재자를 방조하여 범죄를 자행하는 데 대하여 경악을 금치 못합니다. 그 예를 들면 월남의 고딘디엠과 티우 정권, 쿠바의 가디스마 정권, 니콰라과의 소모사 정권, 이란의 팔레비 정권, 필리핀의 마르코스 정권, 한국의 박정희와 전두환 정권을 방조하여 민주주의를 파괴하고 몇 나라는 공산주의가 되게 한 처사는 너무나 통분을 금할 수 없는 일입니다. 미국 정부가 미국의 상품을 많이 팔아서 치부하려고 자유, 정의, 평등의 민주주의 원리를 위배하며 독재자를 방조하여 자유세계에서 지지를 잃어가고 있는 일은 자유세계 수호를 위하여 불행한 일이 아닐 수 없습니다. 독재자를 방조하는 불의한 정책을 회개하고 자유, 정의, 인도주의에 입각한 정책을 실현하기를 바랍니다.

(2) 광주사태에 동참한 죄를 회개하기를 촉구합니다. 1980년 5월 22일 광주사태가 유혈

참상을 받고 있을 때 미국은 데모군중이 요구하는 바를 해결하는데 하나도 노력하지 않고 오히려 전두환 무리와 동조하여 4개 대대의 한국군을 미국 통제하에 풀어주어 광주시민을 사살하는데 협조하는 죄를 범하고 말았습니다. 불안이 계속되고 폭력 사태가 확대되면 외부세력의 위험한 오판을 초래한다는 명분을 내세워 사태진압을 위하여 병력출동을 허락한 미국이 민중의 시위가 무엇 때문에 일어났는가 하는 문제는 생각하지도 않고 해결하려 하지도 않은 것은 크나큰 잘못이 아닐 수 없습니다. 이제라도 늦지 않았으니 미국 정부는 독재를 방조하는 잘못을 즉시 중지하고 한국에서 자유민주주의가 실현되도록 적극 협조함으로써 광주사태에서 범한 잘못을 속죄받기를 원합니다. 그렇게 하면 하나님께서는 용서하여 주시리라 믿습니다.

(3) 주한 미국대사 워커 씨의 회개를 촉구합니다. 지난 5월 6일 관훈 클럽에서 초청한 토론회에서 발언한 워커 대사의 언동은 한미관계의 우호를 해치고 우리 국민에게 격분을 일으키게 하였습니다. 자기 자신이나 미국의 잘못은 추호도 인정하거나 반성하지도 않았으며 오히려 망언을 거듭하였습니다. 자유당 말기에는 그래도 언론의 자유가 많았기 때문에 국민이 판단력을 가졌으므로 데모에 호응하였고 80년도에는 20년간 우민정책으로 판단력을 잃어버린 데다가 무서운 계엄령하에 있었으므로 학생데모에 국민이 호응하지 못한 것인데 한국의 상황을 알고 하는 말인지 모르고 하는 말인지, 워커 대사는 무슨 이유로 독재 정권과 밀착되어서 우리나라 국민을 무시하는지 속히 회개하기를 바랍니다. 한국교회사회선교협의회에서 발표한 성명서를 급격히 만들어내었고 광범위한 의견이 아니라고 했는데 워커 대사는 더욱 자극적이고 많은 사람이 서명한 성명서가 나와야만 속이 시원하게 우리 민족의 의사를 알겠단 말입니까? 워커 대사의 언동은 반미운동을 더욱 크게 하라고 우리 국민을 격동시키는 언동을 하였으니 미국 정부는 자유세계 여러 나라와 우리를 향한 정책에서 잘못하는 점을 깊이 반성하고 회개하기를 바랍니다. 하나님의 영광이 떠나가고 하나님의 진노가 내려지지 않도록 겸손히 회개하고 자유, 정의, 평등, 인도주의에 입각하여 대외정책을 펴나가며 세계 인류와 공존해 나가도록 힘쓰기를 주님의 이름으로 권고하는 바입니다.

5) 전두환 정권의 회개를 촉구하는 바입니다.

나는 정치인이 아닌 종교인으로서 정치에 대한 아무런 욕망이나 편견도 없이 하나님의 뜻을 따라 회개를 권고하는 것입니다. 옛날 나단 선지자가 다윗 왕에게 회개를 촉구하였고 엘리야가 아합왕에게 회개를 촉구하였고 세례요한이 헤롯왕에게 회개를 촉구했던 심정으로 전두환 정권에게 회개를 촉구하는 바입니다. 비록 듣기는 괴로워도 양약으로 알고 받아들이기를 부탁하는 바입니다. 예수께서 말씀하시기를 회개하고 복음을 믿으라고 하였습니다. 나는 전두환 정권에게 철저히 회개하고 내가 믿는 주 예수를 믿고 그 영혼들이 구원받기를 간절히 바라는 것입니다. 나는 전두환과 그 정권들이 박정희나 이기붕, 최인규 같이 비참한 심판을 받기를 원치 아니합니다.

(1) 자신들의 생존을 위해 회개하고 물러서기를 바랍니다.

전두환 정권은 79년 12월 12일 소장이 대장에게 총을 들이대고 총질함으로 '하극상'의 죄를 자행하였고 군법을 짓밟았으며 80년 5월 18일 소위 폭동진압이라는 미명하에 광주시민을 수다하게 죽여서 살인죄를 범하였으며 또 정권을 총칼로 강탈하여 민주주의 헌정을 짓밟았습니다. 이 세 가지의 죄악은 너무나도 엄청나서 억만 가지 선한 일을 해도 속죄할 수 없는 죄악이니 속히 회개하고 물러나기 바랍니다.

작은 선행이나 업적을 남겨서 큰 죄악을 은폐하고 정당화하려고 재주부리지 말고 회개하여 속히 물러나는 길이 사는 길입니다. 하나님께서는 말씀하시기를 자기 죄를 숨기는 자는 형통치 못하나 자기 죄를 자복하고 회개하는 자는 불쌍히 여김을 받으리라고 잠언서 28장 13절에 말씀하셨습니다. 그러므로 하나님의 진노의 지팡이가 오기 전에 속히 떨면서 회개하기를 진실로 바랍니다. 나는 1979년 광주교도소에서 50일 동안 단식기도를 했습니다. 단식기도 목적은 박정희 씨에게 회개하고 하야하시오! 박정희 씨 영혼을 구원하려면 회개하고 하야하시오! 그래서 콩밥 주는 것을 안 먹고서 50일 동안 굶었습니다. 박정희 씨에게 회개하고 하야하기를 간절히 권고하였지만, 그는 끝끝내 회개하지 않고 하야하지 않다가 비참히 죽었습니다. 나는 전두환 씨가 그렇게 박정희 씨 같이 회개하지 않다가 비참한 심판을 받을까 봐 초조한 마음 금할 길이 없습니다.

(2) 이 나라의 정의 확립을 위해 회개하기 바랍니다. 5.16쿠데타와 12.12쿠데타는 총칼로 정의를 짓밟은 폭력이 정의 위에 군림한 불행한 사건이었습니다. 오늘 우리나라의 많은 청년들이 정당한 방법으로 성공하기보다 수단 방법을 가리지 않고 성공하고자 하는 풍조가 90%를 넘게 되었습니다. 정당한 방법으로 성공하지 않고 성공하고자 하는 편법주의가 꽉 찼습니다.

그 이유는 정치, 경제, 사회, 문화 등 모든 분야에 걸쳐서 바르게 성공하고자 하는 것은 바보 같은 취급을 당하는 현실이기 때문입니다. 폭력과 기만의 방법을 써서라도 성공하고 보자는 풍조가 우리 국민 뇌리에 깊이 자리 잡고 있으며 이 나라는 망할 수밖에 없이 되었습니다. 그 큰 이유는 두 차례에 걸친 군사 쿠데타가 소위 성공하였고 합리화되어가기 때문에 그런 것입니다. 그러므로 전두환 정권이 우리나라에 자유 정의와 복지사회가 구현되고 의식개혁이 이루어지기를 진정으로 바란다면 총칼로 잡은 정권에서 즉시 물러나 주기를 바랍니다. 하나님 앞에 회개하고 국민 앞에 눈물로 사과하고 정권을 내어놓고 물러가 이 나라에 참된 민주주의가 실현되도록 노력하는 길이 자신이 살고 나라가 사는 길입니다.

(3) 국가 안보를 위하여 회개하기를 바랍니다. 정치인은 정치를 하고 학생은 공부하는 데 전념해야 국가가 안전할 터인데 정치인은 묶어놓고 군인이 정치를 하고 학생은 군인에게 군대로 돌아가라고 데모하게 되니 국가안전을 위하여 우려를 금할 수 없습니다. 자고로 군인들이 총칼로 정권을 강탈한 나라가 잘된 역사가 하나도 없습니다. 더구나 공산당의 남침 위협이 있다면서 군인이 국방의 의무를 망각하고 정치를 한다고 망동을 한다면 나라는 위태해지게 됩니다. 전두환 정권은 속히 정권에서 물러나서 국민 앞에 속죄하고 다시는 군인이 총칼 들고 정권을 잡는 일을 반복하지 않도록 군사정권에 종지부를 찍기 바랍니다. 이 길만이 나라를 사랑하는 길입니다. 군인들은 국민의 생명과 재산을 보호하고 사명을 이행하므로 국민의 따뜻한 벗이 되어야 하며 결코 국민에게 위협을 가하는 두려운 존재가 되어서는 안 됩니다. 국민과 군인과의 멀어진 거리를 좁혀 주고 국민에게 신뢰받는 군인이 될 수 있기 위하여 전두환 정권은 속히 물러서기를 간곡히 권고하는 바입니다.

(4) 민주주의의 실현을 위하여 회개하기 바랍니다. 전두환 정권이 집권한 2년 동안의 우리나라는 정치적 자유, 경제적 자유, 사회적 자유, 종교적 자유를 비롯하여 언론, 출판, 집회, 결사의 자유는 여지없이 짓밟혀 버리고 말았습니다. 자유가 기어이 있다고 한다면 전두환 정권을 찬양하고 지지할 자유만 있을 뿐인데 하나님께서 주신 자유와 인권을 여지없이 짓밟으면서도 전두환 정권은 민주주의니 정의사회니 의식개혁이니 하면서 언어의 뜻까지 오염시키고 있어서 분노를 금할 수가 없습니다. 우리나라의 유일한 자유노조인 원풍모방 노동조합을 없애버리려고 갖은 수단과 방법을 다하여 탄압하면서도 말로는 복지사회건설이니 하는 처사는 가증

스럽기 그지없습니다. 만일 원풍모방 자유노조를 끝까지 탄압하여 해체시킨다면 이 나라에는 제2의 Y.H사건과 광주사태가 재발할 것을 경고하는 바입니다. 지난 4월 26일 의령에서 있었던 총기 난동 사건은 전두환 정권이 폭력으로 국민을 억압하기 위하여 훈련시킨 폭력 정신이 우 순경을 통하여 나타난 것입니다. 국민을 무시하고 사람의 생명을 귀하게 알지 않는 정신이 밖으로 노출된 것뿐입니다. 전두환 정권은 폭력에 의하여 끝나려고 폭력을 휘두르는 것입니 까? 폭력정치를 속히 회개하기를 바랍니다. 우리나라가 민주주의를 시행하지 않고 기만과 폭 력이 가득찬 독재정치를 한다면 이 세계에서 고립을 면치 못할 것이며 공산당을 반대해야 할 반공의 명분이 약해지게 되는 것입니다. 민주주의를 시행하지 않고 독재 정권이 오래 계속되게 되면 우리나라는 공산주의를 결코 이길 수 없습니다. 공산주의의 세 가지 요인은 빈부격차, 부정부패, 독재정치인 바 전두환 정권은 입으로는 반공을 외치면서 실제로는 공산주의의 요인 을 만들고 있으니 안타깝기 그지 없습니다. 그러므로 전두환 정권은 우리나라의 민주주의를 실현하기 위하여 참신한 정치인에게 정권을 이양하고 속히 물러가 주기를 바랍니다. 불법으로 정권을 강탈한 정권은 반드시 업적을 많이 남겨서 집권 당시의 범죄를 가려보려고 애쓰기 때문 에 경제면에서 많은 부작용이 생기게 됩니다. 박정권은 18년 동안 225억 달러의 외채를 졌는데 전두환 정권은 2년 동안에 120억 달러의 외채를 얻어 왔으니 박 정권에 비하여 몇 배나 많은 빚을 져왔습니까. 현재 우리나라 외채가 345억 달러인데 지난해는 이자가 38억 달러가 나갔습 니다. 이는 국방비와 맞먹습니다. 지금 60만 대군을 위해서 지원한 국방비가 38억 달러인데 지난해 외채 이자가 국방비와 비슷하게 맞먹었으니 얼마나 어려운 부담입니까? 금년에는 원리 금이 160억 달러를 지불하니 큰일이 아닐 수 없습니다. 지금도 외채가 많아서 허덕이는데 전두 환 정권은 5차 5개년 계획을 달성하기 위해서 465억 달러의 외채를 또 얻어 온다니 5년 후에는 우리나라의 빚이 8백억 달러를 넘어서게 될 것입니다.[2] 어쩌려고 이렇게 빚을 지는 것입니까? 전두환 정권은 현재도 빚이 많고 건설유지비 때문에 어려움을 겪고 있는데 수많은 돈을 들여서 고가전철을 부설한다 하며 50억 달러를 들여 올림픽을 하려 하니 한심하기 그지없습니다. 이와 같이 무리한 빚을 얻어 업적을 남기려고 애를 쓰는 것은 정권을 불법으로 강탈했기 때문에 강탈한 죄를 은폐하려고 경제건설을 무리하게 하는 것입니다. 그러므로 전두환 정권이 하루 속히 물러서는 것이 우리나라 경제에 안정을 가져오는 것입니다. 뿐만 아니라 우리나라 경제가 불황에서 일어나는 길은 박정희 정권의 경제체제를 완전히 실패로 인정하고, 파산선고를 내고,

---

2 1981년 8월 21일 경제기획원, 5차 경제사회발전 5개년 계획 발표.

국민 앞에 적나라하게 공개하고 우리나라에 알맞은 경제체제를 새롭게 확립하는 길입니다. 그런데 이 일은 전두환 정권이 할 수 없습니다. 왜 그런고 하니 박정희의 계승이기 때문에 절대로 박정희 체제를 나쁘다고 할 수 없는 것입니다. 그러므로 국민의 지지를 받는 민주정권이 나와야만이 박정희 체제의 잘못된 것을 몽땅 무너뜨리고 우리나라에 맞는 경제체제의 확립을 할 것이니 그러므로 이 새로운 경제체제 확립을 하려면 전두환 씨는 물러가 주어야 하겠습니다. 또 한편 군사 독재하는 나라에는 선진국에서 빚을 주지 않으며 만약 준다고 해도 '단기 고리'의 나쁜 조건의 빚만 주는 것이고 '장기저리'의 빚은 주지 않으니 경제 유통이 되지 않아서 우리나라 경제는 더욱더 침체를 벗어나지 못하는 것입니다. 박정권 때에는 연8%였는데 요사이는 연 20%가 이자입니다. 박정권 때는 5년이던 것이 요새는 1년 거치입니다. 어떻게 이 단기 고리를 우리가 물어간다는 것입니까? 그러므로 우리가 오늘날 민주주의 되야만 다른 나라에서 마음 놓고 장기 저리로 주는 것인데 이 독재나라에는 단기 고리 밖에 안주는 것이니 우리는 점점 더 경제적 어려움을 면치 못하는 것인고로 이 나라의 안정위해 속히 회개하기 바랍니다.

우리나라 경제가 침체에서 벗어나 번영하려면 하루 속히 군사독재는 물러가고 자유, 정의, 민주주의 정권이 수립되어야 합니다. 전두환 정권이 진정으로 나라를 사랑한다면 국가를 위하여 속히 평화스럽게 물러가 주기를 바랍니다. 이 길만이 전두환 씨가 사는 길이고 나라가 사는 길입니다.

(5) 절대 권력은 절대 부패를 가져오기 때문에 전두환 정권은 속히 회개해야 합니다. 금년도 국가 예산은 9조 5천억 원입니다. 이 중에 일반 행정비가 무려 1조 원입니다. 1조 원이라는 돈은 전체 예산에 비하여 11%에 해당하는 엄청난 액수입니다. 미국은 일반 행정비가 3.7%고 일본은 4%인데 비하여 우리나라가 11%가 되는 것은 일반 공무원의 월급이 많아서가 아니라 비밀경찰, 정보비, 정권 안정을 위하여 쓰이기 때문입니다. 그렇기 때문에 이 많은 돈, 일본보다도 거의 2~3배, 미국보다도 3배가 많은 행정비는 일반 공무원이 쓸 수 있는 행정비가 아니라 정보원이 쓰는 정보비가 되기 때문에 다시 말해서 정권을 정당하게 잡았을 때는 필요가 없는데 정권을 총칼로 잡았기 때문에 정권을 지키고 국민을 감시하기 위해서 그렇습니다. 그뿐만이 아닙니다. 수많은 정치자금이 필요하기 때문에 많은 권력형 부정이 양성화되게 되는 것입니다. 그러므로 절대 권력은 즉시 물러서고 국민의 지지를 받는 정부가 수립되어야만 많은 정치자금이 소요되지 않고 사회정화가 이루어질 것입니다. 그러므로 전두환 정권은 속히 회개하기를 바랍니다.

(6) 전두환 정권은 자신의 역량을 알아서 자진해서 물러서기 바랍니다. 1909년 우리나라가 어두움에 처해 있을 때 우리 애국지사들이 안창호 선생을 국무총리로 추대했어도 안창호 내각을 조직해야 나라가 살겠다 할 때도 안창호 선생이 말하기를 "나를 왜 매국노를 시키려는 것입니까? 내게 왜 어려운 짐을 맡깁니까? 감당치 못 할 일을 어떻게 시킵니까? 나는 못 합니다. 나는 훗날 내 힘을 키워서 하겠습니다" 하고 밤에 상해로 도망갔습니다. 그 좋은 대통령 같은 권세지요. 국무총리 권세를 주는데 안창호 선생은 자기 힘을 압니다. 자기 힘을 알고 현명하여서 도망갔습니다. 참으로 현명한 처사였습니다. 오늘도 마찬가지입니다. 박정희 씨가 많은 빚을 져 경제를 망가뜨렸는데 이 어려운 위기에 나는 못 합니다. 나는 몰라요. 나는 국방밖에 모릅니다. 이래야 옳은 일인데 자기 역량을 모르고 내가 하겠다, 참으로 어리석은 일입니다. 전두환 정권은 어느 누가 집권하기를 강권해도 안창호 선생님같이 나는 국방밖에는 다른 것에 참가할 수 없다고 적극적으로 사양했어야 했던 것입니다. 그러나 지금도 늦지 않았으니 … 참신한 정치인에게 평화적으로 합리적인 방법으로 정권을 이양하고 물러서는 것이 전두환 씨 자신을 위하여 유익되고 우리나라 민주주의 실현에 큰 공훈이 될 것임을 명심하고 이행하시기 바랍니다. 나는 이년 전 광주에서 자유와 정의 그리고 민주주의를 위하여 고귀한 피를 흘린 순국선열들을 추모하는 엄숙한 이 자리에서 전두환 정권을 향하여 회개하고 물러서라 권고하는 것은 내가 정권에 복심이 있어서도 아니며 어떠한 영웅심이나 이기적인 욕심이 있어서 하는 것도 아니고 또한 선동이나 파괴를 위해서 이 말을 하는 것도 아닙니다. 다만 전능하신 하나님의 공의를 실현하기 위한 것이며 우리나라를 공산주의자의 간접침략에서 방지하기 위한 것이며 민주주의를 실현하는 근본 문제가 되기 때문이며 또 한편 제2의 광주사태를 미리 방지하기 위해서 이 고언을 드리는 바입니다.

전두환 정권에게는 이 말이 무척 듣기가 괴로울지 몰라도 회개하고 물러서는 일만이 2년 전 피 흘린 죄에 대한 속죄 받는 길이며, 자신들이 살 수 있는 길이며, 국가를 위기에서 건지는 길이며, 공산주의자에게 교란과 파괴의 기회를 주지 않는 길이며, 전 세계 앞에 우리나라의 부끄러움을 씻어내는 길입니다.

존경하고 사랑하는 순국선열 유족 여러분, 그리고 부모 형제 여러분, 2년 전 자유와 정의 그리고 민주주의를 실현하기 위하여 흘린 순국선열들의 고귀한 피는 반드시 자유, 정의와 그리고 민주주의의 열매를 맺고야 말 것입니다. 우리 모두 순국선열들의 고귀한 뜻을 이어받아 사명에 충성을 바칩시다. 신약성서 히브리 11장 4절에 말씀하시기를 "아벨은 죽었으나 그 믿음으로 오히려 말하느니라"고 말씀했습니다.

광주에서 산화한 애국선열들은 죽었으나 그 믿음으로 오히려 지금도 말하고 있습니다. 하루 속히 자유, 정의를 확립하고 민주주의를 성취하라고 핏소리는 지금 계속하여 부르짖고 있습니다. 우리는 저 핏소리를 못 들은 척하지 말고 그날의 아픔을 영원히 잊어서는 안 됩니다. 다시는 제2의 광주사태가 발생하지 않도록 슬기롭게 사명을 성취해 나갑시다. 결코 우리는 하나님께서 주시는 양심의 소리를 묵살하지 말며 기만에 속아 살며, 폭력 앞에 굴복하며 살아서는 안 됩니다.

우리는 하나님께서 이 시대를 위하여 주시는 십자가를 지고 힘차게 전진합시다. 고통 후에 기쁨이 있고 십자가 위에 부활이 있음을 확신하고 정의를 위하여 고난받기를 주저하지 맙시다. 우리가 자유 정의를 확립하지 못하고 민주주의를 성취하지 못하면 공산주의자에게 패배하고 말 것입니다.

우리는 하나님의 성령을 충만히 받아 좌익세력을 정복하고 복음화를 성취하는데 온갖 힘을 기울입시다. 6천만 개인 복음화를 기초로 하여 정치 복음화, 경제 복음화, 문화 복음화, 사회 복음화를 성취합시다. 그리고 북한 동포를 하루속히 공산주의 압제에서 해방하고 북한을 복음화 시킵시다. 우리는 순국열사를 추모하는 이 시간, 부활이요 생명이신 예수님의 음성에 귀를 기울입시다. "무덤 속에 있는 자들이 하나님 아들의 음성을 들을 때가 오나니 선한 일을 행한 자는 생명의 부활로 나오고 악한 일을 행한 자는 심판의 부활로 나오리라. 사람이 친구를 위하여 목숨을 버리면 이에서 더 큰 사람이 없느니라"(요 15:13).

하나님의 정의와 이 나라의 민주화를 위하여 고귀한 피를 흘려 목숨을 바친 순국선열들의 장렬한 죽음은 최고의 사랑이며 고귀한 희생이었습니다. 우리 주님께서 다시 오시는 날 생명의 부활 곧 의인의 부활로 부활하여 우리와 같이 만나서 영생에 참여할 것을 확신합니다.

우리 모두 사망 권세와 불의한 폭력 권세를 이기시고 부활하신 우리 주 예수님과 더불어 하나님의 의를 내 조국에 실현하고 자유민주주의를 성취하기 위하여 순국선열들의 용기를 본받아 전진 또 전진합시다.

전능하신 하나님의 위로와 은총이 유족 여러분 위에 항상 같이 하시기를 다시 한번 더 기원하는 바입니다.

3. 1982-3-회고록-4차 연행사건 — 광주항쟁 2주기 추모예배 설교

1) 추모예배 설교를 부탁받기까지

엘리야는 한 사람을 죽인 아합왕의 범죄를 책망했는데 한국교회 목사들은 전두환 정권의 살인죄를 책망하며 그 회개를 강력히 권고했어야 마땅한데도 불구하고 지금까지 범죄자를 찾아가서 권고한 일이 없었고 나 자신도 회개를 권고하지 못했는고로 항상 양심의 가책을 받고 하나님 앞에 송구스러운 마음으로 하루하루를 초조하게 지내왔습니다. 언제든지 직접 찾아가서 권고하든가 편지를 써서 글로 권고하든가 반드시 회개하기를 권고해야 하겠다고 기회만 보고 있는 참에 광주의거 희생자를 위한 2주기 추모예배 설교를 부탁하기에 때는 왔다고 기뻐하였습니다.

그러나 나는 5월 17일부터 19일 밤까지 부산노회 청년연합회가 주최하는 교육선교대회를 인도하기로 약속한 바가 있었습니다. 나를 강사로 초청하는 EYC 회장인 김영진 집사와 김정기 총무에게 부산에 가서 하루를 양보받아 오면 광주에 갈 수 있겠다고 대답했습니다. 김정기 총무는 부산에 가서 양보를 청하였더니 부산노회 청년연합회에서는 적극 반대하므로 뜻을 이루지 못하고 돌아왔습니다. 나는 할 수 없이 광주에 갈 것을 포기하고 전북 익산에 있는 숭림사 기도원에 부흥회를 인도하러 출발했습니다.

그러던 중 5월 13일 오후 예장 전국청년연합회장(박준철)이 찾아와서 부산연합회에 양해를 구했으니 강사로 모실 수 있게 되었다 했고 나는 속히 홍보활동을 전개하여 많이 모이도록 활동하라고 당부했습니다. 그리고 기도원에 모인 신도들에게도 간절히 기도로 성원해 달라고 간청했습니다. 그리하여 5.18 추모예배 설교는 우리 하나님께서 나에게 허락하였습니다. 나는 하나님께 감사하면서 설교 준비를 시작했습니다.

2) 비장한 각오로 준비를 하고

설교를 부탁받은 그 시간부터 나는 비장한 각오를 하고 하나님 앞에 간절히 기도하면서 준비하였습니다. 숭림산 숲속에 올라가서 성령의 권능과 지혜를 구했으며 어떠한 고문과 옥고를 당해도 이겨낼 수 있는 승리의 은총과 주님께서 원하시면 기꺼이 순교할 수 있는 담력을 간구했습니다. 그리고 이 산상 부흥회가 끝나면 당분간 부흥회도 하지 못할 것이라 믿고 더욱 정성을 들여서 말씀을 전파했습니다. 나는 설교 내용을 범죄를 지적하고 회개를 권고하는 내용으로 준비했습니다. 5월 14일 부흥회를 마치고 이리에서 고속버스로 상경하면서 계속하여 기도하며 설교 준비를 하였습니다.

집에 도착하자 내 아내에게 "이번 광주에서 추모예배 설교를 하게 되어 또다시 고난의 십자가를 져야 하겠으니 가장으로서도 당신에게 참으로 미안하지만, 하나님의 종으로는 당연히 가야 할 길이며 져야 할 십자가니 어찌하겠소. 당신도 지난번과 같이 용감히 십자가 지는 일에 동참해 주시오"하고 부탁했습니다.

나는 5월 17일 가정예배를 드리면서 사도행전 20장 17~30절까지 읽고 하나님께 받은 사명을 위해서는 우리 생명을 아껴서는 안 되니 온 가족이 십자가를 지고 주의 뒤를 따라야 한다고 설교하고 성령의 능력과 지혜를 구하는 한편 가정의 모든 일을 주님께 맡기는 기도를 드렸습니다. 그리고 "나의 갈길 다가도록" 찬송을 힘차게 부르고 예배를 마친 뒤 온 가족은 일어서서 애국가를 4절까지 합창하였습니다.

3) 부산과 광주를 왕래하면서

1982년 5월 17일 13시 서울역에서 부산을 향하여 무거운 사명을 지고 기적과 함께 서울을 떠났습니다. 때는 5월 중순, 곳곳에서는 벌써 모심기가 시작되었고 농부들은 논밭에서 일하는 모습이 눈길을 끌었습니다. 산과 들은 60년대에 비하여 많이 푸르게 되었으나 아까운 산과 들이 아무 쓸모없는 잡초와 잡목으로 우거졌고 용재림과 연료림이 조림되지 않은 산을 바라보면서 걱정을 하였습니다. 뿐만 아니라 아직 개간이 가능한 야산들은 잡초와 무덤이 차지하고 있을 뿐 쓸모없이 방치되어 있는 것도 걱정이 아닐 수 없었습니다. 하나님께서 주신 금수강산을 잘못 가꾸고 자연을 박대하는 우리는 하나님과 자연에게 박대를 받을 수밖에 없지 않겠는가 염려하여 기도하면서 부산을 향해 달려갔습니다.

나는 차 속에서 설교원고를 훑어보면서 간구했습니다. 조금이라도 감정과 흥분에 싸여서 주의 영광을 가리우지 않기 위해 원고를 차분히 읽어가는 원고설교를 하기로 하였습니다. 나는 평생 처음으로 원고설교를 하게 되었습니다. 열차는 벌써 부산에 도착했고 부산노회 청년 임원들이 영접하러 나왔습니다. 저녁 식사를 나눈 후 집회 장소인 항서교회로 향했습니다. 첫날 밤에는 약 300명이 회집하였는데 나는 기독교 신앙의 삼대원리 라는 제목으로 설교를 하여 청년들의 신앙 인격을 확립할 수 있도록 방향을 제시했습니다. 다음날 새벽에는 "기도하는 청년이 되자"라는 제목으로 설교하면서 특별히 나라를 위하여 많이 기도하자고 강조하고 나는 오늘 광주에 가서 설교하고 나면 틀림없이 구속될 것이니, 위해서 기도해 주기를 바란다고 부탁했습니다. 설교를 마치고 나는 간절히 기도했습니다. 주의 성령에게 나를 강하게 붙잡아 예언자의 사명을 다하도록 더욱 큰힘 주시기를 간구했습니다.

숙소에서 기도하면서 다시 한번 원고를 읽으며 준비를 하였습니다. 10시 정각에 출발하기로 한 시각이 다 되었기에 나는 전투장에 출전하는 군인 같은 심정으로 마음을 가다듬고 성경책과 설교원고를 가지고 숙소를 떠나려고 계단을 내려갔습니다. 정문에는 부산 서부경찰서 정보과장과 정보계장이 나를 기다리고 있었습니다.

청년 임원들이 부산 영락교회에 영업용 택시를 준비해 놓았습니다. 나는 박준철, 부산청년연합 부회장 박재철, 동 청년회 서기 채남호와 같이 광주를 향하여 출발하였습니다. 바알과 아세라 선지자와 대결하려고 갈멜산에 올라가는 엘리야의 심정을 그려보면서 일본 동경에 가서 회개를 외치려 떠나가는 박관준 장로와 안이숙 여사를 생각하면서 광주를 향하여 달렸습니다. 부산에서 광주까지 남해고속도로를 달려가는 노변의 아름다운 풍경을 바라보면서 하나님을 찬송했습니다. 섬진강 휴게소에서 점심을 먹고 다시 달리기 시작하여 2시 40분에 광주 YWCA에 도착했으니 예배 시간 20분 전이었습니다.

예배 장소에 도착해서 여러분과 인사를 교환했습니다. 이재정 신부, 오충일 목사, 금영균 목사, 이경배 국장, 윤기석 목사, 김경식 목사, 김영진 회장 등 여러분과 인사를 마친 후 단상에 등단했습니다. 동아일보를 비롯한 각 신문기자도 많이 눈에 띄었습니다. 이 추모예배는 광주 NCC, 광주EYC, 기독교장로회 전남노회 교사위원회가 주최한 추모예배였습니다. 일반 정치인이나 사회단체에서는 감히 주최할 엄두도 못 내는 추모예배였습니다. 이 추모예배를 발기한 분 중에는 윤기석 목사와 김영진 회장의 수고가 너무나 많았습니다. 과연 이 추모예배는 역사에 기록될 중대한 생사가 아닐 수 없었습니다.

윤기석 목사님 사회로 예배가 시작되어 순서가 진행되는 중 김경식 목사의 개회 기도는 너무나 감동적이어서 유족과 청중들은 소리를 내어 울었습니다. 눌리고 또 눌림받는 억울함을 하나님께 호소하는 애절한 눈물의 호소였기 때문입니다. 계속되는 이재정 신부님의 기도, 그리고 조가, 모두 가슴을 울려주는 순서의 진행이었습니다. 강당 안에는 약 700명의 청중, 밖에는 약 400명의 청중이 모여서 진지하고 엄숙하게 추모예배가 진행되었습니다. 유족들은 흰옷을 입고 일반 청중은 검은 리본을 달았습니다. 집회 장소 안에는 물론 밖에도 수 백 명의 사복형사들이 초긴장한 모습으로 추모예배를 지켜보고 있었습니다. 그들 당국자는 우리들을 외부 불순 종교집단이라고 악평했고 매스컴을 통하여 보도했기 때문에 무서운 감시는 잠시도 늦춰지지 않았습니다.

드디어 나의 설교 시간이 다가왔습니다. 나는 이미 준비한 설교원고를 가지고 나가서 차분히 읽어가면서 "순국열사의 핏소리"라는 제목으로 설교하였습니다. 청중들은 물을 끼얹은 듯 조용하고 엄숙했습니다. 그러나 사이비 언론인과 어용학자들은 회개하라는 부분에 이르러서는 박수가 터져 나오기 시작했습니다. 또한 공산당의 말은 거짓말이니 반대로 들어야 한다는 부분에 이르러서는 박수 소리가 더욱 커졌고 특별히 미국 정부는 회개하고 물러가라는 부분에 이르러서는 박수는 점점 가열화되어 갔습니다. 글자 그대로 감격과 흥분의 도가니로 화하였습니다. 나는 설교의 결론을 짓고 설교를 끝냈습니다. 아~~역사적인 설교는 기어이 하고야 말았습니다. 아니 성령께서 강권하여 내 입을 열어 말하게 함으로 나는 말한 것뿐이니 설교자는 성령이었고 나는 스피커 역할만 했을 뿐입니다.

나는 설교를 마치고 조용히 일어나 옆문으로 나와서 이미 확인한 작은 통로를 빠져나와 뒷골목에 대기했던 택시에 몸을 실었습니다. 골목마다 가득한 사복형사들은 내가 강사인 줄은 꿈에도 모르고 통과시켜 주었습니다. 나는 항상 즐겨 입는 국민복을 입었기 때문에 형사들은 내가 강사인 줄 모르고 내 가슴에 붙였던 검은 리본만 떼고 가라고 통과시켰습니다. 추모예배가 끝났느냐 하기에 끝나지 않았다고 했더니 그들은 우리 일행을 추모예배의 이탈자로만 생각하고 통과시켜 주었습니다. 부산노회 청년 임원들과 같이 차를 타고 광주를 빠져나와 부산으로 쏜살같이 달렸습니다. 추모예배가 끝난 후 강사를 체포하려 하니 강사는 간 곳이 없었습니다. 강사는 벌써 부산에 가서 설교하고 있었습니다. 과연 동에 번쩍, 서에 번쩍하면서 설교하였습니다.

4) 안전기획부 지하실에 압송되고

부산 항서교회에 도착하니 8시 20분, 설교 시간이 20분이나 경과되었고 350명 성도가 기다리고 있었습니다. 나는 "기독 청년의 삼대 사명"이란 제목으로 설교를 하였습니다. 첫째, 교계

갱신을 단행하자 둘째, 사회 정화를 실시하자 셋째, 복음화 운동을 전개하자는 내용으로 설교하였는데 청중들은 이 설교를 진지하게 들었고 나는 광주에서 설교하고 다시 부산에 와서 설교하는 것이 꿈만 같았습니다.

그러나 당국은 이날 밤의 설교를 가지고 새로운 문제를 삼았습니다. 광주 추모예배에 관한 문제만 가지고 문제 삼기 거북했던 모양입니다. 예배를 마치고 나니까 부산 서부경찰서 정보과장이 나를 만나자고 하니 청년지도 목사인 장 목사는 만나면 안 된다고 완강히 반대했습니다. 나는 삼층인 당회실에 청년 임원과 같이 있었고 장 목사님과 정보과장은 밖에서 언성을 높여가면서 다투었습니다. 강사 면담을 주최자 허락이 없이는 함부로 할 수 없다는 이유를 내세워 정보과장을 밖으로 나가게 하고 정보과장은 서장이 강사를 만나자고 하니 서장에게로 안내해야 한다고 하면서 약 40분가량이나 실랑이를 했습니다.

다음 날 아침 낮 공부와 밤 집회까지 인도할 준비를 하고 일과를 진행하려 했습니다. 우선 목욕을 하고 낮 공부를 인도하려고 목욕을 마치니 목욕탕 문 앞에 형사들이 7명가량 대기하고 있었고 나오자마자 몸집이 큰 형사 두 사람이 내 좌우의 팔을 껴 잡고 "연행해야 하겠습니다"라고 하기에 나는 서슴지 않고 "갑시다"하고 경찰 기동차에 몸을 실었습니다. 경찰서에 도착하여 정보과장실에 올라가서 차 한 잔을 주기에 마시고 나니 다시 기동차에 타고 서울로 압송되었습니다. 다섯 명의 형사들 틈바구니에 앉아서 100km의 시속으로 서울로 달렸습니다. 형사들은 서울까지 말 한마디 안 하고 무거운 침묵을 지켰습니다.

서울시 경찰국 정보과에 도착하니 압송한 형사반장은 나를 시경 정보과 5계에 인계하고 부산으로 돌아갔습니다. 정보과 형사 중에 고약한 인상을 가진 형사 하나가 "네가 전도부 전도목사야? 방자한 놈" 하면서 째려보았습니다. 나이는 35세가량 밖에 되어 보이지 않은 젊은이가 말버릇이 고약했습니다.

얼마 동안 기다리고 있는데 형사 두어 명이 나를 데리고 나가더니 까맣게 생긴 눈가림하는 것으로 내 눈을 가리고 택시를 타라고 하더니 머리를 푹 숙이라는 것입니다. 머리를 다리 사이에 처박게 하고 얼마를 가더니 차에서 내려 지하실 계단으로 내려가는 것입니다. 어딘가를 알지 못할 지하실에 내려가더니 눈을 열었습니다. 네 평가량 되는 방안에는 군대식 약식 침대, 세면대, 변소까지 갖추어져 밥만 가져다주면 생명을 연장할 수 있는 방이었습니다. 얼마쯤 있더니 시경 정보과 형사로 고약하게 생긴 자가 오더니 "야! 고 목사. 너 당국에서 수배하는 도피자를 숨겨주었지? 누구누구 숨겨주었어?" 하기에 나는 숨김없이 대답했습니다. 유중람 씨, 노경규 씨, 이명중 씨 부부를 숨겨주었다고 대답했습니다. 형사는 "정부에서 수배하고 있는 자를 숨겨준 것은 죄가 아니냐?"

갑자기 5계장이 들어오더니 다시 넥타이와 허리띠를 내어주며 옷을 입으라고 하기에 소지품을 챙겨서 옷을 입었습니다. 다른 기관으로 가게 되었으니 그곳에 가서 조사를 받으라고 하는 것입니다. 또다시 안대로 눈을 가리우고 밖을 나가서 한참 가더니 다시 지하실로 들어가는 것이었습니다. 여기가 바로 유명한 안전기획부(구 중앙정보부) 수사국 지하실이었습니다.

5) 7일 동안 고래 뱃속에서

지하실에 들어서서 안대를 벗기고 눈을 떠보니 우락부락한 청년 수사관 세 명이 있었습니다. "이 개새끼야. 넥타이 끌러! 허리띠 끌러! 구두도 벗어! 소지품 하나 없이 내놔!!" 하며 소리 지르더니 수사반장이라는 자가 또 악담을 하는 것입니다. "야. 이 쌍놈의 새끼야. 네가 목사야? 똥구더기 같은 놈의 새끼야. 네가 목사질 잘해서 돼지같이 살이 찌고 배때기가 나와 가지고 조용히 있을 것이지 어째서 가장 취약지구인 부산과 광주를 왔다 갔다 하며 바람을 날리고 소란을 피우는 거냐. 이 새끼 죽여 버릴라 쌍놈의 새끼" 하더니 자기가 신은 구두를 벗어 내 머리를 치는 것입니다. 참으로 기가 막힌 악담이며 모독이었습니다. 나는 북한에서 인민군대를 안 나간다고 반항하다가 욕을 볼 때와 거의 방불한 악담과 멸시를 받았습니다. 나는 참으로 슬펐습니다. 새 시대 새 나라 새 질서를 말하는 전두환 정권이 수사관들에게 깡패들이 쓰는 용어보다 더욱 유치한 용어를 쓰게 하고 인격적인 면은 찾아볼 수 없으니 나랏일이 걱정이 아닐 수 없었습니다.

그러고 나서 수사반장이라는 자는 계속해서 기독교계를 향하여 욕설을 퍼붓는 것이었습니다. "야 이 목사 새끼야. 하나님이 100억짜리 교회당을 짓고 예배드려야 예배를 받으신다더냐? 순진한 교인을 속여서 빼앗다시피 한 돈을 가지고 너희들은 자가용을 타고 흥청거리며 세계여행을 뻔질나게 다니니 차라리 칼을 들고 강도질을 해라. 예수 이름 팔아서 고등사기 치지 말고 이 사기꾼 같은 놈들아!" 참으로 증오에 가득 찬 용어였습니다. "그리고 너같이 부흥회하고 다니는 부흥사라는 놈들은 더욱 고등사기꾼이야. 능란한 말과 제스처를 팔아서 사례비 받아 부러울 것 없이 흥청거리는 놈들이 너희들이야말로 살인강도보다 하나도 나을 바가 없는 악질적인 착취자들이며 사회의 기생충들이다. 말 팔아먹는 놈들아 … "(중략).

"야 이 새끼야 너 하나 때문에 얼마나 많은 공무원이 신경을 쓰고 일거리가 늘어나는지 아느냐? 공산당이 남침하려는 이 마당에 왜 사회를 소란케 하고 다니느냐 그 말이야! 야. 임마. 탁 쎄려 버릴라" 나는 먹을 욕, 안 먹을 욕 모두 들었습니다. 그들은 내가 대답을 하려고 하면 "아구리 닥쳐" 하며 윽박지르고 답변할 기회를 주지 아니합니다. 나는 우리 교계를 향하여 하는 욕에 대해서는 깊은 가책을 느끼지 않을 수 없었습니다. 참으로 사회정화에 앞서서 교회정화가 시급함을 뼈저리게 절감했습니다.

수사관 세 사람이 교대해 가면서 밤새워 조사하기를 3일 밤을 계속하여 조사했습니다. 3일 동안은 거의 잠을 못 자고 조사를 받았으며 삼일 이후에는 잠을 재워 주어서 밤에는 잠을 잤습니다. 조사하는 내용은 나의 과거 경력을 세밀하게 조사하고 내 가족과 친척, 사돈의 8촌까지 모두 조사하고 내 수첩에 기록된 친지를 하나하나 세밀히 언제부터 알게 됐으며 언제 만나서 무슨 이야기를 했으며 그 사람의 정부에 대한 사상이 어떠하며 기타의 관계를 세밀히 기록했습니다. 그리고 내가 부산과 광주에서 설교한 내용을 한 대목씩 설명하되 그 말을 하게 된 동기와 배경 그리고 그 말 때문에 미쳐질 영향과 대안을 적으라고 하니 조서 용지도 수백 매에 이르게 되었습니다. 70년대 경찰들이 심문하던 것과는 차원과 방법이 판이했습니다. 그리고 정부에 대한 건의문, 앞으로의 사업계획까지 세밀히 쓰라는 것입니다.

내가 서울에 압송되어 오던 날 밤 12시경 수사관이 우리 집 약도를 그리라는 것입니다. 수사관들은 밤 1시경에 내 서재에서 서류함마다 열어서 한 보따리의 서류를 가져갔고 내 안방의 옷장을 샅샅이 뒤져보며 패물을 찾아내려고 애를 썼으나 패물이 없는 우리 집에는 금 한 돈도 발견될 리가 없었습니다. 수사관은 "당신의 반공사상과 결백한 생활에 대해서는 우리도 인정 한다"라고 말했습니다. 당시 나는 항상 즐겨 입는 국민복을 착용했고 소지품은 수첩하고 약간의 비상금만 있었습니다. 우리 집에 가보니 마당에는 채소를 갈았고 옷장은 16년 전에 구입한 낡아빠진 옷장만 있을 뿐 우리 가정의 소유물이라고는 책장과 1,500권의 서적이 있었을 뿐이었습니다.

그들이 조서 받을 때 수많은 설교 내용의 항목을 한 문장씩 열거하면서 무슨 동기에 의해 또 어떤 근거에 의해 말했느냐고 묻기에 나는 육하원칙에 의해 세밀하게 통계를 열거하면서 답변하며 기록했더니 수사관은 감탄하면서 "당신은 아는 것도 많소" 하며 점점 태도가 정중해 졌습니다.

나는 그곳에서 주는 식사를 반찬 하나 안 남기고 깨끗이 먹었습니다. 설거지할 필요 없으리만큼 밥 티 하나 안 남기고 먹었습니다. 잘수 있는 기회만 있으면 코를 골며 자고 근심하는 빛은 조금도 보이지 아니하니 수사관이 기가 막혀서 "나는 당신 같은 사람 처음 보았소. 이곳에 오면 대부분을 밥을 못 먹고 남기는데 당신은 어찌 그리 태연하게 주는 밥 다 먹고 태평스럽게 잠을 자고 두려움과 근심하는 빛도 없으니 과연 빵 잡이라 그런지 특별합니다"라고 말했습니다. 베드로가 옥중에서도 잠을 잔 것은 전능하신 하나님께 모든 염려를 맡겼기 때문이며(행 12:6) 나도 모든 염려를 주님께 맡겼기 때문에 근심과 두려움이 있을 리가 없었습니다.

6) 기적 같은 석방

성난 수사관들이 처음부터 3일까지는 나를 때려죽인다고 몽둥이를 가져오라며 몽둥이 두 개를 놓고 공갈을 치면서 주먹과 구두짝으로 때리더니 3일이 지나면서는 태도가 달라졌습니다. 말버릇도 야. 너. 이 새끼 하던 것이 변하여 고 선생이라고 하더니 나중에는 고 목사라고 불렀습니다. 5월 22일 되던 토요일에는 수사관 하나가 조용히 말하기를 잘될 것 같다고 하더니 간식을 사다 주며 갖은 친절을 베풀기 시작했습니다. 밤에는 야식까지 주면서 언제 악담을 했더냐는 듯이 농담까지 걸어오면서 태도가 완전히 달라졌습니다. 5월 25일 10시 경에 나를 데리고 서울지검 공안부 검사실로 갔습니다. 일주일 만에 고래 뱃속에서 나왔습니다. 그들은 괴로워서 나를 토해 놓고야 말았습니다. 참으로 기적 같은 석방이었습니다.

『죽음의 고비를 넘어서』 2권, 116~137 발췌.

4. 1982-3-회의록 ― 인권위원회 확대회의

인권위. 청년위 연석회의

1982년 5월 20일.
기독교회관 소회의실.

참석자: 박형규, 이재정, 유장복, 이우정, 이해동, 송건호, 김윤영,
김승혁, 오난기, 권호경, 김상근, 오충일
외 청년위원 3명, 실무자 등 8(?)명

1. 인권위원장 박형규 목사의 사회로 김윤영 목사의 기도한후
   개회 하다.

2. 이우정 위원으로 부터 상황설명을 구두로 듣고 사무국장으로 부터
   광주사건 2주기 추모 예배에 관한 상세한 보고를 듣다.

3. 광주사건 2주기 추모예배 사건 명위원를 갈임하며 5월 24일
   보고 간담회는 양 위원회 공동주최로 개최하여 사건의 진상을
   집약 시키기로 하다.

4. 협의는 미진후 구체토론 활동으로 대체 하다.

인권 청년 연석회의.

1982. 5. 24. 2시 9:30.

오전의 달.

참석위원: 박형규, 이재정, 노출아, 김노영, 김중영, 은영호,
황인성, 당해룡, 권호경, 김동완, 이우정, 유창복,
동개로, 이해동 인상군.

1. 박형규 목사가 기도인로 한후 개회 하~.

2. 양위원회의 결의로서 전군 일행위원회 소집은
요함이로 하~.

3. 연세대 신행위원회의 명의로 5.18 사건을
위한 기도회를 개최 해줄것을 긴급실의에 건의키로
하고 앞으로 NCC 에서롤 비롯한 발교반쪽인
히게 운동을 걸게커로 하~.

4. 광주 고영근 목사의 622등 레시권 지로운동을
취추과 정치 목저직인 것이 아니고 기독자 들의
신앙 고배으로 확인 하다.

[죽기로 토의 하~]

5. 1982-3-타인 회고록-4차 연행사건 — 안성례 권사 구술

〈인터뷰 1〉

안성례 2주기 때 광주 와서 그렇게 할 수 있는 사람은 대한민국에 고영근 목사님 한 분 뿐이었어. 말하자면 광주를 간첩이라 하고 폭도라고 했기 때문에 어느 누구도 광주 와서 우리 그런 억울한 처지를 이야기 할 사람이 없었는데 고영근 목사님만 … 그래서 우리가 목사님 목사님 해갖고 아마 우리가 모셨던 것 같아요. 전두환이가 여지없이 양민학살을 했다 하는 이것이 정말로 하나님의 큰 심판을 받을 것이라고 사실대로 외쳐 주셔 갖고 우리는 아주 눈물을 흘리면서 우리와 함께 해 주시는 고영근 목사님이 계셔서 위로를 받았는데 목사님 설교가 막 끝나고 우리가 거리로 나간 거예요. 거리에서 김영진 국회의원하고 김경식 목사님하고 "살인마 전두환" 하고 외쳐 가니까 금방 닭장차가 와서 그분들 데려가 버리고, 고 목사님은 목사님대로 연행해 가서 넋을 잃고 목사님까지 감옥에 가는 게 너무나 미안하고 어찌해야 될까. 군사정권은 … 한번 즈그들이 데려가 버리면 누가 석방해 달라 해도 그 정권에서는 전혀 안 들어주고, 그래서 그때 일단 광주교도소로 목사님, 광주경찰서, 보안대로 해서 구속을 시켰었어요. 그때만 해도 우리가 구속자가족협의회도 형성이 안 되었어. 갑작스럽게 우리도 당했기 때문에, 그래서 YWCA에서 강연을 했기 때문에 조아라 장로님하고 강신석 목사님하고 윤기석 목사님, 임기준 목사님, 문영식 목사님, 성결교회 목사님이 강하고 담대하게 독재 정권과 싸워주셨어요.

어떻게 목사님을 우리가 구해야 하지 않겠나, 사실을 말한 고영근 목사님이 무슨 죄가 있냐 전두환, 노태우가 광주시민을 학살하고 너무나 처참하게 부상자들을 고문을 해 가지고 정신이상을 만들고 그랬지 않냐 막 그러니까 그 일로 더욱더 보안대하고 대치를 했었어요. 목사님은 감옥에 들어있는 5.18 가족들에게 큰 희망이 되셨지요. 교도서 안에서도 기도해 주시고, 참 광주 와서 감옥 갈 각오가 있으신께 기도회에 강의를 하셨죠. 그것에 대해 우리 가족들은 항상 목사님께 빚진 생각이었어. 목사님 오시면 잘 모신다고 했는데 우리가 석방되고도 잘 모시지 못했어요. 지난한 생활을 저놈들한테 당하고 있느라고 ….

그때 예배는 나치정권 하에서 본회퍼 목사님의 외침이나 같았었습니다. 본회퍼 목사님이 그랬잖아요. 미친 운전사가 선량한 사람을 다 치고 죽이는데 목사들은 장례식이나 할 것이냐, 미친 운전사를 끌어내야 할 것 아니냐 하고 설파하시면서 그렇게 참 천당에 가셨던 것처럼 목사님의 그런 정신이 우리에게 두고두고 우리뿐만 아니라 그 상황에서 고영근 목사님이 계셨다는 것이 하나님이 기뻐하실 일이었어요. 그리고 부끄럽지 않는 기독교인의 모범적인, 총칼 앞에서도 담대하게 하나님의 사랑과 정의를 외치고 불법 부당한 권력에 대한 과감한 성토를 하면서 … 지금 생각하면 우리도 아멘 아멘 그랬는데 좋으신 목사님을 후에 우리는 우리 일에 밤낮 쫓겨 다니고 다섯 명씩 네 명씩 붙어 다니니까 운신의 폭이 없는 거야. 그러니 목사님이 어떻게 되셨는지 우리 일이 너무나도 힘들어서 못 챙겨드렸는데, 그 이후로도 계속해서 지금까지도 온갖 …. 전두환이 뻔뻔한 살인마는 지금도 안 죽었다고 광주 안 왔다고 지랄하는데 우리에게 정말로 놀라우신 고영근 목사님. 우리도 만일 5.18이 제대로 역사 규명이 되면은 5.18 기록관에 고영근 목사님 사진도 갖다 걸어놔야 돼. 그래야 한다고 생각해요. 그때 그런 2주년에 강하고 담대한 기독교인이, 하나님의 용기 있는 예배가 저 놈들에게는 큰 경종이 됐죠. 그것도 목사님에 대한 기록을 남겨야 돼. 아무도 말이 없었다는 것은 굴종이나 다름없는데 목사님이 광야의 소리를 외쳤거든. 그렇기 때문에 저들에게는 기독교인은 어떻게 해볼 수 없다는 경종을 줬지 않는가 생각해.

질문자 82년 이후에도 광주하고 연관성이 있었나요?

안성례 목사님은 계속 NCC 교회연합에서 5.18 5주년이었을까? 한빛교회에서 매년 추모예배를 드려요. 교회연합으로. 그럴 때도 고영근 목사님을 두 번 정도 더 모셨을 거예요. 지금까지도 한빛교회에서 하고 있고. 광주에서는 고영근 목사님이 오신다 하면 일반 신도들도 다 그렇게 목사님 본다고 오고 그랬다니까. 참 좋으신 목사님이셨어. 같은 이야기지만은 그 엄혹할 때 예수의 이름으로 불법 부당한 권력에 눈이 어두워 가지고 양민을 학살한 것을 준엄하게 꾸짖은 목사 고영근. 그렇게 우리 가족들은 각인이 되어 있지.

질문자 내년이 광주 40주년이고 또 아버님 10주기 추모예배를 드려요. 그래서 이번에는 학술논문 발표하는 걸로 10주기를 준비하는 중이거든요. 그래서 '광주 40주년과 목사 고영근', 이런 타이틀로 준비를 하려고 하고 있어요.

안성례 추모사업회가 있습니까?

질문자 추모사업회보다는 고영근 목민연구소를 운영하고 있어요.

안성례 목민연구소 있었죠?

질문자 예전에는 목민선교회였는데 목민연구소로 이름을 개명하고 그동안 활동은 많이 못했지만 목민연구소로 계속 활동을 하고 있었어요. 10주기에 맞춰서 장신대에 사료를 기증하고 장신대와 연구 협약을 맺고 연구하는 걸로…

안성례 우리 명 교수는 88세거든. 1살 아래네.
우리 목사님 생각난다. 경제 민주화, 정치 민주화 … 쩌렁쩌렁한 목소리 정말 … 자료가 방대하네요. 목사님 연구소에 … 이 서신 좀 보소. 대단해 대단해. 나중에 이것이 역사의 보배입니다. 자필 기록문이 어마어마하네요. 설교문 보소. 요새 목사들 반성해야 돼.

〈인터뷰 2〉

안성례 구속자 가족협의회를 만들었었는데 그러면서 우리가 서울 하고도 예를 들면 5.18 묘역을 없애려 했어요. 증거인멸을 시키려고 전두환이가 전부 다 파가도록 한 거예요. 그것을 각 시도에 있는 파출소를 동원해서 가족을 색출해서 묘지를 파가면 천만 원씩 준다 했어요. 그래서 27구를 파 간 거예요. 그래서 우리가 도저히 안되겠어서 유족회를 동원해갖고 서울 종로5가 기독교회관 엔씨씨로 간 거예요. 전두환은 자기 살인 만행을 은폐하려고 묘지를 말살하려 한다. 애국시민여러분 우리를 도와주십시오. 이렇게 종로5가에 갔어. 처참했지.

질문자 그때가 몇 년인가요?

안성례 83년이지. 그러면서 힘을 얻고 발 디딜 곳이 기독교회관이었고 고마운 장소였죠. 기독교회관 2층이 우리에겐 고마운 장소죠. 900 몇 호실이냐 인권위원장이 있던 그곳은 우리가 유일하게 숨 쉴 곳이었죠. 그렇게 활동을 하다가 83년 말에 광주 구속자들은 다 나오고 바로 학생들이 진상규명을 하고 살인마 전두환이 물러가라 했죠. 전두환이는 일해재단 만든다고 아마 83년부터 모으기 시작했을 거예요. 조작 간첩을 만들고 … 그래서 우리가 구속 광주 구속자 가족들이 민주화실천가족운동협의회로 85년도에 개칭되었죠. 서울하고 다 같이 다니게 된 거죠.

(2019년 9월 25일 오후 4~5시 30분 인터뷰 내용 발췌, 광주)

6. 1982-3-타인회고록-4차 연행사건 — 김병균 목사 구술

1978년도 3월에 호신대로 들어왔지요. 그러다가 신학교 3학년 때 5.18이 났어요. 5.18 나기 전 주일이 호남신학교 개교기념 축제가 있던 때요. 일부 학생들은 축제에 참여해야 한다. 아니다. 도청 앞에 가면 시민과 학생들이 저렇게 민주화를 부르짖고 있는데 거기에 참석 못 할망정 우리는 나라를 위해 기도하자 … 갈라지게 됐죠. 낮에는 내내 광주 도청 앞 집회를 나가서 참여를 한 거여. 학생들이 말을 하는데 어찌나 잘하던지. 전두환이 물러가라 신현확이 물러가라 … 신군부 뒤에는 전두환이 실권을 갖고 있다 하더라고 … 광주로 들어갔더니 시내버스가 노선대로 가지 않는거요. 양동시장으로 뺑뺑 돌더니 더 이상 시내로 못 들어가는 거예요. 학생들이 말을 하는데 신군부 뒤에는 전두환이 있고 … 그런 얘기를 학생들이 하더라구. 공산당이 남침해오면 어떻게 할 것인가 우리는 총을 메고 일선으로 나간다. 박수치고. 계속 나갔죠. 그때도 이상한 사람들이 있더라구. 정보부에서 보낸 사람들인 거죠. 빨갱이들이 선동한다 … 억지 소리하는 사람들이 있다 … 그런 사람들이 유언비어를 퍼뜨리고 하더라고요. 그래가지고 끝나고 신학생들은 교회로 가야 되잖아요. 사역을 해야 하니까. 금요일 날 학교에서 기도회를 마치고 나왔더니 금남로에 가니까 그때 태극기를 앞세우고 전남대 교수들이 시위행진을 하더라구요. 거기도 같이 참여를 하고 나는 장성군 진원면 양육교회로 들어갔죠. 그때까지는 5.18 조짐이 없었어요. 주일예배를 드리고 당시에 지방회가 있어서 나왔죠. 지방회 참석을 하고 나와서 학교를 가려는데 사람들이 막 오면서 가방 갖고 온 학생들을 마구잡이로 잡아간다 … 사람이 죽었다 … 뭐 이런 얘기들을 하는 거죠. 우리 집사람은 교회로 가자하고 나는 야단이 났다니까 나는 그곳을 가야 직성이 풀리는 사람이라 갈란다 하고. 광주로 들어간거죠. 시내버스가 노선대로 가지 않는거요. 중앙여고 앞에 세우는 거요. 그 앞에는 군인들이 점령을 하고 있지. 여학생들이 막 욕을 하면서 가는 거야. 나쁜 욕지거리를 하면서 시내로 들어가니 군인들이 앞에 총을 하고 서 있는 거야. 어찌나 무서운지 기침도 못 하겠어. 거기서 터미널로 간 거지. 터미널 부근에 여인숙, 여관 앞에 민간인들이 나와서 웅성웅성. 청년들 다 잡아가고 했다고 하는 거여. 다시 대인시장으로 들어갔지요. 거기는 언론 자유가 있어. 아이고 그놈 새끼들하고 싸우러 간다고 하는 거여. 갑자기 비가 왔어요. 갑자기 다 집에 가버려. 조직되지 않은 대중은 믿을 수가 없어. 다 집으로 들어가 버렸어요. 그래서 작은 길에는 사람들이 많이 모였어. 난 그때 몸이 아플 때였어요. 해가 저무니 몸이 안 좋아 친구 집에 가서 하룻밤을 자고 나왔죠. 학교도 전부 휴교령, 계엄령 다 내렸지. 길거리에 나갔더니 차는 다니는데 질서가 없어. 돌멩이는 뒹굴지 차 타고 가니까 버스가 불타 갖고 어디를 갈 수도 없고 큰 길은 군인들이 막고 있고 … 그래서 장성 진원면 양육교회로 가니 집사람하고 정 집사님이 터미널에 나와 있어요. 김 전도사 성격에 틀림없이 데모하고 죽었을지도 모른다 하고 나온거야. 정 집사님은 아들이 운동권이야. 둘이 나가려고 한거여. 애기를 업고. 그 뒤로는 버스가 끊어졌어. 그 뒤로 들리는 소리는 장성 길도 차단했다 날마다 데모가 난다 … 도대체 종잡을 수가 없는거여. 그래가지고 개학을 딱 하고 갔더니 사람도 엄청 죽고 … 그 때 당시 광주는 말이 없는, 너무나 엄청난 광경을 봐버려서 … 1,234명이라고 조사, 피터슨 선교사는 844명. 그니까 엄청나게 죽었는데 전부 감추고 불태우고 … 헬리콥터가 사격을 했는데, 수많은 사람들이 봤는데 거짓말하잖아요. 암튼 그래가지고 학교를 다니는데 죽을 맛이지.

호신대를 졸업하고 장신대를 가기 전에 광주 5.18 1주기가 됐는데 공식적인 행사가 없지. 말하자면 정권에 반역한 사람들이기 때문에 누가 추모제를 지내줄 거여. 다들 무서워서 못하지. 그런데 YWCA에서 추모행사를 한대. 그때는 YWCA가 도청 앞에 있을 땐데. 그때 신학생들이 가니까 목사님들이 주관한 것도 아니고 조아라 장로님이라고 YWCA 이사장님인데 거기서 인제 30명 앉아서 예배를 드리는 거요. 찬송부르고. 조아라 장로님이 설교를 하는데 설교가 아니라 눈물과 넋두리여. 박용준이라고 신협 직원이 있는데 고아 출신인데 신협에서 자란 거야. 조아라 장로님이 길러 준거여. 그래서 신협 직원까지 됐는데 그때 5.18때 죽은 거야. YWCA 안에서. 늙은 내가 죽어야 쓸 것인디 젊은 네가 죽었냐 하며 우시는 거여. 그게 설교여. 끝나고 나오는데 형사들이 딱 섰더라구요. 우리가 망월동 묘역에 가자. 그때는 시내버스도 안 다녔을 때죠. 걸어가는데 십 리나 걸어 들어갔어요. 망월동인데 가니까 5.18 때 시체를 시청 청소차에 실어갖고 매장을 시킨 거야. 가서 보니까 일 년이 지났는데 잔디도 안 돋고 황토가 빨개 가지고 한 뭐 150개 이상의 무덤이 있는 거야. 비참하재. 시뻘건 황토 무덤밖에 없어. 아무도 없어. 1주긴데. 우리가 거기 가서 잠깐 기도하고 다시 왔는데 그날 오전 10시에 5.18 유족들이 추모제를 지내야 한다 했어. 추모제를 지낸 거여. 그때 경찰들이 연행해 갔어요. 추모제를 했다고. 회장을 국가보안법 위반으로. 자기 가족이 죽었는데 그게 무슨 국가보안법이래. 그런 세상이었어요.

2주기를 한대요. 그때 나는 호신대를 졸업하고 장신대 연구과정을 할 때예요. 서울서 공부를 하고 있는데 5.18 예배를 한대. 그 소식이 들어 왔어요. 그래서 강사는 누구냐. 고영근 목사님이라는 거예요. 고영근 목사님의 그 설교원고가 팩스로 들어와 있는 거예요. 좍 읽어보니 "순국열사의 핏소리" 창세기 4장 1절에서 10절 … 나도 아벨의 핏소리라 많이 말했는데 원래 이름이 순국열사의 핏소리여. 하~~~그런데 거기서 설교 내용도 내용이지만 살인마 전두환 소리가 9번이 나오는 거야. 그때는 전두환이란 이름만 불러도 대단한 거였지 거기다가 살인마라고. 역시 우리 고영근 목사님이 선지자다. (웃음) 그때 김경식 목사님하고 김영진 장로님이 YWCA에서 예배드리다가 스크럼을 짜고 금남로로 나가면서 "전두환 살인마 전두환 살인마" 외치고 시위를 했죠. 그때 김경식 목사님과 김영진 장로가 구속되었어요. 고영근 목사님은 구속 안 되고. 그래 갖고 아~~나는 그 설교를 받아 갖고 우리 장평교회 내가 장평교회 전도산데 그대로 읽은 거야. 교인들이 바짝 긴장을 한 거죠. 전두환 살인마 하니까. 거기서 귀가 있는 사람은 듣고 와 우리 전도사님은 대단하다 칭찬도 하고. 그때 지서 차석이 교회에 있었어요. 예배를 드리다가 들었어요. 다행히 자기만 듣고 말아 버린거죠. 그런 일도 있었고요. 목회를 하다가 장신대 졸업하고 목사안수를 받고 양육교회, 나주 문평중앙교회, 장평교회 … 도초제일교회, 고막원교회에서 13년하고 영산강 교회 10년 개척하고 다시 고막원교회로 와서 10년 목회하고 그래서 총 40년 목회를 했어요.

(2020. 11. 4. 오후 2시~4시)

7. 1982-3-타인 회고록-4차 연행사건 — 김경일 신부 회고

〈김경일 신부의 삶 이야기 중에서〉

예배형식으로 열리는 5.18 광주항쟁 2주기 행사에 EYC 소속 각 교단 청년들이 참석하기로 내부결정을 하였으므로 유시경 전국청년연합회 총무와 YWCA에서 주로 활동해 온 백혜진 씨를 여성분과위원장으로 이명해 성공회 대표로 참석시켰다. 설교는 장로교 부흥사로 유명한 고영근 목사님이 맡아주셨다. 목사님은 성경 전체 내용을 노래 가사로 바꾸어 성경 어디를 물어도 노래로 성경 내용을 들려주는 탁월하면서도 재미있는 능력을 지니셨고, 시장바구니를 든 아주머니들을 부흥회 한다고 불러 모아 신바람 나는 성경 말씀으로 민족의식을 고취시키고 민주화를 위한 의식화 교육까지 해내는 그야말로 부흥사이면서 부흥사 같지 않은 우국지사형의 목사님이었다. 당시 전두환 정권 집권 초창기의 살벌한 분위기로 볼 때 2주기 기념행사의 설교를 맡았다는 것은 거의 자살이나 마찬가지의 결단이었다. 기독교계의 그 누구도 선뜻 나서려고 하지 않아 죽음을 각오하고 가족에게도 어느 정도 마음의 준비를 하게 한 뒤 집을 나섰다는 뒷얘기도 흘러나왔다.

나중에 몇 년이 지나 우연히 술자리에서 보안대 출신 예비역과 합석을 했는데 뜻밖의 예상치 못한 얘기를 들을 수 있었다. 자기가 여러 기독교계 인사들을 고문해 보았지만 특이한 경험을 한 적이 한 번 있다고 했다. 대체로 깜깜하고 좁은 콘크리트 방에 사람이 갇혀 있으면 정신력이 강한 사람도 위축되기 십상이고 또 고문을 하는 입장에서도 공포심을 극대화시키기 위해 일체 말을 걸지 않고 아무 말 없이 상대를 주먹과 발로 부위와 상관없이 무차별하게 때리기만 한다는 것이었다. 그러면 십중팔구 매를 피하기 위해 정체불명의 상대방을 붙들고 당신이 누구냐고 급하게 말을 걸게 된다는 것이다. 그래도 아무 대꾸를 하지 않고 계속 때리면 무슨 말이든 계속 늘어놓으므로 수사는 어느 정도 진척을 보게 되고 목적을 달성하게 된다는 것이었다.

그런데 어느 날 명령을 받고 골방에 들어가서 아무리 때려도 반응이 없는 사람을 처음 만났다고 했다. 사실 고문하는 사람이 누구인지 이름도 신분도 모르는 상태에서 때리는 기계로 투입되는 것이므로 상대방에 대해서는 자신도 아는 바가 없었다는 것이다. 그가 야수가 되어 죽일 듯이 때리는 데도 상대는 신음소리만 낼 뿐 입을 꾹 다물고 말을 하지 않더라고 했다.

어느 정도 시간이 흐른 뒤 자기가 먼저 답답해져서 주먹을 거두고 물어보았다고 했다. "도대체 당신은 누구요? 뭐하는 사람이야?" "나 고영근 목사요" 그는 자기도 모르게 넙죽 인사를 해버리고 말았단다. 훗날 자기가 부산 성공회 연수원에서 부흥회를 하던 목사님을 직접 만나뵈니 그때 이후 고문 후유증을 심하게 앓고 있다고 했다. 그렇게 죽도록 맞고 사람이 성할 수는 없었던 거다.

김경일, 『김경일 신부의 삶 이야기-약속』(영광:도서출판 쉬뜨기), 2019, 217~221.

8. 1982-5-추모사 ─ 고 임기윤 목사 추모예배 추모사

〈고 임기윤 목사 추모예배 및 추모사〉

하나님의 정의를 실현키 위하여 불의에 항거하시다가 순교하신 순교자 임기윤 목사님을 추모합니다.

목사님은 평소에 하나님을 사랑하는 신앙심과 나라와 민족을 사랑하는 애국심과 정의를 사랑하는 정의감이 누구보다 더 투철하셨습니다. 그러기에 하나님의 어린 양을 먹이기 위한 목회에 충실하셨고 나라를 사랑하여 민주주의를 확립하려고 비민주주의인 독재와 싸우셨고 정의를 사랑하셨기에 불의에 항거하셨습니다. 옛날 선지자들은 불의를 책망하다가 고난을 받았고 세례요한은 헤롯의 음행을 책망하다 순교의 피를 흘렸습니다. 목사님께서도 불의를 책망하셨기에 감시와 고난을 받았고 국민의 자유와 권리를 짓밟는 횡포를 책망하다가 순교하시었습니다. 목사님은 하나님의 정의를 실현키 위하여 불의와 싸우시다가 해방 이후 첫째 순교자가 되셔서 하나님의 보좌 우편에 앉으사 지금도 한국교회와 나라를 위하여 기도하고 계시리라 믿습니다. 그러나 남아 있는 우리들은 무엇을 하였습니까. 목사님께서 순교하사 소천되신 후 2년 동안 우리는 너무나 비겁하게 살아왔습니다. 불의란 권세가 무서워서 그들의 눈치를 보며 벌벌 떨면서 살아왔습니다. 불의를 보고 불의라고 바른말 한마디 못 하고 침묵만 지키며 맹종만 일삼아 왔습니다. 교회를 섬긴다는 목회를 핑계하고 정의를 외치지 못했습니다. 우리는 하나님과 역사 앞에 떳떳이 살지 못하고 밥만 먹고 몸만 움직이는 식물인간 같이 부끄럽게 살고 있습니다. 목사님 참으로 죄송스럽습니다.

정의의 투사 임기윤 목사님. 우리는 순교하신 목사님을 기리면서 우리의 무능과 안일을 회개하고 목사님의 뒤를 따라 하나님을 위하여 신앙심을 발휘하고 나라를 위하여 애국심을 발휘하고 하나님의 정의실현을 위하여 힘 있게 정의를 외치면서 살려고 합니다.

목사님께 하나님 품으로 소천하신 2주년을 기념하는 엄숙한 이 자리에서 우리는 목사님의 인격을 추모합니다. 목사님은 불의를 배격하는 정의의 사람이었고 약한 자를 깊이 同情하는 사랑의 사람이었습니다. 불의한 권세 앞에 무릎을 꿇지 않는 용기의 사람이었고 신의를 반드시 지키는 진실한 사람이었습니다. 매사에 적극적으로 역사하는 충직의 사람이었습니다.

너무나 할 일이 많은 이 시대에 목사님은 너무나 빨리 가셨습니다. 우리는 어둡고 괴로운 이 시대에 살면서 목사님이 살아계셨으면 하고 못내 아쉬워합니다.

우리의 지도자 임기윤 목사님. 우리는 좌절하지 않고 한탄만 하지 않고 용감히 일어나 목사님께서 다하지 못한 일들을 계속해 나아가렵니다. 목사님께서 그렇게 원하시던 하나님의 정의 실현과 민주주의 확립, 그리고 남북통일 속히 이루어지도록 미력한 우리의 힘을 모두 바쳐서 활동하려 합니다. 천국에서 만날 때까지 힘써 충성하려 합니다. 반드시 하나님의 정의는 실현될 것이며 이 나라에 자유민주주의는 실현되고야 말 것입니다.

존경하는 사모님과 유족 여러분, 하나님의 크신 위로와 은총을 충만하게 받으시기 바랍니다. 고인이 남기신 유지를 따라 하나님을 사랑하여 주님의 교회를 충성되이 섬기며 나라와 민족을 사랑하여 민족 복음화에 힘쓰며 하나님의 정의 실현을 위하여 힘써 충성하시기 바랍니다. 고통 후에 기쁨이 있고 십자가 후에 부활이 있는 것이니 승리의 그 날까지 주님만 바라보고 힘차게 전진합시다. 목사님이 다하지 못한 일은 유족 여러분이 힘을 모아 이룰 수 있기를 바랍니다. 우리의 사표가 되시는 임기윤 목사님을 기리면서 간단하나마 이것으로 추모사를 대신하는 바입니다.

9. 1982-6-회고록-5차 연행사건 – 전주 8.15 연합집회

5차 연행사건	
일시	1982년 8월 23~24일(심문 2일)
사건내용	전주 8.15 연합집회
제목	우리 민족의 나아갈 길
취조관서	시경 정보과 특수 수사본부
수감처	시경 정보과 수사본부

5차 연행사건: 전북 동노회(기장)의 8.15 설교

1) 8.15 광복절 기념예배 및 선교 자유 수호 예배

1982년 8월 9일 밤 10시 전화벨 소리가 요란하게 울려왔다. 전주 신삼석 목사(전북 동노회장)의 전화였는데 8.15 광복절 축하 예배와 선교 자유 수호를 위한 기도회의 강사로 나를 초청한다는 부탁의 전화였다. 나는 서슴지 않고 그 청원을 수락했다. 그 후 8월 15일 밤에는 군산시 연합집회로 8.15 광복절 연합예배를 인도하게 되었다. 800여 명이 모여서 축하예배를 드렸는데 신도들은 신앙심과 애국심이 넘치는 뜨거운 집회였다. 8월 16일 아침에 집에 돌아오니 안전기획부에서 전주에 가서서 아무쪼록 복음만 전파하고 정치성을 띤 설교는 하지 말아 달라는 간곡한 부탁을 하였다.

8월 19일 신삼석 노회장님과 김경섭 목사님의 영접을 받고 중앙교회로 향하였다. 경찰 당국이 이 모임에 대하여 굉장한 신경을 쓰고 있으며 지난 밤에는 전북도 경찰국에서 철야 회의를 가지며 대책을 협의했다는 소식을 들었다. 주최자는 약 50분가량의 설교를 하면 좋겠다는 부탁이었다. 10시 30분 예배가 시작할 무렵에는 노회 대의원과 교역자 그리고 평신도들이 약 350여 명 모여 있었고 교회 정문 근처에는 사복형사들이 골목마다 진을 치고 대기하며 감시가 삼엄했다.

2) 8.15 광복절 기념 설교(제목: 우리 민족의 나아갈 길/성경: 사무엘상 7:3~11)

오늘 조국의 해방 37주년을 기념하고 광복 34주년을 기념하면서 축하예배를 드리는 여러분에게 하나님의 은총이 풍성하게 임재하기를 기원합니다. 지금 봉독한 말씀을 중심해서 "우리 민족의 나아갈 길"이라는 제목으로 말씀드리고자 합니다. 지금부터 3,200년 전 이스라엘 민족은 당시 정치와 종교의 지도자였던 엘리의 무능으로 말미암아 정치, 경제, 문화, 종교는 심하게 타락하여 블레셋의 침략을 받았습니다. 침략에 시달린 민중의 호소를 들으신 하나님께서는 청년 지도자 사무엘을 세우사 나라를 위기에서 구원했던 것입니다.

이스라엘 민족이 위기에서 구출된 것은 첫째, 회개 운동을 전개했고 둘째, 침략자를 막아냈고 셋째, 하나님의 뜻대로 통치했기 때문입니다. 오늘 우리도 광복절을 맞이하여 이스라엘 민족사를 통해 세 가지를 배워야 하겠습니다.

첫째, 우리는 회개 운동을 전개합시다.

우리 민족이 회개할 죄악이 많으나 시간 관계로 두 가지만 지적하고자 합니다. 첫째로 이기주의입니다. (중략) 옛날이나 지금이나 나라와 민족을 팔아먹고 그르치는 것은 모두 이기주의 때문이므로 철저히 회개해야만 하겠습니다. 성령의 뜨거운 불길로 이기주의를 불태워 살라버리고 하나님 제일주의(신앙운동), 동포 제이주의(애국운동), 자기 제삼주의(이타주의) 운동을 전개하여 나라를 위기에서 구출해야 하겠습니다. 둘째로 회개해야 할 죄는 노예근성입니다. 하나님께서 주신 자유를 저버리고 스스로 노예가 되는 일은 자유를 저버린 범죄입니다. 이스라엘 민족이 광야를 통과할 때 잠시의 고통이 어려워서 지도자 모세를 원망했고 의식주가 불편하니 다시 애굽으로 돌아가서 노예 생활을 계속하자고 부르짖었습니다. 노예근성이 가득찬 이스라엘 민중을 가나안 땅에 들여보내지 않은 하나님께서 우리 민족에게도 통일을 속히 주시지 않으시고 지금까지 37년간이나 지체하고 계십니다. 우리 민족이 속히 통일하려면 노예근성을 버리고 자유민의 자격을 갖추어야 합니다. (중략) 지난 18년 동안 박정희 독재 정권 하에서도 자유와 권리가 짓눌림 당하는 것을 분통해 하지 않고 외국에서 빚을 얻어다가 길 닦고 고층건물 지은 것을 쳐다보고는 이리 보아도 좋아졌고 저리 보아도 좋아졌다고 독재 정권을 찬양하며 맹종해왔습니다. 사람이 밥만 배불리 먹고 안전하게만 산다고 사람이 아닙니다. 비록 고생이 되더라도 자유와 권리를 누리면서 양심대로 인간답게 살아야 인간이지, 자유와 권리는 모두 빼앗기고 외국에서 빚이나 얻어다가 배불리 먹고 안전하게만 살려고 하는 것은 노예근성이 가득 찬 노예의 생활입니다. 이기주의와 노예근성은 가장 먼저 회개해야 할 죄악이며 다음으로 유물주의, 편법주의, 향락주의, 빈부격차, 부정부패, 독재정치, 불신풍조, 미신풍조, 음란풍조 등의 죄악도 철저하게 회개하여 하나님의 긍휼하신 은총을 받아야 합니다.

다음에는 침략에서 조국을 수호합시다.

첫째, 정신적 침략에서 조국을 수호합시다. 2차 세계대전 이후에는 무력으로 약소국가를 공격하는 침략은 중단되었습니다. 그 반면 정신적 침략과 경제침략이 시작되었습니다. 강대국이 약소국에게 상품을 많이 팔 수 있는 경제침략을 하기 위해서는 먼저 정신적 침략을 감행하여 민족혼부터 뽑아버리는 것입니다. 스크린, 섹스, 스포츠 등 이른바 3S정책을 펴서 후진국들이 선진국의 영화를 보고, 혹은 퇴폐풍조에 혼을 빼앗기고 사치와 허영에 빠져 선진국의 상품을 사들이게 만듭니다.

둘째, 경제침략에서 조국을 수호합시다.

셋째, 공산주의 침략에서 조국을 수호합시다. 공산주의자가 무력으로 남침한다 해도 63만 국군이 있고 3만 8천 명의 유엔군이 만전의 전투태세를 취하고 있으니 문제가 되지 않습니다. 그러나 가장 큰 문제는 일부 군인들이 국방의 의무를 망각하고 정권에 개입한 문제입니다 ….

다음으로는 복음화운동을 전개하는 일입니다. 한국교회는 민족복음화운동을 조속히 성취해야 합니다. 그러기 위해서

첫째, 국민윤리를 확립해야 합니다.

둘째, 생활이념 확립운동입니다.

셋째, 애국정신을 확립해야 하겠습니다.

넷째, 복음화운동을 전개해야 하겠습니다.

지금 우리나라는 전두환을 지지할 자유는 있으나 비판할 자유는 전혀 없습니다. 예배의 자유는 있으나 하나님의 정의를 시행할 자유는 없습니다. 다시 말해서 선교의 자유가 없다는 말입니다. 민중이 누릴 자유나 선교의 자유는 스스로 오지 않습니다. 우리 교회가 굳게 뭉친 힘으로 자유를 쟁취해야 누릴 수 있습니다. 힘이 없는 정의는 악에게 우롱당하는 것이므로 우리 개인이나 교회나 노회가 성령의 능력으로 힘을 키워서 불의에 항거하고 정의를 실현해야 하겠습니다. 오늘 광복절을 맞이하여 우리 민족 모두가 회개하고 외국의 침략을 막아내고 복음화운동을 전개하여 남북통일을 대비합시다. 늦어도 1995년에는 통일이 되도록 뜨겁게 기도하고 우리의 할 일을 열심히 이루어나갑시다. 하나님의 은총이 여러분과 함께하기를 기원합니다.

3) 당국에 연행되어 고난을 당하다

1982년 8월 20일 강서경찰서 정보과 형사 두 사람이 찾아왔습니다. 말씀드릴 일이 있으니 경찰서에 다녀오자고 하였습니다. "서장님이 볼일 있으면 찾아와서 대화를 할 일이지 오라고 하는 것은 무례한 일이오"하고 두 형사를 보냈습니다. 한 시간 후 정보계장과 형사 한 사람이 와서 8월 19일 전주에서 설교한 것이 문제가 되어 경찰서에서 조사를 받아야 한다고 연행하였습니다. 내 서재에서 교정을 같이 보고 있던 임영천, 송정홍 두 분 전도사에게 연행되어 갔다고 NCC와 인권위원회에 알리라고 말하고 기도해 줄 것을 부탁하였습니다.

강서경찰서 정보과 숙직실에서 조서를 받았습니다. 숙직실에서 잠을 잤고 정중하게 조서를 받았습니다. 아침 7시경 정보계장은 나를 집까지 데려다주었습니다. 옷을 갈아입고 10시쯤 되었는데 초인종이 다시 울렸습니다. 강서경찰서 정보계장이 무거운 입을 열어 시경에서 다시 조사할 것이 있다 하니 시경으로 가야 한다는 것이었습니다. 시경에 도착하니 시경 정문에서 눈에 검은 안대를 씌워 어디로 가는지 전혀 알 길이 없는 곳으로 갔습니다. 도착한 곳은 1982년 5.18 때 조사받던 방이었습니다. 사방으로 밀폐된 캄캄한 방에 전등만 켜있고 방안에는 야전침대, 변기, 세면대까지 다 있어서 밥만 먹으면 생명을 연장할 수 있는 방이었습니다. 모두 낯이 익은 수사관이기에 5.18때에 비하여 무척 부드러웠습니다. 사실 내용도 별것이 없고 사건이 사건 같지 않아 수사관들도 별로 긴장할 필요가 없었을 것입니다. (조서내용 중략)

그들은 석방시키지 않고 그냥 취조실에 가두어 두었습니다. 다음날 주일 8시와 11시 예배를 목민교회에서 설교하기로 하였는데 설교하지 못하게 되어 민망한 마음 금할 길이 없었습니다. 주일 낮 성경 찬송도 없이 그냥 취조실 침대에 앉아서 예배를 드렸습니다. 주일 밤에는 화곡성결교회에서, 22일 월요일 아침 9시에는 강서복음병원에서 직원예배를 드리기로 했는데 직원예배도 드리지 못했습니다. 설교해야 할 목사를 설교 못 하도록 가두어 두니 참으로 고통스러운 일이었습니다. 월요일 오후 3시경 다시 눈을 가리고 시경 정보과에 와 보니 총회의 이의호 총무님과 정봉덕 사회부 총무님이 오셔서 기다리고 있었습니다.

석방되던 22일 저녁 6시 총회 회의실에서 임원회가 있으니 나오라는 이의호 총무님의 말씀이 있었기에 종로 5가 총회 사무실로 나갔습니다. 고현봉 총회장님과 이의호 총무님은 권고하기를 여러 차례에 걸쳐 어려움을 당하니 교회를 맡아서 목회하도록 하라고 하셨습니다. 피곤한 심령도 쉬고 가족도 돌보아야 하지 않겠는가. 그러기 위해서는 목회하는 길이 제일 좋은 길이라고 말씀하기에 "목회를 하는 것이 안전한 줄은 알지만 10년 전에 파수꾼의 사명을 감당하려고 교회를 사임하고 활동하다가 이제와서 십자가 지기가 피곤하다고 다시 목회로 돌아가는 일은 도저히 심령에 허락이 되지 않으니 아무리 어려워도 이 길을 계속 가려고 합니다. 교계에서 부흥회에 초청하지 않으면 글을 써서 출판하여 선교하고자 합니다." 이렇게 대답은 했으나 부흥회는 약속한 것마저 취소되고 초청하는 교회도 없고 심지어 하루 부흥회나 헌신예배도 초청하기를 꺼려하는 일이 늘어나 참으로 설 자리가 없어지고 있었습니다. 그러나 다만 전능하신 하나님께서 길을 열어주사 형통케 하여 주시기를 간구할 뿐입니다.

10. 1982-7-저서 ― 『민족의 나아갈 길』

제 5 장 올바른 국가관 확립

제 5 장 올바른 국가관 (國家觀) 확립

1. 국가관 확립의 필요성

우리 나라는 오랫동안 중국의 침탈을 받아와서 중국을 종주국으로 섬기는 속국의 위치에 있었고, 20세기에 들어와서는 일본에게 36년간 식민지 치하의 종살이를 했었고, 8.15 이후 지금까지는 소련 등 외국의 종살이를 하다시피하여 자주 국가로서의 면모를 완전히 갖추지 못하고 있습니다.

이제 온 국민이 올바른 국가관을 확립하고 민주국가를 건설하여 천 수 백년 외국의 지배로부터 벗어나서 완전한 통일된 국가를 이룩해야만 되겠습니다.

① 개인을 희생 시키는 전체주의 국가가 되지 않기 위하여
이조 5 백년의 군주정치 체제나 일제 36년의 군주주의 정치체제나, 공산주의 정치체제는 개인의 희생을 강요하고 집단과 대중을 강조하는 정치체제입니다.

민족적 국가의 인정과 번영을 위하여 개인의 최저을 강수하다 하지만 사실은 소수의 집권자들이 정권 안보와 집권자의 영달을 위해서 개인의 희생을 강요하는 수가 많은 것입니다.

우리 민족은 오랜 역사에 전체 집권자의 중심이를 쌓을망정 자유 국가의 자유를 맛땅이 삶이오지 못했읍니다. 집권자의 생태는 언제나 전체주의를 좋아하고 그 무슨 명분을 세워서든지 전체주의 체제를 유지하려고 애를 씁니다. 말로는 현실에 알맞은 민주정치를 한다고 하지만 사실은 그 마음속에 집권욕이 도사리고 있는 것입니다. 그러므로 우리 민족은 올바른 개인주의, 민주주의, 세계주의를 확립하여 민주 국민으로 손색이 없는 국민적 자세를 확립하고 나라와 세계 인류를 위해 공헌해 나가야 하겠읍니다.

―39―

제 1 편 생활이념을 확립하자

각양각색 자유롭게 낳아다녀야 세이지 세상에 건성 있으 편차 아무리 배웠다 덕는다한들 무엇합니까? 하물며 인생이 자유와 권리를 행사하지 아니하며 폐쇄 하기 위하여 발라 배울리 덕는다고 말사는 것 알고 아이닙니다.

노예와 같이 남은 주는대로 먹고 입은 시기는 매로 하는 생활이라면 다른 누리떤서 자기의 기능과 창조력을 마음껏 발휘할 수 있는 여건이 조성되도록 하기 위하여 힘써 그것들을 생육해야 하겠읍니다.

그림으로 우리는 이상에 가진 한대로 올바른 가치 관을 확립하여 국민 훈련 시기로 그리고 이 가치 판이 근거하여 정치, 경제, 문화, 사회 등교가 형성되고 이를 생활화함으로 민주주의의 기초를 확립해야 하겠읍니다. 무엇보다 더 가치관과 개 개인 관의 개혁이 시급합니다.

―38―

제 5장 올바른 국가관 확립

2. 개인주의

① 이기주의를 물리치자

이기주의와 나무에는 탐욕의 벌레가 쓸고 헤퇴의 나뭇잎이 떨어지며, 쇠망의 그늘이 집니다. 그 반면 개인주의는 이기주의의 승화요, 국복이요 주체확립입니다. 동양사람은 너무나 개인주의의 자주성이 희박합니다. 많은 사람들이 기주이라는 공동체에서만 파묻혀 살아왔기 때문입니다.

나는 나다. 나도 자주 독립한 존재로서 나의 이상이 있고 나만이 지니는 독자적 가치 외의를 가졌습니다. 하나의 개인들이 강력한 자아의식을 가지고 저 다운 보람과 존재를 드러내는 개인이 되어야 합니다. 우리 민족은 때따라서 개인주의와 이기주의를 통일시 하면서, 개인주의와 이기주의는 나쁘다 하며 개인주의를 배격해 오고 있습니다.

일본은 전체주의 국가로서 민주와 국가인 미국과 영국과 전쟁하면서 민주주의의 기초정신인 개인주의와 자주사상을 배격하며 전체 주의를 강조하기에 이르렀습니다. 일본인의 교육을 받아온 우리 민주은 아직도 전체주의에 영향을 받아온 그 전체가 많아있게 되어 개인주의에 대한 인상이 좋지 않습니다.

이기주의와 개인주의는 엄격히 다릅니다. 이기주의는 반사회적 생활 원리로서 우리가 배격해야 할 사고방식이요, 개인주의는 민주주의의 사상적 기본 원리로서 진실히 기워 나가야 할 사상입니다. 이기주의는 나의 인중에는 오로지 나와 내 아이만이 있을 뿐입니다. 너도 없고 우리도 없이 내 욕망 내 욕심 내 출세를 위해서는 타인은 희생이 되고 죽고 죽으며 되어도 무방하다는 사고입니다. 이기주의는 나만 있을 뿐 남을 나의 실현의 수단으로 도구로 삼습니다. 이기적 자아를 최고의 가치로 세우고 자기 욕심만 차리는 생활태도입니다.

제 1 편 생활이념을 확립하자

② 집단을 받거나 집탁하지 않는 나다가 되기 위하여

국가주의와 민주주의에 치우치면 남의 나라를 침탁해서라도 내 나라 부국강병을 이루어야 한다는 국가 지상주의에 빠지기 쉽습니다. 국가 강요소하게 되며, 또 한편 남의 나라를 침탁하게 됨니다. 그러므로 개인주의, 민주주의 (국가주의), 세계주의 등 3 요소가 조화된 삶의 생활을 이루어 파차 충돌하지 않을 때 공생공영하게 되며 민주주의가 시행될 수 있을 것입니다.

6 천만 민족이 개인주의의 확고한 신념을 가지고 세계주의를 향한 민족주의와 국가주의를 형성하고 시행하게 나갈 때 외 나라의 침탁을 강력히 막아낼 수 있을 것이며, 또 외 나라를 침탁하는 과오를 벌지 않을 것입니다.

민족주의 사상이 배제되고 세계주의의 이념이 부족할 때 은연중 타의 마수를 벌지 게 됩니다. 그러므로 개인주의, 민주주의, 세계주의가 상삼병을 이루어 정당해 나가도록 협써야 하겠습니다.

③ 국가 번영이 세계의 번영이 되기 위하여

개인주의와 세계주의의 이상이 없는 편협된 민주주의는 히틀러의 나치스, 뭇솔리니의 파시스트, 일본의 군국주의와 같이 외 국을 침탁하여 세계 평화를 파괴하는 결과를 낳고마는 것입니다. 자기 민족만이 우수한 민족이고 다른 민족은 자기 지배를 받아야 한다는 교묘한 민족주의는 세계 제 1 차 대전과 제 2 차 대전을 일으켰고 자기 민족과 다른 민족까지 죽이는 참극을 초래했습니다.

그러므로 개인이나 국가가에는 세계주의의 이상을 실현하기 위하여 개인주의는 국가민족의 번영을 위해 화합 하여야 하고 민주주의의 이상을 실현 하기 위하여 국가는 세계주의로 조화해 나가야 합니다. 그리 하면 세계 평화로서 번영을 이상할 것입니다. 이 방식에 입체하게 되게 인류는 공생공영하게 되며 하나나 나다나 아다가나의 이상을 실현하게 될 것입니다.

제 5 장 올바른 국가관 확립

주체입니다. 이러한 속성을 지니고 개인의 가치를 부여하고 개인의 두 뇌성, 행동성, 존엄성을 강조하는 것이 개인주의 사상입니다. 이러한 속성을 갖고 있기 때문에 개인은 어무나 천리의 주체가 되고 자유와 제임의 존재가 될 수 있습니다. 그는 자자하고 자율하고 자치(自治)하고 자주(自主)합니다. 그리기에 여러 개인이 사회에서 같이 모든 공동 하는 원리를 알게 됩니다. 그는 사회의 구성원이 되어 처신하기 때문에 법을 지킬 줄도 알고 행동할 줄도 아는 것입니다. 그는 자기의 의무를 알고 수행하며 또한 자기의 권리를 얻고 수호합니다.

그도 「나」만 생각하는 것이 아니요, 「너」를 생각하고 「우리」, 공동체를 고려하고 전체를 염려합니다. 남을 과롭히거나 남에게 절도가 있고 지 않는 것을 행동으로 삼아서 살아서 살게 됩니다. 올바른 개인주의를 확립한 자는 표현과 동배가 있습니다. 다시 말하여 남을 과롭히거나 남에게 불제가 주는 행동을 하지 않습니다. '각 개인의 인격을 서로 존중하자.' 이 것이 개인주의자의 생활 신조입니다. 우리나라가 민주화가 되고 사회 가 부녀최바쳐면 먼저 각자가 개인의 자각과 확립에 힘쓰며, 올바른 개인주의로 그 기초를 튼어나가야 하겠습니다.

③ 개인은 국가와 세계를 위해 존재하라

우리가 개인주의를 확립하는 것은 나혼자 잘살기 위해서가 아닙니다. 내 개성을 존중하고 남의 개성도 존중하기 위함이며 내 자유와 권리를 지키고 누리듯이 남의 자유와 권리도 존중하기 위해서입니다. 나 자신 의 인격을 확립하고 국가 민족과 세계 인류를 위해 봉사하고 공헌하기 위해서 나 개인의 인격부터 가져 나가고저 하는 것이 개인주의의 목적 입니다. 만일 나 개인의 인격과 실력이 부족하면 남에게 무거운 짐을 지우게 되는 것이오, 나에게 부과되 사명을 다하여 자유와 권리를 찾을수 없게 되기도 하기 때문입니다.

예수님의 생활 이념간이 "인자가 온 것은 섬김을 받으려 함이 아니니 라 도리어 섬기려 하고 자기목숨을 많은 사람의 대속물로 주려함이니

-43-

제 1 편 생활이념을 확립하자

우리는 자기를 사랑하고 또 사랑해야 합니다. 나의 자유, 나의 천리, 나의 재산, 이익과 인권, 행복은 세계 있어서 한없이 소중합니다. 그 러나 나의 개인 소중한 것은 결코 아니고 모든 사람에게 다 그러합니다. 나의 자유와 권리가 소중한 것처럼 남의 자유와 천리도 소중합니다. 자 기만 보고 나와 우리를 보지 못하는 것이 이기주의의 병통이요, 어리석 음입니다. 이 세상은 나 혼자 사는 세상이 결코 아닙니다. 만일 사람 들이 저마다 이기주의를 생활로 삼고 살아간다면 이 사회는 무 부정 쉽고 살벌한 전쟁상태, 투쟁상태에 나와 나의 자유와 천리가 모두 부정 되고 이무도 자유와 권리를 누릴 수 없게 됩니다. 이기주의의 결과는 나도 망하고 너도 망하는 주의니 우리나라 사회에서는 이 이기주의를 예끗이 불리쳐야 되겠습니다.

② 올바른 개인주의를 확립하자

개인주의는 민주주의의 기본원리의 하나입니다. 민주주의가 확립되 려면 건전한 개인주의의 확립이 필요합니다. 개인은 사회 구성에 있어 서 가장 작은 단위로서 사회의 천리이기 때문에 더 나눌수 없는 존재 입니다. 개인은 하나의 최소의 우주입니다. 그러고 개인은 인격을 바탕 으로 하기 때문에 개인주의는 최고의 표현이 인격주의입니다. 우리 도 저마다 인격주의로 살아갑니다.

각 개인은 저마다의 인격의 존재로서 개성을 갖고 있읍니다. 이 세상 에 똑같은 존재는 하나도 없고 저마다 두자적의 개성을 갖고 있읍니다. 마치 46억 인류의 얼굴이 제각기 다른 전체럼 사람들이 개성도 같지 않읍니다. 저마다 개다른 빛이 있고 향기가 있고 특색이 있읍니다. 그것이 민주주의의 다양성의 세계입니다. 우리는 남녀 화목하고 조화 해서 살아야 하지만 남과 북 좌와 우들에서 사랑을 인정하는 것입니다.

한창 많은 소프라노, 알토, 테너, 베이스가 자가 제소리를 내지만 조화를 이루어 아름다운 함창이 되는 것입니다. 개인은 사회의 기본 단위 요, 의식의 통일체오, 개성의 존재이며 자율과 책임과 자유와 인격의

-42-

제 1 편 생활이념을 확립하자

다." (아태 20권 28절) 이것이 상회면 남에게 무엇인가 줄 수 있는 실력이 필요합니다. 그러므로 개인주의는 나 밑에 남과 기둥을 키워서 사회에 봉사하고 세계인류를 섬기려 하는 데 있습니다. 우리 모두 이와 같은 정신을 가지고 확실하게 개인주의를 확립해 나갑시다.

3. 국가주의 (민주주의)

① 내 민족(民族)을 사랑하자

개인주의와 세계 주의를 망각한 민주주의는 전체주의와 권력주의의 쎄치기 쉬운 까닭이 여기에 있으니 개인주의 그리고 세계주의와 민주주의가 조화를 이룰 때는 아름다운 이상이 될 수 있습니다. 이와 같은 민주주의는 개인의 존엄성과 자유를 존중시 하고 오늘의 민족주의도 도저히 들은 이미 세계 인류를 가깝게 공정하게 상태하고 있습니다. 이제 뒤떨어진 민족주의나 국가주의로 되돌아. 간다면 그것은 역사적 퇴보이며 19세기로 들어가는 것이라 할 수 있습니다. 공산주의자들은 세계 평등이 해소되어도 평등하게 세계를 묶자고 있는데, 민주주의를 근본 하면 역사도 세계의 대세를 역행하는 것이라 생각할 수도 있습니다.

확실히 오늘 우리는 개인이 인류에게 통합 수 있는 개인주의와 세계주의 틈바구니에서 살고 있습니다. 그러므로 아주 독특을 말르는 민주주의들은 자기와 세계를 지 나치게 생각하는 나머지 민족이나 국가에 젊은이들은 일순 가벼이 여기기 마련입니다. 로 많은 선진국가의 시민들이 민주주의와 국가주의를 위험시 하고 있는 것도 사실입니다. 그렇다면 우리도 민족주의를 버리고 하루 속히 세계주의의 과정을 밟아야 하지 않겠습니까? 그러나 여기 문제점이 있습니다.

세계주의를 주장하는 나머지는 오 팽등이 민주주의와의 강한 인상으로 그 세계주의를 실현할 안전 방도 기혀 있습니다. 그 반면 우리 민족은 아직도 국가 단위로 단체사를 살아오거 못했습니다. 우리 다른 정신 사 상, 문화, 정치, 경제의 권을 찾지도 못하고 있으며 아무런 건설도 남

제 5 장 훌륭한 국가관 확립

기지 못했습니다. 그런 아주에 있으면서 개인과 인류, 나의 세계만 다 함다면 그 결과는 어떻게 되겠습니까? 결국 남의 장단에 춤추다가 자신을 잃어버리는 결과만 초래할 뿐입니다. 그러기 때문에 우리도 민 족을 단위로 삼고, 조국을 주체로 삼는 신한 의미의 민주주의를 버리 지 못하는 것입니다.

진정한 의미의 민주주의란 모든 민족과 국가들이 제 각기의 개성과 주체성을 살려 진선한 문화사상과 생활을 찾는데 있습니다. 민 족의 특수성을 돌보지 않는 세계주의는 있을 수 없습니다. 그것은 가정 이란 한 집단이 아무리 귀하더라도, 그 구성 단위인 한사람 한사람 을 도외시할 수는 결코 없는 것과 마찬가지입니다. 그러므로 인제나 나는 민족을 통하여 인류에 봉사하기 마련이며 국가는 세계 인류와 민족과 개인들의 매개 역할을 차지하고 있습니다. 그러므로 우리는 민족과 국 가라는 주체를 떠나서는 생존하지 못합니다.

「수신제가 치국평천하」라는 말은 그러한 뜻을 그러한 경에서 전하였니다. 그러기 에 우리는 세계문화와 인류 번영에 통합하여 공헌하기 위해서도 앞으 로 제 주하려는 민족을 단위로 하며 국가를 주체로 살는 정신과 몸짐쳐 게 선한 생활자세가 함니다. 우리는 결고 좁은 민족주의나 국가 지상주의 를 찬양하진 않습니다. 그러나 우리들 모두가 조국과 민족을 통하여 세 계와 인류에 봉사한다는 뜻을 잊어서는 안됩니다. 그러기에 우리는 경 성을 다하여 내 조국과 민족을 사랑하며 우리 6천만 동포가 단체로 통처 서 민족단위로 세계 인류를 위해 공헌할 실력을 하루 하루 쌓아나가아 하겠습니다.

② 민주적 권리 (民權)를 누리자

중화민국의 국부 손문 (1866~1925) 선생은 그의 건국이념이었던 "삼 민주의"로 민족, 민권, 민생을 역설한 바 있었으니 이 것 도이나 남은 우 리사가 주장한 세계주의 바둥시 (大同書)의 이념보다 훨씬 실제적이고 건리가 있으므로 두 중 누구의 의거를 받아 인체적으론 생존으로 이룰었던 것입니다. 당시 중국는 영국, 프랑스, 러시아, 독일, 미국, 일본 등에

제 5 장 올바른 국가관 확립

인하여 미·소 양국에게 자기 보호를 요청하는 조약을 체결하여 우리 스스로 소련과 미국의 보호 속이를 자초한 셈입니다. 민족적 자주권을 스스로 포기하고 미·소 양국에게 민족적 자주권을 진상한 셈입니다.

옛날의 김춘추를 선망할 자격이 없는 민족입니다. 공산주의와 민주주의의 사상 싸이 매듭입니다. 인제까지 우리 민족은 남북이 국민 마음을 하여 자주권을 스스로 포기한 체 또 남북이 자주 행동을 인어신을 제 우리 하는지 인타깝기만 합니다. 우리 한국이 자주 행동을 인어신을 제 눈 참된 민주주의를 시행하여 자유의 바탕을 부상화이며 공산주의의 아성이 무너질 터인데, 그러므로 우리의 자주 노력이 필요합니다.

소련이 우리나라가 통일되는 것을 원할리 없으니 우리 스스로 라도 통일을 성화하지 아니하면 몇십년 몇백년도 갈 것이 아닙니까? 우리는 자성하여 우리의 권리를 우리 스스로가 찾아야 되겠으며 민중들은 민족 중에 누릴 자유와 권리를 찾아야 되겠습니다. 그리하여 국가에 주권과 개인의 권리를 아울러 찾아 누리며 우리나라를 반영시켜서 세계에 인류에 봉사할 실력과 태세를 보진해야 하겠습니다. 이것이 민권을 찾아야 누리는 길인 것입니다.

③ 민족의 생존(民生)을 위해 단결하자

우리 민족은 하루 속에 민족적인 주권과 개인적인 자유와 권리를 누려야 합니다. 그리고 우리 민족이 살기 위하여서는 정치 민주화와 남북통일이 성화되어야 하고 아울러 경제 민주화가 이루어져야 합니다. 경제적 번영의 이루어지지 아면 강대한 정신과 자세의 화합이 필요합니다. 시파나무의 시파가 열리고 나무의 둘레가 열리며 많이 신는 자기 많이 거두고 적게 신는 자는 적게 거둔다.(근후 9장 6절, 갈 6 : 7)는 말씀은 하나님의 말씀이며 만고의 진리입니다.

실사는 나라와 민족은 모두가 잘살 수 있는 조건을 갖추어서 잘사는 것이고 못사는 나라와 민족은 못살만한 조건이 있어서 못사는 것이니, 못살인시에 화합 여하에 달린 것입니다.

양국 국민들은 근면, 검소, 질서한데마다 정신을 존중히며 국산품을

제 1 편 생활-이념을 확립하자

제 철타로 받아 자주권을 상실한 반식민지로 전락되어 있었습니다. 그는 민주, 민권, 민생이 중국국민의 살 길이라고 부르짖었던 것입니다.

오늘 우리나라는 옛날에는 중국에게 자주권을 빼앗기고 중국 속이으로 중국을 섬겼고, 20세기 전반기에는 일본에게 자주권을 빼앗기고 식민지로 차제 당하였고 해방후에는 소련과 미국에게 자주권을 경렴당하여 남북 분단지로 전으며 남북이 서로 싸이한 민족처럼 되어 있습니다. 옛날신 따라 김춘추가 당태종에게 자주를 器고 자기 중족을 고구화와 백제를 처부셔 달라고 메시카았던 아부를 하였어 예전시 예정이나 결국 고구려와 넓은 영 강토를 고스란히 당나라에게 제공했던 역사가 보 먼 빼가 저리게 취도한 일입니다.

1950년 2월 북한의 김일성은 모스크바에 가서 스탈린에게 무료를 器고 남태를 조아리면서 자기 민족의 남태을 쳐부하게 해 달라고 예원하여 6.25동란을 도발했고 또 다시 중공의 모택동에게 예원하여 중공군을 동축 화신에 투입시켰던 것입니다. 동포를 화신하는 동축이와 우리의 자주권을 조금도 생각지 않고 우리 민족이 원수 소련과 중공을 불러다가 제 동축을 죽이고도 조금도 반성하지 않으면서 오히려 전쟁을 器은 뻣어라고 범명하나 기가 막힌데도 입입니다. 정시를 한다는 자가계 동포 죽이기를 파리 목숨 죽이듯 하면서 예국을 부르짖으니 너무나 한심한 일입니다.

1949년 미·소 양국군이 완전 철수한 것을 김일성의 전쟁을 입으려 다 시 소련군과 미군을 불러들여 후고는 지금와서 미군 철수하라고 때드나 정시꽃지 실인마의 언동일가 합니다. 남한에서는 부독이 우리의 생존을 위하여 아픈 마음을 누르며 우해의 군을 불러 공산침략을 멸타을 막아냈던 것입니다. 우리는 부독이 아주 근대를 불러다가 공산당의 비극을 막아냈습니다. 추진 이후 우리는 또 다시 전쟁의 비극을 막기 위해 한·미방어조약(1953년 10월, 워싱턴)이 조인되었고 북한도 소련과 중공으로 더불어 군사조약을 체결하였습니다. 남한이나 북한이 민족적 갈등으로 양국 국민들은 근면, 검소, 질서한데마다 정신을 존중히며 국산품을

제 5 장 훈바팀 국가관 화립

아무리 인구 밀도가 많으나 경제 부흥이 가능한데 우리 나라는 옛날부터 듣고 먹고 자는 것이 양반이라는 나쁜 전통 때문에 지금도 게으른 것이 습성화되어 국토개발을 역시 게을리하고 있습니다. 미국민들이 서부를 개발하던 개조정신으로 국토를 개발하여 1차 산업을 일으키고 공업을 발전시켜 2차 산업을 일으키고 3차 산업을 일으켜 경제 부흥을 촉진해야 되겠습니다.

세째, 사치와 낭비입니다. 우리나라 경제 빈약의 한 것에들은 사치와 낭비입니다. 소비가 생산의 몇 갑절을 요구 르고 낭비가 선진국을 앞지 르면 경제빈약이 될 수가 없습니다. 특별히 의식주의 우출비도 선진국 보다 뒤지지 않으나 저축에 되지 않으며 민족자본이 축적되지 않습니다. 그러므로 우리는 사치를 추방하고 근검 저축하여 우리 경제를 빈영케 해야 합니다. "빈산이 없으면 빈성이 없다"고 한 유교의 교훈으로 상으로 건립입니다. 경제는 자립이 없이 정치도 자립이 이루어지지 않습니다. 우리나라가 정치적으로도 완전 독립하려면 경제적으로도 완전히 독립해야 합니다. 그리하여 우리도 내 민족 내 겨레를 사랑하며 생존과 번영을 위해 경제 빈영에 박차를 가하여 민족, 민권, 민생의 삼민주의 이념이 실현돼야 하겠습니다.

4. 세계 주의

① 세계 인류는 하나님의 자녀로 태초에 하나님께서 당신의 형상대로 남녀를 지으셨고(창 : 1장26~28) 아인이나 외인을 공평하게 사랑하사 서 햇빛과 비를 골고루 주시매 인류 전체가 구원받기를 원하시니 세계 인류는 하나님의 사랑하는 상대자입니다.

세계인류는 하나님을 향하여 "하늘에 계신 우리 아버지여"(마 6 : 9) 라고 부르니 인류는 모두 형제요. 세계는 한 집안입니다.

"예수 님께서 말씀하시기를 누가 내 모친이며 내 동생들이냐 하시고 손을 내밀어 제자들을 가리켜 말씀하시기를 나의 모친과 나의 동생을 보라 누구든지 하늘에 계신 내 아버지의 뜻대로 하는 자가 내 형제요.

—49—

제 1 편 생활이념을 확립하자

예웅하고 생산에 힘쓰는 민족이나 못살리가 없습니다. 2차 대전 후 잉 국의 맥빈단에도 세계적인 경제인을 운영하는 거부의 아들이 있었지 만 그 는 세벽에 양부를 입고 등정하였다고 합니다. 값비싼 물건은 외국에 수출하고 국내에서는 가급적 소비하지 않으며 외제를 가급적 사용하지 말고 국산품을 애용하기로 힘쓰니 국가 경제가 빈영되지 않을 수 없습니다.

벤마이크는 황폐한 국토를 옥토로 만들어 농업국가로 발전하여 개인 소득이 1만불에 육박하게 되었고 화란은 국토 면적 25%에 해당하는 바다를 막아 옥토로 만들었고, 베딴 꽃을 수출하여 3억불의 외화를 벌어 들인다고 합니다. 이스라엘은 불모지에 파이프를 묻고 개조하여 사막 이 과수원과 농장으로 변하게 하였고 일본과 독일은 전쟁의 상처를 께 씻고 자유세계에서 미국 다음으로 각각 제 2위, 제 3위를 손꼽는 경제대국이 되었습니다. 아니하 국민들은 모두가 잘 살수 밖에 없는 이 유때문에 잘살게 되었고 우리 민족도 못살게 빈수 밖에 없는 이유 때문에 못살고 있는 것입니다.

우리 민족이 못사는 큰 이유는 첫째, 정신의 못한 이유때문입니다. 두 가지입니다. 돈을 많이 벌려는 성신치 못한, 욱신태운입니다. 고속도로 공사를 낭탈으로 건설하였기 때문에 도로는 파괴되어 매년 수리해도 일 이 그치지 아니하며 하숙 도로를 낭탈으로 지었기 때문에 첫고 다시 것는 말 나 른 것입니다. 도시계획도 5년 앞을 못보고 파내어 수리하며 그 손해가 얼마 는 가유를 헤치리고 건물 덤하고 붕는 걸음 몸치 하고 파쾌된 못을 수 리하며 누거의 손해가 나무나 큰 것입니다. 상품 하나 경제 빈영이 필수 만들고 못한 불성실 때문에 외국사람이 의 국산을 사용하지 못하고 우리 가 없는 것입니다. 모두가 성실치 못한 것이 새운 제일 큰 원인입니다. 모두 성실한 자세로 경제 빈영에 임해야 하겠습니다.

둘째, 노력의 부족입니다. 화란이 바다를 막은 것같이 땀과 노력으로 마르크강의 이스라엘이 사막을 옥토로 변화시키듯 우리 국민이 땀과 노력을 다한다면 우리도 복할 수 있는 것입니다. 그 럼에도 불구하고 우리 국민은 때

—48—

제 1 장 민주주의의 4대 기본 정신

제 1 장 민주주의의 네가지 기본정신

세계 인류가 6천년 역사에 걸쳐 여러가지 정형한 정치체도 중에 제일 좋은 제도는 민주주의라고 판명되고 있읍니다.

특별히 성경의 교훈을 중심해 보면 기독교도 민주주의(民主主義) 라고 말할 수가 있읍니다.

하나님께서는 어디까거나 민중본위로 역사하시고 결단코 특권층을 위하여 역사하신 것이 아닙니다.

하나님께서 모세를 불러서 이스라엘 민족을 구출한 역사적 사건을 보면 다음과 같이 기록되었읍니다.

"하나님께서 말씀하시기를 내가 애굽에 있는 내 백성의 고통을 정녕히 보고 그들의 간역자로 인하여 부르짖음을 듣고 그 우고를 알고 내가 내려와서……

이제 내가 너를 바로에게 보내어 이스라엘 자손을 인도하여 내게 하리라" (출 3 : 7~12)고 하셨으나 하나님께서는 민중을 제자(弟子) 같이 사랑하신 것입니다.

그러기에 하나님의 신실한 종이며 모범적 정치가였던 다윗왕은 자기 민족에게 은역의 제앙이 내릴때 하나님께 기도하기를 "나는 범죄하였고 악을 행하였나옵거니와 이 양무리는 무엇을 하였나이까? 예컨대 주의 손으로 나와 내 아버지의 집을 치소서. (삼하 24 : 17)라고 하셨으니 이 얼마나 민중을 사랑한 모범적 정치인의 거세인가 ? 하나님께서 도 민중을 사랑했고 하나님의 뜻을 받드는 정치인도 민중본위의 정치를 한 것입니다.

하나님께서 민중 본위로 정치하기 않는 악한 정치인에게 준엄한 경고를 하셨읍니다. "너희가 가난한 자를 밟고 저희에게서 밀의 부당한 세를 취하였은즉 너희가 비록 다듬은 돌로 집을 전축하였으나 거기 거하지 못할 것이요, 아름다운 포도원을 심었으나 마시지 못하지 못하리라. 너희가 허물이 많고 죄악이 중함을 내가 아느라.

제 1 장 민주주의의 4대 기본 정신

이 얼마나 인권을 존중하고 인류애를 고취한 말씀입니까? 그러기에 "존 로크"(1632~1704)는 영국 명예혁명의 유명한 옹호론인 바, 그는 인간은 날 때부터 모두 자유, 평등, 권리를 소유하고 태어났다고 주장하였읍니다.

존 로크의 사상이 바로 민주주의의 기본정신이 되었읍니다. 1776년 미국의 독립선언서의 중요정신도 자유 평등 인권이었고 1789년 프랑스 대혁명의 선언문의 중요정신도 자유, 정의, 평등, 인권 이었고 1948년 12월10일 유엔총회에서 선언한 인권선언의 중요정신은 역시 자유, 정의, 평등, 인권 정신으로 가득차 있읍니다.

그러므로 우리나라는 민주주의를 건설하려는 이 중대한 시기에 온 국민이 이 정신으로 무장함으로 민주주의를 시행할 수 있는 정신적 기초를 닦아야 하겠읍니다.

이와같이 민주주의의 기본정신이 확립되지 않고 서구식 민주주의를 넣어놓고 사행하려 하나 방종과 혼란과 부자유이 생기게 되는 것입니다. 6천만 우리동포가 투철한 자유정신, 정의정신, 평등정신, 인권정신으로 무장한다면 공산주의 독재가 민중을 속이고 침투해 오지 못할 것입니다.

이 네가지의 사상은 기독교 신앙의 산 천연인 성경에서 우러나오는 진리입니다.

하나님과 나와의 관계, 그리고 나와 이웃과의 관계를 진실히 추구해 나갈 때 이와같은 민주주의의 기본정신은 자동적으로 확립이 될 것입니다.

—187—

제 3 편 애국애신론 희망과 미래

나의 이웃을 향하여 나 거를을 받고 성문에서 규책받을 자를 이웃하게 하라는 자료다"(암 5 : 12)고 하셨으니 하나님께서는 민중을 이처럼 사랑하고 아끼시어 약한 정치인의 부정을 경계하며 민중본위의 정치를 하라고 당부하고 있읍니다.

또 하나님께서 가난한 자를 위하여 극진히 염려하시고 가난한 자를 보호하고 사랑하는 그러한 민중본위의 정치를 명령하셨읍니다. "거기란 먹이는 이스라엘 목자들은 화 있을진저 ... 목자들이 양의 미를 맛으는 것이 마땅치 아니하냐"(겔 34 : 2)

"네가 만일 너의 함 백성 중에 가난한 자에게 내가 믿일 이웃의 옷을 저당잡거든 너는 그에게 제수같이 하지 말며 ... 그 몸에 가리울 것이 이 뿐이라. 이는 그살의 옷인즉 그가 무엇을 입고 자겠느냐? 그가 내게 부르짖으면 내가 들으리니 나는 자비한 자임이니라"(출 22 : 25~27)

"가난한 자를 학대하는 자는 그를 지으신 이(하나님)를 멸시함이요 궁핍한 자를 불쌍히 여기는 자는 주를 존경하는 자니라"(잠 14 : 31)

예수님께서도 양과 염소의 비유에서 민중사랑하기를 예수님 자신과 이 사랑하라고 말씀하셨읍니다. 거득히 작은자 하나가 주님 께 대할 것을 주고 목마를 때 마시게 하고 벗었을 때 옷을 입었고 병들었을 때 돌아보고 옥에 갇혔을 때 예수님 자신에게 행한 것과 같다고 하시고 그러면 가난하고 약한자를 돌아보지 않는 것은 예수님을 돌아보지 않는 것과 같다고 말씀하셨읍니다.(마 25 : 31~46) 구약성서에서는 비 이웃을 내 몸과 같이 사랑하라 하였으나 신약성서 에서는

"우리 강한자가 마땅히 연약한 자의 약점을 담당하고 자기를 기쁘게 하지 아니할 것이라.

"우리 각 사람이 이웃을 기쁘게 하되 선을 이루고 덕을 세우도록 할 지니라. 그리스도께서 자기를 기쁘게 하지 아니 하였노라"(롬 15 : 1~3)

—186—

제 3 편 애국정신을 확립하자

1. 자유

하나님께서 인류를 창조하시고 기계처럼 속박하지 않으시며 우리에게 사고와 행동의 자유를 주셨습니다.

하나님께서 각종 동정물과 공중의 각종 새를 지으시고 사람인 아담에게 이름을 짓는 자유와 권리를 주시며 모든 사람을 다스리는 믿음의 영장으로 삼으셨습니다(창 2 : 19) 그리고 "내가 생명과 사망 복과 저주를 네 앞에 두었은즉 너와 네 자손이 살기 위하여 생명을 택하고 네 하나님 여호와를 사랑하고 그 말씀을 순종하며 또 그에게 부종하라"(신 30 : 19~20)고 하셨으나 우리에게 선택의 자유를 주신 것입니다. 예수께서 세상에 메시아로 오신 것도 인류에게 자유를 주시기 위함이고 또 많은 사람을 자유케 하시었습니다.

"주의 성령이 내게 임하셨으니 이는 가난한 자에게 복음을 전하게 하시려고 내게 기름을 부으시고 나를 보내사 포로된 자에게 자유를 순번 자에게 다시 보게 함을 전파하며 눌린자를 자유케 하고 주의 은혜의 해를 전파하게 하려 하심이라"(눅 4 : 18~19)

이처럼 사명을 지니고 세상에 오신 예수님은 우리 억눌린 민중을 억압에서 해방하사 신앙의 자유를 주시고 교권의 억압에서 해방하사 생활의 자유를 주셨습니다.

십자가를 믿어 구원하는 기독교는 율법의 속박에서 자유를 주는 자유의 종교입니다.

그러기에 성바울은 갈라디아서를 "그리스도께서 우리를 자유케 하려고 자유를 주셨으니 그러므로 굳게 서서 다시는 종의 멍에를 메지 말라"(갈 5 : 1)고 하였습니다.

민주주의 사회에서 민주국민이 누리는 가장 큰 특권은 자유입니다.

① 개인적인 자유

제 1 장 민주주의의 4 대 기본 정신

이 자유를 박탈할수 없습니다.

만일 개인의 자유를 박탈하는 자가 있다면 그 사람은 이마와 같은 범죄자라 아닐이라 할 것입니다.

하나하나의 개인을 존엄한 인격의 주체로서 존중히 대접하려고 하는 사고방식은 민주주의의 영원불변한 생명이요, 가치가 아닐 수 없습니다.

민주주의는 상대주의적 세계관 위에 서야 합니다. 개인의 다양성이 민주주의의 출발점입니다.

사람은 저마다 얼굴이 다르고 목소리가 다르듯이 사상과 의견이 다르고 사상이 같지 않고 그사상이나 주장을 실현하는 방식이 저마다 다릅니다.

저마다의 빛깔과 저마다의 의미를 지닌 무수한 개인들이 모여서 저마다 제소리를 내면서 정연한 질서와 아름다운 조화 속에서 만인이 공생공영하고자 하는 것이 민주주의의 사회 현상입니다. 민주주의 사회는 무수한 개인들이 모두 다 같을 필요도 없고 또 같을 수도 없는 일입니다. 우리는 단 사람이 서로 조화를 이룰수는 있어도 두 같을 필요는 없습니다.

나 개인의 의견을 자유롭게 발표하고 내 기능을 자유롭게 발휘하는 반면 다른 사람의 자유는 내 자유 같이 존중해야 합니다.

내 정당과 내 주장만이 옳다, 또는 내 단체와 내 전위의 이데올로기만이 옳은 길이다거나 내 교파만이 신성하다, 혹은 내 집단이 베끼므러를 차이어야 한 다는 등의 사고방식은 상대주의 세계관 위에서나 민주주의 사회의 통념으로는 용인되지 않는 것이입니다.

베타주의와 독선주의는 민주주의 사회에서는 용납될수 없습니다.

민주주의는 누구나 모두 불완전한 존재이기에 자기와 판단과 사고와 사행에 있어서 잘못을 범할 가능성이 없습니다.

이렇게 생각할때에 우리는 저마다 자기에게 겸손을 요구하게 되고

제 1 장 민주주의의 4대 기본 정신

를 아는 여호수아, 정병 두 사람과 제 2 세 국민들만 자유와 땅 가나안에 들어가게 하신 것이었습니다.

이와같은 성경의 기록은 자유의 가치를 아는 자신이 자유를 누릴수 있는 자격이 있음을 명확하게 가르쳐 주는 신 교훈입니다.

자유와 권리를 누리는 것보다 배불리 먹는 것만 아는것은 짐승과 다름이 없기로 짐승에서 쓰여져 죽어졌던 멋 같습니다.

진정한 자유에 간직되어 있는 혼향이는 아무리 고기를 배불리 먹어도 혼향이 구원을 제대로 못하는 방신같은 혼향입니다.

비록 한두가 없는 한이 있다바도 신문에서가를 주름잡으면서 "으잉" 소리를 지르며 늠름한 모습으로 신중의 앞 느낏을 헤아만 된다고도 할 수 있습니다.

자유와 권리를 빼앗긴 사람이 밤낮 배불리 비으며 안전을 동물들이 누린다고 발과한 것입니다.

그러나 사람이 한드기 꿈더라도 자유와 권리를 누리며 사람답게 사는 것이 인간될 것이나 우리는 이 두가지 중에서 어느것을 택해야만 할 것이나까? 우리는 민족은 어서 바 노예근성을 버리고 자유인이 되어야 할 것입니다.

1910년 우리나라마다가 일본에게 강제로 나타나와 주권을 빼앗겼습니다.

우리나라를 침략한 일본은 중구을 침탈하기 위하여 우리나라를 전대하게 병참기지화하려고 했도와 도료를 그리고 많은 공장을 건설하였습니다.

뿐만아니라 민족정신을 말살하려고 많은 학교를 세웠으니 이는 기독교와 애국자사들이 국민계몽을 위해 차교를 중구에는 폐교시키기가 하였습니다.

사실 일본 중국정치는 10년동안 과장하게 개혁과 건설을 많이 한 것을 우리가 부인하는 못할 엄연한 사실이었습니다.

그러나 이 모든 개발과 아심에마다는 우리나라를 영구적인 식민지로 만들고 중구을 침탈하다가 소탈되게 하고 자유의 가치를 믿을

제 3 편 애국적 신앙 확립하자

바에게는 교훈을 베풀게 됩니다.

한 사람의 지식이나 능력보다 더 여러사람의 지식이나 능력을 한데 모아 서 일을 처리해 나가는 것이 민주주의의 사무처럼 방식입니다.

우수한 개인의 지식이나 제 소리를 내거나다 제 리를 내세우는 제순을, 타인에게는 겸손을, 인간 상호관계의 조정에 있어서는 방리적인 처리방식을 보여 줄 때 참된 민주주의가 꽃피는 것입니다.

공산주의나 전체주의 사회에서는 전체(국가)를 위해서는 개인의 자유와 권리를 유보한다고 강요하며 기계화하여 획일적인 사회체계로 이루며 합니다. 그러므로 우리는 공산주의와 같은 독재체제를 반대하고 자유가 보장되는 민주주의 사회를 열망하는 이를 경화하는 것입니다.

밝녹 이스라엘 민족이 모세의 인도로 애굽에서 나와 광아를 통과하여 자유의 가나인으로 가는 동안 잠시의 고난을 참지 못하여 하나님과 모세를 원망하며 출애급 "우리가 애굽에 있을 때는 생선과 외와 수박과 부추와 마늘을 먹었던 것이 생각나거늘 이제는 정력이 만나 외에는 보이는 것이 없도다"(민 11 : 5 ~ 6) 하였고 또 그들은 "온 회중이 다 모세와 아론을 원망하여 온 회중이 그들에게 이르되 우리가 애굽땅에서 죽거나 이 광아에서 죽었더라면 좋았을 것을 어째하여 여호와가 우리를 이땅으로 인도하여 칼에 망하게 하는가?

(민 14 : 1 ~ 3)고 하였다고 기록했으니 이 얼마나 한심스러운 일입니까?

수백년 중십이에서 자유와 해방을 얻은 것을 기뻐하기는 커녕 자유에로 찾아가는 길이 잠시 고통다고 해서 하나님과 지도자를 원망한면서 애굽으로 다시 돌아가 중십이을 하려고 마음먹었으니 너무나 한심스러운 인중이었을 알겠습니다.

하나님께서는 자유가 귀중함을 모르는 두게반 민중에게 무서운 진노를 바르 바렸으니 광아에서 40년간 방황하다가 순멸되게 하고 자유의 가치

제 3 편 애국정신을 환기하라

1. 독립만세운동

그러다가 1919년 3. 1 독립만세운동이 요원의 불길처럼 일어나게 되자 일제 놀란 총독부는 우리나라 국민의 반발을 무마시키기 위하여 산 저 박람회를 열어서 일본의 정치와 경제 진보의 업적을 선전하게 되었습니다.

철도와 도로는 빛살처럼 뚫었고 공장과 학교, 그리고 공공시설도 몇 배로 불었으니 이는 이조 5 백년에 못한 업적을 일본 총독정치 10년이 이룩해놓은 것이라고 선전하였고 앞으로 10년, 20년이 지나면 서양 문명 국을 능가하고 교육도 보급될 것이니라고 미래의 청사진을 보여 주었습니다. 총독부는 판단력을 가지고 눈에 어떤 일은 어떤 식은 판단력으로 이 엄연한 사실을 부인할 수 없었고 눈에 보이는 발전에 대하여 쳐들어 일제의 선사를 연발하면서 "하늘이 도와서 일본사람을 과참한 계돼 과 발전이 되었으니 참으로 다행한 일입니다.

그때 우리가 독립운동에 가담할 필요도 없고 독립운동하는데 거금을 거연할 필요도 없습니다"라고 하였던 것입니다.

노예 정신이 가득한 일부 민중들이 철없이 마드는 소리를 듣는 독립 투사들은 어리석은 이 백성을 어떻게 해야 깨어 케 할수 있겠느냐 하고 탄식하고 가슴을 치며서 해외로 망명하였던 것입니다.

도산 안창호선생은 우리나라 독립하려면 노예정신으로 가득찬 국민을 먼저 계몽하여야 자주 국민이 되게 교육하여야 하는 부르짖었던 것입니다.

나라과 주권을 빼앗긴 것은 자유와 권리를 빼앗긴 것을 통탄하지 않고 중심이를 하였으니 그 치하에 연합국의 힘에 의하여 해방되었으니 민족으로 아직도 진정한 것 치하에 연합국의 힘에 의하여 해방되는 있는 것입니다. 그러기 때문에 우리나라가 아직 3째45년이나 지나고 있는데도 배운했게 생각하고 있는 것과 많지 않고 또 알고 있더라도 배연하게 생각하고 니 른 일입니다.

-192-

제 1 장 민주주의의 4 대 기본 정신

이는 우리나라 주인이 나 자신이라는 자주정신이 없고 빛이 많건 저 나라고 무슨 상관이 있느냐? 내 배만 부르면 된다는 노예정신이 배어 무책임하게 무사안일주의에 빠져있는 것입니다. 자유와 권리는 빼 앗겨도 배만 부르면 되는 것이거나 구차하게 구차하게 권리를 찾으려고 본 인에 해서야 되겠느냐 하는 노예정신으로 가득한 사고방식입니다.

우리 민주이 이런 정신을 가지고서야 인제 민주주의를 시행하고 가 꾸어 실현이 이뤄 일불주구냐에서 생존을 유지할수 있을 것입니까?

자유정신을 가지느냐 못 가지느냐 하는 문제는 우리가 사느냐 죽느 냐 하는 문제와 직결되는 문제인 것입니다. 하나님께 주신 그러한 자 유를 우리는 반드시 찾아야 하며 또 영원히 갖어지기 많아야 합니다.

② 정치적 자유

"모든 주권은 국민에게 있다"라는 원칙은 어느나라 헌법에나 다같이 명시되어 있습니다. 신거주 공산주의 국가헌법에도 그렇게 나타나 있 으니 말입니다.

그러므로 모든 국민은 정치에 참여할 자유와 권리가 있고 중정한 신 거로써 국민의 대표를 선출하여 정권을 맡길 수 있는 것입니다. 그리고 국민의 선출한 대표자가 나라 일을 잘 못하는 것에 대해 주고 나타있을 원 못합에는 시정을 촉구할 자유와 권리가 있습니다.

그런데 공산주의 국가에서는 선거한에 공산당이 내세우는 단일후보 에 대하여 가부에 가부를 묻기 때문에 국민이 원하는 대표를 국민의 의사대로 선발할 자유가 없는 것입니다. 그리고 공산당이 내세우는 마음에 들지않아 가권할수 있는 자유도 있읍니다. 공산당이 내세운 후보자에 대하여 사실상 찬성만 당선취 순의 마표되어 반대자에 대해서는 전혀 없는 것입니다. 그 부유 진심하며 명충합니다 철포된 걸 비판한수는 전혀 없는 사회입니다. 만일 비판하면 민족 반역자라고, 반동분자로 몰려 수청을 당하게 됩니다. 그렇게 국민의 정치적 자유를 짓밟으므로 위협을게 됩니다. 민주 주의 인민공화국이요, 세계에서 가장 좋은 나라라고 선전을 합니다. 이 입니까나 국민을 우롱하는 처사입니까?

-193-

제 1 장 민주주의의 4 대 기본 정신

그렇다고 해서 북한에서는 사유재산을 인정하지 않으며 공동으로 생활로 모든 경제적 자유는 박탈되고 오직 인민경제체제에 의하여 국민들은 소와 일체의 분배되고 주는대로 먹고 사는 비료 인체제에 의한 노예사회인 것입니다.

사람은 배우를 받아야 하며 돈을 쓰는것도 공산당의 눈치를 보면서 해야 하니 북한사회는 완전한 경제적 자유가 박탈된 사회입니다. 그러기에 수백만 북한동포가 남한으로 월남했고 그래서 우리는 공산주의를 반대하는 것입니다.

그러므로 우리는 각자 능력을 따라 적당한 직업을 자유롭게 선택하여 정당한 방법으로 수입하고 공평정대한 선한 사업에 자기 재산을 자유롭게 사용할 수 있는 사회가 되도록 해야 할 것입니다.

공산주의 사회같이 부자의 개인소유를 경제로 빼앗아 가난한 자에게 준다 해서 보다나은 자기가 가난함으로 가난한다고 약한 이웃을 자유롭게 구제하고 봉사해야 할 것입니다.

우리는 경제수입도 자유로와야 하며 경제활동도 자유로와야 하며 경제도 자유롭게 주도록 해야합니다. 단지 나의 자산이 남에게 해를 끼치지 않고 우익을 주도록 인체를 세우고 자유경제 체제가 유지되게 해야합니다. 또 한편 정치적 자유와 경제적 자유도 균형지어야 되어야 합니다.

공산주의 사회에서는 빵문제도 해결 줄타이나 자유와 권리는 없으며 이것이고 보류한다고 합니다.

그 반면 자본주의 사회에서는 자유는 줄 타이나 빵은 자기 해결하라는 사회 구조가 되고 있습니다.

우리는 함께 민주주의를 전심하여 국민의 아픔해 함께하는 자유도 보장하고 또 그 자유로 빵문제도 해결하는 경제의 빵문제를 바로 민주주의 아픔해함함으로 아픔에 빵문제가 없어지게 하는 비결입니다.

④ 문화적 자유

제 3 편 애국정신을 확립하자

우을 우리나라도 이와같은 공산주의 독재가 사라지고 남북이 통일되어 전체국민이 자유롭게 정치에 참여하고 자유롭고 공정한 조건아래서 국민의 대표를 선출하며 공의토로운 정치가 시행되도록 하여야 할 것입니다.

그리고 매를 따라 자유롭게 국민의 대표를 교체할 수 있어서 사원상 평화적인 정권교체가 이루어질 수 자유로운 정치 통토가 조성되도록 우리국민 모두가 비정한 태를 갖추어야 할 것입니다.

③ 경제적 자유

사람은 누구나 나면서부터 거주의 자유와 직업의 자유를 가지고 있습니다. 자기가 거주하고자 하는곳을 제재를 받지 않고 선택할수 있어야 하며 자기의 적성과 능력을 따라 직업을 마음대로 선택할수 있어야 합니다. 그리고 자기가 정당한 노력의 대가로 얻은 개인재산에 대하여는 자유롭게 처리하고 자유롭게 사용할 수 있어야 합니다.

그런데 공산주의 사회인 북한은 그렇지 못합니다. 거주의 자유는 바탈되고 땅이 지시하는 곳에서만 거주해야 하며 직업의 자유가 박탈 되어 땅이 지시하는 직업에만 종사해야 합니다. 그뿐만 아니라 토지와 재산을 이혹에는 경자와 마음의 자유마저 없어졌습니다.

5급방에는 변화 몇 뱅을 심고 6급방에는 옥수수 몇 뱅을 마중하고 7급방에는 옥수수 몇 뱅을 심으라고 땅에서부터 마중 지시시가 동민에게 하달되니 동북했이 그 지시대로 마중해야만 합니다.

그리고 동사에 대한 엉뚱해 옥을 의 자유가 전혀 없으며 4월 며칠날에는 거름을 운반하고 5월 무슨 날에는 옥수수를 마중하고 6월 어느날에는 모를 내고 7월 어인날에는 김매는 일을 하라고 영동에 대한 자상 지시서가 하달됩니다.

만일 당의 지시를 어기고 지시대로 마중하지 않으면 뒤좋게 동자로 뒤몰려 반동분자로 몰려 자아비판을 받게 됩니다.

그러므로 북한 공산주의 체제의 노예에 기계의 뿔 하과 마찬가지입니다.

제 1 경 민주주의의 4 대 기본 정신

그렇게 해야만 사회의 부조리도 시정되고 좋은 선으로 발전을 하게 되는 것입니다. 그러나 북한의 공산주의 사회같은 독재 체제하의 사회는 출판, 결사, 집회가 특정 인물 잇상 고무하는데마다 민중을 위한 출판, 결사, 집회는 능해히 통제되므로 민주주의는 영원히 이루어질 수 없을것입니다.

그러므로 우리는 북한의 공산주의와 같은 독재체제가 속히 무너지고 우리 온 국민이 참된 언론·출판·집회·결사, 집회의 자유가 보장되는 통일 된 민주국가를 이루기 위하여 비장한 노력을 경주해야 할 것입니다. 우리가 이러한 사회적 자유를 누리려면 반드시 저마다 한 신조가 있으니 이는 이기주의를 버리고 이타적이며 고매한 봉사정신의 생활이 기초가 되어야 합니다.

어디까지나 자타의 개성을 살려가면서 이웃을 위하여 더욱 헤아무게 우 사을 까지는 언론, 출판, 결사, 집회의 자유가 보장되도록 해야 한다는 겁을 명심하고 자유를 영위하며 모 누버야 할 것입니다.

이타주의와 봉사주의 정신이 화바한 자유는 방종과 혼란, 그리고 무질서와 파멸을 초래하게 되기 때문에 그리스도의 봉사정신을 기초로 한 인격건설이 너무나 시급합니다.

그러므로 성서는 자유인에게 경고했으니 그런즉 "너희 자유함이 어떤 자를 (민중들)에게 거치는 것이 되지 않도록 조심하라"(고전 8 ; 9) 하였습니다.

나의 자유가 이웃에게 해를 끼치고 나라와 민족을 좀먹는데 악용된다 면 자유의 공해가 사회를 혼탁하게 할 것입니다.

우리는 자유의 가치와 중요성을 명심하고 자유를 누릴 수 있는 자격을 구비하는 한편 더 나아가서 자유를 평화하며 누리고 자유를 누릴 수 조한 는 자유인이 되어야 할 것입니다.

⑥ 종교적 자유

민주주의 국가에서 국민은 종교의 자유를 가져야 하며 또 포 자장을 받아 야 합니다.

제 3 편 애국적인슨 확립하자

국민은 누구나 학문을 자유롭게 연구하고 또 자유롭게 발표할 수 있 어야 합니다. 또 예술도 자유롭게 창작하고 발표할 수 있어야 합니다. 그 또한 교육은 정치에서 중립을 지키게 자주성이 보장되어야 합니다. 그리 고 모든 국민은 능력에 따라 균등하게 교육받을 자유가 있어야 하고 권리를 향유하여야 합니다.

그런데에 북한의 공산주의 사회는 그렇지 못합니다. 모든 학문과 예술 그리고 교육은 공산당의 일방성을 찬양하는데 이용되고 있으니 참으로 통탄할 일입니다. 어느 사회나 어느 시대나 학문과 예술과 교육이 정치에 예속되어 시녀가 되어버리면 어디까지나 자유와 중성성이 보장되어야 합니다. 그러기에 민중을 문화되는 자유가 보장되는 사회가 이루어지도록 노력을 경주해야 합니다.

⑤ 사회적 자유

민주주의 사회에서 가장 중요한 자유는 언론의 자유입니다.

신문, 방송 TV가 정치, 경제, 사회, 문화, 사회, 종교등 각 분야에서 언 론과 정보한 일을 공정하게 보도하고 비판할 수 있어야 합니다.

만일 그렇지 못하고 정치 권력에 압력을 받아 소신껏 보도하지 못하 고 비판하지 못한다면 그 사회의 민주주의는 이미 사장된 것입니다. 공산주의 독재국가의 언론은 자유성을 상실하고 정치인의 시녀가 되 어 정치인을 위한 선전도구로 전락되어 악용되고 있는 것입니다. 언론의 자유가 완전히 보장되는 민주주의는 뿌리를 내리며 꽃을 피우게 되는 것입 니다.

그리고 언론, 출판, 결사의 자유도 보장되어 국민 각자가 자기 의사를 자유롭게 발표할 수 있어야 하며 뜻과 제능이 같은 동지끼리 단체를 조 직하는 결사의 자유가 보장되어 사회공익의 이바지할 수 있는 자유도 보장되어야 합니다.

그리고 집회의 자유도 보장되어 내 의사를 자유로이 발표하고 또 남의 의사도 경청하는 바에서 진행될 보로 조화를 이루어가고 선의의 경쟁이 사회공익을 위하여 진행되어야 하는 것입니다.

제 1 장 민주주의의 4 대 기본 정신

종교(기독교)의 세 가지 기본 원리가 있으니,

첫째, 하나님께 대한 예배 행위이며

둘째, 자신에 대한 영혼 구원과 인간 개조이며 셋째, 사회에 대한 정의 실현과 인류를 위한 봉사 정신입니다.

자고로 종교를 탄압하는 자들은 신의 대한 예배 행위와 자신의 영적 구원에 대한 정신생활을 부인하고 자유를 속박하지만 하나님의 정의 실천과 불의에 대해 항거하는 없은 강하게 반대하는 것입니다.

반당하는 자들은 예배행위에 대해서만 자유를 주고는 마치 종교의가 자유를 믿신의 보장하는양 선전을 합니다.

사실상 예배행위는 둘은 볼의의 항거하며 정의를 선포하고 신현할 수 있도록 보장해 주는 것이 참된 종교자유입니다.

① 양심의 자유

민주주의 국민은 양심의 자유가 보장되어 어떠한 세력가 없이 선을 선이라고 말하고 악을 악이라고 말할 수 있어야 합니다. 자신의 생존 과 자유, 그리고 자녀의 보존과 출세를 위해서는 선을 악이라고 말해 야 하며 악을 선이라고 말하여야 하는 사회라면 이는 기독사회라고 할 수 밖에 없읍니다.

북한 공산주의 사회에서는 변화히 진리인 두세 정치를 하고 있는데도 민주주의 인민공화국이라고 선양해야 하며 김일성이 자기 동포를 무자 비하게 학살했는데도 어버이 수령님이라고 부르며 존경해야 합니다.

그리고 세 이같도록 못하게 할신사는 지상낙원이라고 민주하며 반 항하고 싶어도 그 행위를 마치 자유로운 뜻

것은 양심을 아름을 속이면서 점은

다나 할 것이 아니다.

그리고 북한 인민나라 이사의 이아이 종교의 전체이가 전혀없...

공무원은 개인의 공무원인을 집 입성하?

까? 공무원은 국가의 공무원이 될 뿐하며 또 그런 특정인의 공무원은 된기라파과 김 일 성 수령 개인을 위하여 충성해야 하는 노예화 한 입니다.

또 하며 악을 선이라면 선양해야 하는 사회라면 이는 기독사회라고 할 수 밖에 없읍니다.

제 3 편 애국주의신앙 확립하자

국민이 믿으려 하는 종교를 믿지 못하게 탄압해서도 안되며 믿기싫은 종교를 억지로 믿도록 강요해서도 안됩니다.

2,3세기의 로마제국은 기독하게 너무나 탄압하 였고 중세에로마는 기독교를 믿도록 강요한 바 있 읍니다.

현재 손현의 공산주의 현법에도 "종교의 자유를 보장한다. 그리고 종교를 반대할 수 있는 자유를 보장하니" 고 명시 되었으나 사실상 종교탄압을 양성화하는 교약한 헌법입니다.

그러기에 공산세계에는 거하교회와 어용교회라는 교회가 존재하는 것입니다.

북한사회는 1950년대까지는 종교를 탄압했으나 그 뒤로 교회라는 존재하지 있읍니다.

그러나 1950년 10월 중순경부터 북산, 장로 등 종교인을 무자비별 학살 하고 교회마저 파괴마저는 근수를함으로 이용교회를 창고로 삼버지고 있읍니다.

북 어용교회로 탄압하는 두세정권마다 예배와 자유는 허하하지만 하나님의 정의를 불의에 제압하는 선교의 선교는 철저히 통제를 합니다.

일제 시대나 지하에서도 탄압하는 교회가 일본오나 국상을 숭배하는 신사 참배를 하였으며 일본의 칩태전쟁을 위해 전승의 기도를 하며 종교의 자유을 허락했 고 신사참배를 거부하고 하나님의 정의를 외치며 체태행위를 비판하는 교회는 여지없이 탄압하고 제 제시켜 버렸읍니다.

그들은 언제나 "교회가 천당가는 일다 탄탄 것이지 에 역사적 일을 하는 곳이랴고 "라며 종교인을 반항하느냐? 이는 볼은한 반국가자적 행위로 다른다 것입니다.

공산당들도 공산주의 어용단체인 기독교도 연맹에 가입하여 종교 을 신양하면서 하나님의 정의을 책요하 말하지 않고 예배만 드리도록 종산당에 협조하는 만큼 공산당이 지고 그 반면 공산당의 정의을 거부하는 교회는 여지없이 탄압당한 볼 통히 자시를 종교은 악에 행위하면 금종한 볼

제 1 장 민주주의의 4대 기본 정신

2. 정의

민주주의 사회에 있어서 자유가 귀중하지만 내 자유를 누리기 위하여 남의 자유를 유린한다든가 또는 나의 자유가 남의 자유와 인접을 단압하고 사회질서를 파괴한다면 이는 자유라기보다 방종입니다.

그러므로 자유란 한편 반드시 정의와 사랑이 동반되어야만 참된 자유라고 할 수 있습니다.

정의와 사랑이 없는 자유는 오히려 자신과 인류에게 불행을 초래하게 만드는 것입니다.

그러면 정의는 무엇이냐 진리에 맞는 올바른 도리이며 인류 전체의 참된 복지를 실현키 위한 질서와 규율을 정의라고 할 수 있습니다.

민주주의는 자기 개인만이 잘살기 위한 주의는 결코 아닙니다. 인류의 공생공영을 도모함으로써 하는 것이 민주주의의 철칙입니다.

그러기에 이기주의가 아닌 이타주의의 실현이 민주주의의 기본 정신이 되어야 합니다. 참된 민주주의를 실현하려는 주민은 반드시 예수님의 심정을 가지고 박애정신과 봉사주의 이념으로 살아야 합니다.

예수께서 말씀하시기를 "내가 세상에 온 것은 섬김을 받으려 함이 아니라 도리어 섬기려 하고 자기 목숨을 많은 사람의 대속물로 함이니라." (마태20 : 28)

"내가 주와 또는 선생이 되어 너희 발을 씻겼으니 너희도 서로 발을 씻기는 것이 옳으니라 내가 너희에게 행한 것 같이 너희도 행하게 하려 하여 본을 보였노라. … 내가 너희를 사랑한 것 같이 너희도 서로 사랑하라." (요.13 : 13~15, 34)

예수님께서는 가르치고 말씀하신 그대로 사셨으니 예수님의 생활은 봉사적이고 순교적인 생활이었습니다.

그는 가난하고 병든 자, 그리고 소외당한 사람을 위하여 사랑하시고 가르치시며 복음을 전파하시다가 십자가에 못박혀서 인류를 위해 바치셨습니다.

제 3 편 애국정신을 확립하자

그리고 공산당이 말하는 통계숫자를 넘어 두어야 하고 신문·방송· TV의 보도 내용을 그대로 인정하고 방종하고 인정해야 합니다.

이와같이 30여년을 살아온 북한동포는 양심의 표준도 없어지고 독재과 거짓을 정의로 인정해야 하며 김 일성의 말은 곧 북한사회의 법률이 되는 곳에서 살고 있는 것입니다.

북한 동포들은 소경이며 벙어리요 귀머거리가 되어 판단력과 발표력은 완전히 상실되어 버렸습니다.

불행한 소경, 벙어리, 귀머거리를 누가 찾아줄 것인가요? 없어버린 양심과 자유를 누가 찾아줄 것인가? 우리는 자유민이 되어 그리고 십자가의 군병이 되어 북한동포를 공산주의 독재체제에서 해방시키고 우리 민족 모두가 신앙의 자유, 그리고 양심의 자유를 마음껏 누리도록 자유의 나라를 건설해야 할 것입니다.

제 3 편 애국정신을 확립하라

예수님께서는 최고의 사랑을 말씀하시고 그대로 생활의 시범을 보여주셨으니 무릇 민주주의를 염원하는 자들은 예수님 같이 르게 남을 위해 사는 봉사정신으로 가득차야 할 것입니다.

"누구든지 하나님을 사랑하노라 하고 그 형제를 미워하면 이는 거짓 말하는 자니 보이는 바 그 형제를 사랑치 아니하는 자가 보지 못하는 바 하나님을 사랑할 수 없느니라" (요일 4 : 20)

"누가 이 세상의 재물을 가지고 형제의 궁핍함을 보고도 도와줄 마음을 막으면 하나님의 사랑이 어찌 그 속에 거하겠느냐 우리가 자녀들아 말과 혀로만 사랑하지 말고 오직 행함과 진실함으로 하자" (요일 4 : 17 ~18)

성경에는 하나님을 사랑하는 자는 인류를 사랑하고 인류를 사랑하는 자는 곧 하나님을 사랑하는 것이라 하겠습니다. 그러므로 참된 신앙은 정의와 사랑의 기초가 되며 민주주의의 기초가 되는 것입니다.

그러기에 우리 민주은 하나님에 대한 신앙심과 민주주의에 대한 신앙심과 정의 사랑과 정의로 무장하고 민주주의의 기초를 삼아야 합니다.

해방 이후 우리나라는 신앙과 사랑 그리고 무질서가 난무하게 되었습니다. 우리나라가 참된 민주주의를 빨리 실현화되어야 할 것입니다. 기어 하는 봉사 정신의 빨리 생활화되어야 한다.

인제나 상대적 입장에 서서 내가 만일 그 사람의 입장에 선다면 하고 다른 사람의 입장을 깊이 이해하고 그를 돕고 섬기는 자세가 되어야 합니다.

그리고 더 나아가서 "우리 정년 자가 마땅히 연약한 자의 약점을 담당하고 자기를 기쁘게 하지 말 것이라 우리 각 사람이 자기 이웃을 기쁘게

제 1 장 민주주의의 4 대 기초 정신

하되 선을 이루고 덕을 세우도록 할지니 그리스도께서 자기를 기쁘게 하지 아니하셨나니" (롬자 15 : 3) 하신 말씀을 명심해야 할 것입니다.

그리고 이웃을 자기같이 사랑하며 신한 뜻을 행동화하며 사랑이 넘치는 사회가 되며 민주주의는 않았으나 이루어질 것입니다. 이와같이 이타주의적 사회가 이루어지면 정의가 하수같이 흐르게 되며 자유, 평등 인권은 가득하게 되어 민주주의는 뿌리를 내리며 꽃을 피우게 됩니다.

신앙과 사랑과 정의는 민주주의의 영원한 반석이라 하겠습니다.

① 정치적 정의 (政治的 正義)

공자님은 정치가 무어나 부를 때 바르게 다스리는 것이라고 말한 바 있습니다.

사람을 다스리는 정치는 목자와 방법 그리고 전반적 시행이 모두 바르게 행해져야 합니다.

아무리 이 지구위에서 정치하는 정치인이 이론에 나쁘게 정치하면서도 목적을 가지고 정치하는 자는 하나도 없을 것입니다.

저마다 나라와 민족을 위하고 국민의 생복과 번영을 위하려는 좋은 목적을 가지고 정치를 한다고 할 것입니다.

그런데 그 방법에는 차이가 많습니다. 목적은 좋으나 그 방법이 옳지 않으며 목적을 위해서는 수단 방법을 가리지 않고 무자비한 투쟁 많이 동장하게 됩니다. 그 대표는 공산주의입니다.

그들은 목적을 위해서는 수단과 방법에서 자기 동포 죽이기를 마치 목숨없이 한다면서 주장하면서 자기 국가를 정당화하고 양심의 가책도 받지 아니합니다.

중공의 모택동 일당은 자기 동포를 수천만명 죽이고는 문화혁명이라는 미명으로 정당화하다가 드디어 역사와 준엄한 심판을 받았습니다. 수억대로는 조라는 민중을 죽이고 양식을 착탈하였습니다. 그리고도 나라와 계제를 위하여 부득이하였다고 구차한 변명을 늘어 놓고 있습니다. 민중은 수장당하는 신음과 피의 부산과 이조반의 방조원리를 앞에서 수 가의 정권과 병권을 모두 얻었으나 우리 각 사람이 자기 이웃을 기쁘게

제1장 민주주의의 4대 기본 정신

옛날 이스라엘의 초대왕이었던 사울왕은 국민의 힘을 섬기며 안 되
도록에서 숨어버렸습니다.

이는 자기의 부족을 느끼고 국가의 대권을 맡을 수 없다는 겸손함과
나라와 민족을 위하는 애국심에서 정상과 못을 나타냈던 것입니다.
세종대왕의 정치를 양이 보았고 또 증구의 "순"임금은 자기 아들이 아닌
덕 때문에게 정권을 이양하였고 요나라의 우씨 현덕은 자기 아들이
"우"임금에게 정권을 이양하는 것이 좋은 정치이며 여러 국민에서 가장 아름다
두 나라와 민족을 사랑하는 정의와 애국심에서 이루어진 정성이 빼
들이었습니다.

무릇 정치인은 자기의 덕망을 바르게 평가하고 자기 분수에 맞는 일
을 해야하며 또 정당한 방법으로 자세를 받아야 할 것입니다.

정당로 절대 다수의 방법으로 직선에서도 언제나 정치를 해
서도 안됩니다.

국민의 현재적인 지지와 전당한 절차속에서 정정당당하게 정권을 하
고 하나님의 뜻을 받 인식하며 민중을 위해 봉사하는 자세로 정치를
해야 하나 이것이 곧 정치의 정의라고 할 수 있습니다.

그러므로 우리 나라 정치인은 최고의 정의라인 하나님을 두려워하는
투철한 신앙심과 민중을 사랑하는 투자의 사상을 가지고 정치적 정의를
확립하기에 온갖 정성을 기울입시다.

② 경제적 정의 (經濟的 正義)

민주주의는 이미 인급한 대로 나 혼자만 잘살기 위한 것이 아니라고 다
같이 이웃과 조화를 이루며 공생공영하기 위한 제도임으로 경제적 정
의와 함께 경제적 정의가 반드시 수반되어야 합니다.

자기 욕심을 채우기 위하여 남의 손수의 노력을 착취하며 혼자서 부
를 누리는 인색하며 공존공영할 수 있어야야 합니다.

제3편 애국정신을 확립하자

수도 있었는데 반드시 자기가 싫어 피웠고 하여 단종을 죽이고 수많은
충신을 죽이는 나쁜 방법을 택한 것이니 그 이야기가 어디에 있었는가요?
이것은 두 방법 것도 없이 정변과의 정파이었습니다.

역적질을 하여 왕이 될 수왕태군은 자기의 최악을 은폐하기 위하여
열심히 인화를 많은 업적을 남겨 좋았습니다.
그 대표로 인쇄술 연자를 현자사를 건축하고 경국대전을 제정한 일 등입니다.

고로도 볼의한 방법으로 정권을 집권한 자는 반드시 많은 업적을 남
기려고 것은 예를 쓰게 됩니다.

그 이유는 불의한 방법으로 집권한 자기 죄를 가리려고 국민에게 거
짓을 받기 위함이었습니다.

전시황은 단리장성을 쌓는 일로 인하여 많은 부자들을 낳겼습니다.
이 부자를 때문에 나라와 민족은 많은 피해를 보게 되었던 것입니다.
불의한 방법으로 정권을 잡은 자는 반드시 탄압과 거짓된 정치를 하게
마련입니다.

북한의 김일성은 당시 소련군 소위였으면서 장군이라고 북한동포를 속
이고 1945년 11월 23일 신의주에서 사회를 받인 학생을 향하여 소련군
을 동원하여 기총소사를 강행하여 700여 명의 사상자를 내었고 100여 명
의 학생 간부를 시베리아로 추방시켰습니다.

그리고 민족의 지도자 조만식 선생을 1946년 1월 5일 평양 고려호
텔에 연금시키고 그해 2월 8일 자기가 소위 북조선 인민 위원회 위원
장이 되었습니다.

이렇게 거짓과 폭력으로 집권한 김일성 정권은 거금가서 북한동포를
거짓의 선전 선동하면서 미구의 침략을 하겠다고 하니 공박받고 당파 수법이
거짓의 선전 선동하며 침략과 약탈과 명중을 강구하고 있는 것입니다.

그러므로 북한의 사회에는 정치적 정의란 정의란 찾아볼 수 없습니다.
그러므로 북한이 좋으면 반드시 방법이 좋아야 하는 이것이 없습니다.

제3편 애국정신을 확립하자

그러기 위해 올바른 경제를 확립하는 한편 올바른 경제체제의 수립과 올바른 경제원리로 물질의 손우주는 하나님이며 물질은 인류 전체에 공동 소유이며 자신은 관리자와 사용자에 불과하다는 경제 관념을 가져야 합니다.

그리고 하나님과 인류를 위하여 재정을 올바른 방법으로 거출되어야 경제적 정의가 확립되는 것입니다.

반면 적자가 늑심하고 가난한 자가 고통을 당하여 사회적 부조화가 경제되면 공산주의는 자연히 발생되며 민주주의는 발생되고 마는 것입니다.

그러므로 기업주가 부를 독점해서는 안되며 국민의 중추 세력을 형성하는 많은 가난한 자에게 되도록 많이 구제하여 사회부조를 위해 빈부격차를 미연에 방지해야 합니다.

그리고 더 나아가서 부자는 아무리 잔에게 베풂을 다하는 것이 공평하게 문배하여 빈부격차를 미연에 방지해야 합니다.

정부는 이와 같은 경제 정의가 이루어지도록 제도적으로 뒷받침하여야 하며 또 계몽하여 선도하기를 계을리 말아야 합니다.

③ 문화적 정의 (文化的 正義)

민주주의 사회의 학문, 예술, 과학 교육 등 모든 문화는 자기와 인 가와 이권을 위해 상품의 도구로 전략시키거나 인류사회에 해를 끼치는 것으로 인용해서는 안됩니다.

그 반면 인류를 선도하며 부티증진을 위함에 있어 선하고 의롭게 사용되고 발전되고 또 실천되어야 합니다.

특별히 과학문명이 산업구를 개발증진에 이용되어야지 대량살상을 위한 무기 증진에 공헌되어서는 안될 것입니다.

④ 사회적 정의 (社會的 正義)

민주주의 사회는 하나님 선의 기준과가 선한 양심과의 발휘로 인 생웅성의 씨티가 거지의 정의와 복과의 씨티가 되어야도 며, 선의 발로로 다수의 횡포가 정의를 대신해

—206—

제1장 민주주의의 4대 기본 정신

도 안녕과 어디까지나 정의가 정의로 와지를 보고해야 합니다. 복과의 위배과 금전의 위배 그리고 다수의 위배도 정의 앞에 있어서는 군림해야 합니다.

그렇게 되면 민주사회의 질서는 정연해지게 될 것입니다.

⑤ 종교적 정의

민주주의 국가의 종교는 민중의 양심적 중추가 되어야 하며, 손금과 빛의 사명을 다해야 합니다.

종교는 그 사회의 소금으로서 부패를 방지해야 하며 또 한데 빛의 역할을 다해야 합니다.

또 정치 인과 민중들은 이무 정권육이 없이 순수히 의거는 인간과의 신리를 들이아 하며 정의로운 종교를 멀리 받아들여야 합니다.

종교인은 이 시대의 파수군으로서 빛을 세당성이다처럼 신로하는데 하나님의 뜻을 실천하는다 정의를 신로하여야 인 정치와 교권은 엄연히 분리되어야 하며 종교는 군림될 수 없습니다.

천하자 이동박문이 말하기를 "기두교는 하늘에를 당당하고 일본정부가 땅의 일을 관할할 것이니 마따 건서하라고 말자, 마일 실현하면 종교가 정치에 대하여 간섭하게 피면 엄중한 처벌을 마하겠다"고 공공성명하였습니다.

이동박문만 아니라 백인들이 마세 인중을 친탈하기 위해서도 항상 정 치와 종교는 분리되어야 한다고 종교를 주장했습니다.

이것은 어디까지나 종교인이 분리를 항거하는 입을 저치하는 음광 한 수단과 방법이었습니다.

민주주의 국가는 정치, 경제, 사회 문화 종교가 유기제가 되어 서 로 조화를 이루어 국민의 생존가치와의 반영율을 에게 공헌하여야 할 것이 나.

종교는 민주주의 사회의 양심과의 등불이 되어 민중을 바른 길로 안내 하는 인내자가 되어야 하나님 그러므로 정의와 정역에 대해 민주주의의 순 반응도가 없는 정의라니 나다. 자유, 정의, 평등, 인권 등 비 민주 주의의 영원한 4대 기본 정신

—207—

제 1 장 민주주의의 4대 기본 정신

2천년 전부터 기독교는 평등을 외쳐왔으나 아직도 이땅에는 평등사회가 이루어지지 않았습니다. 미국에서는 흑백 인종 문제가 문젯거리 되어 인종사회로 매도해 있고 인도에서는 아직도 바라문 계급이 있어 비극 준래에 있고 평등사회라고 자랑하는 공산주의 국가에서는 당원과 비당원 사이에 심한 차이를 보이고 있습니다.

1690년 영국의 존로크가 사람은 나면서부터 자유롭고 평등하다고 외쳤고 이후 1948년 12월 10일에 유엔 총회에서 세계적인 인권선언을 통과, 공포했으나 말 인간의 자유, 평등, 인권 문제는 남아 있습니다.

이제 세계인류는 하나님앞에서(창조주 앞에서) 인류가 모두 평등하다는 원칙에 대해서는 모두 찬동하는 바이나 이게 생활화되어 남아 있음.

오늘 우리나라도 참된 민주주의를 실현하기 위하여 하와여 이 땅위를 생활화하고 존경함으로 민주국가가 실현되고 하나님 나라가 이땅에 임하게 해야 합니다.

① 정치적인 평등

18세기 미국 정치가 유럽에서 시작되면서 선거가 실시되었으나 여자들은 선거에서 투표권이 제외되었고 멀지 유신으로 계해한 언론의 일부 군주정치의 선거제도에도 세습의 약수를 따라 투표수가 않고 재비하는 평등치 못한 선거를 실시하였던 것입니다.

우리나라 이조도 양반들만 과거를 볼 자격이 있고 일반 평민들은 과거를 보고 소 정치에 참여할 권리가 없어 바탈되었습니다. 그러나 지금은 어느 나라나 남녀 귀천의 차별없이 투표로 평등하게 행사하여 평등하게 정치에 참여하고 있어서 다행입니다.

그러나 지금은 어느 부정선거라는 나쁜 풍조가 나타나서 정치적 평등을 흐리게 제자들을 양보로 가하고 금력으로 양심을 흐리게 하여 잘못된 투표를 하게 되는 것입니다.

부정선거에의 야비를 처음 근간 자가 이배 티모 이 있었습니다. 주민의 25%의 거지를 얻을수 있었고 민의 67% 이상의 여서를 자격하게 만든

제 3 권 애국정신을 확립하자

3. 평등

하나님께서 사람을 지으실 때 평등하게 창조하셨고 의인이나 악인을 평등하게 대우하십니다.

"하나님이 그 해를 악인과 선인에게 비취게 하시며 비를 의로운자오 불의한 자에게 내리우심이니라"(마태 5 : 45)

하나님께서 의인과 악인을 똑같이 대우하시는데 하물며 우리 인간들이 차별대우를 하는것은 하나님의 뜻이 아닙니다.

예수님께서도 남녀귀천 가난한 자와 약한 자에 봉사하셨으니 어느 누가 감히 인간차별을 한단 말입니까?

예수님의 모친과 동생들이 예수님을 찾아 왔을 때 예수에게 손을 나타어 제자들을 가르키며 말씀하시기를,

"내 모친과 나의 동생들을 보라 누구든지 하늘에 계신 내 아버지의 뜻대로 하는 자가 내 형제요 자매요 모친이니라"(마태 12 : 49~50)하셨습니다. 하나님 뜻대로 사는 자가 형제 자매라 말씀했으니 하나님 앞에서 인간 차별이 있을수 없습니다.

예수님께서 가르치신 기도문 첫 머리에 하늘에계신 아버지 이름을 거룩하게 하옵시며(마태 6 : 9) 했으니 하나님을 우리 아버지라 부르는것은 모두 형제요 자매에 됩니다.

창인종, 백인종, 흑인종이 모두 형제이며 남녀노소 반귀귀천 모두 한 자매이며 한 가정입니다.

성경이 말씀하기를 "예사람을 그 행위를 빚아 버리고 새 사람을 입으니 이는 자기를 창조하신 자의 형상을 좆아 지식에까지 새롭게 하심을 받은 자니라. 거기에는 헬라인과 유대인이나 할례당과 무할례당이나 야인이나 스구디아인이나 종이나 자유인이 분별이 있을수 없나니"(골로새 3 : 9~11)

제1장 민주주의의 4대 기본 정신

오후 3시, 오후 5시에 각각 채용할 일군이 있었읍니다. 저녁때가 되어 임금을 지불할 때에 나중 온 자부터 시작하여 처음 온 자까지 똑같이 한 데나리온씩 지급했읍니다.

한 선거구에서 한 사람을 당선시키기 위해 공표 분화기로 공명선거를 처음에 왔든 사람은 하루 종일 한 단위의 기본 생활비입니다. 고용한 사람은 아주 여유가 있어 보이기에 나중에 지급한다고 저녁에 못 께고용된지는 가난하게 되었기에 먼저 지급했던 것입니다.

그러므로 노동들에게는 일보가 계공비고 기본 생활비가 지급 기도록 기업주는 최선을 다해야 할 것이며 또 정부에서는 그렇게 기도록 제도 또 한편 일보르는 자선심을 가지고 가난한 이웃을 도와주어 빈부격차를 축소해야 합니다.

하나님께서 이 세상에 가난하고 아픈자가 항상 존재하게 함은 우리에게 선한 일을 할수 있는 기회를 주기 위함입니다. 가난한자를 도와줌으로 우리는 자기 행복을 느끼는 것입니다. 어떤 제도로 인하여 더불도록 구체하면은 않읍니다.

우리는 하나님의 풍성한 은혜를 깨달기도록 열거기니다. 잠을 가지고 자선하는 심정으로 빈부격차를 축소해 하나님의 풍성한 은혜를 인류한 것입니다. 세계 40억 인류로 따른 풍성한 사는 사람과 못사는 사람이 800%의 차이에 있어야 할 것입니다.

이러한 거대로 빈부격차를 인정하여 이웃의 경제 평등화를 실천하여 하나님의 뜻에 이웃에 이루어지게 해야 할 것입니다.

—211—

제3장 애국정신을 확립하자

표한 선거방법을 통과했고 거기에다가 비례와 공표 분화기로 공명선거를 해서는 선거를 강행하여 마시스트 입세의 독재정권을 수립했었 것입니다.

한 선거구에서 한 사람을 당선시키기 위해 선거시기에 우선을 당선시키기 위해 선거는 우리자는 료 연결는데도 당선은 누 사람이 피는 그런 선거에 도는 우선라의 표 50%를 도저질하는 선거게되었니다.

못출되니가 행한 선거값사이으로 독재정권을 이룩한 일이 개혁되고 있 다면 혁한 일체 민주주의는 요원해집니다. 모저럼 정치적 평등이 이루어져 버는 부정선거로 정치적 평등을 파괴하는 일은 하지말고 공명선거를 실시함으로 정치적 평등이 이루어지게 해야 할 것입니다.

② 경제적 평등

군주주의 체제나 자본주의 체제에서는 빈부차가 격심하여 재산하여 빈익빈 부익부 현상이 더욱 심해지고 있으니 민주주의 국가는 최대한 빈부격차가 축소되고 공생공영이 이루어져야 합니다.

공산주의 국가처럼 부자의 것을 강제로 빼앗아 빈부격차를 없애하는 일 은 바람직하지 못합니다.

1947년 12월 1일 북안에서 화폐체명을 실시하여 한 사람앞에 700원 씩 공명하게 분배됐으나 6개월이 못되어서 다시 빈부차가 또 생겨저났읍 니다.

게으른 사람들은 술마시고 도박하여 받은 돈을 모두 낭비해 버리고 부지런한 사람들은 아껴 쓰거 근로하여 수입을 않이하니 자연 빈부차 해서 그 사회는 다시 빈부 경제 평등이 깨집니다.

그러므로 만일 토도나이 강제로 빼앗아 이 그다음부터 생산의욕이 없어지 실과 자선심을 가지고 도와주고 받는 자도 충실할 것이 아니라. 신상 예수께서 비유로 교훈하신 포도원 노부꾼 이야기를 제공하게 이해해 주인이 아침 9시에 비레나타운을 주기로 제용한 일군이 있었고, 12시.

—210—

제 1 장 민주주의의 4 대 기본 정신

생활에 참여하기도 어렵고 또 자기의 문화적 기능을 마음껏 발휘하기도 어렵고 또 그만한 대우도 받을수 없읍니다. 그러므로 우리는 문화적인 평등이 실현되어 혜택과 부자들만 부자들로 혜택을 누리는 모순이 시정되도록 노력해야 합니다.

④ 사회적 평등

모든 사람은 법률앞에 평등하며 아무런 차별없이 동등하게 법률의 보호를 받을 자격이 있읍니다. 그러나 이와같은 사회적 평등은 좀처럼 실현되지 않고 있읍니다.

현대의 형법이 도무지 죄없이 수백억 민 부정에서도 처벌을 받지않으며 권세가 있는 탄한마디 없이 유행처럼 번지고 있는 것입니다. 그러므로 교도소에는 이런 말이 유행처럼 번지고 있읍니다. '유전무죄 무전유죄'(有錢無罪 無錢有罪)—이러면 처벌을 법도 아닌 것이 처벌을 받게 되고 권세에 대한 형법을 받지않고 돈이 있으면 벌도 받지 아니한 것이 우리의 병든 법 범죄만 경중을 받게 된다는 말입니다. 또는 '유전무죄 무전유죄'(有權無罪 無權有罪)—권세만 있으면 죄를 범해도 무죄라고 받지 아니하고 권세가 없으면 마수독거 유죄라는 것이 우리의 병든 법의 이러한 경우 유죄라는 것이 약있든 법없는 이야기입니다.

이 얼마나 큰 모순을 보여주는 여론이며 또 약한 민중이 붙일 토로만 니까? 우리는 이러한 사회가 안되고 진정 법률앞에 평등한 사회가 되도록 힘써야 하겠읍니다.

사회의 차이의 고하를 막론하고 법의 준엄성을 인식하여 벌을 어겨웠을 경우에는 엄연한 법으로 처벌을 받고 가난한 사람일지라도 자기가 약한 힘을 붙이는 진실한 기회를 주어서 약물한 고통을 당하지 않도록 제도적으로 보장되어야 하겠읍니다.

특히 모든 법률이 정치적으로 이용되어서는 안됩니다. 자기와 반대되는 이견을 가진사람을 벌것이라고 있을것이라고 냉정하고 동일되는 것은 절대 국민 한사람이라도 더 공산주의자가가 되게하는 것이며 국민의 단결을 파괴하는 아주 나쁜 행동입니다.

국가의 법률이 집권자의 칼모로 무기로 전락되어서는 안됩니다.

제 3 편 애국정신을 회복하자

③ 문화적 평등

사람은 누구를 막론하고 교육을 받을 권리를 가지고 있읍니다. 교육은 적어도 초등 및 기초교육에 있어서는 의무적이며 또 무료로 실시하며 야 합니다. 기술 및 직업교육은 일반적으로 받을수 있게 해야하며 고등교육도 능력본위로 누구나 받을수 있게 하여야 합니다.

우리나라의 의무교육은 이 의무교육이라지도 주민학교밖에 실시하지 못하고 있읍니다. 앞으로 우리 경제 형편이 나아지는대로 중학교는 물론 고등학교 까지도 의무교육이 되도록 노력해야 할 것입니다. 지금 우리사회에서는 이 문화적 평등이 시행되고 있지 못한 경우가 있읍니다.

회사에서 사원을 채용할 때 "고졸이상"이라고 제한하게 되니 가난하여 고등학교교를 졸업하지 못한 청년들은 취직하기가 어렵고 취직한 후에도 고졸을 실고 대학교 졸업하는 너무나 봉급차별과 진급의 차별이 심합니다.

약간의 학력의 차별에 따라 너무나 큰 모순입니다.

약간의 학력 차이로 인하는 사원이면 진급의 혜택과 보수의 차별없이 실력본위로 하여 봉급도 차별없이 지급되어야 합니다.

학벌의 차별을 두어서 봉급하기 때문에 않은 부작용이 발생하여 사회적인 치열해 봉급도 차별이 나더러 큰 모순입니다. 학력이 높은 사람은 그만큼 혜택과 보수와 우대를 받는 것입니다.

사람은 누구를 막론하고 사회의 문화생활에 가운데로 과여하며 예술을 감상하고 과학의 발전과 그 혜택을 누릴수 있는 권리를 가지고 있는 것입니다. 문화적 혜택이나 개인의 저작이나 예술적 또는 문화적 활동으로부터에 이익의 평등을 보호를 받을 권리가 있는 것입니다.

그러나 공산주의 국가에서는 너무나 당원과 국민의 차별이 심하여서 문화적 혜택이 너무나 당원과 국민의 차별이 심합니다.

제 1 장 민주주의의 4대 기본 정신

하나님께서 사람을 창조하실 때에 하나님의 형상을 따라 창조하셨고 (창세기 1 : 26~28) 축복하셨으며 예수께서 "죽음을 얻으면 무엇이 유익하리요 사람이 만일 온천하를 얻고도 제 목숨을 잃으면 무엇이 유익하리요 누구든지 나를 믿는 이 소자 하나를 실족게 (죄짓게)하면 차라리 연자 맷돌을 그 목에 달리우고 깊은 바다에 빠트리우는 것이 나을 것이다 (마태 18 : 6)

이는 한 사람의 인격을 존중하여 범죄케함과 하신 말씀이며 "삼가 이 소자중에 하나라도 업신 여기지 말라. 하늘에 있는 그들의 천사들이 하늘에 계신 내 아버지를 항상 뵈옵나니라 (마태18 : 10)

한 사람 한 사람을 하나님께서 얼마나 귀중한 인격이니 삼가 무시하지 말고 하나하나의 인격을 존중하라는 말씀입니다. 그러기에 성바울은 말씀하기를

"그런즉 너희 자녀들이 약한자들에게 거처는 것이 되지 않도록 조심하여라……그런즉 네 지식으로 그 약한자가 덧양하나니 그는 그리스도께서 위하여 죽으신 이형이 너희 형제에게 죄를지어 그 약한 양심을 상하게하는 것이 그리스도께 죄를 짓는 것이니라. (고린도 전서 8 : 9~21)

이렇거나 생명보호와 인격옹호를 강조한 말씀입니까? 그러므로 민주주의의 기초정신인 인권운동은 하나님 뜻을 따라 행하는 신앙과운동 운동입니다. 사람의 생명과 권리를 수호하는 것은 정의의 기본이며 무릇 우리는 나무나 생명이 무참히 죽임을 당해야하고 개인의 권리가 짓밟히고 당하는 공산당과 타락해야하고 인권을 존중치 아니하는 것이 되므로 공산당이나 타락해야하는 것입니다. 오늘의 공산사회에서는 인권이 자숙에 가까가 멸시당하는 공산당이과 같은 정치를 결코 찬동치 아니하며 인권보장은 인격보호 어떠한 좌익세계의 좌승권에 동행자들을 한쪽에 받치는 상징거리를…… 아무리 공산당이나다르는 것이었으나 하강우 부

—215—

제 3 편 애국정신을 확립하자

신자가 자기 정의 인보를 위해서 법을 함부로 개정한든가 제정네로 게 정책에도 안됩니다. 어디까지나 전체 국민이 법 안에 평등하다는 사회운 국민이 거짓없이 인정할 수 있어야 민주주의가 이뤄야 실현될 것입니다.

그리고 남녀 평등문제와 이층이 평등문제도 오늘의 세계적인 과제에 입니다. 구미의 인종문제, 최고국가의 남녀평등 문제가 속히 해결되어야 등산회가 이루어져 전세계에 전세계에 민주주의가 시행되도록 평등운동을 전개해야 하겠습니다.

⑤ 종교계의 평등

2천년전 로마제국은 기독교신자에 대하여 참혹하고도 비인도적인 탄압을 300년 동안이나 거속하였고 최초로 국가에서는 최초교 대하여 신앙자유를 조종할 뿐 다른 종교입니다.

우리나라안에서 순교입금께부터 유교만 종교로 인정한 뿐 기독교 (천주교)에는 나무나 야행분으로 핍박을였고, 5.16이후 당국에서는 문화와 공산주의 하는 종교를 숭두리체 핍박하였다. 일정매와 공산주의 해조 란다 이후를 내세워서 특정 종교를 많이 성원하여 종교 평등을 파괴하고 있음니다.

앞으로 특정 종교도 핍박하고 특정 종교도 지원하여 주는 일로 종교 적 평등을 파괴하는 일이 없어야 하며 어느 하나 어느 종교든지 권력을 업고 교세 확장하는 일이 없고 결코 어떠한 종교가 정부로부터 자유를 방해 그러나 정부도 특수무 민하는 사이비 종교에 대하여는 종교 자유를 빙자하여 방임방관거나 또는 사이비 종교를 다른 방식으로 처리해야 될니다.

오늘 우리나라안에서 반공 같은 일반인다고 가처하는 어 종파를 이용하는 일이 없는 하나님이 시정하고 종교 평등을이 인격에 아배를 바른 정책이 아니다.

—214—

4. 인권(人權)

하루속히 시정하고 종교 평등을의 인격에 아배를 바른 정책이 시행되어야 할 것입니다.

제1장 민주주의의 4대 기본 정신

※유엔의 인권에 관한 세계 선언문
(1948년 12월 10일 제3회 국제연합 총회에서 채택됨)

우리나라는 유엔에서 발표한 인권선언문이 위배됨이 없는 인권실제
이 실현되도록 노력하여야 할것입니다.

〈전 문〉

인류 사회의 모든 구성원의 고유의 존엄성과 평등하고 양도할수 없는
권리를 승인함은 세계에 있어서의 자유와 정의와 평화의 기본이 되는
것이므로 인권의 무시와 경멸은 인류의 양심을 유린하는 만행을 초래
하였으며 사람이 언론의 자유와 신앙의 자유를 향유하는 세계의 도래는 모든
사람의 최고의 열망으로서 선포되었으므로 사람이 전제와 탄압에
대항하는 최후의 수단으로 반란을 일으키지 않게 하려면 인권이 법률의 지배에 의하여 보호되어야 모든 국민간의 우호관계의 발전
을 촉진하기를 결의하고, 국제연합의 모든 국민은 그 헌장에서
기본적인 인권과 인간의 존엄과 가치와 남녀동등권에 대한 신념을 재확인하였으며 또한 보다 광범한 자유속에서 사회를 향상시키고 일층
높은 생활수준을 가져오도록 노력하기로 결의하였으므로 모든 국가가 가장 중
요한 것이므로 이제 국제연합총회는 서로를 중심의 이행함에 있어 모든 국가가 달성하여야 할 공동의 목표로서 이 인권선언을 발표하는 바이니 모든 개인과
사회 각 기관은 이 인권선언을 항상 염두에 두고 교육과 자유에 대한 존경
을 발전을 길러가도록 노력하며 국내적 및 국제적인 점진적 조치에 의하여
으로써 가맹국 자신의 인민들과 그 관할하에 있는 인민들 가운데
서 이 권리와 자유의 보편적 및 효과적 준수를 확보하도록
다.

                                                    —217—

제3편 애국애민을 확립하자

사회기강을 밝기 위해 처녀를 제물로 제수하여 바다에 던지는 풍속이 있
었으며 독재자가 자기 이름을 남기기 위하여 전쟁을 일으켜 수많은 생
명을 전쟁의 희생물로 삼는 역사에 미발되었던 사건들입니다.
그리고 다한 정치인으로 자기의 정적 이하를 모면키 위하여 없진난 사고
를 발생하게 함으로 민중의 이목이 정치에서 떠나 사고 현장으로 쏠리
게 하기 위해 당인 행위를 하는 경우도 허다합니다.
이와같은 일들은 모두 생명과 인권을 송두리째 무시하는 것이며 인간이
이와 같은 법도는 공산국가에 더욱 악심합니다.

그러므로 세계 평화를 위해 장성권 위원장은 인권에 관한 세계 선언문을 제정하여 공포하여 바가 있습니다. 그 중요한
한 바 내용은 다음과 같습니다.

모든 사람은 날 때부터 자유롭고 동등한 존엄성과 권리를 가지고 있
다. 사람은 천부적이성과 양심을 가지고 있으며 형제애의 정신으로 행
동해야 한다고 하였으며 사람은 노예로 매매하거나 고문하는 일은 전혀
로 금지되어 있습니다.

하나님께서 부여해주신 자유와 권리를 아무도 빼앗을수 없으며 또 빼
앗겨서도 인간다고 명시되어 있습니다.

이렇게 좋은 인권선언이 세계 되었으나 회원국들은 아무도 이행할 계획도 하
면서 인권선언대로 시행하지 않음을 본만 아니라 오히려 역행하고 있습니다.
공산국가가 더욱 심하고 독재 국가도 그러합니다.

우리나라는 국민은 모두 자손하여 우리나라 정치가들이 인권선언에 의
거하여 인권의 부여된 자유와 권리를 보장하는 정치를 강력히 추구해야합니다.
우리에게 국민의 의무도 성실히 이행해야 합니다.

국민의 의무를 이행하는 국민은 자유하며 자유와 권리를 찾아누릴 자격이
있습니다. 국민의 의무는 이행과 않고 단 권리만을 누리려하거나 혹은 방종
이 일어나게되고 그릇된 독재자가 나타나 독재정치할 구실이 생
기게 되는 것입니다. 그러므로 우리는 국민의 의무와 의무를 똑같이 잘
다.

                                                    —216—

11. 1982-8-회고록 – 문부식의 구명운동

〈문부식의 구명운동〉

1) 문부식 구명운동을 제안하고

1982년 10월 4일부터 6일까지 청년집회 초청을 받았습니다. 그런데 당국의 압력과 교회 장로들의 결의로 집회 강사청원을 취소한다고 통보해왔습니다. 격분한 마음을 가라앉히고 영등포도시산업선교회 노동교회에서 철야농성을 하는 원풍모방 노동조합원들에게 선물로 기증하고 곧장 강남 반도유스호스텔에서 개최하고 있는 인권 세미나에 참가했습니다. 전국에서 50여 명의 저명인사가 참석한 세미나는 진지하고 알찬 분위기에서 진행되었습니다. 나는 그 세미나 분과 회의에서 미문화원 방화사건으로 구속된 문부식, 김현장 등이 부산지법에서 사형을 언도받았으니 우리가 좌시할 수 없고 구명운동을 전개해야 한다고 제안했습니다. 많은 참석자들이 모두 만장일치로 찬성을 표하여 종합토의에 보고했습니다. 세미나가 끝날 무렵 문부식, 김현장의 구명운동을 표명하는 인권수호를 위한 결의문이 채택되었습니다.

그때부터 인권위원회는 미국 NCC와 WCC 등에 문부식, 김현장의 구명운동을 호소하게 되어 온 세계에 운동이 요원의 불길처럼 번져가게 되었고 우리나라에서도 서명운동을 NCC 인권위 주최로 전개하게 되었습니다. 또 한편 천주교 측에서도 구명운동이 전개되게 되었습니다. 경찰이 부평 청년선교대회를 방해한 것은 나로 하여금 청년대회보다 문부식, 김현장의 구명운동이 더욱 시급하니 한시바삐 서둘러 실시하기 위하여 하나님께서 경찰의 마음을 강퍅하게 한 것입니다. 구명운동은 결국 승리를 거두었으니 하나님의 오묘한 섭리를 가히 찬송하지 않을 수 없는 것입니다. 할렐루야!

2) 대구 고등법원 재판을 방청하다

1982년 10월 20일 부산 산정현교회를 방문하고 돌아오는 길에 대구고등법원에서 개정되는 부산 미문화원 사건 항소심 재판을 방청하게 되었습니다. 부산에서 대구까지 기차로 오면서 이 항소심 사건을 담당한 모 변호사와 동행하게 되었습니다. 나는 그 옆에 앉아서 문부식, 김현장, 김은숙 등이 제출한 항소이유서를 보게 되었습니다. 나는 그들의 사회과학 분야의 지식이 해박한 데 놀랐습니다. 기성세대인 나는 현실을 똑바로 알지 못하고 정확한 판단력이 부족한데 어찌 젊은이들이 나라에 대한 깊은 우려를 가지고 순국의 정신으로 어려운 일을 하게 되었는가 하고 감탄하였습니다. 대구에 도착하여 방청권을 얻어 법정에 입장했습니다. 법정 입구에는 사복형사들이 많이 배치되었고 삼엄한 분위기였습니다.

재판이 끝나고 나와서 미리 준비했던 영치금을 가족들에게 전달하며 그들을 격려했습니다. 어려운 시대에 미국의 대한정책을 시정하라는 강력한 의사표시를 행동으로 전개한 여러분의 자녀에게 경의를 표한다고 말했습니다. 그렇게 하고 서울을 향해 기차에 몸을 싣고 상경했습니다. 문부식, 김현장에 대한 구명운동을 활발히 전개해야겠다고 다짐하면서 그 방안을 수립했습니다.

3) 노승두 재판장에게 진정서 제출

서울에 도착한 후 즉시 대구고등법원 재판장인 노승두 재판장과 배석 판사에게 진정서를 제출했습니다. 등기우편으로 발송하고 위하여 간절히 기도했습니다. 그 후 11월에 결심공판이 있었는데 NCC 인권위원회에서 전개한 구명운동에 날인한 진정서를 변호사를 통하여 재판부에 제출한 바 있었습니다. 그때 노승두 재판장은 큰소리로 고영근 목사가 재판부에 편지를 보내왔는데 협박 편지인지 진정서인지 알 수 없는 내용의 편지가 왔는데 이 편지가 피고인에게 무슨 유익이 되겠느냐? 말하여 진정서 제출한 것을 청중에게 공개했습니다. 나는 그 소식을 전해 듣고 하나님께 감사했습니다. 피고인들에게 송구하기 그지없었던 차제에 노승두 재판장이 법정에서 고영근 목사가 진정서를 보내왔다고 광고하여 주어서 피고인들에게 다소라도 위로가 되었으리라고 생각할 때 노승두 재판장을 통해 광고케 하신 하나님께 감사했습니다.

대구고등법원 결심공판이 있은 며칠이 지나서 안전기획부에서 나를 부르기에 직원을 만났더니 나에게 어찌하여 재판부에게 협박적인 진정서를 우송했는가 하고 따졌습니다. 자수한 자에게 사형을 언도하면 국가는 신의가 무너지니 자수한 자에게 약속한 바를 지키라는 의미에서 국민적 의사를 표시했는데 무엇이 잘못되었는가 항의했습니다. 안기부 직원은 말하기를 목사님의 말씀을 듣고 보니 이해가 가는 일이라고 말하면서 더 이상 힐문하지 않았습니다.

4) 주한 선교사의 구명운동

노승두 재판장에게 진정서를 발송하고 나는 즉시 주한 선교부의 원일한 선교사를 찾아가서 문부식 구명운동에 나서줄 것을 호소했습니다. 미국의 대한정책의 개선을 촉구한 문부식을 반미주의자와 공산주의자로 몰아서 사형을 언도했는데 이번에 고등법원에서 그가 사형을 받게 되면 큰 사회문제로 대두될 터이니 우리가 좌시만 하고 있을 수 없지 않겠느냐고 말했습니다. 사랑의 기독교 성직자 입장에서 생각해 보나, 미국 문제로 사형을 받았는데 미국 선교사로서 구명운동을 하는 것이 마땅한 일이며 한미 우호를 위해서도 필요하니 구명운동에 나서 주기를 호소했더니 원일한 선교사는 대단히 좋은 일이라고 찬성하면서 최선을 다해 보겠다고 약속했습니다. 그 후 11월 하순 경 나는 또다시 선교부를 방문했더니 원일한 선교사는 실망한 낯빛으로 이렇게 말했습니다. 고 목사가 다녀간 후 즉시 원일한 선교사는 문부식 구명을 호소하는 진정서를 노승두 재판장 그리고 청와대, 주한미국 대사에게 발송하였는데 유감스럽게도 사형이 언도되었고 노승두 재판장에게서 편지가 왔는데 재판부의 결의에 따라 사형이 언도되었으니 양해를 바란다는 편지가 왔다고 그 편지를 내어 보였습니다. 그 편지를 읽어보니 노승두 재판장이 그 편지에 쓰기를, 고상한 인도주의 입장에서 구명을 호소했으니 그 참뜻을 잘 알겠으나 한국의 실정법에 의하여 사형이 언도되었으니 양해를 바란다는 내용의 편지였습니다. 나는 실망하는 원일한 선교사를 향하여 위로하기를 우리가 최선을 다했으니 남은 일은 기도할 뿐이라고 말하면서 참으로 귀한 일을 하였다고 격려해 드렸습니다. 주한 선교사로서 어린 생명을 건지기 위하여 선한 일을 했으니 하나님께서 반드시 이루어 줄 것이라고 말했습니다.

5) 문부식 군의 부친을 위로함

문부식 군의 부친 문경상 선생은 문부식 군의 구명운동을 전개하는 데 대하여 감사하다는 편지를 보내왔습니다. 나는 편지 답서를 통해 위로와 격려의 글을 보내 용기와 긍지를 심어주었습니다. 그 후 83년 1월 문경상 선생님이 전화로 만나자고 하기에 나는 광화문 여섬다방에서 만나서 그를 격려하면서 문부식 군이 큰일을 하였다고 위로하고 앞으로 역사가들이 이 사건을 의거라고 평가할 것이 분명하다고 말했습니다. 그는 아들이 사형을 받았으니 큰일이라고 걱정을 하기에 사람의 생명은 하나님께 있으니 추호도 염려하지 말고 기도하면서 면회 가면 항상 용기를 잃지 말라고 격려하도록 힘쓰라 했습니다. 문 선생은 말하기를 자기는 신앙이 없었으나 이번 사건으로 교인들의 뜨거운 사랑에 감격한 바 있다면서 교계의 성의에 감사의 마음을 가지고 있다고 말하였습니다.

6) NCC 인권위에 구명운동 독려

나는 1월 하순 인권위원회 이경배 국장님을 찾아가서 지금 문부식 등 문화원 사건 재판이 대법에 계류 중이니 늦어도 2월 이내에 강력한 구명운동을 전개해야 되지 않겠느냐 하고 건의했습니다. 이 국장님은 말하기를 지금 미국을 위시하여 외국에서 활발하게 움직이고 있으니 희망이 있다고 하면서 NCC에서도 최선을 다해 노력하겠다고 약속했습니다. 나는 마음이 초조하여 열심히 일하고 있는 인권위를 찾아가서 독려에 독려를 거듭했습니다. 유신체제 때 인혁당 사건으로 8명을 갑자기 처형했듯이 전격적으로 끔찍한 일을 자행하지 않을까 걱정하였던 것입니다.

7) 대법원 판사에게 진정서 제출

나는 2월 24일 문부식에 대한 구명운동을 위한 설교 부탁을 받고 대법원장과 대법원 주심 판사인 전상석 판사에게 진정서를 써 놓았습니다. 이 진정서를 미리 발송하면 설교하는 데 지장이 올까 봐 설교하는 날 아침에 등기로 발송했습니다. 나는 이 진정서가 재판에 큰 영향을 미치지 않으리라 생각은 했으나 시대의 파수꾼으로 경고하고 권고해야 할 사명이 있기 때문에 진정서를 발송하게 되었습니다. 출세에 눈이 어두운 판사들이 대세를 움직이고 있는 것을 잘 알기 때문에 진정서 따위가 효과 없는 줄은 알고 있습니다. 그러나 나의 할 사명이며 또 다른 방법이 없기 때문에 최선의 방법이 진정서 제출과 여론을 조성하는 길 밖에 다른 도리가 없었습니다.

『죽음의 고비를 넘어서』 3권, 200~207 발췌.

12. 1982-8-회의록 — 인권위원회 회의, 미문화원 방화사건 관련

인권위원회.
1982. 10. 15. 오전 11시
인권위원회 회의실.
참석자. 이우정. 조승혁. 조영균. 이해동. 권호경.
김상근. 홍성우. 오충일. 송건호.

1. 부위원장 이우정 선생의 사회로 기도 한후 개회하다.
2. 서기가 전 회의록을 낭독하니 만장일치로 받다.
3. 사무국장이 1면지와 같이 사업보고를 하니 받기로 결의하다.
4. 사무국장이 박관현씨의 사건에 대하여 상세히 보고 하다.
5. 1면지와 같이 재정보고를 조영균 위원이 하니 만장일치로 받기로 가결 하다.
6. 인권문제 전국협의회에서 제안한 NCC 회원교단에 인권사무 전담기구를 설치 해줄것을 실행위원회에 건의하기로 하다.
7. 부산 미 문화원 방화사건 관련 피고인들 사건은 선고 받고 피고인들의 구명운동을 카토릭 정의 평화위원회등 유관 단체와 협의하여 추진하기로 결의 하다.
8. 미문화원 방화사건에 대해 미국교회의 입장을 밝히고 이측의 구명운동을 미국교회가 함께 와닿도록 촉구하는 공한을 미 NCC에 보내도록 NCC 실행위원회에 건의키로 결의 하다.
9. 인권운동의 조직을 지역별로 함께 하라는 안은 총무. 조승혁. 오충일. 김상근 위원등에게 연구케 하며 차기 총회에 건의할수 있도록 분리하여 다시 제안 하도록 결의하다.
10. 감리고 정권 위원 1선생와 전문위원 몇 1년도 부위원장선임도 차기 위원회에까지 하도록 하다.
11. 양심수 안양교도소 관련자 석방건의안을 법무부에 제출키로 하다.
12. 박관현씨 사건에 대하여 법무부에 항의하고 1명들의 재보과 같은 대한 외부건강을 받을수 있도록 법무부에 건의키로 하다.
13. 청주 보안 사건으로 구속 입건된 사람들에 대한 법률구조를 하도록 하다.
14. 안건을 마친후 부기로 닫으로 폐회하다.

13. 1982-8-건의안 ─ 인권위원회 건의안, 미문화원 방화사건

인권위원회건의안

인권위원회는 10월 4일부터 6일까지 개최된 인권문제전국협의회에서 다루어진 내용을 집요하여 다음과 같은 사항을 건의하오니 결정하여 주시기 바랍니다.

1. 인권문제에 대해 교회가 더욱 적극적으로 참여하여 대처해 나갈수 있도록 엡시시 긱 가맹교단에서 인권위원회를 조직하도록 가맹교단 에 건의하는 결의를 하여 주시는 일.

2. 한미관계에 직접적인 관련을 가지고있는 부산 미국문화원 방화사건 과 사회선교협의회 성명서 사건에 대하여 미국교회가 관심을 가지고 한미관계의 올바른 관계정립을 이룩하기 위해 이사건에 대해 미국교회 의 입장을 밝히도록 요청하는 공한을 미국교회에 보내도록 결의하여 주시는 일.

1982. 10. 18

한국기독교교회협의회인권위원회

위원장 박 형 규

4장

—

1983년도 사료

I. 수첩으로 보는 사역

	월일	활동 내용
1월	1.13.	괴산지구 교역자 강좌
	1.10~14.	충북 괴산교회(박대홍 목사)
	1.17~20.	사랑성결교회(최세균 목사)
	1.24~27.	철산교회
	1.25.	목민선교회 「현대인을 위한 교양강좌회」 4회차(누적 횟수 20차) 고영근 목사, "한국교회의 나아갈 길"
	1.27.	예장 청년 전국 선교교육대회 대구 삼덕교회 1,200여 명 회집
	1.31~2.3.	부천 동안교회 대학수련회(송치헌 목사)
2월	2.7~8.	충북 청년수련회(청주)
	2.14~18.	길직감리교회
	2.15.	밀알선교회 교역자 수련회
	2.17.	목민선교회 「현대인을 위한 교양강좌회」 5회차(누적 횟수 21차) 문익환 목사, "한국의 평화와 세계의 평화"
	2.24.	문부식 구명운동을 위한 목요기도회 설교 "불의를 회개하고 정의를 확립하자" 「6차 연행사건」
	2.25.	안양경찰서로 연행
	2.25~4.6.	문부식 구명운동을 위한 기도회 설교로 연행 "불의를 회개하고 정의를 확립하자"
	2.26.	시경 정보과로 압송.
3월	3.17.	목민선교회 「현대인을 위한 교양강좌회」 6회차(누적 횟수 22차) 오충일 목사, "평화가 없어 우신 예수님"(고영근 목사 부재)
4월	4.18~22.	신성교회(현승종 목사)
		서울지구 교역자 강좌
	4..25~29.	에덴교회(윤낙중 목사)
	4.28.	목민선교회 「현대인을 위한 교양강좌회」 7회차(누적 횟수 23차)

	월일	활동 내용
		이문영 교수, "고난을 수용하는 행정"
5월	5.2~6.	춘천 교동교회(강원하 목사)
	5.26.	목민선교회 「현대인을 위한 교양강좌회」 8회차(누적 횟수 24차) 임영천 교수, "제왕의식과 민중의식"
6월	6.16.	춘천지구 교역자 강좌회(춘천 교동교회, 강원하 목사)
	6.23.	목민선교회 「현대인을 위한 교양강좌회」 9회차(누적 횟수 25차) 고영근 목사, "국민윤리를 확립하자"
7월	7.11~15.	대구 중앙교회
		대구지구 교역자 강좌회
	7.21~24.	동래노회 청년연합회 수련회(포항중앙교회)
	7.25~27.	전북노회 청년연합회 수련회(무주 설천교회)
		전북지구 교역자 강좌회
8월	8.1~3.	충북노회 청년수련회(청주교회)
	8.5.	수원지방 청년수련회(수원감리교회)
	8.8~12.	전북 미륵산기도원 부흥회
		전북지구 교역자 강좌회
	8.15~18.	안강교회 청년 수련회(김충묵 목사)
	8.29~9.1.	강원노회 청년 수련회(춘천 동부교회)
		강원지구 교역자 강좌회
10월	10.1.	정길수 목사(시카고 미드웨스트 교회) 부흥회(150명), "십계명"
	10.2.	미드웨스트(120명), 샤론교회(90), "충성된 종" 부흥회(300명) "교회의 나갈 길"
	10.3.	뉴욕 조찬 환영만찬(30명)
	10.4.	브루클린 한인교회(120명) "체험신앙"
	10.5	브루클린 한인교회(120명) "사도신경"
	10.6.	목요기도회(40명), "나라 위한 기도", 한완상 가정방문
	10.7.	브루클린 한인교회(180명) "삼대 목적"

월일	활동 내용
10.8.	브루클린 한인교회 "십계명"
10.9	한성교회(300명), 브루클린(200명), "충성된 종"
	유태영 목사(뉴욕 브롱스 한인교회)(250명), "교회의 나갈 길"
10.10.	야외예배
10.11.	교역자 강좌회(25명)
10.12.	이성의 목사(뉴욕 목양교회)(55명), "삼대 목적"
10.13.	필라델피아 연합집회(80명), "삼대 목적"
10.14.	가족돕기회(25명), 필라델피아 교역자 강좌 12명
10.15.	워싱턴 연합예배(85명), "삼대 목적"
10.16.	연합집회(수도교회), 문동환 목사 "교회의 나갈 길"
10.17.	김 선생 방문(김대중)
10.18.	토레이토 한인교회 체험신앙, "신앙생활"
10.19.	인디애나 집회(85명), "삼대 목적"
10.20.	인디애나 집회(65명), "신앙생활"
10.21~22	캔자스 지역 교역자와 직원(21명)
10.23.	권영배 목사(55명), 오후 연합예배(100명)
10.24.	시카고 선(박노준 목사)
10.25.	시카고의사회 좌담(12명)
10.26.	캐나다 토론토 동부교회(150명)
10.27.	런던집회(100명), 좌담회(70명)
10.27.	목민선교회 「현대인을 위한 교양강좌회」 11회차(누적 횟수 27차) 이만열 교수, "한말 기독교와 민족운동" (고영근 목사 부재)
10.28.	한인연합교회 "십계명"
10.29.	한인연합교회 "교회 사명"(300명), 좌담(150명)
10.30.	동부(250명), 연합(250명), 북한선교(100명), 한인(230명)
10.31.	교역자 강좌회(25명)

	월일	활동 내용
11월	11.1.	뉴욕 도착
	11.2.	한인감리(연합)교회 기도회(30명) "신앙생활 10가지"
	11.3.	목요기도회 참석
	11.4.	마이애미 집회(105명), "삼대 목적"
	11.5.	마이애미 집회(102명), "십계명"
	11.6.	마이애미 집회(80명), 합동강연회(400명), "우리 민족의 나아갈 길"
	11.7.	필라델피아 교역자(22명), 평신도(140명) "십계명"
	11.8.	필라델피아 평신도(160명), "현대교회 삼대 사명"
	11.9.	브루클린교회 당회원 수련회(16명)
	11.10.	뉴욕 한민교회(140명), "어떻게 살아야 하는가"
	11.11.	뉴욕 한민교회(150명), "바르게 사는 길(십계명)"
	11.12.	뉴욕 한민교회 연합(220명), 좌담(75명)
	11.13.	뉴욕 한민교회 한인(160명), 연합(350명)
	11.14.	세인트루이스(105명)
	11.15.	세인트루이스(105명), "삼대 목적, 10가지 실천
	11.16.	서남교회(500명) "한국교회 나갈 길"
	11.17~20.	영락교회(300명). (350명), (400명), 11회, 합산 1,800명
	11.21.	뉴욕
	11.22.	독일 이동
	11.24.	목민선교회 「현대인을 위한 교양강좌회」 12회차(누적 횟수 28차) 주재용 교수, "성령과 역사" (고영근 목사 부재)
12월	12.4~8.	한 교회(이광수 목사)

II. 세부적 활동 내용으로 보는 한 해 일정

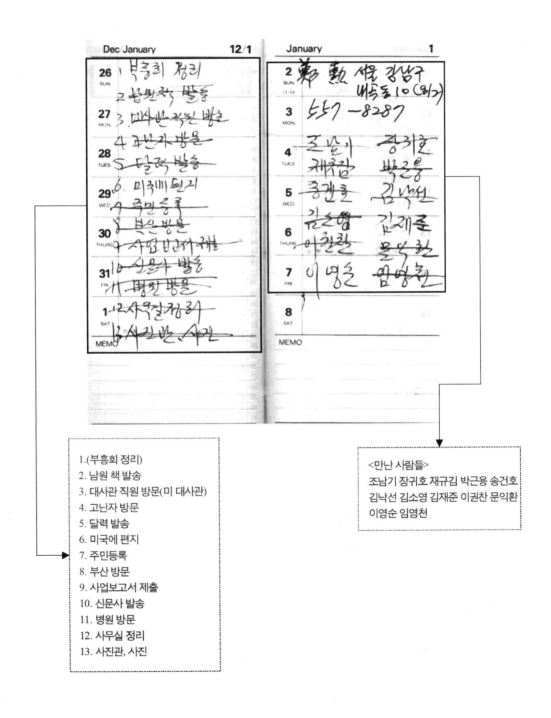

1.(부흥회 정리)
2. 남원 책 발송
3. 대사관 직원 방문(미 대사관)
4. 고난자 방문
5. 달력 발송
6. 미국에 편지
7. 주민등록
8. 부산 방문
9. 사업보고서 제출
10. 신문사 발송
11. 병원 방문
12. 사무실 정리
13. 사진관, 사진

<만난 사람들>
조남기 장귀호 재규김 박근용 송건호
김낙선 김소영 김재준 이권찬 문익환
이영순 임영천

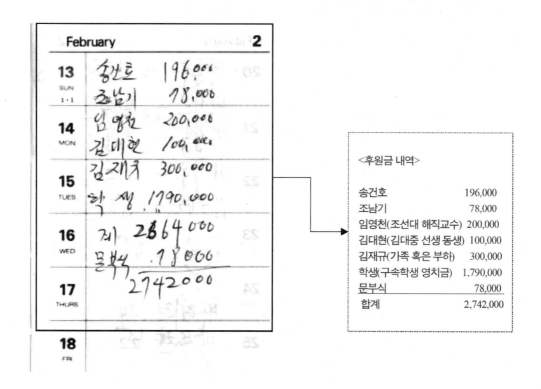

<후원금 내역>

송건호	196,000
조남기	78,000
임영천(조선대 해직교수)	200,000
김대현(김대중 선생 동생)	100,000
김재규(가족 혹은 부하)	300,000
학생(구속학생 영치금)	1,790,000
문부식	78,000
합계	2,742,000

목민선교

1. 영치금 및 가족돕기 성금전달;
  -학생(김영호 진창희 조성용 채규구 이옥렬 강상기 박정석 서범석 나한분 유창복 심영란 임미옥 서기화 김옥섭 변재석 유종오 김환기 임상철 이종무 전성호 손학봉 유재진 김순주 김용자 김자현 신동한 최병한 곽수영 송정재 신미자 정원탁 임명휘 곽운탁 서민원 김혜란 한기흥 여찬동 이광웅 김복자 심순탁 신원철 황윤태 엄택수 전성원 지태홍 유동우 문조아 김성일 오동렬 신정희 이종훈)
  -부산미문화원(문부식 김현장 김은숙),
  -원풍모방(방웅섭 방순희 정선순 양승화 박순애 이옥순 김숙자 차언년),
  -남민전 사건(5명),
  -일반사회범(조세형)

2. 모금과 전달; 모금한 곳(334만원)
  -시카고대학생회 430$ 뉴욕 브루클린 830$ 브루클린 한장로 100$ 뉴욕 연합부흥회 588$ 워싱턴 최권사 100$ L.A 안권사 1,000$ 오버랜드 한인교회 530$ 독일 본교회 연합회 1,850
  -마르크, 전달한 곳(NCC 인권위원회 121만원 구속학생 영치금 113만원 퇴직교수 언론인 70만원 유족 6세대 30만원)

III. 고영근이 만난 사람들

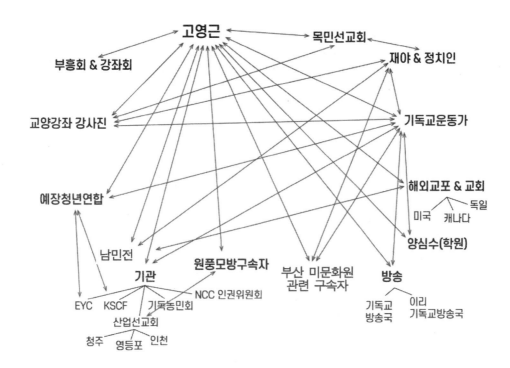

기관
1. 농촌 교역자 2. EYC KSCF 기독농민회 공해문제연구소 여전도연합회 영등포산업선교회 NCC 본부 NCC 인권위원회 　기독교방송국 이리 기독교방송국 장신교 주한 선교부

재야 & 정치인
문익환 함석헌 이문영 예춘호 홍남순 김대중 김대현

NCC & 기독운동
조용술(NCC 회장) 김소영(NCC 총무) 오재식(NCC 훈련원장) 박형규(NCC 인권위원회 위원장) 권호경(NCC 인권위 사무국장) 문익환 목사 김석태(구세군) 김지길(기감 감독) 민경배 교수 이의호(예장 총무) 김상근(기장 총무) 김준영(기감 총무) 정봉덕(예장 사회부 총무) 오천혜(주한 선교사) 김관석(기독교방송국 사장) 1. NCC 인권위원회 위탁 2. 구속학생 영치금(시카고대학생회, 뉴욕 브루클린교회 학생회, 브루클린 헌장조, 뉴욕지구 연합부흥회, 워 　싱톤 최집사, LA 인권사, 올랜드 Park 헌인쇄, 독일 본교회 연합회)

해외
시카고연합장로교회(노재상) 시카고베다니교회(이종욱) 시카고레익뷰한인교회 시카고미드웨스트교회 안중식 목사(브루클린한인) 박석진 목사(뉴저지비젠한인) 브루클린 한인교회, 필라델피아 연합, 워싱턴 한인연합, 인디애나, 캔시스, 캐나다 토론토 한인연합, 마이애미, 뉴욕 한인, 세인트루이스 연합, LA영락 토요기도회

양심수
<학원사태 구속자> 김영호 진창희 조성봉 채규구 이옥렬 강상기 방정석 서범석 나한분 유창복 심영란 임미옥 서기화 김옥섭 변재석 유종오 김환기 임상철 이종무 전성호 손학봉 유재진 김순주 김용자 김자현 신동한 최병한 곽수영 손정재 신미자 정원탁 임명휘 곽은탁 서민원 김혜란 한기홍 여찬동 이공중 김복자 심순하 신원처 황윤태 엄택수 전성원 지태홍 유동우 문조아 김성일 오동렬 신정희 이종훈   <부산미문화원 구속자> 문부식 김현장 김은숙   <원풍모방 노조 구속자> 변응섭 방순희 정선순 양승화 박순애 이옥순 김숙자 차언년   <남민전사건 관계자> 5명   <일반 사회범> 조세형

IV. 사진으로 만나는 역사의 현장

1983. 8. 3.
충북노회 예장 청년연합회 수련회

전국장청수련회
■ 영등포산업선교회 성문밖교회

1981년부터 1985년까지 목민선교회는 기독교회관에서 매달 교양강좌회를 개최하였다. 1981년에는 「교역자 위한 정기 강좌회」로 시작하였으나 1982년 하반기부터는 대상을 확장하여 「현대인을 위한 교양강좌회」를 실시하였다. 1985년까지 이어진 교양강좌회는 총 36회였다. 1986년부터는 「나라를 위한 기도회」로 명칭과 내용을 바꿔 좀 더 긴박해진 시국 흐름에 대처하였다.

교양강좌회의 강연은 역사, 교회, 정치, 사회와 과학에 이르기까지 다양한 영역의 민주시민교육을 감당하였다.

1983. 10. 17.
미국, 캐나다 순회 설교길에 만난 김대중 전 대통령과 이희호 여사 그리고 문동환 목사.

1983년 10월부터 12월까지 미국, 캐나다, 독일을 순회하며 교포들을 만났다. 교포들의 애국심과 민주화의 열정을 확인하고 교포들의 후원을 이끌어내어 NCCK 인권위원회 후원회로 집중시켰다.

평신도 부흥회부터 교역자 수련회에 이르기까지 하루도 빠짐없이 교포들을 만나 "한국 민주화의 중요성"을 설파하였다.

V. 사건별 사료

NO	구분	사료명	날짜	주요 사건 배경
1	1983-1 설교문	예장 청년 겨울선교교육대회 "순교의 제물이 되자"	1/27	
2	1983-2 진정서	미문화원 방화사건에 대한 진정서	2/17	정부 당국은 3월 30일 김화석, 이미옥, 최충언, 박원식, 최인순 등을 검거하고, 문부식과 김은숙을 수배했다. 또한 4월 2일에는 5·18 광주민주화운동 당시에 시민군으로 참여했던 김현장이 문부식을 배후조종한 혐의로 검거되었으며, 최기식 신부가 국가보안법 위반 및 범인은닉 혐의로 검거되는 등 15명이 구속되었다. 이들은 국가보안법, 계엄령, 현주건조물방화치사상, 집회 및 시위에 관한 법률 위반으로 최하 징역 1년, 집행유예 2년에서 최고 사형까지 판결을 선고받았으며, 문부식과 김현장에게는 사형 선고를 내렸다가 1983년 국민화합조치의 일환으로 감형 조치되었다. 부산 미문화원방화사건은 미국이 전두환 대통령과 신군부 세력의 군사 독재를 용인하고 지원하는 데 대한 항거였으며, 사건 관련자들을 체포, 구속하는 과정에서 천주교인들까지 탄압함으로써 종교계의 민주화운동을 촉발하기도 했다. 고영근은 이들의 구명을 위한 활동을 전개하였다. 원일한 선교사부터 NCC에 이르기까지 진보와 보수를 넘어 정의와 생명을 지키기 위한 선교활동을 하였다.
3	1983-3 경위서	6차 연행사건; 정의를 확립하자 (2/25~4/6 심문 41일), 서울시경 정보과, 대공수사과, 서울지방검찰청, 국가안전기획부 수사국에서 취조		문부식 구명을 위한 설교로 인해 41일간 연행과 조사받은 사건으로서 단일사건으로 연행하지 않고 9개의 사건, 즉 82년 광주 2주기 설교, 8.15 군산 설교, 8.19 전주 기장 동노회 설교, 11.20 울산 전하 제2교회 설교, 12.12 성남 인권예배 설교, 83년 2.10 신흥교회 설교, 80년 6월 노경규, 유중림(민헌연 간사) 은닉 사건, 83년 2.24 목요예배 설교, 목민선교회 활동사건 등 총 9개 사건을 종합하여 연행, 조사하였다. 80년 범인은닉 사건을 2년이 지난 시점에 조사하는 것은 예외적인 일이었다.
4	1983-3 설교문	목요기도회 설교; 정의를 확립하자	2/24	
5	1983-3 영문기사	Let Us Establish Justice	2/17	
6	1983-3 회고록	문부식 구명을 위한 설교로 인한 연행		

NO	구분	사료명	날짜	주요 사건 배경
7	1983-3 타인 회고록	노경규 선생		
	1983-4 회고록	목요기도회 납치	5/19	광주항쟁 3주기 추모예배
	1983-5 회고록	춘천지구 교역자 강좌회(춘천 교동교회, 강원하 목사)	6/16	
	1983-6 회고록	이리지구 시사강좌회	6/21	
	1983-7 회고록	서울 한빛교회 수요예배 납치	6/22	
8	1983-8 소책자	「현대인을 위한 교양강좌회」13호(7호~14호까지 남아 있음)		「민주시민 교육을 위한 교양강좌회」 고영근은 시민교육에 큰 관심을 갖고 1981~1985년에 걸쳐 강좌회를 진행하였다. 당시 중요한 시대적 담론들을 공론장으로 끌어내어 정보를 공유하고 역사와 사회를 직시할 수 있는 힘을 갖기를 강조하였는데 총 8개의 주제로 나뉜다. 기독교와 역사, 한국교회 반성 및 전망, 성서와 민중신학, 인권, 한국 사회와 경제, 민주주의, 평화, 여성 등이며 함석헌, 이만열, 한완상, 문익환, 유인호, 박현채, 장을병, 송건호, 이우정 등을 초청하여 다양한 담론의 장을 열었다.
9	1983-9 자필 설교문	우리 민족의 나아갈 길 (미국, 독일, 캐나다 순회설교 중)		
10	1983-10 자필 기록문	구속자 위한 성금 전달 내역		해외 교포 성금 전달 내역과 지출 내역, 구속자 명단과 전달 내역
11	1983-11 자필 기록문	영치금 차입 내역		
12	1983-12 영수증	성금 수령 영수증		
13	1983-13 명단	교도소별 구속자 명단-NCC 작성		

* 음영 처리한 부분만 자료를 싣습니다.

1. 1983-1-설교문 — 예장 청년 겨울선교교육대회

민족의 제단 위에
산 제물이 되자 (로 12 : 1~2)

이스라엘 민족은 어려움에 처할때마다 민족의 제단위에 순교의 제물이 되고자하는 구국의 용사가 나타나서 민족을 위기에서 건졌던 것입니다. 모세는 독재자 바로에게 학대를 받는 자기 민족을 구하려고 열변이나 무쟁을 전개하여 노예가된 자기 민족을 해방시켜 자유의 땅으로 인도하였고 여호수아는 평생동안 자기 민족을 가나안 땅으로 인도하여 위하여 헌신하여 자유의 나라를 건설 하였습니다.

집 타작에게 침략을 받던 사사시대에는 웃니엘, 예훗 드보라, 바락, 기드온, 입다, 삼손, 사무엘, 다윗같은 용사들이 나타나서 민족의 제단위에 순교의 제물이 되고자 하는 각오를 가지고 침략자를 물리쳤고 민족을 위기에서 건졌던 것입니다. 만 아니라 이스라엘 민족이 범죄하여 타락 할때마다 위대한 예언자가 나타나서 민족의 범죄를 예리하게 정의를 외쳤던 것입니다. 엘리야, 이사야, 미가야, 호세아, 미가, 아모스, 예레미야, 에스겔, 다니엘등 많은 예언자들은 민족의 제단위에 순교의 제물이 되어가면서 정의를 외쳤고 정의를 위하여 순교의 제단에도 주저하지 않았던 것입니다. 아무리 민족의 제단에 순교의 제물이 될것을 자오하고 구방에 몸바쳤던 울지 문덕, 강감찬, 이순신, 서산대사, 입경업등 영웅들이 있었기에 우리 강토를 지금까지 보존하게 오고 있는 것입니다.

우리 나라가 일본에게 침탈당했던 35 년 동안에도 조국의 독립을 위하여 순국의 제물이 되었던 위대한 애국자가 많았습니다. 안중근, 윤봉길, 이봉창, 강우규, 이상재, 안창호, 조만식, 주기철등

제 33 차

예장 청년 겨울 선교 교육 대회

주제 : 민족, 통일, 민중, 교회
표어 : 몸으로 역사의 제단에…산제물을 (로12 : 1~)

집단 예배 설교

"순교의 제물이 되자"

1983년 1월 27일 20시

강사 고 영 근

(대한 예수교 장로회 서울서노회 전도목사)
서울특별시 강서구 화곡동 344-6 (602 국 6230 번)

오늘 우리나라가 사는 길도 모든 범죄를 회개하고 하나님의 정의를 확립하여 실현하는 일입니다. 청년 사무엘은 이스라엘의 민중을 미스바에 모아 놓고 회개운동을 전개하여 나타를 구했듯이 우리 청년 정년 여러분도 회개운동부터 전개하여 정의를 확립하기 위하여 헌신해야 하겠습니다. 이것이 주님의 뜻이며 시대의 진보한 요청이기도 합니다.

우리나라 역사를 돌이켜 반성해 보면 정의가 민중과 역사를 지배한 일보다 불의와 폭력이 민중과 역사를 지배하여 오셨던 것입니다.

특별히 8.15 해방이후 우리나라에 주도한 당구은 군 정실무사를 제요함께 친일파들을 등용하여 친일파를 제 문화의 실무를 담당하게 하였던 것입니다.

조국의 독립을 위하여 수십년간 교난을 받은 임시정부 요인과 애국지사등 정의로운 민주의 지도자들은 인정하지 않고 외면해 버리고 오히려 민족의 죄를 빨아 외온 친일파를 등용하여 해방된 조국의 실무를 맡겼으니 민족 정기는 무너지고 불의한 세력이 판도기게 되었습니다.

더구나 민주에서 일본 헌병장교가 되어 독립군을 파물했던 친일파 박모씨는 18년 간이나 집권하여 우리나라가 일본의 상품시장으로 전락하게 하였고 심지어 종교계도 친일파 목사들이 지금까지 교권을 우롱하고 있으니 우리나라는 정의를 찾아보기 어렵고 불의와 거짓만이 가득하게 되었습니다.

뿐만 아니라 1961년 5월 16일 일부군인들이 군사 구데타로 정의질서와 민주주의를 짓밟고 폭력으로 집권한 사건은 폭력과 거짓의 정의를 짓누르고 펫법주의가 승리하여 민족비운의 진실이 있읍니다.

위대한 예수신 열들이 민족의 제단위에 순교의 피를 뿌렸기에 우리는 이만한 자유마따 누리고 있는 것입니다.

이제 우리나라는 해방 38주년을 맞이하게 민족의 통일과 독립은 점점 멀어진 저는듯 회망이 보이지 않음니다. 미국, 중공, 일본 등 사대강구은 자기나라의 이익만을 도모하려고 있음을 우리나라의 통일을 위해서는 주호의 성의도 엿불수 없음니다. 거기에다가 남북한의 정치체제는 자보주의와 공산주의 체제를 준허 가고만 있음니다.

이렇게 인타까운 현실속에서 싫고 있는 우리 청년들이 할일이 무엇이겠음니까? 우리는 성경의 기록처럼 이때한 신앙과 애 국투사를 본받고 그리고 우리나라의 이때한 애국선열들의 뒤를 따라서 민주의 제단위에 순교의 제물이 되고저 하는 각오로 가지고 조국의 부흥과 통일독립을 성취하기 위하여 사명선선으로 나서야 하겠읍니다.

첫째로, 정의를 확립하기 위하여 헌신합시다.

이스라엘의 선지자 아모스는 타락한 민족을 향하여 외치기를 "너희는 선을 구하고 악을 구하지 말지어다. 만군의 하나님 여호와께서 너희와 함께 하시 리라 너희는 악을 미워하고 선을 사랑하며 공의를 세울지어다" (암 5:14-15) 라고 부르짖었읍니다.

유다의 대선지자 이사야는 부르짖기를 "너희의 죄를 회개하여 깨끗게하며 내 목전에서 너희 악업을 버리며 악행을 고치고 선행을 배우며 공의를 구하며 학대받는자를 도와주며 고아를 위하여 신원하며 과부를 위하여 변호하라" (이사야 1:16-17) 고 하였읍니다.

5.16 군사 구데타 이후 우리 나라는 정의를 짓누르며 목적을 위하여 수단과 방법을 가리지 않고 성공부터 하고 보자는 평화주의가 성행하게 되었읍니다. 정의결선을 파과하는 과악한 평화주의는 정치, 경제, 사회, 문화, 심지어는 종교계까지 가득차게 되었읍니다.

평화적인 방법으로보다도 소위 성공한 자가 대접을 받고 정당한 방법으로 성공하려다가 목적과 기만에 빌시를 받는 이인들이 천대와 조롱을 받는 사회가 되고 말았읍니다.

그러므로 역사를 더듬어 살펴 보면 평화주의가 가득찬 나라나 민족은 망하고 말았읍니다. 우리 나라도 평화주의를 회개하고 화평하지 않으면 평망할수 밖에 없읍니다. 그러므로 미군정 덕분에 친일파들과 5.16 구데타 덕분에 평화주의자들은 조속히 하나님 앞에서 회개하고 구데타의 뿌리를 내리게 될 것입니다.

그렇하면 하나님의 정의가 확립되고 민족정기가 바로 잡혀지며, 이인이 민중과 역사를 지배하게 될것입니다. 평화에 기만등 평화주의로 회개하고 화평한 한자들이 참된 민주주의가 될 신회하는 사회가 이룩되며 뿌리를 내리게 될 것입니다.

해방이후 북한의 김일성 집단은 현준혁을 목력으로 살해 했으고 1945년 11월 23일 신의주 학생들이 데모함께 기층소수를 감행하여 700여명의 사상자를 내었으며, 위해한 애국자 조만식 선생을 가두고 목력과 기만으로 정권하여 오늘에 이르고 있읍니다. 그것도 부족하여 김일성 집단은 장기집권의 한계들 넘어서서 세습정치를 패하고 있으니 김일성 집단이야 말로 목력과 기만의 평수이며 평화주의의 대표자 입니다.

북한에도 목력과 기만을 무기로 삼고 정의를 짓누르는 민중을 탄압하는 공산 집단이 회개하고 돌아서고 참신한 이인이 민주주의를 실현하게 되면 통일은 속히 실현 될것입니다.

우리 나라가 모두 회개하고 하나님께로 돌아와 정의를 확립한 때에 통일 독립은 이루어지고 하나님의 나라가 이 땅에 확립하게 될 것입니다.

친애하는 청년여러분! 여러분 자신부터 목력과 거짓을 버립시다. 그리고 수단과 방법을 가리지 말고 성공하고자 하는 평화주의를 버립시다. 더 나아가서 평화주의를 규탄하고 목력과 기만등 평화주의가 우리 나라에서 행세를 못하도록 불의와 싸우고 승리를 쟁취 합시다.

목력과 기만등 평화주의가 승리의 개가를 부르는 것은 우리 동포들이 어리석고 용기가 부족하여 거짓에게 속아주기 기만으로 통하고 목력 앞에 떨어주니까 목력이 생기며 기만은 통하지 않읍니다. 그리고 목력 앞에서 죽으면 죽으리라 하고 강하게 대항하면 목력은 물러가고 말것입니다.

우리는 어리석은 민중을 깨우쳐서 거짓에게 속지 않게 해야 합니다. 그리고 우리 청년들이 가장 시급한 과제에 임하여 어리는 목음을 전파하여 우리 민족이 군병이 담대하여 목력을 재포시키는 용기를 북 돋우어 주어야 합니다.

그러므로 성령의 권능으로 우리 민족을 용기있는 국민으로 무장해야 합니다.

이것이 정의를 확립하는 지름길 입니다.

우리가 죄악세력을 정복하고 정의를 확립하며 민족의 제

단앞에 순교의 피를 뿌리 퍼는 비장한 노력이 절실히 요청됩니다, 우리 청년들은 엘리야나 세례요한 같은 용기를 가지고 민중을 깨우치고 불의 정의확립을 위하여 분별해야 합니다.

정의를 위하여 죽교는 하는것는 성것이며 불의앞에 아부하여 삼교자하는 것는 죽게될 것이니 우리 모두 정의의 십자군이 됩시다.

둘째로, 경제 번영을 위하여 헌신합시다.

지금 우리나라는 경제적으로 크나큰 위기에 봉착해 있읍니다. 경제난국을 해결 하느냐 못하느냐 하는 문제는 우리 민족이 사느냐 죽느냐 하는 문제와 직결되어 있읍니다.

하나님의 청년요셉은 애굽의 바로왕에게 경제 정책을 건의었으니 7 년 풍년에에 곡식을 많이 비축했다가 7 년 흉년때에 방출하므로 경제 위기를 극복하자고 제안했던 것입니다.

바로왕은 요셉의 경제정책을 받아들일 뿐 아니라 외국사람이며 감옥에 갇혀 있는 수감자를 일약 국무총리로 임명하여 애굽 민족의 경제 위기에서 구출케 되었읍니다. 요셉의 경제정책도 훌륭하지만 요셉을 등용한 바로왕이 매우 훌륭했읍니다.

우리나라는 자고로 인재가 나타나면 역적 모의 했다고 해서 죽였고 지금 북한에서도 반동분자라고 처단하고 우리나라에서는 경이라고 얌박하고 요셉같은 인재가 나올수가 없읍니다. 인재를 아끼는 법을 바로왕에게 배워야 하겠읍니다.

위대한 애국자 느헤미야는 빈부격차의 경제적 모순으로 인하여 고통받는 민족을 위하여 부자들을 향하여 위하여 충성을 다

위하는 악행을 무찔고 빈부격차를 시정하고 평등사회를 이루어 민, 우리 청년들은 영원을 이루었던 것입니다 (눅 5:1-13)

오늘 한국교회도 느헤미야 같이 빈부 격차의 사회적 모순을 시정하고 공존공영하는 사회를 이루하여 하나님의 나라가 임제하게 합니다.

예수님게서 광야에서 굶주리는 민중을 보시고 민망히 여기사 제자들에게 답변하시기를 "너희가 먹을 것을 주라"고 명령하시어 굶주리는 문제를 해결하라고 말씀하셨습니다. 그리고 5 병 2 어로 5 천명을 먹인후에 남은 부스러기를 버리지 말고 거두라고 하셨읍니다 (마 14:6 요 6:12)

모세의 율법에 땅을 공평하게 분배하라 하였고 노동력이 부족한 과부와 고아 그리고 병자가 되어 고생하는 약자를 위하여 십일조를 마련해 주었읍니다.

"너희밭에 곡식을 벼베히 너희 밭 모통이까지 거두지 말고 너희 떨어진 이삭도 줄지말며 너희 포도원 열매를 다 따지 말며 너희 포도원의 열매도 줍지 말며 가난한 사람과 타국민을 위하여 버려두라 나는 너희 하나님 여호와니라" (레 19:10)

"너희는 이웃을 압제하지 말며 늑탈하지 말며 품군의 삯을 밤새도록 네게 머물지 말라" (레 19:13) 이는 나약한 자를 위한 사랑의 정의이며, 공생공영의 방법인 것입니다.

그러므로 우리는 경제난국을 해결하는데 헌신하는 것이 하나님이 뜻이며 국가 민족을 위한 애국의 길임을 믿고 경제위기를 해결하고 경제번영에 위하여 충성을 다하기 바랍니다.

고 근대화 운동과 고도 성장을 서둘렀기 때문이며 소위 건설 기 운동을 펴면서 소비성을 증대시키고 선전위주의 경제정책을 펴나갔다.

그리고 전두환 정권은 박정희 정권이 정착된 잘못된 경제정책을 처나 하게 비판하고 우리 실정에 알맞는 경제체제를 세울게 시작했어야 했을터인데 박정권이 경제정책을 계속 유지해 나가버니까 계속 빚을지게 되었습니다. 따구나 사회적 변동이 심했던 79년 과 80년 사이에 우성 단기도입 자본도입 등으로 엄청난 빚을 지게 되게 되었습니다.

우리는 이 엄청난 빚을 지고 있으니 이렇게 해야 한 것입니 까? 한 없망과 탄식만 하고 있을것이 아니라 해결할 방안을 찾아야 합겠습니다. 외채를 해결하는 방법은 첫째 정부의 경제 정책이 바르게 재정되고 시행되어야 합니다. 과거 박정권과 같이 혁신 을 남기기 위한 정체과 고도성장을 도모하며 우리나라와 실 정에 알맞는 건축경제를 펴나가야 할것입니다.

둘째로는 우리국민의 자세와 생활개혁이 ... 경제난구을 타게하고 경제반영의 이바지 해야 할것입니다. 우리국민이 사치와 낭비를 주방시키고 생활수준을 낮추어야 합니다. 생활 수준을 높이가는 쉬워도 낮추가는 어렵습니다. 그러나 우리민주이 외채를 쓰지 않 고 경제반영을 일으켜버면 많은 고통을 참고 의식주의 생활 개혁을 단행하며 해외 여행도 억제해야 합니다.

또 한쪽 우리 동포들이 우리나라가가 빚을 진것을 내가 같아야 한 다는 주인의식이 강해야 합니다. 나라에 빚이 많은에도 불바거나 근심하지 않는 것은 노예근성이 가득한 연고 입니다. 국가 빚 이 많은 것을 염려하여 발잠을 못자고 애타는 마음이 국민각자 에게 있어야 합니다. 우리는 빚을 얻어 쓰지 않는 운동과 외

I. 외채 문제를 해결하자.

지금 우리나라가 걸머지고 있는 외채는 1982년말 현재 360 억달러(외국에서는 390억 달러로 주정하고 있음 83년 1월 14 일 중앙일보 보도)입니다. 이것은 우리나라 돈으로 계산하면 27조원이며 금년도 국가예산에 비하여 3배에 가까운 거액이며 국민 한사람마다 약70만원에 해당하는 빚을 지고 있는 것입니 다.

우리나라가 이많은 빚을 졌기 때문에 81년도에는 38억달러 의 이자를 지급했으니 이는 37억달러의 국방비보다 더 많은 액수 이며 82년도에는 45억달러의 이자를 지급하게 되면 44억달러 의 국방비보다 많은 액수를 이자로 지급한 셈입니다.

1972년도에는 35억달러이면 외개가 82년도에는 360억달러 가 되었으니 10년동안에 10배로 늘어났으며 72년도에는 1천6 백억원의 이자를 지급하는 것이 82년도에는 45억달러의 이자 를 지급하게 됐으니 28배나 늘어난 셈이니 운임수 이자가 점점 늘어날 것이니 아닐수 없습니다.

박정희 정권이 18년간 집권하면서 210억 달러의 외채를 연 어 왔으며 전두환정권은 3년동안에 150억달러의 외채를 얻어 온 셈입니다. 70년에는 아파트를 짓기 위하여 또는 도로를 포 장하기 위하여 생기어는 농촌에 상수도를 설치하기 위하여 외 채를 얻어 오기도 하고 80년에는 이자와 빚 갚기 위하여 또 빚 을 얻어 와야만 하게 되어 있습니다.

우리나라가 빚을 많이 얻어오게 되 가장 큰 이유는 박정희 최당 정권이 민주적인 방법으로 집권한 것이 아니고 군사 구데 타로 집권했느고로 집권을 납겨서 정권의 강압이 쿠레를 은폐하려 외

의 제갈기 운동을 전개하여 후손들에게 무거운 빚을 물려주지 말아야 합니다.

묵묵여야 하며 그반면 생산성을 높여 수출에 함써야 할것입니다. 정부는 국민의 생활을 안정시켜 정권안보에만 도모하지 말고 식량과 연탄값을 현실화하여 낭비를 방지하는 정체를 펴야 하며 온 국민은 의국제품을 사용하지 않고 국산품을 애용하는 운동을 전개해야 합니다. 특별히 일본제를 사용하지 않아서 우리나라가 일본의 상품시장이 되지 않도록 함써야 합니다.

Ⅱ. 무역적자(역조)를 해결하자.

지금 우리나라 경제는 무역역조로 적자가 누증되어 어려움을 겪고 있읍니다.

1976년에도 전망하기를 4차5개년 계획이 끝나는 81년도에는 무역역조가 호전되어 12억 달러의 흑자를 내게 된다는 정부의 계획에 희망을 걸었으나 81년도에 이르러 12억 달러의 흑자는 그만 두고 49억 달러의 적자를 기록하게 되었읍니다.

수출이 212억 달러이고 수입이 261억 달러이니 49억 달러의 적자를 내었고 1965년 한·일 정상화이후 한·일무역에 있어서 237억 달러의 역조를 이루었으나 전체무역 역조에 비해 77.1%의 비율을 차지하게 되었읍니다. 우리나라는 일본의 상품시장으로 전락하고 말았읍니다.

우리나라가 일본에게 엿이 39억 달러인비 일본물건은 237억 달러나 팔아 주었으니 손해가 이만저만이 아닙니다.(동아일보 1월16일보도)

우리나라가 다시금 40억 달러의 일본 빚을 얻어쓰면 일본상품을 그 몇갑절 팔아주어야 할것이니 적정이 아닐수 없읍니다. 우리는 일본의 경제 침략을 엄중히 경계하고 하루속히 무역적자를 개선해 나가야 합니다.

그러기 위해서 온 국민이 정신을 바짝차리고 수입규모를 대

Ⅲ. 사치와 낭비를 자제하자.

1981년도에 우리나라에 수입된 외국 상품은 261억 달러입니다. 그 중에 제일 많은 것이 약 70억 달러이고 다음에 식량과 25억 달러이고 목재류가 12,5억 달러이고 퍼복원료가 12,3억 달러이고 철제가 10,8억 달러있읍니다. 기타 기계류가 50억 달러이고 약품과 화학약품이 약16억 달러입니다.(한구은행 발행, 조사통계 월보에 의거)

이와같이 엄청난 소비로 인하여 우리나라는 매년 50억 달러가 넘는 외체를 얻어야만 현상유지를 할수 있게 되었읍니다. 전설을 많이 한 것은 좋으나 건설한자재 때문에 수입이 늘어났다면 여기에 비례하면 수입 규모가 엄청난 것을 알수 있읍니다. 81년은 우리나라 예산이 112억 달러였는데 국가 예산의 2배를 넘어서고 있읍니다. 그러므로 우리 민족이 사는 길은 사치와 낭비를 없소하고 근검 저축하여 생산에 온갖 힘을 기울여야 하겠읍니다. 거름이 가장 많은 식품을 아끼기 위하여 공업용、낚량용、수출용으로 사용되는 기름을 최대한 아껴야 합니다. 그리고 식량을 절약하는 동시 식량생산을 위해 경제작물 화식에 주력하여 소득증대와 농업기술의 혁신을 가져와야 할것입니다.

이 말씀은 주님께서 한국교회에게 분부하시기를 성령이 너희에게 임하시면 권능을 받고 서울과 한국과 세계를 복음화 하라고 분부하시는 말씀이십니다.

한국교회와 청년 여러분 한국을 복음화 하여야 함은 복한을 받는 복한을 복음화 함으로 남북 통일을 성취해야 함이 최대의 지상 과제임을 명심하고 민족의 복음화를 위하여 순교의 제물이 될것을 각오하고 복음선교를 위하여 충성을 다해야 할것입니다.

우리가 민족의 복음화를 성취하려면 6 천만 개인개인에게 복음을 전파하여 회개하는 개인으로 먼저 개인 복음화를 성취해야 합니다.

그리고 개인복음화 운동을 전개하는 한편 정치복음화 경제복음화 문화복음화 사회 복음화등 구조복음화가 개인복음화와 병행 되게 해야 합니다.

지금부터 140 여년전 영국은 중국에게 아편전쟁을 일으키므로 중국인에게 아편중독으로 죽어가게 했습니다.

중국국민은 힘이 약하여 할수없으나 그 사무친 원한은 씻을 바될 수가 없었으니 2 차 세계대전이 끝난다음 중국민중은 영국에 대한 중오심이 가득찬 그 반동작용으로 공산주의 영국에 발휘되어 공산국가가 되고 말았습니다.

물론 정계서 정권의 부패와 무식한 대중들이 공산당에게 기만당한 것도 중요한 원인이지만 영국이 침략했던 것이 근 원인이 되어 공산주의가 되어 오늘 한국의 통일에도 막대한 지장을 주고 있는 것만은 틀림없는 영구가 아니라 그 분노가

그리고 현세와 육체를 아끼기 위해서 사치스러운 건축을 자제 해야 하며 국토 면적의 78 %인 산야를 활용하여 목제와 연료를 조합하는데 힘써야 할것인데 우리 민족은 자체 생산하도록 힘써야 할것입니다. 우리 민족은 눈물 나는 아픔을 참아가면서 허리끈을 졸라매고 사치와 낭비를 추방하고 근로하는 국민운동을 전개해야 합니다. 청년 여러분! 여러분이 국가 정체를 살리기 위하여 무거운 민족을 계우치면서 사치와 낭비를 없애고 근검 저축하는 풍토를 조성합시다.

예수께서 주기도문에 답습하시기를 "오늘날 우리에게 일용할 양식을 주옵시고"라고 기도하라 하셨으니 6 천만이 매 인류들이 일용할 양식을 위하여 기도하는 믿음의 생활을 해야 합니다. 우리는 물론 빈곤구제 문제도 경제 기도하여 힘을 신앙의 선행 제로하고 빈곤을 미연에 방지해야 합니다. 이것은 근본적인 선행 이며 적극적인 신앙입니다.

우리도 경제 문제를 무시할 수 없음에도 불구하고 경제문제를 당면한 문제로 여기는 의식을 버려야 합니다. 그리고 우리 민족이 경제 문제를 위해 기도하고 노력하여 경제난국을 타개하는 것은 당면한 영성을 위해 힘써야 하겠습니다.

청년 여러분! 우리들 모두 실거가의 균형이 파는 동시, 산업전 사가 되어 요셉과 느헤미야 처럼 민중을 구제하고 하나님의 나라가 이땅 위에 임하도록 우리 모두 헌신하며 충성을 다합시다.

셋째, 조국의 복음화를 위하여 헌신합시다.

예수님께서 숭천하시기 직전에 분부하시기를 오직 성령이 너희에게 임하시면 너희가 권능을 받고 예루살렘과 온유대와 사마리아 방불까지 이르러 내중인이 되리라 (행 1:8) 하셨음니다.

저 중남미에 있는 쿠바의 바티스타 정권 니카라과의 소모사 정권도 빈부격차와 부정부패 독재정치를 강행했었으므로 시달립니다. 못해 불로한 민중이 공산게릴라의 합작으로 90%의 기독교 국가였던 쿠바와 니카라과가 공산주의 국가가 되었고 그외의 여러 중남미 국가들이 공산주의로 기울어지고 있는 속출 되고 있읍니다.

그 모든 이유는 개인복음화만 되었을 뿐 정치복음화가 되지 않은 연고입니다.

그러므로 오늘날 우리나라도 개인복음화를 기초로하여 정치, 경제 사회등 모든구조가 복음화 되므로 빈부격차 부정부패 독재정치등 공산주의가 자동적으로 발생할수 있는 요인을 말끔히 제거하고 정치 민주화 경제평등화 문화복지화 사회복지화 종교 생활화가 이루어져가 해야 합니다.

전능하신 하나님의 뜻이며 민주주의의 네가지 기본 요소인가 아 정의 평등 인권이 우리나라 정치에 정착되므로 참 민주주의가 성취되어야 합니다. 그리해야만 우리가 공산주의를 압도하고 정부통일을 성취할 수 있을 것입니다. 만일 우리 사회에 빈부격차 부정부패 독재정치가 여전히 계속 된다면 우리는 공산주의를 정복할 수가 없읍니다. 그러므로 우리가 애구하는 유일한 과제는 이상적 민주주의가 실현되게 하는 길 입니다.

은 인도 쎄이마 이란 시리아 남아연방 호주 뉴질랜드 캐나다 식민지로 만들어서 세계에서 제일 넓은 식민지를 소유 하였읍니다.

영국은 국민의 90%가 기독교 신자이고 그국가에는 신자가 그 밖에 있고 성공회교파가 국교로 되어 있는데 그러한 기독교가 어째하여 약소국가를 식민지로 만들고 착취를 강행 하였읍니까? 그 이유는 개인복음화는 되었으나 정치 복음화 경제복음화등 구조복음화가 되지 않은 연고 입니다. 영국뿐만 아니라 그것이 아닙니다. 크롬스 이베리 포르투칼 스페인 화란 미국등 많은 기독교 신자가 많은 나라들인데 아프리카 지역에서는 배인들이 선교를 받으며 하면서 오히려 공산화되는 나라마다 점점 들어가고 있읍니다.

그 또 이유는 배인 기독교 국가들이 개인복음화만 되었을 뿐 정치복음화 경제복음화등 구조복음화가 되지 않은 연고입니다.

러시아도 국민의 90%가 기독교 신자였고 3만곳의 교회가 설립되고 모스크바에는 희랍정교회 본부가 있는 기독교 국가 인데 1917년 11월 하루 아침에 공산국가가 되어서 세계 평화를 파괴하고 있는 것입니다. 그 이유는 나폴리 2세의 독재정치가 심했으므로 너무나 빈부격차 부정부패 독재가 심하므로 노동자와 농민의 신부와 복사계층이 요청했으나 성직자는 정치적 발언을 할수 없다 고 거절했느므로 거짓말 약속 많은 노동자와 농민을 위한다는 공산당에게 민중들이 아첨했느므로 공산주의 국가가 되고 말았읍니다.

서 13장에 기록된 권세는 정의의 권세를 두고 한 말입니다. 악인자를 벌주고 의인을 상주는 정의의 권세의 내해서는 마땅히 복종하며 기도하여 협조해야 마땅합니다. 그러나 그반대 불의한 권세는 파멸하고 무너뜨리고 뽑아버리라고 하였음니다. (렘 1:10)

또 한편 한국교회는 신앙을 생활화하지 못하고 있읍니다. 예배드리는 종교의식에 참여하는 일에는 열심히 있는듯 하지만 신앙을 생활화하는 일은 너무나 소홀합니다. 기독교는 십자가의 종교인바 믿어야할 십자가가 있고 져야할 십자가가 있는데 지는것은 많이 강조하지 아니합니다. 그러므로 교역자나 교인 모두가 십자가 지고 정의를 위해 핍박 받기를 주저하고 있으니 신앙이 생활을 뒤따르지 못하고 있는 것이 사실입니다.

교역자는 제사장 왕 선지자등 삼중사명이 있는데 한국교회 교역자는 제사장 사명에만 열심할뿐 지역사회 주민을 사랑하고 향거하고 ... 영적권위가 없고 외부 사회를 향하여 붙의에 항거하고 민중을 가르쳐는 예언자적 사명은 너무나 소홀히 선포함으로 하고 있읍니다.

오히려 예언자 사명을 위해 고난받는 동역자를 비방하면서 순복음만 전하라고 ... 외면하고 있는 설정이니 통탄을 금할길이 없읍니다.

그리고 한국교계에는 교계에 가득찬 부조리를 파감하게 시정해야 합니다. 교파난립, 신학교난립, 부사인수남발 기도원난립이 하루속히 정비되어야 합니다.

그리고 개척교회를 남발하는 일은 속히 정비되어야 합니다. 현재 한국교회 3 단교회를 헤아리는데 이만교회 인구에 비해 하이 적은 교회가 아닌데 여전히 1 단교회 세우기운동 5,000

결손하게 낳아져서 노동자와 가난한 동포들 잠세주며 동고동락 함께에 우리사회의 불평불만은 없어지고 경제난국을 극복하게될 것입니다.

그리고 가장 중요한 일은 종교 생활화운동 입니다. 다시해서 중요계 되이 일어나야 합니다. 기독교 신앙의 상태 목적 은 첫째, 하나님을 정의하므로 인생의 본분을 이행하는 일이며 둘째, 죄 회개하고 성령 받아 거듭나서 영혼이 구원받는 일이며 셋째, 죄아 이 세상 정부하고 인류 위해 봉사하므로 하나님의 정의를 실천하는 일입니다.

그런데 한국교회 강단에서는 기독교의 기본원리를 바르게 가르치지 않고 신앙주의 단사행통 은사등에 치우쳐 신앙 자세가 배틀어지고 기복신앙으로 떨어지게 됩니다. 어늘날 교회마다 회개를 강조하거나 십자가지고 주를따르자는 설교는 듣기 어렵고 은사 그리고 단사행통을 많이 강조하고 있으니 심히 안심한 일입니다. 그러므로 한국교회가 시급히 해야 할 일은 신앙자세부터 바르게 정립해야 합니다.

정의와 사랑의 종교인 기독교는 두가지 요소가 모두 병행해야 합니다. 한편인데 한국교회는 사랑을 방자하여 정의가 없이 문복하면 볼의를 방리화 하므로 사실상 한국교회는 정의가 무너지고 앉았읍니다. 그러기에 일정시대 우상숭배한 친일파가 여전히 교권을 우롱하고 항상 강자앞에 아부하여 조천기도회만 입심고 있는 것입니다.

세상의 빛과 소금이 되어야 할 한국교회가 부정과 불의에 항거하여 죄악세태를 정복하지 못하고 권력자에게 복종하라는 거꾸로 ... 사실 로마서 13장을 악용하여 비정하게 행동하고 있읍니다.

동료를 사랑하고 그리스도의 복음을 전파하는 민족복희에 함께야 하겠습니다. 실제 말을 기초로한 국민운리를 확립하고 성서의 봉사주의와 이타주의 정신을 기초로하여 생활이 넘쳐 예수정신을 확립하여 동료를 선도해야 하겠습니다. 6천만 개인부음하는 불론 이거나와 위에서 말한 구조복음화를 성취하므로 남북통일을 이룩하고 세계 복음화에 공헌하는 한국교회가 되도록 우리 모든 이사명을 위해 충성을 다합시다. 순교의 제물이 되리라 각오하고 함께 사명전선에 나섭시다.

그리하여 우리청년들은 진리 중만 능력충만 사랑충만을 받아서 성령으로 근거를 무장 합시다. 먼저 진리 받기 위하여 성경과 신학 지식은 물론, 정치경제 등을연구하고 6천만 포를 하나님의 뜻대로 할 수 있는 실력을 갖추기 바랍니다.

그리고 열심히 기도하여 능력충만을 받기 바랍니다. 불어믿음 함이있게 항거하다가 주님을 위하여 순교할수 있는 불타온 용기가 충만하기 바랍니다.

그리고 사랑충만을 받아야 합니다. 6천만 동포를 위하여 그리스도 신의 몸과 그리고 시간과 물질을 바쳐수 있는 그리스도의 사랑으로 충만해야 합니다.

여러분이 섬기는 교회는 양적으로 부흥하도록 전도운동을 바랍니다. 힘이없는 정의는 악하게 우롱당합니다. 그러지 않기 위해서도 힘을 키워야 합니다. 적어도 장년 500 명 교인이 확보되어야만 교회자체를 유지하고 사회에 봉사 할 수 있습니다. 100 명이하가 되는 교회는 우리가에 오히려 교계에 무거운 짐이 될 수도 있습니다.

청년 여러분! 여러분이 섬기는 교회가 하루 속히 양적으로 증가하도록 파감한 전도운동을 전개하기 바랍니다. 그리고 온

교회 3,000 교회 세우기 운동으로 교회의 재정력을 개척교회 난 립에 낭비하고 있으니 통탄을 금할수 없습니다.

쁠받아니라 데 해외선교 하는 인도 얻도 않은 반성이 있어야 합니다. 그러나 청년들을 한구어 메뚜다가 신학공부시키 고 목회 훈련 시켜서 그나라에 통바보내야 합니다. 대부분 한구어 의구어 파송하는 일은 옛날이 19 세기의 선교 방법 입니다. 기어이 선교사를 파송해야 한다면 적어도 50 년을 목표하고 장기계획으로 해야 한다면 선교사로 파송받아 3 년도 못돼 아 미주으로 이민을 가버리므로 여러나라에서 한구교회의 불신 파 추태를 들어내고 있으니 길이 하영심으로 불신선교사 를 파송하는 불신선교도 지양되어야 합니다.

한국교회가 내부적으로 교처야 할 일은 교회예산의 50 % 도 외부 선교 봉사에 사용되어야 한국인데 90 %를 내부에서 사용하 며 인건비가 거의 반으로입니다. 예산인데 한국비로 묘지구입과 권리비 중흥비 교역 자의 해외여행등에 않은 예산을 낭비하고 10 % 의 외부 전도비 마저도 민중의 아픔과 눈물을 씻어주는데 쓰지 않고 개척 교회난림과 교권주의자를 섬겨주는데 사용하고 있으니 한심하기 짝 이 없읍니다.

그리고 한구교회 부흥하는 신자들의 신앙자세를 바르게 확립 하고 불신자에게 전도하는 시대적 사명을 강조하는 부흥회가 아 니라 축복주의, 신유등 저속한 기복신앙만 강조하는 부흥회만 반 복하므로 한구교회는 깊은 질병속에 빠져 들어가고 있읍니다.속 히 예언기도와 안찰기도 투사가 유행되어 한구교회는 무속화 되어가 고 있으며 예언자적인 부흥사는 설자리가 없게 되었읍니다.

한구교회는 이 모든 잘못을 빨리 회개하여 시정하고 6 천만

청년회 임역원의 사명

一. 청년 회장의 직무

1. 청년회 사업을 위하여 하나님께 간절히 기도한다.
2. 매일 청년회원의 이름을 불러 가면서 기도한다.
3. 당회 장로에게 청년사업을 보고하고, 지시를 받는다.
4. 기관장회의에 참석하고 청년회 사업을 서면 보고한다.
5. 청년회 임원을 인쇄 통게한다.
6. 청년회 임원과 회원을 자주 심방하여 예배 드린다.
7. 총회 월례회 임원회 등 각종 회의를 준비하고 진행한다.
8. 청년 지방연합회 또는 총연합회 사업에 적극 참가한다.
9. 교회 각 기관과 유대를 가지며 상부 상조한다.
10. 회원간의 불미스러운 일이 없도록 항상 예방 조치한다.
11. 회원들의 신앙과 인격을 솔선하여 모범을 보인다.
12. 타교회 청년회와 없는 유대를 가지고 상부상조 한다.
13. 지역사회 청년들과 유대를 가지고 지도해 나간다.

二. 서무부장 (서기) 의 직무

1. 회원 명부를 세밀하게 깨끗이 정리한다.
2. 각종회의록을 깨끗이 정리하고 회 장에게 결제 받는다.
3. 회의록을 3개월마다 당회에 제출하여 검사를 받는다.
4. 회원 출석부를 만들고 깨끗이 정리한다.
5. 전출 전입하는 회원을 파악하고 회 장에게 보고한다.
6. 신입회원이 증가하도록 회원 가입을 운동을 전게 한다.
7. 청년회 연혁을 정리하여 보관한다.

교인들이 성령으로 거듭난 실제 부흥이 되어야 합니다. 몇년전에 모부대를 방문했더니 군인들이 경배하면서 무르기를 "당빠" 하며 경배하는 것입니다. 당빠이 무슨 뜻이냐고 물었더니 우리 구교하나가 인빈군 100 명을 당해 낸다 라는 뜻에서 "당빠" 한다는 설명을 들었습니다. 그래서 나는 생각하기를 우리 기독교인들은 "당권"하고 불러야 하리라고 생각했읍니다. 기독교 신자가 불신자 천명을 당한다는 자오를 가지고 선교해야 한다고 생각했읍니다.

과연 600 만 기독교인은 성령으로 충져서 이 시대를 꼭 음화 할 수 있는 실력을 하루속히 배양해야 할 것입니다.

뿐만 아니라 재정적 실력도 키워야 합니다. 교인이 십의 일을 온전 물론 십의 이조, 십의 삼조에 이르는 헌금을 통하여 선교가 마련되게 해야 합니다. 이 귀한 선교비를 개체 교회를 위해서는 결단코 민드시 민중의 이름을 쓰배 주고 싶음을 씻어 주는 일이 사용 되어야 합니다.

그리고 더 나아가서 않은 인재가 필요합니다. 않은 인재를 양성하여 준게 으로써 최아세력을 정복하고 복음 시대를 창조할 수 있는 힘찬 전진이 있기 바랍니다. 우리 청년 모두가 십자가에 못 박히신 우리 주님과 위대한 순교자의 피를 따라서 민족과 통일을 위하신 주 제단 위에 산 제물이 되고져 하는 각오를 가지고 하나님께서 주신 사명을 위해 충성을 다합시다.

고통 후에 기쁨이, 있고 십자가 후에 부활이 있드시 그것을 민고, 이름도 없이 빛도 없이 장사하므로 충성 다하기를 바랍니다. 전능하신 하나님이 우리와 함께 하실 것을 민고 우리 모두 전지 전지 또 승리 합시다.

여러분이 나가는 앞길에 오직 정복과 창조만 있는 것을 확신하면서 이 설교를 마칩니다.

8. 청년회 활동 사항을 매면 사진 앨범을 정리한다.
9. 공문 접수 및 발송부를 잘 정리하여 결제받고 보관한다.
10. 청년회 비품 대장을 정리하고 비품을 관리한다.
11. 청년회 현황 카드를 작성하고 통계 표를 작성한다.
12. 연말 연시의 청년회 사업 보고및 사업계획 현황 청년회 활동 방향등을 종합하여 간결한 팜프렛을 만들어 보급한다.

三. 재정부장(회계)의 직무

1. 회비 수입금을 짜장하고 회비 납부를 독려한다.
2. 헌조금을 (교회와 회인) 모금하여 재정 수입을 올린다.
3. 헌신예배 헌금을 짜장하고 독려한다.
4. 회원들의 근로 봉사로 재정 수입을 도모한다.
5. 장기와 도서 판매 이익금으로 수입을 도모한다.
6. 폐품을 수집하여 판매 수입을 도모한다.
7. 수입날 간이 음식을 공급하므로 재정수입을 도모한다.
8. 바자회와 기타 방법으로 재정 수입을 도모한다.
9. 재정 지출은 회장의 결제를 받아 엄격히 지출한다.
10. 공금은 꾸어주거나 임의로 사용하지 않고 엄격히 지급한다.
11. 회계장부를 잘 정리하여 매달에 한번씩 회장에게 결제 받는다.
12. 회계 장부를 3개월에 한번씩 당회의 계출하여 검사를 받는다.
13. 청년부을 방자한 유흥비에 재정을 낭용하기 않도록 노력한다.
14. 청년회 재정을 최대한 주님 뜻대로 사용하도록 노력한다.

四. 기획부장의 직무

1. 회원동봉와 교회 행복을 깊이 파악한다.
2. 한구 교회의 현상과 실태를 깊이 파악한다.
3. 구내 정세와 세계 정세를 파악하고 대처할 바를 연구한다.
4. 교계와 국가 정세에 대한 자료를 수집한다.
5. 수집된 자료를 회원에게 공개하여 의식화 한다.
6. 청년회 사업에 대하여 내외에 중보활동을 전개한다.
7. 청년회 회지를 인쇄하여 내외에 보급한다.
8. 찾아온 손님이나 요구하는 자부에게 부리필요을 실시한다.
9. 좋은 사업을 개발하여 청년회에 의뢰한다.
10. 3개월마다 청년회의 평가회를 열고 청년회 사업을 제조 정한다.
11. 연말에는 신년도 사업계획을 작성하여 보급한다.
12. 연말에는 신년도 사업계획을 작성하여 보급한다.

五. 교육부장의 직무

1. 성경 연구회를 주관하고 진행한다.
2. 회원을 위한 자율 교양 강좌회를 실시한다.
3. 특별 기도회와 철야 기도회를 기획하고 추진한다.
4. 여름 수양회와 겨울 수양회를 주관하고 실시한다.
5. 도서 모으기와 독서 운동을 전개한다.
6. 독서 발표회를 실시하여 독서운동을 장려한다.
7. 성경봉독 마라와 암송대회를 실시하여 성경 읽기를 권장한다.
8. 성경퀴즈 대회를 실시하여 성경 연구를 독려한다.
9. 선교대회를 실시하여 선교를 장려한다.
10. 신앙·강연과 예구 강연을 실시하여 발표력을 기른다.
11. 아이디어 발표회를 실시하여 창조력을 개발한다.

12. 가두 토론회를 실시하여 변론 법을 정비한다.
13. 준경인을 발표회를 실시하여 웅가를 통계한다.
14. 음악 감상회와 강연회를 실시하여 음악제 재능을 독려한다.
15. 인생 설계도 발표회를 실시하여 인지 성공을 독려한다.
16. 지역사회 주민을 위하여 교양 강좌회를 실시한다.
17. 현신 예배를 진행한다. 현신예배 드리는 날에는 회원 전체를 심방하여 모두 정장을 하고 참석하게 하며 예배에는 반드시 교형을 읽든가 주제가를 합창하게 한다. 그리고 출현신의 교형을 위해 고난받는 양심수 부름받는 점언서나 예배 미아서등 지적한 암 색을 부름하게 요정을 송하게 한다.

六. 선교부장의 직무

1. 회원가정을 매년 정기적으로 매심방을 실시한다.
2. 특별한 사정이 있는 회원 가정을 심방하여 지도한다.
3. 초신자 가정을 심방하여 신앙을 지도한다.
4. 지역사회 주민 의 가정을 방문하여 전도한다.
5. 지역사회 기관과 판공소를 방문하여 전도한다.
6. 주일 오후에 심방과 전도를 정기적으로 실시한다.
7. 기자역, 버스정류소, 유원지, 가두에서 전도한다.
8. 지역사회 청소년을 사랑하고 가르치고 전도한다.
9. 군인부대, 경찰서, 유치장, 교도소, 병원, 공장등을 방문하여 사랑하며 가르치고 전도한다.
10. 교회전도부 사업을 협조하고 상부상조 한다.
11. 지역사회 주민을 위하여 교양강좌회를 실시하므로 전도한다.
12. 지역사회 청년과 갚은 배회를 통하여 친목하며 전도한다.
13. 부흥선교예배에 전도 운동을 과감하게 실시한다.
14. 회원 모두가 매년 2명이상 전도하고 등록하도록 독려한다.
15. 년말에 전도자에게 시상식을 실시한다.

七. 사회부장의 직무

1. 정치, 경제, 문화, 사회등 제 반·문제에 관하여 강좌회를 실시한다.
2. 애국지사와 상복수증을 방문하여 격려하고 전도한다.
3. 정치, 경제, 문화 사회 종교계의 신한 지도자에게 격려 문을 보낸다.
4. 정치, 경제, 문화, 사회, 종교계의 지도자의 잘못에 대하여 회개를 권고한다.
5. 정의를 위해 고난받는 양심수 가족을 격려하게 성원한다.
6. 양심수의 석방을 위한 기도회를 실시한다.
7. 국가 정의를 위한 행사를 실시한다.
8. 민주주의 실현을 위해 민중을 계도하므로 합쓴다.
9. 회원들이 사회과 대 보수에 관한제를 읽고 연구하게 한다.
10. 교계신문과 사회신문을 읽고 토론회를 실시한다.
11. 바르게 살기 국민 운동을 주관하며 전개한다.
13. 미신과 교회 폐풍을 시정하는 운동을 공현한다.
14. 지역사회 청소, 정돈, 미화에 공헌한다.
15. 근로하며 생산 창조하는 운동을 전개한다.

八. 봉사부장의 직무

1. 교회 당의 배정소를 실시한다 (헌신예배 전날인 토요일에)
2. 교회 당내외의 미화작업을 맡아서 봉사한다.
3. 교회의 각종행사를 진행 할체에 협조한다.
4. 환경화 유년부등의 배하여 형남된 이항으로 협조한다.
5. 어머니날 행사시에 60세 이상 노인들을 위해 두사진을 촬영해 드리고 노인들이 친손과 손녀를 누음에 두었다가 장례식마 준조식 에 사용하도록 한다.
6. 교역자를 격려해 드리고 도서와 신물을 드려 위로한다.

청년 여러분!

독서운동과 도서 보급운동을 전개합시다.

청년 사무엘과 다윗과 다니엘이 하나님께 청년여러분과 함께 하셔서 우리 조국을 복음화하는 역군으로 삼아 주시기를 기도합니다.

나는 청년여러분의 뜨거운 성원을 받아 이 어려운 세메에서 소신껏 하나님의 정의와 예수님의 복음을 전파하게 되어 여러분에게 감사와 경의를 드리는 바입니다. 나는 82년 5월 18일 광주사태 희생자를 위한 추모예배를 회개하자고 설교한후 여러교회에서 아직도 부흥회는 취소되고 교회에서는 여러교회를 초청하지 않아서 설자리를 많고 있습니다.

사방으로 우거쌔이는 어려움과 고독한 선교활동을 합경계 하고 있읍니다. 나는 요사이 복회하며 오라는 교회가 있어서 하시리 바가 있었습니다.

복회하게 되면 안전할 수는 있으나 예언자적인 사명에서 설정으로 후퇴하는 것이 되므로 아무리 어려워도 지금과 같이 부흥선교, 문서선교를 계속하려고 마음을 굳쳤읍니다.

제가 비록 부족하지만 예언자들이 쏟아가진 일을 걸어가려면 제 청년 여러분의 절대적인 도움이 주시고 제가 처서한 다섯가지 제을 많은 방법으로 계속하여 기도해 주시기 바랍니다. 여러분이 저를 돕는 길임도록 독서운동을 전개하는 일입니다. 100 권씩이 임도록 보급하여 판매에 대해 주시면 큰 도움이 되겠읍니다.

10 권이상 구입할때는 30% 할인하오니 청년회에서 이제들을 판매하게 되면 책 한권에 1,000 원이 이익금이 남읍니다. 100 권을 판매하게 되면 10 만원이 이익금이 남으니 청년회사 연합에는 보험이 되고 교인들에게는 하나님의 복음진리를 임계 되고 세계가 출판비가 최저비가 최저되어서 또 다른 제을 출판한수있게 ··

7. 지역사회 주민중 극빈자나 불우자를 구제 봉사한다.
8. 지역사회 근로자를 위한 방문과 위안회를 실시한다.
9. 농번기때 노력 봉사하여 주민을 협조한다.
10. 동포애를 발휘하여 헌혈운동을 전개한다.
11. 회원의 판촉 상제를 협조한다.
12. 교회기관과 이웃교회 친목회 육대회를 개최한다.
13. 양노원, 고아원, 병원, 영아원, 성노원 등을 위문한다.
14. 지역사회 도로와 공공시설을 보수하여 봉사한다.
15. 지역사회 중화거를 위문하고 위하여 기도한다.
16. 교회와 지역사회 노인을 위하여 경노회를 실시한다.

부흥선교대회(심령부흥회) 안내

一. 고영근목사의 경력

1. 직책 : 대한예수교장로회 서울시노회 전도목사
   - 한국국민선교회회장
2. 목회경력 : 15년. 농촌, 중소시, 대도시 목회, 특수목회
3. 부흥회경력 : 28년간 500여회 인도
4. 저서 : 10가지 이상 약 10만권 출판

二. 부흥회의 성격

1. 홈바른 신앙의 자세를 확립하도록 인도한다.
2. 성령과 체험적 신앙을 느끼도록 고조한다.
3. 신앙의 생활화의 방향과 원리를 지도한다.
4. 교회를 섬기는 방법과 사명을 고조한다.
5. 교계와 민족의 나아갈 길을 원하게 제시한다.

三. 부흥회 중요 설교 내용

1. 신앙생활의 상태확
2. 인격향상의 상태요소
3. 국민윤리를 확립하자.
4. 체험적 신앙을 가지자.
5. 한국교회의 나아갈 길
6. 우리 민족의 나아갈 길
7. 홈바로 신앙을 확립하자. (사도신경)
8. 교회정치와 성회 및 행사
9. 기독교인의 신앙생활 (교회생활)
10. 우리는 드겁게 희개하자.
11. 충성된 종이 되자.
12. 은혜생활을 지속하자.

2. 이상적인 목회계획
4. 교회정치와 성회 및 행사
6. 지역사회의 선교전략
8. 충성된 교역자가 되자.
10. 우리민족의 나아갈 길

교역자 수련회

1. 교역자의 바른자세
2. 권세있는 설교와 교육
3. 효과적인 심방과 상담
5. 성경연구와 설교작성법
7. 한국교회의 나아갈 길
9. 교역자가 목회하고 선교하는데 방향을 제시하고 드거운 사명감을 교취하기 위함이오.

하루 부흥회

주일 낮예배와 주일 밤예배 사이에 총동원 집회로 하루 부흥회를 실시하면 큰 유익이 됩니다.

빕니다.

그리고 고난받는 이름을 도웁수도 있읍니다.

청년여러분 저를 위하여 기도해 주시고 제가 저서한 책들을 읽도록 독서운동을 전개해 주십시요.

이런분이 교독하게 분투하는 저를 돕는 길입니다.

금년에는 "바르게 살기운동" "기독교의 첫걸음", "로마서 설교자료" 등을 출판할 예정입니다.

나는 어려운 시배에서 많은 업적을 남기려 하기보다 신앙의 지조를 지키며 민족양심의 지주가 되는 일에 힘쓰고자 합니다.

일정월기에 많은 아아심의 지주사들이 민중의 도움이 없어서 애국하고자 결개를 뿌리고 아깝게 본아나니게 친임마로 변질하고 말았읍니다.

오늘도 많은 민족의 지도자들이 너무나 저키고 퍼곤해서 하나를 좌절하고 있읍니다.

청년 여러분. 행동하는 이인 엘리아를 통단 7,000 명의 숨은 의인간이 행동하는 의인을 돕는 일에 힘을이 바랍니다. 지금도 370 여명의 양심수들이 차가운 우중에서 고난을 받고 있읍니다. 여러분의 정성스러운 성금을 본 선교회에 송금해 주시면 저 민 선교회에서는 어떤 그대로 양심수 가족에게 전달해 드리겠읍니다. 그리고 영수증을 보내드릴 것입니다.

청년 여러분에게 제가 저서한 도서를 보급해 주시는 일과 양심수들을 돕는 일에 협조해 주시기를 부타 드립니다. 1983 년에는 승리와 전진이 해가 되도록 노력하시기 바랍니다.

1983. 1. 27

서울 서 노 회 전 도 목 사

한 국 민 선 교 회 장 : 고 영 근 드림

상업은행 온라인 117-10-077142 번

주택은행 " 80-89143 번

우편대체구좌 서울 신정동 우체국 1999424 번

송금시에는 내용을 편지로 알려 주십시오

선교회주소 : 서울시 강서구 화곡동 344-6

전화 602-6230

2. 1983-2-진정서 — 미문화원 방화사건에 대한 진정서

〈미문화원 방화사건에 대한 진정서〉

" 유 배홍 대법원장님과 전상석 주심 판사님께 드립니다 "

인류의 생사율명과 국가의 흥망성쇠를 주관하시는 하나님께서 대법원 은 사님과 우리 민족에게 크신 은총을 베풀어 주시기를 기도 합니다.

판사님께서 미 문화원 사건 재판을 담당하시어 심리 하시고 판결하시기에 얼마나 애로가 많으시며 노고가 많으십니까 ? 하나님께서 솔로몬에게 주셨든 지혜를 대법원 판사님에게 배려 주시어 현명한 판결을 할수 있도록 간구하여 마지 않읍니다.

우리나라는 예로부터 집권자들이 자기와 뜻을 같이하지 않는다고 하여정적을 처형하거나 매장하기를 주저없이 감행하여 인재가 나기 어려운 각박한 풍토가 지속되어 왔읍니다.

이조때에는 정적을 역적모의 했다고 처형하였고 북한 공산당들은 반 동분자 혹은 미제의 앞잡이라고 하여 처형하고 있으며 우리나라에서는 빨갱이 라고 처형하는 일과 매장하는 일을 서슴치 않고 있으니 너무나 가슴 아픈 비극이며 세계인류 앞에 부끄러움이 아닐수 없읍니다.

저는 대한민국의 국민의 한사람이며 또 기독교 성직자의 한사람으로 미문화원 방화사건을 고찰해 볼때 미 문화원에 방화한 문부식 피고인보 다 문부식 피고인이 방화하지 않으면 안되게 만든 미국의 대한 정책에 그 책임이 크다고 생각 합니다.

예수님께서 말씀 하시기를 범죄한자보 다 범죄케 한자의 죄가 더욱 많다고 하신대로 방화한 문부식 피고인보 다 방화케 하도록 우리국민을 격동케하는 미국의 잘못된 정책에 큰 책임이 있다고 판단되며 차제에 미국정부는 깊이 이 반성해야 한다고 생각하는 바입니다.

미국정부가 우리나라에 군대를 작견하여 공산주의를 막아주는 것은 고마우나 이것을 빙자하여 군사 독재자를 방조하여 민주주의를 방해하고 자유 정의, 평등 인도주의에 위배되는 정책을 펴나가는 데 대해서는 유감을 금할수 없읍니다. 그러나 결코 미군철수를 말하는 것이 아니오 자유, 정의, 평등, 인도주의를 표방하고 유엔을 창설한 그 위대한 이상대로 대한 정책과 세계정책를 실현해 주기를 열망하는것 뿐입니다.

문부식 피고인도 아마 이러한 뜻에서 미국의 반성을 행동으로 촉구하기 위하여 방화라는 수단을 사용한 것이라 사료 됩니다.

문부식 피고인의 방화가 너무나 자신의 생각보다 크나큰 손해를 끼친데 대해서는 유감스러움을 금할수 없으나 그 반면 방화하므로 미국의 대한정책을 개선해 보려는 생각에 대해서는 애국적이고 정의감에 의한 거사라고 믿어 의심치 않읍니다.

오늘 역사가들이 안중근, 이봉창, 윤봉길, 강우규등의 거사를 살인이나 폭동이라 하지않고 의사들의 의거를 했다고 평가하는 것입니다. 그들이 그당시의 현행법을 범한것은 사실이나 그동기는 나라를 구하기 위한 거사였기 때문에 역사가와 동포들이 그들을 의사라고 부르며 그 행위를 의거라고 부르는 것입니다.

문부식 피고인이 미 문화원에 방화한 것은 자기의 욕망이나 명예를 위한것이 아니고 다만 미국의 대한 정책을 개선하라고 행동으로 호소한 것인데 이 거사를 현행법대로 처리 한다고 하여 부산 지방법원과 대구 고등법원 재판부에서 사형을 언도한 판결은 국민의 한사람으로 경악을 금할수 없으며 정의토우신 하나님앞과 민주주의를 갈망하는 조국의 현실 앞에서 올바른 판결이라고 하기는 어려울 것입니다. 더구나 문부식 피고인은 당국에 자수 하었는데 자수한 피고인에게 사형을 언도 했으니 자수자에게 배푼 혜택이 무엇입니까? 1968년 1월에 청와대를 기습하려다가 생포된 김신조를 너그럽게용서한바 있는 우리 정부가 자수한 문부식 피고인에 대하여 그렇게 가혹한 극형을 언도한 이유가 무엇인지 모르겠읍니다. 부산 미 문화원이 청와대나 중앙청보다 더 중요해서 그러는지 그렇지 않으면 미국에게 충성심을 보이려고 자수한 피고인에게 사형을 언도하는지 앞길이 없읍니다.

만일 또 다시 대법원에서 사형이 언도된다면 우리나라 정부의 신의는 완전이 무너지고 맙니다. 자수하면 용서한다는 정부의 약속은 완전이 거짓말인 것을 결과적으로 입증되는 것입니다. 그렇게 되면 앞으로 아무도 자수하지 않게되고 정부를 믿지 않게 되면 국가 존립은 위태롭게 될것입니다. 공자님 말씀대로 "무신 불립"이 되고 맙니다.

미 문화원 방화 사건에 대한 대법원 판결은 대한민국의 운명이 존립하느냐 멸망하느냐 하는 중대한 문제를 가름하는 중대한 판결 입니다. 만일 대법원에서 피고인들의 상고를 기각하고 원심판결을 인정한다면 법조계에 대한 국민의 신뢰는 여지없이 땅에 떨어지게 되고 정의와 진실도 말살되어 우리나라의 희망은 꿇어지고 맙니다. 뿐만아니라 미국에 대한 반미감정과 현정부에 대한 반정부 감정이 더욱더 격화될것이며 뜻있는 국민의 가슴에는 분노의 불길이 타오르게 될것이니 결국 사법부는 국민 가슴에 감정의 불을 질러 놓는 정신적 방화의 역할을 하게 될것입니다.

그리고 역사를 지배하는 최고 재판장이신 하나님의 심판을 받게 될것이며 훗날 냉엄한 역사의 심판도 면치 못할것 입니다. 재판은 하나님에 속한 것이므로 (신명기 1장 17절) 하나님앞에서 바르게 판결해야 하고 어떠한 사람의 압력에도 굽히지 말아야 하며 끝까지 공명정대해야 합니다.

다음으로 김현장 피고인에 대한 문제 입니다.
김현장 피고인이 청년들에게 고육한 내용이 좌경화 교육을 시켰다고 하여 지법과 고법에서 사형을 언도한 것도 경악을 금치 못할 판결이었읍니다.

진정인이 김현장 피고인의 재판을 방청하여 목도한 바로는 김현장 피고인에게 고육을 받았다는 증인들의 증언을 들어보면 김현장 피고인이 좌경화 교육을 시켰다고 판단되지 않았읍니다. 우리나라가 공산주의를 이기려면 자본주의 체제로는 불가능하고 영국이나 이스라엘 같은 사회민주주의 제도를 실현해야 한다고 교육시켰음이 들어났으니 이것이 어찌 좌경화 교육을 시켰다고 볼수 있겠읍니까 ?
추호의 양심이라도 가지고 있는 국민이라면 현재 우리나라 정치 체제를 자유, 정의, 평등, 인권등 민주주의의 네가지 기본 요소가 실현되고 있는 참된 민주주의 국가라고는 생각하지 않을 것입니다.

젊은이들이 독재정치를 비난하고 자유민주주의를 염망하여 비판적인 교육을 시켰다는 이유로 가장 공정하게 판결해야할 재판부에서 진보적인 청년지도자에게 극형을 언도한 것은 아무리 생각해도 납득이 가지 않습니다. 마지막 재판인 대법원 재판부에서는 이사건에 대하여 신중히 심리하시고 공명정대하게 판결해 주시기를 바랍니다.

성경에 이르기를 검을 가지는 자는 검으로 망한다고 기록하였고 구약성서에는 " 너희는 거하는 땅을 더럽히지 말라 피는 땅을 더럽히나니 피흘림을 받은 땅은 이를 흘리게 한자의 피가 아니면 속할수 없느니라 (민35장 33절) 고 기록 하였읍니다.

인류 역사는 우리에게 이러한 고훈을 주고 있읍니다. 혁명은 혁명을 부르고 피는 피를 부른다고 하였읍니다. 만일 미 문화원 방화사건이 극형으로 책미된다면 이 땅에는 하나님의 무서운 심판이 내려질 것이고 예기치 않은 비극이 속출될지 모릅니다. 하나님께서는 무죄한자의 핏소리를 들으시고 공의로 판결할 것이니 천주의 후회될 일을 삼가 조심해야 할것 입니다.

대법원장님 그리고 판사님께 부탁 드립니다.
지난번 김대중씨 사형언도에 대한 사건을 상기하시기 바랍니다. 이영섭 대법원장과 재판부는 양심의 아픔을 누르고 사형언도를 내렸을 것인데 결국 김대중씨는 다음날 무기로 감형되었고 지금은 석방되어 미국에 갔읍니다.

결국 이영섭 대법원장은 노욕만 남기고 해직 되었으며 재판부는 국민앞과 역사앞에 과오를 남기고 선심(?)은 행정부 책임자가 나타내고 받았읍니다. 이 사건은 우리나라 재판부 사건중 가장 오욕을 남긴 부끄러운 사건이 있읍니다.

유태흥 대법원장님과 판사님들은 이영섭 대법원장과 당시의 판사들의전철을 밟지 말고 소신것 재판해 주시기를 간곡히 부탁 드립니다.
어떠한 압력에도 굽히지 말고 하나님께서 주신 양심에 따라 역사의 심판대 앞에서 오점을 남기지 말고 소신껏 판결 하시기 바랍니다.
정치 경제 문화 사회가 아무리 부패했어도 종교계와 사법부가 살아 있으면 이나라는 희망이 있읍니다. 판사님께 부탁 드립니다. 법관직을 물러서는 일이 있어도 공의로운 재판을 하려는 굳은 결의를 가지고 정의로운 판결을 하여 주십시요 우리 동포들과 온세계 인류에게 대한민국의 대법원이 살아있음을 입증해 주시기 바랍니다.
본 진정인은 자신의 어떠한 명예와 이익을 위하여 이러한 진정서를 드리는 것은 결코 아닙니다. 하나님의 정의를 확립하고 우리나라에 민주주의가 실현되기를 원하는 열망에서 이 고언을 드립니다. 박정권때에는 3년5개월의 옥고를 겪었으나 앞으로도 고난 받을 것을 각오하고 문부식 김현장의 구명운동을 전개하고 있읍니다.

현명하신 판사님께서 미 문화원 사건에 대하여 공명정대하게 판결해 주시리라 믿고 이 진정서를 드립니다. 우리 모두 조국 대한민국이 민주주의가 확립되고 남북통일이 성취되며 하나님의 나라가 임재하기 위하여 힘차게 전진 합시다.

전능하신 하나님께서 대법원장님과 여러 판사님에게 크신 축복을 내려 주시기를 기원 하면서 진정서를 끝맺으려 합니다.

1983년 2월 17일

서울시 강서구 화곡동 344-6   602국 6230번

(대한 예수교 장로회 서울서노회 전도 목사) 고 연 근 드림

3. 1983-3-경위서-6차 연행사건 — 고영근 목사 구속 경위

6차 연행사건	
일시	1983년 2월 24~4월 6일(심문 41일)
장소	기독교회관 2층 대강당 목요예배
사건내용	문부식, 김현장의 구명을 위한 예배 설교
제목	정의를 확립하라
취급관서	안양경찰서, 서울 시경 정보과 수사계 분실
수감처	중부경찰서 대공과 취조실 서울시경 정보과 수사계 분실 중부서 유치장 검찰청 서울구치소 검찰청 서울구치소 보안과 안기부

〈고영근 목사 구속 경위〉

고영근 목사님은 1983년 2월 24일(목) 오후 6시 기독교회관 2층 대강당에서 가진 목요예배에서 설교를 하였는데 이날 목요예배는 부산 미문화원 방화사건으로 사형을 선고받은 문부식, 김현장 씨의 구명을 위한 예배로써 고영근 목사님은 이날 설교에서 이 사건은 미국의 각성을 촉구한 애국적 행위이며 그들이 자수한 경위를 볼 때 사형 언도는 부당하다고 말씀하면서 사법부가 정의를 확립하기 위해서는 79년 12월 12일 발생한 군 내부의 쿠데타의 주모자와 80년 5월의 광주사태의 책임자를 법에 따라 심판함으로써 정의가 확립되어질 수 있다고 말씀하셨습니다(설교내용 별도 수록).

2월 25일 저녁 6시 30분경 모임이 있었던 안양에서 수사기관으로 연행되었습니다.

3월 2일(구속) 집회 및 시위에 관한 법률위반(시위 선동)과 범인은닉(정치인 유중람, 노경규 씨를 숨겨줌)의 명목으로 구속영장이 발부되었습니다. 범인은닉이란 80년 5월 김대중 씨와 관련하여 수배를 받던 유중람, 노경규 씨를 80년 6월에서 81년 3월 15일까지 숨겨진 혐의인데 유중람 씨는 82년 3월 3일 검거되어 조사를 받고 10일 만에 불구속입건으로 석방되었습니다. 집회 및 시위에 관한 법률 위반이란 고영근 목사님의 설교가 집회 및 시위를 선동했다는 이유 인데 어떻게 선동했다는 것인지는 분명치 않습니다. 현재 고 목사님은 가족까지도 일체 면회가 되지 않고 있으며 정확한 소재도 알지 못하고 있습니다.

4. 1983-3-설교문-6차 연행사건 — 문부식 구명을 위한 설교, "정의를 확립하자"

〈정의를 확립하자〉
암 5:14~15

2,700여 년 전 이스라엘 민족의 위대한 예언자 아모스는 외치기를 "너희는 살기 위하여 선을 구하고 악을 구하지 말지어다 만군의 하나님 여호와께서 너희 말과 같이 너희와 함께 하시리라 너희는 악을 미워하고 선을 사랑하며 성문에서 공의를 세울지어다"라고 호소하며 정의를 확립하는 것이 민족의 살길이라고 부르짖었습니다.

남쪽 나라 유다의 선지자 이사야도 외치기를 "너희는 회개하여 죄 사함을 받고 하나님 앞에서 너희 악업을 버리며 악행을 그치고 선행을 배우며 공의를 구하며 학대받는 자를 도와주며 고아를 위하여 신원하며 과부를 위해 변호하여"(사 1:6~17) 정의를 확립하는 것이 민족의 사는 길이다라고 갈파하였습니다. 그러므로 오늘 우리 민족이 사는 길도 죄악을 회개하며 정의를 확립하는 길입니다. 6천만 동포와 남북한의 위정자들이 정의로우신 하나님 앞에서 모든 죄를 회개하고 정의를 확립하는 길이 나라를 살리고 번영케 하는 길이다. 그리고 미국, 일본, 소련, 중공 등을 비롯한 세계 여러 나라들도 죄를 회개하고 정의를 확립하는 길이 세계 인류가 평화롭게 살며 번영하는 길입니다.

첫째, 개인적으로 정의를 확립합시다.

6천만 동포 모두가 자기 죄를 회개하고 하나님께 돌아와 회개에 합당하도록 선한 일을 하며 정의를 화해하는 길이(행 26:20) 정의 확립의 기본적인 순서입니다. 사람들이 범죄하면 많은 사람들이 자기 죄를 인정하고 회개하려 하지 않고 남에게 전가시키려 하며 자기 죄를 은폐하므로 이중으로 범죄를 자행합니다. 그리고 작은 선을 행하고 시간을 끌어서 자기 죄를 정당화하려고 하여 선을 악용하는 삼중 범죄를 자행하게 됩니다. 살인강도가 거액의 재산을 강탈해다가 이웃집 사람을 구제함으로 살인강도의 죄를 은폐하려는 것은 가증한 일이 아닐 수 없습니다. 자고로 불법으로 정권을 강탈한 독재자는 반드시 업적을 많이 남겨서 정권 강탈의 죄를 은폐하려 하는 것입니다. 수양대군이 그렇게 했으며 김일성과 박정희도 그렇게 하여 범죄에다 또 범죄를 거듭하여 이중 삼중으로 범죄자가 되어 하나님의 무서운 심판을 면할 수 없게 되는 것입니다.

그러므로 우리는 "전능하신 하나님 앞에서 내가 죄인입니다" 하고 고백하여 회개하고 바른 데로 돌아와서 정의를 확립하고 바르게 살아야 합니다. 우리는 결단코 불의한 자가 형통한 것을 부러워하거나 불의를 방조하거나 맹종해서도 안됩니다. 마땅히 불의에 항거하면서 용감히 불의와 싸워서 불의를 정복하고 정의가 승리하는 나라가 되도록 활동하는 정의의 군병이 되어야 합니다.

둘째로, 한국교회가 정의를 확립해야 합니다.

기독교는 정의와 사랑의 종교이며 크리스천은 세상의 소금이며 빛입니다. 그러므로 기독교는 마땅히 부패와 죄악을 정복하고 정의와 사랑을 실천해야 합니다.

그런데 유감스러운 것은 한국교회는 사랑을 빙자하여 정의를 외면하고 불의 앞에 굴복하고 아부하며 불의한 권세에게 방조하고 이용당하고 있으니 통탄을 금할 수 없습니다.

기독교는 마땅히 정의의 권세에게는 복종하고 협조하며 기도로써 성원해야 합니다(롬 13:1-7). 그러나 불의한 권세를 향해서는 파괴하며 무너뜨리고 뽑아버려야 합니다. 이는 예레미야 1장 10절의 말씀입니다.

일정 때 친일파 목사가 솔선하여 신사참배를 하고 일본 귀신 이름으로 개례(세례와 유사한 예식)를 받고 구약성경은 성경이 아니고 유대 민족의 역사이니 떼어버리자고 주장한 친일파며 배교자였든 목사가 해방 후에 처벌은 고사하고 총회장으로 당선되어 교권을 우롱했으니 참으로 슬픈 일이었습니다.

북한에서 공산당의 시녀인 기독교도 연맹에 가입하여 날뛰던 용공 목사들이 월남하여 보수와 전통을 표방하고 교권을 우롱하는 것도 가증하며 더구나 불의한 권세자에 의하여 피해 받은 민중은 돌보지 않고 민중을 학살한 가해자를 위해 축복을 하고 있으니 참으로 통탄을 금할 수 없습니다.

한국교회는 하루속히 친일파인 교역자와 반공적인 교역자들이 회개하여 교권에서 손을 떼고 자숙해야 합니다. 그리고 교회와 경찰 협의회, 교회와 구청협의회가 주최하는 조찬 기도회에서 불의한 권세를 인정하고 기도하는 가증스러운 일을 회개해야 합니다.

그리고 고아와 과부같이 불쌍한 근로자와 농민의 권익을 위하여 대변해주며 민중이 자유와 권리를 찾아 누릴 수 있도록 선한 싸움을 싸우는 정의의 교회와 사랑이 넘치는 한국교회가 되어야 합니다.

셋째로, 민족적으로 정의를 확립합시다.

해방 이후 북한에는 김일성을 위시한 공산당들이 나타나서 45년 10월에 현준혁을 죽이고 11월 22일 신의주에서 데모하는 학생들에게 기총소사를 감행하여 700여 명을 사상 시키고 위대한 애국자 조만식 선생을 연금하고 폭력과 거짓으로 정권을 장악했습니다. 지금 북한 동포들은 김일성을 향하여 어버이라고 부르고 그 아들 김정일을 향하여 위대한 지도자 동지라고 부르며 김일성 부자를 우상화하고 있습니다. 지금 북한에는 정의와 진실이 존재하지 않으며 다만 폭력과 거짓이 난무하며 민중들은 밥 먹고 일하는 기계같이 로버트가 되고 말았습니다. 북한의 김일성 집단은 하루속히 회개하고 물러가야 하며 북한 동포는 결사 각오하고 김일성 집단을 물리치고 정의를 확립하여 민주주의를 실현해야 합니다. 김일성의 공산 집단은 우리나라의 정의 확립과 민주주의를 실현하기 위하여 한시바삐 회개하고 사라져야 합니다. 그리고 우리나라 동포들이 해방 이후 모처럼 얻은 국민 주권인 투표권을 정당하게 행사하지 못하고 자기의 이권과 파벌을 위하여 남용하여 민주주의를 그르쳤습니다.

더구나 1961년 5월 16일, 일정시대에는 만주에서 헌병 장교 노릇을 하여 조국을 배반한 친일 파였고 해방 후에는 공산당에게 가담하였던 유물주의자 박정희가 총칼로 쿠데타를 일으켰을 때 우리 국민들은 그를 여섯 차례나 지지해주므로 폭력과 불의가 승리하고 득세하게 되어 정의가 무너지고 말았습니다. 친일파였던 박정희가 집권하는 18년 동안 우리나라는 진실과 정의는 땅에 떨어졌고 외국의 빚은 산더미 같이 높아져서 지금은 300억 달러에 이르게 되었습니다. 매년 10억 달러씩 갚아도 30년이 걸려야 갚게 되었습니다. 매년 10억 달러의 빚을 갚기는 도저히 불가능하고 매년 50억 달러가 되는 빚을 계속 지게 되었으니 우리나라 경제는 솟아날 길이 없게 되었습니다. 결국 빚을 져 온 나라에게 경제적 노예가 될 수밖에 없게끔 되었습니다. 이 모든 책임은 우리 국민이 두 차례에 걸쳐서 군인들이 총칼로 집권하는 것을 막지 못했고 지지하고 맹종한 탓입니다. 이제 우리 민족은 총칼로 정권을 우롱하는 폭력배들에게 맹종한 죄를 철저히 회개하고 하루속히 이 땅에서 폭력과 거짓이 사라지고 정의가 확립되게 해야 합니다.

국가의 번영보다 자기 이권을 채우려는 이기주의와 국가 안보보다 정권 안보를 더욱 중요시하는 당리당략을 회개해야 합니다. 동서 대립과 남북 대립을 고집하는 지방 종파심을 회개하고 애국 애족 정신을 위주로 단결하여 정의를 확립해야 합니다.

북한 동포는 공산 독재를 물리치고 남한 동포는 비민주적인 요소를 물리치고 자유 정의 평등 인권이 보장되는 자유민주주의를 조속히 실현하여 남북통일을 서둘러야 합니다. 그리하여 우리나라가 저 스위스와 같이 영세 중립국이 되어 소련과 중공 그리고 미국과 일본의 간섭을 받지 않은 자유민주주의 국가로 독립하고 번영되어 나아가야 할 것입니다.

넷째로, 미국 정부도 정의를 확립해야 합니다.

미국은 자유 정의 평화 인도주의를 세계에 실현하려는 이상을 가지고 유엔총회를 창설한 나라입니다. 미국은 소련과 더불어 세계 평화를 좌우하는 초강대국이므로 미국 정부가 정의를 확립하느냐 못하느냐에 따라서 우리나라와 세계 운명에 크나큰 영향을 미치게 된 것입니다.

그러므로 나는 전능하신 하나님의 뜻을 따라 미국 정부가 대한정책에 대하여 잘못된 점을 회개하고 정의를 확립할 것을 촉구하는 바입니다. 이 말은 결코 비난하기 위한 것이거나 반대하여 물러가라는 말이 아니고 바르게 하라는 권고이며 충고이니 미국 정부가 대한정책에 참고하기를 간곡히 권고하는 바입니다.

미국 정부는 1882년 5월 우리나라와 한미수호조약을 체결한 바 있습니다. 그 첫째 항목의 내용은 조약한 나라가 어려운 침략을 당하게 되면 상호 협조하여 조처하므로 우의를 유지한다고 조약되었습니다.

그런데 미국 정부는 이 조약의 기본 정신을 위반하고 1905년 데프트 국무장관을 일본에 보내어 가쯔라 수상과 미일 회담을 하여 일본은 한국을 지배하고 미국은 필리핀을 지배하자고 협약하여 일본이 한국 침략을 하도록 성원해주는 잘못을 범하고 말았습니다. 이 데프트, 가쯔라 밀약은 미국 정부가 한국민을 배신한 첫째 잘못입니다.

둘째로 미국 정부는 1905년 2월 11일 일미 회담에서 전쟁이 끝난 후 한국을 38선으로 분할하여 미국과 소련이 남북에 진주하여 지배하자는 소련의 요청을 받아들여 한국을 남북으로 분단하는 잘못을 범하고 말았습니다.

셋째로 종전 후 미국 정부는 우리나라의 독립을 위해 26년이나 활동해온 임시정부를 인정하지 않고 더욱이 독립투사를 등용하여 새 나라를 지도하게 하지 않고 3년간 군정을 실시하면서 간악한 친일파를 대거 등용하여 우리나라의 민족정기를 말살해 버렸습니다. 그리고 공산당이 준동할 수 있도록 어지러운 군정을 실시하므로 크나큰 과오를 범했습니다.

넷째로 1950년 1월 10일 미국 장관 에치슨이 미국의 아시아 방위에서 일본과 오끼나와 그리고 대만에만 국한하고 한국을 제외한다는 해괴한 선언을 하므로 김일성 집단이 남침할 수 있는 여건을 제공했습니다. 1949년 미국이 철수할 때 한국군에게 무기도 주지 않고 몇백 명의 고문관만 남겨놓고 철수하고 말았습니다. 19만 6천 공산군에 비교하여 8만 명밖에 안 되는 국군이 나약하기 이를 데 없는데도 50년 5월 19일 벨레스 미 국무장관이 전방을 사찰하고 나서 전방 이상 없다고 말하여 허장성세를 부리므로 김일성 집단이 마음 놓고 남침 준비를 완료하게 했습니다. 38선으로 갈라놓은 미국 정부가 어리석은 정책과 무책임한 언동을 연속하므로 우리나라는 6.25 남침이 자행되게 되었고 수많은 인명과 재산이 피해를 보게 되었습니다. 미국 정부는 이런 잘못을 깊이 반성하고 또다시 우리 민족을 비극의 수렁으로 몰아넣는 과오를 범치 말아야 합니다.

다섯째로 미국 정부는 두 차례에 걸친 군사 쿠데타를 묵인하였으며 그리고 군사독재를 지원하여 주므로 우리나라 민주주의 실현을 방해하였습니다. 자유, 정의, 인도주의를 표방한 미국이 군사독재를 방조하여 공산화될 요인인 빈부격차 부정부패 독재정치를 하도록 방임하는 저의를 알 수 없습니다. 미국 정부는 쿠바의 바디스다 독재 정권을 방조했고 니카라과의 소모사 독재 정권을 방조했고 월남의 고딤디엠 정권과 리우 독재 정권을 방조하다가 모두가 공산화되게 하고 말았습니다. 그렇게 어리석은 정책을 한국에서도 실현하고 있으니 너무나 통탄을 금할 수 없습니다.

미국 정부가 오늘날까지 대한정책에 있어서 잘못된 과오를 씻는 길은 군사 독재를 방조하는 잘못을 즉각 중지하고 자유 정의 평등 인권의 민주주의가 우리나라에 실현되도록 적극 협조하는 일입니다. 군사 독재에서 눈을 떼고 민주주의 실현에 협조하는 길이 작금에 살아나는 반미 감정을 해소하고 한미 친선을 실현하는 첩경이 됩니다.

여섯째로 전쟁 위기를 고조하여 무기 판매에 혈안되고 있는 문제입니다. 19세기 중엽 영국 정부가 중국에 아편을 강매하며 부를 독차지하였고 많은 식민지를 넓혀 나가다가 역사 속에 모욕만 남겨놓고 지금 국운이 쇠퇴해지고 있습니다. 미국 정부는 무기를 판매하려고 전쟁 위기를 조성하고 평화를 교란케 하므로 하나님 앞과 세계 인류 앞에 범죄하지 말아야 합니다. 만일 정의와 평화보다 이권에 눈이 어두워 무기 판매를 계속한다면 하나님의 심판을 면할 수 없고 냉엄한 역사의 심판을 피할 수 없게 될 것입니다. 더구나 한반도에 있어서 전쟁 위기를 조성하지 않고 민주주의에 입각한 평화통일이 성취되도록 노력하기 바랍니다. 군사 독재와 결탁하여 무기 매매를 도모하지 말고 미국 정부가 유엔창설 때 주장했던 자유 정의 평화 인도주의 이상을 우리나라에 실현하고 정의 확립을 성취하기 바랍니다.

일곱째로 부귀와 번영을 지나치게 위하는 잘못을 범치 말아야 합니다.

이 세계에서 가장 많은 자원을 가지고 부귀를 누리는 미국 정부가 세계의 빈곤을 구제해야 마땅하거늘 오히려 이권에만 치우치는 것은 옳지 못합니다. 더구나 우리나라같이 가난한 나라에게 있어 농산물을 수입하도록 직접 또는 간접으로 압력을 가하는 일은 유감스럽습니다. 미국 자본으로 세워진 제3 비료 공장 제4 비료 공장에서 생산되는 비료값을 해마다 인상하므로 우리 농민에게 무거운 부담을 지워서는 안 됩니다.

1981년 대비 무역에 있어서 4억 달러의 무역 역군을 이루었으니 앞으로 이와 같은 무역의 역조를 시정하고 호혜평등을 이루도록 노력하기 바랍니다.

이와 같이 하는 것이 한미 친선을 도모하는 길이며 공존공영하는 길이며 우리나라가 부강하여져서 통일의 기초를 마련할 수 있는 길입니다.

나는 지금까지 미국의 잘못된 과거를 들추어내어 반미감정을 일으키려고 말한 것은 결코 아닙니다. 한미간의 우의를 두텁게 하려면 미국 정부가 잘못된 점은 솔직히 시인하고 앞으로 잘해 나가면 한미 관계는 호전되고 자유우방으로 우의가 증진될 것입니다.

다시금 간곡히 미국 정부에게 부탁하기는 우리나라에 대한 정책을 잘못하여 쿠바, 월남, 니카라과같이 공산화되는 잘못된 전철을 반복하지 말기를 바랍니다. 민주주의를 바라는 국민의 뜻을 저버리지 말고 군사독재를 방조하는 잘못을 계속하지 말기를 바랍니다.

자그마한 이권을 위하여 불의한 자와 야합하여 정의를 외면하지 말고 하나님 앞과 인류 앞에 공명정대한 정의로운 정책을 펴나가기 바랍니다. 미국 정부는 우리나라의 자유 정의 평등 인권이 보장되는 민주주의가 실현되기 위하여 위대한 결단을 내리기 바랍니다.

문부식 군과 김현장 군의 마지막 사형 언도가 얼마 남지 아니했습니다. 그리스도의 뜻을 존중하는 미국 정부가 그리스도의 정의와 사랑에 입각하여 크나큰 용단을 내리기 바랍니다. 이것이 싹트려는 반미감정을 훼손시키고 우의를 증진하는 길입니다. 미국은 1885년에 우리나라에서 선교사를 파송하여 우리 민족의 영혼 구원에 공헌한 나라이며 일본제국주의를 패망시키고 일제에서 해방시켜 준 나라입니다.

그러기 때문에 나는 미국이 정의를 확립하고 자유세계와 우리나라에 대한정책을 바르게 실현하여 세계 평화와 우리나라가 남북이 통일되도록 노력하여 주기 바랍니다. 그리고 미국도 정의의 궤도 안에서 계속 번영되기를 바라는 마음으로 이와 같은 고언을 설파하는 바입니다.

특별히 문부식 군이 부산문화원에 방화한 사건에 대하여 문부식 군의 방화행위를 미워하기보다 오히려 반성의 계기를 삼아야 할 것입니다. 문부식 군은 결코 반미주의자가 아니고 다만 미국에게 경각심을 높여주기 위한 방화한 것이라 사료되니 미국 정부는 문부식 군 석방 운동에 힘쓰기 바랍니다.

이와 같이 하는 것이 자유세계의 지도국이요 유엔 창설국으로써의 아량을 세계만방에 과시하는 길입니다. 만일 문부식 군이 사형을 받는데도 미국 정부가 침묵만 지키고 있다면 세계 인류가 미국을 비웃을 것이며 우리나라에서는 반미운동이 격화되지 않을까 우려를 금할 수 없습니다.

미국 정부는 조속히 정의를 확립하고 생활화하므로 온 세계에 정의와 평화가 넘치도록 솔선수범을 보여주기 바랍니다. "너희는 살기 위하여 악을 구하지 말고 선을 구하라" 하신 하나님 말씀에 귀를 기울이기 바랍니다.

나는 전능하신 하나님의 뜻을 받들어 미국 정부에게 조속히 정의를 확립하도록 간절히 촉구하는 바입니다.

다섯째로, 사법부가 정의를 확립하고 실현하기 바랍니다.

어느 나라나 정치, 경제, 문화, 사회가 아무리 부패해도 사법부가 부패하지 않고 정의가 확립되어 악을 징계하고 선을 장려한다면 그 나라는 희망이 있고 소생할 수가 있는 것입니다.

그런데 우리나라 사법부는 너무나 무능하여 강자 앞에 약하고 약자 앞에 강하다는 나쁜 인상을 보여주고 있습니다.

"재판은 하나님께 속한 것인즉 너희는 재판에 외모를 보지 말고 귀천을 일반으로 듣고 사람의 낯을 두려워하지 말고 바른대로 판결하라고"(신 1:17) 성경은 가르치고 있습니다. 그런데 우리나라 검찰과 사법부는 온 세계를 깜짝 놀라게 한 크나큰 범죄 사건 두 가지를 처리하지 않고 3년을 끌어오고 있습니다. 사법부가 범죄 사건을 처리하지 않고 직무유기를 하기 때문에 우리나라는 정의 질서가 무너지고 폭력과 거짓이 난무하게 되었습니다.

그 첫째 사건은 1979년 12월 12일 당시 치안과 국가 질서를 총 책임진 계엄사령관인 정승화 대장에게 총을 쏘고 공격하여 계엄사령관을 연금한 하극상의 죄악이 자행되었습니다. 군율의 생명은 상관의 명령을 복종하는 것인데 하급자가 상관에게 총을 쏘며 연금한 사실은 도저히 용납할 수 없는 범죄 행위이고 반국가 행위입니다. 그런데 당국은 지금까지 하극상의 주범을 체포하기는 고사하고 오히려 합리화하고 있으니 우리나라의 정의 기강은 무너졌고 폭력과 비리가 난무하게 되었습니다. 12.12 사건의 하극상 범행을 해결하지 않고는 우리나라는 결단코 정의가 존립할 수 없으며 민주주의 질서가 유지될 수 없을 것입니다.

다음에는 1980년 5월 18일부터 3, 4일에 걸쳐 일어났던 광주시민 학살사건입니다. 소위 폭동 진압이니 치안 유지니 하는 명분을 내세우고 자기 동포를 무참히 살상한 사건은 세계에서 찾아볼 수 없는 무자비한 동족 살상의 비극적 사건이었습니다.

1960년 4월 19일 자유당 정권이 데모가 격화되어 도저히 진압할 수 없어서 발포하여 185명을 사망하게 하였던 사건과는 차원이 다르다고 우리는 알고 있습니다. 4·19 때는 밀려드는 학생에게 발포했으나 광주사태는 도망가는 학생까지도 무참히 죽였다고 우리는 알고 있습니다. 4·19 때 발포한 책임자는 체포되어 역사의 심판을 받으므로 정의의 기강을 세웠으나 광주사태의 진상은 아직 발표되지도 않았고 조사하여 국민에게 공개하지 않고 있습니다. 당국에서는 이제라도 늦지 않으니 광주사태를 조사하여 그 진상을 국민 앞에 공개하고 발포를 명령한 최고 책임자와 잔인한 방법으로 살인 행위를 자행한 불법자는 마땅히 처벌되어 국가의 기강을 세우고 정의를 확립해야 할 것입니다.

그렇지 않으면 유언비어는 꼬리를 물고 번져 나갈 것이며 국민의 가슴에 맺힌 원한도 풀리지 않을 것이며 불법이 정당화되므로 정의와 질서는 땅에 떨어져 폭력과 비리가 계속 날뛰게 될 것입니다.

하나님의 말씀인 성경은 이렇게 교훈하고 있습니다. "너희는 거하는 땅을 더럽히지 말라 피는 땅을 더럽히나니 피 흘림을 받은 땅은 이를 흘리게 한 자의 피가 아니면 속할 수 없느니라"(민 35:33)고 말씀하십니다.

다음에는 미문화원 방화사건에 대한 재판 문제입니다.

1982년 3월 18일 부산 미문화원 방화사건은 우리 민족사의 크나큰 전환점을 가져온 사건이었습니다. 정치욕이 없고 공명심도 없고 때 묻지 않은 젊은 신학생들이 미국의 그릇된 대한 정책을 바르게 하라고 방화로써 경고하고 국민에게 각성을 촉구한 사건이었습니다.

미국 정부가 군사 독재자를 방조하여 민주주의를 방해하고 광주시민학생사건에 가담하면 위컴 미사령관과 워커 주한 미국대사가 우리 민족을 모독한 사건들은 자주 국민으로서 참기 어려운 치욕이었습니다.

그리고 자기 동포를 무참히 학살한 자들이 정권을 탈취해 가지고 국민의 자유와 권리를 짓밟고 미국과 일본에 아첨하여 종살이를 자초하고 있으니 애국심과 정의감이 있는 국민이라 면 잠잠하고 있을 수 없는 오늘의 현실이었습니다. 누구인가는 그릇된 미국의 대한정책을 개선 하라고 촉구해야 하고 군사 독재자에게 회개를 촉구하며 잠자고 있는 민중을 깨우쳐야 하는 차제에 문부식 군은 우리 민족을 대변하여 방화라는 방법으로 각성을 촉구하는 일을 했습니다.

다윗이란 소년이 침략자 골리앗 장수를 죽였고 기드온이 미디안 침략자를 격파했으므로 그들을 가르켜 신앙의 투사라고 말하기에 나는 문부식 군을 신앙의 투사라고 말하고 싶습니다.

안중근 의사가 이등박문을 죽였고 윤봉길 의사가 일본 책천대장을 폭탄으로 죽였으나 그들 은 살인자라 하지 않고 의사라고 부르며 그 살인 행위를 의거라고 부른 것처럼 <u>방화사건을 의거라고 불려야 한다고 생각합니다.</u>

왜 방화라는 폭력적인 방법을 사용하였느냐 하지만 방화한 문무식 군보다 방화하지 않으면 안 되게 만든 미국 정책과 한국의 독재 정권에 책임이 큽니다.

예수님께서 말씀하시기를 범죄한 자보다 범죄케한 자의 죄가 더욱 크다고 말씀했습니다(마 18장). 미국 정부는 민주주의를 갈망하는 우리 민족의 염원을 알고 있으면서도 군사 독재자를 22년 동안이나 방조하였고 독재 정권은 국민의 자유의사를 표시하지 못하도록 폭력정치를 하 고 있으니 방화하는 수단을 사용할 수밖에 없도록 만들었습니다.

자고로 우리나라는 똑똑한 인재가 나타나면 무슨 누명을 씌워서라도 죽여버리고 말았습니 다. 이조 때는 자기와 정치 이념이 틀리면 역적모의했다고 죽였고 북한에서는 반동분자이며 미 제국주의 앞잡이라고 죽이며 우리나라는 빨갱이라고 죽여버리니 참으로 통탄할 일이며 세 계 인류 앞에 부끄럽기 그지 없습니다.

문부식 군은 우리 민족의 국민의 의사를 대변하여 방화라는 방식으로 표현하였는데 이것은 자유민주주의와 민족의 자주독립을 <u>염원하는 민족사상의 발로였다고 생각합니다.</u>

그런데 놀라운 일은 부산지법과 대구 고법에서는 문부식 군과 김현장 군에게 사형을 언도했으니 경악을 금할 수 없습니다. 미국 정부와 현 정권은 어리석음을 행동으로 깨우쳐준 문부식 군에게 고마움을 표시하고 반성해야 옳은 일이거늘 오히려 한국의 사법부는 사형을 언도하고 미국 정부는 조금도 반성하는 빛이 보이지 아니하니 유감을 금할 수 없습니다.

이 방화사건으로 인하여 장덕술 군이 사망하고 몇 사람이 부상당한 일은 참으로 슬픈 일입니다. 하나님께서 위로해주시고 상처가 회복하도록 은총을 주시기 기원하는 마음 간절합니다. 문부식 군은 이 점에 대해서는 죽음으로 속죄하겠다 말하며 한없이 죄송해 있습니다. 그는 휘발유의 위력을 잘 알지 못하고 너무나 많이 사용한 것을 후회하고 있습니다. 그가 사람을 죽이고자 하는 의도가 없었음은 너무나 분명했습니다. 그리고 김현장 군은 우리나라가 공산주의를 이기려면 영국, 서독, 이스라엘 같은 사회 민주주의를 해야 한다고 주장하면서 정부에서 출판을 허가한 책들을 청년들과 같이 읽었다고 해서 공산당 선전이나 한 것처럼 빨갱이로 몰아붙이니 어처구니없는 일입니다.

젊은이들이 이상적 서구 민주주의를 우리나라가 실현하는 길이 공산주의를 이기는 비결이라고 말한 것을 어찌하여 빨갱이로 몰리어 사형 언도까지 받아야 합니까. 참으로 이해할 수 없는 사법부의 판결입니다.

광주사태의 비참한 학살의 진상을 유인물로 배포하였다고 하여 유언비어라고 단죄하고 그 반면 광주에서 동포를 학살한 자에게는 아무 죄도 문책하지 못하는 사법부의 무능을 탄식하지 않을 수 없습니다.

도적이 담을 넘기에 "도적이요"하고 소리 질렀더니 순찰하는 순경이 도적은 체포하지 않고 도적이요 하고 경고한 자를 수면 방해죄로 체포한 것과 같이 우리나라 사법부는 광주시민에 대한 가해자는 체포하지 않고 피해자를 체포하여 사형을 언도하니 경악을 금할 수 없습니다.

사법부가 이와 같이 무능하고 불의의 편이 되어 정의를 단죄한다면 이 나라에 정의는 확립될 수 없고 더구나 민주주의는 실현할 수 없습니다. 오늘날과 같이 불법이 정의를 짓누른다면 우리나라는 하나님의 심판을 면할 수 없을 것입니다.

선지자 아모스는 오늘과 같은 사회상을 보고 이렇게 경고했습니다.

공법을 인진으로 바꾸며 정의를 땅에 던지는 자들아, 우주의 지배자인 하나님을 찾아라 저가 강한 자에게 홀연히 패망이 임하게 하신즉 그 패망이 산성에 미치느니라(암 5:7~10).

무리가 성문에서 책망하는 자를 미워하며 정직히 말하는 자를 싫어하는도다. 너희가 가난한 자를 밟고 저희에게서 밀의 부당한 세를 취하였은즉 너희가 비록 다듬은 돌로 집을 건축하였으나 거기 거하지 못할 것이요 아름다운 포도원을 심었으나 그 포도주를 마시지 못하리라.

너희의 허물이 많고 죄악이 중함을 내가 아노라 너희는 의인을 학대하며 뇌물을 받고 성문(재판소)에서 궁핍한 자를 억울하게 하는 자로다. 그러므로 이런 때에 지혜자가 잠잠하나니 이는 악한 때임이니라(암 5:10~12).

사법부에 백 보를 양보하여 문부식 군과 김현장 군이 죽을 즉 죄를 범했다고 합시다. 그러나 그들은 자수했습니다. 즉 자수한 자에게 사형을 언도하면 무슨 혜택을 베푼 것입니까. 간첩도 자수하면 용서한다고 하면서 미국의 각성을 촉구하여 방화했다고 하여 사형 언도를 내리는 저의가 어디 있습니까?

1968년 1월에 청와대를 폭파하려고 침투한 간첩 중에 김신조는 생포되었으나 정부에서 살려주는 관용을 보였는데 부산 미문화원을 방화한 문부식 군이 자수했는데 기어이 사형을 처하려는 사법부의 태도는 이해할 수 없습니다. 청와대보다 미국 문화원이 몇 배나 중요해서 그렇게 하는 것입니까? 그렇지 않으면 미국에게 충성심을 보이려고 제 동포의 피를 흘리려 하는 것입니까? 참으로 안타깝습니다.

이제부터는 자수해도 가차 없이 죽인다는 적신호를 울리기 위해서입니까? 그렇지 않으면 간첩은 용서해줄 수 있어도 정치범만은 용서할 수 없다는 뜻입니까? 속 시원히 국민 앞에 해명해야 할 것입니다.

공자님께서 말씀하시기를 신의가 없으면 나라가 존립할 수 없다고 말씀했습니다. 자수하면 용서해준다고 목이 아프게 선전하는 제5공화국이 자수한 자에게 사형을 언도 한다면 국민 앞에 신의가 무너질 것입니다.

이번에 대법원 판결에서도 문부식 군에게 사형을 언도 된다면 앞으로 이 나라에서는 자수하는 일은 영원히 없어지고 말 것입니다.

신의를 잃어버린 정부는 국민 앞에 아무런 설득을 시켜도 국민은 따르지 않을 것입니다. 그리고 한 번 잃어버린 신의는 다시 찾기 어려울 것입니다.

옛말에 이르기를 피는 피를 부르고 칼은 칼을 부른다고 했습니다. 또 예수님께서 말씀하시기를 검을 가지는 자는 검으로 망한다고 말씀하셨습니다(마 26:32). 만일 이 문화원 사건이 대법원에서도 사형으로 언도 된다면 예기치 않은 불행이 속출되지 않을까 하는 염려를 금할 수 없습니다. 국민화합을 부르짖는 오늘 이 시점에서 이번 사건을 이해와 아량으로 처리되기를 바라는 마음 간절합니다.

우리나라에 주재하고 있는 장로교 선교부에서는 지난 11월 대구고등법원 재판부에 탄원서를 보내어 문화원 사건을 바르고 너그럽게 판결해달라고 하는 탄원서를 제출했다고 말을 들었습니다. 그러나 대구고등법원에서는 사형을 언도하였습니다.

지금 미국에서도 25명의 국회의원과 23명의 성직자와 교수들이 문부식 김현장 등 미문화원 사건에 관한 재판을 이해와 아량으로 처리해야 한다고 주장하고 있습니다. 그리고 한국의 반민주주의에 대한 해독제는 "민주 회복"이다 라고 하는 내용의 서신을 레이건 대통령과 슐츠 국무장관과 워커 대사와 유병헌 주미대사에게 발송하였다고 합니다.

이제 대법원의 제3심이 끝나면 하나님의 심판대인 제4심이 남아 있습니다. 대법원 재판부는 역사의 심판대와 하나님의 심판대 앞에서 떳떳할 수 있도록 정의로운 판결이 내려지기를 간절히 바라마지 않습니다.

대법원의 판결이 정의와 사랑으로 판결되어 우리나라에 정의가 확립되면 민주주의 건설이 이루어질 것이며 남북통일도 조속히 성취될 것입니다.

사랑하고 존경하는 여러분 우리는 아모스 선지자가 부르짖은 대로 악을 버리고 선을 구하며 정의를 확립하는 길만이 우리나라가 살길이며 번영하는 길입니다.

우리는 나 자신부터 정의를 확립해야 함은 물론 우리나라의 정치, 경제, 문화, 사회, 종교 등 각 분야에 정의가 확립하도록 최선의 노력을 경주합시다. 지금도 옥중에서 정의를 위해 고난받는 최기식 신부님 그리고 김현장 군 문부식 군 김은숙 양을 비롯하여 360여 명의 청년들과 그 가족 위에 하나님의 보우하심과 크신 은총이 충만하기를 기원하여 마지않습니다.

우리 모두 정의 확립을 위하여 기도하며 노력하고 노력하며 기도합시다.

이 설교문은 지난 2월 24일 한국기독교교회협의회 인권위원회가 격주로 실시하는 "목요예배"에서 설교한 내용이며 설교자이신 "고영근 목사님은 설교내용으로 현재 구속되었습니다. 고영근 목사님은 서울 서노회 전도 목사이며 목민 선교회 회장이십니다.

5. 1983-3-영문기사-6차 연행사건 — Let Us Establish Justice

〈LET US ESTABLISH JUSTICE〉

Sermon preached by Rev. KOH young Keun,

Thursday Prayer Meeting, Feb. 17. 1981

〈Amos 5:14~15〉

Some 2700 years ago, Amos, the great prophet of Israel. In crying out for the establishment of justice said, "Make it your aim to do what is light, not what is evil, so that you may live. Then the Lord God Almighty will really be with you, as you claim he is. Hate what is evil, love what is right, and see that justice prevails in the courts"(5:14~15).

In the southern kingdom the prophet Isaiah also cried out, "Wash yourselves clean. Stop all this evil that I see you doing. Yes, stop doing evil and learn to do right. See that justice is done--help those who are oppressed, give orphans their rights and defend widows"(Is. 1:16-17).

He said the way for the nation to live was to establish justice. So for us to live, we also must repent of our sin and establish justice. The governments of our 60 million compatriots, of both south and north, must repent to God of their sin and establish justice if our nation is to live. Furthermore, the way of peace and prosperity and of life for all the countries of the world is for America, Japan, Russia and China to also repent of their sins and establish justice.

First, we must establish individual justice.

In the establishment of justice, the first priority is for each of our 60 million compatriots to confess their personal sins to God, turn to him in repentance, and do what is right, which is basic in establishing justice(cf. Acts 26:20).

When people sin, but rather than admitting it, and repenting, put the blame on others in order to hide their sin, it doubles their sin. Further, doing a few good things while time dulls the memory, trying to justify the sin, and using good for evil purposes, triples their sin.

When a murderer grabs a fortune and then uses a little of it to help his poor neighbour in order to cover up his crime of murder and theft, it is despicable. From the beginning of time, dictators who have taken power illegally by force, have tried to cover up their crime of having taken power illegally by leaving many achievements. Prince Suyang was one who did this: Kim Il Sung and Park Chung Hee also sinned in this way, and having doubles and triples their sins, they cannot escape the fearful judgement of God.

I, also, am a sinner before almighty God, and I must repent and turn to the right establish justice and live rightly. We certainly must not envy the opportunities of those who do wrong, nor overlook their wrongdoing, nor blindly obey them. While appropriately protesting their wrongdoings and bravely fighting and winning against the wrong, we must become soldiers fighting to turn our country toward justice.

6. 1983-3-회고록-6차 연행사건 — 문부식 구명을 위한 설교

1) 인권위원회의 설교 부탁

1983년 2월 11일경 인권위원회 강구철 간사에게서 전화가 왔습니다. 2월 24일 목요기도회 설교를 부탁한다는 내용입니다. 나는 전화로 설교를 수락했습니다. 강 간사는 이어서 설교 내용은 문부식, 김현장 등의 구명을 위한 설교를 하라는 부탁이었습니다. 나는 마음에 무거운 부담이 되었으나 그렇게 하겠노라고 대답했습니다. 82년 10월 인권위 세미나 때 내가 문부식의 구명운동을 해야 한다고 주장하고 나선 나 자신이 이제 와서 위험이 닥칠 것을 예상하고 설교를 못 한다고 거절할 수 없었습니다. 나는 그때부터 기도하면서 준비하기 시작했습니다.

2) 8면으로 우겨쌈을 당해도 싸이지 아니하고

내가 설교를 수락하자 인권위원회에서는 다음 목요예배는 문부식, 김현장을 위한 구명 기도회이며 설교는 고영근 목사라고 하는 내용의 전단을 만들어 많이 배포했습니다. 그 전단을 입수한 당국에서는 비상이 걸렸습니다. 그때부터 나는 8면으로 우겨 싸임을 당하기 시작했습니다. 안기부 수사국, 안기부 정보국, 보안사령부, 검찰청 공안부, 치안국 정보과, 시경정보과, 동대문경찰서 정보과, 강서경찰서 정보과에서 매일같이 나를 만나서 목요기도회 설교를 거절하고 취소하라고 강박해 왔습니다. 나는 절대로 취소할 수 없고 수락한 대로 신의를 지켜 설교해야 한다고 주장했습니다.

어떤 기관에서는 이번에 만일 구명운동을 위한 설교를 하게 되면 집회법에 관한 법률 위반으로 구속된다고 경고하는가 하면 어떤 기관에서는 말하기를 문부식을 죽일 자로되 당국에서 관대한 조처를 내려달라는 내용으로 설교하라고 당부하기도 했습니다. 다시 말해서 문부식을 정죄하란 말입니다. 어떤 기관원은 말하기를 목사님 나이가 50세가 넘었고 가정의 자녀교육 등 할 일이 많으니 가정을 생각하여 자중하라는 내용으로 압박을 가해왔습니다.

그러나 나는 이와 같은 권면에 동요되지 않았고 나의 마음은 굳어지기만 했습니다. 누가 무어라고 하든 나는 '하나님께서 주신 사명을 위해서는 생명을 조금도 귀하게 여기지 않는다'는 바울의 사명감을 가지고 소신껏 설교하기로 마음에 결심을 다짐했습니다. 나는 8면으로 압박을 받을 때 승리자 사도바울을 생각하면서 용기를 얻었습니다.

> 우리가 사방으로 우겨쌈을 당하여도 싸이지 아니하며 답답한 일을 당하여도 낙심하지 아니하며 핍박을 받아도 버린 바 되지 아니하며 거꾸러뜨림을 당하여도 망하지 아니하고 우리가 항상 예수 죽인 것을 몸에 짊어짐은 예수의 생명도 우리 몸에 나타나게 하려 함이라 (고후 4:8~10).

3) 답답하여 견딜 수 없어서

나도 세 차례의 옥고를 겪고 또 세 차례에 걸쳐 연행당하여 문초를 받았고, 사면이 아니고 팔면으로 우겨 싸이는 어려움을 당하므로 피곤하여 견딜 수 없었습니다. 그래서 어떤 때는 이번 설교를 적당히 하여 고난을 받지 않도록 하고자 하는 마음이 생기기도 했으나 성령이 나를 격동케 하시므로 내 중심이 불붙는 것 같아 답답하여 견딜 수 없었습니다.

하나님 앞에 신앙 양심으로도 그렇지만 민족적 양심으로도 도저히 답답하여 견딜 수 없었습니다. 미국의 국회의원과 성직자들을 비롯하여 여러 나라에서도 문부식 군에 대한 구명운동을 전개하고 있는데 우리나라에서는 한 사람도 공개적으로 구명을 외치지 못한다면 민족적인 수치가 아닐 수 없었습니다. 더구나 700만 교세를 자랑하는 한국교회가 어린양의 생명을 구하기 위하여 한 사람도 나서지 않고 침묵만 지킨다면 기독교가 말하는 십자가와 사랑의 논리는 모두 거짓이 되고 말 것입니다. 그리고 세계의 자유 우방국에 대하여 면목이 없는 일입니다.

누군가는 나서서 문부식의 구명운동을 전개해야 하겠는데 공산주의자요 반미주의자로 정죄 받고 사형받은 문부식을 위하여 변호하며 구제하기 위하여 나서기는 참으로 어려운 일입니다. 자칫 잘못하면 그 사람까지 빨갱이로 몰리기 쉽기 때문입니다. 나는 너무나 마음에 고민했습니다. 재야인사 중에 나설 사람도 쉽지 않고 아무래도 종교인이 나서야겠는데 교회를 담임한 목사는 어려움이 많을 것이고 이래도 교회를 담임하지 아니한 내가 나서야 되지 않겠는가 하고 생각했습니다.

나 자신도 만일 이번에 설교하고 구속되면 모든 부흥회가 취소되고 교계에서 설 자리를 잃어버릴 터인데 하고 걱정이 됩니다. 그러나 시간이 촉박한 이 시점에서 망설이고만 있을 수 없어서 또 민족적 양심이 나를 격동하므로 답답하여 견딜 수 없어서 적극적인 구명운동에 나서기로 결심했습니다.

4) 드디어 예언자적 설교

1983년 2월 24일 아침 7시 나는 온 가족과 함께 가정예배를 드리면서 사도행전 20장 24절 전후를 교독 했습니다. 자녀들에게 말하기를 아버지는 주 예수께 받은 사명 때문에 고난의 길을 가야 하니 너희들도 같은 사명을 가지고 살아가자, 아버지가 투옥되어 너희 학업과 장래에 지장이 온다 하여도 감수하기 바란다. 누구인가는 져야 할 십자가를 이 아버지가 지고 가는 것이니 아버지의 고충을 너희들이 깊이 이해하고 모든 고난을 헤치며 이겨나가기 바란다. 이 아버지는 12세 때 내 아버지가 세상을 떠나고 어머니와 동생들이 힘을 합쳐서 힘차게 살아왔다. 너희들도 비장한 결심을 하고 아버지가 옥중에 있을 동안 어머니를 중심하여 서로 도와가면 힘차게 신앙으로 살기 바란다는 요지의 설교와 훈계를 하고 눈물로 기도했습니다. 이 예배는 가족과의 송별 예배였습니다.

기독교회관에 도착하여 엘리베이터를 타려고 하는데 안전기획부 직원이 나의 손을 꽉 붙잡으며 같이 올라탔습니다. 나는 안기부 직원과 같이 9층 휴게실에 갔습니다. 안기부 직원은 나에게 간곡히 당부하기를 문제의 발언을 하지 말고 부드럽게 설교해 달라고 하기에 나는 대답하기를 "이번에는 내 소신껏 설교할 터이니 당신은 나를 구속하자고 건의하시오. 나의 입장을 변명하면 당신의 신상이 해로울 터이니, 나의 연고로 당신이 피해 보지 말고 사정없이 구속하자고 주장하시오. 나는 구속될 준비를 하고 나섰습니다"라고 대답하니 안기부 직원은 할 수 없다는 표정을 지으며 헤어졌습니다.

강 간사와 같이 대강당에 내려가니 약 200여 명이 회집되어 있었습니다. 이해동 목사님의 사회로 예배가 진행되었습니다. 회중에는 함석헌 선생님, 문익환 목사님, 윤반웅 목사님을 비롯하여 교계와 사회의 지도층 인사들이 많이 참석한 편이었습니다.

평소에 나는 원고설교를 하지 않지만, 이번 설교는 작년 광주의거 2주기 추모예배 때와 같이 메가톤급 설교이어서 원고를 작성하여 서투른 원고설교를 하였습니다. 마치 무슨 성명서라도 낭독하는 식으로 40분 동안 힘주어서 원고를 읽었습니다. 설교가 끝난 후 구속자에 대한 광고를 하고 기도회를 마쳤습니다. 어떤 분은 내 손을 꽉 쥐면서 "오늘은 속이 확 뚫리는 것같이 시원했습니다. 수고했습니다"하고 격려하는가 하면 어떤 이는 무표정을 지으며 인사하는 이도 있었습니다. 나는 원고설교에 익숙치 못하여 군중에게 주는 감화가 많지 못함을 느꼈습니다.

대공수사부에서의 위협적인 심문

1) 안양경찰서에서 하루 동안

1983년 2월 25일 저녁 6시 안양원로원에서 저녁 식사를 마치고 여러 목사님과 대화를 하고 있는데 정봉덕 장로님이 침통한 표정으로 식당에 오시더니 지금 사무실에 안양경찰서 정보과 형사들이 고 목사를 데리러 왔다고 말하면서 나가보라고 하였습니다. 나는 마음으로 이제는 올 것이 왔구나 하고 여러 목사님께 인사를 하고 사무실에 나갔습니다. 사무실에 나가보니 안양경찰서 형사 세 사람이 나를 기다리고 있었습니다.

세 형사 중에 정보계장이 나를 보고 하는 말이 잠깐 물어볼 말이 있으니 파출소까지 가자고 하였습니다. 나는 대답하기를 "안양경찰서에서 무엇 때문에 바쁜 나를 오라 가라 하는 것이요. 나는 안양서에 가야 할 이유도 없고 필요도 없으니 가지 않을 것이고"라고 대답하고 "나는 어제 종로 5가에서 설교한 일이 있는데 그 일 때문이라면 시경에서 와서 직접 데리고 가라고 하시오"라고 답변하고 안양서에 가는 일을 거절했습니다.

그랬더니 정보과 형사들이 정보과로 전화를 걸어서 내가 연행을 거부한다고 보고하고 새로운 지시를 받아 왔습니다. 전화를 통화한 형사가 오더니 치안본부 정보과의 지시이니 일단 안양서에 연행했다가 서울 시경으로 압송하라고 지시를 받았으니 경찰서까지 가자고 했습니다. 나는 치안본부 정보과에서 어제 설교한 사건으로 연행하라고 지시한다면 나는 떳떳이 가겠노라고 하면서 안양경찰서에 가기로 했습니다.

2) 서울시경 정보과 분실에서 4일 동안

서울시경에서 30분가량 기다린 후 나는 정보과 승용차를 타고 5계 분실로 향하였습니다. 언제나 마찬가지로 검은 안대로 눈을 가리우고 머리를 푹 숙인 채 수사계 분실에 도착했습니다. 나는 안대로 눈을 가리고 가면서 하나님께 간절히 기도했습니다. 내 앞길에 어떠한 고난이 와도 이기게 하시고 어떠한 질문이라도 답변할 수 있는 지혜를 주옵소서 하고 간절히 기도했습니다. 수사계 분실에 도착하니 지난 5월과 8월에 왔던 곳이라 약간의 정(?)이 들어 보였습니다.

잠시 후에 수사반장이라는 자가 수사관하고 오더니 목에다 힘을 주고 "당신이 고영근이옷? 거기 앉아요" 하면서 공갈 섞인 어조로 말하는 것이었습니다. 나는 기분이 불쾌했습니다. 나는 다시 말이 거칠게 나오면 공격을 퍼부으려고 준비하고 있었습니다. 얼마 후에 작년에 두 차례에 걸쳐 수사했던 주임 수사관이 나타났습니다. 반갑게 인사를 교환했더니 그 수사관은 "아니 다시는 이런 곳에서 만나지 않기를 원했는데 왜 또 이런 데서 만나는 것이요" 하면서 "자 앉으시오, 우리 또 입씨름 해 봅시다" 하면서 수사를 시작했습니다.

수사관은 1982년 5월 18일 광주의거 2주기 추모예배 설교 사건부터 시작하여 8.15 군산 설교사건, 8.19 전주 기장동노회 주최 설교사건, 11.20 울산전하제이교회 부흥회 설교사건, 12.12 성남 인권예배 설교사건, 83년 2.20 신흥교회 설교사건, 80년 6월 유중람 은닉사건, 83년 2.24 인권위 목요예배 설교사건, 목민선교회 활동사건 등 9가지 사건을 모두 종합하여 조서 받기를 시작했습니다. 비교적 시경 수사관은 온건한 편이어서 수사받기가 수월했습니다. 수사관이 질문할 때 내가 답변하면 그는 답변한 대로 조서 용지에 기록할 뿐 다른 말을 하지 않았습니다.

나는 수사계 분실에서 4일 동안 계속해서 금식하면서 수사를 받았고 수사를 받지 않을 때에는 방안을 왔다 갔다 하면서 기도했습니다. 창문이 모두 밀폐되고 시계도 없는지라 시간이 가는지 오는지 알 수 없고 독방에 있으니 적적하기도 했습니다. 나는 적적할 때마다 기도하며 찬송했습니다. 나의 산성과 요새와 병기와 피난처가 되시는 우리 주님을 친근히 하려고 말씀을 묵상하면서 나라를 위해 기도했습니다.

3) 구속영장이 발부되고

수사관은 나에게 이런 말을 전해주었습니다. 3월 2일 오전에 나를 위하여 수사 관계기관이 합동회의를 열어 구속 여부에 대한 결정을 짓는다는 것입니다. 오늘의 결정에 따라서 나의 구속이 좌우되는 것입니다. 그러던 중 오후 6시경 수사관은 나를 데리고 나갔습니다. 취조실에 들어올 때와 같이 안대로 눈을 가리고 취조실을 나서서 얼마동안 달리다가 차가 멎기에 안대를 벗어보니 난데없는 중부경찰서였습니다. 수사관이 말하기를 "고생을 해야 하겠습니다. 너무나 여러 차례에 걸쳐 문제가 발생했는 고로 이번에는 도저히 훈방조치가 어려워 구속영장이 발부됐습니다. 고 목사님은 이제 한계에 도달했습니다. 우리로써도 어쩔 수 없는 것이니 이해하여 주시오" 하기에 나는 웃으면서 "염려하지 마시오. 구속될 것은 모두 각오한 바였습니다"라고 대답하고 유치장으로 들어갔습니다.

4) 중부서 유치장에서 10일 동안

유치장에 들어서니 유치장 안에는 순경의 대리역할을 하는 전투경찰대원이 4, 5명가량 유치장 근무를 하고 있었습니다. 내가 수감되니 그중 한 사람이 나를 조사실에 들어가라고 해서 그를 따라 들어가니 옷을 일절 벗긴 후 팬티만 입히고 양팔을 목 뒤로 올려 붙잡게 한 후 일어섯, 앉앗, 일어섯, 앉앗 몇 번이고 반복하였습니다. 여러 차례 거듭하다 생각하니 은근히 화가 나서 멈추고 "이거 무엇하는 것이옷, 장난하는 것이옷"하면서 째려보았더니 그는 내 시선과 마주치더니 다시는 일어서고 앉히는 일을 반복치 않았습니다.

설교하러 나가던 24일 아침에 내 아내가 투옥될지 모르니 스웨터를 입고 가라고 하기에 스웨터를 입고 왔더니 그것이 큰 도움이 되어 유치장 안에서 추위를 견딜 수 있었습니다. 그러나 밤에는 얇은 담요 몇 장만 주는데 위에는 찬 바람이 내려오고 아래서는 찬 바람이 올라와 옷을 입고 자도 너무 추워서 잘 수가 없었습니다. 등에 발작하는 신경통은 더욱 기승을 부리며 아팠습니다. 참으로 고통스러운 하루하루였습니다. 나는 간절히 기도하기를 주여 이 어려운 신경통으로 인하여 옥살이 고통을 견디지 못하는 지경에 빠지지 않게 하시고 오랜 기간의 고난도 견디게 하옵소서 하고 기도하며 신경통의 고난을 견디어 내었습니다.

5) 대공분실의 공갈 수사

3월 6일 오후에 나를 데리러 온 형사가 나를 불러내어 나는 감방에서 나와 간수 앞에 가니 낯 모르는 험상궂은 사나이가 쇠사슬을 가지고 와서 먼저 내 손에 수갑을 채우고 그 쇠사슬로 나를 묶은 후 두 사람이 각각 쇠사슬 하나씩 쥐고 나를 앞세워 중부경찰서 3층으로 올라갔습니다. 3층에는 대공과 취조실이 있는데 거기에 들어가더니 내 손을 물 욕조 의자에 붙들어 매고 수갑을 채웠습니다. 당장에 무서운 물고문을 가할 태도였습니다. 나는 마음으로 오늘은 대단한 곤욕을 겪게 되었구나 하며 은근히 두려움이 엄습했습니다.

다음날인 3월 7일 나는 또다시 대공분실에서 나온 수사관에게 인도되어 취조실에 들어갔습니다. 그들은 어제와 같이 또 내 손을 물 욕조 의자에 붙들어 매고 심문을 시작했습니다. 수사관은 묻기를 당신은 반공포로라면서 어찌하여 국가 앞에 충성하지 않고 국가에 반역하는 언동을 하고 다니는가? 하기에 나는 대답하기를 "국가 안보와 정권 안보는 차원이 다르며 국가 위한 충성과 정권 위한 충성도 차원이 다르다고 생각합니다. 그러므로 나는 국가 앞에 충성하기 위하여 반민주적이며 군사 독재자인 현 정권을 항거하는 것이욧. 내가 애국하는 방법은 군사독재가 회개하도록 독려하고 민주주의를 실현하는 길이라고 생각합니다"라고 대답했습니다.

수사관은 또 심문하기를 "당신은 김일성도 욕하고 현 정권도 욕하며 양다리를 걸친 기묘한 방법을 쓰고 있소. 공산주의자가 목사의 탈을 쓰고 활동할 수 있으니까 말이요" 하며 나를 공산당으로 몰려고 덤벼드는 것이었습니다. 그래서 나는 화를 내면서 손바닥으로 책상을 치면서 호통을 쳤습니다. "여보시욧, 내가 공산주의자가 아니고 반공적인 목사라고 인정하는 증인이 백만 명이 넘소. 당신이 나를 빨갱이로 몰기 때문에 정부가 국민에게 욕을 먹고 불신 풍조가 생기는 것이요. 어디 한번 빨갱이로 몰아보시욧" 하면서 다시 한번 더 책상을 쳤습니다. 그리고 눈을 부릅뜨고 큰소리로 외치기를 "나에게 가까이 오지 마시오. 나는 당신네들에게 물고문 당하고 있지 않을 것이요. 차라리 내 머리로 바람벽에 박치기를 하여 죽을 것이요. 내 몸에 그 더러운 손을 대지 마시오!"

그랬더니 두 사람의 수사관은 흠칫 놀래면서 언성을 낮추어서 "왜 이리 흥분하십니까? 조용히 말씀하시오" 하기에 "여보시오 내가 지금 흥분하지 않게 되었소? 도대체 아무나 빨갱이로 몰려는 당신네들 처사가 괘씸해서 격분하였소. 그러한 방법으로 수사하지 마시오. 그것도 구시대의 유물이요" 하면서 수사관을 힐책했습니다.

6) 반성문을 거절하고 양심선언서

대공본실에서 조사를 마친 다음 날인 3월 8일 나는 다시 시경 정보과 수사계 분실로 안대로 눈을 가리고 갔습니다. 취조실에 얼마를 있으니까 또다시 눈을 가리고 수사계장실에 올라갔습니다. 5계장은 나에게 두 시간가량 정부의 합법성을 설명하고 NCC 계열의 사회참여 활동을 맹렬히 비난하고 현 체제에 충성을 다해야 한다고 열심히 설명하였습니다. 그 한마디 한마디가 조금도 나에게는 설득력이 없는 이야기였습니다. 당국에서 지금까지 상투적으로 하는 그대로였습니다. 나는 계장의 설명만 들었을 뿐 한 마디로 대꾸하거나 해명하려 하지 않았습니다. 그들이야말로 자기들의 세계만 알 뿐 밖의 세계를 모르는 외골수 지식이었고 외골수 충성파였습니다. 도무지 대화가 될 수 없는 옹고집뿐이었습니다. 그는 나에게 저 혼자 장황하게 연설을 하고 나서는 나더러 반성문을 쓰라고 종이를 30매가량 주었습니다.

나는 그 종이를 받아 가지고 유치장에 돌아와서 깊이 생각하면서 기도했습니다. 나는 반성문을 쓰라는 데 대하여 코웃음을 치고 반성문 대신에 신앙 양심선언서를 쓰려고 결심하고 새벽에 일어나서 한 자 한 자 양심선언서를 쓰기 시작했습니다. 그때 쓴 양심선언서는 대략 다음과 같은 내용으로 썼습니다.

나는 하나님의 뜻과 양심을 따라 소신껏 말한 것인데 반성문 따위는 쓸 수 없는 것은 물론 정정당당하게 재판을 받고 현행법에 따라 유죄가 된다면 떳떳이 옥살이하는 것이 마땅하다. 나는 지금 옥중에 있는 360명 학생과 같이 옥중에서 그들의 벗이 되어주고 그들과 같이 고생하다가 옥사하면 순교자가 될 것이니 나는 하나님 앞과 민족의 역사 앞에서 공명정대하게 살 것을 선언한다는 내용의 양심선언서를 써서 내었습니다.

그랬더니 3월 9일에 또다시 수사계 분실에 불려 갔습니다. 나를 조사한 수사관이 나를 보더니 "아니 반성문 쓰기 싫으면 안 쓰면 될 것이지 무슨 양심선언서를 써서 오히려 당국을 자극시키는가? 당신에게 유리하지 못한 일을 왜 하는가"하고 나무랐습니다.

"당국에서도 당신을 석방시켜 주고자 해도 당국에도 체면이 있는데 무슨 명분으로 석방시키겠는가? 당신이 당국의 체면도 세워주어야 하지 않겠는가" 하면서 나를 나무랐습니다. 그러나 나는 "당신의 체면을 세워주기 위하여 내가 양심을 굽히는 일을 해서는 되겠는가" 하고 말했습니다.

그날은 목민선교회에 대하여 조사를 받고 유치장으로 돌아왔습니다.

공안검사들이 총동원되어 심문하다

1) 중부서에서 검찰청으로

1983년 3월 11일 유치장 수감 만기가 되어 9시경 시경 정보과 형사들이 나를 데리러 왔습니다. 나는 수감될 때 맡겼던 구두와 허리띠 등 소지품을 모두 찾아가지고 유치장 수감자 여러분에게 건강하기 바라며 속히 출소할 수 있기 바란다는 인사를 하고 10일 만에 유치장 문을 나섰습니다. 교도소에 비해서 훨씬 괴로웠던 10일간의 생활이었습니다. 수사과에 나오자 가족이 면회 온다고 하기에 잠시 기다리고 있으니 내 아내가 들어와서 나는 15일 만에 면회를 했습니다. 참으로 반가웠습니다.

그리고 검찰청으로 가려고 하는데 총회를 대표하여 사회부 총무인 정봉덕 장로님이 면회를 오셨습니다. 정 장로님은 내가 수감될 때마다 빠지지 않고 면회를 와서 격려해 주었습니다. 충주, 장흥, 광주, 서울, 내가 고난당할 때마다 방문하였고 재판 때마다 방청하여 용기를 주었습니다. 그날도 오시더니 어디 가나 돈이 있어야 한다고 하면서 현금 5만 원을 건네주었습니다. 참으로 고맙고 감격스러웠습니다.

2) 서울구치소에 세 번째 수감되다

나는 1976년 6월 26일에 처음으로 서울구치소에 수감되었습니다. 그때는 단양교회에서 부흥회 설교 내용이 조치법 9호에 위반되어서 충주에서 1심 재판 때 7년을 언도 받고 서울고등법원에 항소하여 서울구치소에 수감되었습니다. 두 번째는 서울고등법원에서 2년을 언도 받고 대법원에 항소하여 안양교도소에 수감되었다가 1977년 2월에 다시 서울구치소에 두 번째 수감되어서 11개월가량 복역한 바가 있었습니다.

이번에 세 번째 수감되게 되니 낯익은 곳이라 큰 부담이 없고 마음이 가벼웠습니다. 또 유치장에서 고생해서 그런가 오히려 안도감이 있었습니다. 교도소에 들어오기까지 14일을 시달렸습니다.

3) 소위 비둘기 집에서

서울구치소에 수감되어 주일을 지내고 다음 화요일부터는 매일 검사앞에 불려 나가 취조를 받았습니다. 아침 8시 30분경에 집합하여 수갑을 차고 파란 포승으로 꽁꽁 묶이어 검찰청으로 호송되게 됩니다. 나에 대하여 이해가 있는 교도관은 포승을 자연스럽게 묶는데 이해가 없는 교도관은 줄을 꽉 졸라매기 때문에 고통스러웠습니다. 서울구치소의 호송차는 모두 문을 가렸기 때문에 밖을 내다볼 수 없었습니다. 교도관들은 철저하게 말을 못 하게 하여 벙어리같이 살아야만 했습니다. 과거보다 더욱더 단속이 심한 것 같았습니다.

검찰청에 나가면 0.5평 되는 작은 방에 혼자 가두어 놓았습니다. 포승줄로 꽁꽁 묶고 수갑을 찬 채로 아침 9시부터 저녁 6시까지 가두어 놓았다가 6시경 검사가 부르면 한 시간가량 조사를 받고는 구치소로 돌아왔습니다. 수갑을 찬 채로 10시간을 기다리는 것은 참으로 크나큰 곤욕이었습니다. 이렇게 하기를 14일을 계속했으니 그때의 고통은 대단했습니다. 나는 비둘기 장에 갇혀서 유심히 바람벽을 보았습니다. 그랬더니 어느 방이나 "전두환 타도", "민주주의 만세" 등의 글자가 새겨져 있었습니다.

4) 임 검사의 심문

나는 서울지검 공안부 임휘윤 검사에게 다음과 같은 요지로 심문을 받았습니다.

임 검사 피의자는 유중람을 집에다가 은닉시킨 사실이 있습니까?
고 목사 예, 9개월 동안 우리 집에 숨겨주었습니다.
임 검사 수배당한 자를 숨겨 준 이유가 무엇입니까?
고 목사 유중람 씨는 79년도 광주교도소에서 복역 중에 만났는데 그는 반공 민주정신과 애국심이 투철했고 또 인격이 훌륭했습니다. 나는 그에게 전도했더니 그는 석방된 후 천호동장로교회를 열심히 출석하게 되었습니다. 그는 신민당 간사를 지낸 민주 투사인데 수배령이 내려 쫓기는 몸이 되었습니다. 그가 목사인 내 집에 찾아왔는데 내가 받아들였고 나는 부흥회를 다녀와 보니 우리 집에 은신해 있기에 반갑게 환영하고 우리 집에게 생사고락을 같이 하고자 하며 숨겨주었습니다. 나는 성직자의 양심으로 보나 도의적 입장에서 보나 그를 숨겨준 것은 너무나 정당했다고 봅니다.

임 검사 피의자는 광주사태를 시민학살이라고 악평한 사실이 있습니까?

고 목사 나는 광주사태는 군인이 시민을 학살한 사건이라고 표현한 일이 있습니다.

임 검사 (책상을 치면서) 이 사람이 말을 함부로 하고 있어. 어찌하여 광주 폭도를 진압한 광주사태를 학살이라고 고집하는 것이욧?

고 목사 (나도 책상을 '탕' 치며 검사를 쩨려보면서) 검사님 말조심하시욧. "광주 폭도"가 무엇입니까? 군사 독재 물러가라고 궐기한 애국시민더러 폭도가 무엇이욧? 당신도 검사이기 전에 대한민국 국민 아니욧. 당신이 검사 직위 때문에 민주항쟁에 나서지 못하는 것을 부끄러워하지 못하고 오히려 민주투사에게 폭도로 매도해도 되는 것이욧? 검사님 우리 두 사람이 여기에서 논쟁하지 말고 나를 기소하여 재판소에서 만인이 보는데 떳떳이 싸웁시다. 재판정에서 전두환이가 살인자인가 아닌가 판가름합시다.

임 검사 (목소리를 낮추어서) 목사님 78년도 유신 시절에 광주고법에서 재판받은 일이 있었지요?

고 목사 예, 그때 광주고법에서 네 차례 걸쳐 재판받은 일이 있었습니다.

임 검사 목사님, 그때 나도 방청했는데 목사님의 명철한 지식, 논리정연한 진술에 탄복했습니다. 원고 한자 보지 않고 어디서 그런 말이 줄줄 나오는 것이요?

고 목사 검사님, 만일 이번에 나를 재판에 회부하면 그때보다 3배 이상 강도 높은 진술로 전두환을 강타할 작정이요. 시간 끌지 말고 어서어서 기소하여 재판에 회부하시오.

임 검사 고 목사님, 감옥살이 하기가 그렇게 소원이요? 참으로 이해할 수 없습니다.

고 목사 감옥살이가 두려우면 당초부터 침묵을 지키고 독재 정권에 맹종했을 것입니다. 나는 정의의 예언자로서 불의한 전두환 집단의 죄악 세력을 파멸하는 것이 나의 사명이기 때문입니다.

나는 조금도 주저하지 않고 당돌하게 공격했습니다. 이는 내 속에서 역사하는 성령님이 주시는 용기였습니다.

임 검사 피의자는 1982년 8월 19일 전주에서 8.15 광복절 기념예배 설교할 때 김일성과 박정희는 남침 위협, 북침 위협을 교대해 가면서 평화를 바라는 국민의 여망을 악용하여 침묵을 강요하며 정권 연장을 획책했다고 운운하는 설교를 한 일이 있습니까?

고 목사 예, 그러한 설교를 한 일이 있습니다.

임 검사 피의자는 미문화원에 방화한 반미주의자이며 살인자인 문부식을 의사라고 표현하고 방화행위를 의거라고 표현한 저의가 어디 있는가요?

고 목사 문부식 군이 방화한 것은 사람을 죽이려는 목적으로 방화한 것이 아니고 군사 독재자를 방조하는 미국 정부에게 각성을 주기 위하여 방화라는 방법을 이용하여 경고한 것입니다. 미국 정부가 문부식 군의 요청을 받아들여 우리나라가 민주주의를 실현하게 되면 문부식 군의 방화는 우리나라 역사의 전환점을 가져오게 한 것이니 그때는 이구동성으로 그를 의사라고 하며 방화를 의거하고 할 것입니다. 나는 그때를 멀리 내다보고 앞당겨 의사라 혹은 의거라고 부른 것입니다.

나는 매일같이 공안 검사들과 입씨름을 하는 동안 문부식 군의 대법원 재판을 생각하며 기도하기를 쉬지 않았습니다. 그런데 하루는 검찰청 임휘윤 검사실에 취조받으러 나갔더니 검사 책상 위에 조간신문이 놓여 있었습니다. 얼른 곁눈으로 보니 큰 제목의 "문부식 사형에서 무기로 감형"이라는 기사였습니다. 나는 너무나 감격하여 "할렐루야"를 부르며 하나님께 감사했습니다. 문부식의 구명운동 때문에 고생한 보람을 느꼈습니다.

문부식 군을 위해 기도하는 많은 성도들과 그의 구명을 염원하는 국내의 외로운 분들의 염원을 우리 하나님께서 들으시고 응답하신 것입니다. 참으로 감사 감격한 일이었습니다. 나의 지금까지의 생애 중에 가장 보람된 일이었기 때문입니다. 그 후에도 공안 검사들의 설득 작전은 계속되었습니다.

5) 석방되는가 했더니 안기부로

3월 30일 6시 검사 만기가 되어 임 검사는 서둘러서 석방 지휘서를 교도관에게 주면서 속히 석방조치를 취하라고 하며 나를 향하여 "그동안 수고가 많았습니다. 한번 우리 사무실을 방문해 주십시오" 하면서 악수를 청했습니다. 나는 임 검사에게 그동안 수고 많이 했다고 인사하고 또 계장과 여자 직원에게도 그동안 베푼 호의에 감사하다는 인사를 하고 검찰청을 떠나 서울구치소로 향했습니다.

구치소에 도착하자 나는 보안과로 안내되었습니다. 보안과에 들어가 보니 안전기획부 직원 3명이 와서 나를 기다리고 있었습니다. 나는 이상한 예감이 들었습니다. 강서경찰서 정보과 직원이 나의 신변을 인수해야 할 터인데 어째서 안기부 직원이 세 사람이나 왔는가 하고 생각해 보았으나 알 도리가 없었습니다. 나는 보안과 직원에게 그동안 호의를 베푼 데 대하여 감사하다는 인사를 일일이 나누고 구치소를 나와 안기부 차에 몸을 실었습니다.

안기부 차는 서대문에 와서 우측으로 가야 화곡동에 갈 터인데 좌측으로 갑니다. 그러기에 나는 말하기를 지금 어디로 가는 것입니까? 하고 물었더니 안기부 직원이 말하기를, 지금 안기부에 가서 얼마 동안 있다가 집에 가게 될 것입니다. 하는 것입니다. 그 얼마 동안이라는 것이 며칠인지 몇 년인지 알 수가 없었습니다. 나는 다시 눈을 감고 기도했습니다. "하나님이여 나에게 고난이 아직도 끝나지 않았습니까?"

안전기획부의 무서운 설득 작전

1) 안전기획부 직원들의 미소

국가안전기획부는 공화당 시절에 유명한 중앙정보부이며 지금은 그 명칭을 안전기획부로 바꾸고 업무 내용은 그때나 지금이나 일반입니다. 작년에 안기부에 갔을 때는 몽둥이를 갖다 놓고 죽인다고 공갈 협박을 일삼고 자기가 신고 다니던 구두짝으로 내 얼굴을 때리던 그 자들이 이번에는 웬일인지 웃으면서 대해 주었습니다. 무엇인가 석연치 않은 점이 보였습니다. 수사관은 내게 묻기를 어찌하여 반국가적 발언을 계속하는가 그 저의를 알 수 없다고 하면서 은근히 질문을 던져 왔습니다.

검찰청에서는 나를 비둘기장에 가두어서 고생을 시키더니 안전기획부에서는 웃어가면서 호의를 베풀었습니다. 강남에 있는 좋은 시설에 가서 사우나 목욕도 시켜주고 좋은 음식도 접대해 가면서 웃음을 던지며 미소 작전을 전개했습니다. 대개 50세가 넘은 점잖은 서기관급들이 나와 대화했고 작년에 취조 하던 30대들은 취조실서 동거하기만 했습니다. 조금도 내 기분을 상하게 하지 않으려고 무척 노력하는 모습이 보였습니다. 나는 속으로 생각하기를 이들이 등치고 배 만지는 격으로 검찰에서는 은근히 고통을 주고 안기부에서는 쓰다듬는구나 하고 생각했습니다.

그들은 나를 부활절에 내보내지 않게 하기 위하여 우리집에 가서 내 옷을 가져다가 입히고 토요일 저녁에는 내 처를 불러내어 내가 건강한 몸으로 건재해 있음을 보여주기 위하여 같이 식사를 하게 되었습니다. 나는 강남에 있는 모 식당에 내 처를 만나 내 옆에 나란히 앉아서 같이 식사했습니다. 내 처는 나에게 손바닥을 펴 보였습니다. 내 처의 손바닥에 글자를 썼는데 읽어보니 "강하고 담대하여 굽히지 마시오. 밖에서 성원이 큽니다" 하는 글이었습니다. 나는 그 글을 보는 순간 담대한 마음이 솟구쳐 올라서 과감하게 행동할 것을 다시 결심하게 되었습니다. 나는 내 아내의 협조에 참으로 감사했습니다.

2) 41일 만에 석방되어 귀가하다

4월 7일은 목요일이었습니다. 나는 한시바삐 석방되어 목요기도회에 참석하여 여러분에게 반가운 인사를 나누려 했는데 안기부에서는 내가 목요기도회 참석할 수 없도록 시간을 만들었습니다.

안기부 직원은 바로 가지 않고 있다가 저녁 식사를 같이 했습니다. 그들이 빨리 가지 않은 것은 내가 종로 5가 기독교회관 6시 목요기도회에 가지 않는가 보기 위해서입니다. 7시 30분쯤 되니까 그들은 안심하고 우리 집을 떠났습니다. 나는 그동안 나를 보호하신 하나님께 감사하고 또 감사했습니다. 나의 산성과 방패와 병기되신 하나님을 찬양할 뿐이었습니다. 무서운 사자 굴에서 건져냄을 받았습니다. 하나님께 감사와 영광을 돌릴 뿐입니다. 그리고 우리 가족들이 한없이 고마웠습니다. 여섯 차례에 걸쳐서 감옥에 출입하지만 아무런 동요나 두려움이 없이 고난과 싸워 견디었고 또 나를 성원하였습니다. 가족들은 피로한 모습도 전혀 없고 아무 일도 없었다는 듯이 태연하기만 했습니다. 그 많은 곤욕을 겪었는데도 피로의 모습은 보이지 않는다고 보는 이마다 같은 이야기입니다.

나의 힘이 되신 하나님께서 그의 의로운 손으로 나를 붙들어 주셨기 때문이며 성령께서 내 입에 말씀을 담아주셨기 때문에 20여 명의 수사관을 압도하여 이기게 하셨습니다. 또 수많은 성도들이 나를 위하여 기도해 주신 막강한 성원 때문이라고 의심치 않았습니다. 4월 7일 밤, 나는 내 아내의 손을 붙잡고 하나님께 감사 찬송을 드리고 뜨겁게 기도한 후 잠자리에 들었습니다.

석방 후의 이모저모

1) 석방 축하의 전화

안기부 직원이 우리 집을 떠난 후 인권위원회 이경배 사무국장님의 전화가 걸려 왔습니다. "석방을 축하합니다. 그동안 인권위원회가 주최한 문부식을 위한 기도회 설교 문제로 수고가 많았습니다. 지금 당장 찾아뵙는 것이 좋겠지만 오늘 찾아가지 않는 것이 좋겠다고 생각되어 다음 기회에 찾아보겠습니다"라는 내용의 전화였습니다. 그리고 계속하여 문익환 목사님, 이해동 목사님, 이문영 교수님의 전화가 걸려와서 나를 격려해 주었습니다. 그리고 나는 그동안 수고해 주신 김소영 총무, 이의호 총회 총무, 정봉덕 사회부 총무를 비롯하여 여러 성원자에게 전화로 석방을 알려 주었습니다.

2) 목민교회에서 새벽 설교

나는 4월 7일 밤 41일 만에 가족과 만나서 쉬고 그 다음 새벽에 일어나서 목민교회 새벽기도회에 참석했습니다. 100여 명의 성도들이 새벽에 뜨겁게 기도하는 교회였습니다.

나는 설교를 통하여 문부식을 위한 구명운동을 하게 된 동기와 그동안 겪은 고난에 대하여 간증하였습니다. 온 교인이 깊은 감격에 잠겼습니다. 나를 위해 기도하고 성원한 고마운 성도에게 하나님께서 축복해 주시기를 간절히 기도했습니다.

그리고 나를 성원하는 강진의 손창순 장로, 부산, 대구, 대전, 울산, 광주, 전주 지역의 여러 성원자에게 전화로 석방을 알려드렸습니다. 성도들의 뜨거운 기도가 나를 석방하게 했으니 큰 물고기가 41일에 나를 토해 놓고야 말았습니다. 베드로와 요한이 옥에 갇히매 온 교인이 기도하니 교권주의자들은 민중의 여론이 무서워서 위협만 하고 석방시켰으니 온 교인들이 감사 찬송과 함께 뜨겁게 기도하였습니다. "주여, 이제는 저희 위협함을 하감하옵시고 또 종들로

하여금 담대히 하나님의 말씀을 전하게 하여 주옵소서"(행 4:29).

3) 종로5가 여러 기관을 방문하다

40여 일 동안 내가 어려움을 당할 때 적극 후원해 준 여러 기관은 종로5가 소재 기독교회관의 기관들이었습니다. 나는 4월 11일(월요일) 종로5가에 나가 여러 고마운 분들에게 인사를 하고 감사와 경의를 표하였습니다. 사실 여러 기관이 협조하고 성원했기 때문에 제가 석방되게 된 것입니다. 그리스도의 사랑이 큰 것을 고난받을 때마다 더욱 느끼지 않을 수 없었습니다.

『죽음의 고비를 넘어서』 3권, 208~263 발췌.

7. 1983-3-타인 회고록-6차 연행사건 ― 노경규 선생 구술

노경규 나는 1980년대 초 11개월여 수배 생활 중에서 은신처 15곳 정도를 전전했습니다. 그중 9번째 정도 은신처가 서울 화곡동 고영근 목사님 댁이었죠. 나와 가까운 유중람 동지와 함께 숨어들게 되었습니다. 1980년 8월 말경 한여름부터 그 해, 크리스마스 얼마 전까지 있었죠. 유중람 동지는 그 후 약 4개월 정도를 더 있었던 것으로 압니다. 저는 전두환의 쿠데타로 80년 5.17일부터 도망자 생활을 시작했습니다. 전두환은 저항 세력의 사전차단을 목적으로 전국적으로 대상자들을 지목해서 예비검속으로 지명수배령을 내리고 전국 곳곳에 수배 벽보를 붙여놓고 체포 작전을 시작했지요. 1차, 2차, 3차 각 30여 명씩 수배 벽보가 붙기 시작했는데 1차 벽보에 내가 있는 것을 길거리에서 보았습니다. 얼마나 흉측하고 아찔했는지 모릅니다. 그때는 이미 수차례의 정보부 취조와 긴급조치 9호 감옥살이를 살고 나온 뒤였죠. 가족들에게 또 떠나야겠다는 말을 남기고 한밤중에 부산 나의 집 뒷 담장을 넘어 도망자 생활을 시작했습니다. 집 근처에서 하루를 묵고는 다음 날 서울행 밤 열차를 탔습니다. 서울 도착 후 성당, 수녀원, 목사님 댁, 해직 교수 댁, 나의 후배들의 집 등으로 전전 하다가 고영근 목사님 댁으로 가게 되었어요. 고 목사님 댁에서 수개월을 보낸 후 또 다른 곳으로 옮겨 구속자의 가족 댁, 야당 인사들의 친인척, 마지막 지치고 아픈 몸으로 지인의 도움을 받아 명동성당 옆 병원에 검진을 받으러 가게 되었습니다. 가는 중 무교동 카페 '티파니'에서 지인을 만날까 하고 들렀다가 검거되고 말았지요. 나를 검거한 사람은 다름 아닌 고등학교, 대학교 겸 선배인 부산시경 정보과장이었 지요. 이렇게 나의 수배 생활은 11개월 만에 끝이 났어요.

11개월이라는 기간 한 곳에 오래 머물지 못하고 15곳이 넘는 여러 곳을 전전했다는 것은 추적과 도망으로 숨 가쁘고 고통스러웠다는 것을 증명합니다. 그런 긴장 속에 서도 고영근 목사님 댁에서의 수개월은 나의 수배 생활과 나의 인생에서 고 목사님 을 통한 하느님의 크나큰 은혜로 생각하고 있습니다.

질문자 80년 한 4개월 정도 고영근 목사님 댁에 계셨던 것으로 아는데 고 목사님은 범인은

닉 사건과 부산 미문화원 방화사건 김현장, 문부식 구명운동을 위한 설교로 인해 80년에서 한참 지난 후인 83년 2월 24일~4월 6일까지 안기부 수사실에서 구류되어 있었어요. 왜 한참 지난 일을 소환해 구류를 당하신 건지요? 혹시 당시 상황에 대해 기억나시는 부분이 있으시면 말씀해 주시겠어요?

노경규 83.2.24~4.6까지(약 40여 일) 구류를 살았다는 것은 이상해요. 구류라는 명목으로는 이렇게 오래 안기부 수사실에 있다는 것은 전례가 없는 일입니다. 이 내용에 대해선 나도 잘 알 수가 없지만, 고영근 목사님의 나에 대한 범인은닉 문제와 김현장, 문부식 구명 설교는 전두환 정권으로서는 실정법의 문제를 넘어서 선동과 괘씸죄가 엄청났을 것으로 생각됩니다. 고영근 목사님의 끝없는 반독재투쟁이 그들로서는 눈에 가시 같은 존재로 여겼을 테니까요. 한참 지난 일들을 모두 소환해서라도 목사님을 묶어두어야 할 필요가 있었던 것은 당연했다고 생각됩니다.

8. 1983-8-소책자 ― 「현대인을 위한 교양강좌회」 13호

제 13 호   1983. 11. 24

현대인을 위한
교 양 강 좌 회
하나님을 위하여!
나라를 위하여!

장소 : 종로 5 가 기독교회관 대강당
주최 : 한 국 목 민 선 교 회
(서울시 강서구 화곡동 344 - 6)
☎ 602국 6230번

초 청 합 니 다

평소의 사랑과 근면하시는 하나님의 은총이 귀하의 가정위에 풍성하게 임재하시기를 기원합니다.

본 선교회에서 주최하는 현대인을 위한 교양 강좌회를 다음과 같이 설치하고자 하오니 반드시 참석하시고 많은 형제를 권고하여 함께 하실 수 있기를 바라옵니다.

다 음

일 시 : 1983 년 11 월 24 일 (木요일) 오후 6 시
장 소 : 기독교회관 대강당
강 사 : 주재용 교수 (한신대)
연 제 : 성령사 막사

유의사항 : ① 시간을 엄수해 주시기 바랍니다 (20 분 전 도착 요망).
② 한분씩 반드시 인도해 오시기 바랍니다.
③ 통지를 미리 보내드리오니 답서를 잊지마시고 참석하시기 바랍니다.

1983 년 11 월   일

한 국 목 민 선 교 회
교육부장

― 1 ―

사 령 의 노 래

개편 300 장

고영근 작사

一
생령의 은총으로 새 사람 되어서
하나님 생의 불
예수님 부활권리 확활월
하나님 날군이 일러진 나라건설 멀지타

二
민주화 거대를경 우리도 받았네
비민주 모든요소 제꺼이 없애고
자유평의 평등인권 참 민주주의를
조국에 실현하고 통일을 이룩자

三
하나님 운경하고 동포를 사랑해
국회된 모든이부 나런저 행하고
하나님 주신자유 주신선거우 바트게
이웃과 생명파 피저 충성을 다하자

알리는 말씀

1. 오늘 강좌회에 참석하신 여러분과 미한 말씀으로 강연에 주신 주제용교수님께 감사를 드립니다.

2. 새로이 참석하신 분은 등록을 통해 주시기 바랍니다. 다음 강좌회에 통지를 보내기 위해서입니다.

3. 이 강좌회의 진행을 위하여 자유롭게 헌금을 실시하고 있습니다.

4. 이 강좌회를 많은 사람이 알도록 활용해 주시기 바랍니다.

5. 이 강좌회에 참석한 수 있도록 이웃에 주시기 바랍니다. 다음 목요일인 12월 일 인권위원회가 주최하는 목요기도회에 많이 참석하셔서 이들 위하여 같이 기도할 수 있기를 바랍니다.

6. 본회 회장이신 고영근목사님은 지금 미주에서 한인교회와 집회인도를 하고 계십니다. (오는 26일 귀국할 예정입니다.)

지난번 모임 보고

1월 25일	고영근 목사 (한국교회의 나아갈 길)	210명	118,000 원
2월 17일	문익환 목사 (한국의 평화와 세계의 평화)	350명	65,000 원
3월 17일	오충일 목사 (평화가 없어 우신 예수님)	135명	31,080 원
4월 28일	이문영 교수 (고난을 수용하는 행정)	120명	98,400 원
5월 26일	임영천 교수 (제와사와 민중의식)	150명	168,000 원
6월 23일	고영근 목사 (국민윤리를 화답하라)	130명	110,000 원
9월 15일	고영근 목사 (국민윤리를 화답하자②)	120명	88,000 원
10월 27일	이인영교수 (한국기독교와 민족운동)	100명	71,300 원

교양 강좌회 순서

사회 송명홍 부장

1. 찬   송 ………… 300 장

① 예수따라가며 복음순종하면 우리행한걸 환하겠네 주를의지하며 순종하는자를 주가도웁네 하시리라

후렴 : 의지하고 순종하는길은 예수안에 즐겁고 복된길이로다

② 예를당하거나 우리고생할때 주가근심없이 하시겠네 주를의지하며 순종하는자를 주가인제나 주시리라

③ 남의걸웃고서 우리걱정하면 주가상당을 하시겠네 주를의지하며 순종하는자를 항상축복해 주시리라

④ 우리밝는것을 주께 마드리나 주의사랑을 저단겠네 주를의지하며 순종하는자를 은혜충성케 하시리라

⑤ 주의밝음안에 말씀전해주고 주를모시고 걸음가네 주를의지하며 항상순종하고 명령따라서 살아가세

2. 기   도 ………………………………… 윤반응목사

3. 성   경 …… 성경과 역사 …… 주제용교수님

4. 강   연 ………………………………… 송진성부장

5. 애국가봉창 ………………………………… 다 같 이

6. 주 기 도 문 ………………………………… 〃

※표는 기립하시다.

(다음 강좌회에 다시 만납니다)

역신한 젊은이들이 나타나게 된다. 1884년부터 선교사들이 이 땅에 정착하게 되자, 이들 입신자들은 선교사들과 협조하여 이 땅에 기독교를 확산시키고 교회를 세우기에 힘썼다. 1894년 동학혁명, 청일전쟁을 계기로 기독교는 급속히 보급된다. 그리하여 1896～97년 경에는 5,000여명이나 되는 숫자로 늘어났고, 1900년경에는 일만여명으로 불어났다. 일체부터 개화와 기독교를 관련시키고 의도했던대로 선교활동은 계몽·의료·출판활동과 영사병원·한글운동·구호의 계

활동으로 계몽교와 의료, 출판활동과 영사병원·한글운동·구호운동 등 각 분야에서 시작되었다. 개화된 기독교인들은 인권문제를 제기하기도 하고, 관리들의 부정에 항거하기도 하였다. 당시의 관리들의 부패상과 매관매직의 현상을 두고, 황현은 梧桐野錄에서 말하기를 5만원에 매매되었다고 기록하였다. 그래서 임지로 부임한 관리들은 〈낫이 생각코 밤에 해아리는 것이 도박을 생각분〉이라고 독립신문에서는 비판하고 있었다. 이러한 관리들에 부임에 의하여 기독교도들은 자주 그리고 용감하게 항거하게 되었다. 그리하여 예수교인이 있는 고을에는 수령으로 부임하는 것을 꺼린다는 체벌있는 나타나게 되었던 것이다. 1899년에 보이는 「대한그리스도인회보」에 그러한 내용이 비치고 있다. 그들이 수령으로 부임하지 않으려고 한 것은 예수교인이 있는 고을에서는 불법적으로 재산강탈이 불가능하였기 때문이다. 그리하여 때로는 기독교도들과 관리(정부) 사이에는 시비가 벌어지거도 하였는데, 이때의 독립신문에서는 기독교도를 두둔하고 있었지만, 지방에 따라서는 불법에 항의하는 기독교도들을 동학의 여당으로 몰아부치는 경우도 있었다.

한말 기독교와 민족운동

전 숭실여자대학교수 이 만열

一. 머릿말

기독교와 관련되는 구미 여러나라의 통상진출과 관계가 없다. 그런데 한국의 경우, 기독교와의 관계를 정립하는 데 있어서 아시아·아프리카가 아는 다른 면이 있다. 아시아·아프리카에 여러 나라들은 기독교를 열세로 구미 열강의 의해 식민지로 전락되어 있지 말문에, 기독교는 피지 민국가의 민중에게 좋은 인상을 주지 못했다. 거기에 비해서 한국은 이웃 일본의 식민지로 전락되었던 까닭에, 한말에 전래된 기독교는 한국에서 민족운동과 결부를 다투어 보여주는 것이다.

민족운동은, 어떤 민족이 역사적 과제 앞에 섰을 때 민족적 역량을 집결·결주하여 그 과제를 수행하는 움직임 자체를 말할 것이다. 그러 저런 차원에 한말 우리 사회가 대처 과제가 무엇이었던 가를 이해해야 한다. 그것은 일반적으로, 대내적인 개화 — 反封建과 대외적인 독립 — 反侵略으로 규정된다. 한말 우리 민족의 생존을 위해서, 안으로 자기사회를 개혁하려도 반봉건운동과, 밖으로 불법등이 들어오는 침략세력을 막아 나라의 주체성을 유지하려는 반침략·자주독립 운동으로 집약되는 과제였었다. 이러한 시대적 과제에 대한 한말 기독교인들은 어떻게 사고하고 행동하였던가. 이러한 점에 대해 면도는 과거 한국 기독교사에서 의의되었던 점들이 하나도 없다.

二. 반봉건운동

1870년대 말부터 만주 지역과의 접촉을 통해 세례를 받고 기독교에

三. 자주독립운동

대체적인 반봉건의식은 대외적인 자주독립의식과 상통한다. 자기사회를 개혁하려는 그만큼 자기 국가와 민족의 독립을 지켜야 한다는 것이다. 1896년경에서 1900년경까지 기독교인들의 반봉건의식과 자주

④. 기독교인의 항일운동

일인이 실로 폐어서, 한국의 자주권을 보장한다고 주장하던 일제는, 1905년부터 한국권리를 노골화하기 시작했다. 1907년에는 을사조약으로 외교권을 빼앗았고, 1909년에 기유각서를 얻고, 사법권을 빼앗고, 1910년 5월에 경찰권, 8월에 합방조약을 맺고, 우리 나라를 강점하였다.

이 때 한국기독교인들이 저항의 형태로 나타낼 수 있었던 것은 다음과 같이 설립될 수 있다. 기도회·행동·집회·시위·암살·암살, 정치적 저항운동 및 정치적 저항운동이 그것이다.

1905년 9월 장로회 공의회가 열렸을 때, 장로주의 제국으로 11월 ... 을사조약이 맺어진 후 상동교회에 전국교회가 나라를 위해 기도하기로 결의했다. 을사조약이 맺어지자 ... 기도회를 이루자고 했다. 눈물과 기도로 나라위한 기도회를 주도했다고 한다. 1907년 이후에는 전국이 상호 유기적인 ... 전민을 가지고 나타내자 ... 나타내었던 기도가 많아지 않았기 때문이다.

을사조약이 맺어지자, 최재학·이시영·이기범·김홍식·차병수 등 기독교인들은 몇 차례에 걸쳐 종로에서 ... 구국연설을 하고 전단을 뿌렸으며, 일본 헌병들과도 충돌하였다. 1907년 고종 양위에 반대하여 ... 하는 무쓰는 자결하며 전국적인 파동을 일으켰다. 정체 동은 이등박문을 ... 무쓰를 ... 하였다.

특히 한일의 매국적 활동을 암살한 사건에는 기독교인들이 관련되어 있다. 이등박문을 이등박문을 암살하여 한 ... 국의 외교고문이 되어 친일주구 노릇을 했던 스티븐스, 그를 샌프란시스코교회에서 ... 을사오적들을 살해하려고 평양 ...

저고 있을 때, 자주독립의식 또한 그 못지않게 열기를 돋구게 되었다. 그러한 움직임은 첫째 중국의 자주성을 고양하기 위한 병행사들에서 나타났다. 성탄일과 교회 명절에 자기와 매국가를 제양하고 ... 기독교의 국가를 제양하였다. 또한 국가가도 제정되었다. 그 애국가 가사가 ... 되었다. 이 국가가 ... 신앙과 결부된 사실이다. 애국가와 국가를 고양하는 것은 자주독립의 기상을 고조하는 방편이었기 때문이다. 1896년부터 ... 헌신입을 충족하는 시민들에 의해서 주도되었다. 오직에는 각교회 별로 모이고, 오후에 연합해 별로 모였다. 독립기개 에서 애국가를 고양하는 정부대신들의 소리를 들을수 있었다. 독자 세계와 운자 ... 한의 진보적인 것이었다.

한편 1896년부터 활동하기 시작한 독립협회도 그 구성면에서 보면 기독교도를 ... 주축을 이루었다고 할 수 있다. 서재필·윤치호·이상재·남궁억의 지도인물들이 있었고, 독립협회의 ... 교회와 독립협회를 ... 매개자 ... 평양지회의 경우, 한석진·안창호·방기창·김종섭 등의 이름이 모두 기독교도지도자들이었다. 그리하여 1898년 서울에서 만민공동회가 열리고 있을 때, 평양의 여러교회 교우들이 모여 <우리도 저 충의 있는 일에 떨을 모우자>고 외칠 수 있었던 것이다.

결국 이러한 자주독립운동은 정부에 많은 자극을 주었다. 그러고 그 반대로 이러한 분위기 때문에 정부의 교회에 대한 박해와 의구심이 가중되어, 1901년 9월의 장로회 공의회에서도 <국가와 교회가 교섭할 ...> ... 찾아가 조선 ...이라는, 정교분리원칙을 천명하여 교회를 정치적 파동으로부터 보호하려 했던 것이다.

올바른 국가관 확립

— 국가관 확립의 필요성 —

무림선교회장 고영근

우리 나라는 오랫동안 군주의 권력을 받아왔기에 군주의 속국으로 생각는 속국의 의식에 있었고, 20세기에 와서 8.15 이후 지금까지는 소련 등 강대국의 종살이를 하였고, 8.15 이후 지금까지는 일본에게 36년 외국의 종살이를 하다시피하여 자주 국가로서의 민모를 완전히 갖추지 못하고 있습니다.

이제는 올바른 국가관을 확립하고 민주국가를 건설하여 선 등 외국의 제재로부터 벗어나서 완전한 통일된 국가를 이룩해야 되겠습니다.

① 개인을 희생시키는 전체주의 국가가 되지 않기 위하여

이조 5백년의 군주정치 체제나 일제 36년의 군주의 정치체제나, 공산주의 정치체제도 개인의 희생을 강요하고 공복과 명종을 강조하는 정치체제입니다.

인텔젼 국가의 인정과 번영을 위해서 개인의 희생을 요구하다 하지만 사실은 소수의 집권자들의 경제 인모와 집권자의 영달을 위해서 개인의 희생을 강요하는 수가 많은 것입니다.

우리 민족은 오랜 역사에 걸쳐 집권자의 중심이들 쁠을많일 자주 국가 국민으로 빛빛어 살아오지 못했습니다. 집권자의 생각는 인제나 전체주의를 좋아하고 무슨 명분을 세워서는 전체주의 체제를 유지하려고 합니다. 앞으로는 현실에 알맞은 민주정치를 한다고 하지만 사실상 그 마음속에 집권의 올바른 올주의, 민족주의, 세계주의를 화

도에서 장사사를 베어와 훈련하며 기회를 엿보았던 전막기, 그리고 이 왔을 실패에 실패한 이세 빵, 이들은 기독교에 실인을 굳이는 제별이 있음에도 그 나라 사랑의 정열 때문에 매우 활동을 계속하였고 거사를 했던 기독교인들이다. 특히 이세빵의 재판기록에는, 그 토매의 청년들이 단예인 일정과 최상 이용과를 비자동의식의 이원화와 대주적인 사회 단체인 일정과 최상 이용과를 설립하려는 계획이 있었음을 엿볼 수 있다. 이세 빵 투쟁에 의한 기독교 민주운동은 민족에 민주운동을 동화 등으로 연결됐다고 하겠다.)

통감부에는 각종 세들이 중생되었다. 기독교인들이 이러한 뜻의한 세들에 지원하는 조세거부운동, 자강에자 대투쟁, 국제 머신 운동 동경 비세으로 정립운동을 나섰으며, 일제하에서도 이러한 정의 경제 민주운동은 기독교인들에 의해 주도되었다.

경제적인 측면에서도 YMCA계나 서북학회 소속의 기독교인과 교회 · 기독교회교에서 反日群 · 反一進蟬 운동을 앞장섰고, 신체회를 통해 민족운동의 역량과 정세을 구축하기도 하였다.

이렇게 볼 때, 한말 기독교인들은, 그 시대가 요청하는 민족적 과세를 잘 인식하고, 그 과세수행에 선렬을 기울이고 있었으며, 이것이 면 여 밖에서 하나님의 뜻을 찾으며 순종하는 것이라고 믿고 행동했던 것이라고 생각된다.

※ 문의 할 곳사 육동 서한지
꿈이 없는 세빼냐
(박 용 걸 엮음)

신국판 339 페이지　　값 3,000 원

— 9 —

— 8 —

...하여 민주 국민으로 손색이 없는 국민적 자세를 확립하고 나라와 세계 인류를 위해 공헌해 나가야 하겠읍니다.

② 절대로 받거나 침략하지 않는 나라가 되기 위하여

국가주의와 민주주의에 치우치면 남의 나라에서도 내 나라가 부국강병을 이루어야 한다는 국가 지상주의에 빠지기 쉽습니다.

국가 지상주의에 빠지면 전체주의의 체제가 되어 개인의 희생을 강요하게 되며, 또 한편 남의 나라를 침략하게 됩니다. 그러므로 개인주의에 빠지지 않고 국가주의에 빠지지 않게 민주주의가 시행될 수 있는 것입니다.

⑥ 훌륭한 민주주의의 최고의 신념을 가지고 세계주의를 향한 민주주의와 국가주의를 병행하고 시행해 나갈 때 외국의 침략을 강력히 방어할 수 있을 것이며, 또 국가도 침략하는 과오를 범치 않을 것입니다.

민주주의 사상만이 평화하고 세계와의 이념이 부족한 민주주의 마음을 벨게 세계의... 그러므로 개인주의, 민주주의, 세계주의가 삼각체형을 이루어 정립해 나가도록 하겠읍니다.

③ 국가 번영이 세계의 번영이 되기 위하여

개인주의와 세계주의의 이상이 없는 편협된 민주주의는 히틀러의 나치스, 뭇솔리니의 파시스트, 일본의 군국주의와 같이 편협한 세계의 평화를 깨뜨리게 되는 것입니다. 자기 민족만이 우수한 민족이고 다른 민족은 자기 민족의 세계를 만들 아니하는... 그러므로 개인이나 국가주의는 세계주의의 번영을 위해 강조되고 육성되어야 하겠읍니다. 개인주의는 국가민족의 번영을 위해

서 확립되어야 하며 민주주의는 세계주의 이상을 실현키 위하여 확립되어야 민족의 번영이 이루어지도록 해야 하겠읍니다. 그러하면 세계 인류는 공생공영하게 되며 하나님 나라가 이 땅에 이룩하게 될 것입니다.

2. 개인주의

① 이기주의를 물리치자.

이기주의의 나무에는 탐욕의 벌레가 쓸고 해돋의 나뭇잎이 떨어지며, 썩만은 그들이 됩니다. 그 반면 개인주의는 이기주의의 승화요 국부요 주체된 비판입니다. 동양사람은 너무나 개인주의적 자주성이 희박합니다. 많은 사람들이 가족이라는 공동체속에서만 편안해 살아왔기 때문입니다.

나도 나다. 너도 자주 독립한 존재로서 나의 이상이 있고 나만이 가진 독자적 가치 의의를 가집니다. 하나의 개인들이 강력한 자아의식을 가지고 저마다 보람과 존재를 느끼는 개인이 되어야 합니다. 우리 민족의 대다수가 개인주의와 이기주의를 동일시 하면서, 개인주의와 이기주의는 너쁘다 하여 개인주의를 배격해 오고 있습니다.

일본은 전체주의 국가로서 민주주의 국가인 미국과 영국과 전쟁하며 민주주의의 기초정신인 개인주의와 자유사상을 배격하며 전체 주의를 강조하기에 이르렀읍니다. 일본인의 교육을 받아온 우리 민족은 아직도 전체주의에 영향을 받아오고 그 전체가 남아있게 되어 개인주의에 대해 인상이 좋지 않습니다.

이기주의와 개인주의는 엄격히 다릅니다. 이기주의는 반사회적 생활 태도로서 사회가 파멸해야 할 사고방식이요, 개인주의는 자기의 사상적 기본 원리로서 이상과 의의와 목적, 내 책임과 내 권리만 주장하고 나의 인중에는 오직 나의 인간이 이야만이 있을 뿐입니다. 더 없고 우리

조화에서 살아야 하거던 남과 부화 뇌동해서 살아서는 안됩니다. 동(同)은 획일주의요, 화(和)는 조화주의입니다.

향상만은 소포타나, 알토, 데너, 베이스가 각각 제소리를 내면서 조화를 이루어 아름다운 합창이 되는 것입니다. 개인이 사회의 가진 한 주체이며, 이러한 통일체요, 개성의 존재이며 자율적 제임과 자유에의 인격의 주체입니다. 이러한 독립을 지니고 개인의 가치를 완성하고 개인의 독립성, 평등성, 존엄성을 강조하는 것이 개인주의 사상입니다. 이러한 독립을 갖고 있기 때문에 개인은 의무나 권리가 되는 자유 기반 보고 너와 우리를 보지 못하는 것이 이기주의의 병증이요 어리석 음입니다. 이 세상은 나 혼자 사는 세상이 아닙니다. 만일 사람들이 저마다 이기주의를 생활에 원리로 삼고 살아간다면 이 사회는 무섭고 살벌한 전쟁상태로 돌입하여 나와 너의 자유와 권리가 모두 부정되고 아무도 자유와 권리를 누릴 수 없게 됩니다. 이기주의의 결과는 너도 망하고 나도 망하는 주의나 우리나라 사회적는 이 이기주의를

자기 수련과 도구로도 싶습니다. 이기주의는 나만 알고 남을 나의 욕망 실현의 도구로 처리는 철저한 개고와 가치로 세우고 자기 욕심만 처리는 생활이 도입니다.

우리는 자기를 사랑하고 또 사랑해야 합니다. 나의 자아, 나의 권리, 나의 재산, 이익과 안전, 행복은 내게 있어서 한없이 소중합니다. 그러나 나에게만 소중한 것은 결코 아니고 모든 사람에게 다 그러합니다. 자기 보고 너와 우리를 보지 못하는 것이 이기주의의 병증이요 어리석 음입니다. 이 세상은 나 혼자 사는 세상이 아닙니다. 만일 사람들이 저마다 이기주의를 생활에 원리로 삼고 살아간다면 이 사회는 무섭고 살벌한 전쟁상태로 돌입하여 나와 너의 자유와 권리가 모두 부정되고 아무도 자유와 권리를 누릴 수 없게 됩니다. 이기주의의 결과는 너도 망하고 나도 망하는 주의나 우리나라 사회적는 이 이기주의를 하나도 배격해야 하겠습니다.

② 올바른 개인주의를 확립하자.

개인주의는 민주주의 기본원리의 하나입니다. 민주주의가 확립되 려면 전전한 개인주의의 확립이 필요합니다. 개인은 사회 구성에 있어서 가장 작은 단위로서 사회의 원자이기 때문에 더 나눌 수 없는 존재입니다. 개인은 하나의 작은 우주입니다. 그러고 개인은 인격을 바탕으로 하기 때문에 개인주의의 확고의 표현이 인격주의입니다. 우리도 저마다 인격으로 살아집니다.

각 개인은 저마다의 인격의 존재로서 개성을 갖고 있습니다. 이 세상 에 꼭 같은 존재는 하나도 없고 저마다 독자적인 개성을 갖고 있읍니 다. 마치 46억 인류의 얼굴이 저마다 다른 것처럼 사람들의 개성도 같지 않읍니다. 저마다 저마다 빛이 있고 향기가 있고 특이이 있읍니 다. 그것이 민주주의의 다양성의 세계입니다. 우리는 남과 화목하고

그도 「나」를 생각하는 것이 아니요, 「너」를 생각하고 「우리」를 공 동체로서 생각하고 전체를 염두합니다. 남을 괴롭히거나 남에게 불편을 가져다 주지 않는 것은 고사하고 살아서 살게 됩니다. 올바른 개인주 의를 확립한 것은 교만하지 않으며 비굴하지도 않고 모든 일에 겸도가 있고 원죄과 봉사가 있읍니다. 다시 말하거나 남을 괴롭히거나 남에게 불편을 주는 법동을 하지 않읍니다. '자 개인의 인격을 서로 존중하 자' 이것이 개인주의와 더의 생활 신조입니다. 우리 개인주의가 되고 사회가 복지화되려면 국민 저자가 개인의 자각과 확립이 있으며, 올바 른 개인주의로 그 기초를 튼튼하게가야 하겠읍니다.

③ 개인은 국가와 세계를 위해 공헌하자

우리가 개인주의를 확립하는 것은 나혼자 잘살기 위해서가 아닙니다. 내 개성을 존중하고 남의 개성도 존중하기 위함이며 내 자유와 권리를 지키고 누워 못이 남의 자유와 권리도 존중하기 위해서입니다. 나 자신 의 인격을 확립하고 국가 민족과 세계 인류를 위해 봉사하고 공헌하기

민주주의와 국가주의를 위해서 하고 있는 것도 사실입니다. 그럼 다만 우리도 민족주의를 버리고 하루 속히 세계주의의 과정을 밟아야 하지 않겠습니까? 그러나 여기 문제점이 있습니다.

세계주의를 주장하는 나라들은 오늘날이 민족주의의 강한 인상으로 그 세계주의를 실현할 만한 힘을 가해 있었습니다. 그 반면 우리 민족은 아직도 국가 단위로 근대사를 살아오지 못했습니다. 우리 다른 정신 사상, 문화, 정치, 경제의 힘을 찾지도 못하고 있으며 아무런 전통도 남기지 못했습니다. 그런 처지에 있으면서 개인과 인류, 나의 세계만 생각한다면 그 결과는 어떻게 되겠습니까? 결국 남의 장단에 춤추다가 자신을 잃어버리고 말 것입니다. 그러기 때문에 우리도 민족을 단위로 삼고, 조국을 주체로 삼는 엄연한 의미의 민족주의를 버리지 못하는 것입니다.

진정한 의미의 민주주의란 모든 민족과 국가들이 제각기의 개성과 주체성을 살려 전정한 문화사상과 생활의 조화를 잃는데 있습니다. 민족의 특수성을 돌보지 않는 세계주의는 있을 수 없습니다. 그것은 가정이란 한 집단이 아무리 거대하더라도, 그 구성 단위인 가족들의 존재성을 짓밟을 수는 결코 없는 것과 마찬가지입니다. 그러므로 인체나 나는 민족을 통하여 인류에 봉사하며 국가를 거쳐 세계 인류와 개인들이 매개 개체를 저거하고 있습니다. 그러므로 우리는 민족과 국가라는 주체를 떠나서는 생존하지 못합니다.

「수신제가 저구평천하」라는 말은 그러한 정세가 전라입니다. 그러 우리도 세계문화의 인류 번영에 동참하여 공헌하기 위해서도 먼저 계속하여 민족을 단위로 하여 국가를 주체로 삼는 정신과 물질적 계산을 성장시켜야 합니다. 우리는 결코 좋은 민주주의나 국가 지상주의를 선양하진 않습니다. 그러나 우리들 모두가 조국과 민족을 통하여 세계와 인류에 봉사한다는 뜻을 잊어서는 안됩니다. 그러기에 우리도 정성을 다하여 내 조국과 민족을 사랑하여 우리 6천만 민족이 한데 뭉쳐서 민족단위의 세계 인류를 위해 공헌할 실력을 하루 속히 기워나가

위하여 나 개인의 실력부터 기워 나가고자 하는 것이 개인주의의 목적입니다. 만일 나 개인의 인격과 실력이 부족하면 남에게 주거운 짐을 지우게 되든 것이요. 나아게 사회에 사명을 다하지 못하게 권리를 잃을수 없게 되기도 하기 때문입니다.

예수님의 생활 이념같이 "있자가 온 것은 섬김을 받으려 함이 아니라 도리어 섬기려 하고 또 많은 사람의 대속물로 주려 함이라"(마태 20장 28절) 이같이 실제로 남에게 무엇인가 줄수 있는 실력이 필요합니다. 그러므로 개인주의는 내 실력과 기능을 키워서 사회에 봉사하고 세계인류를 섬기려 하는 데 있습니다. 우리 모두 이와 같은 정신을 가지고 조실하게 개인주의를 확립해 나갑시다.

3. 국가주의 (민족주의)

① 내 민족(民族) 내 나라를 사랑하자

개인주의와 세계 주의를 맹목한 민주주의는 전체주의와 극단주의의 개인주의와 세계 주의를 맹목한 민주주의는 그리고 세계주의의 민주주의가 너무 경향이 있으나 개인주의 그리고 세계주의가 조화를 이룰 때는 아름다운 이상이 될 수 있습니다. 이와 같은 민주 주의는 오늘날 같은 뜻있는 오늘날 민주 주의 인류에의 준엄성과 자유를 존중시 하고 있으므로 뜻있는 민주 주의 지도자들은 이미 세계 인류를 공정하게 상대하고 있습니다. 이에 뒤떨어진 민주주의나 국가주의로 되돌아 간다면 그것은 역사적 후퇴이며 19세기로 돌아가는 것이나 할 수 있습니다. 공산주의 들도 저마다 해소되는 방등이 세계를 덮무고 있는데, 민주주의가 하나 의 세계를 지향하고 있는 이마당에 추인국가는 민주주의를 강조하면 역사의 '조류'에 역행하는 것이나 역류에 세계의 세 유행처럼 오늘날 우리는 개인의 인류세계의 통할수 있는 개인주의와 세 개인의 틈바구니에서 살고 있습니다. 그러므로 우리 모두 홍조를 바라는 개인주의 생각하는 나아가 민주나 국가에 국안이들은 자기와 세계를 지나치게 생각하는 선전국가의 시민들이 관한 일은 가볍이 여기기 마련입니다. 또 않은 선전국가의 시민들이

한심한 일입니다.

1949년 미·소 양군이 완전 철수한 것을 김일성이 전쟁을 일으켜 다시 소련군과 미군을 불러들여 놓고는 지금와서 미군 철수하라고 떠드니 정신빠진 일이며이 어불성설 입니다. 남한에서는 부득이 우리의 생존을 위하여 아픈 마음을 누르며 우리군을 불러 공산침략을 막게 했던 것입니다. 우리는 부득이 아주 군대를 불러다가 공산당을 막게 되었던 것입니다. 당시 중공 국민과 저자를 받아 신해혁명을 성공으로 이끌었던 것입니다. 후천 이후 우리는 또 다시 전쟁의 비극을 막기 위해 한·미방위 조약(1953년 10월, 워싱턴)에 조인하였고 그 조인은 소련과 중공으로 대표에 군사강국을 제압하였으며 남한이나 북한이 민족의 것들으로 인하여 미·소 양군에게 자국 보호를 요청하는 군대를 제철하여 우리 소련과 미국의 보호상이를 자초한 셈입니다. 민족의 자주권을 스스로 포기하였고 미·소 양국에게 민족적인 자존을 전상한 셈입니다.

옛날의 김춘추를 위시하여 자객이 없는 민족입니다. 공산주의와 민주주의의 사상 싸이 대립입니다. 인제까지 우리 민족은 남북이 두한 대립상으로 자주권을 스스로 포기하고 제 우리 최우의 제도 당분간에 제 맞섰던 실 병은 자주를 인탈당기만 합니다. 우리 한국의 자유 평등 인권이 실현되는 진정 민주주의를 실행하여 자유의 바탕을 북상시키기에 공산주의의 아성이 무너질 터인데, 그러므로 우리의 자주는 무너질 없으니 우리 스스로부터도 소련이 우리나라가 통일되는 것을 원할리 없으니 우리 통일을 성취하지 아니하면 몇 십번도 될 것이 아닙니까? 우리는 자성하여 우리의 권리를 우리 스스로가 찾아야 민중들은 민족으로서의 남북이 찾아야 되겠으며 그러하여 국가의 주권과 개인의 권리를 아울러 찾아 누리며 우리나라를 반영시켜서 세계 인류에 봉사할 실력과 대세를 확보해야 하겠우니다. 이것이 민권을 찾아 누리는 길입니다.

가야 하겠읍니다.

② 민족적 권리(民權)를 누리자

중화민국의 국부 손문(1866~1925) 선생은 그의 전국이념이었던 "삼민주의"로 민주, 민권, 민생, 민생을 역설한 바 있었으나 이 지도이념은 정확하게 주장한 세계의 저자를 받아 이념보다 훨씬 실제적이고 권리가 있어 중국 국민의 저자를 받아 신해혁명을 성공으로 이끌었던 것입니다. 당시 중국은 영국, 프랑스, 러시아, 독일, 미국, 본 등에 권리를 받아 자주권을 상실한 한식민지로 전락되어 있었읍니다. 그는 민족, 민권, 민생의 삼을 역설하고 삼일이라고 부르짖었던 것입니다.

오늘 우리나라는 옛날에는 중국에게 자주권을 빼앗기고 중국군으로 민족을 상실하였고 해 방후에는 소련과 미국에게 자주권을 빼앗기고 변질로 차례 당하였던 일족의 남북분 단의 쓰라림을 받으며 소련과 단변에 자기 중축인 공주의 고구려와 백제를 처부셔 당해보고 시켜온 아부를 하게 해 최종적 해결하여 결국 고구려의 넓은 강토를 고스란히 당나라에게 제공했던 역사적 비밀 보텔 재까지 반복되고 있읍니다.

1950년 2월 북한의 김일성은 모스크바에 가서 스탈린에게 무릎을 끓고 마다를 조아리면서 자기 민족이 남한을 공격하게 해 달라고 애 하여 6.25 동란을 도발했던 또 다시 중공의 모택동에게 애걸하여 중공 군을 동북하고에 투입시켰던 것입니다. 동포를 학살하는 동족에와 우 리 자주권을 조금도 생각지 않고 조금도 민족의 원수 소련과 중공을 불러다가 제 동족을 죽이고도 모금도 반성하지 않으면서 오히려 남한 에서 먼저 전쟁을 일으켰다고 자기를 정당화로 정의를 남한 에서 먼저라고 변명하나 기가 막히는 일입니다. 정치를 한다는 자가 제 동포를 죽이가를 파리 목숨 죽이 듯 하면서 해결을 부르짖으니 너무나

③ 민족의 생존(民生)에 의해 단결하자

우리 민족은 하루 속히 민족과 개인적인 자유와 권리를 누려야 합니다. 그리고 우리 민족이 살기 위하여서는 경제 민주화와 분배들이 이루어져야 하고 아울러 경제 번영이 이루어져야 합니다. 경제 번영이 이루어지면 정신적 자유의 축복이 될 요합니다. 사과나무에 사과가 열리고 돌배나무에 돌배가 열리며 많이 심는 자가 많이 거두고 적게 심는 자가 적게 거둔다(고후 9장 6절, 갈 6 : 7) 는 말씀은 하나님의 말씀에 먼즈에 진리입니다.

절대로 나라와 민족은 모두가 잘살 수 있는 조건을 갖추어서 잘사는 것이고 못사는 나라와 민족은 못살만한 조건이 있어서 못사는 것입니다.

영국 국민들은 근면, 절소, 회 화한데마다 질서를 존중하며 국민품을 아동하고 생신에 힘쓰는 민족이나 못살리가 없읍니다. 2차대전 후 영국 비민은에 세계의 출레시들을 운영하는 거부의 이동이 있었다만 그 는 때에 양보를 잃고 통일하였다고 합니다. 회복하지 물건은 의국의 수출하고 국내에서는 가증처 사용하지 않으며 외국에도 가급적 사용하지 않고 국신품을 예용하기로 반드시 국가 경제가 번영되지 않을 수 없음니다.

한마디로는 황폐한 국토를 옥토로 만들어 농업국가로 발전하게 개인 소득이 1만불을 육박하게 되었고 화한된 국토면적 25%에 해당하는 바다를 막아 농토로 만들었고, 매년 꽃을 수출하며 3억불의 외화를 벌어들인다고 합니다. 이스라엘은 돌모으게 볼모으게 계발하며 사막이 과수원이 농장으로 볼변하게 하였고 일보과 독일은 전쟁의 상처를 체 웄 곳이 었고 자유세계에서 미구 다음으로 각각 제2위, 제3위를 손꼽는 경제대국이 되었습니다. 이나라 국민들은 모두가 잘 살수 있는 이유에 분에 잘살게 되었고 우리 민족은 못살게 되는 이유 때문에 못사는 것이 아니고 못사는 이유 때문에 성실치 못한 것, 성실치 못한 이유 때문에 못사는 것입니다.

근거를 말하고 돈을 많이 벌려는 벌려는 성실치 못한 부식에 문입니다. 고속도로 공사를 날밤으로 건설하였가 마문에 도로는 바과피어 매일 수리해도 일이 그치지 아나하며 건물을 날림으로 지었기 때문에 벌고 다시 짓는 일이 피일피재하하 하수도를 묻고 다시 파서야 수리하는가 5년 후에는 가옥을 헐거나고 집을 넓히고 짓는 짓을 제 외했기 5년 후에는 가옥을 헐거나고 집을 넓히고 짓는 짓을 제 외했기 이 될수가 없는 것입니다. 모두가 성실치 못한 것이 제일로 된 원인입니다. 우리 모두 성실한 자체로 경제 번영의 형새야 하겠습니다.

둘째, 노력의 부족입니다. 회한이 바다를 옥토로 만드는데 땅 넓이 노력한마는 아무리 인구 밀도가 많다고 하여도 경제 부흥이 가능한데 우리 나라는 땅넓부터 놀고 있는 것이 얼마이나 되는 나쁜 전통 때문에 지금도 제으로 것이 습성화하여 국도에 방울 역시 계을러하고 있습니다. 미국민들이 서부를 개척하면 개척정신으로 국토를 개발하며 1차 산업을 일으기고 공업을 발전시켜 2차 산업을 일으키고 신용거래로 3차산업을 일으켜 경제 번영을 축진해야 되겠습니다.

셋째, 시자의 낭비입니다. 우리나라 경제번영의 큰 장애물은 시자와 낭비입니다. 스케가 생신의 몇 잡불을 앞서드고 낭비가 선전구를 앞저 드면 경제번영이 될 수가 없읍니다. 특별히 의사주의 우둥비는 선진 국 보다 뒤지지 않으니 저축이 되자 않으면 민족자본이 축적되지 않음 니다. 그러므로 우리는 사치를 추방하고 근검 저축하여 우리 경제를 번영케 해야 합니다. "당신이 없으면 정신이 없다" 그 한 있고 좋은 심으로 전비되는 것입니다. 경제적 자립이 없이 정치적 자립이 이루어지 않읍니다. 우리나라가 정치적으로 완전 독립하려면 경제적으로 완 전히 독립해야 합니다. 그리하여 우리도 내 민족 내 겨례를 사랑하여 생사 운명을 같이하고 민족의 주권을 찾아서 수호하며 민족의 생존과

번영을 위해 제 경제면영의 바퀴를 가하며 민족, 민권, 민생의 삼민주의
이념이 실현돼야 하겠읍니다.

4. 세계주의

① 세계 인류는 하나님의 자녀로 비로소 하나님께서 당신의 형상대
로 남녀를 지으셨고 (창 : 1 장 26 ~ 28) 아인이나 의인을 무명하게 하게 서
창조에서 해방과 비를 돌고루 주시에 인류 전체가 구원받기를 원하시
니 세계 인류는 하나님의 사랑하는 백자여집니다.

9 ( ) 라고 부르니 인류는 모두 형제요, 세계는 한 집안입니다.
세계인류는 하나님을 향하여 "하늘에 계신 아버 아버지여" (마 6 :
"예수님께서 입증하시기를 누가 내 모친이며 내 동생들이나시고
손을 내밀어 제자들을 가리켜 말씀하시기를 나의 모친과 나의 동생을
보라 누구든지 하늘에 계신 내 아버지의 뜻대로 하는 자가 내 형제요,
자매요 모친이니라" (마 12장 46 ~ 50)

이렇게 예수에서 세계는 한 가정이요, 인류는 한 형제임을 암시하겠
읍니다. 그러므로 세계 인류는 하나님 앞에서 형제요, 자매임을 믿고
먼저 세계주의 정신을 확립해야 하겠읍니다. 잇달같이 자기 민족만 알
뿐 다른 민족을 원수나 하고 생활하는 우매한을 모두 회개하고 세계주
의 이상을 가지고 공영하는 삼의 삶의 자세를 가져야 나가야 하겠읍니
다.

② 세계 인류는 공생 공영해야 한다.
세계 인류는 서로 사랑하고 상부 상조하며 공생 공영해야 할 것입니
다. 세계 평화의 이상을 갖고 조석의 유엔이 것닷같아 한데 뭉치어 자
나라의 주권과 생존을 존중하면서 공존해야 하며 또 공영해야 하겠
읍니다. 만일 어떤 나라에 풍년이 들어 가이에 빠지대 식량을 대어와
여 경제 공황에서 구원해 주고 또 통을 한쪽과 과학이 발달되며 문화
를 교류하고 또 스포츠 정기등 이웃 나라와 친선을 도모하면서 상부상

조하는 기풍이 진작되어야 하겠읍니다.
또 이웃 나라와의 무역 함에 있어서 아버하게 지나치 무역의 역조를
도모하는 입을 삼가고 이웃 나라간에 영토나 분쟁이나 아버를 피한을 삼
가며 최선을 다해 최선을 도모해야 할 것입니다. 세계 인류가 평화 공
존을 이룩하며 전쟁을 미연에 방지하고 정의가 실현되도록 협조해야 하
겠읍니다.

③ 세계의 민족주의 개인주의와 조화
각 나라마다 개인주의가 존중되며 민주주의가 실현되고 또 세계주의
가 실현되어 세계평화가 이루어져야 합니다. 개인주의의 민족주의
의도 옳지 못합니다. 이 세 가지 요소는 반드시 실정형을 이루어 조화
를 이루어야 합니다. 어느 한 가지에 치우처면 반드시 부작용이 생깁
니다. 우리나라는 세계주의 실현을 위해서 아서 속의 개인주의를 확
립하며 민족주의를 실현하고 아울러 민족주의도 실현되어 세계 공영에
이바지하도록 최선을 다해야 하겠읍니다.

※ 고 영 근 목사 저서

○ 죽음의 고비를 넘어서
  신국판 370페이지 값 3,500 원

○ 민족이 나아갈 길
  신국판 440페이지 값 3,800 원

○ 기독교인이 나아갈 길
  신국판 470페이지 값 4,000 원

교회와 사회참여

전 조선대교수 임 영천

예수의 이른바 <일탈 행위>가 누적되면서 마지막 단계에는 예루살렘 '성전 청결' 사건에까지 이르게 된다. 로마군에 밀려버리기를, 모범을 몸모가 있다고 하였다. 즉, 몇져냥으로 몸아세울 것이다. (그래서, '가이사 외에는 우리에게 왕이 없다'느니 '것도 사행이 해당한다'느니 '성자가에 못박혀야 하겠다'느니 하면서, 제대가 '우리에게도 사람을 죽이는 권한이 없다'느니 하는 식의 노골적인 살로 자신들의 살의 의식을 노출시켰다.)

그러므로 <일탈 행위>는 그 범위가 거지거나 또는 개인적 성향이 서집단적이며 보편적인 사실로 일반화할 때는 행동성을 띠게 된다. 예루살렘 일상서 많은 군중들이 예수를 환영하며 "호산나 찬송하리로다. 주의 이름으로 오시는 이여" 하고 외칠 때 벌써 범세 군중 속에는 행동이 가운이 감돌고 있었다. (문론 그 구회에 참드하는 종중 속에 주의에 많은 군중이 구원을 외칠 때, 벌써 그 속에는 행동의 기운이 감돌고 있었음을 상기하라. 지도자의 본의와 민중의 반응이 반드시 일치하는 것은 아니다.)

이제 큰 그들은 억눌린 자신들을 로마의 압제하에서 해방시켜 줄 메시야를 대망하고 있었던 것이다. 이런 분위기 속에서 예수가 행동을 일으킬 또로의 것은 있음직한 일이다. (가뜩이 지도자에게 일치 운동성이 점점된 지도자에게 일치 운동성이 점점된 지도자에게 일치 운동성이 점점된 일본 이 모든 것이 실제로 예수가 저항한 바, 가두교가 서도의 요원의 불길처럼 될 일이 모든 것이 실제로 예수가 저항한 바, 가두교가 서도의 요원의 불길처럼 될 일.

아냈음에도는 이미 그것은 개인적 계인적 사회적 <일탈>의 범주를 넘어 사회적 <체제>의 단계로 접어들었음을 보여주는 것이다. 마핀 투피의 계몍 주긴 이제 개신교가 첨세로 총기하게 띄었을 때, 그의 조거가 개인적 <일탈 행위>가 나중에는 총체 가톨릭 '계층 사회' 이 <체제 사화>, 이제였던 일시적 이고 개인적이었었던 <일탈 행위>가 뒤에 가서는 빼전 것이다. 미주의 축인 민권 운동가 루터 킹 목사의, 이제였던 일시적 이고 개인적이었었던 <일탈 행위>가 뒤에 가서는 빼전 것이다. 미주의 축인 민권 운동가 루터 킹 목사의, 이제였던 일시적 이고 개인주의 사회, 즉 미주의 편별적 사회 결사에 대한 전반적인 체계를 흩들고 온 사회를 우리는 포함하고 있다.

이런 루터의 사람들은 모두 의식 분석자, 느는 멈 넓은 의미의 정치 때들이었다. 그들이 왜하는 그들 자신의 개인적 문제의 때주를 넘어 사회적 성격의 됐이 강하다. 그들은 절코 자기 자신들이 문제를 가저 사화를 마저는 총교 사화의 근 문제들을 논란 하겠었던 사람들이다.

오늘날 우리 왜 왜장 교회는 이런 문제들과 관련하여 대책상, 정정넌, 지직의 및 노동운동가, 때로는 (점은 수의) 성직자들의 <사회 참여 > 문제의 관련된 이른바 <일탈 행위>에 대한 폭넓은 이해가 있기를 바란다.

안양교도소에서 수감된 때생성 긴급조치법이 고영근 목사에게 질문한 내용을 보자. "목사님, 죄수나, 철수나 저우는 잘동이 분명이 없지요?…… "제로는 내가 주림 때 먹이자 아니했고 목마를 때의 마시계 아니했으며 옥에 간청을 때 돌아오저 아니했고 빗있고 때 옷입히지 아니했으니 영원한 지옥불에 들어가다' 했는데 오늘 한국교회가 긴금조치 사건으로 옥에 강헌 자에게 너무 나 의면하고 냉체하고 있으니 이해할 수가 없습니다. 분명히 지옥이 없가야 2만 5천이나 되는 않은 교회들이 옥에 간헌 자를 돌아보면서 하저 않는 것이 아냐니가? 이 도전적인 질문은 교회에 반성을 촉구하는 뜻깊은 질문이었다. (고종윤의 고뇌를 넣어서)(고영근> p. 249)

이제 또 이 맕았 교수의 교회를 하나 더 들어보자. "나는 지금도 내 일이 옳아서가 앞 2 천벙이으로 권이 있음이다.

한 한국의 메카니즘의, 총체두진의 이데올로기져 목적 없애에서도 성견
서 내가 갇으에 가 있을 때 던 한번도 기도회를 연 적이 없는……(편
의 한구 교회는 줌서 의 첫해져야된 함 때가 왔다고 본다. 그래야만 우
리 사회의 교회가 다 함께 성장·발전하지 않겠는가?

〈風雪六周」·10월호에서〉

※ 기독교사상 300호 기념 논문집

제 1 권 한국의 신학사상 (기간)
         신국판 426페이지   값 4,000 원

제 2 권 한국 역사와 기독교 (기간)
         신국판 434페이지   값 4,000 원

제 3 권 한국 교회와 이데올로기 (기간)
         신국판 428페이지   값 4,000 원

제 4 권 한국의 정치신학 (근간)

예전의 약 2억원의 큰 교회이다. 나는 이 교회의 장로이체 나를 위해
서 내가 갇으에 가 있을 때 던 한번도 기도회를 연 적이 없는……(편
지「조선」'80.4월 창간호 P. 161)

이러한 모습의 대부분의 요즘 교회의 일반적인 현상이다. 그래도 위
의 배부생이나 총교수의 부류 속에는 소수분의, 무선의에 대한 사울함
의 표시는 끗보일지언정 그 속에 적나라 함 나이나 결정이 없음은 다행
이다. 누수수의 에의를 제하고는 거개의 목사나 장로들은 정치별 포는
양심별 하는 사업들을 별 오하기 일쑤다. 그럴 수 밖에 없을 것이, 교
회를 실질적으로 움직이는 우체한 만화別 정로나 재정의 정부 관료적
의 몸담고 있져나 아니면 권력의 앞또, 기업別의 간부들이가 신상이야
또 이런 교회의 분위기 속에서 복회하는 교역자들이 실체 속 마음이야
에떻도 표면상으로라도 이들과 한 댕어리로브서의 전체적인 메도를 취
하기가 셈가 때문이다.

그러나 교회는 이제, 일부 이런 인사들이 일시적이고 제인적인 것
같은 소위 〈일별 행위〉가 밝닐의 4.19 학별파도 같은 사회져 〈해
제〉의 모뻐가 퇴었던 것임을 널리 인식하고, '일부 몰지각한 인사'운
운하는 총조의 발언에 퇴입되지 말고 복음의 입자한 면철 현실 파악
과 그에 따른 폰심 양면의 저원이 있어야 한 줄로 안다.(메트카 그의
「크리스챈과 국가」에서, 교회가 한 시데이 코인의 정치적 활동을 통해
국가·사회에 영향을 주는 것이 구가에 대한 교회의 영향력의 주뤔 뻥
태라 한 말을 기억할 필요가 있다.)

또한 근로자들의 저히 향상을 위해 도움을 못줄 망정 젊은 그들에게
어떤 폐방하는 언동이나 행위가 있어서도 안되겠고, 또한 어려운 일을
당결게 하고고 있는 노동운동가들이나, 그들을 신교적 차원에서 돕고 있
는 산업선교 실무 요원, 그리고 그 일을 지원하는 기관·단체 등에 대
한 평가와 이해도 아제는 올다라저야 하지 않겠는가?

보도편 저널리즘의 영향에 무비관적으로 계통화된서도 안 퇴겠지만,

등 록 신 청 서

본인은 귀선교회에서 주최하는 교양강좌회에 제출 참석하고자 하여 등록하오니 강좌회 통지서를 우송해 주시기 바랍니다.

1983년   월   일

신청인

생 년 월 일 :
우 편 번 호 :
주   소 :
출 석 교 회 :
교 회 직 분 :
직   업 :
기   타 :

한 국 독 민 선 교 회 귀 중

모이자! 미스바(종로5가)로!

매주 목요일을 나라 사랑하는 날로

3200년전 이스라엘 민족이 내부적으로는 정치, 경제, 문화, 사회, 종교가 부패해지고 밖으로는 불레셋 나라의 침략을 받는 위기에 처했을 때 선지자 사무엘은 민중을 미스바에 모아놓고 회개운동과 구국운동을 전개했던 것입니다. 그리하여 신앙으로 뭉쳐진 이스라엘 민중은 적군의 침략을 막아내었고 국가의 번영을 이루었던 것입니다.

오늘 우리 나라도 사무엘 당시의 이스라엘 민족과 방불하게 회개운동과 애국운동이 절실이 요청되고 있습니다. 그러므로 우리는 종로 5가로 모여서 회개성과 민주의식을 함양하고 하나님 앞에 기도하므로 우리의 신한 뜻을 함께 모아서 민주주의 실현과 남북통일을 성취해야 할 것입니다. 우리가 종로 5가로 한데 모여 이 뜻을 이루기 위해서는 지도층 인사가 출신해서 모여야 할 것입니다. 강좌회의 같이 내용도 중요하지만 한데 모여서 기도하는데 매우 큰 의의가 있는 것입니다.

여러개의 숯불이 연한데아마 트거운 열기를 내듯이 많이 모여서 기도해야만 트거운 열기가 나게 되는 것입니다. 그러기 위해서 우리는 365일 계속해서 나라를 사랑하고 충성해야 하지만 특별히 매주 목요일을 나라사랑하는 날로 정하고 종로 5가에 모이기를 함께하여 요일 저녁을 나라사랑하는 날로 정하고 주일로 하나님께 우리도 매주 목요일저녁을 나라를 위해 바쳐는 날로 정하고 현신하듯이 우리도 매주 목요일저녁을 나라를 위해 바쳐는 날로 정하고 현신적으로 민주화 드려서 드리게 기도하고 뜻을 화합하기에 온갖 힘의 복음화와 민주화 그리고 남북통일의 기초를 확립하기에 온갖 힘을 기울이기 바랍니다.

9. 1983-9-자필 설교문 ― 우리 민족의 나아갈 길(미국, 독일, 캐나다 순회 설교 중)

〈우리 민족의 나아갈 길―기독교의 3대 목적〉

조국의 민주화를 위하여 분투하시는 여러분에게 감사와 경의를 드리며 전능하신 하나님의 은총이 임재하기를 기원합니다. 부족한 제가 조국에서 어려움을 겪을 때 물심양면으로 성원하신 여러분에게 이 시간에 감사의 인사를 드립니다. 저는 오늘 오직 국민의 한 사람으로서 권력에 욕심 없는 예언자의 사명을 가지고 비판이 아닌 애국심으로 말씀을 드리려고 합니다.

첫째, 조국이 당하고 있는 4대 시련

1) 일본의 재침략

(1) 경제침략

　(가) 무역의 역조 238억 달러

　(나) 일본의 부채 39.6만 불: 공해산업, 매판 산업, 무역의 역조,

　(다) 한 말에는 외채 300만 원 때문에 망함, 40억 불의 차관, 수입자유화, 5억 불씩 분할차관

(2) 군인 상륙

　(가) 미국의 지침: 1905년 7월의 데프트 밀약, 40년 침략. 1985년 일본의 상륙 예정 80년 만에

　(나) 군사동맹: 신라의 김춘추 648년, 1430년 전 동족 침략을 호소하다

　(다) 한 · 미 · 일 합동사령부, 군사 독립 없이는 정치 자유 없다

(3) 문화 침략

　(가) 영화 상륙-민족정신 침략, 종교 상륙-창가학회, 경찰 상륙

　(나) 1900년 80년 전과 방불하다. 민비의 사치 3,000만 원의 빚

※해결방안: 민주화, 군비축소, 남북통일

2) 미 · 소의 군사기지화

(1) 1945년 2월 11일: 미 · 소의 38년 분할

(2) 소련은 남진하려고-한국을 필요

(3) 미국은 소련을 견제하려고-한국을 필요

(4) 한국에 수백 기지의 핵무기, 소련 SS20, 126기로 증강

(5) 서독은 핵 장치를 반대, 일본도 핵 장치를 반대

(6) 청일전쟁 때와 같이 전쟁 마당, 핵전쟁은 삼천리 초토화

(7) 군사독재 정권은 미국과 결탁하고 군사기지화 하려 함

※해결방안: 민주화-교차승인-남북대화, 군비축소-통일

3) 경제적 위기

(1) 외채: 382억~400억. 81년도 38억의 이자 지급, 국방비 능가, 83년도 원리금 60억 불

　(박 정권 200, 전 정권 200)

(2) 상환 불능, 무역적자 30억 불, 대일무역의 역조 238억 불,

(3) 소비성 증대 80~82년도 3년 평균

　(원유 65, 소비재 60, 식량 18.5, 목재 13, 의복 12, 철강 10)

(4) 국민의 무관심: 사회 풍조의 범람, 생활 안정-정권 안정

※해결방안: 민주화 성취, 경제정책의 혁신-소비감축, 생산증대-생산비 지급, 공평 분배,
현 정권은 공화당의 계승

4) 정의의 파괴

(1) 폭력

　(가) 1961년 5.16이 폭력혁명, 편법주의-한탕주의의 만연 90%

(나) 정치: 유신 정치와 30%의 야당, 현재 0%의 야당

(다) 경제: 빈부격차 10명의 재벌, 42%의 매출, 장영자와 명성사건

(라) 교육: 대학교에 가짜 학생

(마) 사회: 죄악의 범람-강도의 억울함

(바) 종교: 조용기의 사기행위, 6개월에 축복받는다. 병 고쳐준다.

(2) 거짓

(가) 5·16혁명 공약의 거짓, 남침 위협, 김대중 빨갱이, 거짓된 통계 — 식량 생산 4,300만 석

(나) 신문보도의 왜곡-포항 석유, 서울대전, 어린이 유괴, 간첩

(3) 해결방안

(가) 회개운동-종교적 회개

(나) 민주화 성취-상선벌악

(다) 하나님의 진노- 의인의 기도가 막는다. 행동하는 의인이 요청됨

둘째, 민주화의 방해

1) 국민의 무능

(1) 종교지도자의 책임

(가) 이스라엘 민족의 종교지도자-사회지도자; 모세, 여호수아, 사무엘, 느헤미야, 다니엘

(나) 식민지 교육받은 한국교회, 천국과 세상일-이등박문, 회개와 방향 제시가 없고 축복과 방언.

(다) 이타주의 기독교가 이기주의로, 정의와 불의의 권세

(라) 소금과 빛, 파수로 위기 경고(로마 13장) 엘리야, 아모스, 미가, 세례요한

(마) 공산당으로 째려보는 이때 목사들이 앞장서야 한다.

(2) 국민들의 무능

(가) 노예근성; 배부름, 안일, 이스라엘의 광야

(나) 이기주의 ; 자기 제일주의-하나님 제일주의, 동포 제이주의이어야 함.

(다) 무관심; 정치에 대하여, 외채에 대하여

(라) 무지; 기만당함, 혁명 공약을 기대-1차 5개년 계획, 남침 위협, 포항석유, 서울 이전

(마) 용기 부족 - 공갈 당함; 필리핀 국민-아키노 장례식 200만 명

※자유와 민주주의는 - 쟁취하는 것, 일본 국민, 서독

2) 미국의 방해

반미주의가 아니고 권고하는 말. 민주주의가 아니고 자본주의, 무기 판매하여 부를 누리고, 군수 재벌이 군인 CIA, 매스컴 장악, 소련은 공산당이 장악

(1) 국내에서는 대한정책의 실패

(가) 데프트 밀약 1905.7/친일파 등용/6.25 전란/군벌 등용; 박정희, 전두환/ 경제 수탈: 근대화, 쌀, 비료/광주사태/레이건 방한-독재 방조/1979년 6월 카터의 방한

(나) 반공전선 붕괴-반미주의 생산

(다) 미국 자유, 정의, 인도주의

(2) 미국의 대외정책

(가) 소련과의 희극

(나) 독재자 방조-무기 판매: 월남-고딤디엠/티우/이란-팔레비-400억 불의 무기/쿠바-바디스타 정권/니카라과-소모사 독재/크메론/필리핀-마르코스/한국-박정희, 전두환

(다) 자원독점-과다사용

※하나님께 영광-향락으로 타락, 인류봉사-약자 착취 말고 하나님 앞에서 회개하자-심판이 임하니

3) 공산당의 방해

(1) 1946. 2. 8 단독정부 수립(북조선 임시인민위원회)

(2) 6.25 남침으로 동족상잔: 현준혁 살상, 신의주 학생 사건

(3) 미군을 불러 들여옴: 6.25를 통하여, 지금은 물러가라고 함

(4) 독재 정권을 방조함

　(가) 1968. 1. 21 청와대, 강원도 120명: 3선 개헌,

　(나) 1971. 가을, 동해어선 나포: 유신 개헌

　(다) 1974. 땅굴 파서: 1975년 유산지지 투표

　(라) 간첩 남파: 독재 방조, 고려연방제 100명 대표, 50명 임명

　(마) 김정일: 세습정치, 도끼 만행사건

4) 군벌들의 횡포-박정희를 비롯한

(1) 불법의 집권

　(가) 군인의 본분을 망각 (나) 폭력과 거짓으로 집권 (다) 민주헌정 파괴

(2) 영구집권을 획책

　(가) 반공을 국시로-탄압의 철퇴 (나) 1차 5개년 계획-영구집권을 암시

　(다) 유신헌법의 맹점

(3) 민주주의 파괴

　(가) 자유, 정의, 평등, 인권 유린 (나) 선거법의 파괴 (다) 공산당을 따라가는 희극

　(라) 선거구 2인 당선, 단독출마 단독당선, 박정희 2, 최규하 1, 전두환 1

(4) 군인들의 횡포

　(가) 보안사령부의 횡포; 임기윤 목사의 죽음 (나) 장성 급증

　(다) 제대 후의 요직; 기업체 이사, 감사 (라) 공무원으로 전역, 소령의 서기관

(5) 민족분열

　(가) 경상도 장관 50% 현재 (나) 경상도 사투리-표준말

　(다) 지방차별-김경식 목사의 기도

(6) 전쟁 위협을 고조

　　김일성은 북침 위협 여기서는 남침 위협, 침소봉대-1976. 8. 10 도끼 만행

(7) 국가 안보보다 정권교체

　　정권 안보와 국가 안보를 동일시. 비민주 정권은 빨리 무너질수록 국가 안보에 유익.

(8) 군벌 정치인은 회개하라

　　박정희의 말로와 전철을 밟지 말라, 남은 임기 4년을 채우려 하면 망국한다.

　　200억 불의 빚, 하루 1,360만 불, 시간당 57만 불

(9) 군인은 오직 국방에만 힘쓰자: 진정한 안보를 바라거든.

(1983. 9. 11.)

10. 1983-10-자필 기록문 – 구속자 위한 성금 전달 내역

〈1983년〉

구속자 위한 성금 전달 내역

모금처	지급대상자	$	원화	측면 지급
시카고대학교	학생	430	337,120원	임영천 10만원
뉴욕브론크린청년	〃	830	650,720	전기차 부락 30만원
뉴욕연합회	구속자	588	460,792	임영천 10. 강만길 5
컨사스	〃	530	415,520	임영천 10. 조승혁 5
독일 불교회	〃	1550	534,650	이영희 10. 노동자화
토 건로	〃	200	126,000	인권위 12.6만원
나진사	〃	1000	784,000	임영천 10. 김대현 16
뉴욕 문예기조회	〃	1000	773,000	인권위 773,000
최 관철	은복식	100	78,400	김은숙

학생 23명 배서
학생 21명. 인권위 위탁 14만원
김대현 10. 인권위 20만원
지미홍 5. 인권위 16만원 청년3명 5만원
학생 43만원

인권위 58.4만원

11. 1983-10-자필 기록물 ― 영치금 차입 내역

영치금 차입 내역

구속자	학교	나이	교도소	영치금액	가족밀전달자
김용자	V	29	인천	10,000원	육홍우
김자현	이화	22	서울	〃	이고미
신동한	서울	23	영등포	〃	신동순
최병현	연세	22	서대문	〃	고혜자
곽수영	성신여	22	〃	〃	이옥결
송정재	V	25	〃	〃	고훈란
신미가	이화	23	서울	〃	문르영
신명희	이화	22	〃	〃	문근영
정원택	서울	24	영등포	〃	강민주
임명휘	외미	23	성동	〃	임정반
곽운택	V	25	〃	〃	〃
진창희	이화	23	서울	〃	서붕애
서민원	상명단	24	광흥	〃	임명소
김혜란	동덕여	22	서대문	〃	송점례
한기흥	연세	23	〃	〃	김근주
이찬룡	서울	23	영등포	〃	서미숙
이광웅	V	44	광주	〃	김운자
김복자	V	30	인천	〃	육홍우
심소택	고려	22	〃	〃	박신희
신명철	V	35	안양	〃	박미숙

12. 1983-10 — 성금 수령 영수증

대단히　　감사합니다

한국 목민 선교회 회장인 고영근 목사님을 통하여
보내주신 성금을 잘 받았읍니다.

귀하께서 하나님의 정의 실현과 조국의 민주화를
위한 성업에 동참하시며 옥중에 있는 우리 가족에게
성금을 보내어 격려해 주시니 감사와 경의를 드립
니다. 귀하가 보낸 성금과 격려하는 뜻을 면회때
에 잘 전달하겠읍니다.

하나님의 크신 은총이 귀하의 가정위에 풍성하게
임재하기를 기원합니다.

승리의 그날까지 힘차게 전진합시다.

구속자 이름　　　　　　　나이

수감된 교도소　　　　　　수번

직업및 학교　　　　학년　　　과목

영수한 금액　　　　　　원

영수한 날짜　　　198　년　　　월　　　일

영수한 가족 (관계)　　　이름:

황윤태	32	광주교도소	10,000원	서정심
임택수	32	〃	〃	정은경
전성민 전남	29	〃	〃	문경영

13. 1983-10 — 교도소별 구속자 명단, NCC 작성

도 소 별 구 속 자 명 단

한국기독교교회협
인 권 위 원 회 자
(1980, 2, 21)

서울 구치소 : 120, 현저동 101번지

(성명)	(수번)	(직 업)	(발생년도)	(적 용 법)	(형 량)	(공판진행)
김지하	5085	시인	76년	국가보안법.긴조9호	20년	기결
허경조	4118	서울대	75년	반공법	3년6월	기결
강종헌	677	서울대	75년	"	무기	기결
강우규	5944	실업가	74년	"	사형	"
이채관	3919					기결
백옥광	5986	부산대	75년	반공법	무기	기결
김영천	555					
김준진	6510					
이규태	5422					
김형태	5659					
진두현	5218	서울대(재일교포)	74년	반공법	사형	기결
최철교	5634	재일교포	74년	반공법	사형	기결
임동규	96	고대노동문제연구소	79년	반공법,국가보안법	무기	항소계류중
지정관	144	감마흥신원	79년	"	15년	"
허무영	24	동아투위	79년11월	포고령위반		매진
김재욱		교포(용형재검사건)	79년	반공,국가보안법	무기	항소기각
윤반응	40	목사	79년11월	포고령위반		미결
송진섭	135	기청협간사	"			
안재용	651	기독학생회총연맹총무	79년11월24일	포고령위반	(사건)	미결
박종태	125	전국회의원, 국민연합	"	"	"	"
양순직	124	"	"	"	"	"
배기완	128	백범사상연구소장	"	"	"	"
임채질	129	동아투위위원	"	"	"	"
김정태	141	기청협회밤	"	"	"	"
이상의	187	"	"	"	"	"
이우희	52	민청협회장직무대리	"	"	"	"
양관수	89	민청협회원	"	"	"	"
홍성엽	91	민청협운영위원	"	"	"	"
권진관	189	기청협간사	"	"	"	"
최열	70	민청협회원	"	"	"	"
최민확	32	"	"	"	"	"

강구철 .130   민청협회원   79년11월24일포고령위반(사건)   미결
박종열 .165   서울대졸,   간사   "   "   "   "

안양 교도소 : 171. 안양시 호계등 458번지

이효충 7070
김상열 475
연충연   11   일반인

전주 교도소 : 520. 전주시 평화동 3-99

김한덕	2000	상업	74년	반공법	무기	기결
조만호	2008	상업	74년	반공법	20년	기결
조덕선	692	학생		반공법		
전창일	2001	회사원	74년	반공법	20년	기결
강종건	1053	재일교포		반공법		기결
유진곤	2002	회사사장	74년	반공법	무기	기결
강창덕	2003	전기사	74년	반공법	무기	기결
김종대	2030	학원강사	74년	반공법	10년	기결
이창복	2010	교사	74년	반공법	15년	기결
김종태	424	재일교포	75년	반공법	10년	기결

청주 감호소 : 310-00 청주시 미평동
서준식 0-9   재일교포학생   71년   반공법(78년5.27형기만료)7년 기결
                                    (사회안전법으로 구금하고있음) (형기만료)

대전 교도소 : 300. 대전시 중촌동 1번지

전재권	4057	상업	74년	반공법	15년	기결
정만진	4003	목욱업	74년	반공법	20년	기결
박정두		고교교사		반공법		기결
김원중	3914	재일교포	75년	반공법	7년	기결
이동석	3827	"	"	"		"
고병태	3945	"	"	"	10년	기결
이철	2236	"		"	무기	기결

남   민   건 (서울 구치소)

수번	성 명	수번	성 명	수번	성 명
10	김문자	86	이영주	155	김경중
11	이문희	92	박광숙	171	김재술
14	임영빈	96	임동규	172	김승군
16	전수진	98	곽선숙	148	김 명
17	김충희	100	장미경	151	신우영
27	심영호	103	김 흥	152	황기석
30	정만기	105	최광운	153	신영종
34	박문담	107	최평숙	158	김영첩
38	이호덕	110	김봉균	174	민동곤
39	차성환	111	이은숙	175	박남기
43	백정호	112	황철식	176	노재창
45	임기묵	113	이해경	177	김부섭
57	임준열(임헌영)	117	김종삼	180	탁무권
62	안재구	127	황금수	181	이수일
63	권영근	129	임규영	182	박석삼
64	윤관덕	136	김성희	188	김정길
72	이 강	139	박석률	194	김남주
79	박미옥	142	이거천		
83	권명자	143	이재문	(영등포교도소)	
84	서혜란	145	조계선	865	이학영
184	김희상	146	최강호	(성동 구치소)	
192	김영옥	185	최석진	60	조봉훈
195	김특진	193	신향식		
200	이재우				

박정두		고고교사		반공법		기결
김원창	3914	재일교포	75년	반공법	7년	기결
이동석	3827	" (외국어대)	"	"	5년	기결
고병태	3945	"	"	"	10년	기결
이 철	3536	"	"	"	무기	기결
정승영		"	"	"	무기	기결
이부영	5516	동아후위	79년	포고령(성명서)	3년	메결
노승일	5515	서점경영	79년	" (부•마사태)	2년	"
김영일	5513	부산앰네스티간사	79년	"	2년	"
황상윤	5507	공 원(工員)	79년	소요•방화(")	1년	"
황창문	5505	공 원(工員)	79년	" (")	3년	"
최규식	3614	수의사	74년	반공법	무기	
김일한		전 서부지구대장(대령)		"		
김낙중		전고대교수	7312	"성법•國保	7년	기결 80 기결(5•25간

순천 교도소: 540. 순천시 선명동 430번지

이민규	2036	일반인		국가보안법		
김기남						
정성호	3918	교사	78년	반공법	1년6월	기결

안동 교도소

유흥조	일반인

대구 교도소 : 630. 경북 대구시 천내동 472

김영종	3162	한신대		국가보안법		미결
김오자	2666	재일교포	75년	반공법	무기	기결
이재형	3113	상업	74년	" (인혁)	20년	"
서 승	3251	재일교포	75년	"	무기	"
김형일						
임구호	3210	학원강사(경북대)	74년	반공법(인혁)	15년	기결
이광철	3288	경북대졸	74년	긴조4호•반공법•국가보안법	15년	기결
정확영	3145	경북대	74년	긴조4호	10년	기결

(일단석방후 79년 10월재수감).

목포 교도소

장영달	1003	국민대		긴조4호	7년	기결

광주 교도소 : 500-03. 광주시 문흥동 88-1

성명	번호	직업	년도	죄명	형량	구분
황헌승	1773	교사	74년	반공법(인혁)	15년	기결
김태율		재일교포		반공법	무기	기결
이성재	2972	전 교수	74년	반공법(인혁)	무기	기결
조득훈	3086	재일교포	76년	반공법	5년	기결
김승효						
유영수	1306	한양대학(교포)	77년	반공법	무기	기결
이수희	2650	재일교포(학생)	75년	반공법	7년	기결
고길환	3729	교포		반공법		기결
나경일	2089	기술자	74년	반공법(인혁)	무기	기결
이태환	2495		74년	반공법(인혁)	무기	기결
김철현	3129	한신대	75년	반공법	무기	기결
박종엽	3604	고대졸	75년	반공법	8년?	기결
이우재	2923	크리스챤아카데미 간사		반공법	징역5년	미결
한명숙	77	"		"	징역2년 6월	미결
장상환	2564	"		반공법	징역2년	미결

수원 교도소

성명	직업	죄명
김석환	고교교사	반공법

소재불명

김정순
김재한
정우현
김성곤
신성첩
안동석
강범수

교 도 소 별 구 속 자 명 단   한국기독교교회협의회
인 권 위 원 회 자 료
(1980,   4. 1.)

서울 구치소 : 120。현저동 101번지

(성명)	(수번)	(직 업)	(발생년도)	(적 용 법)	(형 량)	(공판진행)
김지하	5085	시 인	76년	국가보안법.긴조4호	20년	기결
강종헌	677	서울대(재일교포)	75년	반공법,국보법	사형	기결
강우규	5944	실업가(")	74년	"	사형	"
이채관	3919					
백옥광	5986	부산대(재일교포)	75년	반공법	사형	기결
이규태	5422					
김영천	555					
김춘진	6510					
김형태	5659					
진두현	5218	서울대(재일교포)	74년	반공법	사형	기결
최철교	5634	재일교포	74년	반공법	사형	기결
임동규	96	고대노동문제연구소	79년	반공법,국가보안법	무기	계류중
지정관	144	감마통신원	79년	" "	15년	
김재욱		교포(흥혁재건사건)	79년	" "	무기	항소기각
송진섭	135	기청협간사	79년11월	포고령(성명서)	2년	계류중
박종태	125	전국회의원,국민연합	79년11월	포고령(YWCA 사건)		미결
양순직	124	"	"	"	"	"
백기완	128	백범사상연구소장	"	"	"	"
임채정	129	동아우위위원	"	"	"	"
김정태	141	기청협회장	"	"	"	"
이상익	187	전기청협부회장	"	"	"	"
이우회	52	민청협회장직무대리	"	"	"	"
양관수	89	민청협회원	"	"	"	"
홍성엽	91	민청협 운영위원	"	"	"	"
근진근	189	기청협 간사	"	"	"	"
최 열	70	민청협회원	"	"	"	"
최민화	32	출판사경영	"	"	"	"
강구철	130	회사원	"	"	"	"
박종열	165	KSCF 간사	"	"	"	"
근형원	46	태창기업여자상고교사	80년 3월	반공법		"
김정강	59	삼립식품전기기사	"	"		"
박선호	166	KCIA 비서실의전과장	79년 10월	10.26사건	사형	미결

이기주	162	KCIA 비서실경비원	79년 10월 10.26사건	사형	미결
유성옥	163	" 운전기사	"	"	"
김태원	161	" 비서실경비원	"	"	"
유석술	164	" 경비원	"	5년	"

남한산성 육군교도소

김재규		전중앙정보부장	79년 10월 10.26사건	사형	미결
김계원		청와대비서실장	"	무기	"

안양 교도소 : 171. 안양시 호계동 458번지

이효중	7070				
김상열	475				
원종엄	11	일반인(反혁명4건)	18/1년		

전주교도소 : 520. 전주시 평화동 3—99

김한덕	2000	상업	74년	반공법(인혁)	무기	기결
조만호	2008	상업	74년	반공법(인혁)	20년	기결
조덕선	892	학생		반공법		
전창일	2001	회사원	74년	반공법(인혁)	20년	기결
강종건	1053	재일교포	75년	반공법	5년	기결
유진곤	2002	회사사장	74년	반공법(인혁)	무기	기결
강창덕	2003	전기자	74년	반공법(인혁)	"	"
김종대	2030	학원강사	74년	반공법(인혁)	10년	"
이창복	2010	교사	74년	반공법(인혁)	15년	"
김종태	424	재일교포	75년	반공법	10년	"

청주 감호소 : 310—00 청주시 미평동

서준식	0—9	재일교포학생	71년	반공법(78년 5.27형기만료)7년	기결

(형기만료—사회안전법으로 구금하고있음)

대전 교도소 : 300. 대전시 중촌동 1번지

전재권	4057	상업	74년	반공법(인혁)	15년	기결
정만진	4003	목욕업	74년	반공법(인혁)	20년	기결

5장

—

1984년도 사료

I. 수첩으로 보는 사역

1984년 1월 활동

	월일	활동 내용
	1.9~13.	전북 나포장로교회(한명옥 목사)
	1.16.	인권위원회 후원회 회의
	1.16~19.	인권위원회 청년교육대회 강좌회(연동교회) "기독교의 세 가지 원리"
	1.17~20.	예장 청년연합회(800명, 연동교회) "민족, 민주, 민중" □"몸으로 역사의 산 제물을 바치자" □3일간 단식 □ 결의사항 　① 노동자의 블랙리스트 철폐 　② 인권탄압 중지 　③ 선교 자유 침해 금지 　④ 영농정책 개선 　⑤ 무조건 복교, 전원 복직, 해금 등을 주장
	1.23.	목민선교회 「현대인을 위한 교양강좌회」 13회차(누적 횟수 29차) 고영근 목사, "민주주의의 네 가지 기본 정신"

1984년 2월 활동

	월일	활동 내용
Monthly Plan 이달의 目標 2 *(handwritten monthly planner)*	2.6~7.	전서 노회 청년 수련회
	2.7.	이리방송국, "만나고 싶은 사람들" 대담 방송
		전북지방 평신도 강좌 　"한반도의 정세를 대처하며"
	2.9.	목요기도회 설교 　"우리 민족의 나아갈 길"
	2.10.	안기부장 면담
	2.12.	천호동장로교회
	2.20.	성남 둔전교회, 통일을 위한 기도회 　"조국 통일의 네 단계"
	2.24~26.	무학교회 청소년 집회(홍성현 목사)
	2.27~28.	겨자씨회(거제포로수용소에서 만난 기독청년들이 만든 단체)
	2.29.	목포시 연합집회 3·1절 기념예배 　"우리 민족의 나아갈 길"
	2.29.	전주시 기독교연합회(11시, 2시), 3·1절 기념예배 　"우리 민족의 나아갈 길"

1984년 3월 활동

	월일	활동 내용
	3.5.	목민선교회「나라를 위한 기도회」 1회차(누적 횟수 30차) 이해학 목사, "대 민중의 자세" (교역자를 위한 교양강좌회→ 현대인을 위한 교양강좌회→ 나라를 위한 기도회로 명칭 변경)
	3.11.	서울제일교회 청년회 하루 부흥회
	3.18.	일신교회 설교
	3.18.	평양노회 평신도지도자 수련회 "한국교회의 나아갈 길"
	3.19~23.	울진 부구중앙교회(김창희 목사)
		울진지구「교역자를 위한 목회 강좌회」
	3.26~30.	광장 장로교회(이정일 목사)
	3.29.	인권위원회 후원회 회의
	3.31.	기장 부여지구 연합회 반일구국기도회 "우리 민족의 살길"

1984년 4월 활동

	월일	활동 내용
	4.1.	장위동교회
Monthly Plan 이달의 目標 4	4.2.	목민선교회 「나라를 위한 기도회」 　　2회차(누적 횟수 31차) 　　인명진 목사, "우리를 기다리는 저들"
	4.5.	금호교회 하루 부흥회
	4.5.	운전기사를 위한 강좌 　　"생활이념을 확립하자"
	4.9~20.	울산지구 「교역자를 위한 목회 강좌회」
	4.12.	노회원 수련회(부산노회 전도부) 　　"한국교회의 나갈 길"
		청년 신앙 강연회(부산노회 청년연합회, 250명) 　　"기독청년의 역사적 사명"
	4.14.	원주지구 「교역자를 위한 목회 강좌회」
	4.15~18.	형제감리교회(김동완 목사)
	4.19.	4・19 기념예배(광주시 기독교연합회, 550명) 　　"우리 민족의 나아갈 길"
	4.21.	부활절 연합예배(원주시 기독교연합회, 1,200명) 　　"예수 부활의 역사적 의의"
	4.24.	부활절 기념 신앙강연회(전주시 청년연합회) 　　"기독청년의 시대적 사명
	4.25.	서천 오순교회, 장항교회
	4.26.	숭전대학교 신앙 강연회(숭전대 기독학생회, 180명) 　　"젊은이의 사명과 부활"
	4.30.	옥호열 목사 추모(1898~1984) 1929년 장로교 외국 선교위원회 파송 발령, 한국출발 1946년 2차 대전 이후 한국으로 돌아온 최초 10명 선교사들 중 한 명 1950~53 흥남 철수 이후 거제도 포로수용소 사역 1984 소천 청년 고영근은 거제도 포로수용소에서 옥호열 목사를 만나 '성경통신학교'를 통해 신학의 기초를 공부할 수 있었다.

1984년 5월 활동

	월일	활동 내용
	5.7.	목민선교회 「나라를 위한 기도회」 3회차(누적 횟수 32차) 임영천 교수, "예수 운동과 권력 이동"
	5.7~11.	부천장로교회(조영철 목사)
		부천지구 교역자 강좌회
		수양관(우리 민족의 나아갈 길 원고작업)
	5.13.	문성교회
	5.17~18.	연금당함
	날짜 미상.	광주사태 희생자 추모예배(EYC, 30명) "정의를 위하여 받는 고난"
	5.19.	사랑교회
	5.20.	성문교회 하루 부흥회
	5.24.	목요기도회 설교 "회개치 않으면 망하리라"

1984년 6월 활동

	월일	활동 내용
	6.1.	인권위원회 총회
Monthly Plan 이달의 目標 6	6.4.	목민선교회 「나라를 위한 기도회」 4회차(누적 횟수 33차) 문익환 목사, "역사를 보는 눈"
	6.4~8.	원주 영락교회(김 베드로 목사)
		원주지구 교역자 강좌·수련회(원주 영락교회)
	6.10.	전북지구 교역자 수련회(전주 성광교회)
	6.12.	전남지구 교역자 수련회(광주중앙성결교회)
	6.14.	대구지구 「교역자를 위한 목회 강좌회」
	6.18~20.	부산 산정현교회(박광선 목사)
		경남·부산지구 교역자 수련회(산정현교회)
	6.21.	NCC 인권위원회 후원회 회의(여성)
	6.25~26.	인권행사(강원도 피정의 집)
	6.25~27.	`84 인권문제전국협의회 □주제: 인간 존엄과 선교 □내용: 주제강연, 강의, 토의, 노동자·농민 현장보고 폭력·언론 문제 사례발표 □인권선교위원 105명 참석 □강원도 평창군 싸리산장(피정의 집)
		`84년 인권선언 발표
	6.27~29.	대구 산업선교회 대구연합집회(김상해 목사)
	6.27.	대구지구 교역자 강좌

1984년 7월 활동

	월일	활동 내용
Monthly Plan 이달의 目標 7 1 일 2 月 기도회 3 火 면슬? 4 木 '' 5 木 '' 6 金 7 土 8 日 제일교회 낮 당 양덕교 7/체 426 9 月 10 火 2시 산업선교회 11 水 12시 영천2의회의 12 木 휴래 13 金 2시 강제징집 회의 14 土 15 日 16 月 인천 수원노 강려? 17 火 '' '' 18 木 마나안 기도원 19 木 20 金 21 土 (녹아) 영능 22 日 23 月 24 火 25 木 26 木 27 金 28 土 29 日 30 月 엘리사 기도원 31 火 ''	7.2.	목민선교회「나라를 위한 기도회」 5회차(누적 횟수 34차) 고영근 목사, "한국교회의 나아갈 길"
	7.3~6.	충북 영동군 연합집회(하종렬 목사)
		영동지구 교역자 강좌
	7.8.	서울제일교회 청년회
	7.10.	산업선교회
	7.11.	염천교회
	7.13.	NCC 강제징집회의 강제징집 규탄 설교, 유인물 배포, 기자회견 배석, NCC 인권위 기도, 강제징집대책협의 전두환 정권은 학생운동 세력을 강제격리시킬 목적으로 '강제징집'과 '녹화사업'을 조직적으로 실시, 1980년 9월부터 1984년 11월까지 각각 1,152명, 1,192명이 대상자가 되었다. 1984년부터 국회, 학원가, 종교단체 등 각계에서 강제징집, 녹화사업의 실체와 사망자 진상규명을 요구, 정치 쟁점화되면서 1984년 11월 13일 강제징집이 금지되고 12월 19일 보안사 심사과가 해체되면서 녹화사업도 폐지되었다.
	7.16.	박조준 목사 구속사건 진상규명을 위한 기도회 설교 "광주시민 학살한 전두환과 한국교회 모두 회개하라"
	7.18.	가나안기도원 집회
	7.30~8.3.	엘리사기도원 집회

1984년 8월 활동

	월일	활동 내용
Monthly Plan 이달의 目標 8 1 木 2 木 3 金 4 土 5 日 6 月 *(필기)* 7 火 8 木 9 木 10 金 11 土 12 日 13 月 *(필기)* 14 火 15 *(필기)* 16 木 17 金 18 19 日 20 *(필기)* 21 火 22 木 23 木 24 金 *(필기)* 25 土 26 27 月 28 火 29 *(필기)* 30 *(필기)* 31 金	8.6~11.	경북 벧엘기도원(박원식 목사)
		경북지구 교역자 강좌
	8.13~17.	강진 만덕산기도원(김의웅 목사)
		강진지구 교역자 강좌
	8.20~23.	충북 세산장로교회(김동찬 목사)
		옥천지구 교역자 강좌
	8.24.	이리 평신도 강좌
	8.29.	청주 고난받는 자를 위한 예배 □ 청주도시산업선교회 주최 □ 90명 참석 □ 설교: "가난한 자의 호소" □ 청주대학부지로 강제 편입된 내덕동 주민 80여 세대 500명과 시 도시계획으로 땅과 집을 헐값으로 넘겨야 할 운천동 주민 300여 세대 1000여 명, 공단 부지로 마지막 남은 집마저 헐값에 강매당하는 송정동 주민 200여 명의 생계를 보장해 달라는 호소
		「인권소식」113호 발행 8월 29일 청주도시산업선교회에서 기도회를 끝내고 항의 시위를 벌이던 8명이 연행당하고, 1명은 심한 부상과 구류 10일, 주민 3명 구류 5일을 선고받았다.
	8.30.	감람산기도원

1984년 9월 활동

	월일	활동 내용
	9.3.	목민선교회 「나라를 위한 기도회」 6회차(누적 횟수 35회차) 　김동길 교수, "기독교인의 역사의식"
	9.4.	천안·온양지방 「나라를 위한 기도회」(250명) 　"일본침략을 경계하자"
	9.6~7.	"굴욕방일반대" 성명서 낭독사건으로 집시법 위반 「10차 연행사건」 　'일본재침략저지 민족운동대회'로 결집한 재야인사 77명은 9월 6일 오전 10시 성공회 성당에서 성명서를 낭독, 평화적 방일 반대 시위를 벌였다. 고영근 목사는 대한문 앞 구 대한일보 돌탑 위에서 성명서를 낭독. 30초가 되지 않아 전경에 의해 강제 연행. 연행 과정에서 목에 부상을 입음. 9월 7일 귀가 조치, 8일까지 자택 연금당함.
	9.9.	강경연합집회 　"우리 민족의 나아갈 길"
	9.27.	광주 호남신학교 철야 강좌(200명)
	9.30~10.1.	목포지역 청년 수련회(180명) 　"21세기를 향한 한국교회 청년상"

1984년 10월 활동

	월일	활동 내용
Monthly Plan 이달의 目標 10 1 月 2 火 2시 인권위 예장 3 水 4 木 5 金 6 土 1시 최영로 결혼 7 日 중앙동 방의께 8 月 9 火 10 水 11 木 호남신학교 12 金 13 土 14 日 15 月 장로회신학생 16 火 영국 0572-2-0402 17 水 18 木 〃 19 金 〃 20 土 21 日 22 月 밀알 기도원 23 火 〃 24 水 〃 25 木 26 金 27 土 28 日 29 月 대구 신암교회 30 火 〃 31 水 〃	10.2.	예장 인권위원회 회의
	10.8.	목민선교회 「나라를 위한 기도회」 7회차(누적 횟수 36차) 김영원 장로, "한국 농촌의 실상"
	10.11.	호남신학교 목회강좌
	10.15.	장로회 신학원생 목회강좌회
	10.16.	'민주통일국민회의' 창립(분도회관) □의장: 문익환 목사 □인권대책분과위원회 위원장: 고영근 목사
	10.16~18.	신영주장로교회(김충효 목사)
		경북지구 교역자 수련회
	10.22~26.	미가엘기도원 집회(박원자 목사)
	10.29~11.2.	대구 신암장로교회(유의근 목사)

1984년 11월 활동

월일	활동 내용
11.4.	중랑제일교회 헌신예배
11.5.	목민선교회 「나라를 위한 기도회」 8회차(누적 횟수 37차) 송진섭 선생, "노동자의 현실과 교회의 사명"
11..6~10.	여수 은현교회(김정명 목사)
11.12.	부여 교역자 제직 수련회
11.15.	평택지구 기독교지도자 수련회 "한국교회의 나아갈 길"
11.16.	청주 '고난받는 자를 위한 예배' "우리의 피난처와 병기되신 하나님"
11.19.	심 서기관 면담(주한미국대사관 직원)
11.23.	안기부 연행 「8차 연행사건」 '우리 민족의 나아갈 길' 3권 필화 사건
11.26.	충북지구 교역자 수련회
11.27~30.	광의장로교회(박석진 목사)

1984년 12월 활동

	월일	활동 내용
Monthly Plan 이달의 목표 (handwritten calendar notes for 12월)	12.2.	북아현교회
	12.3.	목민선교회「나라를 위한 기도회」 9회차(누적 횟수 38차) 이우정 교수, "한국 여성의 사회참여"
	12.4~8.	도초제일교회(김병균 목사)
	12.10~14.	전남 신당서교회(김상철 목사)
	12.16.	민주헌정연구회 송년회 "우리 민족의 나아갈 길"
	12.17~21.	전남 왕곡중앙교회(유재기 목사)
	12.26.	인권위원회 후원회 회의
	12.26~28.	중생교회(김진규 목사)

II. 세부적 활동 내용으로 보는 한 해 일정

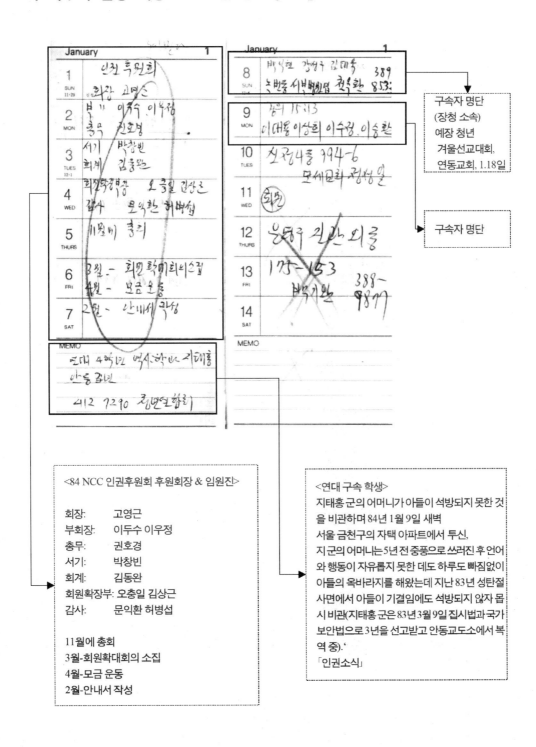

구속자 명단
(장청 소속)
예장 청년
겨울선교대회,
연동교회, 1.18일

구속자 명단

<84 NCC 인권후원회 후원회장 & 임원진>

회장:　　　　고영근
부회장:　　　이두수 이우정
총무:　　　　권호경
서기:　　　　박창빈
회계:　　　　김동완
회원확장부: 오충일 김상근
감사:　　　　문익환 허병섭

11월에 총회
3월-회원확대회의 소집
4월-모금 운동
2월-안내서 작성

<연대 구속 학생>
지태홍 군의 어머니가 아들이 석방되지 못한 것을 비관하며 84년 1월 9일 새벽
서울 금천구의 자택 아파트에서 투신,
지 군의 어머니는 5년 전 중풍으로 쓰러진 후 언어와 행동이 자유롭지 못한 데도 하루도 빠짐없이 아들의 옥바라지를 해왔는데 지난 83년 성탄절 사면에서 아들이 기결임에도 석방되지 않자 몹시 비관(지태홍 군은 83년 3월 9일 집시법과 국가보안법으로 3년을 선고받고 안동교도소에서 복역 중).
「인권소식」

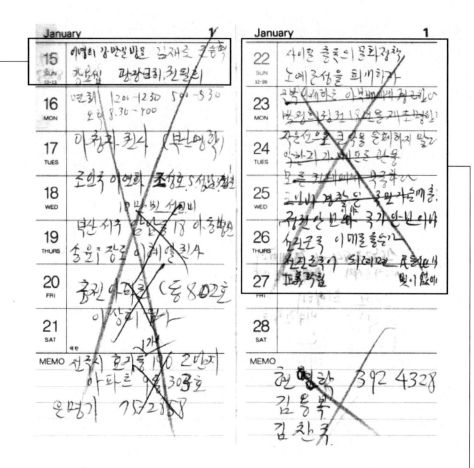

이영희, 강만길, 김재준, 조승혁(기독교사회문제연구원 사건)

"기사연은 통일적 관점에 입각, 1983년 1월 초 교과서 내용 중 통일 관련 부분 분석, 해직 교수인 이영희, 강만길이 연구팀 교사들에게 '통일과 분단극복을 위한 교육'을 실시.
조승혁, 이영희, 강만길은 국가보안법 위반 혐의로 구속, 40여 일이 지난 1984년 1월 15일 공소보류로 석방. 이 사건은 국민적 차원의 통일문제 논의, 한국교회의 통일문제 관심 계기, 재야운동권에 미친 영향, 국제적 연대 등의 의미로 남아 있다.

- 사이또 총독의 문화정책
- 노예근성을 회개하자
- 곡학아세하는 아부배에게 경고한다
- 박정희 정권 18년을 재조명한다
- 작은 선으로 큰 악을 은폐하지 말라
- 악한 자가 베푸는 관용
- 모든 권세에게 복종하다
- 군인과 경찰은 국민 가슴에 총을
- 정권 안보냐 국가 안보냐?
- 선진조국 이대로 좋은가
- 선진조국이 되려면 민주화부터
- 정의 확립

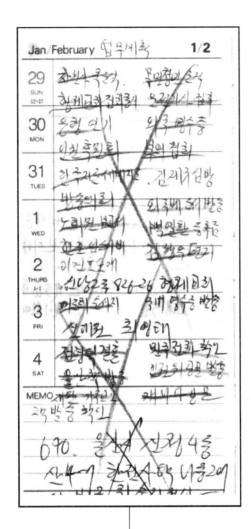

<5월 업무계획>

- 차 권사 추도식(차진정 권사, 목민선교회 장기후원자)
- 형제교회 집회: 5월 1일 형제교회에서 열린 '청계피복노동조합 합법성에 관한 공개토론회'에 14개 단체 연합, 200여 명이 참석, 개최, 60여 명 강제 연행,
- 운전기사 집회: 대구 시내 법인, 한시택시 운전기사 1천여 명은 구속된 9명의 동료를 위한 항의 농성을 벌였다. '사납금 인하', '노조 결성 방해 말라'는 대구 택시 투쟁은 부산, 경산 구미, 대전, 포항, 서울, 광주, 영주, 강릉 등지로 확산. 대구의 경우, 5월에는 12개였던 택시노조가 7월 중순에는 50여 개로 늘어났다.

- 은행 연기
- 외국 영수증(후원금 처리 내역 발송)
- 인권후원회 회의
- 부여 집회
- 김재규 심방(김재규 가족 돌봄)
- 방송 의뢰
- 외국 도서 발송
- 노회원 보고서
- 백열환 등록금(성수동 교회 청년)
- 국내 영수증 발송

<인권위원회 후원 요청 공문 발송>
1984년~1986년까지 인권위원회 후원회장을 맡아 후원 요청의 공문과 「인권소식」을 각 지역과 해외 교포들에게 발송하는 작업(캐나다 공문, 인권위 공문)

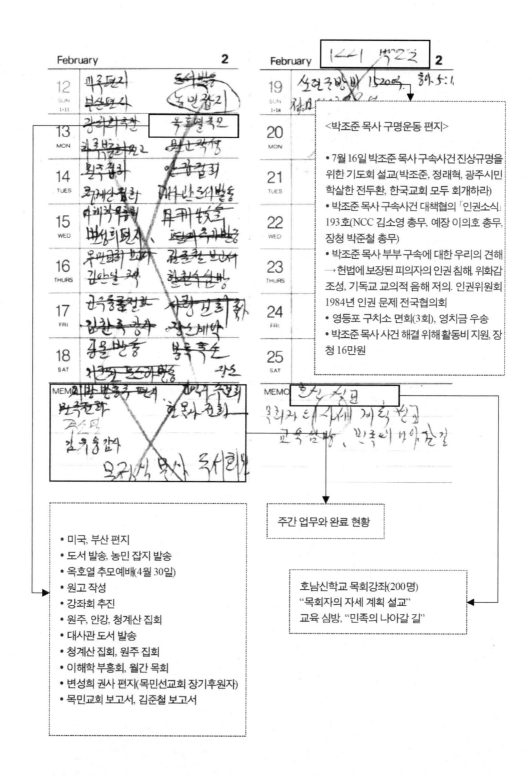

<박조준 목사 구명운동 편지>

- 7월 16일 박조준 목사 구속사건 진상규명을 위한 기도회 설교(박조준, 정래혁, 광주시민 학살한 전두환, 한국교회 모두 회개하라)
- 박조준 목사 구속사건 대책협의 「인권소식」 193호(NCC 김소영 총무, 예장 이의호 총무, 장청 박준철 총무)
- 박조준 목사 부부 구속에 대한 우리의 견해 → 헌법에 보장된 피의자의 인권 침해, 위화감 조성, 기독교 교의적 음해 저의, 인권위원회 1984년 인권 문제 전국협의회
- 영등포 구치소 면회(3회), 영치금 우송
- 박조준 목사 사건 해결 위해 활동비 지원, 장청 16만원

주간 업무와 완료 현황

호남신학교 목회강좌(200명)
"목회자의 자세 계획 설교"
교육 심방, "민족의 나아갈 길"

- 미국, 부산 편지
- 도서 발송, 농민 잡지 발송
- 옥호열 추모예배(4월 30일)
- 원고 작성
- 강좌회 추진
- 원주, 안강, 청계산 집회
- 대사관 도서 발송
- 청계산 집회, 원주 집회
- 이해학 부흥회, 월간 목회
- 변성희 권사 편지(목민선교회 장기후원자)
- 목민교회 보고서, 김준철 보고서

March 설교 **3**

25 SUN 2·23	7.29 8.5	아부라함의 인격을 본받게 십일조를 성실이 이행키게
26 MON	12 19	다시는 종의 멍에를 메지말게 열심이 전도하기
27 TUES 9.2	26	기독교는 구원의 종교 (총동) 노아신앙의 본 받게
28 WED	9 16	온후한 이삭의 인격 성공을 쟁취한 야곱
29 THURS	23 30	부흥한 요셉의 인격 민족의 지도자문제
30 FRI	10.7 14	위대한 정복자 여호수아 구국의 용사 기드온
31 SAT	21 29	실패의 장사 삼손 성찬 세례
MEMO	11.4 11 18 25	추수감사절 구국의 영웅 사무엘 건국의 왕 다윗 지혜자 솔로몬

<성수동교회 주일설교 제목>

7.29. 아브라함의 인격을 본받자
8.5. 십일조를 성실히 이행하자
8.12. 다시는 종의 멍에를 매지 말자
8.19. 열심히 전도하자
8.26. 기독교는 구원의 종교(총동원주일)
9.2. 노아 신앙을 본받자
9.9. 온후한 이삭의 인격
9.16. 성공을 쟁취한 야곱
9.23. 부흥한 요셉의 인격
9.30. 민족의 지도자 문제
10.7. 위대한 정복자 여호수아
10.14. 구국의 용사 기드온
10.21. 실패의 장사 삼손
10.29. 성찬세례
11.4. 추수감사절
11.11. 구국의 영웅 사무엘
11.18. 건국의 왕 다윗
11.25. 지혜자 솔로몬

<민주헌정연구회 송년 강연 내용>

• OOO의 OO를 권고한다
• 국어 단어를 더럽히지 말라
• 현대판 신숙주에게 경고한다
• 광주시민 학살자는 국민 앞에 사과하라
• 민주 반역자 사이비 언론인을 규탄
• 다시 민주 정부의 회개를 권고한다
• 일본 정부의 회개를 권고한다
• 민주주의 실현의 단계
• 공산주의를 정복하는 길
• 독재자의 무기는 폭력과 기만
• 이 목숨 바쳐서 민주화를!!!
• 주를 위해 고난받다 주를 위해 순교하자
• 회칠한 무덤이여!
• 우편물을 도적하는 전두환 정권
• 폭력의 명수 전두환 정권

<가난한 자와 부자>

1. 주를 위해 가난해진 자
2. 게을러서 가난해진 자
3. 정당하게 부자 된 자
4. 부당하게 부자 된 자

하나님은 누구신가
예수님은 누구신가

주님 사랑에 감격하라
주님과 동행하라

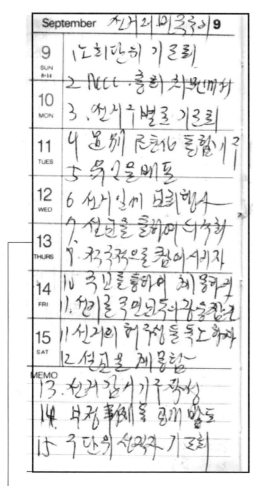

<85년 업무>

1. 민통협 기자회견
2. 재야인사 간담회(재야간담회)
3. 정평회 참석(정의평화위원회)
4. 장신대 MT 강연
5. 화양교회 제직위원회 강좌
6. 성수교회
7. 부여지구 제직수련회
8. 예장 총회

<선거와 민족주의> - 선거에 대한 기독교 "행동 방침"

1. 노회 단위 기도회
2. NCC 총회 차원에서
3. 선거구별로 기도회
4. 도별 민주화 통합기구
5. 유인물 배포
6. 선거일에 교회 행사
7. 설교를 통하여 의식화
8. 적극적으로 참여시키자
9. 주보를 통하여 계몽하자
10. 선거를 국민 교육의 장으로 삼자
11. 선거의 허구성을 폭로하라
12. 설교로 계몽함
13. 선거 감시기구 작성
14. 부정 사례를 공개 발표
15. 구 단위 성직자 기도회

<1984년 10월 16일 민주통일국민회의 창립>
의장:　　　　　　　　문익환
부의장:　　　　　　　계훈제 신현봉
중앙위원회 위원장:　강희남
감사:　　　　　　　　유운필, 곽태영
분과위원장:　　　　　백기완(통일문제위원회)
　　　　　　　　　　김병걸(문화교육위원회)
　　　　　　　　　　고영근(인권대책위원회)
　　　　　　　　　　문정현(민주발전위원회)
　　　　　　　　　　김승균(국제관계위원회)
　　　　　　　　　　임채정(민생문제위원회)
사무총장:　　　　　　이창복

<민주통일 인권위원회 회원 명단>
박문식 양홍 오대영 유운필 이관복 이두수
이호철 태윤기 조화순 신현봉 이한구 김병제
신삼석 남재희 문정식 윤기석 박병기 이응석
김광일
위원장: 고영근　　　　　서기: 유영해

첫째, 셋째 월요일 2시
1. 회원 확대　　　　　2. 회지 투고
3. 강연회 4회　　　　 4. 성명서 발표
5. 선거 대책

<민주통일국민회의 개요>

• 1984년 8월 30일 문익환, 윤반웅, 계훈제, 성내운, 유인호, 김병걸, 백기완, 유운필, 이창복, 김승균, 임채정, 장기표가 서울 아현동에서 모여 민주주의 실현과 민족통일을 달성하기 위해 범국민적 민주 통일 운동이 전개되어야 하며, 이를 위해 민주 민권 운동에 앞장서 왔던 사람들로 재야 민주 통일 운동단체가 필요하다는데 합의
• 1984년 10월 5일 발기인 96명 명단을 확정
• 1984년 10월 16일 12시 장충동 분도 회관 내 피정의 집 강당에서 발기인 96명 중 52명이 참석하여 계훈제를 임시 의장으로 창립대회를 개최, "민주 통일의 깃발을 드높이자"라는 제목으로 창립선언서를 채택하고 정관 확정 및 강령을 채택
• "민주통일국민회의는 민족해방과 민주·민권의 확립을 위해 싸워온 선열들의 고귀한 전통과 정신을 이어받고 민주화와 민족통일을 열망하는 모든 인사, 모든 운동 단체들의 활동을 지지하고 지원하면서 이들과의 강력한 연대를 토대로 민주화의 길을 통한 민족해방운동의 차원에서 범국민적인 민주·통일운동을 전개하고자 한다."
• 1984년 6월에 조직된 민중민주운동협의회와 10월 민주통일국민회의는 통합되어 1985년 3월 29일 민주통일민중운동연합(민통련)이 결성되었고 지역단체들이 합류하면서 6월 항쟁의 주요한 역할을 담당하게 된다. 민통련 결성 이후 고영근의 특별한 활동 자취는 찾을 수 없다. 개별적인 관계를 지속하였으나 공식적인 책임을 맡지는 않은 것으로 보인다.

목민선교

1. 기독교사회문제연구원 사건: 가족 돕기 성금(20만 원), 석방 위한 기도회 설교, 조승혁, 이영희 교수 병문안
2. 노동자 블랙리스트 문제: 영치금(35만 원), 기도회 기도, 대책회의
3. 제주도민 빼앗긴 토지찾기운동
4. 반폭력 운동 협조: 감청, 기청, 장청, 한신대, EYC 격려금 지원, 반폭력 민주화를 촉구하는 공동성명 발표
5. 박조준 목사 구속사건: 기도회 설교, 대책협의, 면회(3화-가족), 영치금 차입, 사건 해결 위한 장청 활동비 지원(16만원), 서울대학병원 면회(2회)
6. 제일교회 박형규 목사 사건: 농성 참가, 병원 위문, 대책협의, 유인물 배포와 지방 부흥회 시 설명
7. 청계피복 자유노조: 농성 현장 위문과 격려비 전달
8. 고난받는 겨레를 위하여: 서울원호병원 상이군인 위문, 위문품(성수교회 합동), 구세군 양로원 위문, 위문품 전달(성수동교회와 합동), 남민전사건 가족 위로금 전달(30만원-독일교회 성금), 박종만 열사 기자회견 등 극빈자 구제(15회)
9. 광주 유족: 위로금 전달 (30만원- 독일교포 성금)
10. 구속자 성원: 지태흥 가족 돕기 성금(10만원), 장청 사건(백익현, 김태옥 등) 영치금 전달, 미국 뉴욕 목요기도회 1,000$ 인권위 전달, 대구택시운전기사 구속자 영치금 전달, 정치범 양심수 석방 위한 영치금 전달, 김현장 영치금 우송 등
11. 단체성원: 기독교농민회, 공해문제연구소 민주청년협의회, 민주통일국민협의회, 예장청년, 성수동야학, 청계노동조합, 전태일 등 총 73만원

III. 고영근이 만난 사람들

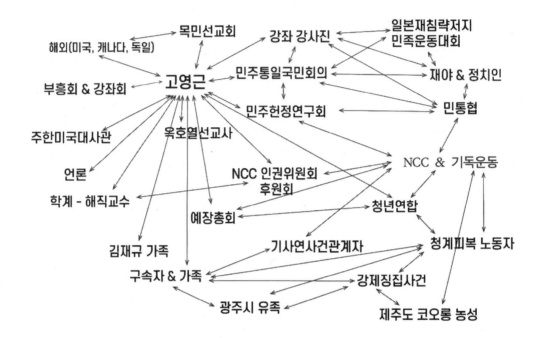

<인권위원회(NCC)>
이두수 이우정 권호경 박창빈 김동완 오충일 김상근 문익환 허병섭
<민주통일국민회의>
문익환 계훈제 신현봉 강희남 유운필 박태엽 백기완 김병걸 문정현 김승균 임채정 이창복
<민주통일인권위원회>
박문식 양홍 오대영 이관복 이두수 이호철 태윤기 조화순 신현봉 이한구 김병제 신삼석 남재희
문정식 윤기석 박병기 이용석 김광일 유영해

재야 및 기독교 운동

함석헌 김재준 백기완 은명기 현영학 김용복 김찬국 윤보선 문익환 이해학 박상증 고환규 장을병 고은
<기독교사회문제연구원 사건>
이영희 강만길 김재준 조승혁

언론

정윤명 한영헌 최규창 부장

구속자 & 가족
남민전 가족 지태홍 장청사건 대구택시운전자 EYC 간부 김현장(김동균) 박조준

부흥회 & 강좌회 & 후원회
정성일 이상희 집사 이혜연 권사 김낙은 진일우 목사 윤동근 강도사 김낙선 권사 김정명00 김기복 이대완 전도사 김창희(울산 00) 이정일(광장) 김동완 한명옥(나주) 조영철(부천) 김베드로(원주 영락) 박광선(산정현) 차종렬(영동군) 황의곤(엘리사기도원) 박원식(벧엘기도원) 김의웅(만덕산기도원) 김동완(서산) 김상태(대구) 김은태(전서 노회) 홍성현(무학) 김충효(신영주) 박원자(미가엘기도원) 유의근(신앙) 박석진(광의) 김병균(도촌제일) 김상철(신당서) 유재기(왕곡중앙) 김진규(중생) 송정동 김기복(망원제일)

해외 & 해외서신
안중식 김계용 김영철   <해외 서신>   박찬웅(캐나다) 장진옥(인디애나폴리스한인장로교회) 김영철 목사(LA 목요기도회) 오충환 목사(뉴욕) 김정길 장로(LA) 김행우 장로(영락) 김계용 목사(나성 영락)

학계 & 교계
<학계>   민경배 문상희 정장복 주재용 지학순 장성헌   <교계>   김윤식 심방 김선도 면담 강흥모 김병일 김학순 박조준 면담 오덕호 면담

고난당하는 자와 함께 하는 자
제주도 코오롱 녹십자 반폭력운동(청년단체, EYC…) 블랙리스트 노동자 청계피복 자유노조 박종만 열사 강제징집대책위

학생 & 청년
<학생>   지태홍 백인환 강성구 김태욱 이대용 이상희 이수정 이승환 조민국 이영화 조성돈   <청년-EYC 구속자>   류태선 김철기 황인하

IV. 사진으로 만나는 역사의 현장

1984. 1. 18.
예장 청년연합회 청년교육대회 설교
▪ "기독교의 세 가지 원리"
▪ 연동교회

1984. 1. 17~20.
장청 회원 800여 명은 3일간 단식하며 신앙 결단을 고백하였다.
'민족, 민주, 민중'이란 주제를 내걸고 "몸으로 역사의 산 제물을 바치자"라는 결의로 단식과 시위를 하던 중에 백익현, 강성구, 김태옥 청년이 연행, 구속되었다.
당시 총회와는 '민족, 민주, 민중'이라는 주제를 붙이는 것에 갈등을 빚었었는데 집회 도중 바람이 불어 '민중'을 가려놓은 종이가 떨어지자 성령 바람으로 여겨 더 큰 은혜를 받았다는 회고가 있다.

1984. 1. 23.
설교하는 고영근 목사.
▪ "하나님을 위하여! 나라를 위하여!"

1984. 3. 5.
이해학 목사, "대 민중의 자세"

1984년 「현대인을 위한 교양강좌회」는
정치, 경제, 사회 등의 일반론에서 더
구체화된 논의로 심화되었다. 농민, 노
동자의 현실을 심도 있게 논의하는 장
이 되었다.

1984. 4 · 19.
4 · 19 기념예배,
- "우리 민족의 나아갈 길"
- 광주시기독교연합회 주최

1984. 4. 19.
광주 망월동 묘지에서 홍남순 변호사
와 함께.
홍남순 인권 변호사는 고영근 목사가
1977년 11월 긴급조치 9호 위반으로
2차 구속되었을 때 변호를 맡아주었다.
특유의 구수한 목소리와 노련한 변호
는 판·검사조차 할 말을 잃게 하였다.

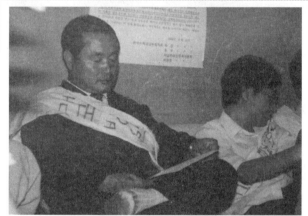

1984. 9. 6.
굴욕 방일 반대 성명서 낭독사건

군사 독재 정권을 향하여는 "회개하라"
"살인마 전두환"을 외쳤지만, 교회 성
도들을 마주했을 때는 일상적인 설교
스타일로 돌아가 친밀하고 다정한 목
회자였다.

1984. 12. 16.
민주헌정연구회 송년회
▪ "우리 민족의 나아갈 길"

V. 사건별 사료

NO	구분	사료명	날짜	주요 사건 배경
	1984-1 설교문	예장청년연합회 청년교육대회 설교 "기독교의 세 가지 원리"	1/18	연동교회에 참석한 전국 교회 청년 800여 명, 단식
1	1984-2 저서	『우리 민족의 나아갈 길』 1권. 미국 정부의 반성 촉구 (남북 분단, 친일파 등용, 한국전쟁, 군부 쿠데타 방조) 민주화 성취 방안(신앙화, 의식화, 조직화, 행동화)	2/25	『우리 민족의 나아갈 길』은 1권부터 6권까지 당대 중요한 이슈가 있을 때마다 때맞춰 출판되었다. 1권이 미군 철수 문제, 미국 정부 반성, 공산주의와 독재 정권 비판 등을 다뤘다면 2권은 민주 반역자 박정희의 역사적 비판, 군인과 경찰에의 당부(국민의 가슴에 총칼을 겨누지 말라), 외채 문제, 독재 정권에 아부하는 학자, 언론인, 종교인, 정치인에 대한 경고 등을 다뤘다. 총 6권의 공통적 강조점은 공산주의와 독재 정권의 동시 비판이었고 미국 정부의 회개 촉구였다.
	1984-3 설교문	목요기도회 설교, "회개치 않으면 망하리라"	5/3	목요기도회 참석한 청년학생 300여 명, 예배 후 '반폭력 투쟁 선언' 발표, 폭력정치 중지하라, 강제징집 철폐하라 등의 요구. 이 과정에서 부상자 발생
2	1984-4 성명서	"오늘의 민주국민 선언" 함석헌, 홍남순, 조용술 등 23명의 민주인사와 개신교 성직자들이 공동으로 성명 발표, 기독교회관 사회선교협의회에서 기자회견. 현 정권은 폭력을 행사 폭력 정권은 반민족, 반민주, 반민중, 반평화적 정권이다. 그러나 우리의 투쟁은 비폭력적 저항이다	5/16	학내시위로 제적당한 학생들에 대한 강제징집 과정에서 여섯 명의 학생이 의문의 죽음을 당하는 사건이 발생하였다. 서울대 한희철(3/30), 성균관대 이윤성(4/3), 고려대 김두황(4/17), 연세대 정성희(4/20) 추도식을 시작으로 서울 6개 대 학추위는 5천여 명이 모인 가운데 녹화사업 희생자 6명에 대한 합동위령제를 거행하였다(5/4). 또한 민청련 등 7개 기독청년 단체들이 <대학생 강제징집 문제에 대한 공동성명서>를 발표(4/12), 반폭력투쟁위원회를 결성(4/30)하고 NCC는 강제징집 공개질의서를 국방부 장관에게 제출(5/2)하고 5월 10일 추도예배를 진행하였다. '오늘의 민주국민선언'은 강제징집 문제 항의 시위로 또다른 폭력이 비일비재하게 발생하면서 언론기본법과 집시법 등의 악법으로 국민의 기본권이 일상적으로 침해당하는 문제에 강력한 저항의 의지를 표명하였다.
	1984-5 설교문	광주 사태 희생자 추모예배 (EYC) "정의를 위하여 받는 고난"	5/18	5/17~18 가택연금 당함
3	1984-6 저서	『우리 민족의 나아갈 길』 2권		
	1984-7 회의 및	NCC 강제징집 관련 회의, 강제집집 규탄 설교, 기자회견	7/13	학생운동 세력을 격리시킬 목적으로 강제징집과 녹화사업을 실시. 1984년 11월까지 1,192명을 대상으로 더욱 혹

NO	구분	사료명	날짜	주요 사건 배경
	기자회견	배석, 인권위 기도, 협의(2시)		독하게 진행. 11월 3일 '전국민주화투쟁학생연합(이하 민투학련)'이 결성되고 강제징집에 대한 규탄 움직임이 커지자 병무청은 11월 13일에 이르러서야 소요 학생 강제입영제를 폐지한다고 밝혔다.
4	1984-8 회고록	박조준 목사 구속사건 진상규명을 위한 기도회 설교, "광주시민 학살한 전두환과 한국교회 모두 회개하라"	6/27	NCC 인권위원회는 박조준 목사 부부 외화밀반출 사건이 공정한 재판절차를 밟기 전에 일방적 언론보도로 사회적으로 인격이 매장, 이에 교회 전체가 중대한 선교의 침해를 받게 된 사실에 대해 유감을 표하였다.
5	1984-8 견해문	박조준 목사 부부 구속에 대한 인권위원회 견해문, 인권소식		
	1984-9 설교	청주 고난받는 자를 위한 예배, 청주도시산업선교회 "가난한 자의 호소"	8/29	청주대학 부지로 강제편입된 내덕동 주민 80여 세대 500여 명과 도시계획으로 땅과 집을 헐값으로 넘겨야 하는 운천동 주민 300여 세대, 1,000여 명, 송정동 주민 200여 명 등 생계보장을 호소하는 주민들을 위한 기도회를 열었다. '가난한 자의 호소'는 그의 수첩에 기록되어 있으나 구체적인 설교내용은 남아 있지 않다.
6	1984-10 성명서	**7차 연행사건** (9/6~9/7, 심문2일) 굴욕방일반대 성명서 낭독사건, 함석헌, 홍남순, 문익환 등 재야인사와 신, 구교 성직자, 문학예술인, 해직언론인, 노동, 농민, 청년학생 대표 77명, 9/2일 '전두환의 방일은 매국적인 사대주의 외교'라 규정, 무기한 단식농성 끝에 시청 앞 대한문광장에서 궐기대회를 하였고 성명서 낭독으로 연행, 문익환, 박태영, 고영근, 이두수, 전학석, 유운필, 김동완, 장성룡, 허병섭, 김경남 등	9/6	<새로운 항일의 깃발을 드높이자> 1984년 정부는 한일외무장관 회담 개최와 전두환의 9월 방일 계획을 발표 한미일 군사협력을 강화하며 경제 안보협력이라는 명분하에 일본으로부터 7년간 40억 달러의 민간차관을 제공 받기로 발표하였다. 이에 비민주적 사대주의 정치지배집단의 은밀한 비밀외교를 반대한다는 시위가 급격히 확산되었다. 1. 방일 계획 즉각 취소 2. 불평등 관계를 청산할 요구 조건 당당히 밝히라 3. 친일 분자 자숙 4. 정당한 항일의사를 폭력으로 탄압하지 말라 "일본 재침략저지민족운동대회"
7	1984-10 유인물	매국방일반대투쟁 소식 1호, 2호		
8	1984-10 인권소식	일본재침략저지 민족운동대회 소식		「인권소식」 113호, 114호

NO	구분	사료명	날짜	주요 사건 배경
9	1984-10 성명서	전두환 씨의 매국적인 일본 방문을 적극 저지하기로 결의		3백억 달러에 가까운 대일무역적자, 일본의 신식민주의적 문화 침략, 두 나라의 군사적 결속이 빚어낼 전쟁의 위험과 분단고착의 위험을 강력히 규탄.
10	1984-10 회고록	성공회 성당과 대한일보 앞 성명서 동시 낭독		재야인사들은 종로5가 인권위에서 단식농성 실시, 굴욕외교를 반대하는 성명서 작성, 9/6 오전 10시 성공회 성당에서 외신기자와 더불어 성명서 낭독하고 반대 시위를 하기로 결정, 두 팀으로 나누어 성공회 성당 성명서 낭독은 문익환 목사, 대한일보 앞 성명서 낭독은 고영근 목사가 진행하였다.
11	1984-11 저서	**8차 연행사건** (11/25~11/26, 심문 2일) 「우리 민족의 나아갈 길」 3권 필화 사건, 안기부 구속.	11/ 23	
12	1984-11 회고록	「우리 민족의 나아갈 길 3권 필화 사건		

* 음영 처리한 부분만 자료를 싣습니다.

1. 1984-2-저서 ─『우리 민족의 나아갈 길』1권

차 례

우리민족의 나아갈 길

하나님을 위하여!
나라를 위하여!

문 ㅇ군 지음

를 많이 받기 위하여 세계의 군벌독재를 지원하면서 민주주의를 유린하고 있는 것입니다. 1945년 이래 미국정부가 공산국가 또는 反共國家가 지원한는데 대한 반발로서 미도북 많들었읍니다. 참으로 마음 아픈 일이 아닐수 없읍니다. 세계 인류가 20세기 근대에와서 서반아·영국의 영향권에 들어서고 미국의 영향권에 아울러 18 세기 소비를 하며 부를 누리고도 부족하여 영국의 아편 전쟁이며 최근의 더 큰 범죄의 일을 울리는 미국의 군수제별들은 하나님 앞에 세계 인류 앞에 마땅히 회개해야 합니다.

필자가 미국 정부에게 회개를 권고하는 것은 反美하기 위해서가 아니라 미국의 바른자세를 화탁하여 하나님의 뜻을 따라서 正義와 사랑을 실천하여 自由世界를 지도하는 손님으로 있게하기 위해서인 것입니다. 한편, 세계평화를 파괴하는 소련에는 1963년 이래 계속 3000 만본의 外米를 거저 주지않는 영양하는 영업이 넘어 들어서 매년 소련에 外米를 거저 주고 있다고 해서하고 있읍니다. 이는 하나님의 무서운 정계 타고 해석하지 않을수 없는 것입니다.

1983년에는 미국도 여름에는 가뭄에서 비가 오지않다가 가뭄에는 비가 많이오고 겨울에는 춘외서 수박명이 얼어죽는 참변이 생겼는데, 이 것을 이상 기온이라고 내손하려 말고 하나님의 정계의 시작이라고 깨닫고 회개하기를 바라는 것입니다. 필자는 미국정부가 한국과의 정체에서 잘못되었다고 느낀점 몇가지를 지적하여 회개를 촉구하고자 하나 겸 손히 받아들여 잘못을 시정하고 정정으로 한국과 미국이 우방이 될수 있기를 바랍니다.

첫째, 타프트 밀약에 대하여

미국은 1882년 5월 22일 韓國과 더불어 朝美修好條約을 체결한바 있었읍니다. 수호조약 제1조에는 "한국과 미국은 영원히 和平 友好를 지키되 만약 당사국중 한 나라가 他國에게 부당하게 대우를 받을때는 그런데 美國은 1905년 7월에 이르러 이 조약의 정신을 위배하고 내통령 루즈벨트가 타프트 국무장관을 日本에 밀파하여 桂首相과의 회담을 통해 日本의 한국 外交權 내탈을 묵인해주는 대신 日本이 필리핀 문제에 대

— 29 —

八. 미국정부의 반성을 권고한다.

옛날 벨라와 로마, 중국의 文明은 1000 년이 넘도록 세계에 영향을 주었고 근래에와서는 서반아·영국의 영향력이 지속하였었던 것이다. 그런데 세계를 향한 미국의 영향권에 들어서고 100년이 못되어 사양길에 들어서고 있는듯한 느낌이 들어서 우려를 금할수 없읍니다. 1776년 7월 4일 미국은 자유, 정의, 평등, 인권의 민주주의 이념 위에 건국하고 민주주의 국가로서 성장하여 20세기 초반에는 세계의 최 강국으로 등장하였읍니다. 하나님께서도 매번 풍년을 주시어 양식이 넘고 남으니 잉여농산물 처리가 정치인의 골칫거리가 될만큼 풍요한. 나라가 되어서 인류가 미구를 매우 부러워하게 되어 있읍니다. 1945년 이래 미국은 세계 인류의 평화를 위하여 自由正義를 실천한 국가로서 세계평화에 기여하며고 힘썼던 것입니다. 그뿐만아니라 세계 각 나라에 선교사를 파송하여 인류의 영혼을 구원하는데에 크게 공헌하였읍니다.

이렇게 위대한 미국이 20세기 하반기에 접어들면서 타락하기 시작하였다고 보아집니다. 미국의 정치는 國民에게 있는 것이 아니라 몇몇 군수제별들이 매스컴을 이용하여 우민자를 우롱하며 자기를 마음데로 입출로 매웅링 우보링 지명하여 선출되도록 여건을 조성하고 있는듯이 보이고 있으며 배아닌이나 국무성보다 미국을 다스리는 실제 권한은 국방성의 군인들이 기역을 통하여 좌지우지하는 것으로 보여집니다. 미국은 나라와 기업을 통하여 약소국가의 정체를 유린하였으고 일반 상품보다 이익이 많은 무기판매로써 세계평화를 유린하고 있는 것으로 나타나고 있읍니다.

세계에서 가장 자원이 풍부한 미국은 세계 인류가 골고루 양식을 계발하는 하나님의 뜻을 위반하고(마 6 : 9～13) 부를 독차지하려고 하나로 오히려 약소국가를 군피하게 만들고 있읍니다. 미국정부는 무기

— 28 —

이것은 미주이 러시아의 南進을 막기 위하여 敗한 바 부득이한 조처을 법어 놓았다는 조처을 당사국을 협잡하는 조처를 법어 놓았습니다.

해서는 간섭하지 않아 담는다는 合意의 각서를 교환하여 한국을 협잡하는 조처를 법어 놓았습니다.

이것은 미주이 러시아의 南進을 막기 위하여 敗한 바 부득이한 조처을 당사국 日本의 식민지가 피도록 방조한 것은 너무나 가혹한 정체이 있읍니다. 公義와 正直을 상징한 星條旗를 휘날리는 미주의 소행와 正直을 짓밟고 침략자를 두호하고 弱少國家를 강내하는 화생물로 제공한 것은 너무나 큰 犯罪였읍니다. 이로 인하여 한국은 日本에게 35년간 국권을 빼앗기고 犯罪者가 되었고, 38선의 분할로 인하여 또 큰 아픔을 쳐어야 하나 이것은 미주의 지나간 일이지만 미주이라고 그 잘못을 생각지 않읍니다. 미구정부는 80여년 지나간 이에에서 한구의 민주화와 통일 위하여 적극 협력하기를 바랍니다.

40년 전에도 부득이하여 38선으로 분할 점령하였다 하더라도 지금은 파쇄를 버우치고 통일을 위하여 성의를 보여야 마땅하거늘 지금도 여전히 약소국가를 짓누르는 정체을 일삼고 있음은 우감이 아닐수 없읍니다. 이제라도 늦지않았으니 두 나타는 약소국가가 하타를 자른쳐를 버우치고 한국의 통일을 위하여 한국에 대한 군사적 간유를 포기하고 민주화와 통일독립을 위하여 지원을 아끼지 않기를 바라는 바입니다. 이것이 속죄하는 유일의 길입니다.

에 대하여 아무런 성의를 나타내지 아니하고 오히려 우리나라를 쌓기 파쇄하려하는 별죄를 더욱이 자행하고 있으니 통탄을 금할 수 없읍니다.

세째, 美軍政이 親日派를 등용한데 대하여

1943년 11월 27일 英·美·中 三個國 國家元首들이 카이로에서 회의를 종료하고 카이로 宣言을 發表한바가 있읍니다. 그 宣言文 內容中에는 "三大國은 한국인민의 노예상대에 유의하고 적당한 순서를 밟아서 한국을 自由롭고 獨立된 것으로 할 決定을 가지고 있다"고 선언하였다. 다시 말해서 한국을 日本에게서 解放시켜 獨立시킨다 하는 내용의 宣言을 있읍니다. 그렇다면 1945년 戰爭이 끝나고 한국이 주둔한 美軍은 마땅히 우리나라에게 自由와 獨立을 허락하였어야 마땅 인데 독립을 주려는 이사는 조금도 없고 오히려 한국을 지배하려는 데써웁으로 가득차 있었읍니다.

미 군정당국이 우리 나라에 獨立을 부여할 이사가 있었다 하면 마땅히 上海임시정부를 인정 했어야 했으며 한구의 정치, 경제, 문화, 사회 종교등 모든 국민지도권을 민족지도자와 항일 애국투사에게 맡겼어야 마땅한데 상해임시정부를 인정하지 않았으며 독립을 위하여 일정한 개인자격으로 귀국하게 되었고 애국지사들을 등용하지 않고 오히려 예국지사를 피몰이로 규탄하게 되었고 또 속죄하는 입장에서, 또 속죄하는 道義的 立場에서, 親日派들을 支配하기 위한 것이 오직 親日派들을 지배하기 위한 것이었으니 이것은 어디까지나 한국을 獨立을 주려고 되고 말았으니 독립을 나타내는 결파가 의사가 없음을 나타내는 결파가 되고 말았읍니다.

둘째, 38線으로 國土를 分斷한데 대하여

미주 대통령 루즈벨트, 소련수상 스탈린, 영국수상 처칠 등이 1945년 2월 4일~11일 얄타에서 회담한제 소련수상 스탈린이 日本을 공격하는 대가로 38度線으로 분할하여 한국을 점령하자는 제안을 미주 대통령 루즈벨트가 받아들여 한국은 분단구이 피되어 38선으로 분단되니 日本과나의 전쟁이 저어도 2년은 더 걸릴것으로 내다보고 소련에게 많이 얄보하여 38이 북을 점령하게 하였던 것을 이해치 못하는 바는 아니나 이 문제의 관하여 미주이 한국 국민에 대한 未安한 마음을 가져야 할것이 마땅하거늘 미주은 숭호도 미안해하는 마도도 없을 없고 오히려 방자한 대도 뿐이읍니다.

우리민족은 미·소의 38선 분탁로 인하여 6.25 전쟁이 났으며 이산가족의 아픔, 조국강토의 황폐, 같은 민족까리의 저락시, 국가발전의 후퇴등 이루 말할수 없는 여러움을 겪고 있읍니다. 미주마 소련은 38선 분단에 대한 책임을 느끼고 道義的 立場에서, 또 속죄하는 입장에서 소 두나타는 한구 통일로 보더라도 국군은 약 8만명이 있고 공산군은 19만 6천명이었으며 火力에 있어서도 공산군은 국군보다 5배이상의 火力을 가졌으며 비행기는 공산군이 국군보다 10배를 능가했읍니다. 그런데도 불구하고 열세스는 우세에 못지 그 처지를 受動하기 위해서 한 달인지 못살 역사 가들이 단정하게 될 것입니다.

더우기 당시 미군 고문단장으로 있던 로버트 장군은 빛발치는 침략 위험이 있다고 보고했어도 남침이 무슨 소리 나하고 진급한 남침위협을 보고를 무살하면서 내체를 세우지 않았으니 그 처의를 알 수 없읍니다. 에치슨 선언이나 경박한 慽動이나 6.25 전쟁의 책임은 金日成 南優를 빚고, 둘째는 美軍은 南優를 金日成을 받을 수 있도록 여건을 세 공제 하는 38선까지 회拑을 했으니 사실 엄밀히 논정한다면 우리민족에게 정보무실을 모두 종합해 보면 6.25 전쟁의 책임은 金日成은 南優를 빚고, 둘째는 美軍에게 정보 부주의로 군단정의가 될 것입니다.

6.25 전쟁을 通하여 미국의 군수 제벌들은 2次大歡에 남은 무기와 독탄을 재고 처리하며 수지를 맞추었고 6.25를 通하여 많은 세금 부 담을 감수해야 했으나 약소국민인 우리나라는 초토화가 되고 수배만명이 死傷당하는 민족적 비극을 초래하였읍니다. 美國은 6.25에 대하여 의사 이러한 무책임한 정책으로 6.25전쟁을 혹게된 우리 민족앞에 未安한 마음을 가지고 우리나라의 民主化와 統一獨立을 위하여 적극 성원함으 로 6.25에의 전쟁을 속회하기를 바랍니다.

다섯째, 독재를 방조함으로 民主主義를 방해한데 대하여

한국군의 작전 지휘권을 장악하고 美軍은 두 차례에 걸친 軍事 쿠데타를 묵인함으로 신일적이으로 군인들의 정치참전을 방조하는 결과

미국은 해방후 지금까지 우리민족의 양심적이고 침된 지도자는 냉대하고 친일배, 공산주의자였던 민족, 비도덕적인 인물, 잔인한 우리의 살인자들 등용하여 國政을 담당하여 했으나 이것은 우리에게 비추러는 의사가 없고 제 추 지배하려고 있다는 증거입니다. 바라건데 미국은 이와같은 잘못을 깊이 慽改하고 "가이 政改"로 우리 나라에 獨立者를 부여하는데 힘을 쓰고 感謝者를 가지하여 우리 나라의 統一獨立을 성취하기를 바랍니다. 하지 기 위하여 군축을 속히받기 위하여는 이제라도 늦지 않으니 國民의 리기를 반는 참된 民主人士와 에 국가를 지원하여 이 땅에 民主主義 꽃이 도록 성취하기를 바라는 바입니다.

넷째, 6.25南侵이 일어나게 한데 대하여

미국과 소련은 38선으로 우리 나라를 분단한 잘못을 범한 나라입니다. 소련은 1946년 2월 8일에 김일성을 주축으로한 공산당정부를 세우고 20만명에 가까운 군대를 양성하고 있는데, 미국은 軍政하 단무하 3년동안 공산주의자가 암약할 여건을 만들었고 훈련과 방조도 남무하게 하다가 1948년 8월 15일 북한보다 뒤늦게 아 정부를 세우고 1949 년 6월 29일 군사고문단 500명만 남겨놓고 공산침략에 대한 아무런 대체없이 철수해 버렸읍니다. 북한 공산주의자들의 막강한 병 력앞에서 대체없이 철수한 미군의 처의를 알 수 없었읍니다.

그뿐만 아니라 1950년 1월 10일 미 국무장관 에치슨이 宣言하기를 미국의 아시아 방위선은 日本, 오키나와, 때만, 필리핀이라고 宣言하 므로 한국은 아시아 방위선에 들지 침하였는데도 상관치 않았읍니다. 金日成은 에치슨 宣言을 받아 南優許可를 받아 本格的으로 南侵준비가 進行되어있었읍니다. 남 침준비가 한창 무르익을 무렵인 1950년 5월 19일 국무장관 에치슨 가 訪韓하여 誠方을 시찰하면서 이상없이 戰線을 보게되고 南優준비를 서들고 있었읍니다. 이러하여 1950년 4월에는 金日成이 모스크바에가서 스탈린에게 南優許可를 받아 마음을 놓고 南優준비를 서들고 있었읍니다.

입니다.

미국은 이제 다도 눈치 보지 않으니 自由正義 人道主義 立場에 바르게 서서 정권 욕에 눈이 어두운 일부 독재자만 받으려는 잘못을 고치고 全體 國民의 要求인 民主化를 실현하기에 協助하기 바랍니다. 독재 자를 방조함으로 반공국가를 공산화 또는 反共를 만들지 않고 民主化를 協助함으로 世界의 지지와 존경을 받아 번영을 거둘수 있기 바랍니다. 특별히 劉新政策의 과감한 革新을 통하여 民主化와 統一——圈立을 위해 적극 協助하여 韓美가 중진될 수 있기를 간구하는 바입니다.

미국과 소련의 情報活動이 아무리 지밀하고 방대하다고 하지만 역사를 지배하시는 하나님을 속이거나 거역할수는 없읍니다. 인류 반드시 사필귀정으로 나타나는 것이 이 正義를 이기고 진모습수를 상도다면 반드시 하나님의 무서운 심판과 역사의 방영한 심판을 피 할 수 없는 것입니다. 성경에는 이러한 경고의 기록 되었음니다.

"어쩌하여 열방이 분노하며 민족들이 허사를 경영하는고 세상의 군왕들이 나서며 관원들이 서로 꾀하여 여호와와 그 기름 받은자를 대적하며 우리가 그 맨른을 끊고 그 결바을 벗어버리자 하는도다. 하늘에 계신자가 웃으심이여 주께서 저희를 비웃으시리로다. 그예에 분을 발하며 진노하사 저희를 놀래며 이르기를 내가 나의 거룩한 산 시온에 세웠다 하시리로다." (시편 2 : 1 — 6)

2500여년전 바벨론 제국은 국가의 창패해 정과 번영이 극도에 달했을 느부갓네살 왕으로는 심히 교만하여 하나님을 대적하고 사치와 향락으로 타락한 자웠습니다. 하나님께서는 예언자 다니엘을 통하여 바벨 론 제국에게 위기를 경고했으나 "메네 메네 베린 우바르신" 하나 님께서 바벨론 제국을 심판의 저울에 달아보니 不足하므로 바벨론 시 내가 중말을 고하게 멸망이 될 것이라는 경고가 내린거 임니.

를 초래했읍니다. 의식적이건 무의식적이건 우리나라는 23 년체 이 집권 하므로 自由하므로 自由民主制를 받았읍니다.

主義制 만 남아있을 뿐입니다. 우리 타르 일으켜서 羅人少將이 맞닥뜨려에 中將이 되고 또 몇 달만에 大將이 되므로 軍의 신성을 짓밟았고 가장 질서가 있어야 할 軍이 하여 기강이 운둔리에 되있음 니다. 그런데 주한미군사병관은 미군의 작전권을 무시하고 軍의 타를 일으켰는데 한마디의 힐책이 없이 제일 인저 군인 집권에 를 초래했읍니다.

그리고 미국대통령 케네디와 베이건은 쿠데타의 장본인을 正式으로 초청해다가 크게 부각시킴으로 집권을 방조했읍니다. 이것은, 여기까지 나 軍人자신들의 軍 革率에 의 美國이 한국과 美國의 이스라엘 二次大戰이 주 美軍이 주둔한 나라들은 日本 이스라엘 등 강대국과 복수한 나라에 대해서만 民主主義를 이용했고 약소국가에 대해서는 한 나라도 民主主義를 실현하도록 병조하지 않았읍니다. 그반면 독재 정권을 방조함으로 25 個 약소국가가 공산화 또는 反共國家가 되 게 하는 결과를 招來했음니다. 칠남, 크메르, 라오스, 이란, 쿠바, 니가 라파, 에디오피아가 그 대표적 나라를 입니다. 미국정부는 어찌하여 당 장에 利益을 많이 얻어먹는 近視眼的 利權만 생각하고 멀리 내다보는 遠視眼的 思考를 가지지 못하는지 그 처의를 알 수 없음니다.

中美와 南美洲 20 여 개 나라들은 20 년 間에는 부흥진 미국을 지키웠 던 나라들인데 이제는 거의다 反美로 돌아서고 있는 美國정부 미국정부 도 파악하고 遷이 시정해야 할 것입니다. 이 世界에서 가장 美國에 대 하여 존경과 사랑을 바쳐온 한국에서도 美文化院에 放火하는 사건이 벌어나거나 생겼고 두 차례의 결쳐 温倰旗를 불태우는 사건이 일어나는 이유가 무엇있입니까? 미국정부는 이 사건에 대하여 아무것도 아닌 양 받응을 나타내지 아니하고 不安을 감추려고 이용하고 있은데도 있어 거두는 것은 너무나 당연한 귀결입니다. 미국정부가 대한 경제에 있어 서 反省하고 바르게 是正하지 아니하려 하더래 對美 경각심을 주기 위한 사건 들이 진짜 反美운동으로 확대될 가능성이 많으심이 간과해서는 안될 것

九、民主化를 成就하기 위한 네가지 方案

우리나라가 외침내환(外侵內患)에서 살아남는 길은 조국의 민주화 이며 더 나아가서 統一獨立과 민주의 번영을 성취하는 길도 조국의 民主化입니다. 우리나라가 해방 40 년을 맞이하는 지금에도 민주화가 요원하기 만하니 안타까운 일입니다. 6천만 우리겨레는 民主化 만이 우리의 살길임을 명심하고 생명을 걸고 민주화를 성취하여 후손들에게 統一獨立된 統一祖國을 물려주어야 하겠읍니다. 그러 기 위하여 民主主義 실현의 방안을 몇가지로 모색해 보고자 합니다.

첫째, 信仰化 運動입니다.

우리민족의 지성적 수준이나 사회적 여건으로 보아 우리도 넉넉히 民主主義를 실현할 수 있다는 自信感에 넘쳐야 합니다. 우리의 교육 수준은 세계선진국 대열에 서고 있으므로 40 년간 않은 시련을 겪었던 우리도 이제는 自由民主主義를 넉넉히 실현할 수 있는, 시행이 당면했 읍니다. 우리민족은 자유만 준다면 훈련이 오기 때문에 독재에 계 속해야한다는 논리도, 독재자를 지지하는 아첨배들이 하는 말입니다. 1979 년10 월 26 일 박정희 정권 18 년에 있었던 해 날 일들이있었읍니다. 12·12 무데타로 정권을 노리고 있는 일부 單人들이, 정권탈취 아욕이 드러나던 1980 년 4 월까지 국민들 은 침묵과 인내로써 절서를 지켜왔던 것입니다.

그러다가 일부군인들이 노골적으로 정권을 잡으려 도모할 때 학생들은 참 다 못하여 군의 집권에 항거하는 시위를 벌였던 것입니다. 1960 년 4 월 19 일이후 훈련과 훈련으로 방증으로 우리에게는 달수 있 는 여러가지 쓰라린 경무을 부여주고 있는 국민들은 다시, 그 데우 같은 무릎서와 훈련의 전철을 반복하기를 원하지 않을 것입니다. 그러므로 남침하려 있기 때문에 民主主義를 보류해야 한다는 논리

후에 바벨론 제국은 페르샤에 의하여 멸망당하고 벨사살 왕은 비참하 게 죽임을 당빴다는 기록이 구약성서 다니엘 5 장에 기록되어 있읍니 다.

별자기 미국의 장래를 걱정하는 것은 후시하나님의 엄중한 심판이 내려지 아니할까 하는 두려움 때문입니다. 간무히 바라건데 미국 정부 는 이상 다섯가지 지적한 사항을 빛후하여 하나님 앞과 세계 인류앞에 민망정 대하지 못한점을 철저하게 회개하고 미국의 휴메을 정상했던 그 좋은 이념 대로 그리고 하나님의 뜻인 케비国主義의 정신에 따라 自由, 正義, 人道主義를 세계 만방에 안방에 실천하라 지금까지의 범죄에 대한 속죄를 받 고, 제 속하여 반성되기를 간곡히 당부하는 바입니다. 공산주의를 정복 하고 세계 평화를 건설하기 위하여 미국의 사명과 역할이 너무나 중요 하기 때문에 이 권고를 드리는 바입니다.

※ 罪惡의 国家 바벨론 滅亡에 대한 聖經의 예언

이 일후에 다른 天使가 하늘에서 내려 오는 것을 보니 큰 권세를 가졌는데 그의 영광으로 땅이 환하여 지더라. 힘센 음성으로 외쳐 가로되 무너졌도다 무너졌도다 큰 성 바벨론이여 귀신의 처소와 각종 더러운 영이 모이는 곳과 각종 더럽고 가증한 새의 모이는 곳이 되었도다. 그 음행의 진노의 포도주로 인하여 만국이 무너졌으며 또 땅의 왕들이 그로 더불어 음행하였으며 땅의 상고(商賈)들도 그 사치의 세력을 인하여 치부하였도다. 또 내가 들으니 하늘에서 다른 음성이 나서 가로되 내 백성아 거기서 나와 그죄에 참예하지 말고 그의 받을 재앙들을 받지말라. 그죄는 하늘에 사무쳤으며 하나님은 그 불의한 일을 기억하신지라 (요한계시록 18 장 1-5)

는 집권자들이 정권유지를 위해 말하는 惡意에 찬 세뇌에 불과합니다. 그래해야만 남한에 힘이 있음수록 우리는 민주주의를 실현해야 합니다. 자유를 수호하려고 공산주의를 막는데 생명을 바칠 것이며 중성을 다 아끼게 됩니다. 독재 정치를 반대하면 공산주의를 그들이 내거는 정치슬로건을 국민을 현혹해 빼앗기고 삶 바에야 自由입니다. 自由를 빼앗기고 삶 바에야 공산주의나 독재체제나 무엇이 다르겠는가라고 항의해 온다며 국민들에 답변하는 공세해 됩니다.

그러므로 우리는 민주주의 실현이 우리 성정의 時期상 큰다고 말하고 '우리민속도 민주주의를 할 수 있다' 그리고 우리들 실력에 민주주의를 넉넉히 실현할 수 있다는 自信感을 가져야 합니다. 과거 박정희는 여러가지 구실을 붙여서 자유민주주의가 적합하지 아니하나 한국적 민주주의를 실현해야 한다면서 유신독재를 민주주의라고 위장하려고 오도하려던 것입니다.

이제 다시는 그러한 세뇌의 독재를 당하지 말고 조국의 통일독립을 성취하기 위하야 자유민주주의를 실현해야 하며 또 실현할 수 있다는 僧仰을 가지고 온 국민이 이를 평화하는데 힘을 다해야 할 것입니다. 그리 하나님께서는 반드시 自由, 正義, 平等, 人權사상을 기초로한 民衆的 民主主義를 실현하려는 民衆편에서 역사하시며 도와주신다는 확고한 自由民主主義를 실현하려는 확신 僧仰을 가질 수 있도록 僧仰化運動이 먼저 전개되어야 할 것입니다.

둘째, 意識化 運動입니다.

무릇 民主主義라 함은 國民이 그 社會구성의 主人이라 하는 뜻인 바 우리 民主主義에 대한 主人意識의 철저해야 합니다. 民의 국가에 대한 主人意識이 철저해야 합니다. 우리근성이 가득라서 백성로써 우리 자유로도 自己의 현재의 민족에게는 민주주의도 분에 넘친다는 모욕적인 말을 서슴치 아니하며 우리의 도저히 불가능한 것입니다. 우리는 반만년의 自由를 빼앗기어 온 民族이 400년 동안이나 自由를 빼앗기어 온 民族이 自由에 겨워 우리정체 통일파하게 되었습니다.

그 노예생활로 인하여 타성이된 민중들은 참신의 의 옷하며 옳던서 해방자 모세를 원망했읍니다. "누가 우리에게 고기를 먹게 했고, 우리가 애굽에 있을 때에는 값없이 생선과 외와 수박과 부추와 파와 마늘을 먹은 것이 생각나거늘 이제는 우리 정력이 쇠약하되 이 만나에는 보이는 것이 아무것도 없도다"(민수기 11:1—6)"어제하여 여호와가 우리를 그 땅(自由의 땅)으로 인도하여 하려 하는고 우리가 차라 정하더니 애굽(종살이)으로 돌아가는 것이 낫지 아니하냐 우리가 한 장관을 세우고 애굽으로 돌아가자고 부르짖었읍니다.

노예의생활로 자유를 망각하고 도리어 노예생활로 인하여 타성이된 민중들은 참신의 것을 옳하며 옳던서 해방자 모세를 원망했읍니다.

하나님께서는 自由의 가치를 모르는 민중을 진노하사 광야에서 40년간 헤매게하여 一世국민은 한에죽게 하고 二世國民은 성장시키고 연단시켜서 자유의 땅 가나안을 정복하게 하셨읍니다. 오늘 우리민족도 오랫동안 潛습타와 日本에게 노예생활을 찾어버린 민중은 거의 죽었거나 老人이 되어 버렸고 오늘이 주역을 이루고 있는 세대는 해방후 세대로 서서히 교체되고 있는 것입니다. 이제 우리는 오늘의 주역들에게 自由의 가치와 高貴性을 절 인식시키며 ·국가에 대한 主人의식을 강하게 향상시키는 의식화운동을 과감히 전개해야 하겠음니다. 지금 우리나라는 外債가 400억달하가 넘어서고 그 外債때문에 큰 主人의식을 가진 것은 찾지 않으며 국가에 대한 主人의식이 있 이 아무 관심도 없고 저정도 하지 않으며 국가에 대한 主人의식이 있는 것이 더욱이 문입입니다.

해방후 우 북한의 공산주의자들은 한결같이 거짓말로 국민을 속여왔고 한국의 정치인들도 국민들을 많이 속여왔읍니다. 당신들에도 매스컴을 통하여 잘못된 정치, 경제, 문화, 사회를 좋은 것으로 美化시키어 왔고, 國內外거정세를 자기네 정권안정에 이롭만게 해석하여 국민에게로 보도하고 해석하여 국민의 판단력을 흐리게 명중하도록 오도하였읍니다. 당국자들은 국민을 속여서 보고 듣고 말하는 두뇌와 南北統一 이나아가 민족이 바뜨바아하는 우리경정체 서 눈과 귀를 가리우고 입을 가나안의 땅 가나의 이바에 대가가는 同胞가는 미에 겨외 이 우리정체 통일파하게 되어 있읍니다.

その노예생활로 인하여 타성이된 우리정체 통일파하게 되었읍니다.

는 반드시 조직화, 은 團結된 力量을 가져야만 成功할 수 있는 것입니다.

국손와와 민주화의 大衆名分을 위하여 各 敎會別로 團結하고 各 敎會를 團合하고 더 나아가서 全國의 敎會가 團結하여 부응화와 民主化大衆을 힘있게 추진해 나가야 합니다. 그리고 各 政黨과 사회단체 별로 조직된 團結力으로 除去해 가면서 민주화운동의 要來를 내비도록 民主化運動을 추진해 나아가야 할 것입니다.

무릇 協同이라함은 세사람 以上이 뜻을 모으는 일이며 協을 모으기 위해서는 음자 그대로 서로 생각을 같이 하는 회생이 따라야 하는 것입니다. 자기보다 더 남을 돌이고 남을 섬기는 심정을 가져야 할 수 있는 것입니다. 내 것만 내세우고 나와같이 되라는 회일을 주장하여 조화를 무시한다면 協同的인 행동이 될 수 없는 것입니다. 民主主義社會에서 획일적인 것이란 교정한다면 調和가 깨어지게 됩니다. 다르거나 남의 개성을 존중하고 나자신이 양보활동과 단결이 가능한 것입니다. 그래야 人和가 되고 조직 활동과 단결이 가능한 것입니다. 민주주의는 다수의 뜻에 의하여 조직을 이루어 단결하는 조직이 되어 수의 정책이라고 보지 못하는데 民主主義입니다.

네째, 行動化 運動입니다.

民主主義는 한갓 이상적 空論이 아니라 실제적이며 현실적으로 國民이 국가의 主人이 되어야 하는 것입니다. 모든 民衆 各者가 主人意識을 가지고 自己가 많은 의무와 충실해야 합니다. 國民各者가 個人的인 의무와 실제적이며 國民의 의무인 교육·노동·납세 등의 의무를 성실하게 이행하고 自由正義에 입각한 國法으로 준수하며 民主國民으로서의 참된 行動을 해야 할 것입니다. 民主主義 실현은 가정에서부터 시작되어야 합니다. 그리고 敎會나 民主化를 數界부터 민주주의 실현의 모범을 보여야 합니다. 또한번 지성과 마을 또는 정당과 사회단체로서도 민주주의

〈愚民政策〉으로 일관해 왔읍니다.

그러기 때문에 國民이 올바른 국민노릇을 하게 하려면 국민을 깨우쳐서 똑바로 보고 듣고 말할 수 있는 언론의 자유와 또 한편 국민의 意識化운동이 절대로 필요합니다. 온 국민은 어떠한 회생을 해서라도 言論의 自由를 확보해야 합니다. 인론의 자유 없이 정치와 사전은 절대로 不可能한 것입니다. 우리는 바이스의 자유를 정화하기는 운동을 전개하는 한편 국민을 깨우치는 것으로부터 근게 전개해 나가야 합니다. 먼저 가정과 직장에서부터 그리고 교회와 단체들이 어떠한 어려움을 물리치면서 국민을 바르게 일깨워주어야 합니다.

우리는 우리들로 모든에게 실제명을 中心한 국민응리화됨, 평世主義와 自由, 正義, 平等, 人體권실에 입각한 생활에, 그리고 애국정신을 불어넣는 운동을 전개 하여 국민들이 자유 민주주의를 실현할 수 있는 정신적 기초를 쌓아 올려야 합니다. 이러한 정신적 사양식 자유민주주의를 무조건 받아들이면 모래 위에 세운 집 같이 무너지기가 쉬운 것입니다. 그러므로 우리는 먼저 국민들의 수와 어리 석은 부분을 깨우쳐주는 의식화운동과 民主國民단체 실도록 바드게 지도하는 의식화 운동을 전개해야 하겠습니다. 우리국민 모두가 의식화운동의 강사임을 자부하면서 민주주의의 기본자실인 의식화운동을 과감히 또 꾸준히 전개해 나가기를 바랍니다.

세째, 組織化 運動입니다.

불(水)이 불(火)을 이기지만 산불난 곳에 물 한컵이 쓸모없이 미약한 것이나 화재가 났을때 물한그릇으로 꺼야 무력한 것입니다. 이와같이 個人의 慈愛 이기는 것이 原理임에 되지 못하는 團結基와 政治基와 經濟感 등 構造惡앞에 個人의 善이 아무렇이도 作用하지 못하고 그러므로 구조악을 개뜨리고 正義가 勝利할 수 있는 構造를 세워야 하는 것입니다. 그러므로 民主化는 層層化에 의해서 大衆을

의를 생활화하고 行動化해야 합니다.

민주주의의 적인 공산주의, 반분격치, 이기주의 부정부패, 독재 정치, 노예근성 등 모든 방해요소를 하나 둘 征服해 나가는 無事主義를 行動化해야 합니다. 그리고 민중을 깨우치는 의식화, 근세 意識化 조직화운동도 실천해나가야 합니다. 우리는 나라의 민주화 운동에 뜸 하여 마음과 시간과 제정을 바쳐야 합니다. 말로만 믿 예수되는 것은 아무 유익이 되지 못합니다. 그러므로 "사람이 선을 行함을 알고도 行치 아니하면 罪라" (야고보 4:17) 고 하신 하나 님 말씀에 근거하여 行動하지 않는 믿음이라고 단언해 도 지나친 말은 아닙니다.

오늘날 사람들이 있으므로 나라와 민주를 걱정하고 민주주의를 의지나 행동은 하나도 하는이가 없습니다.

중로 5가에서 매주 木曜日에 고난받는 자를 위한 기도회를 실시하고 있습니다. 평균 100 명 내외가 겨우 모이고 있으나 1000 만명 서 울 人口 가운데 신반분지 일이 겨우 심회 한상한 입입니다. 기독교인지만 하더라도 100 만명은 별택인데 겨우 100 명이 모이니 행 동하지 않는 줄을 게 반하기 ... 장래가 걱정이 ... 설교와 강연을 하는에도 있는대 그 설교를 듣기도 전에 나가서 모이기 ... 아니하고 ... 아니하거 한사식합기만 합니다.

사무엘 당시 이스라엘 민족 수난명? 미스바에 모여 기도할 때 하 나님께서 블레셋군대를 벌하시고 이스라엘을 구원하셨습니다. 오늘 서울에서 열리는 木요기도회에 1 만명이 모이고 각 도청소재지마다 1 천명이 모이고 각 군소재지마다 100 명이 모여 기도하면 분명이 하 나님과 신이 역사하여 우리나라도 민주화가 성취될 것이니다. 나라를 위해 기도하는 일에 참가하는 민주화가 성취될 것이니다. 나라를 고 있다면 민주주의와 통일은 요원할 수 밖에 없으며 공산당과 독재하 는 최상의 미소를 지을 것입니다.

— 42 —

우리가 그나큰 일은 못할지 라도 고난받는자와 나라를 위해 기도 하는 일에 참가하는 일이야 무엇이 어렵습니까? 중로 5가에 서 기도하는 일부터 행동화합시다. 그리고 더욱더 적극적인 행동을 전개하여 기어이 민주주의를 쟁취합시다. 우리 모두 민족을 기도해나 아갈 [컨리 줄만 알고 예수님과 나라를 위해 순교할 수 있는 등 때마 [몽기 중단]을 받고 예수님과 함 자신을 희생하고 바치는 [사람] 충 만을 하늘로부터 받으나서 우리조국의 복음화와 민주화를 성취하기 위 하여 사명감을 가지고 살다가 그 사명전선에서 승리의 개가를 부르며 주님을 맞이합시다.

※ 한사람 存在의 가치

우리가 군입을 하려고 할때 "나 한사람 쯤이야" 하면서 선구적 으로 행동하는 사람때 문에 이 회 용을 겪는다. 한사람 한사람이 모여서 6 천만 민족과 국가가 형성되고 47 억의 세계가 형성되는 것이다. 아담 (하와) 한 사람의 범죄로 세계는 죄악으로 가득차게 되었고 예수님 한분의 속죄로 인류는 구원을 받게 된것이다. 나 한사람의 존재는 복 음화와 민주화에 참여치 아니하고 방관하면 이 운임은 성취할 수 없 고 나 한 사람이 적극적인 참여의식을 가지고 십자가리라는 독신을 가지고 적극적인 참여의식의 人格과 활동력을 갖추어서 복음화와 민주화 연단하여 활동력을 갖추자, 그러면 반드시 이 운임은 성취될 것이다. 나 한사람의 존재 가치를 높이 평가하고 선한 일을 위하여 앞 장서서 충성하자.

— 43 —

2. 1984-4-성명서 – 오늘의 민주국민선언

〈오늘의 민주국민선언〉

우리는 오늘의 제반 사항을 살펴볼 때 70년대의 유신체제를 계승한 현 정권하에서 소위 5·17사태 이래 4년째를 맞이하여 여전히 비민주화로 인하여 만연된 모순과 분단고착으로 민족 생명의 마비를 더욱더 체험하고 있다.

그동안 사회 각계에서 일어나고 있는 민중적 갈등이 누적되고 있으며 특히 대학가의 지속적인 시위 운동은 우리에게 뼈저린 현실 인식을 더하게 한다. 그동안 우리 재야 민주 진영은 이 같은 일련의 사태를 검토해오던 중 몇 가지 당면과제를 제시하여 우리의 소신을 밝히는 바이다.

1) 현 정권은 폭력을 행사하고 있다.

현 정권에 대한 국민들의 끈질긴 투쟁의 결과로 정부는 투옥된 많은 학생들을 석방하고 지난 3년간 대학으로부터 제적된 1,400여 명에 달하는 학생들을 학업을 다시 시작할 수 있게 하였으며 정치참여가 금지된 수백 명의 인사에 대하여 해금을 단행했다.

이리의 태창 메리야스, 인천 해고 근로자들의 블랙리스트 철폐 운동은 드디어 활성화되었는데 이로 인하여 김용자 등 6명이 83년 12월 21일 폭력혐의로 투옥되었다가 블랙리스트 대책위원회의 투쟁으로 금년 2월 1일 저녁 구속 41일 만에 구속정지로 석방되었다. 한편, 83년 12월 6일 정부는 해직 교수 86명의 복직에 관한 방침을 발표하였다.

이 모든 우리의 투쟁의 결과에도 불구하고, 아니 이 모든 결과 때문에 오히려 더욱 정권은 폭력을 행사하고 있다. 80년 5·17이후 데모와 관련 학교에서 제적된 후 군에 입대한 학생이 모두 465명인데 이들 학생은 그간 군에서 처벌과 징계를 받았을 뿐만 아니라 학생 운동을 알아내는 첩자로 일할 것을 강요당해오던 중 최소 여섯 명의 학생이 의문의 죽음마저 당했다. 사태가 이러함에도 불구하고 아직도 대학에는 지도 휴학 제도와 이에 뒤이은 강제징집 제도가 존속되고 있다. 정부는 학생을 감옥으로 보내지 않는다는 선심 대신에 간악하게도 이제는 군에 보낼 태세를 갖추고 있다. 5월 2일 자로 한국기독교교회협의회가 강제징집 문제에 관한 공개

질의서를 국방부 장관에게 제출한 바 있으나 정부는 아직껏 아무 회답을 않고 있다.

한편 학생들과 교수들이 오늘날 경찰 등에 의해 무차별 폭행을 당하는 일이 비일비재하다. 평화적 시위를 한 한신대의 경우 4월 19일에 신학과 2학년 고정수 군이 실명을 당하였고 중상 및 경사자 24명, 그 외 경찰이 던진 돌에 맞아 시위에 참여한 대학생 다수가 타박상을 입은 참사를 빚었다. 뿐만 아니라 이를 만류하던 노령의 학장에게 기동대 지휘자는 메가폰으로 "학장부터 죽여라"를 명령함과 동시에 수명의 경찰이 달려들어 신학과 3년 박 모 군이 자신의 몸으로 학장을 감싼 그 위로 난타를 가하는 만행을 저질렀다.

서강대생 일명도 최근 시위 도중 실명을 당한 바 있다.

현재까지 복직된 언론인은 단 한 명도 없으며 정부가 복직시키겠다고 발표한 해직 교수의 경우 그가 속해 있던 대학에 복직한 사람은 단 한 명도 없다. 노동자들이 기업에 대한 정부의 압력으로 복직이 안 된 얘기는 우리의 가슴을 미어지게 한다. 예를 들어 지난 3월 원풍 노조에서 민주노동조합운동을 하다가 쫓겨났던 박순애는 쌍매패션에서, 장영숙은 대영섬유에서, 박혜숙은 영진섬유에서 각각 해고되었는데 그 이유는 원풍에 다녔다는 것과 부당노동행위에 대해서 항의했다는 것이다. 또한 청주 조광피혁에서 근무하던 최병구는 미싱반에서 봉급 월 8만 7천 원으로 3개월 이상을 근무하다가 4월 2일 부당해고 당했다. 최병구는 최근 청주도시산업선교회와 관계를 맺고 있었기 때문이다.

정부는 언론 기본법이라는 법적인 폭력 장치를 통해서 언론기관에 압력을 가하여 학생시위와 민주운동 층에서 나오는 주장들을 왜곡 보도케 하고 있다.

2) 폭력 정권은 반민족 반민주 반민중 반평화적 정권이다

폭력 정권은 반민족적 정권이다. 폭력은 독재의 무기이며 민족의 이익을 희생시키며 현 정권의 이익만을 도모하기 때문에 반민족적이다. 정권 유지를 위해서 민족의 이익을 희생시키는 예를 남·북 문제의 경우와 한국의 미·일 양국 정부와의 관계에서 볼 수 있다.

남북문제의 경우 남북 간의 긴장 고조를 구실로 해서 독재 정권은 장기적 폭력정치를 합리화시킨다. 우리는 미·일 정부가 안보와 반공의 이름 아래 한국 군사정권을 지지해온 사실을 심히 유감으로 생각하며 그 정책을 배척한다. 우리는 미·일 양국 내의 민주적 우호 세력과 협력하고 유대를 강화하면서 미·일 양국의 이러한 정책을 시정시키기 위해서 공동으로 투쟁할 것이다.

폭력 정권은 반민주적이다. 민주화를 요구하는 국민적 임의를 짓밟고 광주의 양민을 학살하고 양심적 민주인사를 무고하고 구속함으로 정권을 국민으로부터 탈취한 현 정권은 그 성립 자체가 반민주적이다. 이와 같은 정권이 약속하는 단임제는 원천적으로도 속임수이다. 우리는 현 정권이 단임제의 약속을 지킨다는 증거를 확인할 수 없다. 단임제의 약속은 단순히 사람을 바꾸는 형식적인 것이 아니라 민주적 방식과 민주적 절차에 의해서 정권이 교체되는 제도적인 장치를 마련하는 실질적인 것이 되어야 한다. 일개 통치자의 독단적인 시해 조치는 정의도 아니며 그 자체가 민주주의를 향한 진보의 발걸음이 될 수가 없다. 지금 중요 인사들이 아직도 부당하게 정치활동의 금지를 강요당하고 있으며 수많은 정치범들의 복권이 되고 있지 않은 실정이다.

언론 기본법과 집회 및 시위에 관한 법률 등과 같은 악법을 통해 국민의 중요 기본권인 알 권리와 모일 권리가 일상적으로 침해를 받고 있다. 우리는 현 정권이 어떠한 구실을 만들어 직접 선거를 치르고 이를 통해 재집권을 기도하는 어떠한 조치도 용납할 수 없다.

폭력 정권은 반민중적이다. 반민주는 반민중으로 이어진다. 독재 정권은 민중의 의사와 권리를 억압하기 위해서는 어떤 폭력이라도 서슴없이 사용한다. 이른바 개발도상국에 상응해서 노동자, 농민 문제도 해결되어야 한다. 현 정권은 노동조합과 농업협동조합의 자율화를 통하여 부의 분배가 헌정질서 측에서 합리적으로 공정하게 이룩되는 길을 펴야 한다.

끝으로 독재 정권은 반평화적이다. 민주 정부가 아닌 독재 정권은 강대국과의 관계에서 비자주적이다. 우리는 한국의 안보와 한반도의 평화를 원한다. 그러나 핵무기의 배치가 이러한 우리의 목적을 위해서도 필요하지 않다고 보며 오히려 핵전쟁의 위협을 증가시킬 것으로 본다. 우리는 한미 양국 정부가 핵무기 배치에 그리고 핵이 우리의 진정한 안보를 보장하는지를 한국 국민에게 납득시킬 수 있는 해명을 해주지 않는 데 대해서 유감을 표시한다. 우리는 핵무기 문제를 해결하기 위해서도 자주적이고 민주적인 정부가 필요하다고 본다.

3) 그러나 우리의 투쟁은 비폭력적 저항이다.

현 정권의 권력은 역사상 그 유래를 찾을 수 없는 폭력이다. 그러나 우리들 민주 세력은 이미 비폭력의 길을 걸어왔고 앞으로도 계속 걸어갈 것이다. 폭력은 지지기반이 약한 자가 택하는 것이지만 비폭력은 진실한 선택이다. 우리는 3·1운동, 4·15혁명 그리고 70년대 이후의 인권운동에서 자랑스러운 비폭력투쟁의 역사를 가지고 있다. 70년대 초에 죽은 전태일이나 현 정권 출범 이후 죽은 적잖은 학생들이 모두 그렇다. 우리는 과격성 때문에 모처럼의 운동이 좌절된 예를 역사에서 배우고 있다. 그런가 하면 폭력 정권이 민주 세력으로 하여금 과격화 하도록 유도하고 자극하는 현실을 잊어서도 안 된다. 우리는 비폭력투쟁이 폭력을 행사하고 있는 권력자에 대해서 가장 효과적인 저항방법임을 확신한다. 비폭력투쟁은 폭력 행사를 압도 하는 현실적인 투쟁방안이다. 이제 우리는 비폭력투쟁을 적극화 시키기 위해서 다음과 같은 방법을 제시하고자 한다.

○ 블랙리스트를 가지고 노동자를 부당해고하여 노동자의 생존권을 짓밟은 기업의 상품을 사지 말자.
○ 민주화운동을 왜곡 보도하며 정부의 폭력 행사를 보도하지 않는 KBS를 시청하지 말고 시청료의 납부도 거부하자.
○ 학생의 강제징집을 거부하자.
○ 가두에서 경찰의 심문을 받을 경우 청와대로 항의 전화를 걸자.
○ 시위대는 평화적으로 주장만 하자.
○ 모든 폭력에 항의하는 편지를 110: 서울특별시 종로구 세종로 1번지 청와대 전두환 대통령에게 보내자.
○ 민주주의를 위한 자료의 전단을 집마다 배부하자.
○ 정치참여가 금지된 인사에 대한 해금과 복권이 단 한 사람도 남김없이 단행되고 최소한 노동부의 재취업 금지를 목적으로 하는 블랙리스트가 폐지되며 해직 언론인과 교수들이 전원 복직되기 전에는 국회의원선거에 투표하지 말자.

우리는 이상과 같이 주장하거니와 이는 우리가 항구적으로 민족적 현실에 대응할 꾸준한 의지를 표상하며 현 정권의 정체가 백일하에 드러나서 진정한 민주화가 성취될 때까지 중단없는 불퇴진의 결의를 다시 한번 다짐한다.

1984년 5월 16일

함석헌 홍남순 조용술 조남기 은명기 예춘호 이우정 이문영 윤반웅 안병무
송건호 성내운 백기완 박형규 박성철 문익환 김동완 김윤식 김병걸 고은
고영근 계훈제 강희남(이상 23명, 가나다 역순)

3. 1984-6-저서 ―『우리 민족의 나아갈 길』 2권

독재정권에게 아첨하는 아부배에게 경고한다.

북한의 독재자인 金日成과 남한의 독재자에게 아부하는 무리들이 있다. 그들은 정권에 미쳐버린 표변배들이나 기웃한 가치조차 없는 것들이다. 다만 패션한 것들은 독재자의 들러리 노릇을 하기위해 독재아세(曲學阿世)하는 아부배들이다.

구라파역사에 보면 독재자 아렝왕의 주위에는 400명의 아부배들이 거의 선거자가 있었고 한사람의 진실한 에인자 미가야가 있었는데 400명의 아부배들은 아렝왕에게 전쟁을 하면 승리한다고 아첨을 하였고 한사람의 미가야 선지자는 전쟁을 하면 왕이 죽는다고 경고하였다. 아렝왕은 진실한 에인자의 충고를 듣지않고 400명의 아부배의 진실한 전쟁터에 나갔다가 미참하게 죽고 말았던 것이다. (열왕기상 22장 1-40).

어느시대 어느나라나 항상 독재자 주위에는 아부배들이 독실거리고 독재자들은 그 아부배를 좋아하여 총애를 베풀게 되는 것이다. 우리나라의 민주화와 발해자는 독재자의 것은 두렵할 나위도 없고 그 주위에서 아부하는 아부배들인 것이다. 사이비 학자와 교수, 사이비 언론인, 사이비 종교인, 사이비 정치인 들이다. 그러므로 이러한 아부배들은 사별레정으로 역사가 바뀌고 民主化가 되는 날 독재자와 함께 엄중한 역사의 심판을 받아야 한다. 민주정기를 삼키기 위해서는 그 다시는 아부배들이 철면피가 위하여 가차없으는 처벌을 해야 한다.

正體없이 날리는 韓民들은 이러한 아부배에게 따끔한 경고를 아기지 않아야 한다. 그렇다고 독립을 사용하라는 않은 아니나다. 면지, 전화, 방문, 면양 등으로 그들의 아비와고 반 민족적인 아부행위에 대하여 정신이 번쩍들도록 깨우쳐 주어야 한다. TV에 나타나나는 파렴치한

— 31 —

게 말하는 학자들, 신문에다가 왜곡되게 글쓰는 사이비 기자들, 교단에서 왜곡되게 강의하는 사이비 교수들, 교회당에서 불의한 권세에게 아부하는 설교를 거침없이 토해내는 사이비 종교인들에 대하여 가차없는 경고를 아끼지 말자. 이러한 아부배들이 활개를 치는한 조국의 민주화는 요원하기만 하다.

민주화를 열망하는 국민들은 누구나 빠짐없이 독재자에게 아부하는 자들을 끝까지 추적하여 끝까지 깨우쳐 주자. 살인자 수양대군에게 붙어먹던 정인지와 신숙주 같은자들이 다시 이땅에 나타나지 못하게 하자. 살인마 수양대군에게 모사노릇을 하던 한명회, 권람 같은 자들이 이땅에 나타나지 못하게 하자. 만일 나타나 있다면 똑똑히 주시했다가 정의가 勝利하는날 준엄한 역사의 심판을 가차없이 내려야 할 것이다. 독재자에게 아부하여 出世를 도모하려는 치사스러운 놈들에게 무슨 방법으로든 깨우쳐서 개과천선하게 하자.

1. 사이비 학자에게 경고한다.

무릇 지식인은 지식을 기능적으로만 사용하거나 전수해서는 안되며 국가사회가 위기에 처했을 때, 그 지식을 바탕으로 현실을 분석하고 비판하여 민중들이 나아가야할 방향을 바르게 제시하는 것이 학자의 사명이며 도리이기도 하다. 그런데 지식을 악용하여 독재자를 찬양하거나 사실을 왜곡되게 해석하거나 진실을 감추고 거짓을 말해서는 절대로 안될 것이다. TV앞에 나타나서 사실을 감추고 검은 것을 희다고 말하고 흰 것을 검다고 말하며 국민의 판단을 흐리게 한다면 이는 지식인과 학자가 범하는 크나큰 죄악이 아닐 수 없다. 그럴바에는 차라리 농부로 돌아가 순진하게 농사를 짓는 것이 더 나을 것이다.

독재정권이 하나님의 심판을 받아 무너지고 우리조국이 민주화가 되는날 역사의 심판은 냉엄하게 내려질 것이니 그때에 사이비 학자들이 설 자리가 없을 것이며 몸 둘곳도 없을 것이다. 다시는 독재자를

방조하거나 국민에게 왜곡되게 전파하여 판단을 흐리게 하는 범죄를 반복지 말라. 살아계신 하나님의 심판과 역사의 준엄한 심판을 두려워하면서 다시는 곡학아세 하지 말기를 경고한다.

2. 사이비 언론인에게 경고한다.

언론인은 국내외의 크고 작은 사건들을 신속·정확·공정하게 보도하며 비판하여 민중들이 나아가야할 방향을 바르게 제시하는 것이 언론인의 사명인 것이다. 그런데 작금 언론인 가운데 탈선된 언론인이 많아서 우려를 금할 수 없다. 독재자의 시녀로 전락한 사이비 언론인들은 독재자들이 하달한 보도 지침서에 의하여 왜곡되게 보도하므로 정확성과 公正이 결여되어 독자의 판단을 흐려지게 하고 있는 일이 허다하다. 당국의 압력에 의하여 공정하게 보도하지 못하겠거든 차라리 붓을 꺾고 다른 직업으로 바꿀망정 왜곡된 보도로 국민을 오도하고 나라를 망쳐서는 안될 일이다.

유신정권이래 모든 언론들이 차라리 붓을 꺾고 신문사 문을 닫았더라면 벌써 민주화는 성취되었을 것이다. 신문과 TV 등 언론이 왜곡되게 보도하기 때문에 국민들은 바른 판단력을 상실하고 마치 소경같이 끄는대로 끌려다니니 民主化는 도저히 쟁취할 수가 없었던 것이다. 작금에 데모하는 학생들이 경찰에게 받은 크나큰 피해는 일체 보도하지 않고 경찰이 학생에게 받은 작은 피해만 보도하는 사례는 너무나 많았다. 학생들이 데모할 때 공명정대한 주장은 일체 보도하지 않고, 과격한 일부분만 골라서 보도하므로 학생들이 국민에게 불신을 받게 만드니 사이비 언론인은 학생과 국민간에 이간질을 하는 못된짓을 하고 있는 셈이다.

74년이래 독재자들의 엄청난 과오에 대해서는 일체 보도하지 않고 학생들이 左傾化되어 간다고만 보도하니 사이비 언론인이야말로 민주반역자이며 正義의 원수들이다.

하나님께서 독재자를 심판하시고 正義가 勝利하게 하시는 날 역사의

일정때 헌일과 노릇 하던 자가 6·25때 人民軍 환영대회를 조직했고, 그 다음에는 이승만, 박정희, 전두환을 지지하기에 여념이 없다. 이미 한 사이비종교인이 모 교단 총회장을 거냈고 저 명 교회의 지도자도 군 힘차는 것은 나무나 말하고 있으니 한국교회와 이나라가 는 사이비 종교인의 정치적 행태와 결탁을 당연하다. 어느시대 어느나라에서나 사이비종교인은 정치에 아부하고 집권자는 사이비종교인을 정치에 應用하기 때문에 결국 그 나라와 그 사회는 망한다고 말하고 마는 것이다.

오늘 한국기독교 가운데는 사이비 종교단체가 크게 세가지가 있어 상투수백억의 돈을 뿌리며 교회와 사회를 혼란케 하고 있다. 첫째로 상투층에 침투하여 勝共운동을 펴 나가는 것, 또는 사이비 정당이 있고, 또 하나는 매사생을 상대로하여 구원만 강조하는 사회정의 실현을 기억없고 활동하는 선교단체가 있고, 또 하나는 방교사로 家族 속죄론이 라고 기독신앙면을 전체으로 교회가 있다. 오늘 한국교회는 이 사이비종교인의 행위 중어만가고 正義를 의치는 예언자의 지성 좌아치가니 민속의 인도자가 될 수 없다.

앞으로 하나님에서 正義가 勝利하게 하시고 民主主義가 정취되어 실현되는 날 사이비종교인들도 응중한 역사의 심판을 받아야 한다. 해 방이후 40年2月 반민특위가 결성되어 친일파를 체포하였으나 처 단하지 못하고 민족정기를 바로잡던 때 친일파 교인들은 체포되었으 므로 그들은 배어들하게 승화장이 되어서마 교회를 아루하는 하 나 종교인들 체포되었 않았는으로 소위 성직자는 지금 마음놓고 아 부를하며 도 아무일도 제포되었지 않은 것이나 성직하고 것도 마음놓고 시나가 되어서마 후에부민을 서슴지 않았고 있다. 사이비 한국 사이비 연론 인 사이비 종교인들은 응중을 로 정의를 강탈한 자보다 하나도 나을바가 없는 民主主義 민주자들이요 正義의 반역자들이다.

사이비 종교인들이여, 이제라도 늦지 않았으니 이사 회개하고, 엘리아, 미가야, 아모스, 세례 요한 같은 예언자가 되어 하나님의 정의 실현에 앞장서기를 바란다. 이것이 하나님을 기쁘시게 하는 비결이며 그대 자신 이 참된 종교인 들이여.

준엄한 심판은 사이비 언론인에게도 내려질 것이다. 사이비 언론인은 이제라도 늦지 않으니 매 오자성하여 바른 보도를 하든가 그렇기가 어렵거든 붓을 꺾고 신문사와 방송구에서 나와 民主化하는 법과 를 계속하지 말라. 그리고 심자가 지는 고생을 甘受하면서 眞實한 言論人이 되기를 당부하는 바이다.

3. 사이비 종교인에게 경고한다.

참된 종교인은 하나님을 대신하며 민중에게 위기를 경고해 주며 (겔 33:7) 그들은 나아가야할 방향을 제시해 주는 파수군과 예언자의 사명을 다해야 하는 것이다. 이사야 예언자는 채망하기를 붙이며 보고 경고하지 못하는 종교인은 소경이요 벙어리 개라고 (사 56:10) 평가하였으니 오늘 우리나라의 현실을 살펴본다면 나무도 좌 아이 좌악으로 멸철되어 正義가 설자리를 잃고 있는 현실이다. 참된 종교인은 누이 아프도록 이 민중을 깨우치고 하나님의 正義를 외쳐 며 미중을 깨우고 正義를 말하가는 거강 오히려 不敵한 자를 향퇴하시켜 주고 있으니 통탄을 不禁할 수 없다.

朴正熙정권때 어떤 종교인은 아부하기를 박정희대통령은 하나님이 내신 인물로서 4천년만에 한번 날까말까한 영웅이 타고 저천하며 구역 질나는 아부를 떨어 동아냈다. 그거자 거금 또 아부하기를, 방정회 대통령은 전두환대통령에 비하면 아무것도 아니다, 전두환 대통령이야 말로 박정희대통령을 능가하는 하늘이 내린 영웅이 타고 아부하기를 마지 않는다. 그거는 만일 공산당이 집권하게 되어 김일성수령 님이 이 세계 에서 차 주범하였려게 백하는다, 참으로 아처거나 없는 병세없는 자타 고 저주범하를 떼하지기 않는다. 참으로 역사가 존엄하도로 실로를 하 며 대통령을 차형하는 것을 영요으로 알고 자랑하 지 않는다. 또 6천년 역사상 가장 위대하고 전두환 대박는 병제없는 수 없다. 이런자들도 사이비 종교인이니 기본시 가치조차 없다고 하겠나와 그래도 교회에서 기도를 하고 정의를 음밀하는 것을 영요으로 알고 자랑하 며 한석스러움을 금할 수 없다.

이 살고 나타와 민족이 사는 길이다. 성경이 가르치기를 "사람이 무슨 無益한 말을 하든지 審判날에 이에 對하여 審問을 받으리라 네 말로 義롭다 함을 받고 네 말로 定罪함을 받으리라"(마 12:36~37)하셨으니 우리는 심판하신 하나님앞에 선 것을 내다보면서 다시는 이런 때에 아부하는 사이비 政治가 되지말고 맺맺이 심판대 앞에 바르게 설 수 있는 良心적인 애국자의 사명을 다하도록 바르게 바치고 또 외치자.

4. 사이비 政治人에게 경고한다.

朴正熙가 統治하는 우리세계에는 독재자 輩出가 가장 심하던 때였다. 그러나 그에게는 신민당이 엄연히 존재하여 의회정치의 형식을 유지해 나갔다. 그러나 현정권하에서는 참 야당이란 존재마저 아닌듯이 보이기만 하는 사실은 아당 巨大 공화당을 하고 있다. 북한 공산주의 체제는 공산당 하나로 통틀어 바꾸어서 체제를 유지하고 있다. 기에는 정당정치를 하는듯이 눈가림하여 국민들과 외국을 속이는 가면정치를 하고 있는 것이다. 현 정권도 마찬가지로 여당 ○○당, ○○당 등을 存立케 하여 정당정치를 하는듯이 국민을 속이고 있다. 그러나 사실은 모두가 독재자를 지지하는 자들이 모여서 이름만 가지고 바꾸어 가면서 독재체제를 옹호하기 위한 에끼만 돼지고 있을 뿐이다. 이것은 독민의 民正으로 여당이 더 良心에 편할 것이다.

엄밀히 따지면 지금 한구에도 정치인이 없다고 해야 할 것이다. 참다운 정치인이 있다면 독재자 밑에서 독재자를 섬기고 아첨할리가 있으리오? 그 독재자와 싸우는 자가 정치인으로 존재하는 것이다. 독재자와 싸우는 정치인이 그 들에게는 있으나 사이비 정치인은 독재자 밑에 아첨하고 영화를 누리는 것이 독재자와 싸우는 날에 사이비 정치인도 독재자와 같은 처벌을 받아야

─ 36 ─

마땅하다. 독재자 혼자서는 독재 정치를 할 수 없는 것인데 독재 정치를 돕도록 방조했으니 독재자보다 죄가 조금도 경하지 않을 것이다.

금번 연말이나 내년봄에 있을 국회의원 선거에 서로 앞을 다투어 출마하려고 경쟁하는 것을 보면 한심스럽기 그지없다. 다루기 정치 급 지방에 뛰어 있다는 사람도 선거에 출마하게 중상하겠다고 하려를 굽실거리면서 공천을 받아보려고 지사스러운 아부를 서슴치 않는다. 이런 사이비 정치인 때문에 독재자는 우거되고 체제 정당정치하는듯이 제스쳐도 그럴듯하게 보여진다. 오늘 선거에 한 참여코자 발고 진실 국민 들이 모두가 우쭐거리는 선거 연극의 참여하여야 한다. 선거에 출마하는 정치인과 독독각시 이 선거때마다 선거장에 나가서 가증한 주인공 화룡당하는 한심한 한 선거를 떠면에 독재정치를 合理的에 나가서 正當性을 主張하게 되는 것이다.

사이비 정치인들이여, 언제까지 독재자의 들러리 노릇하고 세계를 받을 것이며 사이비 정치인이 되어 이나라 민주주의를 그르치고 나라를 망하는 일에 同參하려는가? 역사의 심판이 무서운 줄 안야 내리가지는 독재정권의 들러리에서 과감히 돌아서라. 그리고 용감하게 독재자를 물리치고 민주화운동에 헌신하여 민주화가 성취된 후 맺맺한 정치인이 되어 조국과 민족을 위하여 소신껏 正堂한 활동하고 바란다. 그리하여야만 자손앞에 떳떳하고 하나님 앞에도 겨레앞없이 정정당당하리라.

7. 軍人과 경찰에게 간곡히 당부한다.

(국민기념에 충정을 저누지 말라)

군인은 國土를 방위하며 국민의 生命과 재산을 보호하는 것이 사명이며, 경찰은 국민의 生命과 재산을 보호하며 사회의 안녕질서를 유지하는 것이 사명이다. 그런데 자유당 정권의 경찰은 1960年 4月 19日 독재를 항거하고 민주주의를 외치며 시위하는 학생과에 충질을 들이대고 발포하여 학생과 시민을 무니지고 당시 발포로 희생을 당하고 말았다. 그리고 1980年 5月 18日 光州에서도 시위하는 시민을 향하여 軍人들이 충질로 최소한 174名을 숨지게 하였다. 이 광주사태에 발것이에 반드시 내려질 것이다.

국민의 군인과 경찰에게 충질을 맞겨진것은 침략군을 막아내고 국민의 生命과 재산을 지키기 위해서 맞긴것이지 이것이 민주화를 부르짖으며 시위하는 군중에게 충질을 저누라고 맞긴것은 아니거가? 군인과 경찰들이여, 한번 냉철히 생각과 시민이 아무 우엇을 위하이 죽는데 민주와 군인과 경찰을 회쩡한 없이 있는가? 정권자가 아무 잘못이 없는데 경이히 정권에 도전하는데 시비를 걸어 있었던가? 경권자가 민주주의를 절하고 있는데 메모레임들이 매통당이 하고 싶어서 청의대를 습격해 온 일이 있었던가? 그렇지 않는다는 것은 여러분과 더 잘 알줄을 믿는다.

그렇다면 당신들은 당하기를 치야안주지를 위하여 또는 사회의 안녕권서를 보존하기 위하여 충질을 저누었다고 말할것이다. 그러면 4·19를 보라는가, 우리측 한번 과거를 더듬어 살펴보기로 하자. 1960年 4·19 메모로 당시 한법에 정의이 한법을 두면만 메통령을 있느니 있는데

현법을 고쳐 부정선거를 하면서까지 내통령을 비범세이나 하는 방식을 써던 것이다.

1963年 3月 29日 서울내생이 朴政權을 向하여 메모를 시작한 것은 軍政 2년을 실시한 朴正熙가 다시 4년을 더 연장하겠 다고 3月16일에 발표하니까 군정연장을 반대하여 메모를 하였고 1964年 3月23日 서울에, 그때, 연내생을 선두로 메모가 크게 일어난 것은 朴正熙가 3月 內로 한일회담을 강행하여 절망것이다고 奮鬥하니 일본에 예속되는 對日 굴욕 外交를 반대하는 메모를 全國的으로 확내하여 선시했던 것이다.

1973年 10月 2日부터 1979年 朴正熙가 他界하는날까지 6年동안 덤사이 없이 메모가 지열하게 역속된 것은 朴正熙의 유신헌법 의 철폐 민주화를 요구하는 민주시민의 낭아한 시위 였었던 것이나, 부산과 마산에서 학생과 시민이 分했하여 시위를 하기 것도 유신 내학교 민주주의를 열망하는 민주시민의 外침이 였었던 것이다.

그리고 1979年 12月 12日 上彼이 이루어지자, 전사로 법 입니, 세계의 각국상인이며 당시 엄사행관의 버정에게 충질을 들이대고, 제 상사, 하극상의 법죄를 자행함으로 실질적 주헤타를 일으켰다. 그리고 개人들은 다시 5月부터 메모를 하기 시작했으니 민주주의를 장악하기에 이를때 80年도에 이르비 노르회은 정권을 장악하려던 시민들은 순순에 軍人들은 열당하던 시민들은 정치에서 불나나, 軍人들이 정치에 뛰어들어 정치를 하려 하니까 軍人들은 정치에서 물너가라고 시위하는 것은 너무나 당연한 것이 아니겠는가?

그런데 군인들은 민주주의를 부르짖는 광주시민에게 충질로 써 르고하여 174명 (?)을 숨이나는 수많은 부상자를 내어 세계를 업체 놀라게 하였다. 광주사태는 명백한 학살 행위였었는데 그들은 치안안유를 하였 노라고 변명하니 않다. 4·19때 경찰이 시민을 축게 한 양상과는 너무나 차이가 난다.

— 39 —

— 38 —

4·19때는 딸아 다치는 학생의 가슴을 쓰았고 광주사태때는 도망가는 학생까지 쫓아가서 학생에게 잔인한 살인행위 위해 하여 외신기자들은 그 비참한 광경을 촬영해다가 지금도 비디오를 보면서 그 잔인상에 치를 떨고 있지 않는가?

그리고 더욱 중요한 것은 군인들의 말과 같이 치안을 유지하기 위하여 광주사태를 진압하고 군인들이 정치에 가담하고 한다면 우리국민은 정당하였던 우리국민이 진압과 경에서 과연하여야만 헌병하였었더라며 우리국민은 寡人들이 있고 교양의 말과 같이 화해할 수도 있는 것이다. 지나간 슬픔을 다시 마음 아픈 것이다. 그러나 광주사태 문제까지 않을수 없다. 그 이후는 당시 시민에게 발포를 거짓말 문제만은 제론하지 않을수 없다. 군데로 북괴하기는 커녕 정말 장코 여전히 민중운동을 것들이 이 으으하였으도 있고 화해할 수도 있는 것이다. 광주사민은 모든 인이 어딘 앞에 사마하고 듣어서서 않는한 독재자에게 항거하는 배모는 5년, 10년, 20년도 계속할 것이다.

친애하는 군인과 경찰 여러분, 다시는 우리 나타내 4·19와 5·18 같은 비극이 재연되면 안될것이다. 여러분은 따라가 거석군 국민 가슴에 충을 겨누는 파오를 범해서는 결코 안됩니다. 여러분은 냉정하게 판단하고 실패해야 합니다. 독재 치의 편에서서 독재자를 항거해야 하겠읍니까? 아니면 국민 편에 서서 독재를 항거해야 하겠읍니까? 보를 위하여 비민주적인 독재를 항거하고 국가의 장래를 앙을하게 만들 어야 하겠읍니까? 이 나라의 민주를 위하여 국민의 현명한 선택이 있기 바랍니다.

정권은 바뀌고 역사는 도도하게 흘러갑니다. 10년이 지나고 20년 이 지난 다음에 그때들이 독재정권에 과을 충성하기 위해 국민가슴에 충창을 겨누었던 일을 생각해 보면 그때는 돌이킬수 없는 후회를 하...

여러분은 국민에게 위해제일 이상을 풍겨서는 안됩니다. 국민 의 빛이되고 보호에야 한다는 것입니다. 공산국가의 군인이나 경찰같이 민중에게 군림하는 파료처 내세를 풍기면 안됩니다. 국민에게 친절하고 사랑스럽고 믿음직스러운 경찰이 되기를 바랍니다. 요사이 군인과 경찰에서도 웃음이나 미소를 찾아보기 어렵습니다. 국민에게 위협을 주는 인상을 많이 보게 됩니다. 여러분은 부디 민주국가의 군인과 경찰로서 손색이 없는 훌륭한 군인과 경찰이 되기를 당부합니다. 그리고 우리 모두 힘을 합하여 민주화를 위하여 최선의 노력을 합시다.

그리고 국민의 생명과 재산을 보호하여 한다는 본연의 의무이 만 충실하고 정당한 독재자의 시녀가 되어서는 안됩니다. 국민의 경찰을 대하인 독재의 경찰이 어떠한 특권인을 위한 군인과 경찰이 아닌것은 말할 것도 없읍니다. 우리국민은 여러분의 처지를 모르는 바 아니 아닙니다. 正義는 임시고통 害本는 승리, 不義는 임시힘통 乘本는 몇말사이다. 이라는 역사의 성서의 교훈을 갚이 명심하고 항상 正義便에게서 일 취하게 전진하기 바랍니다.

— 41 —

— 40 —

4. 1984-8-회고록 — 박조준 목사 구속사건 진상규명을 위한 기도회 설교

것이 없는 부분에 대해서는 무죄함을 밝혀 국민의 오해를 풀게 함으로 하나님께 욕이 돌아가지 않게 해야하며 전도문이 막히지 않도록 조처 해야 할 일이었습니다. 그래서 나는 바쁜 시간을 내어서 동분서주 활 동했으나 신통한 결과를 나타내지 못했습니다. NCC와 통합측 총회본 부에 이 문제 해결을 서둘러 보았으나 모두가 반응이 적었고 조용히 있는 것이 도움이 된다고 하는 말 뿐이었습니다.

그러나 예장통합측 청년연합회에서는 박조준 목사사건 진상규명을 위한 기도회를 개최하기로 하였습니다. 그런데 이상한 것은 통합측 총회본부도 이 기도회를 오히려 반대하는 편이었고 판리처에서는 대 강당 예배실을 참가토록 열어주지 않았습니다. 박목사 사건의 진상을 규명하기 위한 설교를 모두 나이게 맡긴 단한 목 사가 없어서 결국은 나에게 설교를 부탁해 왔습니다. 청년들이 그 전 주간에 많은 전단을 영락교회와 시내교회에 뿌렸는데도 기도회가 열 리는 그때 약 150명 밖에 모이지 않았습니다. 판리처에서 대강당문을 열어주지 않아서 기독교회관 로비에서 예배를 시작했습니다.

그때에 정·사복 경찰들은 200여명이 안뜰을 에워싸고 있었으니 분 위기는 너무나 삼엄했었습니다.

나는 신명기 1장 17~18을 읽고 공의로 판단하라는 제목으로 다음과 같은 내용의 설교를 하였습니다.

재판은 하나님께 속한 것이은 검찰과 재판장은 외모를 보지 않고 제판을 일반으로 듣고 공의로 재판해야 합니다. 공의로 하지 않고 듣고 권세를 일반으로 듣고 불공 두려워하지 않는 누구나 두럽은 세계를 받아야 합니다. 높은 민의에게 명퉁한 것인즉 누구나 두럽은 세계를 받아야 합니다. 박조준 목사가 잘못했으면 아무리 목사라 할지라도 벌에 의하여 처벌을 받아야 하며 정리혜씨가 부정한 것이 범에 저촉된다면 마땅히 처벌을 받아야 하는 것이 범에 저촉되어 4만달러 일반율한 처벌을 받고 180억 부정사건은 아무 처벌을 받지 아니합니까? 그리고 광주시민의 학살 책임자인 전두환은 어째하여 처벌을 받지 아니하고 대통령으로 군림하고 있는 것입니까?

박조준 목사의 명예회복을 위하여

1984년 6월에 발생한 영락교회 당회장 박조준 목사 외화 밀반출 사건은 한국교회의 끄나큰 상처를 남긴 사건이었습니다. 당국에서 기독교 지도자라고 음해하려고 무서운 중계를 꾸민 것도 사실이었고 언론 기관의 여러 도가 예덕된 보도를 하여 기독교 보수층에 기독교 지도자의 부조리를 신뢰하여 사회의 지탄을 받고있는 차제에 이어졌던 것이 부조리를 신뢰하여 사회의 지탄을 받고있는 차제에 이어졌던 것이 보도됐으나 기독교의 비리를 중오하여 군단할 기회만 찾고있던 사회인사들은 일체히 기독교 공격에 공세를 옆고 교회를 공격해 왔습니다.

한국교회는 얼굴을 들 수 없게 되었고 변명할 여지도 없이 피었습니다. 그렇다고 가만히 앉아서 공격만 당하고 있을 수는 없었습니다. 그래서 나는 박조준 목사를 변화하려 설옷된 부분만 시인하고 사실이 아니라고 하지 않음 부분에 대해서는 시인하지 말라고 편교하려 영등포 구치소에 면회를 갔으나 세차레 모두 면회를 하지 못했고 가족만 만 나서 이 뜻을 전달했습니다. 그리고 제판을 받기 전에는 절대로 미국 에 가지 말라고 당부했었습니다. 제판을 받지않고 미국을 가게되면 신 문에 보도된 그대로 제판을 향한 것이나 제판을 받아서 사실을 변하여 할 것이라고 하셨습니다. 법보서으로 석방된 다음에도 두 차례나 서 울대학병원을 방문했으나 역시 가족만 만났을 뿐 박목사님은 얼굴조 차 보지 못했습니다. 나는 또 두차레에 걸쳐 편지를 보냈고 영치금도 차례로 우송하였습니다.

박목사의 사건은 하나님의 영광이 가리워지는 사건이며 한국교회 전도문에 대해서는 사건이었으므로 빨리 해결을 지어나 진 못한 부분은 출회 회개하고 시인하고 최사함을 받아나 하고 잘못된 것이 없는 부분에 대해서는

를 하고나서 당국에서 분명히 연행하리라 생각했습니다. 그러나 이상한 것은 당국에서 그 설교 내용에 대해서는 한 마디의 문의조차 없었습니다. 그렇지만 설교하고 집에 돌아오니 여러 교인들에게서 전화가 걸려오기를 신앙에 이상이 없는가 하고 문의해 왔습니다.

박목사의 외화사건은 한국교회의 목사들에게 많은 자극을 주었습니다. 외화 밀반출을 도모하던 목사들은 소스라치게 놀라서 그 일을 중단했을 것이며, 해외에 출입하면서 자신을 돌보는 일이 없이 정치와 공연하다가 설화를 얻어맞은 목사들도 소스라치게 놀랐으리라 생각합니다. 결심한 목사도 없지 아니했을 것입니다. 또 한편 교역자와 교인간의 극한 투쟁을 벌이나 무서운가를 다시한번 심각하게 되었습니다.

박목사 측근에 그렇게 아는 사람이 많더니 어려운 일을 당하고 나니까 모두 외면해 버린다는 교계의 냉정함에 다시 한 번 놀랐습니다. 영락교회 6만명 교인이 그렇게 무력한가 하고 탄식이 나를 엄습하였습니다. 교계에서 동역자들은 박목사와 외화사건 진상을 규명해야 하기보다 신문보도를 100% 받아들여서 박목사를 제명하고 매장해야 한다는 여론이 비등했습니다. 참으로 비정한 교계였습니다. 당국에서는 회심의 미소를 지으며 기뻐했을 것이며 마귀는 춤을 추며 축하파티를 열었을 것입니다.

성경은 우리에게 이렇게 교훈하고 있습니다. "형제들아 사람이 만일 무슨 범죄한 일이 드러나거든 신령한 너희는 온유한 심령으로 그러한 자를 바로잡고 네 자신을 돌아보아 너희도 시험을 받을까 두려워하라 너희가 짐을 서로 지라 그리하여 그리스도의 법을 성취하라 만일 누가 아무 것도 되지 못하고 된 줄로 생각하면 스스로 속임이니라"(갈 6:1-3) "너희 중에 죄 없는 자가 먼저 돌로 치라"(요 8:7)

대한민국 형법은 강자 앞에는 약하고 무능하며 약자 앞에서만 강하게 군림하는 것입니까? 161명을 학살한 살인자는 방치해두고 4만달러 밀반출한 사건은 살인범을 능가하는 범죄인양 매도는 것은 공평한 법집행이라고 할 수 없는 것입니다. 검찰은 지체하지 않고 광주시민을 학살한 전두환 집단은 180여 원 부정축재를 제포하여 엄벌에 처하기 바랍니다. 그리해야 이 나라에 법질서가 확립이 될 것이고 정의의 기강이 서게 될 것입니다.

그리고 언론인들도 회개해야 합니다. 박존순 목사는 엄연히 4만달러가 밀반출이고 15만달러는 미국여행에 저금했으므로 저금통장이 엄연히 보존됐다고 보도했으며 박목사 부인이 저금통장을 핸드백속에 넣고 나갔는데 어째하여 검수고 나갔다고 보도했습니까? 저금통장을 가슴을 웃자락에 차고 나가야 감추고 나갔다고 하지 않을 것입니까? 어찌 그리 야비한 표현을 일삼는 것입니까?

광주시민을 학살한 살인사건에 대해서는 한마디 비판도 못하는 사이비 언론인들이 연약한 목사에 대해서는 그렇게 무자비한 발봉을 휘두르는 것입니까? 독재자에게 구역질나는 아부를 일삼는 사이비 언론인들 마땅히 회개하고 정확한 보도와 공정한 비판을 해야 합니다. 언론이 제 구실을 못하면 나라는 망하고 말 것입니다. 박목사사건의 보도를 보고 우리 국민은 경악과 절망을 금치 못합니다. 이래라도 이것이 않으나 우리 사건에 대하여 경성하여 진실을 보도하기 바랍니다.

나는 이 와같은 내용으로 설교를 거침없이 담대하게 외쳤습니다. 영락교회 교인들과 처음으로 참석한 교인들은 숨을 죽이고 귀중한 몸가짐으로 별별 별별 펼쳐서 설교를 듣고 있었고 우리를 둘러싼 형사들과 정부요원들은 한 마디의 제지도 없이 묵묵히 경청했습니다. 나는 이 설교

5. 1984-8-견해문 — 박조준 목사 부부 구속에 대한 인권위원회 견해문, 인권소식

박조준 목사 부부 구속에 대한 우리의 견해

1984년도 인권문제전국협의회에 참석한 우리들은 지난 6월 22일 발생한 박조준 목사 부부 구속과 이를 보도하는 언론의 자세를 보고 큰충격과 함께 이에 대한 우리의 견해를 다음과 같이 밝히고자 한다.

1. 우리는 먼저 이 사건이 공정한 재판절차를 밟기도 전에 일방적인 언론의 보도로 단지 피의자일뿐인 박조준 목사 부부가 언론에 의해 사회적으로 인격이 매장된 결과에 경악과 함께 이는 형사법상 보장된 피의자의 인권이 침해된 중대한 인권침해 사례임을 지적하고자 한다. 차제에 우리는 언론이 수시로 자행하는 이와같은 언론의 횡포자세를 시정할 것을 촉구한다.

2. 우리는 박조준 목사가 신병중임에도 부부를 함께 구속한 사실은 유례를 찾아보기 어려운 비인토적 처사임을 지적한다. 또한 연일 각종 언론기구를 통하여 동 사건을 계속적으로 보도하며, 제명된 어느 목사의 혐의 사실까지도 때맞추어 보도하고 있는 바, 우리는 언론이 교회와 국민간의 위화감을 조성하고 목회자와 교인을 이간시킴으로써 교회전체가 중대한 선교의 침해를 받게 된 사실에 대해 이를 유감으로 생각한다.

3. 우리는 이러한 일련의 사태를 주의 깊게 살펴보면서 어떠한 악의 세력이 기독교를 고의적으로 음해하려는 저의가 있지않나 우려하며 본 사건의 추이를 전국교회와 함께 예의 주시하고자 한다.

1984년 6월 27일

한국기독교교회협의회 인권위원회
1984년도 인권문제전국협의회 참가자 일동.

6. 1984-10-성명서-7차 연행사건 — 새로운 항일의 깃발을 드높이자

- 새로운 항일의 깃발을 드높이자 -

우리 국민은 현 정권의 수반 전두환 씨의 이번 9월 6일 방일을 크게 반대하고 있다. 그리고 이같은 반대의사는, 국민들이 말할 자유를 박탈당하고 있는 우리의 엄혹한 상황속에서도 각계에서 광범위하게 표시되고 있다. 개신교 20개 교단장회의, 민중민주운동협의회, 한국교회사회선교협의회, 한국가톨릭농민회, 전국목자 정의평화실천협의회, 민주화운동청년연합, 한국기독청년협의회, 명동천주교회청년단체연합회, 대한가톨릭학생전국연합회, 한국기독학생회총연맹, 한국기독교교회협의회 인권위원회 호남지역 인권선교협의회 등은 전두환 씨의 방일을 반대하는 입장을 분명히 밝혔고, 3.1독립운동, 광주학생의거, 4월혁명, 64·65년의 대일굴욕외교 반대투쟁 등을 통해 민족의 자주독립과 민주주의를 위해 끊임없이 싸워 온 빛나는 전통을 가지고 있는 학생세력도 갖가지 방법으로 그들의 반대운동을 전개하고 있는 것이다.

우리 국민들은 전두환 씨의 이번 방일을 왜 반대하는가? 무엇보다도 먼저, 우리 국민은 비민주적 사대주의 정치지배집단이 은밀한 비밀외교를 통해서 일본측 요구에 함의해 준 이른바 '한·일 신시대'를 반대하고 있다. 무엇이 '신시대'인가? 또 우리 국민들이 언제 오늘날의 한·일 관계를 '신시대'라고 말한 적이 있는가? 오늘날 한·일 관계의 실상은, 20년전 전국민들의 반대속에 5.16 군부 집단에 의해 강행된 대일굴욕외교를 통해 성립된 저 한·일 국교 재개의 결과인 대일무역적자 누계 300억 달러가 웅변으로 말해주듯이, 또 일제의 식민지 하에서 그들의 총알받이로 혹은 노예 노동자로, 혹은 성적 노리개감으로 끌려갔다 지금도 일본에 머물러 있는 수많은 재일교포 및 그 2세 3세가 갖은 멸시 속에서 법적, 사회적 차별대우를 받고 있는 상황이 상징하듯이, 참다운 선린관계, 진정한 호혜·평등관계가 결코 아니다.

이같은 현재의 불평등 관계가 일황 히로히또의 '과거의 식민통치에 대한 반성 또는 사과'의 말한마디로 해소되는 것인가? 일본의 과거에 대한 사과는 해방 직후나 아니면 적어도 20년전의 한·일국교 재개 때 있었어야 마땅한 것이었으며, 지금이라도 그들을 찾아가서 받을 것이 아니라 그들이 찾아와서 사죄해야 마땅할 성질의 문제이다. 더욱 중요한 것은 일본의 과거는 반성하는 체 하면서 현재는 반성하려 들지 않으려는 것이다. 이것은 가짜 반성이지 진실에서 우러나온 반성이 아니다. 그들은 한국측의 무역역조 시정요구에 대해 거론조차 회피하려는 태도를 보이고 있고 재일교포들의 법적지위 문제에 대해서도 "계속 노력하겠다"는 외교적 발언만 되풀이 하면서 교포들에게 '외국인 지문날인 채취'를 강행하고 있다.

재일교포 법적 지위문제는 이미 한·일국교정상화회담 때도 현안문제로 제기된 바 있는데, 20년이 흐른 오늘날에도 "노력하겠다"고만 한다면, 그들의 노력은 얼마만큼의 세월동안 계속되어야 하는 것인가? 이와 같이 지난 20년 동안 그들은 우리측의 요구를 항상 "시정토록 노력하겠다"는 말로 묵살해 온데 반해 한국의 비민주적 사대주의 정치지배집단은 일본측의 갖가지 특혜와 이권 요구를 그때마다 제깍제깍 들어주었다. 한국측은 국민들의 혈세로 닦은 공업단지를 수출자유지역이라는 미명하에 일본 기업들에 제공하면서 면세의 특혜를 주었고, '이중과세 방지협정' '공업소유권협정'을 체결해 주었으며 그들의 직접 합작투자기업, 종합상사, 그들의 은행들이 마음놓고 한국에 진출해 장사해 먹도록 '외국인 투자기업의 노동조합 및 노동쟁의 조정에 관한 임시특례법'을 위시해 우리 국민들의 희생위에 일본측에 특혜를 제공해 왔고 한국경제는 일본의 사양산업, 공해 산업을 이양받는 속에 수직적 분업체에 편입돼 왔다.

이런 상황속에서의 이른바 '한·일 신시대'란 누구를 위한 신시대인가? 그것은 일본이 지난 20 년간 이룩한 대한경제침략을 완성하고 소위 문화교류를 통해서 한국인의 항일의식을 마비시키며, 소위 군사협력, 군사교류를 통해서 경제적 지배권만이 아니라 정치적, 군사적 영향력도 적극 행사해 보려는 일본 신군국주의를 위한 '신시대'에 불과한 것이다. 일본 신군국주의는 이러한 음흉한 의도 속에서 이번 회담을 통해 기왕의 경제적 불평등의 시정은 커녕, 한국측에 일본자본의 더욱 적극적인 대한 진출을 위한 '투자환경 개선', 적극적인 문화교류를 요구하고 있다. 일본은 이제 문화교류 요구 속에 청소년 교류, 연예인 교류, 기자교류, 일본 잡지, 영화, 음반의 자유로운 판매 등을 강력히 요구하고 있는 것이다. 한·일 군사교류, 군사협력도 현실로 등장하고 있다. 우리는 이미 일본 자위대 통합막료장(참모 총장격)이 우리의 '국군의 날' 행사에 참석하고 휴전선을 시찰하기 위해 9월말 방한한다는 뉴스를 신문지상을 통해 접하게 되었고 작년 5월의 '한·일 의원연맹' 회의 때는, 한반도 유사시의 일본의 안보 협조방안, 상호 방공정보교환, 한반도 주변해협에서의 일본군대와의 상호 훈련 교환, 한·일 해군사관생도의 교환교육, 쌍방 해군의 상호 항만 기항 등의 의제가 토의되었다. 이러한 한·일 군사교류, 군사협력이 신냉전체제 속에서의 미국의 대소군사정책의 일환으로 진행되는 것이므로 공산주의의 위협에 직면하고 있는 한국으로서는 불가피하다는 일부의 체념론도 있으나, 이같은 국제정세의 측면과는 전혀 다른 일본의 속셈을 간과해서는 안된다.

현 일본수상 나까소네는 일찌기 1970년 방위청장관 시절에 벌써, 일본의 군사력은 한반도 지향적이며, "남한내의 일본인 생명과 재산에 위해가 가해진다고 판단될 때는 그 보호를 위해 일본군대를 파견·상륙시킨다"고 일본 국회에서 답변한 적이 있다. "일본인의 생명과 재산보호를 위한 파병…"이란 100년전 일제가 한반도를 침략하기 시작할 때 써먹던 말이다. 한·일 관계사에서 일본은 왜구의 발호, 임진왜란, 식민통치로 이어지는 침략행위로 일관해 왔고 오늘날에도 수지맞는 장사·기생관광을 하는 방한 일본인이 주축을 이루고 있는 반면, 일본내의 한국인은 임란때의 포로, 일제때 징병, 징용, 정신대로 끌려간 사람들이 주축을 이루고 있다. 한마디로 일본은 '한국 내의 일인의 생명·재산' 운운할 자격이 없는 반면에 거꾸로 한국이야말로 일본 내의 한국인의 생명과 재산을 보호해야 할 처지이다. 오늘날 일본의 신군국주의가 그들의 정치적, 군사적 팽창의 첫 활동무대로 한반도를 다시 겨냥하고 있는 이 시점에서 우리의 비민주적 사대주의정권은 갖가지 매국적 작태를 보여주고 있다. '독도는 우리 땅' 이라는 인기가요는 어느 사이엔가 금지곡이 되었고 대한해협이 쓰시마해협으로 둔갑한 일본측 지도가 세계에 나돌아 다니는데도 제대로 항의조차 하지 않고 있다. 우리는 바로 지금도 우리의 땅, 우리의 바다 일부를 정신적으로 일본에 빼앗기고 있는 것이다. 이러한 속에서 '8.15해방절'에 '3.1 만세운동'의 진원지였던 파고다공원은 민주화운동청년연합의 기념식을 막기 위해 경찰병력으로 겹겹히 포위되었고, 관영방송, 텔레비전은 선대들의 항일운동을 되새겨보는 대신 '한·일 우호'를 요란하게 외쳐대면서, 일본인으로부터 '바가야로' 소리를 들었던 이른바 '한·일 현해탄 선상토론'이란 것을 몇시간이나 방영하였고 일본의 직접 투자기업인 '아세아 스와니' 회사가 한국인 여성 노동자를 청부강간시키려다 미수에 그친 치욕적인 사건이 발생했는데도 그 파렴치한 일본기업에 아무런 제재조치도 하고 있지 않다. 또 일본측의 정신적, 문화적 침략에 편승하여 일본에 초청되어 '돌아와요 부산항에'라는 노래로 일본인들을 손짓하여 부름으로서 일본의 신군국주의 심리에 영합하고 있는 이 땅의 새 세대 친일분자 조용필은 우리의 텔레비전, 방송에 전보다 더 많이 출연되고 있다.

일본 신군국주의가 한국 재침략을 위해 다각적인 음모를 획책하고 있는 오늘날, 한국의 현정권은 이와같이 매국적인 사대주의정책을 추구하고 있고, 그러한 매국외교에 반대하고 항의하는 국민들의 의사표시를 봉쇄하기 위해 이제 국민들의 정당하고 자유로운 집회와 시위를 물리적으로 탄압하는 반민주통치를 강화하고 있는 형편이다.

이제 우리 국민은 식민통치의 역사적 교훈과 오늘날의 한·일불평등관계에 대한 인식을 바탕으로 한 전두환씨의 이번 방일반대 정신을 더욱 적극적인 항일운동으로 승화시켜 깃발을 드높일 때다. 이러한 시점에서 우선 연락가능했던 사람들끼리만 먼저 모이게 된 우리들은 이 새로운 민족적 위기를 극복할 범국민적 항일운동의 징검다리 역할을 하고자 하는 일념에서 정부에 대해 다음과 같이 요구하고 국민들에게는 다음과 같이 호소한다.

— 현정권에 대한 우리의 요구 —

1. 전두환씨의 이번 방일계획을 즉각 취소하라.
2. 그대신 일본과의 현재의 불평등 관계를 청산할 우리의 요구조건을 당당하게 밝히라.
3. 지난날의 친일분자와 이 땅에 새로 생겨나기 시작한 친일분자들은 자숙하라.
4. 현정권은 국민들의 정당한 항일의사를 폭력으로 탄압하지 말라.

— 국민들의 항일행동강령 —

1. 국민각자는 자신의 처지에 적합한 방법으로 전두환씨의 이번 방일을 반대하는 성명발표, 집회, 농성, 기도회를 전개하자.
2. 우리 '일본 재침략 저지 민족운동대회'의 선언문에 찬성하는 국민들은 자발적으로 서명운동을 전개하자.
3. 국민들은 현재 우리의 주요부분에서 새로운 친일행각을 벌이는 자들을 발견하면 과감히 규탄하자.
4. 한국기업은 일본과의 합작을 수치로 알고 일본의 직·합작투자기업에서 일하는 것, 기생파티로 돈버는 것을 수치로 알 것이며 일제 소비재상품 배척을 생활화하자.
5. 친일 지식인 및 언론인은 매국적 언동을 삼가하자.
6. 경찰을 비롯한 공무원들은 항일민족운동에 대한 탄압이 매국의 지름길임을 알고 이를 거부하자.

1984. 9. 2.

일본 재침략저지민족운동대회

△ 재야 = 咸錫憲 洪南淳 文益煥 桂勳梯 白基琓
尹㛅熊 金炳傑 高銀 宋建鎬 朴鍾泰
郭泰榮 金承均

△ 가톨릭신부 = 金炳祥 金勝勳 咸世雄 黃尚根
　　　　　　吳泰崟 鄭鎬庚 咸仁淋

△ 개신교목사 = 趙南基 高永根 李斗洙 金學碩
　　　　　　劉雲弼 金東完 張晟靜 李榮一
　　　　　　朴昌彬 元亨秀 許炳燮 金景南
　　　　　　林興基

▲ 문학예술인 = 金奎東 李浩哲 千勝世 申庚林
　　　　　　朴泰洵 李文求 梁性佑 林正男
　　　　　　黃晢暎 呂益九 蔡光錫 金學珉

▲ 해직언론인 = 金仁漢 崔長鶴 成裕普 李富榮
　　　　　　金鍾澈

▲ 노동·농민운동 = 李昌馥 尹順女 金正澤 申哲永
　　　　　　諸廷丘 徐敬元 裵鍾烈 羅相基

▲ 청년운동 = 張琪杓 金槿泰 崔敏和 張永達
　　　　　　李康哲 安亮老 崔　洌 李明俊
　　　　　　羅炳澆 裵基善 金奉雨 黃寅成
　　　　　　柳泰善 安　哲 金允煥 김영진
　　　　　이상진 김맛동 김삼귀 임동규

7. 1984-10-유인물-7차 연행사건 — 매국방일반대투쟁소식지 1,2호

〈매국방일반대투쟁 소식 1호〉

1) 1984년 7월 7일 오전 10시에 서울에서 열린 한일 외상 회담에서 현 정권 수반 전두환 씨의 공식 방일이 결정되고, 익일 일본 신문에 보도되었다. 요미우리 신문 7월 9일 자에 의하면 전두환 씨는 아베 회상과의 회담에서 부자 나라인 일본이 관대한 생각을 가져 주기 바란다고 하여 현 정권의 사대적 매국 외교 행각을 노골화시켰다.

2) 7월 23일 한국기독청년협의회와 한국기독학생회총연맹은 내외신 기자회견을 갖고 '우리는 반민족적 대일외교를 반대한다'는 제하의 긴급성명서를 발표하였으며, 매국방일 저지를 위한 대대적인 국민 홍보와 함께 이를 위하여 모든 노력을 다할 것을 다짐하였다.

3) 8월 7일 국민 홍보용 방일반대 전단을 경찰이 불법 탈취하려는 사건이 발생, 전단 관계로 한국기독청년협의회 류태선 회장, 김철기 총무, 황인하 간사 등 3명이 15일 구류처분되었다.

4) 8월 8일 10일 양일간 한국기독학생회 총연맹 주최로 '전환기에 선 한일관계'라는 강연회가 개최되고, 행사 후 기독회관 정문 앞에서 참석자들이 시위를 기도, 전문에서 경찰과 1시간 30분 가량 대치하다가 해산되었다.

5) 8월 11일 민중민주운동협의회가 '진정한 민족해방이여! 민족정기여!'라는 제목의 방일반대 성명을 발표하였다.

6) 8월 13~15일까지 예장, 기장, 기감 청년대회가 개최되어, 방일반대 시위 기도, 상당수가 부상당하고 연행되었다.

7) 8월 15일 개신교 20개 교단은 '전두환 대통령 방일에 즈음한 우리의 입장'이란 제목의 성명 발표.

8) 8월 15일 탑골공원에서 가질 예정이었던 민주화운동청년연합 주최의 8·15 기념식이 경찰의 폭력적 저지로 무산되자, 참가자들은 시위를 기도하였다. 민청 회원 및 간부 8명이 구속되어 구류처분을 받았다.

9) 8월 15일 성균관 대학교에서 서울 시내 13개 대학 학원 자율화 추진위원회 주최로 1,500여

명이 참석한 가운데 8.15 기념식이 거행되었다. 이들은 방일 반대 성명을 채택한 후 가두 시위를 벌였다.

10) 8월 15일 대한가톨릭 서울대교구 대학생연합회가 '전 대통령의 매국적 방일에 반대하며'라 는 제목으로 매국 방일에 반대하는 성명을 발표하였다.

11) 8월 21일 '전국목회자정의평화실천협의회'가 방일반대 성명을 발표하였다.

12) 8월 21일 한국가톨릭농민회가 방일반대 성명을 발표하였다.

13) 8월 27일 한국기독교교회협의회 호남지역 인권선교협의회가 방일반대 성명을 발표하였다.

14) 8월 29일 고려대학교에서 3,000여 명의 학생이 모인 가운데 9개 대학학원 자율화 추진위 원회가 한일관계 대토론회를 개최하고 '반민족적 매국 방일을 결사반대한다'라는 제목의 성명을 발표하였으며, 집회 후 정문에서 시위를 기도하다 경찰과 대치하였다.

15) 8월 29일 서울역에서 방일반대 학생 가두시위가 있었으며 시위 학생들은 일본문화관에 투석하여 일본의 자성을 촉구하였다.

16) 8월 30일 명동 천주교회 청년단체연합회가 주최하는 한일관계 강연회가 명동성당 문화관 에서 개최되었다. 여기에 참석한 2,000여 명은 강연회 직후 성명 발표와 함께 방일반대 가두시위를 기도하였으나 정문에서 경찰과 대치하여 좌절되고, 600여 명이 문화관에서 철야 농성에 들어갔다. 31일 오전 10시경 경찰이 성당 구내 10여 미터까지 진출하여 일부 를 체포하였으며, 이에 대항하여 투석전을 전개하다 오후 3시경 자진 해산하였다. 이 사건 으로 64명이 연행되고 이 중 13명이 15일 구류, 26명이 5~10일 구류, 나머지는 훈방되었 다.

17) 8월 31일 여성 선교위원회가 주최한 민족자존을 위한 여성 문화제가 기독교회관에서 개최 되었다. 여기서는 제2의 정신대로 등장하고 있는 기생관광에 대한 심포지움과 마당극을 통해 매국방일에 대한 여성적 측면의 문제가 제기되었다.

18) 8월 31일 광주 중앙성결교회에서 광주 NCC와 광주 EYC가 매국 방일에 즈음한 구국기도 회를 개최하고 '누가 또다시 이 민족과 이 백성을 팔러 가는가?'라는 제목으로 성명을 발표 하였다.

19) 9월 1일 제일교회에서 가질 예정이었던 한국교회사회선교협의회 주최의 매국방일 즈음한 구국기도회가 1,300여 명 사복형사와 전투경찰의 극렬 저지로 무산되었다. 이 집회는 오 는 9월 5일 다시 개최될 예정이다.

20) 9월 2일 제일교회에서 개최키로 했던 노동자 고 김경숙 양의 추모식이 경찰 저지로 무산되었다.

21) 9월 2일 오후 5시 30분 제일교회에서 함석헌 선생, 문익환 목사 등 77명이 발기하여 이창복 선생 사회로 '일본재침략저지 민족운동대회'를 개최하였다.

여기서 문익환 목사가 대회장으로 추대되고, 김동완 목사가 '새로운 항일의 깃발을 드높이자'는 제목의 성명을 낭독한 후 백기완 선생의 만세 3창으로 폐회되었다.

9월 3일 오전 10시경 대회 발기인 40여 명은 한국기독교교회협희회 인권위원회(기독교회관 903호)에서 내외신 기자 회견을 갖고 단식농성을 결의하여 현재 농성 중이다.

-현 정권에 대한 우리의 요구-

1) 전두환 씨의 이번 방일 계획을 즉각 취소하라.
2) 그 대신 일본과의 현재의 불평등 관계를 청산할 우리의 요구 조건을 당당히 밝히라.
3) 지난 날의 친일 분자와 이 땅에 새로 생겨나기 시작한 친일 분자들은 자숙하라.
4) 현 정권은 국민들의 정당한 항일의사를 폭력으로 탄압하지 말라.

-국민들의 항일 행동 강령-

1) 국민 각자는 자신의 처지에 적합한 방법으로 전두환 씨의 이런 방일을 반대하는 성명 발표, 집회, 농성, 기도회를 전개하자.
2) 우리 '일본 재침략 저지 민족운동 대회'의 선언문에 찬성하는 국민은 자발적으로 서명운동을 전개하자.
3) 국민은 현재 우리의 주요 부분에서 새로운 친일행각을 벌이는 자들을 발견하면 과감히 규탄하자.
4) 한국기업은 일본과의 합작을 수치로 알고 일본의 직-합작 투자 기업에서 일하는 것, 기생파티로 돈 버는 것을 수치로 알 것이며 일제 소비재 상품 배척을 생활화하자.
5) 친일 지식인 및 언론인은 매국적 언동을 삼가자.
6) 경찰을 비롯한 공무원들은 항일민족운동에 대한 탄압이 매국 외교의 지름길임을 알고 이를 거부하자.

1984.9.3.
일본재침략저지 민족운동대회

매국 방일 반대투쟁 소식 2호

1984. 9. 4
일본 재침략 저지
민족 운동 대회

1. 9월 6일 상오 10시, 시청앞 대한문 광장에서 '일본 재침략 저지 궐기대회' 개최 결의

　　일본 재침략 저지 민족 운동 대회 발기인 40여명은 9월 4일 상오 10시경 한국 기독교 교회협의회 인권위원회(기독교회관 706호)에서 내외신 기자회견을 열고, 9월 6일 상오 10시 시청앞 대한문 광장에서 '일본 재침략 궐기대회'를 개최하기로 천명하였다. 다음은 기자회견 내용의 일부이다. "우리는 이 국토와 자원과 민중이 다시 군국주의 일본의 지배 아래 들어가는 것을 막기 위해, 지금으로부터 60여년전에 일제를 규탄하는 선열들의 함성이 뜨겁게 메아리치던 시청앞의 대한문 광장에서 6일 오전 10시에 일본 재침략 저지 궐기대회를 열기로 결의하였다. 민족의 자주적이고 평화로운 삶을 갈망하는 국민 여러분의 적극적인 참여를 기대한다.

2. 함평, 무안의 농민들, 매국 방일반대와 농민문제 해결을 위해 성모 시위

　　9월 2일 하오 2시 30분, 함평과 무안지역 기독교농민회, 카톨릭농민회 회원 약 150명은 함평읍 성당앞에서 '전두환 방일 검사반대', '외국 농산물 수입 반대', '추곡 수매가 보장', '농가 부채 탕감', '을류 농지세 납부 거부', '생고구마 전량 수매' 등의 플랭카드를 들고 200미터 까지 가두시위를 하였다. 경찰은 곤봉으로 농민회원들의 안면을 구타하고, 빗길에 해산하는 회원들을 강제연행하면서 짓밟아 다수의 농민들이 부상을 당하였다. 이 날 시위로 배종렬 기독교 농민회 회장을 비롯하여 35명의 농민들이 연행되어 구금 중이며, 이중에서 배종렬 회장(기독교 농민회)은 구류 25일을 받았으며, 허헌중(기독교 농민회 간사) 간사는 코뼈가 부러지는 등 전치 3주의 부상을 당했다.
　　앞날 집회에 참석했던 대부분의 농민들은 아직도 계속 함평 성당에서 농성 중이다.

3. 목포에서 기장 교역자 200여명, 가두시위

　　9월 3일 하오 4시 30분경, 목포 중앙교회 기장 전남노회 선교 대회에 참석한 200여명의 교역자들은 '전두환 대통령의 매국 방일을 반대한다'는 플랭카드를 앞세우고 목포 중앙교회 앞에서 시위를 하였다. 교역자들은 전경대와 대치한 후 애국가와 만세 삼창을 하고 다시 교회로 돌아갔다.
　　한편 이날 목포 교역자 대회에서는 17명의 대표를 함평에 파견하여, 당일 함평 경찰서가 시위농민들에게 가한 무자비한 경찰폭력과 불법연행에 대해 항의하며 2시간 가량 함평 경찰서에서 농성을 벌였다.

8. 1984-10-소식지-인권소식-7차 연행사건 ― 일본재침략저지 민족운동대회

인권소식 :
한국기독교교회협의회
인권위원회
(서울·종로구 연지동 136-46)
기독교회관903호 / 764-0203

제 113 호   1984. 9. 6.

방일 반대운동

○ 함석헌·홍남순·문익환씨등 재야인사와 신·구고성직자, 문학예술인, 해직언론인, 노동·농민, 청년운동 대표 77명은 9월 2일 "전두환 대통령의 이번 방일이 매국적인 사대주의 정책에서 나온 매국외교"라고 규정하고 이의 주과취소를 요구하는 성명서를 발표하고 내외신기자 회견을 가진후 한국기독교교회협의회 인권위원회 사무실(기독교회관 903호)에서 무기한 단식농성을 시작하였다.

인권소식 :
한국기독교교회협의회
인권위원회
(서울·종로구 연지동 136 - 46)
기독교회관903호 / 764-0203

제 114 호   1984. 9. 13.

일본 재침략 저지 민족운동대회

○ 함석헌·홍남순·문익환등 77인의 이름으로 9월 6일 서울 시청앞 대한문 광장에서 가질 예정이던 '일본 재침략 저지 민족운동대회'는 9월6일 오전10시경 무수궁앞 서울 성공회 대성당에서 참석자들이 구국투쟁선언문을 발표하고 일장기를 소각한후 평화적인 방일반대 시위를 벌였는데 곧 경찰에 의해 30여명이 남대문경찰서로 연행되었다.

이들은 그후 각주거지 관할경찰서로 연행되었다가 9월 7일 밤늦게 귀가조치되어 9월 8일까지 자택에서 연금 되었다.

연행자 : 문익환·곽태영·고영근·이두수·전학석·유운필·김동완·장성룡·허병섭·
         김경남·임흥기·어위구·김인한·최장화·성유보·이부영·김종철·윤순녀·
         김정택·신철영·장기표·최민화·장영달·김봉우·황인성·유팽선·임동규·
         그 외 청년다수

연금자 : 함석헌·계훈제·백기완·윤반웅·송건호·

9. 1984-10-성명서-7차 연행사건 — 일본재침략저지 민족운동대회

성 명 서

나라의 민주화와 민족의 통일과 인간의 해방을 염원하는 우리 77인은 지난 2일 서울 제일교회에서 일본 재침략 저지 민족운동 대회를 결성하고 "전두환씨의 매국적인 일본 방문을 적극 저지하기로" 결의했다. 집과 논밭이 물에 잠기고 수많은 동포가 수마에 휩쓸려 생사의 기로를 헤매는 시간에 우리는 이웃을 돕고 그들과 아픔을 함께 나누고 싶다는 간절한 소망을 억누르고 3일 오전부터 기독교회관에서 '제2의 국치'를 막기 위한 단식농성에 들어가지 않을 수 없었다.

학원을 비롯하여 교회, 그리고 여러민중운동단체가 반대하고 민중이 의혹의 눈길로 바라보고 있는데도 불구하고 전두환씨는 일본방문을 강행하려 하고 있다. 우리는 지난 60년대에 박정권이 전민중적 항거를 철권으로 억압하면서 몇푼의 청구권자금을 받고 나라를 다시 일본에 예속시키는 길을 터준 역사적 사실을 분명히 기억하고 있다.

현 정권은 3백억달러에 가까운 대일무역적자, 일본의 신식민주의적 문화침략, 두나라의 군사적 결속이 빚어낼 한반도의 전쟁위험과 분단의 고착을 전혀 고려하지 않고 그 악몽같은 '대동아공영권'을 연상시키는 '태평양 협력시대', '한일신시대' 라는 거짓 구호로 민중을 기만하면서 정권안보와 특권계층의 이익을 위해 나라를 일본에 팔아 넘기려 하고 있다. 전두환씨의 방일이 실현될 경우 우리나라가 실질적으로 일본의 식민지로 전락하리라는 것은 자명한 사실이다.

우리는 84년 9월 6일이 역사에 '제2의 국치일'로 기록될 것을 진심으로 두려워 한다. 그러나 우리는 1910년의 합방 전야와 비슷한 이 날을 방관함으로써 역사의 죄인이 될 수는 없다. 이번의 수해에서 20억원을 들인 수문이 허망하게 파괴된 사례에서 알 수 있듯이 국민을 나라의 주인으로 섬기지 않고 무분별하게 예산과 외국의 차관을 낭비하는 현 정권은 온갖 사회적 모순 때문에 폭발하는 민중의 저항을 탄압하기 위해서도 더욱 외세에 의존하려 들것이다.

우리는 이 국토와 자원과 민중이 다시 군국주의 일본의 지배 아래 들어가는 것을 막기 위해, 지금으로부터 80여년 전에 일제를 규탄하는 선열들의 함성이 뜨겁게 메아리치던 시청앞의 대한문 광장에서 6일 오전 10시에 일본 재침략 저지 궐기대회를 열기로 결의했다.

민족의 자주적이고 평화로운 삶을 갈망하는 국민 여러분의 적극적인 참여를 기대한다.

1984년 9월 4일

일본재침략저지민족운동대회

10. 1984-10-회고록-7차 연행사건 — 대일반대운동과 성명서 낭독

〈對日 굴욕외교 반대운동과 성명서 낭독사건〉

1984年 9月 6日에 전두환은 日本首相의 초청을 받고 訪日에 오른다고 신문에 보도되었습니다. 깜짝 놀란 在野人士와 愛國市民은 전두환의 방일을 반대하는 운동을 전개하기 시작했습니다. 학생들은 개학하자마자 굴욕적인 外交를 반대하는 시위를 벌였고 함석헌 선생님을 비롯한 재야인사들은 종로5가 인권위원회에서 단식농성을 시행했습니다. 농성 중의 재야인사 77명은 對日 굴욕외교를 반대하는 성명서를 작성하고 이를 국내 외에 배포하게 되었습니다. 9月 6日 오전 10시 재야인사들은 시청 앞에 소재한 聖公會 貞洞 성당에 모여서 外信記者와 더불어 성명서를 낭독하고 반대 시위를 하기로 하였고 청년들은 대한문 앞 광장에서 성명서를 읽어서 對日 굴욕 外交를 공개적으로 반대하기로 하였습니다.

재야인사들은 5日 밤에 평창동에 소재한 기독교사회문제연구소에서 밤을 새우고 아침에 시청 앞에 집결하기로 하였습니다. 집에서 자게 되면 연금당할 우려가 있기 때문이었습니다. 9월 3일부터 종로 5가 기독교회관 9층 인권위원회에서 단식농성을 시작하여 마치는 5일에는 하나둘 집으로 돌아가는 듯이 회관을 빠져나가 평창동으로 갔습니다.

당국에서는 집으로 가는 줄 알고 안심하고 내어 보냈습니다. 평창동에 도착한 재야인사들은 내일 성명서 낭독을 누가 하느냐 하고 많이 의논했습니다. 여러분의 의견은 문익환 목사님과 고영근 목사가 성명서를 낭독하는 것이 좋겠다고 의견의 일치를 보았습니다. 그 이유는 당국에서 두 목사에 대해서는 가혹하게 다루지 않을 것이며 정치적 의도에서가 아니라 애국적 의도에서 성명서를 읽었다고 여러사람들이 인정할 것이니 적임자라는 것입니다. 그래서 우리 두 사람은 쾌히 수락했습니다.

아침이 되어 모두 세면을 마치고 출발 준비를 한 후 재야인사들은 하나님 앞에 머리를 숙이고 간절히 기도했습니다. 그때 내가 기도를 인도했습니다. 대부분의 재야인사들이 신자이지만 신자가 아닌 사람들도 머리를 숙이고 기도했습니다.

"국가의 흥망성쇠를 주관하시는 하나님이시여, 이스라엘 민족은 노예에서 해방된 지 40년 만에 자유의 땅 가나안을 정복하고 차지했는데 우리나라는 해방된 지 40년을 1년 앞두고 다시 옛날 압제자를 찾아가 노예 생활을 자청하려고 대통령이라는 자가 방일을 하게 되니 이렇게 안타까운 일이 어디에 또 있겠습니까? 저 철부지 전두환을 깨우쳐주사 다시 노예를 자초하는 어리석은 망국 외교를 하지 않게 하시고 온 국민이 각성하여 침략자 일본의 야욕을 경계하고 나라를 지킬 수 있는 애국심을 주시옵소서. 애국선열들이 나라를 찾으려고 피를 흘리고 쓰러지면서 싸워 나라를 찾았는데 정권욕에 눈이 어두운 전두환 일당들은 나라를 일본에게 내어 맡기려고 침략자의 소굴로 찾아가고 있습니다. 이 민족의 운명을 위하여 저 전두환 무리를 심판하여 주옵시고 침략을 자초하는 일을 중지시켜 주옵소서. 전능하신 하나님이시여, 삼천리 이 강토 6천만 우리 민족을 영원히 보우하여 주옵소서."

기도를 마치고 재야인사들은 성공회를 향하여 3, 4명씩 출발하였고 나는 청년 3명의 보호를 받으며 대한문 앞 구 대한일보 빌딩 뒤에 가서 식사를 마치고 다방에서 10시를 기다렸습니다. 우리의 동태를 경찰들은 도무지 눈치를 채지 못했습니다. 구 대한일보 앞에 청년들이 100여 명 모이기로 했는데 웬일인지 시간이 다 되어도 나타나지 않습니다. 경찰들의 심문이 심하여 지체되었던 것입니다.

나는 10시 정각이 되자 구 대한일보 문 앞에 있는 돌탑 위에 서서 성명서를 낭독하기 시작했고 청년들 5, 6명은 내 주위를 지키고 있었습니다. 성명서를 읽기 시작한 30초가 되니 전경대들이 수십 명 모여 와서 나를 끌어 내리려고 했습니다. 청년들은 전경대와 육박전을 하며 방비했습니다. 그러나 청년들 숫자가 너무나 적어서 전투경찰들이 내 발을 붙잡고 끌어 내렸습니다. 높은 데 서 있는 내 발을 끌어내리니 나는 곤두박질을 하여 층대에 떨어져 죽을 뻔했습니다. 간신히 곤두박질을 면하고 끌려 내리자 전투경찰 5, 6명이 달려들어 나의 사지를 붙잡고 가로수 너머로 던져버리니 대기하고 있던 경찰차에 강제로 실려서 남대문경찰서로 연행되었습니다.

성명서를 읽기 시작하여 잡혀갈 때까지 불과 2분밖에 안 되는 데 그동안에 시민들 수천 명이 나를 주목하고 있었습니다. 나는 청년들과 같이 남대문경찰서에 갔더니 성공회에서 성명서 낭독식에 참여했던 재야인사들이 벌써 연행되어 있었습니다. 나는 경찰들이 나를 들어 던질 때 목이 찢어져서 경찰서에 가서 치료부터 받았습니다. 여러 재야인사들은 굴욕적인 대일외교를 하려고 방일하는 철부지 전두환의 작태가 너무나 한심하여 탄식하는 모습이었고 또 한편 우리들이 미력하지만, 최선을 다하여 항거한 데 대하여 다소라도 다행이었다고 생각하는 표정이었습니다.

그때 경찰 간부(경위)가 들어오더니 거만한 태도로 말하기를 "어른이 법질서를 지키지 않고 왜 소란을 피우는 것입니까? 알만한 사람들이." 나는 그 말을 듣고 화가 치밀어 올라와서 큰소리로 호통을 쳤습니다. "여보시옷, 말조심해요. 법질서 잘 지키는 놈들이 상관 앞에 총질을 하여 하극상의 범죄를 자행하고 광주시민을 학살했단 말이옷. 질서 지키라는 말은 전두환에게 가서 충고 하시옷."

내 말이 끝나자마자 윤운필 목사님이 벌떡 일어서더니 큰소리로 호통을 쳤습니다. "야 이놈아, 해방 당시 자네 나이 몇 살이나 먹었어? 자네는 일제의 침략에 대하여 지나 보지 못해서 그러지, 우리는 일본침략을 생각하면 이에서 신물이 난다. 그래 전두환이가 다시 일본에 침략을 자초하러 가는데 우리더러 가만있으란 말이냐? 너는 대한민국 국민이 아니고 어느 나라 국민이며 어느 나라 경찰이란 말이더냐. 전두환에게 맹종하는 철부지 경찰관아, 방자하게 굴지 마라" 하면서 대들었습니다. 다른 경찰들이 두 사람을 떼어 말렸습니다. 그때부터 경찰들은 재야인사에게 공손하게 대하며 조심하기 시작했습니다.

남대문경찰서 회의실에서 한 시간쯤 있으니까 각 경찰서 정보과 형사들이 재야인사들을 각각 인수하여 관할 경찰서로 연행해 갔습니다. 나는 강서경찰서 정보과로 연행되어 왔습니다. 강서경찰서에서는 비교적 공손하였고 형식상 예의 바르게 행동했습니다. 9월 6일 밤은 정보과 숙직실에서 연행되어 온 학생들과 같이 하룻밤을 자고 아침에 간단한 조서를 받았습니다. 오전 10시경 담당 형사가 나를 경찰차에 태우고 우리 집까지 데려다주었습니다. 그리고 전두환이 돌아오는 8일까지 집에 연금하고 출입을 통제했습니다.

전두환은 일본에 가서 천황으로부터 "우리 두 나라가 과거에 불행했던 일을 유감스럽게 생각한다"라는 말을 듣고 사과를 받았다고 만족해하며 건배하였습니다. 이번 방문으로 전두환은 三角安保를 협약하여 군사 침략을 자초했고 文化交流를 협약하여 文化侵略을 自招하여 조국을 日本의 신식민지로 만들어 놓고는 "韓日 새 시대 개막"이라는 표현으로 침략의 自招를 은폐하려고 제스처를 부리기에 애를 썼습니다. 옛날 舊韓國은 日本의 武力으로 강제로 침략당했지만, 지금은 김종필, 박정희, 전두환 등이 日本까지 찾아가서 침략을 자초했으니 참으로 역사 앞에 크나큰 범죄가 아닐 수 없었습니다. 온 국민이 독재자를 지지해준 덕분에 이와 같은 不幸한 일이 전개되었습니다. 참으로 통탄할 일이 아닐 수 없습니다.

『죽음의 고비를 넘어서』 2권, 240~243 발췌.

11. 1984-11-저서-8차 연행사건 — 『우리 민족의 나아갈 길』 3권

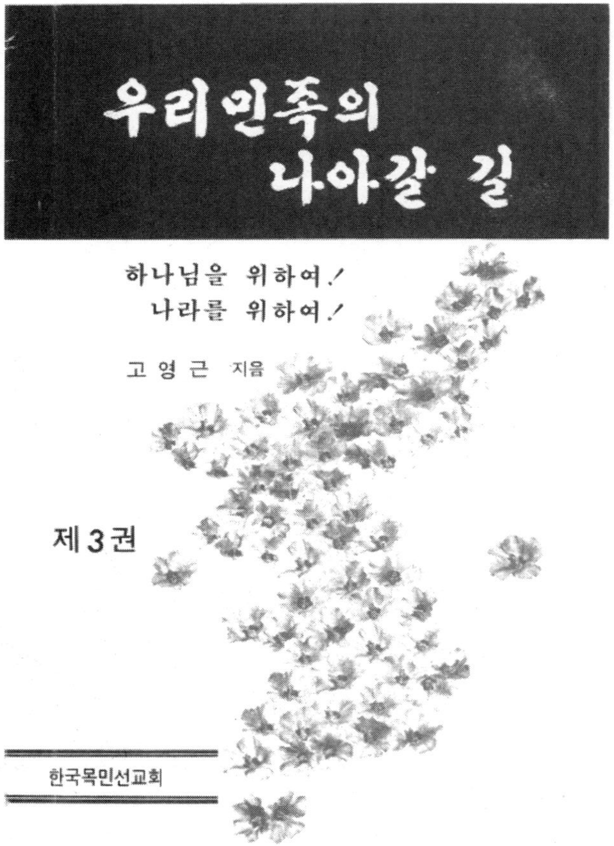

책 머리에

우리민족이 일제에서 해방된지 어언 40년이 되어옵니다. 이스라엘 민족은 애굽에서 해방되어 40년만에 가나안을 정복하고 새나라를 세웠는데 우리나라는 해방 40주년이 눈앞에 다가오는데도 통일독립은 요원하기만하니 통탄을 금할수 없읍니다. 더구나 남북한이 아직 민주주의도 실현하지 못하고 남침위협, 북침위협으로 국민을 우롱하면서 집권욕에만 광분한 정상배들과 거기에 발맞추어 곡학 아세하며 당리당략만 노리는 아부배들과 침묵과 맹종이 애국인양 굴종을 일삼는 어리석은 민중들이 삼위일체가 되어 부끄러운 역사를 장식하고 있읍니다.

민족의 등불과 소금이 되어야 하며 시대적 파수꾼이 되어야 할 기독교마저 교권주의의 종탑만 높이 쌓아놓고 외침내환의 민족적 위기를 못본체하면서 기복신앙으로 순진한 교인을 오도하고 있으니 더욱 통탄을 금할수 없읍니다. 正義를 외쳐야할 기독교가 正義를 외치지 못하는 죄책감을 가지고, 正義를 외치다가 고난받는 애국지사들을 성원해야 마땅하겠거늘 그것마저도 포기한채 개교회 비대증에 걸려서 無事安逸에 빠져 있으면서 이것이 마치 성령께서 주시는 은총을 누리고 있는 양 善인줄 알고도 行치 않는 犯罪를 合理化하고 있는 현실입니다. 참으로 주먹으로 땅을 치고 두발을 구르며 통곡하고 싶은 심정입니다.

또 한편 집권자들의 우민정책(愚民政策)과 매스컴의 왜곡된 보도로 인하여 그리고 일부 과격한 이상론자들의 비현실적 논리로 인하여 민중들은 나아갈바 좌표를 잃어버리고 迷路에서 방황하고 있는 현실입니다. 공산주의 독재에게 놀란 반동작용으로 右便에 치우쳐 자본주의 독재에 기울어지고 그반면 자본주의 독재에 대한 반동작용으로 左에 치우쳐 공산주의를 동경하는 양상들이 우리사회에 나타나기 시작합니다.

극좌(極左)나 극우(極右)에 치우치는 일들은 民主主義 실현을 위하여 둘다 바람직하지 못한 자세입니다. 우리는 어디까지나 좌우에 치우

— 1 —

차 례

치 미 알고 反共 反獨裁的이며 自由民主義이어야 합니다. 그러기에 필 자는 이 작은 책자를 통하여 우리민족이 나아갈 바 方向을 모색하는데 도움이 될까하여 몇가지 생각하는바를 정리해 보았읍니다. 비록 학술 적으로 세련되지 못한 글이나 할지라도 우리조국의 민주주의 실현을 위하여 도움이 되기를 원하는 마음으로 부끄러움을 무릅쓰고 이 책을 펴내는 바입니다.

앞으로 더 많이 연구하면서 여러분들의 뜻을 받아들여 계속하여 집 필하고자 합니다. 독자 여러분의 충고와 가르침이 있기를 부탁드리옵 나다. 이 책을 출판하는데 협조를 교정봐 주신 임 전도사님과 송 전도 사님에게 감사를 드립니다. 그리고 출판비를 성원해 주신 여러분에게 감사를 드립니다. 우리 다같이 조국의 복음화와 민주화를 위하여 천진 할기의 용기를 하나님께 받아가지고 협조해 전진 또 전진합시다.

1984年 2月 25日

화무동서재에서 高 木 規

五. 전두환 정권의 회개를 권고한다.

이글을 전두환 정권의 실무자와 전두환 정권을 지지하고 있는 국민 에게 무거운 마음으로 드립니다.

나는 다음과 같은 성경의 교훈을 근거로 하여 이 권고의 글을 쓰는 바입니다.

"회개하라 천국이 가까웠느니라" (마태 4:17)

"너희가 회개하여 각각 예수그리스도의 이름으로 세례를 받고 죄사함 을 받으라" (행 2:38)

"자기의 죄를 숨기는 자는 형통치 못하나 죄를 자복하고 버리는 자는 불 쌍히 여김을 받으리라" (잠언 28:13)

"너희도 회개치 않으면 다 이와같이 망하리라" (눅 13:3)

그러므로 너희가 회개하고 돌이켜 너희 죄 없이 함을 받으라 이와 같이 하여 유쾌하게 되는 날이 주 앞으로부터 이를 것이요" (행 3:19)

인자야 내가 너로 이스라엘 족속 (한국민족) 의 파수군을 삼았으니 이와 같으니라 그런즉 너는 내 입의 말을 대신하여 그들에게 경고할지어다. 가령 내가 악인에게 이르기를 惡人아 너는 반드시 죽으리라 하되 그가 자기 죄악에서 떠나게 아니하며 그 악 인은 그 죄악중에서 죽으려니와 내가 그 피를 네 손에서 찾으리라. 그 러나 네가 악인에게 경고하여도 그가 그 악과 그 악한 길에서 돌이키지 아니하면 그는 자기 죄악중에서 죽으려니와 너는 네 생 명을 보존하리라 (에스겔 33:7-9)

그러므로 예언자는 반드시 하나님의 엄중한 심판에 대하여 회개를 권고하지 아니하면 하나님의 엄중한 심판을 받게 됩니다. 그러기에 예언 자는 반드시 재앙과 고난을 막론하고 회개를 권고하여 하며 위기를 경 고하고 반드시 역사적 죄인을 자유당시절의 정권에 처리한 정권에 대하여 하나님의 엄중한 심판으로 처리하였습니다. 그러나 한국교회는 자유당시절의 정권에

— 22 —

대하여 회개하라는 권고 한마디 못하고 침묵만 지키고 있습니다. 4.19의 불행을 맞이하게 되었습니다.

그리고 민주당의 장면 정권 당시 사회가 혼란한데 분수를 넘는 동포 를 향하여 회개하고 자성하라는 권고 한마디 하지 못하다가 5.16 의 미군을 맞았습니다. 아디 그뿐이겠읍니까. 공화당의 박정희 정 권이 가신 한평의 독재 정치를 자행함에 회 개하라는 권고 한마디 못하고 벨고만 있다가 10.26 사태를 맞이하게 되었습니 다. 돌이켜 생각하면 지난날 한국교회의 무능과 무사주의를 예통해 하지 않을 수 없읍니다.

그러므로 한국교회는 장차 못하는 방어리 개같이 (사 56:10) 지난날 의 무능을 반부하여 역사를 그르치는 파오를 범해서는 결단코 안될 것 입니다. 이제 또 다시 한국교회가 벙어리 역사에 방임한 신왕을 먼저 자 세에게 회개를 권고하지 못할 것입니다. 그러 기에 벙어리도 마음을 가지고 하나님의 뜻을 따라 전두환 정권과 그를 지지하는 동포에게 간절한 마음으로 회개를 권고하는 바입니다. 이 회개의 권고는 어떠한 이권이나 명예심에 의해서나 정치와 우방에서가 아니라 첫째로 하나님의 뜻을 성취하기 위해서이며 둘째는 잠벌 당사 자들의 영혼의 구원을 위해서이며 세째는 국가 민족의 장래를 위해서 인 것이나 있은 양해를 바라나지 않습니다.

— 23 —

1. 正義를 파멸한 罪

현 정권은 1979년 12월 12일 당시 계엄사령관 정승화 대장을 武 力으로 체포하고 구속한 下剋上의 暴力執權으로 시 작했읍니다. 당시에 保安司令官과 그 추종자들은 세가지의 과오를 범했다고 판단됩니다.

첫째로 박정희 살해사건을 경고하고 범죄에 대하여 회개를 권고하지 아니라 민주주의를 파괴하고 독재정치를 자행한 민족 반역 자인에 나 라 일을 그르친 역사적 죄인을 살해한 정치적 사건을 수렁으로 처리한 정권에 엄중한 하나님의 심판을 받게 됩니다. 그러기에 예언자는 반드시 회개를 경고하고 범죄에 대하여 회개를

(당국의 발표숫자)이 죽었고 1,000 여명이 부상당했는데 유혈의 참상 사건으로 이 거구상의 역사 기 후에서 지울수 없는 크나큰 발 자취를 새겼던 사태였습니다. 현정권은 광주사태의 흉터 과거에 새겨진 정권 임을 오두도 부인할 수 없을 것입니다. 사람을 속에서 그때에마다 것 벌충을 홀뜯입니다는 공산당들이라면 이런 일들은 보 통으로 일겠지만 그래도 자유·정의·평등·인 권을 이상으로 민주주의를 실현하려는 자유 세계에서는 감히 상상조차 할 수 없는 참상가 아닐 수 없습니다.

현 집권자들은 광주사태를 일행이 폭도들을 진압하기 위한 지안 유지였다고 조금 과거한 면이 없지 않았다고 대수롭지 않게 말하나 광주사 태는 엄연한 학살행위임을 인정하고 솔직히 회개해야 합니다. 구차한 변명을 늘어놓거나 시간을 묻어서 망각 하게 하려고 제주를 부리면 하나 님께서는 결단코 묻어하지 않으시고 넘엄한 심판을 내리시고 말것입니다. 사람들은 속일수 있으나 분꽃같은 눈으로 사람의 행위를 감찰하시는 하나님은 결코 속일 수 없습니다. (시 139 편) 광주사태에 대하여 세가 지 면으로 검토하면서 당사자들이 회개할수 있기를 바랍니다.

첫째로 광주사태의 원인은 무엇인가

10.26사건 이후 온 국민들은 진정한 자유 민주주의를 열망하면서 5 개월동안 허무가 결지를 지켜 왔습니다. 이는 자유당이 무너진후 제 모 의 혼란으로 군인들이 정권한 기회를 주었던 마지의 잘못을 반복하지 않기 위해서 있습니다. 그러나 국민들이 바라는 민주주의적인 정신세 계 는 이루어지지 않고 1980년 3월부터는 소위 군인세력이 조종하는 정국수도 행위 간접선거 개헌논의 내두뇌기 시작했습니다.

1980년 5월에는 군인들이 정권하려는 정권욕이 노골적으로 드러나 게 되매 전국 대학교에서는 배모가 일기 시작했습니다. 당시 제약으 지 도자인 김모씨는 학생들에게 배모하라 민큼 배모하면 군인들이 개입할 한 구실을 주게되니 성명을 발표하라는 성명을 발표한바 있으나 신문사에서는 이 성명을 신문에 발표하지 못하고 무산에 버렸습니다. 그리고 오래 뒤 경

— 25 —

입은 현정권이 우신세계에 계승이라는 것을 내누히 중명해 주고도 남 음이 있는 것입니다. 말로는 세나라 세시대라고 떠들지만 우신 체제의 악령한 수법에다가 교활성까지 첨가에서 현정권이 성립되고 또 유지되 고 있는 것입니다. 당시 계엄 사령관인 정승화 대장이 박정희 실해사 건에 가담한 혐의가 있다고 하여 계포한 기본정신에 문제가 있다고로 저 제하지 않을 수 없는 것입니다.

둘째로 上殺者 구속의 절차를 받지 않았습니다. 수사권은 자기의

상급자를 구속할 수는 있으나 적속상관에 대해서는 그 보다 더 높은 상 관에게 보고하여 허락을 받은 후 구속해야 마땅할 것입니다. 더군다나 정승화 대장은 당시 계엄사령관으로서 비상시 지안의 최고의 담당자였 기 때문에 만일 계엄 발하행위가 두렵 하다면 최고에 대통령에게 보고하 여 계엄사령관의 직위를 해임하고 신임 사령관을 임명한 후에 정승화 장군을 구속했어야 절차상 옳았을 것입니다. 그런데 그러한 절차를 밟 지 아니하고 武力으로 上급자를 구속했으니 하극상이라고 할 수 밖에 없는 것입니다.

세째로 사건처리후 자기 위치를 지키지 않았습니다. 배모를 양보하여

정승화 대장에게 잘못이 머물리면 있었으면 이 사건을 처리한후 보인 사 병원이 그때로 군에 머물러야 있었으나 하지 않음으면 결과를 여기는 잘못이 있었다고 모 됩니다. 그런데 보인 사령관은 의 축하을 악용하여 국민을 기만하는, 선거라는 要效행을 길 처서 내통 령으로 군림했으니 이는 예조에 그 저의가 의심되는 하극상의 범행이 아닐 수 없는 것입니다.

이 사건을 하극상이 아니고 정당하다고 주장하는 자가 있다면 그 사 람은 하극상의 범죄자보다 더 간악한 자가 아닐 수 없습니다. 그러므로 12.12사태는 그 原因, 經過, 結果 모두가 엄연한 하극상이니 여러가 지로 변명하려 하지 않고 솔직히 잘못을 시인하고 회개해야 합니다.

그 다음으로 온 세계가 엄쪽한 犯罪사건은 光州사태입니다. 174 명

— 24 —

모서가 내란을 선동했다라고 군법재판에서 사형제까지 언도한 일이 발생됐습니다.

군인들이 집권욕이 노골적으로 드러나게 될 때 또는 계화되고 있고 내모가 계화되는것을 이용하여 군부는 1980년 5월 17일 계엄령을 확대 선포하고 계속 인사를 닥치는대로 구속였습니다. 이렇게 군인들이 내약에 탑했을 때 광주시민들은 '군인들은 정의에 계입하지 말고 군본업으로 복귀하라' 그리고 계엄령을 해제하라고 강하게 요구합니다. 광주의 무서운 군인들이 무서운 무기로 광주시민을 짓밟으니 광주사태의 원인으로 첫번째 군인들의 횡포때문에 시작된 것이나 다를 바가 없읍니다. 그러므로 광주사태를 일으킨 것이 누구냐 라고 한다면 제일차적 원인은 권력에 열망된 군인들에게 있었던 것입니다.

둘째로 진양이 아니고 학살이었습니다.

광주사태는 무서운 살인 법죄였습니다. 1960년 4월 19일 이승만 정권이 데모하지 않고 학상으로 표현되는 이 사사가는 학상으로 규정되어 심판을 받았던 것입니다. 그렇다면 광주에서 군인들이 시민을 향하여 총을 쏘아 수많은 사람들을 죽였다는 것은 학살에 해당되며 그것은 절차와 상관없이 학살이라고 표현하지 않을 수 없읍니다. 그러하여 당시 부정선거의 책임자인 내무부 장관과 치안국장을 사형집행을 당했읍니다. (1961. 12.21) 국민의 생명과 재산을 보호해야 할 軍人으로서 사형집행을 당한 것이 있는 것은 별것이다.

그러나 광주에서는 살상당하여도 더 보고 더 많아도는 시민을 찾아가서 등을 걸로 찔러주는 여자와 서 주었으며 또 시민을 체포하여 소처럼 끌고가서 고문하였습니다. 이렇게 분명한 학상과 살인을 진압이라고 말할 수 있는 것입니까? 처참한 학상과정을 TV로 비처보며 처를 별고 체을 쪼고 있는 것입니다. 外國記者들이 없는 사실을 조작해서 촬영했겠다는 걸로 쪼일 피해자 이양...

나다. 지금도 그때의 비참한 광경을 외국에서는 비디오 통하여 얼마든지 생생하게 볼 수가 있읍니다. 그러므로 광주사태는 치안을 유지하기 위해서라기 보다 국민에게 공포를 주어 족적으로 다스리려는 계획적 학상이라고 해야 마땅할 것입니다.

셋째로 결과가 더욱 나쁩니다.

광주사태가 진정으로 치안유지라면 사회가 안정된 다음에는 군인들은 本然의 의무인 국방업무로 복귀했어야 마땅합니다. 만일 그때의 군인들이 모두 복귀하고 이 나라에 진정한 민주주의가 실현되었으면 그 때 진압 과정이 다소 과격했더라도 우리 국민들은 참고 도 참았을 것입니다. 그러나 결과는 그렇지 않았습니다. 당시 당주자들은 광주사태의 발포책임자들을 체포하여 처벌하지 않았으므로 지금까지 국민에게 서 사과 한마디 하지 않고 우물쭈물 시간만 끌다가 잊어버리게 하려는 의도가 분명하게 나타나고 있읍니다. 더우기 당시 발포 책임자로 지목을 받고 있는 자들이 국민의 반대를 무릅쓰고 선거라는 要式行爲를 하여 여 전히 집권하고 독재정치를 하고 있는 것입니다.

그러므로 광주시민들의 진정하기 위하여 광주사민을 상상한 사건였다고 규정한다는 것은 다나가 광주사태는 순전히 국민의 지지 그러니까 민심을 얻지 못하고 무력으로 정권을 찬탈하여 이후로 국내외로 하여금 이 나라당당을 모조리 죽어가고 있었습니다. 통치자북북과 학실로 인하여 언어지긴 모든 불행한 사건을 계속 이 하나가지 않고는 현정으로 이 사건은 이어버려야 한다고 세계로 서 두를 계속을 부린다면 하나님에서는 결고 용서하지 않고 더욱 무서운 심판을 내릴 것입니다.

"너희는 거하는 땅을 더럽히지 말라 피는 땅을 더럽히나니 만일 땅에 피를 흘리면 그 흘린 피를 위하여 땅을 속할 수 없느니라" (민 35:33)

성경과 역사는 광주에서 피흘린 죄를 속히 회개치 않으면 반드시 이땅에 그에 따른 징벌을 부른다고 했읍니다.

에 피흘리는 일이 또다시 생길 것이니 지체하지 말고 회개하기를 하나님의 뜻을 따라 간곡히 권고하는 바입니다.

현정권은 12.12 사태 의 광주사태를 시발점으로 하여 義人들을 투옥시키고 학대했으며 殺人들을 선배자로 선발하여 벌리를 자행하고 聖職者, 敎授, 學生 등 無關한 자를 영장도 없이 체포해 나가 옷은 고문과 야합을 가하여 맞답 혹은 빚덕을 고정시키다 세방하고는 未安하다는 사과 한마디 없이 감시와 연금을 계속하고 있습니다.

그러다가 무슨 기회만 있으면 오라 가라하며 하나와 모멸행위를 서슴지 않고 자행하고 있습니다. 아무런 이유도 없이 내학교수들을 직장에서 내쫓아 4년여동안 고통을 줘게 하다가 겨우 복직시키면서 (그것도 모두가 복직시킨것은 아닙니다. 前 조선대 이영권 교수등 상수명이 아직 남아 있다.) 그나른 선심이나 쓰는양 떠드룸을 마우나 참으로 天人共怒할 악독한 처사가 아닐 수 없습니다. 숱하게 얼하여 자기비를 군벌들이 집권하는게 가물하게 느껴지는 人士들에게 가서없는 고통과 압박을 가해인 것입니다.

어디 그뿐입니까? 4년동안 집권하면서 범행한 죄악은 너무나 많았습니다. 敎女人의 금융사건, 명성그룹의 진월호 사건, 영동 개발사건, 숙제사건, 모장관의 무방울 다이아사진 둥을 비롯하여 수많은 권력형 부정사건이 계속해 서 꼬리를 물고 이어났습니다. 그리고 우순 경 총기 살해사건, 동두천 군인의 난동사건, 송암교회 낭림한 경찰의 폭행사건, 제일교회 박형규 목사 배타 사진등을 비롯하여 수많은 폭력사진이 계속해 발생하고 있습니다.

그 외에도 경산 열차사고를 비롯한 수많은 의축 사건들이 계속에서 발생했습니다. 하나님만이 아시는 慘事는 수없이 많았을 것입니다. 현정권은 이러한 죄악을 철저히 회개치 않는한 하나님의 진노도 면할 수 없으며 正義社會구현은 주미能하게 될 것입니다. 지금 교포소 안에는 자기죄를 반성하는 獄人이 없습니다. 모두가 억울하다고 가슴을 치고 있

있습니다. 철도와 강도는 날뛰기를, 김○광은 200여 억을 부정하고 이○광은 190여 원 부정하고도 한두방도 정역을 살지 않았는데 나는 10 만원 도직했는데 2 년 정역은 너무나 억울하다고 하며 조금도 자기 잘못을 뉘우치며 하지 않습니다.

목대뼈들은 말하기를 "누구는 국민을 몇 백명 죽이고도 OOO 해 막느뼈 나는 술짜고 있었고 몇 체에 빠졌다고 해서 1 년 정역을 살다 너무나 억울합니다." 하면서 자기죄를 뉘우쳐 회개하지 아니하나 이 렇게 정의로 화립될 것입니까? 옛날에 이르기를 "빛이 밝아야 어렵물이 없다" 라는 속담 그대로 위정자가 깨끗하고 정당한 방법으로 집권해야만 사회질서가 화립되고 정의사회가 구현될 것입니다. 그런데 현 정권 채 처방 부정축에 자와 권력형 살인자가 계속해서 집권해 나간다면 이 세상의 어떤 세력을 막을 수 없으므로 결국 나라와 민족은 망하고 말 것입니다.

그리기 때문에 현정권은 그 엄청난 범죄에 대하여 속히 회개하고 의로운 정치인에게 양해로 권력을 돌려주고 민주화를 이루게 함으로 회사험을 받아야 합니다. 그리고 경손히 국가와 민족을 위해서 이름도 빛도 없이 봉사함으로 속죄를 받아야 합니다. 이 집단이 자신이 상 국가와 민족이 사는 길입니다. 과거 히틀러, 무솔리니, 東條, 박정희 같이 강제하는 마음으로 독재를 계속하다가 역사의 심판과 하나님의 진노를 받는 일이 없기를 바입니다. 그리고, 진실로 부탁하는 바입니다.

"형제들이 너회가 삼가 혹 너회중에서 누가 믿지 아니하는 악심을 품고 살아계신 하나님에게서 떨어질까 염려할 것이요 오직 오늘이라 일컫는 동안에 매일피차 권면하여 너회중에 누구든지 최의 유혹으로 강퍅하게 됨을 면하라" (히브리 3장 12-13)

2. 民主主義를 파괴한 罪

民主主義의 네가지 기본정신은 自由·正義·平等·人權입니다. 현 정

권은 이 네가지의 기본정신을 말살해 버리고 자유세계에서는 그 유례를 찾아 보기 어려운 독재정치를 자행하고 있읍니다. 1차선거때는 무려 500명이 정치에 참여하지 못하도록 묶어 놓았고 지금 2차선거가 박두했는데도 아직 99명의 정치인이 출마못하도록 봉쇄해 놓았읍니다. 설령 정치해금을 한다고 해도 개전의 정을 표시하라고 강요하여 정치인으로 갖추어야할 정치志操를 몽땅 빼앗아 버리고 나서 해금을 하니 쓸모없는 정치인이 되고 맙니다. 오늘날 국회에 출마하는 모든 정치인들은 모두 전두환 체제를 인정하는자들만이 출마하는 것이니 정치인으로 失格者들만이 출마하게끔 되었읍니다.

박정희 정권때는 그래도 30%는 야당이 존재했는데 현체제는 100%가 여당이고 이름만 야당인체하고 바꾸어 놓은 官制야당에 불과합니다. 북한의 공산당들이 이름만 바꾸어서 노동당, 청우당, 민주당하면서 3당 정치를 하는양 제스처를 쓰는 것과 다를바가 없이 국민을 기만하는 정당정치를 하고 있는것입니다. 그리고 민주주의 첫째 기본정신인 自由가 이땅에서 말살된지 오래되었읍니다. 언론 출판 집회 결사 종교의 자유가 송두리째 박탈당하고 국민들은 집권자의 노예와 노리개감이 되고 말았읍니다.

우리나라에 언론자유가 있다고 주장하는 자가 있다면 그런 자야말로 天人共怒할 民族반역자임이 분명합니다. 우리나라의 언론은 완전히 관제 언론이 되고 말았으며 국민을 오도하는 우민정책의 凶器로 전락하고 말았읍니다. 앞으로 역사가 바뀌는날 오늘의 언론인은 독재자와 함께 엄중한 역사의 심판을 받아야 마땅합니다. 언론자유의 보장없이 民主主義를 한다는것은 새빨간 거짓말입니다. 현정권은 언론자유를 말살한 죄부터 철저하게 회개해야 합니다.

우리나라에 출판자유와 집회와 시위의 자유는 여지없이 봉쇄되어 국민의 의사를 시위와 집회에서 발표할 수는 도저히 없읍니다. 집회와시위에 관한 법률이 민중을 구속하려고 대기해 있으므로 시위를 시작하려고 하면 범이 토끼를 채듯이 냉큼 잡아가고 마는 현실입니다. 그리

고 종교의 자유도 50%밖에 없는 것이니 그이유는 예배의 자유는 있어도 宣教의 自由는 엄격히 통제를 받고 있기 때문입니다. 살아있는 교회마다 당국에서는 독재자의 앞잡이를 신자로 가장하여 침투시키고 교회분열을 획책하며 목회자를 구타하고 괴롭게하니 참으로 악랄한 처사가 아닐수 없읍니다. 제일장로교회 박형규 목사 사건은 가장 좋은 폭력의 표본입니다.

뿐만 아니라 선거제도가 民主선거의 十大原理를 모두 위반하고 엉터리 선거로 요식행위만 갖추고 있으니 어떻게 민주주의라 할것입니까? "모든 권력은 국민으로 부터 나온다"라는 민주주의 原理가 우리나라에서는 도저히 실현될 수 없고 전두환과 그 지지자들만이 당선되게 끔 장치가 되어 있으니 선거는 국민을 우롱하고 경비만 낭비하고 선거를 악용하는 범죄행위밖에 아무 가치가 없는 것입니다. 공산당 세계에서만 볼 수 있는 광대놀음을 선거랍시고 부끄러움 없이 자행하며 양심의 가책도 없이 민주주의를 한다고 떠벌이니 참으로 통탄을 금할 수 없는 것입니다. 우리나라는 솔직히 말하여 민주주의나 자본주의라기 보다는 전두환 주의라고 해야 마땅할 것입니다.

현 정권 담당자들과 그 지지자들은 진정으로 우리조국의 민주화를 바란다면 민주주의를 파괴한 죄를 회개하고 우리나라에 민주주의가 시행되도록 그 길을 열어 놓아야 할 것입니다. 만일 그렇지 않고 독재정치를 계속한다면 하나님의 섭리와 민권운동의 승리로 민주주의가 승리하는 날 그들은 역사의 심판을 면치 못할 것 입니다. 임시의 출세와 안일에 집착하여 살아계신 하나님의 뜻을 어기고 국가의 장래를 그르치지말고 하나님의 正義를 위하여 자신을 위하여 그리고 조국과 민족을 위하여 속히 개과천선하고 우리나라에 민주주의가 꽃피도록 회개하고 민주주의 건설에 이바지하기를 바랍니다.

3. 經濟파멸을 自招하고 있는 罪

전두환 정권은 집권한지 4년 6個月동안에 270억 달러의 外債를 들

데 그 밑을 그때 로 받아들여 빚 늘어나느냐는데도 저 것 없다고 메들고 있으니 참으로 미치광이의 짓애가 아닐 수 없읍니다. 또 임금자들은 인하기를 싫고 수출코가 올라간다 하나 수출코가 올라가면 저자 수출을 멀려주자니 외채는 어떻게 갚느냐는 말이 나까?

현정권의 집권한 80년부터 83년까지 4년 동안 무역적자가 138 억 달러에 달했으니 매년 평균 35 억 달러의 적자를 보고 있는 것입니다. 470 억 달러의 외채를 갚을 수 있을 뿐인데 적자가 계속되니 무슨 방법으로 빚을 갚는다 말입니까? 우리나라가 하루속히 민주화가 되어서 경제의 고도성 장보다 安全成長을 도모해야 하며 先進組國 건설이라는 허장성세를 멀리고 국민 外債갚기 운동부터 별여 나가야 한다가 아닙니까?

국토면적당 외채 규모를 평가한다면 한국은 (470 억달러) 1 평방 킬로메터 45 만 달러, 멕시코 (900 억달러) 가 4 만 3 천달러, 아르헨티나 (380 억달러) 1 만 4 천달러 브라질 (950 억달러) 이 1 만 1 천달러이나 한 국의 외채는 이 세계에서 국토 면적 단위로는 최고레상이나 싶으로 참으로 많은 일입니다. 이렇게 외채가 많은데도 불구하고 현정권은 위성중계, 국제회의, 국가원수초청, 프로야구 등으로 부른별한 낭비 정책을 자행하고 있으니 참으로 한심한 일입니다.

여와 朴政權 18年 동안의 外債이 200 억 달러를 쩔 센 上廻하는 外債를 정치권으로 組國의 경제파멸 을 自招하고 있읍니다. 금년서 부터는 元利金 交替이 每年 65 억 달러를 넘어서게 되니 앞으로 모든 빚갚기 위해 서 外債를 계속 들여와야 하는 악순환이 더욱의 우리나라의 현실이 될 것입니다. 현정권이 執權後 朴政權의 경제체제의 잘못을 公開하고 우리나라에 앞날은 경제를 수립 였어야 마땅 함에도 朴政權의 경제체제를 존속 유지하고 왔으며 거기에다 응탕채를 유지하고 사처 낭비를 조장하는 무모한 경제로 멸망으로 큰 놉어나게 되었습니다.

外債를 산머지 미 같이 절머지고 있는 우리나라라 설정에 응탕채 유지는 무엇때문이며, 기름 한방울 나지 않는 우리나라의 자동차를 82 만여대의 자동차 갖도 증가시키는 것은 무엇때문이며, 싸우나탕 하나에 48 억씩 들여서 짓도 록 전속의 기를 내어주는 없은 무엇때문입니까? 순와 용가安定을 구위 싫어 外米와 최고기와 고추, 마늘, 양파등을 수입하여 농민을 울렁때 이는 이유는 무엇 입니까? 몇 사람의 제벌을 살루우기 위하여 수많은대 중들에게 희생을 감오하는 경채은 누구를 위한 경제입니까? 현정권의 경제 정책은 모두가 정권안보에 초점을 맞추어서 시행하는 것이 분명 합니다.

자기비 정권을 유지하기 위하여 국가민족이 않을 빚가운데 허덕이게 하여도 피도눈물 없는 짓 일까? 전두환 정권은 집권 이래 하루밤 사이에 130 억원의 외채를 걸머지고 있으니 이런식으로 앞으로 3 년 6개월이 퍼 여 대통령 임기가 끝나는 88 년 3 월이 되게 피면 우리나라의 外債는 700 억 달러가 널을 것입니다. 전두환이라 몇 사람의 정권 유지를 위하여 멀시 방면으로 국민의 생활안정을 시키려고고 무모한 외채를 들여와 여오면 국가 민족의 경제는 망하고 말것입니다.

정권자들은 말하기를 외채 갔는 것은 문제가 없다고 흔인 장담하며 국민을 속이고 있으나 참으로 통탄할 금할 수 없읍니다. 단기 외채를 제공하여 도장사하는 보로커들이 한구의 외채상환 능력이 좋다고 말하는 것은 도을 도을 商金체에 구어주어 도장사하려고 우비를 기.민하는 것이

12. 1984-11-회고록-8차 연행사건 ─ 『우리 민족의 나아갈 길』 제3권 필화 사건

〈『우리 민족의 나아갈 길』 제3권 필화 사건〉

1) 집필의 동기와 출판 완료

나는 교회를 담임하지 않은 전도목사로서 옛날로 말하면 예언자의 사명을 받은 셈인데 너무나 사명을 소홀히 하고 있다는 자책감이 항상 나를 꾸짖어 왔습니다. 1980년 5월 18일부터 10일간에 걸쳐 광주시민을 학살한 전두환 정권에 대하여 회개를 촉구해야 하겠다는 사명감이 항상 끓어 넘쳤습니다. 그래서 1982년 5월 18일 오후 3시 광주 YWCA에서 개최된 광주의거 희생자를 위한 2주기 추모예배 설교 시간을 통하여 나는 광주시민을 학살한 전두환 정권이 회개하고 물러가야 한다고 설교하며 회개를 권고했습니다. 그때 외친 "순국열사의 핏소리"라는 설교는 국내외의 많은 동포에게 큰 충격과 파문을 일으켰고 나는 성난 전두환 정권 당국자들에 의하여 체포되어 시경 특별수사본부를 거쳐 안전기획부 수사국에 가서 갖은 고초를 겪었습니다.

나는 1982년도 설교로써 회개를 권고한 것 가지고는 만족하지 않아서 다시 문서로써 회개를 권고하리라 결심하고 『우리 민족의 나아갈 길』 제3권을 집필하여 글로 예언자의 목소리를 외치고자 하였습니다.

그러므로 나는 83년도 「현대인을 위한 교양강좌회」라는 제목으로 매회 천여 부를 14회에 걸쳐 팜플렛을 출간하여 배포하면서 국민 계도에 노력해 왔습니다. 그러다가 84년도에 이르러서는 「나라를 위한 기도회」로 우리 모임의 명칭을 고치면서 문서 활동도 개편하기에 이르렀습니다. 초라한 팜플렛보다 깨끗하고 선명한 팜플렛을 계절별로 출간하기로 하고 『우리 민족의 나아갈 길』이란 제목으로 1권(3천 부), 2권(5천 부)을 출간하였습니다.

제2권은 상상 밖의 독자의 호평을 받아 재판까지 하게 되었고 캐나다에서는 녹음을 하여 설교 듣기 운동을 전개하였으며 독일에서는 백여 부를 복사하여 교회마다 배포하였다고 합니다. 나는 이 문서 운동에 대하여 지극한 보람을 느끼고 다시 제3권을 집필하기에 이르렀습니다. 그리하여 1984년 10월 8일 과천에 있는 구세군 수양관에 가서 하나님 앞에 기도하면서 3일 동안에 걸쳐 집필을 완성했습니다.

평소에 기도하고 간구하여 오던 내용이라 단번에 원고를 탈고하여 가필도 없이 임영천 교수님에게 교정을 보게 한 후에 인쇄소로 조판을 부탁하게 되었습니다. 교정을 보신 임영천 교수도 말씀하기를 이번 책은 상당한 수난을 겪을 것이 예상된다고 하시면서 앞으로 닥쳐올 고난을 염려하기도 했습니다.

그리하여 10월 15일 ○○인쇄소에 조판을 의뢰했습니다. 인쇄소에는 각별히 보안에 유의하여 철저한 비밀을 엄수하며 출판하라고 당부했습니다. 인쇄소 직원들도 책의 내용을 들어보고 무거운 침묵이 흘렀지만 나의 단골 거래처이니 인쇄소에서는 출판을 수락했습니다. 타자로 조판이 된 후에는 임영천 교수와 송정홍 전도사 두 분께서 다시 원고 교정을 맡아 보았습니다. 당시 장신대 신학대학원을 갓 졸업한 두 분 전도사님은 내가 책을 출판할 때마다 원고 교정에 수고하신 분들이었습니다.

나의 당뇨병은 점점 심해져서 혈당이 395까지 나타나게 되었습니다. 병원에서는 속히 입원하라고 하는데 나는 이 문제가 해결되기 전에는 입원도 할 수 없었고 다른 일을 착수할 수도 없었습니다. 광주의 홍남순 변호사님을 비롯한 여러분들이 내가 잡혀가지 않았는가 자주 전화가 왔습니다. 나를 아끼는 여러분도 초조하여 나의 안부를 자주 물었습니다.

2) 안기부 수사국에 연행되다

그러던 중 11월 23일 아침에 J 서기관의 전화가 걸려왔습니다. 오늘 시내에 나오는 일이 있으면 시내에서 만나자고 하기에 나는 오후 3시 정각에 시청 앞에 있는 K제과점에서 만나기로 약속했습니다. 나는 그네들과 자주 만나는 장소와 방법이 있기 때문에 그날 체포되리라고는 생각하지 못했고 부담 없이 시간약속을 하였습니다.

J 서기관을 만나니 그는 말하기를 오늘 안기부 수사국에 들러서 과장을 잠깐 만나고 오자고 말하기에 나는 서슴치 않고 그렇게 하자고 대답했습니다. 내가 아무 부담 없이 대답하니 그들은 안심하는 모양이었습니다. 나는 그때 가지고 간 가방이 있었고 그 가방 안에는 여러 가지 유인물이 들어 있어서 그들이 보면 트집잡을 것 같아서 가방을 누구에게 맡겨야 되겠다고 생각했습니다. 제과점 가까운 곳에는 목민교회 김동진 장로님이 로마양복점을 경영하고 있기에 거기에 맡기기로 생각했습니다. 나는 J 서기관에게 말하기를 가까운 친지에게 가방을 맡기고 오겠다고 하니 그렇게 하라고 하기에 재빨리 로마양복점에 가서 가방을 맡기고 집에 전달해 달라고 부탁했습니다.

3) 13시간이나 계속된 심문

수사국에 도착하니 이번에는 지하실이 아니고 1층에 있는 취조실로 들어갔습니다.

나이가 55세쯤 되어 보이는 수사관이 취조실에 들어와서 취조용 책상을 가운데 두고 심문을 시작했습니다. 그 수사관은 처음 보는 수사관으로 무뚝뚝하게 생긴 인상에다가 조금의 웃음이나 여유가 없어 보이는 안기부의 전형적인 수사관같이 보였습니다.

수사관 고영근 씨는 『우리 민족의 나아갈 길』 제3권을 쓰게 된 동기가 무엇입니까?

고 목사 기독교 신앙에 세 가지 목적이 있는데 그 첫째는 하나님의 영광을 위하여 예배드리며 하나님 뜻에 순종하며 사는 길이고, 둘째는 자신의 구원을 위해 인격이 새로워지고 육신, 정신, 영혼의 구원을 성취하는 일이고, 셋째는 불의에 항거하고 정의를 선포하여 인류 위해 봉사함으로 하나님의 정의를 실현하는 일입니다. 나는 이 세 번째 사명인 하나님의 정의실현을 위하여 불의를 책망하고 항거하면서 회개를 권고하기에 이른 것입니다. 이것은 어디까지나 예언자로서 당연한 사명이기 때문에 이 책을 쓰게 되었습니다.

수사관 이 책의 내용이 너무 과격한 표현이 많은데 고영근 씨는 과격하다고 생각하지 않습니까?

고 목사 저는 과격하다고 생각하지 않고 당연히 할 말을 표현한 것뿐이라고 생각합니다.

수사관 고영근 씨는 이 책의 내용을 미루어 볼 때 공산주의자로 오인받을 가능성이 많다고 보는데

고 목사 여보시욧. 말씀을 삼가시욧, 공산주의자가 무엇입니까? 당신네들과 뜻이 같지 않으면 모두 공산주의자란 말이욧? 양민을 공산주의자로 몰아치는 악습을 버리시욧.

수사관 아니 내가 공산주의자라고 했습니까? 그러한 오해를 받을 가능성이 있다고 한 것뿐입니다.

수사관은 서류를 챙겨가지고 힘없이 일어서 나가고 다른 젊은 수사관과 교대했습니다. 다음에는 먼젓번에 만나서 안면이 있는 수사관 두 명하고 처음 보는 젊은 수사관하고 세 사람이 나를 심문하기에 이르렀습니다.

수사관 이 책을 보면 과격한 부분이 많은 중에 특별히 "랭군 살인 만행에 대한 전두환 씨의 담화문을 읽고"란 제하에 쓴 글이 너무 지나치다고 생각합니다.

고 목사 어떤 부분이 지나치게 표현되었단 말입니까?

수사관 "김일성과 전두환은 서로 비웃으니 누가 누구를 규탄하는 것인지 개탄을 금할 수 없다"라고 표현했는데 이것은 완전히 김일성과 전두환 대통령을 똑같이 취급하여 대통령을 모독한 표현인데 여기에 대해서 해명을 하시오.

고 목사 전두환과 김일성이가 똑같은 살인 만행을 범했다 할지라도 처지와 여건이 각각 다르기 때문에 김일성보다 전두환은 몇 배 더 무서운 규탄을 받는 것이 너무나 당연합니다. 그러기 때문에 많은 사람들이 김일성의 죄악에 대해서는 별로 거론을 많이 하지 않고 전두환의 학살죄를 거론하며 규탄하는 것입니다. 그러기 때문에 전두환과 김일성을 똑같이 비교한 것이 과격하다고 생각하지 않습니다.

수사관 그러면 고 목사는 계엄군이 광주시민을 학살하는 장면을 보았습니까?

고 목사 나는 그 장면을 보았습니다.

수사관 언제 어디서 어떤 장면을 보았습니까?

고 목사 나는 1983년 10월 미국에 갔을 때 외신기자들이 광주사태의 참상을 촬영해다가 방영하는 비디오를 보았습니다. 그 화면에 보면 그 당시 공수특전단 군인들이 광주시민 부상자를 묶어다가 나란히 엎드려 놓고 발로 툭툭 차면서 살았는지 죽었는지 생사를 확인하고는 꿈틀거리며 살아있는 것이 확인되면 손에든 오랏줄로 목을 매어 죽이고 또 죽이는 장면을 보았습니다. 그리고 두 발목을 줄로 잡아매어 트럭 뒤에다 매고 트럭이 달려가니 줄에 묶인 사람은 피투성이가 되어 죽는 장면과 군인이 청년들을 묶어 놓고 곤봉으로 머리를 치니 즉사하는 모습들을 보았습니다. 군인들이 달려드는 군중에게 자기 생명을 지키기 위하여 총을 쏘며 칼로 찔렀다면 우리는 얼마든지 이해할 수가 있습니다. 그러나 오랏줄로 부상자의 목을 매어 죽이는 일은 결코 치안 유지나 자기 방위를 위한 행위라 할 수 없고 어디까지나 학살인것입니다. 공산군들도 6·25 때 포로들을 치료해서 포로수용소에 보냈는데 하물며 치안을 위한 계엄군이 부상당한 시민을 고의적으로 죽였다면 이것을 학살이 아니고 치안 유지했다고 할 수 있습니까?

수사관 그것이 사실이라면 군인들이 과격했구만.

고 목사 수사관은 광주사태의 현장을 보았습니까?

수사관 저는 그 장면을 보지 못했습니다.

고 목사 수사관은 학살 장면을 보지도 못하고 그 장면을 보고들은 나에게 심문을 하려는 것이옷.

수사관 보지 못했으니 할 말이 없구만요.

(중략)

수사관 고 목사의 대안과 주장은 어디까지나 이론이지 현실에 맞지 않는 이론입니다. 우리 나라는 남침 위협이 있는 특수 상황이라는 점을 간과해서는 안 될 것입니다. 그 점에 대해서 어떻게 생각합니까?

고 목사 나는 우리나라에 남침 위협이 그렇게 심각하다고 생각하지 않습니다. 만일 김일성이 남침을 한다면 한반도에는 미, 소의 핵무기 전쟁이 터지게 됩니다. 그렇게 되면 남북 한이 모두 잿더미가 되고 맙니다. 남침 위협이 있다는 핑계로 민주주의를 짓밟고 독재정치를 합리화하는 것은 절대로 용서할 수 없는 반민족인 죄악입니다.

젊은 수사관 (책상을 치면서) 말이면 다하는 것이옷? 보자 보자 하니까 너무하지 않습니까?

고 목사 (벌떡 일어서서 주먹으로 책상이 부서져라 치고 나서 젊은 수사관을 쏘아보며) 왜 책상 을 치는 것이옷. 이거 협박하는 것이옷? 이제 나에게 폭력을 행사하려는 것이옷?

그러니까 젊은 수사관은 주먹을 불끈 쥐고 두 주목을 양쪽 허리에 올려대고는 나에게 주먹 질을 할 태세를 취했습니다. 나도 의자에서 벌떡 일어나 그 젊은 수사관 앞으로 다가가면서 노기가 충천한 얼굴과 두 눈을 크게 부릅뜨고 뇌성 같은 큰 소리로

고 목사 그래 나를 때릴 참이요? 어디 한번 때려 보시오. 나도 여기서 죽을 각오를 하고 온 사람이요, 나를 죽엿. 나를 죽이란 말이옷.

하면서 젊은 수사관 앞으로 머리를 들이밀며 돌격해 가니까 다른 수사관 두 사람이 나를 붙잡 고 만류하는 것입니다. 나는 분노에 가득 찬 표정으로 젊은 수사관을 꾸짖었습니다.

고 목사 전두환 정권이 박정희 정권같이 망할 날이 얼마 남지 아니했어! 정신을 차리시옷. 정권

이 바뀐 다음에 당신 같은 폭력 수사관을 가만두지 않을 거요. 똑바로 처세 하시욧.

그렇게 말하니 다른 두 사람의 수사관은 젊은 수사관을 데리고 밖으로 나갔습니다. 얼마 후에 다른 수사관이 들어와 앉더니 다시 심문을 계속하는 것입니다.

수사관 목사님 나는 놀랐습니다. 나는 목사님이 그렇게 보복적인 발언을 하는 데 깜짝 놀랐습니다.

고 목사 보복적 발언이 아니에요. 사필귀정의 역사의 심판이 온다는 말입니다. 우리나라에 언제 한 번 정의가 승리하고 악이 징계받을 일이 있었습니까? 앞으로 정의의 기강을 세우려면 상선벌악(賞善罰惡)의 역사적 심판이 실행되어야 합니다. 당신들이 모든 국민이 바친 세금으로 월급을 받아 생존하면 마땅히 국가 안보를 위해야 하겠거늘 어찌하여 독재자의 시녀가 되어 정권 안보에만 혈안이 되어 폭력정치를 하는 것이 욧? 국가안전기획부 간판 그대로 국가안전에 힘써야 될 것이 아니겠습니까? 공무원으로 엄정 중립을 지키고 국가 안보를 위해 일하란 말이요.

수사관들은 현 정권의 정통성을 주장하는 이론을 전해했고, 나는 전통성의 부당성을 주장하면서 24일 오후 3시 30분부터 새벽 4시까지 12시간이 넘도록 설전(舌戰)을 거듭했습니다. 새벽 4시가 된 후에야 나무 침대에서 담요 두 장을 덮고 잠을 잤습니다. 피곤하여 곤하게 자고 7시에 일어나 세수를 하고 아침 식사를 했습니다.

그리고 나서 7시경 J 서기관과 다른 수사관 두 사람이 나를 데리고 우리 집까지 차를 태워다 주었습니다. 나는 연행된 지 28시간 만에 석방이 되어 집 대문에 들어서면서 도우시고 인도하신 하나님께 뜨거운 감사를 드렸습니다. 28시간 만에 다시 가족을 만나니 반가웠습니다. 오랫동안 고생하리라 생각했는데 너무 쉽게 풀려나왔기 때문입니다.

안기부에서 나를 연행해다가 심문한 것은 내가 다른 기관에 불려가서 곤욕을 당하지 않기 위한 배려인지, 아니면 그들의 전략인지 지금도 알 길이 없습니다.

다만 그들의 태도가 과거와 달라진 것은 사실입니다. 첫 번째 갔을 때는 구두짝을 벗어서 따귀를 때리며 악담을 하다가 두 번째에는 신사적으로 심문을 하다가 이번에는 오히려 저자세가 되어 버렸으니 정세의 변화에 따라서 달라진 것인지 아니면 더 이상 공갈칠 명분이 없어서

인지 알 도리가 없습니다. 하여튼 이번에 연행되어서 조사를 받는 과정에서는 완전히 내가 고자세를 취하고 저들이 저자세로 되었으니 역전된 셈입니다.

4) 7천 권을 보급하다

1984년 11월 5일 「우리 민족의 나아갈 길」 제3권을 3천 부 출간하여 그 책이 집으로 도착했습니다. 나는 이 책을 은밀한 곳에 감추어 두고 각 지방에 보낼 작업을 개시했습니다. 그리하여 11월 8일과 9일에는 국내외에 소포로 발송했습니다. 조국의 민주화를 위해 열심 있는 동지들에게 30권씩 발송하였습니다(문익환, 이문영, 송건호, 유중람, 노경규, 이해학, 임영천, 송진섭, 홍남순, 윤기석, 은명기, 이동춘, 김경섭, 윤여권, 김정명, 박광선, 유기선, 김광일, 최병국, 강원하, 김재환, 김범태, 김수환, 유기문, 광주천주교 정평위원회 등 그리고 외국에는 김계용, 안중식, 김영철, 이상철, 문동환, 강요섭, 정철기, 정참종 등 여러분에게 소포로 발송하였습니다).

송건호 선생님은 30권 보낸 책을 분배하고 11만 원의 모금을 하여왔고 이우정 교수, 윤기석 목사, 김재환 장로, 김광일 장로, 한OO 장로, 이OO 장로, 유OO 집사, 이OO 집사 등은 출판비를 협조하면서 나를 격려해 주었습니다. 이 책을 본 사람마다 내 신상을 염려하면서 용기를 북돋우어 주었습니다. 송건호 선생님 말씀에 의하며 어떤 언론인은 말하기를 "기독교가 모두 썩은 줄 알았더니 이런 글을 쓰는 목사도 있었구나"라고 말하는 이도 있더라고 하였습니다. 나는 특별히 이 책을 동아, 조선, 중앙, 한국, 경향, 서울 신문을 비롯한 일간지와 교계 신문사에 모두 30권씩 우송하기도 했습니다.

종로 5가에 있는 기독교회관과 민헌연, 민통협의회, 민주청년협의회, EYC, KSCF, 예장 청년연합회 등 여러 청년단체 기관에다 책을 기증하고 나니 3천 권이 모두 소비되어 다시 67만 원의 경비를 들여서 2천 권을 재판하게 되었습니다. 나는 이 책을 출판하는데 초판에 110만 원, 우송료 20만 원이 들어서 재판까지 하면 무려 2백만 원 지출은 크나큰 부담이 아닐 수 없었습니다. 백만 원은 이OO 집사님이 협조해 주었고 나머지는 제가 부담하였습니다.

내가 안기부 수사국에 끌려갔을 때 NCC 인권위원회를 비롯한 재야인사들은 벌떼같이 일어나서 나를 위해 성원하고 나섰습니다. 전국적으로 또는 세계적으로, 연행한 당국을 규탄하는 운동이 태동되기 시작했습니다. 그러나 이틀 만에 석방되어 여러 동지들을 만나서 인사를 하니 동지들은 반가워하는 한편 아쉬워했습니다. 좀 더 오래 있었으면 대대적으로 투쟁을 전개했을 터인데 당국에서는 이 눈치를 알아차리었음인지 즉시 석방시켰습니다. 위에는 전능하신 하나님이 도우셨고 아래로는 교회와 민주인사들이 적극적인 성원으로 승리의 석방이 되고 책을 널리 널리 보급되게 되었습니다. 할렐루야!!

5) 이 책이 미친 영향력

『우리 민족의 나아갈 길』 제3권은 1985년 2월 12일 실시되는 선거에 많은 영향을 미쳤습니다. 야당 입후보자들이 이 책을 많이 사가지고 가서 유세 때 활용하였고, 또 이 책의 내용으로 인하여 크나큰 용기를 얻고 유세 때 독재 정권을 향하여 공격의 포문을 열었습니다. 몇 곳에서 독재 정권을 규탄하자 92개 지역에서 모두 이구동성으로 독재 정권을 강타했고 어용 야당이라고 지탄받던 정당의 입후보자들도 어용이 아니라는 것을 보여주기 위하여 독재 정권을 규탄하기에 이르렀습니다. 그리하여 유세장마다 인산인해를 이루었으며 국민의 눈이 뜨게 되었고 막힌 귀가 열리고 다물었던 입이 열리기 시작했습니다. 예수님께서 소경을 보게 하며 귀머리가 듣게 하며 벙어리가 말하게 했던 것처럼 흉내라도 내게 되었습니다(마 11:5).

미국의 뉴욕에 소재한 세계일보(4만 부 발행)에서는 "전두환 정권의 회개를 권고한다"라는 부분을 전부 신문 3면에 걸쳐 전재했으며 캐나다의 민중신문(정철기 사장)에서도 연재했으며 독일에서는 이 책을 복사하여 교포교회에 배포하였습니다. 어떤 교회에서는 이 책은 고영근 목사가 쓴 책인데 읽어 드립니다 하고 읽어 주어서 국민을 깨우치기도 하였다고 합니다. "전두환 정권의 회개를 권고한다"라는 글을 문서화 하여 출간되는 처음 있는 일입니다. 이 책은 잠자고 있는 동포를 깨우는데 크나큰 역할을 하였고 용기가 없어 망설이던 분에게는 용기를 불러일으켰습니다. 우리 하나님께서 아시고 판단하실 일이니 더 이상 영향력이 어떻다고 재론하지 않는 것이 좋을 줄 압니다. 다만 전능하신 하나님께서 역사하심에 대하여 감사와 영광을 오직 하나님께만 돌릴 뿐입니다.

『죽음의 고비를 넘어서』 2권, 138~155 발췌.

6장

—

1985년도 사료

I. 수첩으로 보는 사역

1985년 1월 활동

	월일	활동 내용
	1.7.	민주통일국민회의(약칭 국민회의) 인권위원회
		재야간담회 결성 　함석헌 김재준 홍남순 조아라 조남기 박세경 　김성식 지학순 이돈명 송건호 안병무 이문영 　윤반웅 고영근 이우정 장기천 은명기 박형규 　이태영 문익환 예춘호 고은
	1.10.	1월 7일 백주년기념관에서 재야인사 22명이 재야간 담회를 열고 시국 취지문을 발표. "나라가 제 길을 갈 때라면 정권 담당자와 정치인 에게 국사를 맡기면 되지만 오늘 우리나라 형편은 그렇지 못하다. … 대통령은 국민이 직선할 수 있 어야 한다. 국민의 의사가 충분히 참여되지 않는 통일논의는 허락될 수 없다. 우리는 이 나라 민주 화의 염원에 몸부림쳐 온 일치된 힘으로써 어려운 일이 생길 때마다 대처해 나갈 것이다." 「인권소식」 130호
	1.22~25.	여수 진남제일교회(김성호 목사)
		여수지구 교역자 수련회
	1.24.	민주통일국민회의 인권위원회 예배
	1.28~31.	충북 덕촌교회(박용래 목사)
		충북지구 교역자 강좌회

1985년 2월 활동

	월일	활동 내용
	2.1.	흰돌장로교회 철야집회
	2.2.	대전지구 「나라를 위한 기도회」(800명) "우리 민족의 나아갈 길"
	2.4.	한국 목민선교회 「나라를 위한 기도회」 10회차(누적 횟수 39차) 한완상 박사, "성령과 선교"
	2.5~9.	안동태화교회(박명서 목사)
		안동지구 교역자 강좌회
	2.11.	재야간담회 "총선에 즈음하여" 성명서 발표
	2.14.	NCC 인권위원회 회의
	2.15.	예장 인권위원회 부회장(인권위원 조직과 창립)
	2.17.	홍제중앙교회
	2.18.	'우리 민족의 나아갈 길' 4권 집필 준비
	2.25.	대구지구 「나라를 위한 기도회」(250명) "한국교회와 민족의 진로"
	2.26~3.1.	신성교회(김만석 목사)

1985년 3월 활동

	월일	활동 내용
3月 MARCH 1 金 3.1질 기념 예배 2 土 취생일 3 日 4 月 회고쓰기 5 火 6 木 7 木 8 金 7.30 남선교 친목 9 土 서울신대생 강좌 10 日 11 月 대성방 서노회친목 6시 12 火 13 木 14 木 " 15 金 " 16 土 " 17 日 18 月 비금서부교회 빼호 404 19 火 " 20 木 " 21 木 " 22 金 " 23 土 24 日 25 月 친노회 총무인 원당교회 26 火 대심방 " 27 木 " 28 木 " 29 金 " 30 土 " 31 日	3.1.	한국 목민선교회「나라를 위한 기도회」 　11회차(누적 횟수 40차, NCC 연합 주최) 　김윤식 목사
	3.9.	서울신대생 강좌
	3.18~22.	전남 비금서부교회(이태원 목사)
	3.25.	원당교회
	3.26~29.	동광교회(정동수 목사)

1985년 4월 활동

	월일	활동 내용
4月 APRIL 생흔복음 2서 633-62	4.1.	영등포성공회(김근상 신부)
1 月 시배교회 반박 오후4시 읽고회 총역		
2 火 오후2시 9월노회 예장	4.2.	예장 인권위원회 회의 일정 무산 → 안기부 연행 '우리 민족의 나아갈 길' 4권 필화 사건(9차 연행)
3 水		
4 木 모음 활동		
5 金	4.8.	한국 목민선교회 「나라를 위한 기도회」 12회차(누적 횟수 41차) 문동환 박사, "민주주의와 민족의 평화"
6 土 "		
7 日 부활절 계의오라이토 주교총회		
8 月 영광24 강좌 - 키운희	4.11.	안동지구 부활절, 4·19 기념 설교(800명) "이 땅에 평화를"
9 火		
10 木 영주해남		
11 木 안동	4.12.	청주지구(200명) "이 땅에 평화를"
12 金 청주청복교회 6시 이따세 민화		
13 土 시승회의 최오희 8시 임원회 토의		
14 日		
15 月 개민석 피아노	4.17.	강진지구(450명)
16 火		
17 水 강진교회 부활절	4.18.	해남지구(150명)
18 木 개남		
19 金 개남 7시 한교회	4.19.	마산지구(40명)
20 土 군산 3시		
21 日 전농동 213-3660	4.20.	군산지구(120명)
22 月 12시 초암345 6시 오후4		
23 火 12시 금곡Y	4.21.	전농나사렛교회
24 木 이리		
25 木 8시 1003억2길		
26 金		
27 土		
28 日		
29 月 여4시노회 10시	4.23.	광주YWCA에서 전국기독자민주쟁취 전국 대표자 와 연석회의. 광주민중항쟁기념대회를 열기로 결 정. 지역별 연합으로 기념대회 '전국기독자민주쟁취'(공동의장:박형규, 조남기) 5·18광주민중항쟁 기념대회를 위한 대회 조직(5 월 광주민중항쟁 기념위원회)과 사업 논의 □회장: 조아라 □부회장: 고영근, 유연창 □총무: 강신석, 이해학 동 위원회는 5.10일 서울제일교회에서 기념대회를 개최할 예정이었으나 경찰의 봉쇄로 약수동 형제 교회에서 열었다.
30 火 7.30. 대사관		
	4.24.	이리지구 교역자 강좌회(20명)

1985년 5월 활동

	월일	활동 내용
	5.1.	재야간담회 성명서 초안 회의 "양심수는 지체없이 석방되어야 한다" (5.2일, 성명서 발표)
	5.6.	목민선교회「나라를 위한 기도회」 13회차(누적 횟수 42차, 광주앰네스티 공동 주최) 고영근 목사, "광주시민 학살죄를 회개하라"
	5.9~13.	광주앰네스티 설교 사건「10차 연행사건」
	5.13~16.	전북 엘리사기도원(김동관 목사)
	5.17.	장로회신학대학 설교 예정이었으나 가택연금으로 취소 "한국교회의 나아갈 길"
	5.17.	대전노회 청년연합 신앙 강연 예정이었으나 가택연금으로 취소 "민중의 상황과 선교의 과제"
	5.18.	온양지구 5·18 기념 추모예배 설교 예정이었으나 가택연금으로 취소
	5.20.	목포 5·18 기념 추모예배 설교 예정이었으나 가택연금으로 취소
	5.23~25.	'5월 민주민중항쟁 5주년을 기리는 농성' 시작 연인원 100여 명 참여. 박형규 고영근 강희남 김동완 원형수 목사 등 포함

1985년 6월 활동

	월일	활동 내용
6月 JUNE 1 土 김촬과 경흥 2 日 대흥교회 목신교 3 月 NCC 인권 전국협의회 기3회 4 火 5 水 6 木 7 金 8 土 9 日 10 月 11 火 12 水 13 木 14 金 15 土 16 日 17 月 울산2회 집회 18 火 〃 〃 19 水 독범 0446.2-4766 이창희 20 木 21 金 22 土 23 日 천아거호 24 月 25 火 26 水 27 木 28 金 29 土 30 日 봉수리 교회	6.2.	대흥장로교회
	6.3~5.	NCC 인권위원회 전국협의회
	6.17~18.	울산 청년연합집회(이신규 목사)
		울산교회 교역자 강좌회
	6.24~28.	대전 희망교회(이기준 목사)
	6.30.	경기 봉수리교회 하루 부흥회

1985년 7월 활동

	월일	활동 내용
7月 JULY 1 月　2시 수원장로교회 음기식 2 火 3 水 4 木 5 金　£368대 243회 6 土 7 日　밤 선길교회 879-9074 8 月　⊙기도회 9 火 10 木 11 木 12 金 13 土 14 日 15 月　군산 7.30 16 火 17 水 18 木 19 金 20 土 21 日　일신교회 22 月 23 火　8시 인천시　7시 방양초청 24 水 25 木 26 金 27 土 28 日 29 月　청계산기도원　청계 9번 30 火 31 水	7.1.	수원지구 경기노회원을 위한 설교(450명) 　"한국교회의 나아갈 길" 　7월 1일 수원장로교회에서 약 600여 명이 참석한 　가운데 「나라와 민족을 위한 기도회」 개최. 기장 청 　년들은 '교회 청년들이 성도님들께 드리는 글' 성명 　발표. 　지난 6월 10일 '기독교새마을운동 경기도 전진대회'에 　대하여 "기독교의 어용화 시대가 제도적으로 시작된 　다는 점의 위험성을 경고 　「인권소식」 155호, 7. 11.
	7.7.	신림동장로교회 하루 부흥회
	7.15.	군산지구 천주교인을 위한 강연(400명) 　"한미관계의 재조명"
	7.16.	미문화원 점거사건 및 삼민투위 구속사건 대책 협의
	7.18.	대구지구 인권위원회 강연(150명) 　"하나님의 법과 인간의 법"
	7.21.	일신교회 하루 부흥회
	7.22~25.	조양교회
	7.23.	학원안정법 철회를 위한 대책협의회
	7.29~8.2.	청계산기도원(김유웅 목사)

1985년 8월 활동

	월일	활동 내용
	8.4.	묘동장로교회
	8.5~9.	엘리사기도원 집회
	8.10.	재야간담회
	8.12~15.	함무 청년 수련회(장성두 목사)
		함무지구 교역자 수련회
	8.15.	8.15 40주년 기념설교(2,000명), 전국청년연합 주최 (예청, 기청, 전주 시민), (녹음테이프 소장)
	8.18.	서강감리교회 하루 부흥회
	8.19~23.	보령지구 연합 부흥회(최정홍 목사)
		보령지구 교역자 강좌회
	8.27.	학원안정법 철회와 정국 안정을 위한 재야간담회 성명 발표 "현 시국에 대한 우리의 입장"
	8.27~28.	NCC 시국대책협의회 회의 후 여의도 국회의사당 앞에서 '학원악법 폐지하라' '민생문제 해결하라' 현수막을 들고 시위. 11명의 성직자, 영등포경찰서에 강제 연행(고영근, 이해학, 황태봉, 이준 목사, 전대식 신부, 백남운 목사, 김진석 사관, 김상훈 전도사, 이경수 목사, 김영진 장로) 「11차 연행사건」

1985년 9월 활동

	월일	활동 내용
9月 SEPTEMBER 24-4사 (손글씨 메모)	9.2.	한국 목민선교회「나라를 위한 기도회」 14회차(누적 횟수 43차) 고영근 목사, "느헤미야의 구국운동"
	9.4~11.	구류 11일. 목민선교회 설교("느헤미야의 구국운 동") 사건「12차 연행사건」
	9.9.	NCC 인권위원회, 예장 인권위원회, 전국목회자정 의평화실천협의회는 '고영근 목사를 위한 특별기 도회'를 개최. 문익환 목사 설교, 약 200여 명의 고 난받는 모든 사람을 위한 기도
	9.16.	부산 민주헌정연구회 강연 "한국 민족의 살길"
	9.19.	목요기도회(180명) "우리 민족의 나아갈 길" (녹음 테이프 소장)
	9.19~30.	구류 10일. 민주헌정연구회 강연과 목요기도회 설 교사건「13차 연행사건」

1985년 10월 활동

	월일	활동 내용
	10..5.	청주 동부교회
	10.6.	천호동교회, 목민교회
		기독교 민주 쟁취 교역자 강좌회(11시)
	10.7.	한국 목민선교회 「나라를 위한 기도회」 15회차(누적 횟수 44차), 김동완 목사, "주님과 함께, 민중과 함께"
	10.13.	정릉 미광교회 하루 부흥회
	10.14~16.	사당중앙교회
		'민주화운동에 대한 고문 수사 및 용공 조작 공동대책위원회' 발족
	10.17.	목요기도회 예배 설교("강폭하지 말고 무소하지 말라") 무산. 목요예배 설교 예정이던 고영근 목사는 서울 신정동 화물터미널 부근에서 강서경찰서와 시경 직원 3명에 의해 강제 불법 연행. 「인권소식」 169.
	10.18.	감리교신학대학생을 위한 목회 강좌
	10.19.	경일교회
	10.20~23.	광주 계림교회(김경식 목사)
		광주지구 교역자 강좌
	10.27~30.	장안교회(김정기 목사)

1985년 11월 활동

	월일	활동 내용
	11.4.	한국 목민선교회 「나라를 위한 기도회」 　16회차(누적 횟수 45차) 이해학 목사, "죽음으로 이루는 소망"
	11.11~13.	민추협 고문 반대 농성 　검찰은 10월 29일 민주화추진위원회(민추위)의 배후 조종자로 김근태를 지목하였다. 김근태와 이을호에 대한 가혹한 고문에 대한 반독재 연합전선이 강하게 형성. 고문 수사 및 용공 조작 저지 공동대책위원회가 민주화추진협의회 사무실에서 농성. 고영근 등 여러 명의 민주인사들이 안기부에 연행되어 조사를 받은 후 석방. 「인권소식」 176호 12.5.
	11.15.	감리교신학대학 강연 　"한국교회의 나아갈 길" 민주헌정연구회 기념강연 　"민주화의 길"
	11.24.	면목동교회 하루 부흥회
	11.25.	민추협 강좌, 고문 및 용공 조작 규탄 농성
	11.26.	김천연합제직수련회
	11.27.	포항지구 기독교연합집회(700명) 　"단군신전 건립을 반대한다"
	11.29~30.	안기부 연행: 민추협 농성 사건 「14차 연행사건」

1985년 12월 활동

	월일	활동 내용
	12.1.	포항지구 청년연합회 신앙강연(150명) "기독청년의 사명"
	12.2~3.	도고성결교회(박민서 목사)
	12.5.	85 인권주간 연합예배(주제: 악법 철폐, 하나님의 법 실현)
	12.9.	서울지구 교역자 강좌회
	12.14.	순천지구 인권위원회 설교(120명) "악법 철폐하고 하나님의 법 성취"
	12.15.	군산반석교회
		군산지구 인권위원회 설교(250명) "악법 철폐하고 하나님의 법 성취"
	12.17.	상주지구 연합집회(120명) "한국교회의 나아갈 길"
	12.24.	김천지구 기장 시찰회 설교(250명) "한국교회의 나아갈 길"
	12.28.	김영삼(*면담이 이루어졌는지 알 수 없음)
	12.29.	신우감리교회 하루 부흥회

II. 세부적 활동 내용으로 보는 한 해 일정

NCC 인권위원회 후원회
회장: 고영근
부회장: 이두수 이우정
총무: 권호경
서기: 박창빈
회계: 김동완
감사: 문익환, 허병섭
확장부장: 오충일, 김상근

예장 통합 인권위원회
회장: 조남기　　　부회장: 고영근
총무: 금영균　　　서기: 고환규
회계: 차선각

민주통일국민회의 인권위원회
회장: 고영근　　　서기: 유영해
박문식 양홍 오대영 유운필 이관복
이두수 이호철 태윤기 조화순 신현봉
이한구 김병제 신삼석 남재희 문정식
윤기석 박병기 이응석 김광일
1. 회원 확대　2. 회지 원고
3. 강연회 9회 4. 성명서 발표

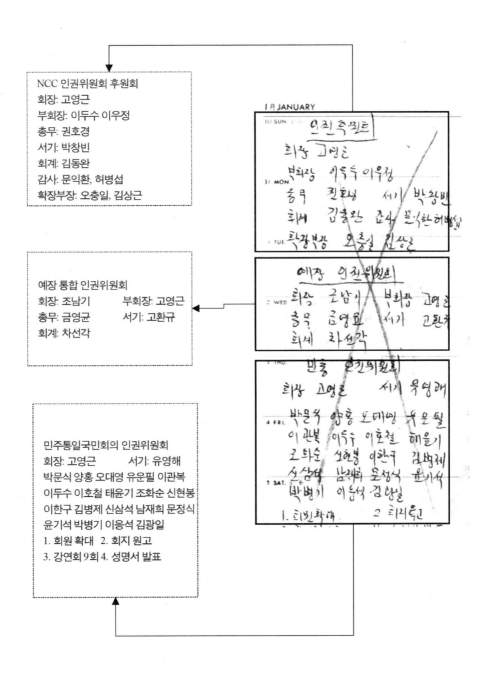

6月 JUNE

7月 JULY

[좌측 박스]

- 공산주의 압제에서 북한 동포를 해방하라
- 공산주의를 왜 정복해야 하는가
- 대책 없는 미군 철수를 경계한다
- 단군성전 건립을 반대한다
- 아르헨의 인권재판을 주시한다
- 전두환 정권에게 다시 권고한다
- 군인 경찰 공무에게 권고한다
- 대한민국은 멸망의 위기에 처해있다
- 느헤미야의 구국운동
- 사무엘의 구국운동
- 독재 정권은 공산주의 자생시키고 있다
- 화있을진저 곡필아세한 자의 비난론
- 화있을진저 곡학아세하는 학자
- 화있을진저 곡학아세하는 종교 언론

[우측 박스]

- 구속자 후원: 김철호 3232(안양 호계동)
- 「신민주전선」, 「인권소식」 각 처 발송
- 해외 및 국내 후원자 관리 → 인권위원회 후원회장 업무

목민선교

1. 구속자 위한 모금 운동과 영치금 지원; 구속자 위한 전달(140만원), 서동석, 조홍익, 이상남 영치금(6만), 대우어패럴 구속자(서독교포), 김근태, 황인하, 송진섭(10만원), 모금(상주기독교협회, 무학, 목민, 도림, 성수동 51만원),
2. 미문화원 및 삼민투위 사건; 대책협의, 농성 가족 위문, 성금 전달(미국, 캐나다 성금 49만원)
3. 구속자 면회 및 격려; 김종완, 김동완, 송진섭, 유중람, 윤순옥, 박준철 등
4. 고난받는 이를 위한 위로와 성원; 고문 후유증(고환규 목사), 박형규 목사(독일교포 헌금), 영등포 부녀보호소, 탁명환 소장, 고 장준하 선생, 해직언론인, 청년 활동, 박찬종, 김병오 선생, 송광영 열사 가족, 부안농민 소값보상 농성 등
5. 단체성원; 기독교노동문제연구소(독일교회 성금), 예장 노동문제 상담소, 해고노동자(가리봉전자, 부흥사 노동자, 대우 어패럴 등-해외교포 성금 전달)
6. 해직 교수 복직 성원
7. 목동주민 철거대책, 산본리교회 사상자 사건, 청주 이문호 등 성원에 대한 교회모금, 전달

III. 고영근이 만난 사람들

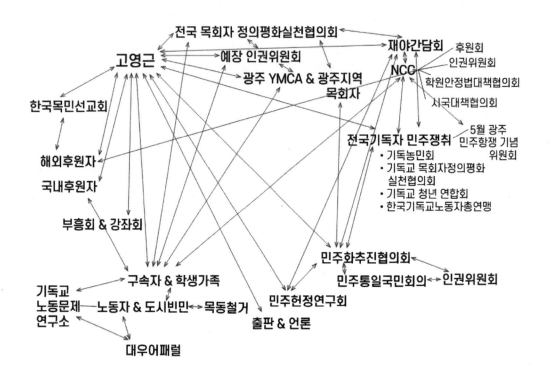

단체
<인권위 후원회> 이두수 이우정 권호경 박창빈 김동완 문익환 허병섭 오충일 김상근 <예장 인권위> 조남기 금영균 고환규 차선각 <민통 인권위> 유영태 박용식 양홍 오대영 유운필 이관복 이두수 이호필 태윤기 조화순 신현봉 이한구 김병제 신삼석 남재희 문정식 윤기석 박병기 이문식 김광일 <재야간담회> 함석헌 김재준 홍남순 조아라 조남기 박세경 김성식 지학순 이돈명 고은 윤반웅 이우정 장기천 은명기 박형규 이태영 문익환 예춘호 <전국기독자민주쟁취> 강신석 박형규 조남기 <5월 광주민중항쟁 기념위원회>

이해학 유연창
<민주헌정연구회> <한국목민선교회> <고문수사 및 용공조작 공동대책위원회> <민추협>

재야 & 기독교운동

이충남 서호석 한영애 이협 김병오 송진섭 김갑주 함봉춘 박세경 문익환 김희선 원형수 박형규 예춘호
<학원안정법 문제 여의도 시위>
황태봉 이준 전태식 신부 백남운 김진석 사관 김상효 이경우 김영진 장로
<경기노회 시국성명>
윤기석(수원장로교회)
정광중(신민협) 최훈

해외 서신으로 만난 사람들

<캐나다> 런던 한인교회 송영자 문형진 윤용업 박찬웅(토론토한국민주사회건설협의회)
공현수(런던작은뜻모임)
<호주> 김기완(시드니)
<미국> 김영철(LA 목요기도회> 최욱송 Paul, Hyun(시카고한인장로교회) 박경서 박사
　　김정호(시카고대학목회) 이종원(LA 목요기도회) 투산한인장로교회
　　차현희(시카고 한일제일연합감리교회)
<독일> 이우길(토요기도회) 정창중(토요기도회)

부흥회 & 강좌회 & 개신교인

이병각(새남) 최남규(오류동) 차종용 김민근 국욱일 배원식 최인식 이지연 권사(보복)
김성호(진남제일) 박웅래(덕촌) 박명서(대화) 김관석(신성) 이태원(비금서부) 정동수(동광)
이신규(음산청년연합) 최선길(속초조양) 김유웅(만덕산기도원) 김동관(엘리사기도원) 장성두(함무청년)
최정훈(보령지구연합) 김경식(계림교회) 김정기(장안) 이종윤(포항지구청년) 이기준(희망)
김근상(영등포성공회) 박민서(도고성결) 배동숙 권사(부산)

학생 & 노동자

최문규(호남신학대 회장) 김현호(3232 수감) 전진현 권광희(부산) 김철호

출판 & 언론

박명선 김순정(교포신문)

해외

김영철 김계용 안중식

Ⅳ. 사진으로 만나는 역사의 현장

1985. 2. 2.
오후 2시 대전에서 「나라를 위한 기도
회」가 열렸다. "우리 민족의 나아갈 길"
이라는 주제의 설교 말씀을 들은 후 함
께 "인권탄압 중지," "선교자유 보장,"
"폭력경찰 사과하라"는 항의 시위가 있
었다. NCC 충남인권선교협의회와 유
가족들이 참석.

1985. 2. 12.
총선 직후 구로구 선거 감시를 위해 시민들이 거리로 나왔다.

1985. 4. 17.
강진지구 4·19 기념 설교.
▪ "이 땅에 평화를"
▪ 장흥, 강진, 영암지구 청년연합

경찰의 봉쇄 속에서 열린 "광주학살 진상보고 및 희생자 추모예배"

1985. 5. 23.
전국기독자민주쟁취(기·민·쟁, 공동의장: 박형규, 조아라)는 5월 광주민중항쟁기념회(이하 기념위원회, 회장: 조아라 장로, 부회장: 고영근, 유연창 목사)를 조직하고, 한국기독교회관에서 목요예배 후 '5월 민주민중항쟁 5주년을 기리는 농성'에 들어갔다.

8.15 40주년 기념예배 &
예장 전국청년연합 교육대회 설교
▪ 전주완산교회당
▪ "새 하늘과 새 땅을 향하여"
▪ "민족·민중과 함께 생동하는 장청"
▪ 장청→8.13~16(전주완산교회)
▪ 감청→8.12~15(일신감리교회)
▪ 기청→8.12~15(전주 금암, 성광, 남문교회)
각 교단 청년여름대회가 열렸다.

1985. 11. 4.
「나라를 위한 기도회」

학원안정법 반대농성에 관해 토론하는
시민사회단체 관계자들 사진(민주화
운동기념사업회)

1985. 8. 28.
"학원안정법 철회"를 위한 NCC 시국
대책협의회(사진: 민주화운동기념사
업회)

1985. 11. 11.
고문 및 용공 조작 저지 공동대책위원
회는 민주화추진협의회 사무실에서 농
성, 보고대회를 가졌다(사진: 민주화
운동기념사업회).

1985. 11. 11.
고문 및 용공 조작 저지를 위한 농성
(민추협) 사건으로 11월 29일, 안기부
에 연행되었다(14차 연행사건), (사진:
민주화운동기념사업회

1985. 11. 15.
민주헌정연구회 기념 강연 후 기도
"민주화의 길"

1985. 11. 25.
고문 및 용공 조작에 항의, 규탄하는
농성장 기도(민추협 강당)

V. 사건별 사료

NO	구분	사료명	날짜	주요 사건 내용 및 배경
1	1985-1 소식지	「인권소식」: 재야간담회 결성 & 시국취지문 재야인사 22명, 재야간담회를 갖고 시국취지문 발표	1/7	공명선거를 위한 선거법 개정, 평화적 정권교체를 위한 일정 발표, 대통령 직선, 국민 의사 반영된 통일논의, 언론의 자유 등의 요구
2	1985-1 타인 회고록	고은 선생 전화 녹취록		재야인사 22명의 결집과정과 정치적 상황
3	1985-2 성명서	재야간담회 "총선에 즈음하여" -선거운동을 본격적인 국민운동의 일환으로 총력을 기울이자 -선거 거부의 주장도 있으나 선거에 적극 참여하기를 권장 -우리의 뚜렷한 의지를 선포하자 -선거운동을 본격적인 국민운동의 일환으로 총력을 기울이자	2월	1985년 2.12 총선은 정국의 흐름을 바꾼 분수령이라는 평가를 받는다. 신군부체제를 뿌리부터 흔들고 개헌투쟁으로 나아가게 하는 계기가 되었다. 2.12 총선의 유세장은 전두환 정권을 강도 높게 비판하며 광주학살의 책임을 묻는 장소가 되었다. 전두환은 2.12 총선을 앞두고 해금조치를 내릴 수밖에 없었고 1984년 11월 30일 3차 해금조치는 민주인사의 정치활동을 어느 정도 가능하게 하였다. 민추협 내부에서는 선거거부파와 참여파가 나뉘었다. 하지만 1984년 12월 7일 총선참여로 대세가 기울면서 12월 신당을 결성하고 선명야당 돌풍을 일으키게 된다. 신민당은 2.12 총선을 통해 103석의 거대야당이 되었고 '광주 사태 진상조사를 위한 국정감사 결의안', '헌법 개정 특별위원회 구성결의안'을 제출하였다. 2.12총선은 새로운 정치세력의 출현을 예고했다.
4	1985-3 호소문	"옥에 갇힌 자를 돌아봅시다" 한국기독교교회협의회 인권위원회 후원회장 목사 고영근	3/20	① 옥에 갇힌 자를 외면하지 말라 ② 믿어야 할 십자가와 져야 할 십자가 ③ 숨어있는 의인과 행동하는 의인-행동하는 의인 엘리야 배후에는 7천 명의 숨어있는 의인. 사렙다 과부처럼 의인을 뒷받침하자 ④ 적은 액수라도 좋으니 반드시 성원합시다
5	1985-3 서간문	시카고 대학목회 김정호 목사, '구속된 학생들을 위한 성금'	2/10	구속 대학생 위한 성금. 1984년 11월 14일 서울 시내 5개 대학(서울, 연세, 고려, 성균, 이화) 총학생회 연대하여 민정당사 점거
6	1985-3 서간문	나성 목요기도회 김영철 목사 '담요 한 장이라도 보내서 저들의 마음을 위로하십시다'	12/25	1985년 노동운동사의 큰 획을 그은 구로동맹 파업과 대우차 파업 등 노동운동이 활성화, 7, 8월의 농민들의 소몰이 투쟁, 학생운동은 11월 점거농성 규모로는 최대의 인원 300여 명이 가락동 민정당사를 점거하는 등 각 부문 운동이 활성화되면서 구속자 수도 늘어갔다.
7	1985-4 공문	"고난받는 형제를 위한 재정	3/20	고난받는 형제들

NO	구분	사료명	날짜	주요 사건 내용 및 배경
		후원 요청의 건"		수감된 양심수 152명, 해직 교수 17명, 해직 언론인 750명 성원 방법 예배 때마다 기도, 재판 때 방청 격려, 헌금으로 성원(영치금, 도서비, 담요차입비, 재판비, 가족 생활비 지원)
8	1985-5 저서	9차 연행사건 (4/2~4/4, 심문 2일) 『우리 민족의 나아갈 길』 4권	4/2	『우리 민족의 나아갈 길』 3권은 2.12 선거유세 때 활용되었다. 홍보물, 특히 정권의 불법성과 폭력성에 대해 지적하는 책자로 3판을 거듭하여 7,000부가 출간, 보급되었다. 해외교포신문에서도 게재되어 읽혔다. 고영근은 이후 2.12 민정당의 망언과 선거부정 등을 중심으로 『우리 민족의 나아갈 길』 4권을 쓰게 되었다.
9	1985-5 회고록	두 번째 당하는 필화 사건		
	1985-6 보고서	부활절 청년연합예배 지부 행사 "이 땅에 평화를"	4/6~4/ 20	NCC 인권위원회 지부 연합예배
10	1985-7 소식지	「인권소식」 '5월 광주민중항쟁 기념위원회' 구성.	4/23	회장: 조아라 장로, 부회장: 고영근, 유연창 목사 총무: 강신석, 이해학 목사. 5/10일 서울 제일교회, 약수형제교회에서 기념대회를 개최.
11	1985-8 성명서	재야간담회, "양심수는 지체 없이 석방되어야 한다" (함석헌, 김재준, 홍남순, 조아라, 조남기, 박세경, 김성식, 지학순, 이돈명, 송건호, 안병무, 이문영, 고 은, 윤반웅, 고영근, 이우정, 장기천, 은명기, 박형규 이상 19인)	5/2	12대 국회의 개헌을 앞두고 신민당은 양심수의 사면, 복권과 더불어 양심수의 전면석방을 요구. 사면, 복권에 급급하여 구속자 석방 문제를 이차적으로 돌리지 말 것과 석방, 사면 문제를 집권당의 통치권, 정통성문제와 결부시켜 원천봉쇄하지 말기를 촉구
12	1985-9 회고록	10차 연행사건 (5/9~5/13, 심문 5일) 나라를 위한 기도회 & 광주 앰네스티 공동주최 예배, "회개하라 천국이 가까웠느니라-광주시민 학살 죄를 회개하라"	5/6	국제 앰네스티는 1971년에 한국지부를 설립하였다. 이후 국제 앰네스티는 박정권의 탄압 속에서 고문철폐, 사형폐지, 수감자 처우개선 등의 활동을 벌였다. 그러나 1980년 5월 광주항쟁 후 앰네스티 회원들 대부분이 계엄령하에 구속 또는 수배되었고 실질적인 활동 중단이 있었다. 앰네스티 전남지부장 윤기석 목사의 초대로 광주 YWCA에서 연합으로 실시하게 되었다.
	1985-10 회고록	5·18 예배 방해 위해 강화도에 강제 분리	5/18	
	1985-11 농성	5월 광주민중항쟁 기념회 조직 및 5월 민주민중항쟁 5주	5/23~ 5/25	전국기독자민주쟁취(이하 기.민.쟁 공동의장; 박형규, 조아라)는 5월 광주민중항쟁 기념회(회장; 조아라, 부회

NO	구분	사료명	날짜	주요 사건 내용 및 배경
		년을 기리는 농성		장; 고영근, 유연창)를 조직하고 기독교회관에서 목요예배 후 농성에 들어갔다. 연인원 100여 명이 참여.
	1985-12 설교문	기장 경기노회 '나라와 민족을 위한 기도회' 설교 (수원장로교회, 윤기석 목사)	7/1	약 600여 명이 참석한 가운데 시국전반에 대한 성명 발표, '기독교의 어용화 시대가 제도적으로 시작됨에 위험성을 경고
13	1985-13 자필 설교문	예장 총회 청년연합회 수련회 설교, "우리 민족의 나아갈 길"	8/15	전주 완산교회에서 있었던 청년연합회 설교 "우리 민족의 나아갈 길"
14	1985-14 소식지	11차 연행사건 (8/28 심문 1일) 민생문제와 학원안정법 문제를 위한 국회의사당 앞 시위 및 기도 NCC는 8/27~8/28 시국대책 협의회를 개최. 협의회에 참석한 교역자 20여 명은 28일 오후 1시 30분경 국회의사당 앞에서 '학원악법 폐지하라' '민생문제 해결하라' 플래카드를 들고 시위를 벌이다 11명이 영등포 경찰서에 연행. (고영근, 이해학, 황태봉, 이준목사, 전대식신부, 백남운 목사, 김진석 사관, 김상훈전도사, 이경우목사, 김영진 장로)	8/28	민정당은 1985년 8월 5일 집권 여당인 민주정의당(민정당) 고위당정회합에서 학원안정법을 제정 결정. 학원안정법은 학원소요와 관련된 문제 학생을 대상으로 6개월 이내의 선도 교육 실시, 반국가단체의 사상이나 이념을 전파 또는 교육하거나 그 사상이나 이념이 표현된 문서·도서·기타 표현물을 제작·인쇄·수입·복사 소지·운반 배포·판매 또는 취득하여 학원소요를 선동·조장하는 행위를 한 자에 대해 7년 이하의 징역 또는 7백만 원 이하의 벌금에 처한다는 등을 담은 전문 11조와 부칙 3항으로 구성. 이에 신한민주당(신민당)은 즉각 성명을 발표하고 반민주적 입법에 반대하였고 야당과 더불어 재야세력뿐 아니라 각계각층에서 학원안정법 철회에 대한 요구가 쏟아져 나왔다.
15	1985-14 회고록	11차 연행사건 국회의사당 앞 기도		
16	1985-15 성명서	재야간담회 "현 시국에 대한 우리의 입장" (김재준, 함석헌, 홍남순, 박세경, 이돈명, 조아라, 윤반웅, 조남기, 은명기, 박형규, 송건호, 안병무, 문익환, 이문영, 이태영, 고은, 고영근, 장기천, 이우정, 계훈제) 이상 20인 "긴급조치법의 일종인 학원안정법 제정은 박정희 정권의 폐습을 답습. 불합리한 법	8/27	1985년 5월 서울 미문화원 점거농성이 일어나고 그 배후에 있는 민족통일민주쟁취민중해방삼민투쟁위원회(삼민투)이 조직 사건이 발생하고, 동년 4월 대우자동차 파업과 6월 10일 연대 파업인 '구로동맹 파업'이 일어난 후에, 전두환 정부는 강력하게 도전하는 학생운동을 탄압하기 위해 학원안정법 제정을 추진하였다. 전두환 대통령은 8월 15일 신민당 이민우 총재와 여야 영수회담을 갖고 16일에 국민당 이민우 총재와 회담을 했지만 의견을 조율하는 데 실패했다. 결국 8월 17일 전두환 대통령은 입법을 보류하는 조치를 취해서 사실상 학원안정법 입법을 철회했다.

NO	구분	사료명	날짜	주요 사건 내용 및 배경
		조항이나 억압으로 우리 국민의 민주 역량을 다스릴 수 없다."		
17	1985-16 자필 설교문	**12차 연행사건** (9/4~9/11, 구류 8일) 목민선교회 「나라를 위한 기도회」 설교, "느헤미야의 구국운동"	9/2	느헤미야를 본받아 신앙구국, 외교구국, 교육구국, 투쟁구국을 벌여야 한다. 즉심에서 구류7일. 10/25 불구속 기소
18	1985-16 소책자	**12차 연행사건** 고영근 목사님은 왜 구속되었는가		
19	1985-16 회고록	**12차 연행사건** 목민선교회 「나라를 위한 기도회」		
20	1985-16 소식지	**12차 연행사건** 고영근 목사를 위한 특별기도회		
21	1985-17 회고록	**13차 연행사건** (9/19~9/30, 구류 12일) 민주헌정연구회 강연 "한국민족의 살 길" 부산 민주헌정연구회 강연 문제로 목요기도회 설교 이후 연행, 즉심회부 구류 10일 선고	9/16	민주헌정연구회는 1984년 봄에 태동되었다. 창건 목적은 군부통치 종식과 헌법개정, 사회 전반적 민주화와 김대중 지지였다. 전국에 약 10만 명의 회원을 두고 각 시도지부를 돌며 연설회와 토론회를 이어갔다. 대통령직선제 개헌의 6.29선언과 6월 항쟁의 승리의 길목에 민주헌정연구회도 있었다.
22	1985-17 서간문	**13차 연행사건** WCC 박경서 박사		
	1985-18 자필 설교문	"지도자의 자세와 민중의 각오"	날짜 미상	
23	1985-19 자필 설교문	목요기도회 설교문, "강폭하지 말고 무소(誣訴)하지 말라"	10/17	목요기도회에 설교할 예정이었으나 강서경찰서와 시경 3명에 의해 강제 불법 연행, 설교 무산

NO	구분	사료명	날짜	주요 사건 내용 및 배경
24	1985-20 소식지	**14차 연행사건** (11/29~11/30, 심문 2일) 민추협 고문 반대 농성 강연	11/11~ 11/13	검찰은 10월 29일 민주화추진위원회의 배후로 김근태를 지목하고 김근태와 이을호를 연행, 가혹한 고문을 하였다. 이에 대한 반독재연합전선이 강하게 형성되었다. 고문 수사 및 용공 조작 저지 공동대책위원회가 민주화추진협의회 사무실에서 농성. 고영근 등 여러 명의 민주인사들이 안기부에 연행되어 조사를 받은 후 석방. 김근태는 9월에 이미 부인 인재근 씨에 의해 참혹한 고문 사실이 폭로된 바 있다. 9월 26일 마지막 송치일에 전달된 고문 사실은 민청련을 통해 확대되었고 민주화운동 탄압과 용공 조작 문제가 불거지게 된다. 10월 17일 문익환 목사 등 재야인사 60여 명이 '민주화운동에 대한 고문 수사 및 용공 조작 공동대책위원회'를 구성하고 11월 11일부터 13일까지 민추협 사무실에서 농성을 벌였다.

* 음영 처리한 부분만 자료를 싣습니다.

1. 1985-1-소식지-「인권소식」 — 재야간담회 결성 및 시국취지문

인권소식:

한국기독교교회협의회
인 권 위 원 회
(서울·종로구 연지동 136-46)
기독교회관903호/764-0203

제 130 호   1985. 1. 10.

성명서발표

○1월 7일 서울종로구 연지동 소재 한국교회 100주년 기념관에서

함석헌·김재준·홍남순·윤반웅·조 아라·이태영·박세경·지학순·문익환·안병무·은명기·
조남기·이돈명·박형규·이우정·장기천·이문영·예춘호·김동길·송건호·고 은·고영근
목사등 재야인사22명이 재야 간담회를 갖고 시국에 관한 취지문을 발표했다.

취지문 요지는 다음과 같다.

'나라가 제길을 갈때라면 정권담당자와 정치인에게 국사를 맡기면 되지만 오늘 우
리나라형편은 그렇지 못하다. 남북대화는 다시시작됐지만 국민의 입이 봉색되어
있다. 정부는 평화적 정권고체에 대한 어떤이정표도 제시하지 않고 공명선거를
위한 선거법 개정을 거부하며 많은 정치인을 묶어놓고 선거일정발표에서도 농간을
부리고 있다.

학생 노동자 청년애국인사의 이 민주문제에 대한 충정도 정부는 계속 강권으로 원
수대하듯 대결할뿐 어떤 자성의 기미도 없다. 이 모든 현상은 어떤 수정도 없이
유신정권을 불법으로 이어받은 이정부가 저지를 수밖에 없는 귀결이다.

정부는 평화적 정권고체를 위한 구체적 일정발표를 하어야 한다.

대통령은 국민이 직선할 수 있어야 한다.

국민의 의사가 충분히 참어되지 않는 통일 논의는 허락될 수 없다.

이 모든 문제를 해결할 유일한 길은 언론의 자유다.

우리는 이 나라의 민주화의 염원에 몸부림쳐 온 일치된 힘으로서 이러운일이 생길
때마다 대처해 나갈것이다.'

2. 1985-1-타인 회고록 ─ 고은 선생 전화 녹취록

(중략)(05:30.27)

질문자 선생님, 혹시 기억하실지 모르겠는데요. 85년부터 87년 초반까지 함석헌 선생님과 김재준 목사님을 중심으로 해서 한 20여 분 정도가 재야간담회라는 조직을 …

고 은 아. 그거 내가 했어요. 그거 내가 대변인이에요. 감옥에서 나와서 우리가 만들었어요. 감옥에서 83년에 나와 보니까 … 내가 내란음모로 갔다 왔거든요. 전두환이한테. 육군교도소 뭐 이런 데서 계엄령 위반, 내란음모 여러 가지 이런 죄목으로 갔다가 우리는 죽는다고 했는데 광주와 관련되고 그러니까. 그래서 이제 외국에 프랑스, 서독이나 또 프란츠, 슈미트 그리고 미국에 CIA 레이건 등 구명운동이 되어가지고 우리가 죽진 않고 살아나왔거든요? 그리고 국내에서도 구명운동을 많이 했었고요. … 그때 나와 보니까 쑥대밭이 되어 있어요. 80년대 초반에. 아주 아무것도 없어요. 대학생 운동도 거의 전멸이고 늦게 좀 지하운동, 써클이나 좀 있었고. 전혀 없어요. 아무것도 없어요. 민주화운동도 없어졌어. 사실 우리가 국민연합으로 전국을 망라하고 있었는데 그게 깨져버렸거든요. 감옥에 가고 그러니까. 없어서 이건 안 되겠다 해서 내가 제일 나이가 어리니까 이 양반, 저 양반 해가지고 … 그때 이미 윤보선 선생이나 이런 분들은 돌아서 가버렸어요. 천만호 선생도 돌아가셨고, 심지어는 원주에 있는 지학순 주교님 있죠. 이분도 돌아서 가 버렸어요. 지학순 주교, 윤보선 선생 전부 다 전두환 쪽으로 돌아섰습니다. 그때. 그렇게 되니까 아, 이거 참 아무것도 없어 버리니까 다시 만나서 하나하나 해가지고 종로5가 뭐 어디 장소 빌려가지고 거기서 우리가 처음에 재야간담회라는 것으로 만들었죠. 거기서 또 인제 고영근 목사 다시보고 그렇게 된거죠.

(08:19.03)

질문자 네. 그래서 목사님이 남긴 자료 중에 재야간담회에 관련된 성명서가 5장인가 6장 정도가 있어요.

고 은 네. 그런 게 다 내가 썼을 거예요.

질문자 아 선생님께서 쓰셨어요?

고 은 그때 내가 대변인으로 신문기자에게 인터뷰 얘기도 내가 했으니까 …

질문자 아, 예. 그래서 구체적으로는 85년 초에 재야간담회 이름으로 성명서를 내기 시작해서 처음에는 18분, 19, 20, 21분 그렇게 구성원은 조금씩 바뀌더라구요.

고 은 네. 그렇게 가다가 나중에 단체가 생기고 그러니까 … 거기에다 흡수되어 가지고 문익환 목사 같은 분은 민통련을 만들죠. 그렇게 돼서 재야가 좋게 얘기하면 진화해서 그런 조직이 만들어지게 되었고 재야는 그런 것에 얹어서 원로급이 되어 주로 고문이나 … 이런 것으로 되었죠.

질문자 초기에는 85년 2월에 처음으로 재야간담회라는 성명서를, 84년에는 항일구국 투쟁하면서 많은 재야인사 분들이 모였다가 그중에 18분 정도가 모여서 재야간담회라는 이름으로 성명서를 발표 하셨더라구요.

고 은 사실 다른 이름으로 하나 지으려고 했는데 전두환에게 너무 압박을 받으니까 우리가 서로 간담회라고 하는 거, 민주인사들이 만나는 것으로 보이게 하기 위해서 이름을 은밀하게 방어적으로 절대적으로 민주화 이런 것으로 내세우지 않고 그렇게 한 것이지요. 몇 사람이 모여서 간담이나 하고 차나 마시고 서로 웃고 헤어지고… 그런 인상으로 주는 게 좋겠다. 정황이. 지금으로 봐서는 참 비겁한 태도인데 그때로서는 그게 최선의 전략이었어요. 그때는 그럴 수밖에 없었어요. 그것도 상당히 용기를 갖고 만들어진 거죠. 바로 감옥에서 나와 보니까 아주 폐허가 되었어요. 민주진영이 다 그렇게 되었습니다.

(11:32.68) (12:12.76)

고 은 그래도 지학순 주교는 조금은 우리하고 향수가 있으니까 조금 넣고. 너무 맹렬한 사람만 넣으면 안 되니까 그런 양반 좀 포섭해보자. 이름 정도 기부를 한 거지 실제로는 아니에요. 다 배제된 사람들이에요.

질문자 그럼 주요 재야간담회에 고정적으로 참석하시는 분이 …

고 은 함석헌 선생님하고 그전엔 윤보선 선생님이 같이했는데 김대중 씨는 미국에 가 있고 김영삼 씨는 현실정치를 하고 있고 그러니까 함석헌 선생님하고 석방된 문익환, 이문영, 예춘호 그리고 고영근 목사님 이런 분들을 하나하나 처음에는 한 대여섯 명밖에 없었어요. 그러다가 나중에 구성이 된 거지. 그때는 누가 이런 걸 하자고 하면 막 다 깨져 버리니까 어렵게, 참여를 안 하고 했어요. 그런데 고영근 목사님이 같이 하고 그랬죠.

질문자 그러면 성명서가 5~6장 나와 있어요. 21분까지 확대되어 이어나가셨는데 86년 "권 양에게" 성명서를 끝으로 해서 …

고 은 사실상 민통련이 다 했어요. 그때는. 문익환 목사님이 …

질문자 문익환 목사님은 맨 처음엔 없으셨어요.

고 은 나중에 들어오죠. 감옥에서 나왔으니까. 80년에 나랑 같이 김대중, 문익환, 나, 이문영 교수 다 같이 들어갔었어요. 내란음모로.

질문자 그럼 선생님, 전체적으로 성명서를 만드실 때 논의를 하고 만드셨나요?

고 은 논의를 할 수도 있고 급하게 만들어 서로 이심전심으로 합의를 본 것도 있고 그렇죠. 논의를 하고 조직을 유지하고를 할 수가 없었어요. 그때는. 하나둘 따로따로 만나거나 해서 슬쩍슬쩍 한 거예요. 늘!! 우리 뒤에는 안기부가 따라다니고 경찰이 따라다니고 하니까. 그렇게 된 거죠.

질문자 선생님의 입장에서 재야간담회가 역사적인 맥락에서 중요한 의미는 어떻게 …

고 은 뭐 역사적인 부분은 없고 그냥 폐허가 된 데서 우리가 수습해서 재야의 활동 구심점을 만들었었죠. 만들어서 민통련 … 이런 거로 발전해 나간 거죠. … 그것도 조직이니까 원로 조직이 있어서 나중에는 청년조직 같은 것이 만들어지는 기초가 된 거지죠.

(16:28.42)

3. 1985-2-성명서 ― 재야간담회 "총선에 즈음하여"

총선에 즈음하여

누가 우방이라고 하든지 우리는 자랑스러운 민족입니다 5.15 광복 이후만 해도 한없는 파란굴절이 있었으나 우리 국민은 끝까지 잘 견디어 냈으며 한국국민의 주체성을 결코 잃지 않았읍니다 자유당의 독재 유신정권의 포악 그리고 80년도 벽두의 참변으로 시작된 이번에도 결코 굴복하거나 체념하지 않았읍니다

그러나 슬프게도 역대의 집권층은 계속하여 이 같은 우리 국민을 무시하고 기만하고 극도의 탄압을 제도적으로 하면서 그들의 정치야욕에만 급급해 왔읍니다

우리나라는 민주헌정을 국시로 하고 있읍니다 그것은 국민사이에 이룩되진 약속입니다 그러나 그 약속이 이룩되진적은 한번도 없었읍니다 그것은 집권층이 언제나 국민을 배신했기 때문입니다

이제 우리는 또 한번의 중차대한 시점에 섰읍니다 이때는 이 민족이 정말 자주적인 독립국가를 이룩해 나갈수 있다는 것을 세계만방에 입증해야될때 입니다 이런 의미에서 금번의 선거는 중요한 의의를 지닙니다 우리는 선거를 통해서 우리의 모든 뜻을 모으고 우리를 대변할 사람들을 골라서 민족통일에로의 대과업을 이룩하여야 할 것입니다

그럼에도 불구하고 우리를 진정으로 대표할수 있는 사람들을 선출할수 있는 길은 원천적으로 막혀 있읍니다 대통령을 직접 우리손으로 뽑겠다는 우리의 절실한 염원은 묵살된채 선거일은 박두하고 있읍니다 현금의 선거제도는 집권당의 압승을 제도적으로 보장하고 있읍니다 뿐만이 아닙니다

국민의 뜻을 대표할만한 인물들은 여전히 묶어 두고 있읍니다 저들을 정정법으로 묶을 권리는 아무에게도 없읍니다 만일 저들이 부정하다면 국민이 심판할 것입니다

이러한 원천적인 악조건 밑에서 저수된 선거에 벌써 관권과 금권이 야합하여 유례 없는 부정선거의 작태를 사정 없이 들어내고 있습니다

이같은 현실앞에서 우리가 무엇을 어떻게 해야 할것인가 이미 때 늦은 감이 있지만 아직도 우리는 국민의 저력을 믿기 때문에 우리의 마음을 모아 슬기롭게 이 난국을 대처해 나가기를 호소합니다

항간에는 선거거부의 주장도 있다고 듣는데 우리는 선거에 적극 참여 하기를 권장 합니다 까닭은 이 선거가 원천적으로 부당 하다는것을 몰라서도 아니며 이 선거를 통해서 부정한 음모를 시정 할수 있다고 보아서도 아닙니다 비록 극악의 조건 밑에 있더라도 국민의 의사가 나변에 있는지를 확실하게 전달 하자는 것입니다 국민은 결코 우매 하지 않다는것을 시위 하자는 것입니다 국민은 마침내 용서 하지 않을것이라는 우리의 단련한 의지를 선포 하자는 것입니다

비록 개표에 있어서는 지더라도 민족의 뜻을 반역 하는 자들은 정치무대에 세우지 않겠다는 우리의 확고한 의지를 밝히자는 것입니다

우리는 금번 선거가 우리 상황에 어떤 일단락을 것어 불것이라고 생각 하지 않습니다 싸움은 계속 될것 입니다 그럼므로 우리는 이번 선거운동을 본격적인 국민운동의 일환으로 알고 우리는 최선을 다하여 악한 세력을 저지 하는데 또 한번 총력을 기우리자는 것입니다

이같은 호소나 말씀도 저희를 나우래 주십시요 그러나 우리 국민이 단결하여 불러 한 세력과 싸워 우리가 영원 하는 민주조국을 건설하는 길 밖에 없다고 믿기 때문에 감히 이같은 호소를 재삼 드리는 바 입니다

1985 년 2월   일

재 야 간 담 회

4. 1985-3-호소문 — 옥에 갇힌 자를 돌아봅시다

옥에 갇힌 자를 돌아봅시다.

1. 옥에 갇힌 자를 외면하지 말라.

옥에 갇힌 자와 고난받는 소자를 공궤한 의인에게는 천국의 상속을 선언하시고 옥에 갇힌 자와 고난받는 자를 외면하는 악인에게 지옥을 선언하신 주님의 교훈을 한국교회는 다시 한번 더 상기해야 할 것입니다. 옥에 갇힌 자를 외면하는 교회는 천국과 지옥이 없다는 것을 행동으로 증거하는 복음의 반역자입니다(로 2 : 21 - 24).

2. 믿어야 할 십자가와 져야 할 십자가

기독교는 십자가의 종교이니 예수님이 지신 십자가를 믿어서 구원받고 내 몫의 십자가를 지고 주님의 뜻을 이루어 드려야 합니다. 그런데 십자가를 팔아서 호구지책을 삼으면서 십자가를 지지 않는것은 십자가를 모독하는 죄악입니다.(히 6 : 4 - 6). 하나님의 심판과 역사의 심판을 두려워 해야 할 것입니다.

3. 숨어있는 의인과 행동하는 의인

행동하는 의인 엘리야 배후에는 7천명의 숨어있는 의인들이 기도와 물질의 성원이 있었읍니다. 목회자들이 모두가 행동하는 의인과 엘리야 같은 예언자는 될 수는 없었어도 사렙다과부와 같이 의인을 뒷받침할 수는 있을 것입니다. 의인을 뒷받침하는 일마저도 거절한다면 민주화가 된 후에 무슨 낯으로 새역사를 맞이할 것입니까?

4. 작은 액수라도 좋으니 반드시 성원합시다.

우리 목사들이 져야할 고난의 십자가를 학생들이 지고 감옥에서 고생하는데 우리가 뒷받침하지 않고 무관심해서야 되겠읍니까? 교회가운데 가룟유다같은 간악한 자가 있어 방해하기 때문에 교회재정으로 성금을 보내기 어려우면 교역자 자신의 생활비중에 작은 부분을 송금해도 좋읍니다. 오는 부활절을 기하여 성령의 감화를 소멸하지 말고 옥에 갇힌 자를 돌아봅시다.

1985. 3. 20.

한국기독교 교회협의회 인권위원회

후원회장 목사 고 영 근

서울시 종로5가 기독교회관 903호(전화 764-0203)

5. 1985-3-서간문 — 시카고 대학목회 김정호 목사

Korean-American Campus Ministry

3460 W. Lawrence Ave. Suite 201B
Chicago, IL 60625
Phone (312) 583-5770

한국 복민 선교회 귀하:

하나님께서 우리 겨레에 전하지는 예언서 신령는
크게 지은시라 고난을 당하지는 고복사명의 선정을
듣을때마다 감사한 마음과 미국 땅이 있는 저녁에게
부끄러운 마음압니다.

저같은 무다 이럽면 외쌍니다.
이봇어 박생로의 관성을 가며 모듬맏수없는 도움이눈
(여, 귀푹한 신생회) 있어면 조종 구비케로로 앗녀주서여
모중이 기러눈 함께서 기증어라로 틀낭한욱 잇눈 가원 마크해
주서눈 것이 저깁읍니다.

겅강한 모휴으로 고복사녕 요 앗사녕히 기리나여
톡인 신고서여 잇쪽 푸낭이 지케주님으로 낭고 반낭하가눈
가기읍니다.

10/2/85

시카고에서 김 정호 모님.

시카고의 대학목회.

. a specialized united methodist campus ministry serving korean-american college students and young adults in northern illinois area ___

6. 1985-3-서간문 — 나성목요기도회 김영철 목사

THURSDAY PRAYER MEETING

나 성 목 요 기 도 회

2880 Olympic Blvd.
Los Angeles, CA 90006
Phone:

1985년 크리스마스

존경하는 친지들에게 :

"땅에서는 기뻐하심을 입은 사람들 중에 평화로다." (눅 2:14)

이 소식은 2000년 전에 예수님이 탄생하실때 천사들이 온 인류에게 선포한 평화의
소식 이었읍니다.

이와같이 기쁜 크리스마스를 여러분은 자유스럽고 평화스러운 미국 하늘 밑에서 또
다시 맞이하게 되었으니 얼마나 기쁘고 감사합니까?

그러나, 이와같이 기쁜 성탄절에도 불구하고, 우리 고국 하늘밑에는 많은 학생들과
민주와 자유를 위해서 수고하던 양심수들이 춥고 배고픈 옥중에서 떨며 성탄을 맞이하고
있읍니다.

눌린자를 해방하고, 자유와 평화를 가져온것이 크리스마스의 뜻이라면 어떻게 옥중에서
고생하며 떨고 있는 양심수들을 잊고 우리끼리만 성탄절을 즐길수가 있읍니까?

사랑하는 여러분!

저들을 기억 하십시다.

저들을 위해서 같이 기도 하십시다.

그리고, 저들에게 따뜻한 담요 한장 ($ 10.00) 이라도 보내서 저들의 마음을 위로
하십시다.

정성껏 보내주시는 여러분의 금액은 한푼도 낭비 하지않고 따뜻한 담요를 기독교 연합회
에서 사서 양심수 들에게 보내드리겠읍니다.

연 락 처 :   THURSDAY PRAYER MEETING

2880 Olympic Blvd.
Los Angeles, CA 90006

Phone:

7. 1985-4-공문 ─ 고난받는 형제를 위한 재정후원 요청의 건

한국기독교 교회협의회 인권위원회 후원회

인권후원회 제 501 호   1985.3.20.

수 신 각 교회 당회장 및 재정부장 귀하

제 목 고난받는 형제를 위한 재정후원 요청의 건

　　　"임마누엘" 성은중에 평강하심과 귀교회의 부흥을 기원합니다. 오늘 우리나라는 구조악으로 인하여 민주주의를 실현하고자 하는 민주인사들이 많은 고난을 받고 있읍니다. 교회는 정의를 위해 고난받는 분을 절대로 외면하지 말고 적극적으로 성원해야 할 것입니다. 특별히 고난주간과 부활주일을 맞이하여 고난받는 형제를 위하여 적극적인 성원이 있기를 앙망하나이다.

1. 고난받는 형제들

　　1. 수감된 양심수 152 명　　　　　2. 해직된 교수 17 명

　　3. 해직된 언론인 750 명

2. 성원하는 방법

　　1. 예배때마다 위하여 기도해 주시며　　2. 재판때 방청하여 격려해 주시고

　　3. 헌금으로 성원해 주시기 바람(영치금, 도서비, 담요차입비, 재판비, 가족생활비).

3. 헌금을 보내실 곳

　　(110) 서울시 종로구 연지동 136. 기독교회관 903 호실

　　　　한국기독교 교회협의회 인권위원회 (전화 764-0203)

　　　　(온라인 조흥은행 연지동지점 325 - 1 - 105706 인권위원회 후원회)

　　　　　　한국기독교 교회협의회 인권위원회 후원회

　　　　　　　회 장 목 사　　고　　　　근

8. 1985-5-저서-9차 연행사건 ― 『우리 민족의 나아갈 길』 4권

책 머리에

우리민족이 일제에서 해방된지 어언 40년이 되어옵니다. 이스라엘 민족은 애굽에서 해방되어 40년만에 가나안을 정복하고 새나라를 세웠는데 우리나라는 해방 40주년이 눈앞에 다가오는데도 통일독립은 요원하기만하나 통일을 금방을 남북한이 아직 민주주의도 실현하지 못하고 남침위협, 북침위협 으로 국민을 우롱하면서 집권욕에만 광분한 정상배들과 자기에 반대하여 국박 아세하며 당리당략만 노리는 아부배들과 침략과 병종이 해주이양 군중을 일삼는 어리석은 민중들이 삼위일체가 되어 부끄러운 역사를 창식하고 있읍니다.

민족의 등불과 소금이 되어야 하며 시대적 파수꾼이 되어야 할 기독교마저 교권주의의 종탑만 높이 쌓아놓고 외침내환의 민족적 위기를 못 본체하면서 기복신앙으로 순진한 교인을 오도하고 있으니 더욱 통탄을 금할수 없읍니다. 正義를 외쳐야할 기독교가 正義를 외치지 못하는 죄, 예수님을 외치다가 고난받는 예수거사들을 성원해야 마땅하겠거늘 그것마저도 포기한체 개교회 비대증에 걸려서 인류를 누리고 있는 양 蕃은으로 참으면서 이것이 마치 생명賜가 주시는 은총을 누리고 있는 현실인가 여기고 있으도 순교 犯罪를 合理化하고 있읍니다. 주님의 명을 지고 두발을 구드며 동분하고 실은 심정입니다.

또 한편 집권자들의 우민정책(愚民政策)과 매스컴의 해무런 보도로 인하여 그리고 일부 과격한 이상론자들의 비현실적 논리로 인하여 민중들은 나아갈바 좌표를 잃어버리고 迷路에서 방황하고 있는 현실입니다. 공산주의 독재에게 좋단 반동좌응으로 右傾에 치우쳐 자본주의 독재에 기울어지고 그반면 자본주의 독재에 대한 반동좌응으로 左에 치우쳐 공산주의를 동경하는 양상들이 우리사회에 나타나기 시작합니다.

극좌(極左)나 극우(極右)에 치우치는 일들은 民主主義 실현을 위하여 둔다 바람직하지 못한 자세입니다. 우리는 어디까지나 좌우에 치우

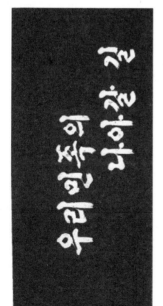

제4권

고 영 근 지음

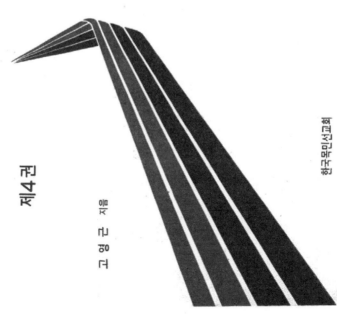

한국복민선교회

차 례

치지 않고 反共 反獨裁的이며 自由民主主義어이어야 합니다. 그러기에 필자는 이 작은 책자를 통하여 우리민족이 나아갈 바 方向을 모색하는데 도움이 될까하여 몇 가지 생각하는바를 정리해 보았읍나다. 비록 학술적으로 체련되거 못한 글이나 한거라도 우리조국의 민주주의 실현을 위하여 도움이 외기를 원하는 마음으로 부끄러움을 무릅쓰고 이 책을 펴내는 바입니다.

앞으로 더 많이 연구하면서 여러분들의 뜻을 받아들여 계속하여 집 필하고자 합니다. 독자 여러분의 충고와 가르침이 있기를 부탁드리옵 나다. 이 책을 출판하는데 힘고를 교정해 주신 이 전도사님과 손 민도 사님에게 감사를 드립니다. 그리고 출판비를 성원해 주신 여러분에게 감사를 드립니다. 우리 다같이 조국의 복음화와 민주화를 위하여 힘전 빌기에 옹기를 하나님께 받아가지고 힘차게 전진 또 전진합시다.

1984年 2月 25日

하국동서에서 高 永 根

七. 北侵위협과 南侵위협이 진정으로 있는가?

1. 진정으로 북침위협이 있는가?

북한을 방문하고 돌아온 외신기자들의 중언에 의하면 북한동포들은 한결같이 미군에 의한 북침이 있으므로 그래서 전쟁 준비에 광분하고 있다고 한다. 그렇다면 진정으로 북침위협이 있어서 북한동포들이 떨고 있는 것일까? 우리가 인제 이제 해대려고 기도한 일이 있었던가? 1953년 휴전당시 아무 대체도 없이 휴전을 성립시키려던 미국정부에 대하여 당시 이승만대통령은 한·미방위조약 체결을 성사시키 키려고 북진통일이라는 공갈을 치면서 북진통일이라고 미국에게 위협하였 다. 저간에 미군에게 있는 한국군으로는 사실 북진통일은 도저히 불가능한 일이었다. 이승만대통령을 북진통일이라는 허장성세를 벌처서 1953년 10월 1일 한·미방위조약체결을 제결하는 데 성공하였다.

그후부터 우리 한국에서는 한번도 북침을 도모한 일이 없고 받았던 일도 없었다. 그런데 金日成정권은 당장이라도 북침해오는 듯이 전국도를 요새화하고 全人民을 무장화하고 인민군을 간부화하며 78 만의 병력을 보유하고 740 대의 전투기로 무장하고 있다. 그리고 GNP의 10.2 %를 군사비에 투입하여 북한동포를 괴롭히고 있다. 소위 인민무력부장 이 오진우대장은 김일성, 김정일 다음가는 3인자로서 국무총리보다 높은 이 군림하여 북한동포를 군국주의 체제로 지배하고 있다. 이와같이 金日成정권은 "북침"을 당장에라도 북침해오는 듯이 전국도를 요새화하고 全人民을 무장하고 있으면서 북침 준비에 광분하고 있으며 北韓동포를 괴롭히고 있다.

김일성정권은 1976년 2월 16일 김정일의 생일을 기점으로 하여 4월 15일 김일성의 생일에 이르기까지 항공관 항공물을 항공관 활동을 촉진하여 민중을 선동하여 수령의 생일에...

여 "대를 이어 충성하자"는 비슬비슬체로 노골적으로 발표하고 북한포에 맹종하기를 강요하였다. 그당시 노선당 원로들이 대거 반발하 니 당황한 김일성은 1976년 8월 18일 판문점에서 안전원을 난한 미군은 황가사나 7 함대가 동해로 동해에 집중하여 전투태세를 갖추었 다. 김일성은 기바뀌었다는 듯이 전국에 수령남 주위에 비상령을 내리고 미제국주의가 계발 취대로 오고 있으니 방동분자도 수령해야 한다고 하여 많은 청정을 수청하기에 이르렀던 것이다.

미군을 적으로 하여 긴장을 조성하고 그 긴장을 이용하여 정치을 수 청했으니 과연 김일성을 교활하고 악독한 것이다. 그런데 그당시 박정 희는 김일성과 교활한 자체를 또 역이용하여 김일성이 낭침하려고 하는 듯이 만행을 하니 김일성은 분내가가 받고 우신제제하에 군세 하였다. 저 럼게 만들었으니 김일성과 박정희는 북침이 악독하고 교활한 자들이었 다. 김일성정권은 휴전후 거의 25년동안 소싀 인민군의 병력을 48 만 으로 유지해 오다가 수년내에 78 만으로 증강시켰다. 그 이유는 북침위협이 있기 때문에 전투를 대비하기 위해서라고 하지만 사실은 긴 정일에게 대를 물려주기 위해 긴장을 조조하여 북한동포를 온존시키기 위해서이다. 그런데 우리 한국의 누체정비은 그것을 아이용하여 남침위 협이 있으니, 86 년이 고비이고, 88 년에 제일 중대한 고비라고 하 고 있는 형편이나 참으로 통탄할 일이다.

김일성에게 은임히 문거를 "전쟁으로 북침이 필요성이 있어서 전쟁준비를 하며, 군사비를 과다히 지출하여 국민을 교생시키느냐 묻는다면 김일성은 반끗이 웃으면서 "생저는 그렇게 해야 하는 것이요, 아니해도 민중을 굴종케 하는 방법으로도 전쟁이해가 제일 잘 먹여들이간다 말이요" 라 고 대답할 것이다. 김일성정권은 북침위협으로 북한동포를 기만하고 탄 압하고 고생시킨 죄가 너무나 크기 때문에 속죄받기 어렵지 않을까 염 려를 금할 수 없다. 속이는 김일성도 나쁘지만 속히 속아넘어가는 북한동포들도 무식하다고는 볼 수 없는 일이다.

2. 진정으로 남침 위협이 있는가?

1971년 12월 박정희는 비상사태를 선포하고 남침위협이 있으니 총력안보를 해야 한다고 하면서 "생존을 위하여 자유를 유보하라"고 강요하기 시작하였다. 그리하여 1972년 12월에는 이명박을 유신체제를 시작하여 종신 독재정치를 할 수 있도록 하였다. 1972년 11월에는 남북한이 아속이나 한 돗이 독재체제를 강화하는 한법을 만들어 더 강이 개현하고 남북한 독재자들은 국민을 향하여 협박을 하두르기 시작하였다. 밖으로 평화정권은 말끝마다 남침위협, 무장간첩, 남침땅굴, 총력안보 등을 내세워 국민에게 협박을 강요를 통하여 1979년 10월 26일 자기부하들 통하여 신발을 받고 쓰러지고 말았다.

남침위협이 허위라는 것은 박정희가 비참하게 쓰러진 박정희의 누구보다 더 똑똑히 무력이 한정권은 계속해서 남침위협이라는 남은 무기를 화두르다가 화두른다가가 쓰러진 박정희의 일행 투별교수는 한구 정세에 대한 투별기고에서 이렇게 말한 바 있다. '북한에서 남침할 수 있는 위협을 내세워 국민에게 무거운 세약을 가하는 것은 이제 더 이상 불가능해 보인다'. (동아일보 2월 18일자 5면). 독재경제를 바르게 보고 또 지각이 있는 국민이라면 남침위협이란 밖은 용어에 자극받을 수 아무도 없다. 다만 독재자의 가혹한 탄압이 무서워서 침묵을 지키고 있을 뿐이다.

진정으로 남침 위협이 있다면 서울의 인구를 후방으로 분산시키는 정책부터 실제해야 할 것이다. 지금의 서울 수도권의 인구는 1,300 만명을 헤아리고 있다. 중국의 상해, 일본의 동경, 미국의 뉴욕도 1,100 만밖에 안되 이 지구촌에서 제일 인구가 밀집해 있는 도시이나 만일 전쟁이 터지면 아비구환의 비극이 연출될 것이 뻔하다. 북한 포구기지에서 서울까지 제트기로 5분거리밖에 안되니 서울 시민은 불안하기 그지없다. 남침위협이 있다는 현정권이 서울인구를 분산시키지 않는 이유가 무엇일까? 누가거장 한가지일 것이 분명하다. 그렇게 심각하지 않은 남침위협을 우롱하는 정권밖에는 아무것도 아

하여 강조함으로 국민에게 침투과 굴종을 강요하기 위한 정책일 것이고, 그렇지 않다면 서울인구 1천만명쯤은 후사 희생시켜 죽여버리더라도 계 획일 것이다.

6.25 동란에 자유당 정권은 공산군의 선발주력부대가 동두천까지 전 체계 오는데도 불구하고, 북진하고 있으니 국민들은 안심하고 동요하지 말라고 방송하고 정부고위층은 모두 피난해 버리고 아무 예고도 없이 6월 28일 2시 30분 한강인도교를 폭파하여 수많은 서울시민이 한강에 빠져죽게 하고 수많은 양민이 공산군에게 학살당하거나, 남치를 당하였다. 지프를 버리고 공산주의자들을 지지하는 바두을 춘데게 하였다. 국민의 생명과 재산을 보호해야 할 정부가 이렇게 거짓말을 하고 결못된 정책으로 인하여 씨죽했으니, 자유당 정부는 4.19 동란에 역사의 심판을 받고 비참한 종말을 고하고야 말았다.

진무한 정권은 이승만 정권같이 남침위협이 서울시민을 방으로 분산시키지 않고 계속 서울을 모여들게 하는 정책을 펴고 있으니 그 저의가 의심스럽기 그지없다. 지난 10월 국회질문에 의하면 우리나라 외화가 1981년 말에는 약 8억불, 1982년에는 약 9억불, 1983 년에는 약 8.5억불이 해외로 밀반출되었다고 하였는데 도데체 어떤 자들이 외화를 매년 10억불 가까이 외국으로 밀반출하고, 유사시에는 미국으로 도망가려고 준비하고 있단 말인가? 자유당 정치인은 그래도 부산으로 피난했지만, 현정권의 정치인은 이중국적을 가지고 외화를 빼내어서 외국으로 도망가려고 하는가? 참으로 개탄하기 이를데 없다.

남침위협이 진정으로 있다면 전체인구의 10 % (400 만) 다 서울에서 거주하게 하고 600 만 이상을 모두 부산시키라. 예비군훈련과 민방위훈련 15일마다 실시하는 방공훈련보다 더 시급한 것이 서울시민을 분산시키는 일이 아닌가? 서울시민을 분산시킬 필요가 없다면 남침위협이 있다고 공갈치지 말라. 전두환 정권은 좌우간에 한가지를 선택하라. 서울시민을 분산시키든가, 남침위협이 있다고 허위 선전하지 말든가, 이것도 아니고 저것도 아니라면 국민을 우롱하는 정책밖에는 아무것도 아

八. 「다시 美國政府의 悔改를 권고한다

미국은 1776년 7월 4일 자유, 평등, 인권의 민주주의 이상을 기초로 독립을 선언하고 전구함으로 출발하였고, 1945년 자유, 정의, 평등과 인도주의에 입각하여 세계평화에 기여하려고 유엔총회를 창설하고 세계를 영도할 위대한 나라에 나타이었습니다. 그러던 미국이 지금에 와서는 부를 독점하는 나라, 도체정권을 방조하여 민주주의를 파괴하는 나라, 무기를 팔아먹기 위하여 전쟁을 조성하는 나라, 비도덕, 운리부재의 나라로 전락되어 인타깝기 그지없습니다.

1917년 11월 공산당의 혁명으로 공산주의 국가가 된 소련은 전체 160여 나라마다 코민테른의 공민혁명을 수출하고 시작하여, 세계평화를마케해 오고 있는 현실에 즈음하여 소련의 흉계를 전체에 줄 법은 미국의 민주주의의 역할이 아니고는 불가능하기 때문에 온세계 자유인은 미국이 참된 민주국가로서 민주주의 실현을 위해 엄조해 주며, 소련의 침략을 전세계가 간절히 기대하고 있는 것입니다.

그럼에도 불구하고 미국정부는 자유, 정의, 평화를 바라는 세계인류의 여망을 배신하고 야비하고 교활한 방법으로 군사독재정권을 방조하여 무기를 팔아먹는다에 여념이 없고, 미국민 1인당 자원소비가 세계인 평균소비량이 18배나 되는 소비로써 부를 만직하면서도 더욱이 목성을 부리며 경제를 침략을 서슴지 아니하니 하나님과 인류앞에 크나큰 별죄가 아닐 수 없습니다. 그리하여 의해 힘미국가들의 지금에 반미구가나 공산주가로 변모한 나라가 25개구이 넘어세계 되었습니다.

특별히 우리나라에 대해서는 미국정부가 너무나 많은 별죄를 거렵했습니다. 1882년 4월에 체결한 한미수오조약의 약속을 저버리고 타르크-가츠라 밀약으로 하여금 약속트고 한구을 침탈하도록 방조하였고, 1945년 2월 12일 얄타회담에서 38선 분할을 스탈린에게

나다, 오직 독재정권을 유지하기 위한 수단뿐일이리라.

지금 우리나라는 63만의 국군과 4만명의 유엔군이 주둔해 있고 인해전술의 무장 그리고 막강한 해무기로 부장한 미군이 한미방위 조약에 의하여 항상 전투태세를 취하고 있고, 닉스파티르호호선에서 생겨한 대로 한반도에 전쟁이 일어나면 태평양지구에 있는 미군들이 빛시간 인에 전투참가를 한 수 있을 타인데 어떻게 우리에게 전쟁 남침위험이 있다는 말인가? 김일성비록은 있을 것이나 이제나 아저나 오직 이 나라 인제나 아저나 강저에게 위협을 받을 것이지 아저에게 강저가 아저에게 위협을 받는단 말인가? 정부에서 항상 신전하는바 우리의 국력을 GNP가 부한과 GNP보다 별 넘침위험이고 할난데 우리의 부한이 우리의 국력을 앞거문다고 하면서 남침위험이 웬 말인가?

전두환 정권은 김일성과 박정희없이 정권유지를 목적으로 남침위험을 이용하고 있다. 독재정권에 항거하는 민주인사를 빨강이로 몰아치는 남은 북부분이 나방을 버리가 바란다. 남북분단의 슬픔을 이용하여 독재정권 연장에 이용하지 하나냐네서 접고 좋서지 않고 중얼도 선제 하사이라. 북한의 김일성은 "독립위험", 남한의 전두환은 "남침위험"을 이라는 남은 우리를 우롱하고 엽고 화계하고 연좌에서 연좌리가를 바란다. 그리고 우리 조국이 민주주의를 실현할 수 있는 기초를 형성하는데 공한함으로 지금까지의 별죄에 대하여 속회받기를 바란다. 남침위험, 북침위험이라는 짓은 무기를 동을아 인제버려고, 남북이 모두 체안제 민주주의를 실현하고 남북대를를 통하여 긴장을 완화하며 통일을 향해 경근게 나아가거라. 이것이 우리의 살길이 아니겠는가?

다시 손순애통령이 박정희를 초청하고 방미하게 방미하게 하여 추켜세움으로 그 의사기도 한데 친일파를 등용하여 민주정기를 흐려놓았고, 1949년 6월 29일 아무런 대책없이 철군함으로 6.25 남침을 가능하게 만들었고, 박정희와 전두환의 군사쿠데타를 방조함으로써 우리나라의 민주주의를 파괴하는데 큰 역할(?)을 하였습니다.

사실 우리나라는 표면상 독립국가라 하지만 실제로는 미국의 지배를 받고 있는 나라라고 해도 과언이 아닙니다. 자립국방과 자립경제가 분 가능하여 강대국에 의존하고 있는 나라는 독립국가의 자격이 없고 지 켜주는 나라의 지배를 받아야 한다는 것은 어린아이도 이해할 수 있는 상식입니다. 그러므로 우리나라의 정치와 경제는 거의 다 미국에게 얽매여 있는 것입니다. 이승만과 통일이 하야했던 것도 국내에서 백만(?)의 무서운 한파에 의하여 밀렸고, 박정희와 전두환의 권력도 미국의 내세 워서 권력한 것이나 다름 바가 없는 것입니다.

군사독재정권이 미국에게 있고 한국군에게는 그 권한이 없는데 미군이 눈감아주고 묵인하지 않으면 구테타를 할 수 없는 일이고 또 쿠데타를 했다 하여도 미군이 인정하지 않으면 절대로 성립될 수 없다는 것 입니다. 두래에의 경제 쿠데타가 성공을 때마다 미군은 전혀 모를 체하고 구테타에 대한 것을 용해하는 체로서 체스체를 하나 교묘하고도 흉스러운 미국정부의 자세입니다. 미구정부는 그저 안정을 바랄 뿐이나 현실을 인정할 수 밖에 없다고 하는 구실로 군사정권을 협조해 주었을 니다. 미구정부는 한국국민을 천시바로보고 무시하고 계속하여 속이고 있 습니다. 그러한 불의와 위선을 회개하기 바랍니다.

1961년 5월 16일 박정희가 쿠데타를 하고 최속상권인 장도영중장을 을 7월 3일에 반혁명 음모죄목으로 제 포하고 나니 미구신문에서는 "한 국의 강력한 군부지도자도 박정희장군 드디어 표면화되다"라고 대서특필 하여 추켜 세우더니 그해 가을 11월 11일부터 25일까지 무려 14일 동안이나 박정희장군의 박정희를 미국에 초청해다가 부수시켜 주었고, 1965년 5월 16일부터 26일까지 또

1966년 1월 31일에는 손순애통령이 박정희를 방문하여 공동성명 들을 발표함으로써 67년 대통령선거에서 당선되도록 박정희를 간접적 선거운동을 하고 있으며, 1968년 4월 17일에 손순애통령은 박정희를 호놀룰루에 불러다가 위해한 지도자라고 찬하하여 69년 10월에 3선 개헌하는데 도움을 주었고, 1974년 11월 22일 포드대통령이 한국에 방문하여 박정회를 만 하여 방군사건에 대한 뮤리함을 듣고 인보가 제일이라고 하여 박정희 유신체제를 인정해 주니 국민투표를 마침내 웃음을 웃으면서 75년 2월 12일 유신지지를 받는 국민투표를 강행하여 역자로 73%의 찬성을 받 아내므로 정치기반을 다져나갔고, 또다시 1979년 6월 30일 카터대 통령이 박정희를 방문에 기신체권에 박정희에게 체발을 일으켜 주었던 것입니다.

박정희가 18년간 독재정치를 하는동안 일 쿠데타에 걸쳐 미구의 위 매통령이 독재자를 부추기에 격려했고 용기를 불어 일으켜 주었음니 다. 박정희는 일생 때 조국을 배반한 체장으나 사상을 말하면 그는 독 립군을 죽이는 임무를 수행하고 있는 만주 관동군 현병제장교로 충성을 다하며 친일파로서 공산주의 활동을 하였으나, 해방후 여두, 순지 반단사건 때 공산주의의 자로 활약한 자였습니다. 그런데도 미구정부는 민족의 반역을 받아야아 마땅한 자를 대통령이 될 수 있도록 방조하였고 18년이나 장기집권한 수 있게 협조했으니 미구은 너무나 크나큰 잘못을 범했음니다. 박정희 를 협조한 잘못에 대해서는 숨치하 시인하고 회개해야 할 것입니다.

그리고 1979년 12월 12일 전두환순장이 정승화대장을 체포하는 하 극상을 범했을 때 미구은 시종 함구를 지켰으며 80년 5월 광주시민 학살사건을 자행한 이후 주한미군 사령관은 전두환소장을 지지한다고 자식을 표명했으며, 1981년 1월 28일 대통령으로 취임한 베이건은 전두환장군을 미구에 초청하여 부수시켜 주고 케네디배와 독립어 아시

64.8%의 반대를 받았으며, 서울시민의 72.7%의 반대를 받았으니, 기권도 있을 것입니다. 그것도 분별적인 선거제도 밑에서 금지, 권리, 매스컴, 야당지도자 미해금 등을 멀리가가 앞조건하에서도 민정당에 지지표를 거부하고 야당에게 던진 지지표는 야당후보를 지지한 것은 야당후보가 좋아서라기보다 전두환정권 자체를 반대해서이지, 기권은 반대의사를 가진 유권자가 많이가 기 있었읍니다.

그렇다면 미국정부는 유권자의 29%의 지지밖에 못받는 전두환정권을 방조하기 위하여 71%의 한국국민을 반미주의자로 만들럽니까? 아니면 71%의 국민의 뜻을 받아들여 한국의 민주화에 협조하려 합니까? 현명한 선택이 있기 바랍니다. 오는 4월에 전두환씨의 방미계획은 한국의 미국의 진정한 우호증진을 위하여 마땅히 취소되어야 합니다. 그리고 한국의 군벌정치가 종식되도록 미국정부의 대한정책이 바로 개선되기 바랍니다.

우리 한국뿐만 아니라 전세계의 여러나라에서 민주주의가 실현되도록 협조하며 절대로 군벌독재를 협조하는 것못되는 중단하기 바랍니다. 미국정부가 쿠바의 바티스타정권의 독재정권을 방조하다가 1959년 1월 1일 카스트로에 의하여 공산화가 되게 하였고, 니카라과에서도 모사 독재정권을 방조하다가 79년 6월 산디니스타에 의하여 공산화가 되게 한 일을 한국에서 반부하지 말기 바랍니다. 또 미국정부는 월남에서 남구민에게 존경받는 애국자를 월남지도자로 세우지 아니하고 민죽음을 반대하여 신부교로 매국하던 고딤디엠, 티우, 구엔가오키등을 내세우고 협조하다가 1975년 4월 30일 월맹군 탱크에 의하여 공산화가 되게하였고 지금 미국의 방패에 있는 구에카오구에수상은 무장강도 두목노릇을 하고 있으니 (동아 10월 26일), 도대체 미국정부는 어째그러고 그런 한쪽만 방조하다가 여러나라들을 공산화시키는 것입니까?

또 이란의 경우도 한심한 일이었읍니다. 국민의 지지를 받지 못하는 팔레비 독재정권을 끝까지 방조하다가 1979년 1월 16일 팔레비 정권

이 5개국을 순방에 하여 수게세울으로 대통령이 외게 방조하였읍니다. 그리므로 전두환 정권은 미국의 무인과 방조로써 집권하게 되었으니 미국은 두번째 군벌독재를 가능하게 만들어 주었읍니다.

그리고 미국은 이번 선거유세에 많은 야당후보자들이 독재정권을 뱡어 규탄하고 있는 2월 2일 레이건대통령이 전두환을 미국에 초청한다고 발표함으로써 또다시 전두환 정권을 미리한 협조를 하였읍니다. 전두환의 미국방문이 TV와 신문에 보도되자 우리 국민들은 한결같이 미국정부에 대한 중오심이 격발해었읍니다. 민주화를 바라는 국민의 여망을 무시하고 독재를 지원해 주는 미국의 원망스러웠읍니다. 공산당의 낭침하여도 얼마든 당장에라도 미국 물러가라면서 미국 물러가라고 하는 것을 파헤서는 미국의 힘이 필요하고 있읍니다. 그러나 공산당의 힘또을 막기 위해서는 미국의 힘이 필요하니 우리는 미국 물러가라는 말을 못하고 꾹꾹이 참고 있는 것이니 참으로 아쉬한 약소민족의 설움입니다.

어째하여 미국정부는 우리 민족의 아픈 마음을 몰라줍니까? 우리 민족은 미국을 우방으로 믿고 그렇게 침략주의로 살아왔었는데 민주주의를 바라는 우리의 여망을 이렇게도 짓밟아버리고 25년동안 군벌독재를 방조하여 우리로 하여금 반미감정이 생기게 만듭니까? 미국이 아무리 군벌독재를 방조해도 한국사람들이 많을 못할 것이라고 생각고 이렇게 미국정부가 계속하여 악스 다락고 이렇게 미국정부가 계속하여 악스 제서리면 한국에서도 이란에서 미국을 서리며 덮망하게 할 것이오, 전체의 자유인이 미국에게 등을 돌리게 될 것입니다. 당장 눈앞에 보이는 이권에 눈에 자유정의와 의리를 저버리지 않고 정의편에 서서 한국의 민주화에 협조하기를 간곡히 부탁합니다.

2.12선거결과에 나타난 바에 의하면 전두환씨가 이끄는 민정당은 전체 유권자의 29%의 지지를 받았고, 투표자의 35.2%의 지지를 받았으며, 세울시민에게도 27.3%의 지지밖에 못 받았읍니다. 거꾸로 말한 다면 전두환 정권은 전체 유권자의 71%의 반대를 받았고, 총투표자의

이 무너지면서 이란은 반미국가가 되고 말았읍니다. 뿐만 아니라 필리핀의 경우도 마찬가지입니다. 미국정부가 국민의 지지를 받지 못하는 마르코스 독재정권을 끝까지 방조함으로 필리핀은 좌경화되고 있으니 안타깝기 그지없읍니다. 어찌하여 미국정부는 국민의 지지를 받지 못하는 독재정권을 방조하면서 그나라 국민의 민주 열망을 무참하게 짓밟는지 그 저의를 알 수 없읍니다. 자유 정의와 인도주의를 고수하기 보다 무기팔아먹는 일이 더욱 시급해서 그러는 모양입니다. 그러나 그것은 어디까지나 근시안적인 정책이며 자멸하는 정책임을 명심해야 할 것입니다.

박정권이후 우리 한국에 주재하고 있는 역대 대사와 미군사령관의 행태를 볼 것이면 한국국민을 위해서 한국에 주재하고 있는 것이 아니라 마치 박정희와 전두환 등 독재정권을 위해서만 주재해 있는 것 같은 인상을 숨길 수 없읍니다. 특히 워컴사령관과 워커대사가 더욱더 그러했읍니다. 우리 국민들에게 반미감정을 일으키게 하여 한미간에 우호를파괴하는 그릇된 정책을 펴나가고 있읍니다. 주한대사와 주한사령관은 독재자를 방조하는 잘못을 즉시 중지하고 4천만 전체 국민을 위해서 성의있게 민주화를 협조할때만 한미우호를 증진시키게 되는 것을 명심하고 자유, 정의, 인도주의에 입각한 정책을 펴나가기를 간곡히 부탁하는 바입니다.

그리고 더 나아가서 자유세계와 온세계 인류의 공존공영을 위하여 자유, 정의, 평등의 인도주의에 입각한 정책을 펴나가기 바랍니다. 이렇게 하면 공산세계도 모두 자유세계로 귀화하게 될 것이며 참된 세계평화가 이루어질 것입니다. 다시 간곡히 부탁합니다. 미국정부는 전두환씨를 미국에 초청함으로 독재를 방조하는 잘못된 계획을 즉각 취소하고 4천만이 열망하는 민주주의 실현을 위하여 협조해 주기를 바랍니다.

九. 오늘의 申淑舟, 정인지에게 경고한다.

1. 신숙주 · 정인지의 배신행위

집현전의 학사 신숙주와 정인지는 세종대왕의 특별한 총애를 받았다. 세종은 세자 문종이 허약함을 염려하여 장수하지 못할 것 같아 신숙주와 정인지에게 어린 세손인 단종을 잘 보필하여 충성을 다하라고 신신당부한 바가 있었다. 이렇듯이 세종대왕의 고명을 받은 신숙주와 정인지는 세종과 문종이 승하한 후 수양대군이 득세하게 되니 세종의 고명따위는 아랑곳없이 정권욕에 눈이 어두워 살인자 수양대군을 섬기며 아첨하여 출세를 도모하였다.

왕위를 찬탈하려고 미친듯이 날뛰는 수양대군은 충신인 김종서, 황보인, 조극관 등을 위시하여 많은 충신을 살해하고 친동생인 안평 대군과 금성대군도 죽이고 폭력으로 왕위를 찬탈한 후 단종까지 죽게 한 살인마였다. 수양대군이 왕위를 찬탈할 수 있게 한 자는 신숙주와 정인지들로서 그들이 권람이란 간신하고 음모를 꾸몄고, 세종대왕의 왕자인 금성대군과 단종에게 사약을 내려 죽여야 한다고 주장한 자는 바로 정인지, 신숙주, 정창손, 한명회 등이었다. 권람이나 한명회는 본래가 건달출신이니까 말할 필요도 없겠지만, 소위 집현전 학사이며 세종대왕의 총애를 입고 세손을 잘 부탁한다고 고명까지 받은 신숙주, 정인지가 단종을 죽이자고 제안하는 선동자가 되었다는 것을 생각하면, 그들은 가히 의리를 저버린 배신자요 역적이라고 아니할 수 없다.

신숙주와 정인지가 세종대왕의 고명(왕의 마지막 부탁)을 저버린 것이 지금 세상에서는 큰죄로 여기지 않을지 모르나 왕정시대였던 당시의 윤리로 본다면 절대 용서할 수 없는 범죄였던 것이다. 정인지와 신숙주는 왕위찬탈과 단종을 죽게한 공로가 있다고 하여 영의정과 좌의정이 제수되었고 정란공신과 좌익공신의 상급이 내려졌다. 저들은 양심과 의

9. 1985-5-회고록-9차 연행사건 − 두 번째 당하는 필화 사건

1) 『우리 민족의 나아갈 길』 제4권을 출간하다

『우리 민족의 나아갈 길』 제3권은 국내외에 굉장한 파문을 일으켰습니다. 국내에서는 2.12 선거유세 때 많이 이용되었으므로 민주주의 승리에 큰 영향력을 미치게 되었고 미국과 캐나다에서는 교포신문에 새 열심을 일으키게 되었습니다. 무려 3판을 거듭하여 7,000부를 출간해 보급하였고 독자들이 복사하여 보급했으므로 수만 명이 이 책을 보게 되었습니다.

나는 이 책을 출간한 데 대한 많은 보람을 느끼게 되었고 또 한편으로 2.12 선거에 나타난 민정당의 폭언과 망언 그리고 35.2%의 지지를 받고도 반성할 줄 모르는 철면피한 작태, 국민의 열렬한 민주화 열망들을 참작하여 다시 4권을 출간함으로 우리 민족의 나아갈 방향을 제시하려고 결심하였습니다. 그리하여 1985년 2월 18일부터 23일 아침까지 과천에 소재한 구세군 수양관에 가서 5일 동안에 걸쳐 500여 매의 원고를 탈고하였습니다. 재료를 간추려 가면서 매일 100매의 원고를 쓰기 바빴으나 우리 주님의 성령께서 지혜 주시는 대로 열심히 원고를 썼습니다. 그리고 그다음 주간은 임영천 교수님이 원고 교정을 본 다음 OO 인쇄에 조판을 의뢰했습니다. 이 책의 중요한 내용은 광주시민을 학살한 전두환 정권은 회개하고 물러가라는 내용이었습니다.

2) 고난주간에 체포당하다

4월 1일(월)부터는 영등포 성공회에서 3일 동안 부흥회를 하게 되었는데 이 부흥회가 무사히 끝날는지 걱정하면서 시작하였습니다. 다음날 4월 2일 J 서기관이 나를 종로에 나오는 기회가 있으면 좀 만나자고 하기에 나는 오후 3시 종로5가 광일 다방에서 만나기로 약속했습니다. 그날 오후 2시 예장 통합 인권위원회가 모이는 날이어서 회의를 마치고 임원 여러분에게 내가 책을 출간한 일로 안기부 조정관이 만나자고 하는데 심상치 않다고 말했습니다.

그랬더니 금영균 목사, 고환규 목사, 차선각 전도사님이 광일 다방까지 동행하자고 하여 그분들과 같이 광일 다방에 갔습니다. 다방에는 안기부 직원 3명이 나와서 나를 기다리고 있었습니다. 선뜻 내 예감이 심상치 않구나 하고 직감했습니다. 아니나 다를까 J 서기관은 말하기를 책 출간한 내용이 문제가 되어 조사를 받아야 하겠으니 수사국으로 가야하겠다는 것입니다.

3) 수사국에서의 무서운 결투

안기부 수사국 취조실에 들어서니 피의자가 취조받는 의자에 앉으라고 하기에 나는 의자에 앉았습니다. 조금 있더니 50세쯤 되는 이 수사관과 40세쯤 되는 김 수사관이 들어와서 독기 있는 눈초리로 쏘아보더니 "넥타이를 끄르시오. 허리띠를 끄르시오. 소지품 일체 다 내놓으시오" 하기에 모두 내어놓고 다시 의자에 앉았습니다. 나는 마음으로 기도하였습니다.

지금까지 나를 인도하신 하나님이시여, 오늘 이 취조실에서 성령으로 함께하사 나에게 할 말을 가득히 담아주시고 성령의 지혜와 능력으로 어려운 고초와 심문을 견디고 이길 힘을 주시옵소서.

그때는 이미 밤 10시 30분 가량이 되었습니다. 수사관들을 차가운 표정으로 취조에 착수하는 것입니다. 나도 임전태세를 취하고 준비를 서둘렀습니다.

김 수사관: 고영근 씨는 어찌하여 헌정질서를 문란케 하고 반국가적인 언동과 왜곡된 글을 써서 국가를 혼란케 하는 것이요?

고 목사: 헌정질서를 문란케 하고 반국가적 언동을 일삼은 자는 바로 전두환 정권 담당자들이요.

김 수사관: 어찌하여 현 정권이 헌정질서를 문란케 하고 반국가적 언동을 하였단 말이요?

고 목사: 12 · 12 하극상과 5 · 18 광주시민 학살로써 집권했으니 헌정질서를 파괴했고 또 반국가적 언동을 한 것이 아니고 무엇이요?

하면서 나는 주먹으로 책상을 내리쳤습니다. 그랬더니 그들은 기다렸다는 듯이 벌떡 일어서더니

이 수사관: 야, 이 새끼야, 어디서 책상을 치고 큰소리야? 이 새끼 맛 좀 봐야겠어?

고 목사: 그래 죽일테면 죽여봐요.

하면서 나도 벌떡 일어서서 대들었습니다.

> **김 수사관**: 이 새끼야, 나잇살이나 처먹어 가지고 왜 망동을 부리는 거야? 야 이 새끼야, 좀 곱게 늙어.
>
> **고 목사**: 그 악담 좀 삼가시오. 법치국가에서 잘못된 일이 있으면 정당하게 재판에 회부하여 공개재판에서 유죄판결을 하고 징역에 처할 일이지 왜 지하실에 잡아다가 공갈치는 것이요?
>
> **이 수사관**: 야, 이 새끼야 맛 좀 봐야겠어. 어이 몽둥이 가져와 때려죽이고 말 것이다.
>
> **고 목사**: 때려죽일 테면 때려죽이고 고문해 죽일 테면 고문해 죽이고 어디 마음대로 해 보시오.

그러더니 젊은 보조수사관이 몽둥이 두 개를 가져다가 내 옆에 세워 놓았습니다. 그러고는 네 사람이 달려와서 일어선 나의 어깨를 누르며 "야, 이 새끼야, 꿇어앉아" 하면서 힘으로 눌러 꿇어 앉히었습니다. 나는 그들이 나를 꿇어 앉히면 일어서고, 또 내가 일어서면 그들이 나를 다시 꿇어 앉히고 이러기를 몇 차례 거듭했습니다. 밤은 벌써 12시를 지난 새벽이 되었습니다. 밤새 싸우다가 나는 지쳐서 꿇어앉고야 말았습니다.

힘이 약하여 꿇어앉으니 이제는 저들이 다른 각도에서 심문을 했습니다. 책의 내용에 대해서는 별로 심문을 아니하고 인쇄소와 자금 출처를 캐어 물었습니다.

나는 이번 수사 과정에서 잠 한잠 못 자고 저들의 힘에 눌려서 꿇어앉을 때까지 많은 실랑이를 하며 고통을 겪었습니다. 얼마나 고통을 겪었던지 변비가 생겼습니다. 옛말에 "똥이 탄다"라는 말이 있더니 나는 이때 똥이 타는 고초를 경험했습니다. 일제 말기 때 발악하던 일본 고등형사의 악담 그리고 공산당의 악의에 찬 악담, 전두환 정권의 말기적인 발악으로 내어 뱉는 악담 등이 거의 비슷한 것 같았습니다.

전두환 독재가 아니면 할 수 없는 악담이었습니다. 나는 지금도 독사같이 차가운 인상과 극에 달한 악담을 토하는 악의에 찬 수사관들을 잊을 수 없습니다. 나는 그 악독한 수사관이 회개하고 예수를 믿어 그 영혼이 구원받기를 간절히 기도하며 다시는 그와 같은 폭력적 수사가 재연되지 않기를 기도했습니다.

『죽음의 고비를 넘어서』 2권, 156~167 발췌.

10. 1985-7-소식지-「인권소식」 — 5월 광주민중항쟁 기념위원회 구성

인권소식 :

한국기독교교회협의회
인 권 위 원 회
(서울·종로구 연지동 136 - 46)
기독교회관 903호/764-0203

제 148 호   1985.   5.   16.

'전국기독자 민주쟁취대회', 광주민중항쟁기념대회 개최

○ '전국기독자 민주쟁취대회'(공동의장: 박형규·조남기)는 지난 4월 23일 광주에서
  5월광주민중항쟁기념위원회'를 구성하고 회장에 조아라장로, 부회장에 고영근 목사,
  유연창목사, 총무에 강신석 목사, 이해학 목사를 선임한 바 있다.

○ 동 기념위원회는 지난 5월 10일 오전11시 서울제일교회에서 '광주민중항쟁기념대회'
  를 개최할 예정이었으나 경찰의 봉쇄로 인하여 약수형제교회로 옮겨 같은날 낮12시
  부터 대회를 개최하였다. 약150여명의 성직자·평신도·청년·학생 대표들이 모였던 이
  날 대회에서는 장성룡목사의 기도와 허병섭목사의 설교로 추모예배를 드리고 2부 기념
  대회를 가졌는데 강신석 목사가 대회사를 읽고, 학생들이 '광주학살 진상규명 기독
  학생 특별위원회'를 구성하였으며 "광주의 피는 보상되어야 한다. - 5월 광주민중
  항쟁 이어받아 민주쟁취 이룩하자."라는 제목의 성명서를 발표하고 1시 40분경 폐
  회했다. 이 성명서는

1. 광주 대학살의 진상을 규명하고 책임자는 퇴진하라.
1. 광주 학살 희생자와 유족 부상자에 대한 완전한 보상책을 마련하라.
1. 모든 정치인은 광주학살 진상규명에 앞장서라.
1. 미행정부는 광주학살 방조에 대해 사죄하고 한국민의 민주화 열망을 배신하는 일
   체의 행위를 중지하라.
1. 모든 양심수의 석방과 복권 사면을 실시하라.
1. 노동법·집시법·언기법등 제악법을 개폐하라.
1. 최저임금제 실시하고 외국농축산물 도입을 즉각 중단하며, 노동자 농민 도시빈민
   의 생존권을 보장하라.
1. 전 교회와 국민은 5월 12일부터 27일까지를 광주민중항쟁기념기간으로 설정하고,
   희생자 추모집회및 행사를 비롯한 진상규명투쟁에 나서자.

는 등 8개항의 '우리의 주장'을 밝혔다.

o 이행사와 관련하여 김동완 목사(형제교회 담임장, 기독자 민주쟁취 대회 사무국장) 가 5월 13일 오후4시30분 임의동행형식으로 성동경찰서에 연행되었으며, 조사를 받 다가 5월 15일 주심에 넘거져 허위사실(군인이 정치하면 민주주의는 안된다.우리나 라에는 많은 핵기지가 있어, 전쟁이나면 불바다가 된다는 등의 발언)을 유포하였다 는 혐의로 구류 10일(유치명령10일)을 선고받았다. 김목사는 연행중 유치장에서 단 식을 하면서 '5월 광주민중항쟁 기념주간을 맞아 전국고우 여러분께 드립니다'라는 제목의글을 통해 1.광주민중항쟁 5주 기를 맞도록 그 진상이나 희생자들의 실태조차 밝히지 못한 힘없음과 나약함을 통회합니다. 2.수많은 희생자와 부상자 그리고 유족 들에게 그리스도의 사랑을 나누지 못했음을 부끄러워합니다. 3.저 구악한 광주만행 을 저지른 자들의 계속되는 위장과 거짓을 규탄합니다. 4.이 엄청난역사의 비극을 방조했던 "양의 탈을 쓴 이리"인 미국 행정부는 회개하여야 합니다. 등의 4개항의 고백적 입장을 밝히고 기독자적인 양심을 가진 모든사람들이 1.광주학살의 진상규 명과 주동자 처벌 2.희생자및 유족에대한 정당한 보상 3.광주학살을 방조한 미국 정부의 한국민에 대한 사과가 이루어지도록 기도해 줄것을 부탁하면서, 아울러 법 절차없이 시민들이 연행조사 연금당하는 사태가 이 땅에서 없어져야 한다고 촉구했 다. 김목사님은 오는 5월 27일까지 단식을 계속할 예정이라고 한다.

민주인사 불법 연행·구류·가택 연금

o 광주민중항쟁 5주 기를 앞두고 각처에서 추모행사등의 관계로 목사님들을 비롯한 민 주인사들에 대한 연행·구류·가택연금사태가 벌어지고 있다.

o 고영근 목사님(NCC인권위원회 후원회장)은 지난5월 9일 안기부에 연행되었다가 13일 석방되었는데 연행기간중 광주 앰네스티 주최 집회에서의 발언등에 대해 조사 를 받으면서, 사흘밤이나 잠을 재우지 않는등으로 연속 고통을 당하셨다고 한다. 현재 고목사님은 가택연금상태에 있다.

o 민주화 운동단체 간부들도 5.18추모행사관계등으로 연행되어 구류를 받고있다. 구 류를 받은 사람은 다음과 같다.
  김근 태 민청련의장 - 9일연행 13일주심회부, 유언비어 유포혐의로 구류10일(중부서)
  최 민 화   " 부의장 - 9일연행 13일 주심회부, 유언비어 유포혐의로 구류7일(")
  김 희 상   " 대변인 - 11일아침연행13일 " , " 구류10일(서부서)

11. 1985-8 성명서 — 재야간담회, "양심수는 지체없이 석방되어야 한다"

양심수는 지체없이 석방되어야 한다

우리는 지난 12대 국회의원 선거에 즈음하여 국민에게 개표에는 지더라도 투표에는 적극 참여할 것을 호소한 바 있다. 선거의 결과는 우리 국민의 정치의식의 성숙성을 증명해 주었다. 집권당이 막강한 힘을 총동원하여 민의의 표출을 막으려 했으나 국민은 투표를 통해 현정권에 의해 체제밖으로 밀려났던 입후보자들에게 제1야당이 될 수 있는 길을 열어 주었던 것이다.

이것은 오늘날 국민대중이 길들여진 '야당'을 거부하고, 참된 자생야당의 출현을 갈망하고 있다는 것, 다시 말해서 국민의 압도적 다수가 참된 민주주의를 요구하고 있다는 것을 보여 준 역사적 사건이었다.

12대 국회의 개원을 앞두고 신민당이 '사면' '복권'과 더불어 '양심수'의 전면 석방을 요구하고 나선 것은 자신들을 국회로 보낸 국민대중의 소망이 무엇인가를 알고 있는 야당으로서 민의를 존중하기 위하여 당연히 주장해야 할 최소한의 요구 일것이다.

집권당 일부에서 정치범을 양심수라고 부르는 것을 거리는 경향이 있다고 하나, 사실상 유신독재 체제하에서 적지않은 민주 애국 인사들이 정치공작의 희생물이 되어 억울한 누명을 쓰고 영어의 몸이 되었으며, 그들중 일부는 반공법, 국가보안법 위반혐의로 중형을 선고 받았음에도 불구하고, 오늘날 석방되어 완전한 자유인으로 행세할 뿐 아니라, 정부와 집권당의 요직을 맡고 있다는 사실을 우리는 알고 있다.

분명히 우리 나라는 오늘날 새 시대를 향해 전진하고 있다. 86년에는 아시안 게임이 서울에서 열리고, 88년에는 세계 올림픽 대회가 서울에서 개최 될 예정이다. 또한 머지않아 남북경제회담과 적십자 회담이 열려, 수십명의 남북의 대표들과 기자들이 서울과 평양을 오갈 것이며 뒤이어 문화교류, 스포츠 교류도 시작될 것이 기대된다. 우리는 이미 종공과의 수차의 접촉을 가졌고, 운동선수를 비롯한 각계의 공산권 인사들이 서울을 다녀가는 일이 빈번해 졌다. 앞으로 남북교류의 증진과 더불어 공산권 국가들과의 접촉이 한층 더 빈번해 질 것은 의심할 여지가 없다.

바로 이런 때에 우리는 공산독재에 대한 자유 민주주의의 우월성을 자랑할 수 있어야 한다. 제5공화국의 출범과 함께 현 집권당이 표방한 '새 시대, 새 질서'라는 슬로건을 우리는 이러한 뜻에서, 유신독재를 청산하고 참된 민주주의의 실현을 약속한 것으로 받아 들이고 싶다.

그렇다면, 유신독재하에서 영어의 몸이 되어 신음하는 정치적 양심수들을 지체없이 석방하여 그들에게 자유와 권리를 되돌려주며 그 가족들의 맺힌 한을 풀어주는 것이 집권당의 마땅히 취해야 할 옳고 떳떳한 처사가 아니겠는가?

한편 신민당은 '사면' '복권'에 급급한 나머지 구속자 석방문제를 이차적인 문제로 몰리는 일이 있어서는 안될 것이다. 또 집권 민정당은 '석방' '사면' '복권'문제를 사법권, 통치권, '정통성' 문제와 결부시킴으로 이에 대한 논의를 원천적으로 봉쇄하려는 듯한 인상을 주어서는 안 될 것이다. 그러한 태도는 민의를 우선으로 한다는 정치의 정도를 망각한 구태의연한 집권행태이다. 우리는 현재의 집권당이 집권 4년의 경험과 지난 선거를 통해 이런 문제들을 순리로 해결할 수 있을 만큼 정치적으로 성숙했을 것으로 기대한다. 그리고 이것은 현 집권당이 지난날의 유신독재의 지꺼기를 청산하는 유일하고 확실한 길임을 말해 두고 싶다.

5년, 10년을 두고 한에 맺힌 양심수들과 울부짖는 가족들, 그리고 이에 대한 국민의 동정심에서 우러나온 절실한 요구를 외면한다면, 기대하는 정국의 안정은 결코 오지 않을 것이고, 이에 대한 책임은 일차적으로 국민에 의해 선출된 국회의원 전원 특히 집권당의 선량들에게 돌아가게 될 것이다.

양심수의 지체없는 석방을 위해 집권당과 야당이 최선을 다할 것을 촉구하는 바이다.

1985. 5. 2.

재 야 간 담 회

함석헌 · 김재준 · 홍남순 · 조아라 · 조남기 · 박세경
김성식 · 지학순 · 이돈명 · 송건호 · 안병무 · 이문영
고　은 · 윤반웅 · 고영근 · 이우정 · 장기천 · 은명기
박형규

12. 1985-9-회고록-10차 연행사건 — 앰네스티와 공동예배 설교

1) 앰네스티와 목민선교회와 합동 강연

1980년 5월 18일 이후 전두환 폭력 정권은 도별로 결성되었던 국제사면위원회(앰네스티)를 모두 해산시켜 버렸습니다. 강제로 해산당한 각 도지부 앰네스티는 해산당한 채 5년이란 세월을 침묵으로 지내왔습니다. 그러나 광주지구만은 "앰네스티"를 재건하여 활동을 시작했습니다. 그 첫 번째 사업으로 구속자 석방과 김대중 선생을 비롯한 미복권된 정치인의 복권을 요청하는 강연회를 열기로 했습니다.

그리하여 "앰네스티" 전남 지부장 윤기석 목사는 나를 강사로 초청하여 1985년 5월 7일에 강연할 것을 요청해 왔습니다.

우리 목민선교회에서 매달 실시하는 나라를 위한 기도회를 5월에는 광주로 장소를 옮겨서 5월 6일 광주 소재 YWCA에서 실시하게 되었습니다.

2) 5.18 행사의 포문을 열다

4월 23일 광주YWCA에서 기독교민주쟁취위원회(회장 박형규, 총무 김동완)에서 전국 대표자와 연석회의를 열고 5월에 광주의거 민주항쟁 기념대회를 열기로 결정하였습니다. 지역별 연합으로 기념대회를 실시하고 교회별로 5·18을 기해 기념예배를 드리도록 적극적으로 활동하기로 하는 것입니다. 기념대회에서 회장에는 조아라 장로(광주 Y중경회장) 부회장에는 유연창 목사(대구 대봉성결교회), 고영근 목사(목민선교회장) 총무 이해학 목사(성남 주민교회)가 회장단으로 피선되었습니다.

이렇게 중요한 직분을 맡은 나는 합동강연회 강사로 결정이 되었으므로 책임이 무거웠습니다. 당국에서는 이 사실을 알고 그 강연회를 취소하라 그렇지 않으면 공권력으로 저지하겠다고 위협했습니다. 나는 잡혀가는 한이 있더라도 후퇴할 수 없다고 맞섰습니다. 나는 우리 목민선교회 회원에게 공문을 발송했으나 나중에 알고 보니 공문은 전달되지 않고 모두 증발되고 말았습니다.

1982년 5월 18일 광주의거 2주기 추모예배 때 광주시민을 학살한 전두환 정권은 회개하고 물러가라고 설교한 지 3년 만에 또다시 광주에 와서 강연을 하게 되었습니다.

이번 강연은 5·18 광주의거 민중항쟁 기념대회를 시작하려는 5월 첫 번째 강연인지라 참으로 중요한 강연이었습니다. 그래서 나는 하나님 앞에 간절히 기도하기를 "하나님이시여, 나에게 담대하고 슬기롭게 하사 이 어려운 강연을 성령의 권능으로 외치게 하시고 전두환 정권에게 철퇴를 가하는 강연이 되게 하시고 이 강연의 여파가 요원의 불길처럼 번져서 전두환 정권이 소멸되는 기폭제가 될 수 있도록 역사해 주시옵소서"라고 기도하면서 강연을 준비했습니다.

또 한편 우리 집에는 새벽 6시경에 강서경찰서 담당 형사가 찾아왔고 7시경에는 안기부 수사관들이 들이닥쳤습니다. 그러나 그때 나는 이미 전주에 가 있을 때였습니다.

내 처에게 나의 행방을 물으니 내 처는 말하기를 어제 예배 후 광주에 가기 전에 어디를 들러 간다고 하면서 떠났는데 어디를 둘러 가는지는 모르겠다고 말하니 수사관들은 닭 쫓던 개가 지붕을 쳐다보는 격으로 허탈감에 빠진 태도를 취할 수밖에 없었습니다. 당국에서 나를 연금하려던 계획은 실패하고 말았습니다. 우리 주님께서 나와 내 가족들에게 슬기와 용기를 주셨기 때문이라 믿어 나를 인도하신 성령님께 감사를 드릴 뿐입니다.

3) 내 집 문 앞에서 불법 연행되다

광주에서 강연을 마치고 나니 광주의 유지들은 나에게 많은 격려를 아끼지 않았습니다. 전두환 정권의 퇴진을 외치고 나서 공산주의를 경계해야 하며 반미보다 미국의 각성을 촉구해야 한다고 말했기 때문에 광주시민이 받아들였다고 하며 기뻐했습니다.

내가 우리 집 문 앞에 있는 정류소에 다다르니 이상한 예감이 스쳤습니다. 안경을 쓴 중년 신사가 나를 뚫어지게 쳐다보다가 성큼성큼 내 앞에 다가오니 갑자기 내 팔짱을 끼면서 "안기부 수사국에 조금 다녀와야 하겠습니다"라며 도로에 대기했던 차에다 나를 태우는 것입니다. 나는 팔을 뿌리치며 완강히 거부했습니다. "무엇 때문에 나를 연행하는 것이요. 이유부터 말하시오" 하니까 "가시면 알게 됩니다"하면 세 사람이 나를 억지로 차에 태우려 하기에 나는 말하기를 "가방을 집에다 두고 가족에게 알리고 갈 터이니 놓으시오"라고 소리쳐도 저들은 아랑곳없이 강제로 차에다 태우고, 차를 몰아 남산 안기부 수사국으로 갔습니다. 수사국에 가는 동안 무거운 침묵만 흘렀습니다. 벌써 다섯 번째 가는 곳이라 눈을 가리우는 것도 하지 않고 그대로 안기부 수사국에 도착했습니다.

4) 안기부 수사국에서 겪은 고초

안기부에 도착하니 나를 취조실로 끌고 갔습니다. 취조실에 들어가니 나를 연행한 김 수사관이 내 앞에 가까이 오더니 "허리띠 끄르시오. 소지품 모두 내어놓으시오" 하며 위압적으로 명령했습니다. 나는 넥타이, 허리띠를 끄르고 소지품을 다 내어놓고 나니 바지가 줄줄 내려가서 붙잡고 있을 수밖에 없었습니다. 아무리 잘난 사람이라도 허리띠를 빼앗기고 바지를 두 손으로 붙잡고 서 있으면 바보같이 보일 수밖에 없을 것입니다.

이번에도 먼저 번 필화 사건으로 수사한 바 있는 김 수사관과 82년도 광주의거 희생자 추모 예배 설교 사건으로 구속되었을 때 수사하던 채 수사관 두 사람이 수사를 담당했습니다. 수사관은 광주에 가서 강연하게 된 경위와 배경을 모두 심문한 다음에 다음과 같은 내용에 대해서만 주로 심문을 했습니다.

수사관 고 목사가 강연 중에 여러가지 구호를 부르지 말고 "전두환 정권 물러가라"는 구호만 부르며 데모하라고 선동하였다는데 이것은 국가 안보를 해치는 발언이 아닌가?

고 목사 현재 정권은 빨리 무너질수록 국가 안보에 유익하고 민주정권은 안전해야만 국가 안보에 유익한 것입니다. 현 정권은 반민주 반정의 독재 정권인 고로 빨리 무너져야만 국가 안보에 이롭기 때문에 전두환 정권 물러가라고 한 것은 결코 국가 안보를 해치는 발언이 아니고 국가안전을 위한 발언이라고 자부합니다. 전두환 정권을 유지하는 데는 거슬리는 말이 될지 모르나 우리나라 민주화를 성취하는데 가장 시급한 과제가 전두환 정권의 퇴진입니다.

수사관 (책상을 치면서) 야 이 새끼야, 말이면 다 했어? 뭐! 물러가라고? 네가 물러가란다고 물러갈 정권 같으냐? 건방진 목사 새끼야, 함부로 까불지 마. 주둥아리를 째려 버릴라.

고 목사 여보시오, 내가 설교한 내용이 죄가 되면 떳떳이 재판에 회부해서 유죄판결을 내리고 교도소에 보내서 형법대로 징역에 처하시오. 어찌하여 안기부에 데려다 놓고 공갈을 치는 것이요?

수사관 이 새끼 콧대를 꺾어 놓아야 되겠어. 야 이 새끼야 똑바로 앉아. 너 같은 놈은 감옥에 보내지 않고 정신병원에 보낼 터이야. 감옥에 가서 밥 처먹고 평안히 있으라고 감옥에 보내? 정신병원에 보내서 미친놈들과 같이 있게 하여 정신병자에게 맞아 죽게 할 터이야. 정신병자에게 맞아 죽으면 어디다 호소할 테냐?

참으로 무법천지 폭력 정권의 작태가 아닐 수 없었습니다. 자기들의 정권을 반대한다고 최악의 욕설을 서슴지 않는 무리였습니다. 안기부 직원들은 한결같이 전두환 정권을 사수하려고 눈에 불을 켜고 악담을 토했습니다. 그렇게 민주인사를 때려잡는 민주 반역자의 폭력집단인 안기부를 서로 들어가려고 100대1의 경쟁으로 응시한다고 하니 참으로 한심한 일이 아닐 수 없습니다.

그때부터 수사관은 나에게 별말을 묻지 않고 잠을 안 재우는 고문을 시작했습니다. 이미 82년도 83년도에 심문했던 내용과 대동소이하기 때문입니다. 밤새 심문을 받는 나는 피곤하기 이를 데 없는데 수사관은 나에게 잠을 재우지 않았습니다.

의자에 앉아서 깜빡 졸면 책상을 탁 치면서 "졸지 마. 여기가 호텔인 줄 알아" 하면서 고함을 칩니다. 천정과 벽이 모두 하얀데 백열등을 휘황찬란하게 켜놓았기 때문에 정신이 황홀해집니다. 그들은 하루 지나고 이틀 지나고 사흘을 지나도 잠을 재우지 않습니다. 단지 화장실에 가서 세수하고 용변보는 일 외에는 자리에 눕지도 못하게 하여 의자에 정좌하고 앉은 채 72시간을 경과했습니다.

나는 3일 동안 잠 못 자는 고통을 받으면서 정좌하고 앉으니 엉덩이가 헐어서 습진이 퍼지게 되었고 전신은 매 맞은 사람 모양으로 뻐근했습니다. 수사관은 두 사람씩 교대해서 나를 감시했습니다. 악질 수사관은 책상을 치면서 잠을 못 자게 했지만, 성품이 착한 수사관은 악담은 하지 않고 "이봐요 고 목사님 졸면 안 되요. 특수장치로 본부 사무실에서 다 보고 있어요. 졸면 내 입장이 난처해져요." 이렇게 말하며 잠을 못 자게 했습니다.

나는 6·25 때 전방에서 총알이 빵빵 날아오는데도 깜빡깜빡 졸던 때를 생각하면서 잠 안 자는 고통이 얼마나 심한가를 다시 한번 체험했습니다. 잠 안 재우는 고문은 소리 안 나는 고문으로 대단히 견디기 어려운 고문이었습니다.

그들이 나를 3일 주야, 만 72시간 잠을 안 재우더니 12일(주일) 밤 10시경 처음으로 나무 침대에서 자라고 하기에 나는 벌렁 누워서 정신없이 잠을 잤습니다. 월요일은 취조실 분위기가 조금 부드러워지더니 그날 저녁 6시경 소지품을 챙기고 허리띠와 넥타이를 매고 안기부 수사국 차에 실려 집으로 돌아왔습니다. 4박 5일 동안 고초를 겪고 집에 돌아오니 너무나 반가웠습니다.

이번에 나를 연행하여 고초를 준 것은 내가 광주 민중항쟁 기념대회 부회장이며 5월 투쟁의 첫 포문을 광주에서 열었기 때문에, 무서운 보복을 한 것이며 또 한편은 활동을 억제하여 여러 강사들에게 두려움을 주기 위한 정략에서 취해진 조처였음이 분명했습니다.

전두환 정권이 제일 무서워하는 5월 그리고 듣기에 거북하고 고통을 주는 광주시민 학살, 이들은 5월 기념행사를 저지하려고 백방으로 노력했습니다.

세 차례의 감옥생활과 여덟 차례에 걸쳐 연행당해 취조를 겪었으니 열한 번의 고난을 받았습니다. 나 같은 죄인을 주님께서 받으신 고난에 동참하게 하신 것은 크나큰 영광이 아닐 수 없습니다.

5) 3일 동안 가택에 연금되다

16일 이른 새벽에 문 앞에 나가보니 안기부 수사국 승용차하고 강서경찰서 정보과 승용차가 우리 집을 포위하고 있었습니다.

17일 오후 1시에는 장로회신학대학에서 5·18 추모예배가 있고, 밤 7시에는 대전제일교회에서 예장 청년대집회가 계획되어 있었고, 18일 토요일에는 온양지구에서 5·18 기념 추모예배를 드릴 계획이었고, 20일(월)에는 목포에서 5·18광주민중항쟁 기념예배를 드릴 예정이었기 때문입니다. 당국에서 이 행사를 방해하려고 나를 연금하는 것이었습니다.

그 당시 연금당한 목사는 문익환 목사와 고영근 목사였고 전주의 강희남 목사님은 경상도 지방으로 강제 여행을 다녔고 김동완 목사(기민쟁 총무)는 10일간 구류처분을 받게 되었습니다. 나는 연금에서 풀려난 후 강동경찰서에 구류되어 있는 김동완 목사님을 방문하였습니다. 김 목사님은 10일 동안 단식하면서 구류처분에 항의하고 있는 중이었습니다. 참으로 훌륭한 정의의 투사였습니다. 그리고 탁월한 젊은 목사 지도자였습니다.

『죽음의 고비를 넘어서』 3권, 90~122 발췌.

13. 1985-13-자필설교문 — 청년연합회 수련회 설교, "우리 민족의 나아갈 길"

일시	1985년 8월 15일 장청
장소	전주 완산교회,
사건 내용	우리 민족의 나아갈 길/삼상 7:3~9

조국광복 40주년을 맞이하여 축하 예배를 드리는 장청 여러분과 기청 여러분 그리고 전주 교회 성도 여러분에게 하나님의 크신 은총이 임하기를 기원합니다.

신앙생활의 3대 좌표

▪ 3,000여 년 전 이스라엘 민족 – 엘리 통치 때 외침 내환의 위기에 처함.

▪ 사무엘의 구국운동, 회개, 기도, 의식화, 단결, 율법화 운동

▪ 외침(外侵): 민주화로 해결

1) 일본의 재침략

(1) 1965년의 경제침략

(가 미국의 정책: 미일 공동지배(1905년 11월 을사보호조약, 미국의 지원, 태프트)

　① 박 정권의 등장: 친일파와 공산당

　　- 1961년 10월 24일 김종필: 아케다 하야토(池田) 수상과 한일회담

　　- 1961년 11월 11일 박정희: 아케다 하야토(池田) 방문 케네디 방문 때

　　- 1962년 2월 21일 김종필 한일회담 적극. 11월 20일 '김(金) - 오히라(大平) 메모'

　　- 1965년 6월 22일 굴욕적 한일 협정 조인

　　- 제2의 이완용 되는 한이 있어도 타협한다고 함

　　　▪ 무역의 역조: 매년 30억, 1985년 6월 300억 역조

　　　▪ 공해산업의 상륙

  - ▪ 매판자본의 상륙, 400여 개의 일본기업 48%
    - ▪ 무역적자 70%는 일본에 의하여
    - ▪ 수입을 다른 선진국에서 일제 불매운동

(2) 문화 침략

  - 서적 수입 50대 1, 유학생 100대 1(3만 명: 300명)
  - 대학교: 일어 40개, 일본 한국어 3개
  - 1984년부터 9월 6일 방일 때: ① 일본음악 수입 약속, ② 일본영화 수입 약속

(3) 군사 침략

  - 나까소네의 발언: 일본재산 보호해야 함. 남침 위협이 일본군 불러들임
  - 해군이 교환 기항, 공조 육군 상륙. 한·미·일의 삼각 안보. 김춘추의 반민족적 행위
    재현
  - 9월 6일 방일 때 언질. 군사 침략 방지는 민주화. 남북대화와 긴장 완화
  - 10월 1일 일본 통합막료의장 와타나베의 방한, 한일의원 연맹에서 상호훈련 교환
  - 해군의 상호 항만 기항(동아일보 6월 14일자)

2) 미, 소의 한국 군사기지화

(1) 8·15가 해방일과 광복절이냐? 분단일이자 지배자 교체일이다.

(2) 기쁨의 날인 동시에 슬픔의 날이다.

(3) 군사: 실제 작전권이 미·소에 있다. 정치: 실제 권력장악이 미·소에 있음

(4) 경제: 미·소에 의존하고 있어 종속국임

(5) 와인버거 국방 핵 공격을 감행한다. 한국은 미·소의 신식민지다.

(6) 박헌영의 발언: 독일은 脫미국하고 있는데 한국은 從미국하고 있다.

(7) 미·소의 핵무기 대결을 방지하는 것은 민주화. 민족주의 정신 고양으로 脫미국하자.

3) 남북분단의 고착화(통일문제)

(1) 미·소가 남북으로 분단하고 지배, 군사기지화하고 있음.

(2) 북은 김일성 주의, 남은 전두환 주의.

(3) 김일성의 중심: 통일보다 主席, 전두환의 중심: 통일보다 대통령

(4) 김일성과 대화보다 김대중과 대화.

(5) 8.15 고향 방문 좌절. 독재자는 남북통일 추진할 자격 없음.

(6) 민주화 - 남북대화 - 문화교류. 비정치적인 것부터 통일. 4강 보장 밑에 영세중립국으로 통일

4) 공산당의 침투 방지

(1) 남침 문제: 서울에 인구집중 1,300만, 경제력이 60% 집중, 국민을 죽이려는 계획이냐? 남침 위협이 없는 것이니 자유를 누리게 해야 함. 국방력 생김-6·25 때 군살 빼기-고급장교와 장군들 민주화해야 국방력이 생김. 경제력이 3배, 인구가 2배인데 왜?

(2) 간접침략: 공산주의 요인조성: 빈부격차, 부정부패, 독재정치. 민주화하면 공산주의 정복할 수 있다.

(가) 편법으로 조직된 불법 정권이다.

　　- 단일당 놓고 지지를 강요함

　　- 찬반 토론 없이 통과시킴

　　- 계엄령 하 공포 분위기에서 통과시킴

　　- 정쇄법(568명) 하에서 통과시킴

　　- 비민주 선거법으로 요식행위를 갖춤:

　　　▪ 12 선거 35.2% - 148석, 49.4% - 103석, 1% - 153석, 99% - 123석

　　　▪ 이 세상에서 가장 악법이다.

(나) 정치가 없고 폭력뿐이다.

　　- 민주주의가 파괴되다

　　　▪ 자유: 언론, 출판, 집회, 결사, 종교(전도와 선교) ▪ 정의: 폭력, 기만, 위선

　　　▪ 평등: 빈부격차 10명 재벌 43%　　　　　　▪ 인권: 영장 없이 연행, 고문

　　- 군벌의 폭력만이 난무한다.

　　　▪ 의령 우 순경 사건　　　　　　　　　　▪ 강제 군입대 사건 460여 명

- ▪ 동두천 군인의 난동 사건
- ▪ 박종만 추모 위한 운전기사 최루탄
- ▪ 노동자 구타, 추방 사건
- ▪ 경찰 6421 서울대 투입 사건
- ▪ 박형규 목사 구타 사건

- 정치가 없고 부정만 난무한다
  - ▪ 장영자 7,400억 금융사건
  - ▪ 영동개발 부정사건 - 이정식 토지 사건
  - ▪ 2,400억 원 쇠고기 수입사건
  - ▪ 김철호 명성그룹 사건
  - ▪ ○○○ 여인 10만 달러 해외유출 소문

- 희극만이 난무한다
  - ▪ 세네갈, 봉고 대통령
  - ▪ 수리남 대통령 40만 명(시장)
  - ▪ 멜다이포 대통령 12만 명(동장)
  - ▪ 방글라데시 가장 빈곤

5) 민주화의 길

(1) 非民主憲法 무력화 선언

(가) 1969년 10월 21일 3선 개헌(날치기)

(나) 1972년 12월 27일 유신헌법(계엄령)

(다) 1980년 10월 25일 군벌 헌법(계엄령)

- 1962년 12월 26일에 제정한 민주헌법으로 복귀되어야 한다.

- 개헌이라는 말도 옳지 못하다. 현재 헌법을 인정하는 것이다.

  하야해야 함 ― 정당성이 없다. 직선제 개헌 ― 국회의원 매수

(2) 경제문제 ― 경제 복음화

(가) 외채 문제

- 1979년 말 200억, 1984년 말 432+70=502억. 하루에 140억 원, 시간당 5.8억 원

- 1985년 원리금: 원금 35억, 이자 44억. 이자가 국가 채무비 보다 많다.

  금년 79억과 무역적자 11억, 90억 증가

(나) 무역적자: 1980~1984년 평균 30억 불

- 석유 64억
- 소모품 60억
- 기계 66억
- 식량 14억

- 철재 13.8억   - 피복 13억

- 목재 11억   - 석탄 7억

(다) 전시 위주의 정책

- 석유소비국 — 외채의 조건   - 고층빌딩 — 40%가 빈집

- 자동차 100만대   - 소비 위주

- 올림픽: 19개국 선로, 165개국. 일본만 돈 번다. 공해 식품

- 소비성 증대

(라) 서민 대중의 희생

- 농민: 저농산물 정책, 쇠고기 수입

- 노동자: 저임금 정책 10만 원 이하, 노동조합 탄압 450만 명

(3) 경제문제 해결 — 경제 복음화: 민주화가 되어야 한다

- 공공차관으로 대치: 8% 이자와 20% 이자

- 수출 증대: 보호무역 완화

- 부요 부급 건설 중지: 고가전철 2조 원

- 수입 규제: 농산물과 사치품. 밀, 옥수수, 콩, 고추, 마늘, 참깨, 잣, 땅콩, 소금, 바나나, 밥솥, 냄비, 보온병, 주전자, 된장, 뱀, 손수건, 커피잔, 젓가락

- 1차 산업 진흥: 농산물 가격 보장

- 임금 인상: 구매력 증대

- 덤핑 수출 금지: 경쟁의 조절

- 외제 사용 금지 운동

- 해외여행 억제

- 외화 도피 억제 - 남침 위협

- 주민 계몽: 사치 추방

(4) 학원 문제

- 25년간 데모 — 요인은 군벌정치

- 데모 방지와 학원 안정은 군인 정치인이 군대로 돌아가야만 한다(귀군귀학[解軍解學])

- 소위 학원안정법!!!

- 선비 교육은: 반정부 학생을 공산주의자로 영원히 매장, 블랙리스트와 같다
- 차라리 총살을 시켜라
- 긴급조치보다 몇 배 악독한 악법이다. 반국가단체나 사상이나 이념을 전파 또는 교육하거나 그 사상이나 이념이 표현된 문서, 도서, 기타 표현물을 제작, 인쇄, 수입, 복사, 소지, 운반, 반포, 판매, 또는 취득하여 학원소요의 요인을 삼는 자는 7개월 이하의 징역 700만 원 벌금

(5) 사회문제

너희는 살기 위하여 선을 구하고 악을 구하지 말라. 만군의 하나님 여호와께서 너희의 말과 같이 너희와 함께 하시리라. 너희는 악을 미워하고 선을 사랑하며 성문에서 공의를 세울지어다(암 5:14~15).

(가) 교도소에서 죄인을 보지 못함.
- 강도: 이후락, 김종필, 정래혁과 비교
- 폭력: 전두환 비교, 위계질서 파괴. 수장이 대통령
- 자유당 때: 친일파 등용

(나) 공화당 때: 박정희 친일파, 공산당

(다) 현재: 광주사태의 주역

(라) 월남: 고딤이엠, 타우의 집권으로 망함: 정의 확립 위해 민주화

6) 민주화를 방해하는 요소

(1) 미국이 방해한다

이사야는 이스라엘에게 경고. 도움을 구하려 애굽으로 내려가는 자들은 화 있을진저. 그들은 말(군사력)을 의지하며 병거의 많음과 마병의 힘이 강함을 의지하고 하나님을 앙모치 아니하며 구하지 않는도다(사 31:1). 미국은 오히려 민주화를 방해하고 있다.
- 태프트 밀약: 1992. 4. 한미수호조약 배신.
- 대한선교 정책: 청교도 신앙, 목사 선택
- 38선 분할: 카이로 선언의 위배
- 하지의 군정: 임시정부 학대, 친일파 등용

- 6·25 동란: 남침 기회 제공
- 대일 예속화정책: 한일회담 강요
- 박정희 등용: CIA부장 알렌 델레스의 증언
- 전두환 등용, 워컴 사령관의 증언: 정치 탄압 정책과 정권에 대한 국민의 자치가 없는
  상태가 계속 되어도 미국은 전두환을 지지한다.
- 광주사태: 4개 대대 병력 활동 승인
- 문화원 사건: 추호도 반성하지 않음
- 슐츠의 발언: 점진적 민주화. 양키고홈

(2) 미국의 정체
- 일본을 대신한 한국의 지배자
- 한국은 미국의 식민지: 간접통치
  - 정치적: 대통령 임명, 경제적: 상품시장, 군사적: 작전권
  - 반미 사상의 격화, 청년층 90% 반미(월간조선)

(3) 친미주의자가 되지 말라
- 국내에서는 민주주의와 인권, 국외에서는 비민주주의: 마틴 루터 킹 생일을 국경일,
  흑인 시장 20%의 흑인
- 반공위주: 소련견제 하려고: 독재 불구
- 안보위주: 정권 안보: 상품 팔기 위해
- 독재와 결탁: 민중이 반대해도
- 맹종하면: 독재 계속: 공산화 초래

(4) 반미주의가 되지 말라: 미국을 물러가라고 하며
- 占領主이니 — 물러가지 않고 - 대책없이 철수하면 — 공산화 초래
- 독재 강화하여 — 국민 탄압 - 일본으로 대체한다.
- 독재자는 명분 얻고 — 더욱 악해짐 - 적이 둘이 된다 — 히틀러의 3적 공언

(5) 용미주의가 바람직(항미)
- 미국을 이용하여 — 독재타도
- 서서히 탈미국 — 독일과 일본같이
- 미국에게 자주국가 — 임명자

- 군벌 독재를 지원하지 말라. ① 레이건에게 편지, ② 주한대사에게 편지 ③ 대사관 앞과 사령부 앞에서 시위 ④ 미국인 주택가에서 시위. 외국인 백만 명보다 미국인 1인을 관심 둔다. 주한 미국인을 통하여 민주화 촉진하자

(6) 김일성이 방해한다.

  - 독재와 세습 체제 위해 민주화 방해
  - 1968. 1. 20. 31명 공비 ― 청와대 습격, 1968. 11. 1. 120명 공비 - 만행
  - 3선 개헌 구실 주었고 72년 7월 4일 공동성명 11월에 동시에 개헌.
  - 1974. 11. 21. 땅굴과 포드 방문, 1975. 2. 13 국민투표
  - 1983년 9월 미국의 신문 ― 독재 타도. 11월 4일 방한 앞두고 10. 9 테러 랑군.
  - 고려연방제 100명, 남한 대표 김대중
  - 민주화운동 잘한다 ― 처단하라는 말.
  - 공산당은 거짓말의 명수. 반대로 들어야 한다(공산당은 자유민주주의와 평등경제를 두려워함).
  - 평등, 평화, 행복이 설 자리 없음. 항상 독재자를 방조할 것임.
  - 2.12 선거 때 군사 이동, 워싱톤 타임지 보도 인용
  - 공산당의 악의 지수 30/100, 일본 70/100
  - 민주화 성취는 공산주의 정복, 북한도 민주화되도록 하여 통일기초 준비

(7) 군벌 정치인이 방해함

  - 군인 집권을 계속하려고
  - 남침 위협의 낡은 무기
  - 국민 가슴에 총 겨누는 일(폭력군인은 반드시 처벌해야 함)
  - 국민이 무능하여 … 독일, 일본, 프랑스, 이태리도 민주화, 한국, 필리핀은 독재, 노예 근성 때문에 이스라엘 기만에 속아 줌 ― 맹종이 애국인 양, 폭력에게 떨어 줌

7) 민주화의 길

(1) 회개 운동: 우상 버리고 여호와께, 노예근성

  - 배만 부르면 ― 식량 53% 석탄 7억 달러 수입

- 고통을 싫어함 ― 무사안일주의
- 이기주의 ― 하나님, 이웃, 자기
- 기만당함 ― 속이는 자, 속아주는 자
- 폭력 두려워함 ― 감옥가기 운동, 10만 명. 3대 각오 굶어 죽을, 얼어 죽을, 맞아 죽을 각오. 느웨니성은 회개하고 구원받음. 회개치 않으면 이와 같이 망하리라(눅 13:5).

(2) 기도운동: 미스바 기도회

- 모세의 기도 ― 고라당의 심판
- 사무엘의 기도 ― 블레셋군대의 패배
- 다윗의 기도 ― 골리앗 타파
- 히스기아의 기도 ― 앗수르 군대
- 에스더 ― 하만의 몰락
- 느헤미야 ― 석방과 재건

하나님: 미국 - 미국이 군벌, 독재자는 데모로 통하지 아니함.

의인의 기도: 행동하는 의인 서울시 500/1만, 도청 200/1천

(3) 계몽(의식화) 운동

- 교회에서 ― 강단
- 교단에서 ― 의식화된 자만 총회장
- 개인 침투
- 지역별 활동
- 매스컴 이용

(4) 조직화

- 단결
- 조직 확대
- 교역자 독려: 최창호 장로-김상근 목사, 주기철 목사와 조만식
- 잡아가면 ― 모두 감옥 가기 운동

(5) 행동화

- 개인: 봉사 정신의 실천
- 가정: 민주적으로 평화
- 교회: 민주적
- 단체와 지역: 민주적
- 50% 헌금 운동
- 3대 충만
  • 진리 충만: 실력 양성
  • 능력 충만: 순교 각오
  • 사랑 충만: 2/10조
- 교회 부흥
  • 양적 부흥 ― 힘이 없는 정의는 우롱당함

- 질적 부흥 ─ 1인당 100. 기드온 정병
- 단체운동 ─ 교단과 교계

14. 1985-14-소식지-「인권소식」-11차 연행사건 — 국회의사당 앞 시위, "학원안정법
    폐지", "민생문제해결"

인권소식 :

한 국 기 독 교 교 회 협 의 회
인 권 위 원 회
(서울·종로구 연지동 136- 46)
기독교 회관903호 /764-0203

제 162 호   1985. 8. 29.

고여자 20여명 국회의사당앞 시위후 연행

NCC시국대책협의회에 참석했던 고영근 목사등 고여자 20여명은 28일 오후1시
30분경 여의도 국회의사당앞에서 '학원악법폐지하라' '민생문제 해결하라'고 쓰인
플래카드를 펼쳐들고 시위를 벌이다 이중 11명이 영등포경찰서에 연행되었다가 이날
밤 8시경 풀려났다.

이날 연행된 고여자들의 명단은 다음과 같다.

고 영 근(복민선교회 회장)목사	이 해 학(성남주민교회)목사
황 대 봉 목사(만덕 서문교회)	이 준 목사(선산 포상교회)
전 덕 식 신부(성공회 용산성당)	백 남 운 목사(전주 효자동교회)
김 진 석 사관(구세군 울산사관)	임 태 석 신부(성공회 대구 성당)
김 상 훈 전도사(부산 중부교회)	이 경 우 목사(답암교회)
김 영 진 장로(강진읍교회)	

한편 시국대책협의회에 참석하였던 광주지역고여자들을 비롯한 고여자 100여명 28일
오후1시경부터 100주년 기념관앞에서 경찰과 대치하여 "군부독재 물러가라" "학원
안정법 철회하라"등 구호를 외치며 시위하다가 여의도 국회의사당에서 시위하던 고
여자들이 연행되었다는 소식을 듣고 이들 고여자들이 풀려나올때까지 100주년 기념관
에서 농성하였다.

15. 1985-14-회고록-11차 연행사건 — 국회의사당 앞 기도

⟨11차 연행사건: 국회의사당 앞에서 기도하고 연행당하다⟩

한국기독교교회협의회는 1985년 8월 27일부터 28일까지 종로5가 소재 100주년기념관에서 시국대책협의회를 실시하였습니다. 전국에서 모여온 200여 명의 성직자들이 시국에 대한 강사들의 강의를 경청하고 시국 대책의 방안을 토론하였습니다. 특히 전두환 정권이 시안하여 통과시키려 하였던 학원안정법에 대한 반대토론은 불을 뿜듯이 맹렬하였습니다. 학원안정법이란 국민의 언론, 집회, 결사의 자유를 근본적으로 봉쇄하려는 무서운 악법이며, 반정부를 하는 학생들을 소위 선도라는 구실로 강제수용소에 보내려는 악법중의 악법이며, 마치 북한 공산당과 맞먹는 탄압정책이며 박 정권의 긴급조치보다 몇배나 더 지독한 흉악법이었습니다.

그러기에 968명의 성직자들이 반대 서명을 하였고, 김수환 추기경, 변호사협의회, 17명의 대학 교수들이 반대 성명을 발표하기에 이른 것이었습니다.

시국대책협의회에 참가한 성직자들은 한 사람도 동요가 없이 끝까지 대책협의회에 성심껏 참여했습니다. 28일 10시에는 종합토의 시간이어서 여러분이 학원안정법 저지 방안을 제언하였습니다. 나도 시간을 얻어서 간단한 제언을 하였습니다.

첫째로 민주화운동을 추진함에는 반드시 공산주의와 군벌 독재를 모두 물리치고 자유민주주의 노선을 쟁취해야 하다고 제언했습니다.

둘째로는 미국 정책이 독재자를 방조하는 것은 사실이지만 미국 물러가라는 반미운동을 자제해야 하며 미국 정부의 각성을 촉구함으로 독재 정권을 방조하지 말고 민주화에 협조하라고 강력히 주장해야 한다고 역설했습니다. 그러므로 우리 성직자들은 미국대사관에 가서 강력한 시위를 하여 미국 정부에게 각성을 촉구해야 한다고 주장했습니다.

그러나 미국대사관 앞에서 시위하자는 나의 제안은 잘 받아들여지지 못했습니다. 사전에 치밀한 설득과 계획이 없었기 때문입니다. 그 대신 여러 젊은 목사들은 국회가 마침 열리고 있으니 국회의사당에 가서 기도하고 시위를 하자는 데 의견이 통일되었습니다. 그래서 오후 1시까지 국회의사당 정문 앞에 집결하자고 약속하고 자동차 편은 4명씩 택시를 이용하기로 하였습니다.

택시를 타고 종로5가를 떠나 중앙청 앞을 지나다 보니 벌써 미국대사관 주위에는 철통같은 경비를 하고 있었습니다. 만일 대사관 앞에 가려고 했다면 접근하기도 전에 크나큰 충돌을 일으켰을 것입니다. 국회의사당 앞에서 하차하니 거기에도 역시 경찰이 쫙 깔려 있었습니다. 그래서 국회의사당에서 약 200미터 떨어진 다방에 모여서 전략을 세우고 동서남북으로 일제히 정문에 집결하여 기도하고 시위를 하자고 의견을 모았습니다. 그리하여 2시 정각에 정문 앞에 당도하니 경찰들이 곳곳에 버티고 서서 마치 대기하고 있듯이 삼엄한 경비를 펴고 있었습니다. 그래서 지체할 수 없다고 판단되어 여러 성직자들이 나를 둘러서자마자 나는 기도를 시작했습니다.

> 전능하신 하나님이시여 강대국과 군벌 독재에 의하여 시달리고 고통받는 이 민족을 구원하여 주옵소서. 악한 법령과 물리적 폭력에 시달리는 이 백성을 불쌍히 여겨서 악한 자를 물리치시고 자유와 정의가 넘치는 나라가 되게 하옵소서. 저 국회의사당에서 회의하는 국회의원들이 하나님의 뜻을 깨닫고 또 민생고에 시달리는 민중의 뜻을 수렴하여 바른 정치를 하는 국회의원이 되게 하옵소서. …

기도를 시작한 지 30초 만에 전투경찰은 나를 끌어내려고 달려들었습니다. 나를 둘러싼 성직자들은 끌어가려는 전투경찰을 저지하기에 온갖 힘을 다했으나 결국 힘이 약하니 기도를 시작한 지 30초 만에 나는 경찰에게 질질 끌려서 대기하고 있는 경찰차에 실려 영등포경찰서에 연행되었습니다. 그때 많은 성직자들이 모두 끌려가 연행되었고, 이해학 목사님은 옷이 모두 찢어져서 팬티까지 보이게 되었고, 짐승 다루듯이 끌고 다녀 제일 심한 모욕을 당했습니다.

영등포경찰서에 연행되어 온 우리 동지 성직자들은 모두 11명이었습니다. 영등포경찰서 정보과에 연행된 우리들은 즉시 조사를 받게 되었습니다. 수사관들은 비교적 조심스럽게 우리를 심문했습니다. 아마 성직자인 것을 감안한 것 같았습니다.

(중략)

수사관 그러면 피의자가 오늘 당국에게 요청하고자 하는 중요한 내용이 무엇입니까?

고 목사 학원안정법 철회와 민생문제 해결입니다.

수사관 학원 소요가 심해져서 국가 안위가 흔들리고 있는 오늘날 학원 안정을 위하여 안정법을 제정하려는데 성직자가 안정법 제정을 한사코 반대하는 이유는 무엇인가요?

고 목사 학원소요가 생기는 근본 원인은 군인이 국방의 의무를 망각하고 정치에 개입했기 때문인데, 군인들은 정치에 손을 떼고 물러가는 것이 학원소요 해결의 근본이니 학원이 안정되는 근본 문제는 "귀군귀학"(歸軍歸學)입니다. 학원안정법을 제정하려는 전두환 정권의 근본 의도는 독재 정권을 계속하여 군벌들이 장기 집권하려는 불순한 야망에서 발상된 것입니다. 더군다나 국민의 자유와 권리를 송두리째 말살하는 악법이니 하나님의 정의와 우리나라 민주주의를 위해서 학원안정법은 기어이 저지해야 하며 또 철회되어야 합니다.

수사관 민생문제에 대하여 성직자들이 어떻게 하자는 것입니까?

고 목사 민생고가 극심해지고 빈부격차가 심해지면은 공산주의가 기생하게 되고 자유민주주의를 실현할 수 없게 되며, 결국 공산주의에게 정복을 당하고 말 것입니다. 민생문제 해결의 방안은 농민의 경우 첫째 쇠고기를 비롯한 외국의 농산물 수입을 중지해야 하며, 둘째 농산물 가격을 올려 생산비를 보장해 주어야 하며, 셋째 농민의 빚을 탕감해 주며 중농정책(重農政策)을 수립하여 실현해야 할 것입니다.

노동자 문제에 있어서 첫째 노동자 임금을 최저생활비를 보장해 주어야 하며, 둘째 이익을 공평분배하여 기업에 재투자하게 해야 하며, 셋째 노동조합이 완전히 노동자들의 민주 방법에 의하여 운영되어 노동자의 권익이 보장되게 하여야 합니다. 이와 같은 문제를 강력히 건의하려고 시위를 시도한 것입니다.

위와 같은 내용으로 조사를 받고 있는데 갑자기 조사를 중지하여 석방시킬 기미가 보였습니다. 종로5가에 모였던 200여 명 성직자가 우리가 영등포경찰서에 연행되었다는 말을 듣고 폐회하지 않고 시위를 벌였고, 전세 버스를 타고 영등포경찰서 앞에서 또다시 시위하겠다고 나서니 당국에서는 사건이 더 확대될 것이 두려워 석방시키기로 결정을 한 것 같았습니다. 그래서 정부과 수사관들은 수사 방향을 바꾸어서 우리에게 각서 쓰기를 강요했습니다. 각서의 내용은 "국회의사당 앞의 시위행위는 집시법을 위반했으니 그 잘못을 뉘우치고 다시는 그러한 시위를 하지 않겠다"라는 내용으로 쓰라는 것입니다.

우리들 11명 모두 흥분하여 큰소리로 반항하기를 "그거 무슨 소리요? 우리가 잘못을 범했다니 말이 됩니까? 우리는 한 자의 글도 쓸 수 없으니 각서 쓰라는 말을 다시는 하지 마시오.

우리가 감옥에 가는 것 조금도 무섭지 않습니다. 지금 수많은 학생들이 감옥에서 고생하는데 우리 성직자가 그 고난에 동참하지 못하는 것이 죄송스러운데 우리가 석방되기 위하여 각서를 쓴단 말입니까? 우리를 어떻게 보고 그따위 요구를 하는 것이옷?"

한마디로 각서를 거절했습니다. 수사관들은 권고해야 소용이 없다고 판단되어 NCC 직원이 인도증을 써주고서 그날 8시 30분에 우리는 모두 석방되었습니다. 그때 광주지역에서 올라온 성직자들은 버스를 타고 영등포경찰서까지 와서 우리를 격려해 주었습니다. 우리들은 만면에 웃음을 띠고 만족하지는 못하지만, 다소라도 우리의 의사를 표명한 것이 기뻤습니다.

민주화추진위원회 김병오 부간사장이 우리를 찾아와서 격려해 주었습니다. 우리들은 각각 뜨거운 악수를 하고 헤어졌습니다. 연행된 지 6시간 30분 만에 석방되어 집으로 돌아왔습니다. 집에 돌아와서 곰곰이 생각하며 하루의 일을 반성해보니 너무 착잡한 마음 가눌 길이 없었습니다.

학원안정법을 철회시키고 국민의 자유와 권리를 수호하는 일과 시급한 민생문제를 해결해야 하는 기독교의 대정부 투쟁이 너무 소홀하여 하나님 앞과 국민 앞에 송구스러움을 느꼈습니다. 집에 돌아온 나는 무엇인가 허탈한 마음을 누를 길이 없었습니다. 우리의 의사를 표현하려고 애를 썼다는 데 대해서는 자위를 받으나, 너무나 우리의 거사가 미미한 데 대해서는 부끄러울 뿐이었습니다. 전능하신 우리 하나님께서 속히 곤고한 자의 호소를 들으시고 이땅에 正義化와 民主化가 성취되도록 역사하시기를 기도하고 피곤한 잠자리에 들어갔습니다.

『죽음의 고비를 넘어서』 3권, 132~138 발췌.

16. 1985-15-성명서 — 재야간담회, "현 시국에 대한 우리의 입장"

현 시국에 대한 우리의 입장

개방사회를 선언하고 국민의 자율의 폭을 넓혀가던 정부가 갑자기 급선회하여 강경 일변도로 치닫더니 다침내 긴급조처법의 일종인 학원안정법제정을 추진하기에 이르렀다. 이 무슨 역사를 역행하는 해괴한 현상인가! 정부가 이 법의 제정을 유보하기로 한것은 다행한 일이다. 그것은 정부와 여당이 빠져든 한순간의 악몽으로 돌리고 완전히 철회해야 마땅할 것이다.

차제에 정부는 학생들의 과격화를 강권으로 진압하려는 발상에 앞서 저들의 행태를 그처럼 격정화 단급 독계하는 근본적인 문제가 나변에 있는지를 자성하는 기회로 삼아야 할 것이다.

우리는 확실히 난국에 처해 있다. 이를 극복하기 위해서는 민족적 차원에서 국회를 위시하여 국민전체와 더불어 그 근본적 어려움을 뚫어 일대 결단이 요청된다.

이런 의미에서 민생문제를 집중적으로 논의하기 위한 임시국회소집에 여·야가 합의된 것은 다행한 일이다.

까닭은 우리 경제구조의 기본문제가 현시국의 밑바닥에 도사리고 있다고 보기 때문이다. 전 정부 이래 강행한 경제정책이 돌량적 경제성장을 가져온 것은 사실이나 그 과정에서 누적된 온갖 비리와 부정이 이 민족사회를 병들게 했으며 그 결과가 가장 민감한 세대인 학생들의 운동을 가속화한 중요한 요인임을 부정할 수 없을 것이다. 저들의 주장이 노동자들과 농민들에게까지 쉽게 확산될 여지를 보여준 것은 그 구체적인 증거의 하나이다.

우리 사회에서 절대빈곤이 상당한 정도로 극복된 것은 부정할 수 없다. 그러나 상대적 빈곤은 날이 갈수록 심각되어 가고 있을 뿐이다. 이것은 정의사회 구현을 내세운 이 정부를 불신하는 가장 아픈 취약점이다. 상대적 빈곤의 심각는 바로 정의 부재의 심화를 의미하기 때문이다. 이 점이 학생들을 가장 자극하는 것이며, 또한 정부의 주장대로 좌경적 이론이 학생들에게 단연된다는 것이 사실이라면 그것은 좌경적 이론이 이런 상황에서 알맞는 설득력을 가졌기 때문일 것이다. 그럼으로 이번 국회에서는 민생문제의 미봉책이나 강구책서는 안되고 '경제성장'에서 정의로운 경제체제어로 전환하는 시발점을 찾아내는 객기가 마련돼야 한다고 본다.

다음의 큰 문제는 경제적 성장을 가진 반면에 정치는 계속 후진성을 면치

못 하고 있는 현실이다. 강권통치와 정치는 근본적으로 다른것인데 경제정책강행을
강권으로 이끌어온 박정희 정권에서 시작된 폐습은 오늘날도 그 대로 답습되고 있다.
　다시 정부정책이 강경화되고 학원안정법을 추진하려는 것은 정치보다 강권이 효과
적이라는 구히 위험한 주장이 득세하고 있는 심상이 구체적으로 표출된것이라고 보
인다. 우리 국민을 폭력적 통치로 다스릴 수 있다고 생각하는 것은 우리 국민의
민주역량을 크게 오판한 결과라고 본다.
이것은 언어도단이요 우리 국민의 민주역량을 더 이상 불합리한 법조항이나 위압으로
다스릴 수 없다. 학생들이 외부의 조종에 의한 것이라는 생각이다 저들의 사상을
강권을 발동하여 수정할 수 있다는 발상도 저들의 민주시민의식의 성숙성을 너무도
무시하는데서 온 오판이다.
　우리 국민들의 뜻을 모으는 길은 대화를 통한 정치적 발전밖에 없다. 정부는 모든
것에 앞서서 국민이 직접참여하는 정권이양을 위한 정치일정의 청사진을 밝혀야 한다.
이것만이 저들의 불신을 일소하고 설득할 수 있는 발판이 될 수 있다는 것이 우리의
견해이다.

　　　　　　　　　　　　　　　1985년　　　　8월　　　　27일

　　　　　재　야　간　담　회

김 재 준　함 석 헌
홍 남 순　박 세 경　　이 돈 명
조 아 라　　　　　　　윤 반 웅
조 남 기　은 명 기　　박 형 규
송 건 호　안 병 무　　문 익 환
이 문 영　　　　　　　이 백 영
고 　 은　고 영 근　　장 기 천
이 우 정　계 훈 제

17. 1985 16-자필설교문 ― 12차 연행사건, 목민선교회 「나라를 위한 기도회」설교

일시	1985. 9. 4~9. 11.
사건 내용	목민선교회 설교 사건
설교 제목	느헤미야 구국운동
취조관서	강동경찰서
수감처	강서경찰서

수산궁에서 하나니를 통한 조국의 소식을 듣고 수일 동안 금식으로 기도하다.

1) 신앙구국

(1) 회개운동 ― 기도하였다. 회개하며

- 모세 ― 우상숭배와 노예근성 - 사무엘 ― 아스다롯 숭배
- 다니엘 ― 열조의 죄 - 느헤미야 ― 조상의 범죄를 자복

(2) 기도운동

- 모세 ― 40일 동안 기도 - 사무엘 ― 금식으로 기도
- 히스기야 ― 앗수르 군대(18만 5천) - 예레미야 ― 눈물의 기도
- 에스더 ― 3일간 금식 - 느헤미야 ― 기도

(3) 우리의 회개운동

- 노예근성의 범죄 - 이기주의의 범죄

(4) 우리의 기도운동

- 하나님 ― 미국 ― 독재 정권 - 의인의 기도 ― 숨은 의인 ― 행동의
의인

- 서울 1만, 도 1천, 시 500, 도 소재 2백. 목요기도회, 월요기도회

※신앙 중심의 구국운동 ― 하나님이 역사의 주관

2) 외교구국

아닥사스다 왕의 조서
- 석방 허락   - 재건 허락 — 재옥 허락
- 군대 호위   - 마병의 호위

침략자를 대적하기보다 이용하였음. 히틀러는 3적 공언으로 실패.

일본과 독일같이 미국을 이용

- 미군 철수 요구의 결과
  - 독재만 강화시켜 주고   - 일본을 대체하고 물러감
  - 물러가면 공산당이 나옴   - 독재자에게 독재 구실 제공
  - 적이 둘이 된다.

- 한미관계의 역사
  - 태프트 밀약   - 38선 분할
  - 군정 3년   - 6 · 25 전란
  - 독재자 지원   - 광주사태 지원
  - 학원점거 사태

- 한미의 관계
  - 한국은 미국의 전쟁노획물   - 한국은 미국의 식민지
  - 한국의 정권은 90% 미국에게

- 외교의 지침: 반미보다 용미가 바람직
  - 레이건과 대사관에게 항의 편지   - 세계 언론을 이용
  - 미국인에게 강력한 시위(주택가에서)- 임대자이니 자극을 주자
  - 민주주의를 지원하게 하자   - 서서히 탈미국
  - 역학 이용한 탈미국하자

3) 교육구국

(1) 민주주의의 기초확립

- 국민윤리 확립 ― 십계명
- 생활이념 확립 ― 예수사상
- 애국정신 확립
- 반공 반독재의 자유민주주의 노선 확립
- 민주주의 중추 세력 확립

(2) 국민계몽

- 맹종과 침묵에서 탈피: 노예근성, 거짓
- 무지와 방황에서 탈피
- 의식화로 단결촉구

(3) 계몽의 방법

- 교회 강단을 통하여
- 기도회와 강연회 통하여
- 유인물 배포를 통하여
- 조국의 힘을 통하여

4) 투쟁구국: 산발랏과 도비야 교대하여 방비하며 건설함

(1) 문서로써

- 강력한 항의문 제출
- 규탄하는 편지
- 강력한 성명서 발표
- 국민 계몽하는 유인물 배포

(2) 들러리 파괴(아부배)

- 편지로 경고
- 전화로 경고
- 방문으로 경고
- 문서로써 규탄

(3) 평화적 시위

- 미국인에게
- 언론 기관에게
- 입법부에게
- 사법부에게
- 행정부에게

● 민주화의 방해자

- 미국
- 공산주의 간첩

- 군벌   - 사이비 언론, 학자, 종교인
- 사이비 정치인

(4) 감옥가기 운동
  - 안정법 통과되면, 100만 명 감옥가기 운동, 감옥 뒷바라지 운동, 전두환의 방미 후 강행
(5) 반공 반독재
  - 민주주의의 파괴자, 자유, 정의, 평등, 인권
  - 공산주의와 군벌 독재. 반공 없는 반독재는 좌경되기 쉬우며 지나친 반공은 반독재 없으니 우경에 치우침. 반공 반독재가 정로임. 박정권이 반공을 악용했음.
  - **반공보다 교공**(橋共)이 **바람직**. 자유민주주의로 공산주의가 자연 붕괴

18. 1985-16-소책자-12차 연행사건 — 고영근 목사님은 왜 구속되었는가

느헤미야의 구국운동
(느헤미야 1:4~7)

강 사 : 고 영 근 목사(한국목민선교회 회장)

지금부터 2천 6백년전 이스라엘에는 느헤미야라는 민족의 지도자가 나라를 구원했던 사건이 있었읍니다. 당시 이스라엘 민족은 많은 범죄를 저질러 하나님의 징계로 말미암아 적국 바벨론에 포로가 되었읍니다. 느헤미야는 포로로 끌려갔던 바벨론왕의 비서격인 관원으로 발탁되어 왕궁에 있었기에 고국의 소식을 전해들을 수 있었읍니다. 자기 민족이 황폐되었고 동포들이 고통속에 신음한다는 소식에 겹합히 간절히 금식하며 기도했읍니다. 그의 오랜 금식으로 말미암아 얼굴이 수척해진 것을 본 왕이 조심스럽게 지원하라고 전의했읍니다. 왕은 쾌히 승락하고 느헤미야를 지도자로 받아 세우고 이스라엘 국민을 포로된지 70년만에 고국으로 돌아가 보냈읍니다. 그는 해방된 백성을 믿고 고국에 돌아와 부서진 성곽을 재건 수축 하였읍니다. 그러나 큰 호흡느사람 선발랏과 암몬사람 토비아를 중심으로한 강력한 반대에 부딪쳐 곤경에 빠졌읍니다. 그는 한쪽에 칼과 창과 활을 든 청년들이 지키고 한쪽에서는 흙 손을 든 일꾼들이 계속 일하도록 하므로 조국 재건을 강행합니다. 지도자 느헤미야는 신앙구국, 외교구국, 교육구국, 투쟁구국

[나라를 위한 기도회]

고영근 목사님은 왜 구속되었는가!

고영근 목사님께서는 본 설교로 인해 지금 구류를 살고 계십니다. 함께 모여 기도합시다.

일 시 : 1985년 9월 2일 오후 6시
장 소 : 종로 5가 기독교회관 대강당

한 국 목 민 선 교 회
서울시 강서구 화곡동 344-6
전화 : 602-6230, 699-5772

-1-

전사백만 수도권 인구가운데 120 명 모였으니까 꼭 십만분의 일이 모인셈이 됩니다. 여러분 이 자리에 만명만 모여 보십시요. 민주화를 이루고도 남았을 것입니다. 우리 만명이 모여서 기도한다면 그 열기앞에 군부독재 정권은 무너지고 맙니다.

공화당정권도 이자리에 250 명씩 모여 합심하여 기도할때 무너졌습니다. 오늘날 이자리에 만명만 모여 보십시요 아무리 전두환정권이 약독해도 만명모인 열기앞에 무너지고 말 것입니다. 서울 도심지에 만명 도청소재지에 2 천명 군소제자에 200 명 하나님께서 우리의 기도를 들으신면 저 악의 도성은 무너질텐데 우리는 기도하지 않고 모이지 않습니다. 전경들이 많이 모여 뜨는다하지만 이렇게 무성의하고 이렇게 모이지 않을 수 있읍니까? 서울시에만 기독교인이 130 만명이뭽니다. 130 만명 가운데 만분의 일이 모였읍니다. 서울기독교 인의 만분의 일이 모여서 기도하나 되겠읍니까? 적어도 만성 천명 모인다 할것같으면 분명히 악의 도성은 무너지고 말것인데 기도하지 아니하고 있읍니다. 미국 뉴욕으로 에서는 가나다에서는 매주 목요일마다 기도회를 하고 있읍니다. 저 멀리서도 그렇게하고 있는데 우리 당사자인 우리들은 기도하지 아니하고 있읍니다. 오늘 모인 나라를 위한 기도회에 대해 천통의 공문을 보냈고 2 백통의 전화를 걸었읍니다. 그런데 120 명 모였읍니다. 우리가 기도하지 아니하는데 하나님이 어떻게 우리나라를 복주시겠읍니까? 우리가 열심히 모여서 뜨겁게 기도했었다면 악의 도성은 무너지고 말았

4 가지의 방법을 써서 조국 재건을 완수해 갑니다. 오늘 민주·정의·통일의 행진을 해가는 이 민족이 여러가지 어려운 장애에 도전을 받으면서도 느헤미아의 자세로 우리민족에게 맡겨진 하나님의 뜻을 이루어나가야 하겠습니다.

첫째는 느헤미아같이 신앙구국운동을 헤아합니다.

하나님께 간절히 천거를 올려오는 구주입니다. 하나님은 역사를 지배하기 때문에 역사의 지배자 하나님이 민족을 구원해 달라고 간구하는 기도가 필요한 것입니다. 먼저 우리 조상이 지은 모든 죄를 자복하고 우리 민족이 지은 모든 죄, 이기적인 죄 노예근성인 죄를 회개하면서 이 민족을 구해 주시길 간절히 기도하는 기도운동이 필요한 것입니다. 왜 나하면은 김일성·전두환독재 정권은 우리가 메모해서 통하지 않읍니다. 그래들은 성령앞에 죽으고 정권을 회어잡은 사람들인데 그래들에게 맞천명의 시위로는 통하지 않읍니다. 북한의 김일성은 쏘련·중공의 압력에 의해서고, 남한의 전두환정권은 일본과 미국의 압력에 의해서 물러가지 국민들이 보통으로 여기고 그들을 그런건거믄들때 보지도 않들이 약독한 정권들이기 때문에 온국민이 하나님께 기도해서 약독한 정권을 심으시는 하나님을 움시고 하나님이 사대강국동자이고, 김일성 정권과 전두환독재정권을 물리쳐야만 할 것입니다. 이 나라에 민주화와 자유가 그런데 우리 한국교회는 기도하지 않읍니다. 여태껏 우리라는 목숨입니다. 이 자리에서가 기도하고 있읍니다. 국민선교회 주변으로 도 나라를 위해서 기도하는 모인자가 120 명 정도입니다. 서울을 비롯

정치·경제·군사·문화 거의 모두를 미국이 운영하기 때문에 그 미국을 움직이는 것이 가장 중요한 일입니다. 이미 미국을 움직이고 미국을 바르게 교정해서 오늘날 우리가 바라는 민주화통일을 한다고 생각합니다. 과거 미국정부는 1905년 일본과 가스라·테프트 비밀회담을 통해 일본이 한국을 침략하고 미국이 필리핀을 침략해서 아시아에서 이익을 나누자는 내용이 있었습니다. 이로 인해 미국은 일본의 한국침략을 묵과하지해 주면서 필리핀을 침략했던 것입니다. 이것은 1881년 4월에 한미수호조약을 체결했었는데 내용은 한국이나 미국이 어려움을 당하면 서로 도와준다는 약속이었습니다. 미국은 이와 같은 배신해 버렸고 한국을 침략하는 일본의 앞을 이렇게 말씀하였어요 "미국을 믿지말고 소련에게 속지말라, 일본놈을 일어나고 배옹을 떠나오니 조선사람들은 조심하라" 이런 말씀을 했는데 나무나 꼭 들어맞는 말이있습니다. 가스라·테프트 밀약 이후 1945년 2월 12일 소련과 미국은 우리 한국을 제마음대로 삼팔선으로 분할 점령했고 1945년 9월 8일 하지중장이 우리 한국에서 군정을 실시하면서는 모든 친일파를 등용하고 애국자들을 전부 소외시켜 한국을 제지배하는 큰 죄오를 범했습니다. 완전히 우리 한국에 군정화하면서 모든 친일파를 등용하고 애국자들을 전부 소외시켜 한국을 제지배하는 큰 죄오를 범했습니다. 완전히 우리 한국에 군정화하면서 모든 친일파를 등용하고 애국자들을 전부 소외시켜 한국을 제지배하는 큰 죄오를 범했습니다. 반전히 우리 한국의 군정과 하반에 미군 사람들이 대해는 줄수도 인하여 우리 한국이 이북공산당으로부터 남침당해 6.25동란에 미국 사람들이 많이 죽었습니다. 그뿐만 아니라 6.25동란에 미국 사람들이 많이 죽었습니다.

그 이후 미국정부는 박정희와 전두환의 독재정권을 내세워

-5-

올것입니다.

우리모두가 기도하는 운동을 전개해서 매주 목요일마다 몇 천명, 몇만명 모인다면은 하나님은 응답하시고 악의도성 그리고 독재의 아성은 무너지고 말것을 나는 믿습니다. 여러분께서는 아무조록 뜨겁게 기도하십시오 하나님이여! 이 민족을 불쌍히 여겨주십시오하고 기도하시기 바랍니다. 저 악독한 김일성·정권·전두환 정권을 속히 몰리쳐 주시든지 회개시켜주시기를 개인적으로 또는 가정적으로 교회적으로 시군별로 뜨겁게 전개하시길 간구하는 바입니다.

둘째 외교구국을 해야합니다.

느헤미야가 아닥사스왕앞에 엎드려서는 왕이여 내민족을 석방해주기를 바랍니다. 구원해주기 바랍니다. 간절히 간청하니까 아닥사스왕의 마음이 움직여져서 좋다 석방을 허락한다 제건을 허락한다 자유를 보장한다라고 이 엄청난 조서를 내렸습니다. 그래서 이스라엘은 석방이 되어 제건되었고 자유를 누리게 되었다. 오늘날 우리 한국은 일제에서 해방됐다고 하지만 해방된것이 아닙니다. 주인이 바뀌었을 뿐입니다. 과거 일본의 지배하던 것이 지금은 소련과 미국이 지배하는 것으로써 북한은 소련식민지가 남한은 미국식민지라 하여도 과언이 아닙니다. 그런고로 오늘날 미국이나 소련을 움직이는 것이 중요한 일입니다. 우리 동양을 지배하는 4강 즉 일본 미국 소련 중공을 이용하는 외국구국이 가장 중요하다고 생각합니다. 지금 우리 대한민국은 미국의 영향력 아래에 있습니다.

-4-

지금 저 독일이나 일본에는 미군 몰라가라는 말은 안하고 있읍니다. 다 미국이 주둔해 있지만 이세게에 독립국이 틀밖에 없읍니다.

소련하고 미국입니다. 소련과 미국의 영향받고 있기 때문에 독일이나 일본은 미국을 몰라가라 하지 않습니다. 독일이나 일본은 미국을 교묘하게 이용해 있고 민주화하고 있읍니다. 그러므로 우리 한국도 미국의 그 거대한 힘을 이용해서 우리도 민주화하고 경제번영을 해야지 오늘날 우리가 미국 몰라가라 하고서 적대감을 가지게 되면 우리는 힘이 하기 때문에 절대 이기지 못합니다.

제2차 세계대전시 히틀러는 싸워야 할 3가지의 적이 있는데 그 첫째는 소련을 위시한 공산주의요, 둘째는 미국을 위시한 민주주의 국가이며 셋째는 우대민족이더라고 있었습니다. 따갑한 히틀러의 나치 독일이었지만 셋이 하나로 연합군이 되어서 울때에 독일은 패망할 수 밖에 없읍니다. 만일 독일이 셋을 공격하지 아니하고 민주주의는 내친구, 공산주의가 적이라고 하며 소련을 접영하고 미국을 섰더라면 승리할 수도 있었을것 입니다.

오늘날 우리도 독재와 미국이라는 그 둘의 압무에 간히고 있는데 독재도 적이고 미국도 적이라고 하면 우리 위험해지고 마는것입니다.

미국을 우리 앞으로 끌어 당기고 독재부터 물리치고 그 다음에 서서히 미국으로부터 벗어나는 것이 필요합니다. 이 독일이나 일본처럼 서서히 지배를 벗어나는 것이 옳은일 입니다.

우리에게 군벌정치를 하게 함으로 우리 한국의 민주화를 방해 했읍니다.

최근 1980년도 광주 민주 항쟁이 일어났을때 우리 한국군 4개대들이 광주 시민을 학살하는데 미국이 지원을 한것은 잘못 이었읍니다. 이런 잘못들을 미국이 범했는데도 오늘날 우리 는 몰라가라 할 수도 없는 처지입니다.

왜그런가 하면 미국은 우리 한국을 자기들이 전략중으로 생 각하기 때문에 절대 몰라가가 않습니다. 그러므로 몰라가라는 말은 조선에 함 말이고 몰라가라하면 몰라가지도 않지마는 만일 미국이 몰라가게 될때에는 일본군대를 한국에 내지 시켜 놓고 몰라가는 것이 현시점에서 어려운 이야기고 미국에게 몰 라가라는 말은 현시점에서 우리는 미국에게 협 조하십시오, 독재지원해 주지 마시오, 미국은 민주화에 협 조하십시오 "이렇게 해야지 몰라가라는 말은 오히려 공산당을 남 첨하게 만들고 또, 이 독재로 하여금 독재할 명분을 주는 것 입니다. 미국 몰라가라 하면 미국의 독재를 지원해 중앙정결 로 우리에게 민주화를 지원하지 않습니다. 그러므로 미국 몰 라가라는 말은 독재를 더 강화시켜서 독재의 구실을 주는 것 이나 혹시라도 공산당의 남침을 자초하는 것이고 한편, 일본 을 우리 한국에 제 상륙케하는 결과를 가져오기 때문입니다.

저는 친미주의가 아닙니다. 미국의 제법한 것이 않지마는 이 소련의 약은 더 크기 때문에 큰 소련의 악을 막아 내려면 미국의 적은 악을 이용하는 것이 우리의 방법입니다.

오늘날 우리는 미국정부에게 "물러가시요" 하는 말 보다는 "각성하시요" 하고 말하는 것이 좋다고 생각합니다. 이번 미문화원 점거사건 학생들이 한 말들도 미국은 물러가라 말하지 않았읍니다. "미국 각성하시요 사과하시요" 그랬읍니다. 그러므로 오늘 우리는 여전히 미국에게 각성과 사과를 평화적이으로 촉구해서 미국이 반성할 수 있도록 하는 일이 효과적인 일이다 생각합니다.

미국 사람들의 생각도 우리국민 100 만명이 최루탄가스에서 말러는 것보다 제 국민 한사람 시달리는 것이 더 돌볼일 입니다. 우리 국민 100 만명이 죽어도 순하나 엄책하지 않겠지만 제 국민 한명만이라도 다치면 "아이쿠" 합니다. 요즘 학생들이 데모를 하는데 미국의 각성을 주기위해 미대사관이나 군 인아파트에 가서 시위를 하여 그들에게 이마큼 가스를 먹여주는 것이 너부하긴 하지만 우리나라를 위해서도 현 독제정권을 위해서도 속각적으로 효과가 나는 것이라고 생각합니다.

그러하여 미국의 각성하고 말리편이나 우리 한국에 대해서 독제를 지원하는 그릇된 일을 하지 않도록 해야만 합니다. 느레미아는 싸우며 건설하는 속에서도 ──미을 깨우쳐 각각 시키고 의식화시켜서 훈련속에서 주체성을 훈련해 냈음니다.

생제는 교육구국을 해야 합니다. 우리가 민주주의 체제이 한다면 그만한 국민수준이 있어야 합니다. 구미과는 오런 종교문리와 전통이 있기에 민주화가 됐었지만 우리에게는 민주주의는 기초나 정신 설서가 약하기

이거 한가지에 미국도 물러가고 독제도 물러가라 하는 것은 싸움에 지는 것입니다. 그런고로 오늘날 조국을 민주화하는 방법은 미국의 거대한 힘을 이용해서 독제치고 서서히 우리 힘을 키워가면서 싸워나가는 것이 좋다고 생각합니다. 그 제가 생각하기로 독일과 일본은 80 %가 독립이고 20 %는 미국의 지배를 받고 있지만 우리 한국은 80 % 지배받고 있고 20 %가 독립이라 생각합니다. 그러므로 오늘날 우리가 민 주화를 이루면서 서서히 미국에서 독립해나가는것이 바람 직한 일이라고 생각하는 것입니다. 오늘날 우리에게는 미국의 거대한 힘을 이용한 외교구국이 옳은 것이라고 생각하며 미국에게 각성을 촉구하고. 강한 자극을 주어서 미국이 반성하 하는 일을 하는 것이 지금 우리 할일이라고 생각합니다. 미국에게 자극을 가하는 방법을 물러가라 이렇게 하는 것이 아니고 "미국 회개하시오, 바로게 하시오, 당신나라가 UN 총회를 세울속에 자유 정의 인도주의의 입장한 처럼 이렇게 해야 됩니다. 안그러면 미국을 망합니다. 라고 미국에게 각성 주는 일이 필요한 것입니다. 분부시군이 예 미문화원에 방화를 했느냐고 물어보니까 이렇게 말을 했읍니다. "내가 미문 화원에 방화한것은 미국정부가 우리 한국의 군대를 도와서 독 제를 도와주기 때문에 반대하는 것입니다. 반성하시오" 말은 시민들을 화실한 사건에 미국속에서(?) 방조한 것 없음 울리는것 동민들에게 너무나 무거운 짐을 지어서 비료 값을 올리하시오, 그러지 받아주시오" 라고 말했읍니다. 저는 다 들었읍니다.

때문에 가르쳐지는 것과 깨우치는 것이 꼭 필요한 과제입니다. 우리에게는 동양의 교과한 윤리를 살려서 성서중심의 국민윤리에는 민주정신 질서와 만나게 해야 합니다. 그리하여 예수님을 중심으로 하나님 제1주의 동포 제2주의 나 제3주의 이타주의 정신에 기초하는 국민정신이 필요합니다. 그런데 우리는 이타주의가 아닌 이기주의때문에 민주주의가 좋아지고 있는 것입니다.

그러므로 오늘날 중요한 것은 윤리화됩이 중요한 과제입니다. 실제명에서와 같이 이웃을 사랑하는 윤리, 예수님처럼 남을 위해 희생하는 정신, 하나님 제2주의 동포 제2주의 나 제3주의의 이타주의 정신을 가지고 민주주의 확립, 예수정신화, 국민정신화에서 민주주의를 위한 기초를 만드는 것이 우리 기독교인과 여러분의 앞장서서 이 조국의 민주화의 정신기초를 닦아두는 일을해야 되겠습니다.

그 다음에 우리 국민들은 노예근성을 버려야 되겠습니다. 우리 국민들은 지금 민주주의를 할 자격을 가지고 있지 못합니다. 1910년 8월 우리 한국이 망하니까 중국의 양계초는 "한국이 망하는 것은 정상이고 안 망하는 것이 비정상이다. 그럼께 노예근성이 꽉차고서야 어째 안 망하겠느냐 노예근성의 부패 그런것들이 있음으로 인해 안 망하는 것이 비 정상이다."라고 예기를 했 읍니다. 꽉찬 노예근성, 그나힌기 싫어하는 안일한 생각들, 뱃속의 아기가 전통없이 어떻게 나올수 있겠읍니까? 자유민주주의를 전통없이 어떻게 얻을수 있겠읍니까? 학생들이 메모를 한다고 해서 미련놈들이라고 하는 국민들입니다. 영

왼히 중심이를 먼저 하지 못합니다. 어른들이 해야할 대모를 학생들이 하는 걸 미안하게 생각해야 할텐데 미안커녕 그 안두고 오히려 학생보고 미친놈이라고 하고 있읍니다. 이렇게 국민들의 각성이 부족합니다. 백부른 것을 안일을 좋아합니다. 이것이 노예근성입니다. 이것을 노 예들을 맹종을 좋아합니다. 비판력이 없어요 우리 국민들은 지금 밤낮 테레비 전만 좋다고 하고 있읍니다.

전만 좋다고 하고 있읍니다. 문부속이 빨갱이하면 모두가 그 인술만 알고 있읍니다. 좀 알아봐야지 빨갱이 아닌가, 전 대구가서 적정 그 제판에 가봤읍니다. 그리고 이거 잘못된거구나, 빨갱이가 아니고 애국자인 것을 그때 보고 느꼈읍니다. 이 노예근성때문에 비판력이 하나도 없어요 이럼이 해서 언제 민주화하겠읍니까 또 우리 국민들은 용기가 없어요 조금만 운동을 부릅뜨면 무서워 별별합니다. 이렇게 용기없는 국민들은 평생 중심이를 먼저 하지 못합니다. 화원안정법이 지금 무서운 고비인데 긴급조치 법보다 실배나 더 지독합니다. 이를 비교해 보면 박정희정권은 성균 양반이었읍니다. 화원안정법은 앞으로 통과될 것입니다. 왜 통과되느냐 하면 내가 알기로는 아마 10월달에 전두환씨가 유엔총회 연설하러 미국에 갈 것입니다. 미국가서 유엔총회 연설하고 돌아오면 아마 무슨 수를 써서라도 통과시킬 것입니다. 그때 우리 국민들이 어떻게 해야 되느냐 하면 「화원법 감수하기운동」을 해야 됩니다. 하도록 이야기해라 하면 문제가 해결되지 않겠읍니까? 몽땅 다 싸가지고 교도소로 가서 화원법 어떻게 되면 될겁니다. 교도소로 가서 화원법 어떻게 되면 될겁니다. 우리가 무서운놈 다도 백만명 다 잡아넣어 주시요, 다 먹여 주시요, 저자식들도

떠여주시요 하고 다 집씨가지고 교도소로 가면 그 법의 효과는 없어 집니다. 법면 벌수록 그법은 효과가 있고 위협을 주는 것입니다. 그런교로 우리 국민이 용기가 없기 때문에 독재가 진행되는 것입니다. 베딴 부르면 좋아하는 군성, 안일만 좋아하는 군성, 무조건 맹목적으로 침북만 지킴으로써 예구하는 군성, 집내는 군성, 이것때문에 안되는 것입니다. 우리 모든 기독교인들이 국민지주의식을 심어주는 노예근성을 탈피시켜야 되겠읍니다. 국민에게 자성을 주어서 비판력을 기워야 겠읍니다. 용기를 심어줘야 겠읍니다. 가나안 땅을 정취했던 이스라엘 민족같이 내 조국의 민주통일을 쟁취할 수 있는 용기를 심어주는 교육운동을 전개해서 교육구국 · 국민자주구국 · 자성구국 운동을 일으켜야겠읍니다. 이렇게 내 민족을에게 자성을 시켜서 이나라를 구원하는 교육구국을 우리들이 전개할 수 있기를 바랍니다.

마지막으로 내변체도 특정구두을 해야하며 제언하라는 것을 반대자 산앞잪과 도비아라는 방해 하였읍니다.

느헤미야는 그들을 무력으로 닦아 내면서 공격을 했읍니다. 우리도 강력한 독체와 붙의에 세력에 용감히 맞서 우리도 항거하려면 특권해야 합니다. 불의에 대해서 용감히 항거하는 국민이라면 민주주의를 쟁취할 수 있읍니다. 지금 우리 한국 사회는 정치인없고 어디 독체뿐인 존재 할 뿐입니다. 전 정권은 1979년 12월 12일 집권했읍니다.

어떤 분들은 80 년도에 집권했다고 하는데 절대로 그것은 군대를 모르는 소리입니다. 9사단 노태우사단장이 전방에 들고와서는 정승화육군참모총장을 쏴서 상관을 사이 때위 보내고 그들은 집권을 했읍니다. 그들은 사회가 혼란해서 군이 나섰다고 말하고 있는데 이건 새빨간 거짓말입니다. 예나하면 79년 12월 8일날 두 정치인들을 해금했는데 이렇게 나흘동안에 사회혼란을 일으켰겠읍니까? 검대중씨를 12월 8일날 연금에서 해제했는데 나흘동안에 무슨 혼란을 일으켰길래 군이이 나왔는가 말입니다. 실제권능도 12월 12일 이루어진 것입니다. 80년 5월 18일은 그 집권이 다진것입니다. 전방지기라고 군 총장까지고 그것을 들어내서 상관앞에 충정하는 이하국상의 죄를 범함으로 말미암아 폭력으로 집권했읍니다. 그리고 광주사태에도 그 폭력으로 전압했읍니다. 광주사태는 학살이 분명합니다. 예그리가 하면 광주에서 네모한 원인으로 군부통치 반대한다는 것이었읍니다. 군인은 군대로 들어가라, 정치인은 정치하고 군부통치는 절대 반대한다. 이것이 광주사태 떼의 메모의 원인이었읍니다.

그러므로 광주사태때의 메모의 원인은 군인이 제공하여 주었읍니다. 저는 외국가서 비메오를 보았는데 군인들이 시민들을 잡아다 꿍꿍 부어서는 엎드려 놓옵니다. 총을 벨 군인이. 사람을 밟아 독차서 꿈틀거리면 목을 매어 죽이고 다음에는 또 독차서 꿈틀거리면 목을 매서 죽이고 하는 그런 장면을 보았읍니다. 군인이 인간인을 짐들고 쓰고하는 것은 있을 수 없는 일입니다. 그런 학살입니다. 이렇게 그짓이 치안유지고 어떻게 정당방위 입니까, 다 부상당한 사람을 몰래 죽여도 죄로우지 입니까? 공산당도 부상당하면 치료해서 포로로 잡아넣는데 어떻게 국군이 다 죽어간 사람들을 몰을 매어죽입니까, 사람의 발목을 잡어 매고서 차에다 끌어매어서 달리니까 줄에 끌려가다가 몸뚱 파루성이가 되어 죽어갑니다. 그런 것이 비매오에 나왔습니다. 난 보지못해서 설마했는데 난 그걸보고 확실이란 말이 있읍니다. 이런 분명한 학살이구나 하고 느꼈습니다. 광주사태때 백을 죽으면 어떻고 천명 죽으면 어떻습니까, 죽은 숫자가 문제가 아닙니다. 문제는 어떻게 죽이느냐 하는 그 내용이 문제인 것입니다. 광주사태 이후 군인은 모두 군대로 돌아갔지만 광주사태때의 책임자들은 모두 다 지금 온자리를 해먹고 앉아있읍니다. 79 년 12 월12일날 집권한 군대들은 실제 자신들이 저질러 놓고 자기들은 책임이 없고 최규하가 책임있다고 하는 그런 새빨간 거짓말을 하고 있읍니다. 거기에 누가 속겠읍니까? 이런 망칙한 자기 책임피해 자기책임 은폐하는 것은 옹서할 수 없어요 하나님과 결코 용서하지 아니할 것입니다. 그러므로 오늘날에는 정치가는 없고 폭력배만 존재합니다. 따라서 우리는 헌법을 고쳐야합니다. 국민이 원하는 직선제와 국민최의가거도 하는 간선제를 두고 찬반을 물어봐야 하는데 그 악법한 유신헌법에서 이것이 나쁘냐 좋으냐 물을때 간선제가 나쁘다고 하면 우신체제 지켜주는 것이고 좋다고 하면 그걸 지지하는 것이나 국민들이 어떻게 하겠읍니까? 할수없이 우신체제가 지켜우나가 이나라 경제파멸을 막아야지 국민이 온국민이 지지한

법이라도 이 법은 고쳐지지 못한다. 이런 망칙한 법을 하고 있습니다. 이것이 어떻게 합법적인 헌법 입니까, 계엄령하에서 총칼대놓고 찬반 토론없이 그렇게 강제로 통과시킨것이 민주헌법이라 하고 운운하는 것은 가소로운 이야기입니다. 그러므로 유신헌법과 현헌법은 마땅히 무효가 선언되고 삼선개헌 이전의 그 헌법으로 환원되는 것이 옳다고 생각합니다. 오늘날 이같이 민주주의를 유지하려면 국민들은 평화적이고 민주적인 방법으로 합 것 항의를 해서 붕의한 독재를 추방시키고 민주주의를 쟁취함으로 나다. 특히 오늘의 경제문제는 참 어렵습니다. 빚이 지금 512 억불이나 되는데 이 많은 빚을 갚을수는 없고 오히려 매년 더 증가하고 있습니다. 신문보도에 의하면 금년에 갚아야 할 이자가 44 억불이니까 국방비보다도 더 많습니다. 또 원금까지 갚아야 할것이 35 억불 합해서 79 억불이고 무역적자가 11 억불이니까 합해서 90 억불 따라서 금년 돌아간 빚이 90 억불입니다. 갚기는 그만두고 매년 빚이 붙어가는 형편이니 앞으로 88 년이 되면 빚이 자그만치 800 억불로 올라갈것입니다. 박정희정권이 빚진것이 200 억불이 고 현정권의 빚진것이 300 억불인데 전정권은 하룻밤 사이에 140 억원씩 빚지고 있으니 심각한 문제입니다. 하루에 140 억인씩이면 시간당 5 억8천만원씩인데 무엇했기에 하룻밤에 140 억인씩 빚지는 것입니까? 오늘날 공산당보다 더 무서운 것이 외채입니다. 외채를 막아야 할터이므로 우리 국민들이 "외제가져오지 마시오, 빚내지 마시오, 경제파멸을 자초하지 마시오" 하고 강력히 항의에서 이나라 경제파멸을 막아야지 국민이 가만

히 정부만 지키고 있어선 결코 안되겠읍니다. 의제문제에서 가장 중요한 것은 정책입니다. 다음에 국민들이 각성해서 낭비하지 말고 사치하지 말고 외제를 쓰지 않아야겠읍니다. 오늘날 우리가 경제파멸을 맞아야만 될 터인데 공산당보다 몇배 더 무서운 경제파멸을 맞으려면 온 국민이 정부의 ...ᅳ 옮겨못한 경제에 용감히 항거하고 또 한편 우리 온 국민의 근검절약하고 의제를 안쓰려 국산품애용운동을 전개해서 이 근면화를 막지 않으니 이것 역시 국가 부채해야 되는 것이나 가만 있어서는되지 않읍니다. 이 투쟁에서는 용감히 당국에게 항거하고 우리의 의사를 평화적으로 호소하여 투쟁하는 운동이 필요한 것이고 또 중요한 것은 들려리라가 문제입니다. 그 들려리 밑에서 아부하는 언론인들, 대학교수들 혹은 아부하는 종교인들을 이것이 문제입니다. 그 사람들한테 우리 모두 편지운동합시다. 편지 화결기 운동합시다. 무사라는 사람은 십선계현을 지지 했지요 유신도지지했지 안정법을 지지했지 항상 지지만합니다. 하기야 6.25 당시 남침하던 북사였으니 이렇게 밤낮 아부만하는 것이겠지요. 그 사람이 어떻게 이 독재를 지지 안하겠읍니까? 여러분 이런 목사들, 교수들, 언론인 들에게 우리 온 국민이 무서운 편지를 써서 따뜻한 충고를 해서 그런 아부하는 인간들이 독재추구에서 그저 급실거리며 아부하지 못하도록 강력한 반성을 촉구해야겠읍니다. 이것이 투쟁입니다. 지금 이세계에서 민주주의를 파괴하는 하나는 북한의 공산당 들이고 또 하나는 한국의 군별이 민주주의를 파괴하고 있읍니다. 자유·정의·평등권을 모두다 파괴하고 있읍니다. 공산당

-16-

들은 노동자 농민을 방자해서 정권을 잡고 나면 논밭몰빼앗고 국민 학대하고 동료를 우상화하고 독재하고 있읍니다. 이 공산당들처럼 우리 나라가 군별독재도 역시 공산주의 못지않은 악독한 일을 하고 있는데 그러므로 공산주의와 군별독재는 둘다 민주주의의 적일 것입니다. 우 인 것입니다. 그러므로 우리는 반공·반독재해야 합니다. 우리는 반공·반독재에서 자유민주주의를 이루어야 하는데 독재한 다고 해서 독재에 대한 반동작용으로 혹시 공산주의를 동경하는 그런 일이 전교 우리 마음 가운데서 없어야 되겠읍니다. 우리는 분명히 공산주의도 반대하고 독재도 반대하는 반공 반독재에 서서 좌우에 치우치지 않는 정도를 이루어야 합니다. 우리들은 분명히 북에는 공산주의 남한에는 군별독재를 뿌리뽑아 자유·정의·평등권이 보장될 수 있는 참다운 민주화를 이룩하고 또 민주화를 기초로 남북통일과 자주독립을 성취하도록 온갖 노력을 경주하시기 바랍니다. 우리 기독교인들과 애국자들이 앞장서서 느헤미야처럼 나라를 구하려는 뜨거운 애국심을 가지고 신앙구국, 외교구국, 국민계몽교육구국, 투쟁구국을 통해서 조국을 건지고 민주화를 이루느네 온갖정력을 기울이기를 바라는 것입니다. 앞으로 9월에 개악하면 또 전국학원가가 술렁일것 같은 그런 예감이 들고 예상되고 있는데 앞의가 술렁일것 같은 그런 예감이 들고 예상되고 있는데 그것을 방자해서 학원법을 강제로 통과시킬 것이 분명합니다. 정부는 그으로 9월 10월 에 무서운 격동이 예상되고 있으면 다시금 5.18 같은 일이 다시 재발하는 일이 없도록 하기를 바라는 것인데 다시 5.18 같은 일이 가·민주화 되기를 기도하면서 가급적이면 우리가 평화적으로 좌이 땅에 앓지를 기도하는 바입니다. 그러면서 우리가 평화적으로 좌우에 치우침이 없는 독바로 자세를 가지고 반공·반독재해가면서 꼭 이 자유민주주의를 쟁취하도록 힘을 기울이기를 간절히 바랍니다.

-17-

19. 1985-16-회고록-12차 연행사건 — 목민선교회 「나라를 위한 기도회」

예장 청년회와 기장 청년회가 연합으로 전주에서 실시한 1985년 8·15 40주년 기념예배 때 전두환 정권은 회개하고 물러나야 한다고 강력히 역설하였다. 전두환 정권은 불법으로 집권했고 폭력으로 유지하기 때문에 그 정통성을 인정할 수 없으니 속히 물러가는 길만이 자타가 사는 길이라고 강력히 갈파하였다.

지난 5월 6일 광주에서 설교한 것보다 오히려 강력하게 외쳤는데 당국에서는 아무런 반응이 없었다. 청년들이 주최했으니 후환이 두려워서 나의 설교를 문제 삼지 않은 것이 분명했다. 그러나 전주 설교에 대한 보복은 배경이 약한 목민선교회가 주최한 "나라를 위한 기도회"때 나타났다. 9월 2일 종로 5가 기독교회관 2층에서 개최한 나라를 위한 기도회가 열렸는데 그때의 설교를 내가 담당하였다. 약 150명이 모인 회중 앞에서 "느헤미야의 구국운동"이라는 제목으로 1시간 가량 설교를 하였는데 비교적 온건하게 하였다. 예배 후에 간단한 다과회를 열면서 환담의 시간을 가져 화기애애한 분위기로 기도회를 마쳤다.

기도회가 끝난 다음 날인 9월 3일 아침 10시경 강서경찰서 정보과 김정기 형사가 찾아왔다기에 대문을 열어 주었더니 처음 보는 사람들이 3명 따라 들어왔다. 나는 승용차 왼쪽 문을 열고 창에서 뛰어내리겠다고 위협을 하니까 몸집이 큰 형사는 내 몸을 꽉 붙잡고 "목사님 왜 이러십니까? 차에서 뛰어내리면 다치십니다. 잠깐만 경찰서를 들러서 가십시다" 하며 애원했다. 나는 화를 내면서 "당신들은 어찌하여 거짓말을 일삼는 것이요. 내가 이번에는 속아서 왔지만 다음부터는 절대로 경찰의 말을 믿지 않을 것이요" 하며 힐책했다. 그러는 사이에 벌써 경찰서에 도착했다. 나는 경찰서 마당에 내려서도 경찰서에 들어갈 수 없다고 완강히 거절했다. 그러나 힘이 약한 나는 여러 명의 물리적 힘에 의하여 동대문서에 연행되고야 말았다.

동대문경찰서 정보과에서는 9월 2일 설교한 내용에 대하여 심문을 하였다. 심문하는 정보과 수사관은 비교적 조심스럽게 심문했다. 안기부 수사관들은 전두환에게 충성을 다하기 위하여 미친 사람처럼 악담을 하고 공갈 협박을 서슴지 않는 데 비하여 정보과 수사관들은 많이 부드러운 편이었다. 그러나 부드러운 것도 사람 나름이었다.

조사를 받다 말고 정치 논쟁으로 이어졌다. 조사하던 수사관은 거북한 표정으로 "자~ 어서 빨리 조사를 마칩시다" 하고 조사받는 일을 대강 마무리를 지었다. 나는 얼마 후에 정보계장이

들어오기에 항의를 했다. "정보과에서 조사하는 태도가 어찌 그렇습니까? 수사관 한 사람이 정중히 조사할 일이지 이 사람 저 사람 일어나서 한마디씩 나를 공박하니 수사실이 아니고 규탄장 같고 공산당의 토론장같이 억압을 주니 이것이 민주 경찰의 바른 태도입니까?" 하고 항의를 했다. 정보계장은 "예, 예, 미안합니다. 고정하시고 편히 쉬십시오" 하며 수사를 일단 마치고 나를 자료실로 안내하는 것이었다. 조금 쉬고 있을 때 NCC의 차선각 부장, 인권위원회의 금영균 목사, 권호경 목사 등이 면회를 와서 기도해주고 격려해 주었다.

수사관의 조사를 모두 끝내고 상부의 지시를 기다리고 있는 동안은 정보과 자료실에서 2일 밤을 지냈고 9월 5일 오전 9시에 응암동에 소재한 즉결재판소에 가서 재판을 받았다. 판사는 인정심문을 마친 뒤 "피고인이 설교 중에 전두환 정권 물러가라고 설교한 일이 있느냐"고 하기에 그렇다고 했더니 판사는 구류 7일을 언도하고 재판은 약식으로 끝났다. 재판이 끝나자 다시 동대문경찰서로 돌아와 유치장에 수감되었다.

유치장에 수감될 때는 넥타이 허리띠를 풀고 양말, 구두, 소지품 일체 그리고 안경까지 모두 보관하고 빈 몸으로 유치장에 수감되는 것이다. 나도 일반인들과 똑같이 유치장 규정에 따라 모든 절차를 마치고 수감되었다. 구류를 언도 받은 잡범과 같은 방에 수감되어 똑같은 규칙을 지키며 살아가야만 하는 환경에 처하게 되었다. 유치장에 수감된 9월 5일 오후에 신기하 신민당 의원과 김병오 민추협 부간사장, 정채권 목사 등 5명이 면회를 와서 서장실에서 면회를 했다.

여러분들의 뜨거운 격려에 큰 용기를 얻었다. 민추협에서 2만 원의 성금도 전달해 주었고 정채권 목사님께서 간절히 기도해 주어 내 심령에 큰 은혜가 되었다. 이렇게 면회를 하고 간 뒤 안전기획부 수사국 권OO 계장이 정보과장실에 나타나서 어찌하여 고영근 목사에게 면회를 시켜 주었느냐고 호통을 쳤다고 한다. 정보과장은 "우리는 어떻게 해야 합니까? 기독교회관 NCC 목사들과 유대를 가지고 일하려면 서로의 인간관계가 유지되어야 할 터인데 만일 면회를 거절하면 5가 측과 어려운 문제가 닥쳐올 때 어떻게 풀어나가겠습니까? 우리는 골치 아프니 고영근 목사를 다른 곳으로 이감시켜 주십시오"하고 제안하였다고 한다. 안기부에서도 그렇게 하는 것이 좋겠다고 하여 즉시 이감 조치가 내려져 나는 강서경찰서로 오게 되었다. 강서경찰서에 도착한 나는 또다시 넥타이, 허리띠, 양말, 구두, 안경, 소지품 일체를 내어놓고 입방 수속을 끝내고 잡범으로 구류 받은 방에 배치되어 수감되었다. 방이 없다는 핑계로 독방을 주지 않고 혼방에 수감하니 죄인의 동류로 여김을 받았다고 하신 성경대로 수모를 받았다. 예수님께서는 죄인들 틈에서 십자가에 못 박히셨는데, 하물며 나같이 부족한 것이 술 먹고 싸움 싸운 경범자와 같은(同一한) 대우를 받는 것이 무엇이 과한 것인가 생각하며 우리 주님께서 주시는 위로를 받았다.

당국에서는 나에게 고통을 더하게 하려고 면회를 일체 금지시켰다. 우리 지역구 국회의원인 김영배 의원도 면회를 왔다가 종내 면회를 못하고 그냥 돌아갔고 예춘호 선생도 면회를 못했으며 김종완 이사장, 유중람 선생, 총회 사회부 총무인 정봉덕 장로, 민주헌정연구회 여러 임원들, 성수동교회 교인들 모두 면회를 왔다가 내 얼굴도 보지 못하고 그냥 돌아갔다. 다른 분들은 모두 면회가 허락되었는데 유독 나만은 면회가 불허되었다. 이것은 전주 8·15 설교 때 전두환 정권의 퇴진을 강력히 요구한 데 대한 보복임이 분명했다. 그리고 10회에 걸쳐서 고통과 회유를 가했으나 굴복하지 않는 데 대한 보복 조치이기도 하였다. 목민선교회 임원인 이해학 목사, 임영천 전도사, 김동엽 목사 등은 나의 구속에 대한 대책을 세우려고 임원회를 열고 9월 9일(월요일)에 고영근 목사를 위한 기도회를 개최하기로 하고 "고영근 목사는 왜 구속되었는가"라는 팜플렛을 인쇄하여 2,000부를 배포했다. 그리고 기독교회관 대강당에서 160여 명이 모여서 기도회를 가졌다. 당국의 무서운 감시 아래서도 160여 명이 모인 것은 대단한 성의였다. 특히 성수동교회 성도들의 기도는 더욱 간절했다. 부족한 저를 사랑하여 160여 명의 동지들이 모여서 기도로 성원한 것은 하나님을 움직이는 큰 역사를 이루었고 당국에게는 크나큰 압력을 가한 기도회였다.

항상 내 뒤에는 기도하고 성원하는 숨은 의인들이 많기에 내가 담대히 싸울 수 있었다. 항상 나를 지원해 주는 국내외 성원자들, 목민선교회 임원, NCC 실무자들, 예장 총회 실무진, 민주헌정연구회 회원들, 민주화추진위 실무진들에게 무어라 감사한 뜻을 표해야 할지 모르겠다.

나는 9월 3일 11시경에 연행되어서 9월 11일 오전 8시까지 8박 9일 만에 석방되었다. 9월 11일 새벽 다른 구류자들은 7시에 석방되는데 나는 상부의 지시가 없다고 하여 8시경에야 석방되었다. 밖에는 성수동교회 성도들이 봉고차를 대절하고 나를 맞이하려고 기다리고 있었다. 나는 성도들의 사랑이 너무나 고마워서 감격했다. 하나님께 대한 감사기도를 경찰서 마당에서 드높이 드리고 우리 집으로 향했다. 집에 도착하자마자 뜨거운 감격으로 감사예배를 드리고 식사를 나누었다. 성도들의 뜨거운 성원이 나에게 크나큰 용기를 주었다. 나를 항상 승리하게 하신 하나님께 감사와 영광을 돌리고 성원한 여러분에게 우선 전화로써 감사의 인사를 대신하였다.

『죽음의 고비를 넘어서』 4권, 136~145 발췌.

20. 1985-16-소식지-「인권소식」-12차 연행사건 ― 고영근 목사를 위한 특별기도회

인권 소식 :

한 국 기 독 교 교 회 협 의 회
인 권 위 원 회
(서울·종로구 연지동 136-46)
기독교회관 903호 / 764 -0203

제 164 호   1985.   9. 12.

목민 선교회, 고영근목사님을 위한 기도회 개최

한국목민선교회는 9월 5일 오후6시 기독교회관2층 대강당에서 NCC 인권위원회, 예장 인권위원회, 전국목회자정의평화실천협의회의 후원으로 '고영근목사를 위한 특별기도 회'를 개최하였다.   이날 기도회에는 문익환목사가 설교 하였으며 약200여명이 모여 고영근목사와 이 나라의 고난받는 모든사람들을 위하여 기도 하였다.

고영근목사는 지난 9월 2일 목민선교회가 주최한 '나라를 위한 기도회'에서 느헤 미야를 본받아 신앙구국, 의고구국, 교육구국, 투쟁구국운동을 벌여야한다는 내용의 설교를 한후, 경찰에 연행되어 즉심에서 구류 7일의 처분을 받았다.

21. 1985-17-회고록-13차 연행사건 ― 민주헌정연구회 & 목요기도회 설교

민주헌정연구회 강연 사건

13차 연행사건	
일시	1985년 9월 19~9월 30일
사건 내용	민주헌정연구회 강연
설교 제목	"한국 민족의 살길" & 목요기도회 설교 "우리 민족의 살길"
취조관서	강서경찰서
수감처	서부경찰서

9月 12日 민주헌정연구회 총무인 유중람 선생이 나에게 간곡히 강연을 부탁하였습니다. 9月 16日 오후 2시에 부산에서 민주헌정연구회원을 위한 세미나가 있으니 강연을 해달라는 요청이었습니다. 민주헌정연구회라는 단체는 金大中 선생님을 주축으로 하는 民主人士들이 모여서 민주 회복을 성취하려는 애국인사들이 집결한 단체였습니다. 나는 즉시 수락했습니다. 유 선생님은 보안상 문제가 있으니 15日 밤 예배를 마치고 침대차로 떠나서 16日 되기 전에 서울을 빠져나가자는 것이었습니다.

15日 주일 밤 예배를 마치고 나니까 나종학 선생이 자동차를 가지고 와서 나를 서울역으로 안내했습니다. 부산까지 나와 동행하려고 대기하고 있는 분은 최승길 장로(민헌연 간부)였는데 서울역에서 나종학 선생님으로부터 나를 인계받아서 부산까지 동행했습니다. 헌정연구회 임원들은 나를 정중히 안내해서 내가 송구하리만큼 정성을 다했습니다.

강연을 하려고 앞자리에 앉아서 강연할 때를 기다렸습니다. 강연하기 전에 민주헌정연구회 지도위원들의 인사하는 순서가 있는데, 5명이 무려 2시간이 걸리도록 인사가 아닌 강연을 하는 것입니다. 나는 심히 초조했습니다. 2시간이나 되니 청중들은 동요하기 시작했습니다. 나는 90분가량 강연하려고 준비했는데 도저히 청중의 분위기로 보아서 30분밖에 할 수 없었습니다. 그래서 나는 오후 4시경 "우리 민족의 살길"이란 제목으로 35분간 강연을 했습니다.

회중들은 여러 차례 손뼉을 치며 환호를 올렸습니다. 특별히 환호를 올린 대목은 다음과 같은 대목이었습니다. 전두환 씨는 김일성하고 대화하기 전에 먼저 김대중 선생부터 복권하고 대화한 후 김일성과 대화하는 것이 순서일 것입니다(박수 박수). 전두환 씨는 가해자이고 김대중 씨는 피해자이니 가해자가 피해자에게 사과하는 것이 상식입니다. 그러므로 전두환 씨는 金大中 선생님께 무릎 꿇고 정중히 사과해야 마땅합니다(박수 박수).

이 나라 민주화를 실현하는 비결은 하루속히 대통령 직선제로 헌법을 개헌하고 不法으로 집권한 군벌정치인은 지체말고 물러가는 것이 민주화를 앞당기는 지름길입니다(박수 박수). 학원이 안정되는 비결은 학원안정법 같은 법을 100개 만들기보다 군벌정치인은 군대로 돌아가고 정치는 정치인에게 맡기는 民主化를 하는 데 있고 귀군귀학(歸軍歸學)하는 것이 학원안정의 비결입니다(박수 박수).

서울에 도착한 17일(화요일) 저녁 10시경에 강서경찰서 정보과 형사들 3명이 우리집에 들이닥쳤습니다. 형사들은 나에게 조사할 일이 있으니 강서경찰서 정보과로 가자는 것입니다. 나는 그들에게 구속영장을 제시하라고 했습니다. 그들은 영장까지 발부할 문제가 아니기 때문에 잠깐만 가서 조사받고 오면 된다는 것입니다. 나는 단호히 말하기를 "당신네들이 말하는 잠깐이라는 것은 도저히 믿을 수 없는 잠깐이요, 먼저 번에도 잠깐 다녀오자고 하고는 8일 동안 구류를 살렸는데 이번에 잠깐이면 도대체 며칠이나 고생시키려고 그러는 것이요? 법대로 영장을 제시하시오. 나는 영장 없이는 갈 수가 없소" 하며 연행을 거부했습니다. 정보과 형사들은 가지 않고 우리 집 서재에서 밤을 새웠습니다. 나는 내 방에 들어가서 잠을 잤습니다. 그들은 밤새고 아침이 되어 교대하며 식사를 하고는 계속 나에게 경찰서로 가자고 강요했습니다. 나는 갈 수 없다고 거절하고 이 사실을 NCC 인권위원회와 민주헌정연구회에 알렸습니다.

아침 9시 30분경 민주헌정연구회 유중람 선생, 최승길 장로, 최덕길 선생 등 3명이 우리 집을 방문했고 얼마 후에 NCC의 오재식 원장, 안광수 목사, 인권위의 금영균 목사 등 3명이 오셨습니다. 6명의 성원자들과 정보과장, 정보계장 그리고 형사들 6명과 대판 언쟁이 벌어졌습니다. 나는 헌법책을 펴놓고 구속영장 없이는 체포할 수 없다는 조항을 읽어가면서 "경찰들이 어찌하여 대한민국 헌법을 어기면서 공권을 남용하려는 것이요? 헌법을 지키시오" 하며 책상을 치며 호통쳤습니다. 우리 서재에서 10여 명이 떠들며 고함을 지르니 대단히 험악한 분위기로 변했습니다.

싸워 보아도 승산이 없으니까 과장과 계장은 밖으로 나가서 경찰서로 가버리고 형사들만 5, 6명 남아서 대문 앞을 지키고 있었습니다. NCC 안광수 목사님은 19日 고 목사가 맡은 설교를 기어코 해야 하니 우리가 탈출 작전을 세우고 탈출하여 시내 여관에 숨었다가 19日 저녁 설교를 하도록 하자고 제안했습니다. 나는 그 제안에 동의했습니다. 부산에서 강연 시간이 너무나 짧고 초조해서 강연답게 하지도 못하고 감옥에 가는 것이 억울하니 이번 목요예배 설교를 소신껏 하고 투옥되는 편이 나을 것이라고 판단되어 탈출 작전에 찬동했습니다.

그래서 안광수 목사는 승용차를 우리 집 대문 앞에 바짝 대어 놓을 것이니 금영균 목사가 앞서 나가서 오른편에 먼저 타고, 다음에는 내가 가운데 타고 왼편에는 오재식 원장이 타기로 했습니다. 그와 같은 전략을 세운 우리들은 첫 번째로 운전자인 안광수 목사가 운전대에 앉고 다음에 금영균 목사, 다음에 내가, 다음에 오재식 원장이 승차하고는 시동을 걸고 출발하려고 하는데 저 앞에 있던 경찰차가 뒷걸음쳐서 우리가 승차한 차를 가로막는 것입니다.

그래서 화가 난 오재식 원장이 차에서 내려 가지고 경찰차에서 운전하는 형사의 목덜미를 붙잡고 "너 어떤 놈인데 남의 찻길을 막는 것이얏. 너 이놈 어서 비키지 못햇"하고 호통치는 사이에 내가 탄 승용차는 뒤로 가려는데 또 한 형사가 뒷걸음질하려는 승용차를 막고 있는 것이었습니다. 그러니까 이번에는 금영균 목사가 차에서 내려서, 차를 막고 있는 형사를 꽉 밀어제치니 형사는 나가넘어지고 말았습니다. 그 사이에 내가 탄 차는 뒷길로 빠져나가 신촌을 향해 달렸습니다.

회관에 들어가서 7층 조용한 방에 숨어 있으면서 그날 밤 설교 준비를 하였습니다. 내가 회관에 들어온 직후, 강서경찰서 정보과 형사들이 20여 명 동원되어서 7시부터 종일 내가 회관에 들어올 것을 예상하고 지키고 있었습니다. 나는 이미 들어와 있는데 형사들은 눈이 빠지도록 지키기에 굉장한 고통을 겪었다는 고백을 나중에 들었습니다.

저녁 5시가 되니 동대문경찰서, 강서경찰서 경찰이 수십 명 동원되었고 전투경찰은 유별나게 많이 동원되어서 기독교회관 주위와 도로 연변을 가득히 메웠습니다. 그날 밤에는 더 많은 회중이 모여 200명 가량 운집했습니다. 나는 6시 정각에 여러 청년들의 호위를 받으면서 7층에서 2층까지 유유히 걸어서 내려갔습니다. 2층에 당도하여 지체하지 않고 대강당으로 쏜살같이 들어가서 얼른 강단에 올라갔습니다. 청중들은 우레같은 박수를 쳤습니다.

나는 그날 저녁 전주에서 8·15 40주년 기념예배 때 했던 설교를 그대로 했습니다. 약 1시간 30분가량 정성을 다하여 설교하니 청중들은 여러 차례 박수를 쳤습니다. 나는 설교를 마치고 청중에 공언하기를 "나는 나를 체포하려는 경찰을 피하여 이 설교를 하였으니 설교를 마치고 나는 당당하게 경찰에 자진 출두하려 합니다. 지금 우리 기독교회관 주위에는 나를 잡으려는 검은 손이 나를 기다리고 있습니다. 나는 저들에게 잡혀가기보다 떳떳이 자진해서 경찰서에 가서 저들이 가하는 고난을 감수하려고 합니다. 나는 십자가를 회피하지 않고 떳떳이 지려고 앞으로 나아갈 것입니다"라고 말하니 청중들 가운데는 흐느껴 우는 이도 있었습니다.

예배를 마치고 나니 많은 청중들이 내 손을 붙잡고 "담대하시오. 몸조심하시오. 하나님께서 능력주시기를 원합니다"하면서 뜨거운 격려를 아끼지 않았습니다. 대강당에서 내려와 로비에 내려서 동대문경찰서 정보과장과 정보계장이 나를 반가운 듯 맞이하면서 말하기를 "목사님이 자진 출두하신다 하니 저희들이 목사님 집까지 모시고 가서 저녁 식사를 마치고 옷을 갈아입은 뒤 강서경찰서로 가시도록 조처하겠습니다" 하면서 나를 안내하고 나가니 밖에는 강서경찰서 정보계장이 기다리고 서 있었습니다.

정보계장이 나를 승용차에 태워서 영등포 즉결재판소에 도착하여 대기실에서 대기하고 있었습니다. 잠시 후에 유중람 선생님과 헌정연구회 간부들 6, 7명이 나의 재판을 방청하려고 재판소까지 찾아왔습니다. 일반 경범의 재판이 모두 끝나고 맨 나중에 나를 위한 재판이 시작되었습니다. 약 20명의 방청인이 지켜보는 데서 재판이 시작되었습니다. 재판장은 나에 대한 인정 심문을 마친 후 몇 가지 공소내용을 물었습니다.

재판장 피고인이 강연 중에 전두환 정권이 광주시민을 학살했다고 말한 일이 있습니까?
고 목사 예, 있습니다.
재판장 피고인이 강연 중에 12-12 사태를 하극상이라고 말한 일이 있습니까?
고 목사 예, 있습니다.
재판장 피고인이 전두환 정권을 불법 집권했으니 물러가야 한다고 말한 일이 있습니까?
고 목사 예, 있습니다.
재판장 피고인이 전두환 씨는 김대중 선생께 무릎 꿇고 사과하라고 말한 적이 있습니까?
고 목사 예, 있습니다.
재판장 피고인이 할 말이 있습니까?
고 목사 예, 있습니다. 지금 우리나라가 세계에서 고립이 되고 정치, 경제, 문화, 사회가 모두 만신창이 된 것은 군인이 국방에 전념하지 않고 정권을 강탈하고 독재정치를 하고 있기 때문이니 전두환 정권은 한시바삐 물러나야만 우리나라에 안정과 번영이 올 수 있습니다. 군인은 국방으로 돌아가야 합니다. 군인은 국방만 하고 정치인은 정치를 민주적으로 하고 학생은 공부에 전념해야만 나라가 번영될 것입니다. 그러므로 전두환 등 군벌정치인은 하루속히 물러나야만 합니다.

재판장 고영근에게 구류 10일, 유치명령 10일.

경찰은 나의 소지품을 다 내놓으라고 한 다음에 옷을 벗고 신체검사를 하자는 것입니다. 신체에 아무 이상이 없는가 보자는 것입니다. 그래서 옷을 다 벗었더니 팬티까지 벗으라고 강요하는 것입니다. 그 앞에 여자들이 수용된 감방도 있는데 팬티까지 벗기는 참으로 자존심이 허락하지 않았습니다. 그러나 경찰의 요구를 거절하며 싸운다면 일반 수감자들이 나로 인하여 고통을 받게 되므로 오히려 하나님께 영광이 되지 못하겠기에 나는 그들이 주는 모멸을 甘受하기로 하였습니다. 당국에서는 나에게 모멸을 주려고 계획적으로 가혹한 입감 조치를 취했던 것입니다.

나는 다행히 독방에 배치를 받아서 입방하였는데 발이 시려워서 견딜 수 없었습니다. 나는 신경통 때문에 여름에도 양말을 신어야 하는데 그때가 9월 20일이니 찬바람이 날 때였습니다. 경찰은 양발은 규칙상 줄 수 없으니 담요로 발을 싸고 앉아 있으라고 해서 담요의 신세를 졌습니다. 경찰은 나의 성경책과 안경까지 모두 영치시켰기 때문에 나는 성경마저도 볼 수가 없었습니다. 나는 경찰 간부에게 간청하여 3일 만에 안경과 성경을 받게 되었습니다. 그 안경도 저녁이 되면 간수에게 반납하고 아침이면 돌려받으라는 것입니다. 참으로 자유가 제한된 감방이었습니다.

과거 박정권 때에는 면회자가 차입하는 간식을 받아주었는데 지금은 일체 받아주지 아니하니 배가 고파서 어려웠습니다. 유치장에서 주는 식사는 꽁보리밥에 단무지 몇 쪽뿐입니다. 보리밥 40%를 먹으면 반찬이 다 떨어져 버립니다. 소금이라도 있으면 좋겠는데 소금도 없고 식사하기가 어려웠습니다. 그래서 하는 수 없이 가족이 넣어주는 사식을 먹었습니다. 사식은 반찬은 넉넉한데 밥이 적어서 역시 배가 고팠습니다. 식사 시간이 무척 기다려졌습니다. 주일날 어느 교회에서 떡을 가지고 와서 전도하는데 수감자들에게 떡을 나누어 주니 너나 할 것 없이 모두 기뻐했습니다.

내가 서부경찰서에 있을 때 많은 분들이 면회를 왔습니다만 대부분 거절되었습니다. 송천영 국회의원이 면회를 왔지만 종래 면회를 거절하니, 송의원은 화가 나서 시경 국장에게 전화를 걸어 항의하니까 시경 국장은 말하기를 고영근은 대단히 골치 아픈 존재이니 면회를 제재해야 한다는 방침이 서 있으므로 면회를 시킬 수 없다고 하였습니다. 송천영 의원과 김종완 이사장,

성수동 교회 조순환 장로, 예춘호 선생 등 여러분들이 면회를 하지 못하고 그냥 돌아갔습니다. 면회는 직접 하지 못했으나 경찰이 나에게 대한 태도는 많이 부드러워졌습니다. 여러분의 격려가 나에게 크나큰 힘이 되었습니다.

경찰서 앞을 나서니 김종완 이사장과 헌정연구위원 여러분이 새벽 4시부터 정문에서 기다렸다는 것입니다. 참으로 나를 위하는 정성이 대단했습니다. 나는 정문 앞에서 하나님께 감사하는 기도와 나를 성원해 주신 여러분에게 하나님의 축복이 넘치기를 기도하고 가족과 함께 집으로 돌아왔습니다. 경찰서에 간 지 12일 만에 집으로 돌아와 가족과 함께 만나서 하나님께 감사와 영광 돌리는 예배를 드리고 애국가를 봉창하였습니다. 추석은 감옥에서 보내고 추석 다음 날 석방된 것입니다.

『죽음의 고비를 넘어서』 2권, 216~232 발췌.

22. 1985-17-서간문-13차 연행사건 ― WCC 박경서 박사

고영근 목사님께.

보내주신 便紙와 그리고 스서 설교文書을 잘받았고
感謝히 읽었읍니다

빨리 석방되기를 祈願 합니다

언제가 될른은 모르겠읍니다만 韓国出張
가면 꼭 뵙기를 願 합니다

한국의 민주化가 하루속히 이루어 지기를 주님께
기도드립니다

이해학 牧師 님께도 이울러 문안드립니다
WCC Asia Desk를 대신하여 목사님과
목민선교회가 하나님의 사업에 늘 큰몫을
않당 하리라 확신하고 이를 위해 기도하겠
읍니다

WCC Geneve
1985년 9월 19일

朴 炅 緒 拜上

23) 1985-19-자필 설교문 — 목요기도회 설교문, "강폭하지 말고 무소(誣訴)하지 말라"

일시	1985. 10. 17. 인권예배
설교 제목	강폭하지 말고 무소(誣訴)하지 말라(눅 3:7~14).
목요기도회 설교 초안이었으나 납치 및 감금으로 설교하지 못함	

• 세례요한의 외침
  - 교계 갱신: 기성종교 회개하라
  - 사회 정화: 사회인들 회개하라. 빈부격차 부정부패 폭력무소 음란풍조
  - 예수 증거: 예수는 구주이다.

• 로마 군병을 향한 외침
  - 군병들도 물어 가로되 우리는 무엇을 하리이까?
  - 사람에게 강포하지 말며 무소하지 말고 받는 요를 족한 줄로 알라.
  - 세례요한 – 강포와 무소를 경계하고 예수님은 – 사랑과 온유를 권면했다.
  - 예수님 – 마리아를 위하여 울었다.
  - 김일성과 조만식. 김일성의 폭력 – 신의주 폭력사건. 안창호 – 조만식 – 김구 흙에 입맞춤. 현 정권도 폭력으로 시작함
• 무소했던 일
  - 조선 때: 역적모의 – 조광조(주초위왕)
  - 공산당: 반동분자 – 숙청함
  - 한국: 빨갱이 – 함경도 명태
  - 자유당: 신익희 뉴델리에서 조소앙[1] 만났다. 공화당 – 반공법으로, 민정당 – 김대중, 빨갱이

---

1 신익희 뉴델리 사건. 조소앙: 서울 성북구 출신 국회의원이었다가 6·25 때 북한으로 끌려간 정치인. 임시정부에도 관련했고, 김구, 김규식 계열로 남북통일을 주장한 협상파.

1) 국제적 폭력

(1) 식민지 폭력:

　　- 15세기 이후 식민지 부식　　　- 8·15 이후 신식민지 - 경제식민지

　　- 양극 대립

(2) 독재자 지원:

　　- 소련-김일성 지원

　　- 미국-군벌 독재 지원(월남-티우, 쿠바-비티스타, 니카라과-소모사)

(3) 핵무기 폭력:

　　- 가공할 무기 - 인류전멸 - 한국의 핵무기 - 소련 135기의 SS20, 미국의 핵무기 적치

　　- 핵전쟁의 방지

2) 정치적 폭력

(1) 폭력의 집권:

　　- 5.16 박정희의 폭력집권　　　　　- 12.12 현 정권의 폭력집권

　　- 5.18 집권의 공고화,　　　- 집권의 합리화

(2) 폭력의 제도

　　- 대통령 선거법 100~150명 선거인 추천

　　- 국회의원 선거 1선거구 2명 민정 153, 신민 123

　　- 언론기본법언론자유 봉쇄

　　- 학원안정법제반 자유 봉쇄

(3) 폭력으로 유지

　　- 김무길 76년 2일 1,000 무더기 투표 고발 후 수난

　　- 5.18 광주사태

　　- 1982년 우순경 총기 난동 사건

　　- 학생 학원 강제징집 465명, 6명 사망

　　- 동두천 군인의 난동 84. 5. 27 총기 난동

- 경찰의 여대생 추행 사건
- 노동자 노동운동 폭력. 구타 사건 대우어패럴
- 제일교회 박형규 목사 사건
- 임신부 구타 사건 6개월 흥사단에서
- 박종만 분신자살 최루탄 투척 사건
- 전경대의 폭력

(4) 고문 위헌성

〈헌법 제2장 제 12조〉

① 모든 국민은 신체의 자유를 가진다. 누구든지 법률에 의하지 않고는 체포, 구금, 압수, 수색, 고문, 처벌과 구류처분을 받지 아니하며 법률과 적법한 절차에 의하지 않고는 강제 노역을 당하지 아니한다.

② 모든 국민은 고문을 받지 아니하며 형사상 자기에게 불리한 진술을 강요당하지 않는다.

③ 체포, 구금, 압수, 수색에는 검사의 신청에 의하여 법이 발부한 영장을 제시하여야 한다. 현행범인 경우와 장기 3년 이상의 형에 해당하는 죄를 범하고…

〈세계인권선언문〉

제5조 사람은 누구를 막론하고 고문을 받게 하여서는 안 된다. 잔인하고 비인도적 혹은 비열한 처우나 처벌을 받게 하여서는 안 된다.

박 정권 때 - 이세규 장군[2]이 받은 고문

현 정권 때 - 이해동 목사의 고문,

김대중 씨 공산주의자로,

김근태 씨 고문(동아일보 보도, 그 부인의 호소),

고 목사의 잠 안 재우기 고문

고문은 명백한 헌법위반, 명백한 인권선언 위반이다.

---

2 육사 7기. 한국전쟁 참전용사. 3선 개헌에 반대 의사를 표시하였다가 소장 진급에서 떨어져 준장으로 예편. 신민당 의원으로 당선, 실미도 사건 진상 밝힘. 10월 유신 직후 체포되어 모진 고문을 당했다.

(5) 법조계의 폭력

- 사법계 독립의 붕괴 - 법관 인사 파동
- 미문화원 사건 - 7년 징역

  (3.1운동 때 일제는 3년 징역. 평화적 시위자에게 7년 징역은 폭력임)

3) 경제적 폭력

(1) 제도적 폭력:

- 대기업의 특혜 - 중소기업 위축 - 500% 융자
- 저곡가 정책 - 농민에 대한 폭력
- 저임금 정책 - 노동자에 대한 제도적 폭력

(2) 대기업의 폭력:

- 덤핑수출과 매매 - 중소기업을 압박
- 돼지 키우기 - 농민을 압박
- 쇠고기 수입 - 소 가격의 폭락 - 낙농업의 파멸

4) 학원의 폭력

- 학원법의 제정 획책
- 시위하면 교내침투 체포
- 학생들을 강제징집함

- 서울대학교에 6,420명 투입
- 학생 구타, 눈 실명-한신대

5) 언론의 폭력

- 관제언론
- 편향적 보도(귀군귀학 보도 않음)
- 언론기본법 - 언론통제

- 왜곡된 보도 - 김대중 빨갱이
- 정권 안보 - 남침 위협 악용

6) 사회적 폭력

- 무전취식 - 횡포   - 폭력행위 - 구타 사건   - 강간, 윤간

7) 종교적 폭력

- 단군성전 건립 - 종교박해의 간계
• 폭력의 중지-하나님의 심판 …

24. 1985-20-소식지-「인권소식」-14차 연행사건 ― 민추협 고문 반대 농성 강연

〈14차 연행사건〉

일시	1985. 11. 29~11. 30 심문 2일
사건 내용	민추협 고문 반대 농성 강연

11.11~13, 고문 수사 및 용공 조작 저지 공동대책위원회 민주화추진협의회 사무실에서 벌인 농성으로 안기부에 연행, 조사받은 사건.

인권소식

한국기독교교회협의회
인 권 위 원 회
(서울·종로구 연지동 136-46)
기독교회관 903 호 / 764-0203

제 176 호   1985. 12. 5.

민주인사 연행 계속돼

• 고문수사 및 용공조작 저지 공동대책위원회가 지난 11월 11일부터 13일까지 민주화추진협의회 사무실에서 벌였던 농성과 관련하여 고영근목사등 여러명의 민주 인사들이 안기부에 연행되어 조사를 받은 후 석방되었으나, 이부영씨 등은 아직도 조사를 받고 있다. 그 간의 연행 상황은 다음과 같다.

11월 21일 최종진씨, 강구철씨 연행   11월 22일 이은재씨 연행

11월 27일 송병춘씨, 김현식씨 연행, 최종진씨 석방

11월 29일 고영근목사 연행, 강구철씨, 이은재씨 석방

11월 30일 조춘구씨 (민통련 사회국장) 연행, 고영근목사 석방

12월 2일 이부영씨 (민통련 민생국장) 연행, 송병춘씨 석방

12월 3일 조성우씨 (한국기독학생총연맹 간사) 연행

　이로써 12월 4일 현재까지 조사를 받고 있는 사람은 이부영씨, 조춘구씨, 김현식씨, 조성우씨 등인 것으로 알려졌다. 이들 민주 인사들에 대한 일련의 연행 조사는 아무런 영장 제시없이 이루어졌으며 당사자들은 이와 같은 불법 연행에 의한 인권 침해는 근절되어야 한다고 입을 모으고 있다.

7장

—

1986년도 사료

I. 수첩으로 보는 사역

1986년 1월 활동

	월일	활동 내용
1月 JANUARY (handwritten calendar)	1.5.	인천 용광교회 하루 부흥회(윤정소 목사)
	1.6~10.	충남 응봉감리교회(허원대 목사)
		충남지방 교역자 강좌회
	1.12.	이천초장교회 하루 부흥회
		재야간담회 성명서 발표(함석헌 외 21인) "조국의 위기 타개를 위한 우리의 제언"
	1.13.	재야간담회 회의
	1.16.	NCC 고문대책위원회 주관 목요예배 헌금 기도 □ 1986년 1월 16일 민주정의당 총재 전두환 대통령은 연두 국정연설을 통해 "대통령 선거 방법의 변경에 관한 문제는 평화적 정권교체의 선례와 서울올림픽 개최라는 긴급한 국가적 과제가 성취된 후 오는 1989년에 가서 논의하는 것이 순리다"라며 개헌반대 입장을 밝혔다. 이 입장을 표명한 지 20여 일 후인 1986년 2월 12일 신한민주당과 민추협이 공동으로 '1천만 개헌 서명운동'을 시작했다. □ 1986년 의사당 사퇴 관련 신민당 의원 7명 기소(15차 연행). 이에 대한 규탄을 담은 기도
	1.19.	신일성결교회 하루 부흥회
	1.20.	강서경찰서
	1.22.	강동경찰서
	1.31.	석방
	1.20~31.	NCC 헌금 기도 구류 12일(유언비어, 「15차 연행 사건」)
	1.23.	한국기독청년협의회 성명 발표 "기도는 유언비어가 아니다"
	1.27.	전국목회자정의평화실천협의회 성명 발표 "고영근 목사의 기도를 구류처분한 종교탄압 현실에 임하여"
	1.31.	□ 인권위원회 후원회 회의 □ 구속자 가족협회 통하여 내복 100벌 차입(독일교포 성금) □ 가족협회 내복 100벌(시카고 교포) & 담요 30매 차입 □ 구속자 내복 200벌 차입(독일 토요기도회 12월)

1986년 2월 활동

월일	활동 내용
2.2.	현대교회, 시흥교회 제직 훈련
2.4~8.	중리교회(김진렬 목사)
	전북지구 교역자 강좌회 "교회와 민족"
2.16.	부천 성산교회 하루 부흥회
2.17~20.	강원 광승교회(김현경 목사)
2.23~25.	부산 중부교회(최성묵 목사)
2.28.	수원지구 3·1절 기념예배 설교(350명) "우리 민족의 살길"

1986년 3월 활동

	월일	활동 내용
3月 MARCH 1 土 2 日 목민교회 3 월 강민 회환삼리 4 火 〃 5 水 〃 6 木 〃 7 金 〃 8 土 좌담 막사흐고인 9 日 당진 이명납 2-2228-0457 10 月 11 火 밭 12 木 13 木 14 金 15 土 16 日 한인제일교회 63-8479 17 月 18 火 19 木 긴리 우사 8시 20 木 44 난천중리 21 金 흑성강화 22 土 23 日 농민 운리 대전 그3155 24 月 25 火 26 木 전주한일 72-3524 홍영훈 27 木 〃 2-484 회정식 28 金 29 土 30 日 부찰주일 청주 31 月	3.3~7.	강원 원천교회(하남식 목사)
	3.8.	인천산업선교회 '노동운동 탄압과 선교 탄압 저지를 위한 연속기도회' 설교(일꾼교회)
	3.9.	당진교회 하루 부흥회
	3.16.	한신제일교회
	3.17.	박영진 열사 가족 돕기(민주연합회, 목민교회)
	3.17.	NCC 기자회견 '민주헌법 실현 범기독교추진위원회' 발족 위원장: 조남기 부위원장: 박종기, 박형규, 조용술 서기: 오충일 위원: 고영근, 금영균, 김규태, 김상근, 김윤식, 김준영, 이우정, 전재국, 조승혁
	3.19.	예장 인권선교위원회 임원회 □KBS-TV 시청료 거부 및 민주개헌을 위한 서명 　운동 성명서 채택. □「민주헌법실천 예장 추진본부」 결성
	3.21.	KSCF 주최, 서울지구 대학생 설교 "기독청년의 시대적 사명"
	3.23.	대전 그리스도교회 하루 부흥회
	3.26.	전주 한일신학교 신앙수련회 □신앙생활 좌표 확립 □올바른 신앙생활 □체험적 신앙 & 신앙의 생활화
	3.30.	청주 연합교회, 부활주일 청주 도시산업선교회 회원 30여 명, 당국과 토지개 　발공사의 강제철거 조치를 막기 위해 농성, 84년 3 　월경부터 토지수용령 발동, 서민들의 사유재산을 　강제몰수하려 하자 장기 투쟁을 벌임 「인권소식」 191호

1986년 4월 활동

	월일	활동 내용
(필기 달력) 4月 APRIL 1 火 2 水 3 木 4 金 5 土 6 日 7 月 8 火 9 水 10 木 11 金 12 土 13 日 14 月 15 火 16 水 17 木 18 金 19 土 20 日 21 月 22 火 23 水 24 木 25 金 26 土 27 日 28 月 29 火 30 水	4.3.	장신대 춘기수련회 "한국교회의 나아갈 길" □교계갱신 단행 □민족목회 실시 □복음화운동 전개
	4.6.	대전백운교회 하루 부흥회
	4.7.~15.	KSCF 설교 사건으로 구류(「16차 연행사건」)
	4.7.	목민선교회 성명 발표 "하나님의 종, 고영근 목사 연행을 보며 우리의 각오"
	4.12.	군산복음교회
	4.14.	인권위원회 정책협의회 KBS-TV 시청료 거부 운동 전국목회자정의평화실천협의회 ①민주언론 쟁취 ②주일성수 탄압 규탄 ③86, 88 올림픽 민생위협 우려 ④86 개헌 이뤄져야 ⑤민중운동 발전 지원 ⑥용공조작과 사상표현 탄압 중단 ⑦민주인사 즉각 해금 ⑧광주사태 책임 ⑨제국주의 잔재 청산 「인권소식」 194호
	4.18.	순천지구, 부활절, 4·19 기념강연 "십자가와 부활"
	4.20.	전주 성광교회
		전주지구, 부활절, 4·19 기념강연 "십자가와 부활"
	4.21.	청주지구, 부활절, 4·19 기념강연 "십자가와 부활"
	4.25.	일신교회
	4.27.	증약성결교회
	4.28~5.2.	강진군 연합집회(강진교회, 유기문 목사)
		강진교회(유기문 목사)

1986년 5월 활동

월일	활동 내용
5.1.	고문·용공 공동대책위 전체회의 "최근 고문 및 인권탄압 사례보고 대회"
5.2.	이희호 권사 면담
5.3.	문익환 목사 면회(동대문경찰서)
5.4.	성인교회, 화곡성결교회
5.5~9.	포항지구 교역자 강좌, "교회와 민족"
	포항 평강교회(이호국 목사)
5.10.	전주대학교 시국강연
5.11.	사당 반석교회 하루 부흥회
5.12.	예장 청년연합회 5.18 기념설교 "의인의 핏소리"
5.13.	영남신학교(대구)수련회 "한국교회와 민족의 나아갈 길"
5.15.	원광대학교 시국강연
5.16.	새벽 6시? 미 5호 정문
5.20.	「나라를 위한 기도회」 준비 조찬 기도회 실시
5.21.	광주 한빛교회 "5·18 희생자 추모예배를 겸한 나라 위한 기도회"
	완도지구 민주화 강연 "우리 민족의 나아갈 길"
	완도지구 교회연합 강연 "한국교회의 나아갈 길"
5.22.	장로회신학대학 5·18 추모예배 설교 "민족의 살길"
5.25.	일신교회 하루 부흥회
5.26.	NCC 인권위원회 성명서 발표 "우리 모두 더 이상 방관자가 되어서는 안됩니다. 잇달은 분신사태를 비통해하며"
5.29.	동교동교회
5.30.	NCC 비상시국보고회(NCC 고문대책위원회 주최) "민주헌법실현운동, KBS-TV 시청료 거부운동, 남영동 14인 고문사건, 교회 탄압, 교육민주화운동 탄압, 양심수 전원 석방, 고문 수사 중단, 독재 정권 퇴진" 등을 요구하며 시위, 해산 「인권소식」 200호.

5月 MAY

1 木 강건 노회. N(희인
2 金 이희호3사 "
3 土 동미모 시찰(")
4 日 성인교회   화곡교회
5 月 포항집회 0562-2 - 3295
6 火 "
7 水 "
8 木 "
9 金 남한 오후2시 32-38리 포족항
10 土 전주(대책)강의
11 日 사당반석 584 - 3107
12 月 부흥집회 수요 5시~6시 자족
13 火 영남소 오후4~6 2~3
14 水
15 木 2시 원광대 강연
16 金 새벽 6시 미5호정문
17 土
18 日 부산영도중앙 41-0239 중앙동교회 외
19 月
20 火 청주 7.30불조찬   광주행
21 水 한도 10시 배형규 4시~5시
22 木 강연 1시 강연   6시 인천
23 金 밤8시 일신교회 6시 8호 이요
24 土
25 日 일2교회 하루   4,30 초빈
26 月 신우광고 7.30 조찬 2-7088
27 火
28 水 부산 육호스텔 박형규목
29 木 평신교 6.30 동교동교회
30 金 오후2시~4시 1003사건 시청료거부
31 土

1986년 6월 활동

	월일	활동 내용
	6.1.	인천 만석교회 하루 부흥회
	6.2~4.	NCC 인권문제전국협의회(의정부YMCA) "민주쟁취와 인권"(86년도 인권선언 발표)
	6.8.	울산 평강교회 하루 부흥회
	6.9.	장신대 동문 교역자 강좌회(백주년기념관, 김영환 목사) "한국교회의 진로"
	6.10.	전북지구 「나라를 위한 기도회」 전주 성광교회(김경섭 목사) ① 한국교회 나갈 길: 교회갱신과 민족 복음화 성취를 위하여 ② 우리 민족의 나아갈 길: 외침 내환의 국난타개를 위하여, 조국의 민주화와 통일을 위하여
	6.12.	전남지구 「나라를 위한 기도회」 (여수 은현교회, 김정명 목사)
	6.13.	여수 은현교회 하루 부흥회
	6.15.	대구 남성교회 하루 부흥회
	6.16.	경북지구 「나라를 위한 기도회」 대구 남성교회(이진수 목사)
		대구교도소 방문, 항의 "재소자에 대한 인권탄압 문제"
	6.17.	충청지구 「나라를 위한 기도회」 청주제일교회(이쾌재 목사)
		청주교도소 방문, 항의 "양심수에 대한 차별 문제"
	6.19.	경남지구 「나라를 위한 기도회」 부산 중부교회(최성묵 목사)
	6.20.	인권위원회 후원회 임원회
6.21.	6.22.	서울 고은교회 하루 부흥회
한국목민선교회 주최 「나라를 위한 기도회」 전주 85, 여수 300, 여천 35, 대구 150, 청주 140, 부산 100, 단양 150, 제천 240, 이리 85, 광주 300명, 10곳에서 기도회가 진행되었다. 전주, 여수, 대구, 부산, 청주는 선교회에서 주관, 단양, 제천, 여천, 이리, 광주 등은 자체적으로 주관하여 진행되었다.	6.23.	제천지역 교회연합 강연 제천중앙감리교회(변환규 목사)
		이리 갈릴리교회 지역지도자 강연(이동춘 목사)
	6.24.	재야간담회(장소:백주년기념관) "개헌 정국을 보는 우리의 입장" 성명서 발표 ① 구속 인사 석방 ② 개헌의 중심은 국민에 의한 통치권자 직접 선출 원칙 ③ 미국 역할 문제점 지적 ④ 개헌의 요체는 군부독재 종식과 민주정부 수립

1986년 7월 활동

	월일	활동 내용
	7.6.	미금중앙교회 하루 부흥회
	7.7~8.	예장 인권협의회 3회 세미나(유성 경하장) "교회, 평화, 인권" □ 예장 목회자 132명 참석 □ 현 정권의 정통성 문제, 개헌 문제 □ 부천서 성고문 사건 □ 대구지역 선교탄압 사건 등의 보고와 대책 논의 □ 인권과 평화를 위한 예장 목회자협의회 (가칭) 결성 「인권소식」 206호
	7.9.	알비쥬(Ales Arvizu, 주한 미국대사관) 서기관 면담
	7.11.	황 목사 면담
	7.13.	시흥대광교회 하루 부흥회
	7.14.	임실교회 오전 부흥회
	7.15.	임실지구 민주화를 위한 강연 "우리 민족의 살 길은 민주화" 임실지구 교역자 강좌(임실교회, 유지영 목사) "목회방법"
	7.18.	알비쥬 서기관 면담, 김삼환 면담
	7.19.	성북지구 수련회
	7.20.	성수동교회 헌신예배
	7.21.	재야간담회 "부천서 성고문 사건" 관련 회의 "권 양에게" 입장 표명(7.24일 발표)
	7.21.	임기윤 목사 추모, 재야간담회 회의
	7.22.	원주기도원
	7.27.	은평중앙교회 하루 부흥회
	7.28.	인권위원회 & 순국 유족 해외 교포 성금 전달
	7.28.	예장 목회자협의회 결성(예장 목협) □ 회장: 이정하 □ 부회장: 금영균, 염용택, 고영근 □ 총무: 인명진 「인권소식」 209호
	7.28~31.	익산 엘리사기도원 집회(김동관 목사)

1986년 8월 활동

	월일	활동 내용
8月 AUGUST (handwritten calendar)	8.1.	"레이건 정부에게 드리는 공개 권고문" 발표(발기인: 이두수, 조화순, 고영근, 장성룡, 허병섭, 이해학, 임영천, 이호석, 정동수 목사 외 서명자 300명)
	8.2.	민주헌정연구회 방문
	8.8.	장위동교회 하루 부흥회
	8.11~15.	강진 만덕산기도원(김병두 목사)
	8.13.	재야간담회, 「민주화운동 유가족협의회」 창립대회
	8.15.	동해시 구국기도회, 8·15 기념강연 "우리 민족의 나아갈 길"
	8.16.	기장 전북노회 8·15 기념 강연 "우리 민족의 나아갈 길"
	8.17.	천안 미죽성결교회 하루 부흥회
	8.18~19.	인권위원회 후원회 수련회(유성) "민주 쟁취와 인권" □ 인권 현황과 인권위원회 활동 보고 □ 후원회의 활성화를 위한 토의 진행
	8.20.	대구교도소 방문: 대구교도소 구속자 가족이 19일 밤 교도소 앞에서 교도소 내 집단폭행 항의 농성으로 연행됨. 이에 대한 항의, 해결책 모색 촉구(박형규, 고영근, 인명진, 류태선)
	8.20~22	성남 시민교회
	8.24.	장항장로교회 하루 부흥회
	8.25.	기장 전북노회 교역자 모임(전주 성광교회)
	8.25~28.	레이건 정부에게 보내는 공개 권고문 서명 사건과 관련하여 연행(「17차 연행사건」)
	8.26.	매포수양관 민헌연 청년집회 참석차 연행, 26일 즉심 회부, 구류 3일.
	8.31~9.3.	대전 충현교회(이춘복 목사)

1986년 9월 활동

	월일	활동 내용
	9.4.	김재훈, 이문영 방문
	9.7.	동현장로교회, 한강장로교회
	9.11.	목요기도회 설교 "회개하라 천국이 가까우니라"
	9.13~19.	9.11일 목요기도회 설교 관련, 이리에서 연행, 구류5일「18차 연행사건」
	9.14.	김제 백구교회 하루 부흥회 취소
	9.15.	구세군사관학교 하루부흥회 취소
	9.21.	서울 갈릴리교회, 대구 동원교회
	9.23.	예장 목회자협의회 총회
	9.25.	예장 총회「교회갱신을 위한 예장 목회자 연합기도회」(백주년기념관) "교회갱신과 목회자의 자세" □ 강연: 박창환 박사(장신대 학장), □ 이만열 교수(숙명여대) □ 780여 명 참석, 신앙 고백문 발표
	9.28~10.1.	옥수동 루터교회(박성환 목사)
	9.30.	변성희 권사 별세(1970년대부터 후원자)

1986년 10월 활동

	월일	활동 내용
10月 OCTOBER 혜성교회 663-2957	10.4.	첫토기도회 강연(샘터) "우리 민족의 활로"
1 水 ॥ 2 木	10.5.	혜성교회 하루 부흥회
3 金 4 土 성생일 2.30첫토기도, 샘회	10.6~9.	부평동산교회(전광은 목사)
5 日 부평 0658-42-2309 6 月 동산교회 부평 522-6365	10.9~13.	전주 신동교회(김정수 목사)
7 火 8 水 9 木 신동교회 전주 3-8969		전주지구 교역자 강좌 "목회방법"
10 金 ॥ 11 土 ॥	10.13~16.	은평중앙교회(명철재 목사)
12 日 13 月 은평중앙회 662-3373 14 火 15 水 ॥ 16 木 0418-42- 17 金 8시 인천교회 2가 소청량 460 18 土 인천 평일	10.17.	NCC 인권위원회 후원회 ① 동절기 앞두고 영치품(모포, 내의) 후원 동참 ② 구속자 위한 변호비 모금 동참 ③ 해외모금에 의존하였으나 해외모금 줄어드는 추세, 국내모금 확충 방안 모색 87 인권사업 후원 예산 책정에 대한 협조 청원 공문 발송
19 日 독일 화란 62-3068, 62.7570 20 月 신내 평민		
21 火 22 水 강석호 평민 23 木 목민 2가교회 54 24 金 5가교회	10.18~23.	광주 유가족 농성, 23일 목요기도회 참석, 성명 발표 후 해산 "광주학살 책임지고 살인 정권 물러가라" "유족 탄압 중지하고 내 아들을 돌려달라"
25 土 강서초 12시 26 日 송원교회 663-8901 27 月 신천 북레교회 김배서 523-9428	10.23.	서울지구 교역자 강좌(목민교회, 김동엽 목사) "교회와 민족"
28 火 11시 대전 남문교회 기광 29 木	10.26.	송원교회 하루 부흥회
30 木 서木9예배 10시 노회 서고훈 31 金 오후 11시 영남 역남교회 678-69	10.27.	신천 복례교회
	10.28.	대전 남문교회
	10.30.	목요기도회 설교(녹음테이프 소장) "한국교회의 나아갈 길" ▫축도 담당 박형규 목사 연행(11.6일, 동대문경찰서) ▫목요기도회 후 「건대사태의 평화적 해결을 위한 철야 기도회」를 EYC 사무실에서 가짐(기독청년, 학생, 민가협 회원, 민주열사 유가족협의회 회원)
	10.31.	영등포 영남교회 철야예배 설교

1986년 11월 활동

월일	활동 내용
111.2.	반석교회 하루 부흥회
11.3~7.	창대교회(김종덕 목사)
11.5.	알비쥬 서기관 면담
11.10.	「나라를 위한 기도회」(백주년기념관)
11.7.	10월 30일 목요예배 설교 사건으로 구류, 즉결재판 「19차 연행사건」
11.13.	민추협 농성 민추협은 민통련 등 민주단체 탄압에 잇따른 민주인사 구속에 항의하여 11일부터 농성 돌입. 13일 낮 12시에 해산하였다. 「인권소식」 223호. 성직자들 잇달아 연행 장성룡 목사(시국선언) 최성묵 목사(울산 강연) 고영근 목사(목요기도회) 강희남 목사(전북대 강연)
11.15.	인권위원회 회의
11.18.	NCC 「나라와 민족을 위한 성회」(연동교회) 1,800여 명 참석, 목회자 80여 명 민정당사 앞 시위. 허병섭 목사 구속, 유병국, 김영주, 박영모 목사 불구속 입건, 연행 과정에서 극심한 폭행과 욕설(52명 종로서로 연행). 「인권소식」 224호.
11.21.	부천서 성고문 사건 재판 방청, 여성 지도자 격려
11.23.	베데스다교회 하루 부흥회
11.28.	한신대생 위한 설교? "우리 민족의 나아갈 길"
11.30~12.3.	만인교회(최용호 목사)

1986년 12월 활동

	월일	활동 내용
12月 DECEMBER 1 月 〃 2 火 〃 3 水 〃 4 木 기〜 예장청년 5 金 연서교회 387-9470. 기독교와 통일 6 土 7 日 광주 고백교회 김성용 68-6969 8 月 백운교회 0685-2-6251 9 火 〃 10 木 〃 11 水 〃 12 金 〃 13 土 도서기증식 14 日 0634 15 月 삼산 서부교회 32 2294 16 火 〃 17 水 성신생일 〃 18 木 〃 19 金 2시인권 7시국안보궐기대회 20 土 21 日 갈릴리 정총권 면담 22 月 박○○ 총권 면담 23 火 부산 3시 대구. 24 木 성탄생일 25 木 26 金 27 土 28 日 전국 머광 5-3413 29 月 〃 30 火 〃 도양 45-1592 31 木 〃	12.5.	예장 청년(영서교회) 강좌회 "기독교와 통일"
	12.7.	광주 고백교회 하루 부흥회
	12.8~12.	전남 백운교회
		전남지구 교역자 강좌 "민족 위한 구국운동"
	12.15~19.	전남 삼산서부교회(홍성표 목사)
		전남지구 교역자 강좌
	12.19.	인권위원회 수련회(수안보)
	12.21.	갈릴리교회
	12.22.	박창원 면담
	12.28~30.	전주대광교회(이병선 목사)

II. 세부적 활동 내용으로 보는 한 해 일정

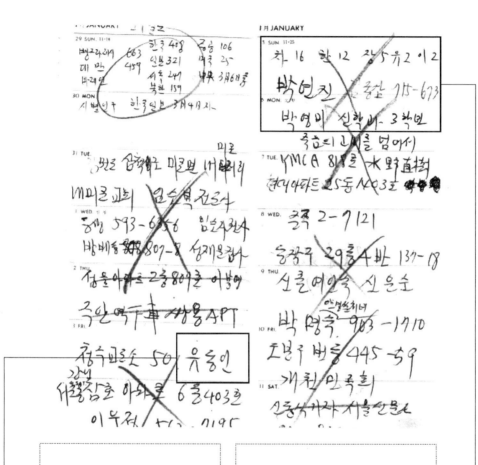

유동인: 청주교도소 50번. 전국총학생연합회 대구지역 평의회와 대구지역 민주화투쟁 총학생연합회가 주도한 1985년 5월 민중항쟁기념 공동집회 및 투쟁에서 KBS 화염병 투척으로 구속.

〈박영진 열사 분신사건〉

1986년 3월 17일 공동투쟁의 날 노동조합 결성하려는 계획, 관리자들의 몸싸움으로 농성에 돌입하면서 "8시간 노동제를 보장하라"라고 외쳤다. 순식간에 관리자들이 몰려와 돌을 던지고 소화기를 쏘았다. 바리케이트는 무너지고 옥상으로 올라갔으나 경찰이 뒤쫓아 올라왔다. 이에 박영진은 "근로기준법을 지켜라", "일당 1080원을 인상하라", "노동삼권 보장하라"를 외치며 분신.

〈6월 사업 보고〉

지상 주보 협조 3만
장신대 동문회 설교 25명
수원지법 판사 격려 편지
장기표, 조순형 영치금 5만
해직 교수 2만
민통련 방문 3만
장청 5만
시국대책 회의 3회
신학생 보조 2만

7.10. 고문·성고문·용공조작 범국민폭로대회(명동성당)
성고문대책위원회 가입

〈업무계획〉

6.25 인권예배, 김현경 전화,
해외편지
인권위원회 후원회
목민선교회 회원모집 요강, 회원패
후원회 공문
설교 제목 제일, 성수
미국 경고문
민정당 도서 발송
강서경찰서 & 시경 경목실 방문
대구 편지
강서구 면회오신 분 인사
한경직, 김선도에게 우송
평평회장 전화, 인명진 목사 면담
송건호 선생 면담
기도원에 전화, 식비

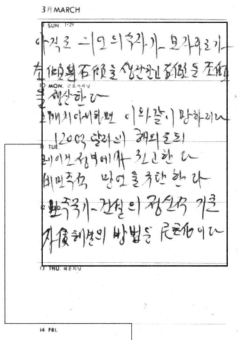

〈아직도 의인의 숫자가 모자라는가?〉

좌경은 우경을 생산하고
우경은 좌경을 생산한다.
회개치 아니하면 이와 같이 망하리라.
120억 달러의 해외 도피
레이건 정부에게 권고한다.
비민주적 망언을 규탄한다.
민주국가 건설이 정신적 기초
외채 해결의 방법은 민주화이다.

〈1986년 5월 3일〉

김세진 열사: 86년 서울대학교 자연계 학생회
장, 단과대학 학생 회장단 대표.
전방입소훈련 반대 시위를 계획중에 이재호와
함께 4월 28일 신림사거리 부근 건물 옥상으로
올라갔고 400여 명의 학생들이 전방입소를 반
대한 시위.
경찰들의 강제진압에 맞서 "양키의 용병교육
전방입소 결사반대", "반전반핵 양키고홈"을
외치며 분신.

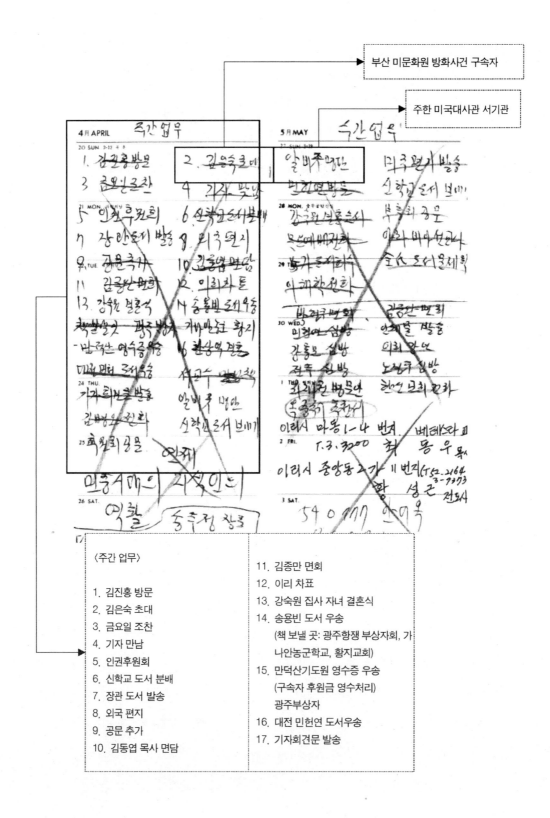

부산 미문화원 방화사건 구속자

주한 미국대사관 서기관

〈주간 업무〉

1. 김진홍 방문
2. 김은숙 초대
3. 금요일 조찬
4. 기자 만남
5. 인권후원회
6. 신학교 도서 분배
7. 장관 도서 발송
8. 외국 편지
9. 공문 추가
10. 김동엽 목사 면담
11. 김종만 면회
12. 이리 차표
13. 강숙원 집사 자녀 결혼식
14. 송용빈 도서 우송
   (책 보낼 곳: 광주항쟁 부상자회, 가
   나안농군학교, 황지교회)
15. 만덕산기도원 영수증 우송
   (구속자 후원금 영수처리)
   광주부상자
16. 대전 민헌연 도서우송
17. 기자회견문 발송

5月 MAY 11월 업무

〈성금 처리 내역〉

풀빛목회 2만원
민주헌정연구회 26만원 시카고 성금
부상자 학생 3만원
민주헌정 3만원
자유실천문인 2만원

이리 청년 120명	노인대학 150명
민추협 100명	민추협 5만원
박형규 1만원	김동완 2만원
한광옥 8만원	문부식 3.5만원
김윤숙 3만원	계훈제 2만원
이길재 2만원	권인숙 2만

6月 JUNE 업무

〈한국 목민선교회〉 임원진

부회장 이해학(교육부)
총무 임영천(출판부)
서기 정동수
기획 송정홍
선교 김동엽
사회 인명진

〈자료집 발송 명단〉

김동엽 이해학 인명진 오충일
박형규 조남기 조용술 김준영
장성룡 김동완 조화순 최인규
장병기 김영권 유동우 이동철
박준철 차선각 김소영 이경배
오원식 김관석 안병무 문동환
문익환 민가협 장기표 이문영
유인호 장을병 이영희 계훈제
박광선 김경식 문정식 윤기석
김영진 김경석 신삼석 도영화
김정명 송건호 최병국 금영균
이근복 김찬국 주계명 김상근
고민영 사회연구

목민선교

1. 민주화운동단체 성원: 신민당, 민추협, NCC 시국대책위, 예장 인권위, 장청, 민청련, 민통련, 예목협, 민주헌정연구회, EYC, 성고문대책위, 민주언론협의회, 자유실천문인협의회, 기독교농민연합, 구속자가족협의회, 노동상담소, 기독교신문사 등(152만 원)
2. 개헌서명시국대책위(20만 원)
3. 구속자 영치금 및 차입물: 내복 100벌 차입(독일 교포), 100벌 차입(시카고 교포), 담요 30매(시카고 교포), 내복 200벌(독일 교포),
4. 구속자 위한 법률구조비 전달(독일 교포 성금 150만 원)
5. 구속자 영치금 차입: 가족협의회(109만 원), 문익환, 김병오, 이협, 서호석, 한영애, 변성수 이을호(워싱턴 교포 40), 함양희, 대전지구 인권위 간사, 박준철, 광주지구, 장기표, 성남지구(시카고 인권후원회 20), 대전지구 구속자(장기수-독일교회 38만 원), 김종완, 백종수 의사(시카고 13만원), 류태선, 이돈명, 박형규, 김동완, 한광옥, 문부식, 허병섭, 송건호, 서노련(독일-42만원), 이부영, 안기성, 손만호, 최덕희, 사공준 등 영치금 차입. 총 333만 원 영치금 차입
6. 고난받는 민주인사: 분신 노동자 김태웅, 백종수 치료비, 임기윤 목사 유족, 박형규, 송진섭, 학원시위로 부상당한 000 치료비, 분신열사 김세진, 이재호 유족(캐나다 교포-41만 원), 광주 등 총 136만 원
7. 장학금 지원: 65만 원
8. 병원에서 고난받는 민주인사: 김재준, 김종완, 계훈제, 김해성, 이상준, 이숙자, 박준철 등 55만 원
9. 분신열사 가족 후원: 전태일, 전종태, 박종만, 홍기일, 송광영 열사 유가족 56만 원

III. 고영근이 만난 사람들

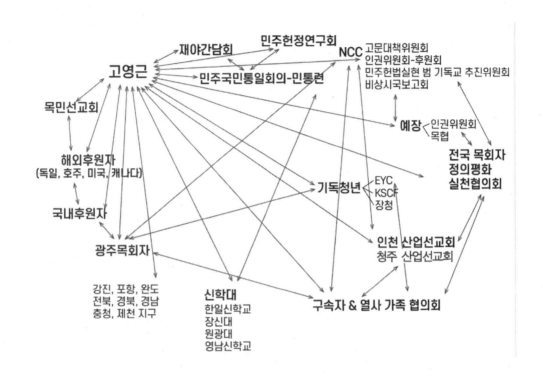

재야인사

이우정 이문영 한광옥 계훈제 이길재 한승헌 이돈명 홍남순 김근태 노경규 정찰중 안병무 문익환 함석헌
문동환 유인호 장을병 김찬국 탁명환 한완상 박경천 송기숙 김영진 명노근 이만열 홍성우 송건호 이영희
김광일 윤용 고은

집회(부흥회 & 강좌회 & 시국 강연회)

김동원(익산 엘리사기도원) 김병두(강진 만덕산기도원) 순천지구 수원 전주 청주 완도 임실 전남
동해시 이리지구 신민당 강서지구 연동교회 민추위원회 기장 전북노회 마포지구(음동성 목사)
강원 포항 충남 익산 강진 대전 전주지구
임순복 전도사(내미는교회) 조영재(제주 성안) 이동호 전도사(갈릴리교회) 강춘오(교회연합신문)
이상운 목사(덕연 순복음) 양춘식 목사(인천 성광) 박노갑 목사(청주 신도) 강공례 전도사(전국여교역자)
정주남부교회 한경직 김선도 최성준 목사 백윤석 최순애(진잠장로) 박조준 홍성표 전도사(서부)
최종진 노영우 목사(남부) 최동우 목사(베데스다) 우영수 목사(안디옥) 허원대(충남 웅봉)
김진렬(전북 종리) 차관영(시흥) 김헌경(광승) 최성묵 목사(부산 중부) 하남식(강원 원천) 이호국(포항 평강)
이춘복(대전 충현) 박성환(옥수동 루터) 전광은(부평 동산) 명철재(은평중앙) 김청수(전주 신동)
김종덕(청대) 최용호(만민) 남성도(전남 백은) 이병선(전주 대광) 홍성표(전남 삼산서부)

김택한(한일신학교) 유기문(강진)

기독교 민주화운동

박형규 이직형 이해학 김재준 양춘식 허병섭 이해성 강희남 김영범 인명진 김진동 김동완 임영천
조화순 김경식 윤기석 배기은 박광선 신삼석 김동엽 김진홍 오충일 조남기 조용술 장성룡 김준영
최민규 차선각 김소영 이경배 오원식 김관석 문정식 김경석 최병국 금영균 이근복 주계명 김상근
고민영 전승룡 정동수 배종렬

기독교 청년 활동가

장병기 박준철

열사 & 구속자

청주교도소 50 유동민 조도형 이유근 한길년(청주) 윤순덕
원주교도소 9992 김성호
인권문제연구소 김대양 탁지일 장기표 조순형 김세진 이제돈 손국자 조인국 이면화 조성호 조성남
백종수 백길순 사공준 손호연 최덕희(대구 국방구속법) 김경호 유동민 김은숙 문부식 권인숙
<열사 유가족>
백종수 박영진 전태일 전종대 홍기일 송광영 김세진

단체

재야간담회 NCC 고문대책위원회 구속자가족협의회 예장 인권선교위원회 인천산업선교회 KSCF
인권위원회 정책협의회 NCC 인권위원회 후원회 예장 청년연합회 예장 목협 민주화운동유가족협의회
첫토요기도회 민주화실천가족운동협의회 EYC 한신대 장신대 원광대 영남신학교 전주대 한남대 민헌연
민추협 민통련 성고문대책위원회 민주언론협의회 자유실천문인협의회 기독교농민연합회 풀빛목회
기독교신문사
<방문자>
조중현 권옥래 사무장 양순석 유영천 의원 보좌관 안병달 영천 YMCA 이사장

해외

<독일>
서의실(토요기도회 회장) 지용성(산동내)
<호주>
강기완(시드니)
<캐나다>
박찬웅(캘거리구유회) 송명자(런던한인교회) 공천수(런던작은뜻모임)
<미국>
송득용(밀워키한인) 안중식 허진(밀워키 한인) 오충완 목사 현순도 목사 김병길(휴스톤)
최춘화(나성 영락) 최옥송 장로(나성 영락) 강요섭 목사(워싱톤 영락) 김영철(LA 목요기도회)
김정호(시카고) 이중표 조은섭

후원자

김정명 김선도 한광설 유기선 김판순 차상묵 김승태

IV. 사진으로 만나는 역사의 현장(1986년)

1986. 3. 28.
신학생을 위한 신앙수련회
■ 전주 한일신학교
  경찰이 학교 주위를 포위한 상황에
  서 수련회를 진행하다.

1986. 4. 28~5.1.
강진군 기독교연합부흥회.

1986. 5. 10. 오후 1시.
전주대학교 시국 강연회
- "우리 민족의 나아갈 길"
- 총학생회 기획부 주최

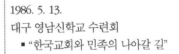

1986. 5. 13.
대구 영남신학교 수련회
　▪ "한국교회와 민족의 나아갈 길"

1986년 5월 21일 집회를 위해 20일 도착한 고영근 목사와 기념 촬영.
한빛교회 윤기석 목사(오른쪽 세 번째)는 고영근 목사가 1977년 11월 강진, 농민을 위한 집회 설교로 긴급조치 9호 위반 구속을 당하였을 때 강진읍교회에서 시무하였다.
광주고등법원에서 증인으로 증언을 해준 김경식 목사(왼쪽 세 번째)와 1977년 농민대회를 주관한 김영진 장로

1986. 5. 21.
"5·18 희생자 추모예배"를 겸한 "나라 위한 기도회"
■ 광주 한빛교회 윤기석 목사

1986. 5. 21.
완도지구 민주화 강연
▪「5·18 민중항쟁 희생자 추모식 및 강
  연회」
▪ "우리 민족의 나아갈 길"

1986. 5. 22.
장신대 광주민중항쟁 추모예배
▪ 미스바 광장

장신대

1986. 5. 22.
장신대 광주민중항쟁 추모예배
▪ 미스바 광장

1986. 6. 7.
한국교회백주년기념관 2층에서
한국목민선교회 임원
아랫줄 왼쪽부터 임영천 교수(출판부
장), 고영근 목사(회장), 이해학 목
사(부회장), 윗줄 왼쪽부터 인명진
목사(사회부장), 송정홍 목사(기획
부장), 김동엽 목사(선교부장), 정
동수 목사(서기).

1987. 6. 10~19.
전국적으로 「나라를 위한 기도회」를
실시하였다.
전북 지구(6.10), 전남 지구(6.12),
경북 지구(6.16), 충청 지구(6.17),
경남 지구(6.19).

1986. 9. 11.
- "회개하라. 천국(민주화)이 가까우니라"
9.13~19일까지 구류 7일간(18차 연행사건).

1986. 9. 25.
예장 목회자협의회 연합기도회
- "교회갱신과 목회자의 자세"
- 한국교회백주년기념관 대강당.
- 박창환 박사, 이만열 교수, 고영근 목사의 강연.
700여 명의 목회자가 참석하였고 기도회 후 신앙고백을 발표하였다.

1986. 10. 30.
목요예배 설교 사건으로 구류, 즉결재판을 받았다(19차 연행사건, 11. 7~8).
박형규 목사는 30일 축도로 인해 동대문경찰서로 연행되었다.
기독청년 및 학생들과 민가협 회원 민주열사 유가족협의회 회원들은 이 기도회 후 "건대 사태의 평화적 해결을 위한 철야 기도회"를 8층 EYC 사무실에서 가졌다.

민추협은 민통련 등 민주단체 탄압에 잇따른 민주인사 구속에 항의하여 1986년 11월 11일 2시부터 농성에 돌입, 13일 낮 12시 30분까지 농성을 벌였다.

13일 농성을 풀면서 성명서를 발표, "민주단체 해산"을 즉각 철회할 것을 요구한다는 등의 5개 항을 요구했다. 사진은 고영근 목사의 11월 13일 민추협 농성 풀기 직전 강연 모습.

V. 사건별 사료

NO	구분	사료명	날짜	주요 사건 내용 및 배경
1	1986-1 성명서	재야간담회 "조국의 위기 타개를 위한 우리의 제언" (함석헌, 김재준, 홍남순, 조아라, 박세경, 이돈명, 지학순, 문익환, 조남기, 윤반웅, 김성식, 이태영, 은명기, 안병무, 문동환, 박형규, 이우정, 송건호, 고 은, 이문영, 고영근) 이상 21인	1/12	① 정부와 집권당은 민주 저항 세력에 대한 힘의 과시만으로 절대로 그 정당성이 획득되지 않음 ② 이 나라의 경제가 파국을 향해 치닫고 있다. 외채가 국민 총생산의 절반을 넘어섰고 민중의 노동에 대한 대가는 특권층의 향락으로 소비 ③ 날로 심화되고 있는 권력형 폭력의 양상 ④ 야당 정치인은 2.12선거의 국민 뜻을 망각해서는 안 된다. ⑤ 노동 현실과 농촌 현실은 참으로 심각하다.
2	1986-2 사건 개요	15차 연행사건 (1/20~1/31, 구류 12일) NCC 고문대책위원회 주관 목요예배 헌금 기도로 인해 연행		1월 16일 전두환은 연두 국정연설을 통해 개헌반대 입장을 밝혔다. 고영근은 국정연설에 대한 반응이 있어야 한다고 판단, 또한 국회의사당 사태 관련 신민당 의원 7명을 기소한 사건에 대해서도 언급을 해야 한다고 판단하여 그에 대한 상세한 헌금 기도를 하였고 그 내용이 문제되었다.
3	1986-2 기도문	목요예배 헌금 기도 "하나님 아버지께 고발합니다"	1/16	
4	1986-2 소식지	「인권소식」: 한국기독교청년협의회, 전국목회자 정의평화실천협의회 항의성명 발표	1/30	기청협: 종교자유 중 본질적인 부분에 대한 도전 목협: 정권말기적 증세인 종교탄압의 극치
5	1986-2 성명서	목정평, 고영근 목사의 기도를 구류처분한 종교탄압 현실에 임하여	1/30	
6	1986-2 성명서	NCC 인권위, "기도는 유언비어가 아니다"	1/30	
7	1986-2 회고록	목요예배에서 기도한 일로 구속되다		
8	1986-2 회의록	인권위원회 회의록	1/30	고영근 목사에 관한 건은 인권위원회의 명의로 기도가 유언비어가 아니라는 성명서를 내기로 하다
9	1986-서간문	독일 장성환 목사	1/29	의인의 간구에는 힘이 있습니다.
10	1986-2 서간문	미국 오충환 목사	2/17	기도회 사건 때문에 구치 당하신 소식을 들었습니다

NO	구분	사료명	날짜	주요 사건 내용 및 배경
11	1986-3 사건개요	16차 연행사건 (4/7~4/15, 구류 8일) KSCF 주최, 서울지구 대학생 설교, "기독청년의 시대적 사명"	3/21	3월 장신대 강연, 한일신학교 부흥회, 순천지구 부활절 예배, 박영진 열사(구로공단 내 (주)신흥정밀에 입사한 후 1986년 3월 17일 임금투쟁 중 "근로기준법을 지켜라, 살인적인 부당노동행위 철회하라, 삼반세력(반민족, 반민주, 반민중 타도하자"를 외치며 분신)위한 설교, 기독학생연맹의 신입생 환영예배 설교 등이 문제가 되어 연행, 조사, 구류처분을 받게 되었다. 설교 내용 중 문제가 되었던 것은 "우리나라 전투력이 북한보다 미약하다고 하지만 국민소득은 북한보다 3배가 넘고 국방비 총액수는 우리가 많을 텐데 전력이 미약한 이유는 비능률적인 국방비 운용의 문제" 등이다.
12	1986-3 회고록	16차 연행사건 KSCF 주최, ,서울지구 대학생 설교		
13	1986-4 자필 설교문	전주 4.19 기념예배, "십자가와 부활"	4/20	
13	1986-5 공문	각 지방「나라를 위한 기도회」, 전북, 전남, 충청, 경북, 경남지구	6/10~6/19	한국목민선교회는 1981년~1985년까지 기독교회관에서「현대인을 위한 교양강좌회-나라를 위한 기도회」를 개최하였다. 이를 각 지역에서 활성화하려는 의도로서 나라를 위한 기도회를 5개 지역을 중심으로 개최하였다.
14	1986-5 취지문	「나라를 위한 기도회」: "독재 정권이 막강한 것이 문제가 아니라 민주진영이 미약한 것이 큰 문제"		
15	1986-6 성명서	재야간담회, "개헌 정국을 보는 우리의 입장" 구속 인사 석방, 개헌의 중심은 국민에 의한 통치권과 직접 선출 원칙 미국 역할 문제점 개헌의 요체는 군부독재 종식과 민주 정부 수립	6/24	1986년 2월 12일 신민당은 직선제 개헌을 위한 1천만 명 서명운동을 선언했다. 이미 1985년 2.12 총선으로 강성 야당 신민당이 등장하면서 개헌 문제가 초미의 관심사로 떠오르고 있었다. 하지만 정부는 현행 헌법이 평화적인 정권교체를 위한 최선의 것이라고 주장하면서 아예 국회에서 논의조차 하지 않으려고 했다. 그러자 신민당은 장외투쟁을 밝혔다. 신민당은 3월 11일 개헌추진위원회 결성대회를 시발로 전국 주요 대도시의 개헌 현판식을 추진하기 시작했다. 그러나 5월 3일 인천 대회를 계기로 민중운동과 거리가 벌어진 야당은 집권세력과 타협을 모색하고 동시에 민중운동 진영에는 혹독한 탄압이 가해졌다. 6월 24일 헌법개정특별위원회(헌법특위)가 구성되었으

NO	구분	사료명	날짜	주요 사건 내용 및 배경
				나 신민당의 직선제 개헌안에 민정당은 의원내각제로 맞서고 정국은 경색되었고 독재 정권의 용공 조작과 민주화운동 탄압은 노골화되었다.
16	1986-6 서간문	캐나다 런던 작은 뜻, 공천수 목사 '근래에 분신자살한(서울대생) 유가족들에게 조의금으로 전달합니다. 목사님께서 가족들을 위로하시고 기도로써…'	6/30	5월 3일 전방입소반대 시위 중 분신한 김세진, 이재호 열사에 이어 5월 20일, 서울대 원예과 1년생 이동수 씨가 학생회관 4층 옥상 난간에서 "파쇼의 선봉 전두환을 처단하자" 및 "미제국주의 물러가라"를 외치며 분신했다. 이 소식을 들은 캐나다 '런던 작은 뜻'에서 조의금을 보내왔다.
17	1986-6 서간문	재독 한인교회 목사회 장성환 목사 "현 시국에 대한 우리의 결의"	7/17	범국민적으로 직선제 개헌 운동이 조직, 확산되어가는 때에 재독한인교회 목사회는 개헌 정국에 대한 결의문과 연대의 뜻을 밝혔다.
18	1986-7 공문	"한국기독교교회협의회 인권위원회 후원회 양심수 후원 요청의 건" 양심수가 1,100여 명이 넘어서면서 양심수 돕기 운동을 전개.	6/25	'신민당 개헌추진위원회 경기/인천지부 결성대회' 시작 전에 학생, 노동자, 시민 등 5천여 명이 경찰과 격렬한 충돌을 벌이며 시위 (인천 5.3), 전국 20개 대학생 6천여 명이 "전방입소 반대", "독재타도"를 외치며 교내시위, 5월 21일에는 박종진 서울대 민족민주투쟁위원회 위원장 등 학생 21명이 부산 미국문화원을 점거해 농성을 벌이는 등 (2차 부미방 사건) 저항은 확산되었고 정부는 노골적인 탄압을 가하였다. 이에 수많은 학생 및 재야인사들이 구속되고 구속자에 대한 지원이 시급하였다.
19	1986-8 성명서	재야간담회, "권 양에게" (함석헌, 김재준, 홍남순, 조아라, 박세경, 이돈명, 지학순, 계훈제, 조남기, 윤반웅, 이우정, 은명기, 박형규, 장기천, 고영근, 송건호, 고 은, 안병무, 이문영, 문동환)	7/25	1986년 6월 여대생 권인숙이 부천경찰서에서 조사를 받던 도중 성고문을 당한 사건. 1985년 권인숙은 학력을 낮추어 위장취업을 했고 이듬해 주민등록 변조 혐의로 부천경찰서에 연행, 조사. 그 과정에서 문귀동에게 성고문을 당함. 권인숙은 문귀동을 강제추행 혐의로 고소했으나 사법부의 불공정한 재판으로 인해 진상이 밝혀지지 못하다가, 변호인단과 여성단체의 고발과 항의·시위 끝에 사건 고발 2년이 지난 1988년 7월에야 문귀동에게 법적 처벌이 내려짐
20	1986-9 성명서	**17차 연행사건** (8/25~8/28, 구류 4일) "레이건 정부에게 드리는 공개 권고문" 발기인; 이두수, 조화순, 고영근, 장성룡, 허병섭, 이해학, 임영천, 이호석, 정동수 목사 외 서명자 300명	8/1	① 전두환 정권 지원 중단 ② 점진적 민주화 대타협정책 시정 ③ 워커 대사 경질 고영근은 미국의 한국 정치에 대한 지나친 간섭과 독재 정권의 방조에 대해 경고하는 일을 특히 중요하게 생각하였다. 주한 미국대사의 언행에 주목하여 한국 민족에 대한 비하의 발언에 경고의 메시지를 보내었다.

NO	구분	사료명	날짜	주요 사건 내용 및 배경
21	1986-9 신문 기사	The Washington Post, "U.S Support For Korea Is Assailed"	10/11	
22	1986-9 회고록	레이건 정부에게 드리는 공개 권고문 서명 과정		
23	1986-10 설교문	18차 연행사건 (9/13~9/19, 구류 7일) 목요예배 설교사건, "회개 하라 천국(민주화)이 가까 우니라"	9/11	정부는 신민당 등 33개 단체가 주최한 '고문/성고문/용공 조작 범국민 폭로대회'를 저지하기 위해 김대중 민추협 공동의장과 재야인사 12명을 가택연금하였다.
24	1986-10 회고록	설교한 지 3일 만에 연행되 다		
25	1986-10 서간문	L.A. 최욱송 목사	10/12	'여러 가지 역경, 위협 속에서도 지켜주심을 감사드립 니다'
26	1986-10 공문	인권위원회 구속자를 위한 변호비 및 영치금 모금과 87 년도 인권사업	10월	① 동절기를 앞두고 구속자 영치금(모포, 내의)을 위한 모금에 동참 부탁 ② 구속자를 위한 변호비 모금에 동참 촉구 85년 7월 268명, 86년 1월 1,000명, 86년 7월 1,147명 ③ 해외모금에 의존치 않는 자립의 문제 절실
27	1986-11 서간문	시카고 한국인권운동후원 모금 대표 김정호 목사	11/10	"건국대학교 반독재 항의 농성 구속학생들을 위해 쓰여 졌으면 어떨까 합니다. 잡히는 상황 속에서 '어머님 은혜' 를 합창했다는 대목을 읽고 가슴이 아팠습니다"
28	1986-11 자필기록	후원금 지출내역	12/20	
29	1986-12 설교문	19차 연행사건 (11/7~11/8, 심문 2일) 목요예배 설교, "한국교회 의 나아갈 길" 목요기도회 축도한 박형규 목사 연행, 기독청년, 학생& 민가협 회원 "건대 사태 평화 적 해결을 위한 철야기도회"	10/30	10월 28일 건국대학교에서는 29개 대학 소속 대학생 2000여 명이 모여 '전국 반외세 반독재 애국학생투쟁연 합'이라는 전국적 학생조직의 결성식을 열었다. 그리고 나흘 뒤 같은 장소에서 경찰은 8,000여 명의 병력을 동원 하여 학생 1,500여 명을 연행했고 사법부는 이 가운데 1,290명을 전격 구속했다. 3박 4일 동안의 투쟁과 '황소 31' 입체작전을 통해 사상 최대의 구속자가 발생하였다.
30	1986-12 소식지	「인권소식」	11/6, 13	건대 사태의 평화적 해결을 위한 철야기도회와 박형규, 고영근 목사 연행을 알림. 222호, 223호
31	1986-13 자필 설교문	"한국교회의 3대 사명"	날짜 미상	

NO	구분	사료명	날짜	주요 사건 내용 및 배경
	1986-14 자필 설교문	갈릴리교회 설교, "예수께 서 세상에 오신 목적"	12/21	

* 음영 처리한 부분만 자료를 싣습니다.

1. 1986-1-성명서 ─ 재야간담회, "조국의 위기 타개를 위한 우리의 제언"

조국의 위기 타개를 위한 우리의 제언

1986년 오늘, 우리 국민은 실로 민족의 흥망을 가름하는 역사의 일대 기로에 서있음이 분명하다. 우리가 처한 현실은 지극히 우려되는 시점에 와 있다. 국내외 정세, 그리고 경제, 정치, 사회 어느 면을 보아도 불길한 징조만 눈에 띌뿐 밝은 구석이라고는 찾아볼 수 없다. 그럼에도 불구하고 나라의 주인인 국민에게는 진실한 정보가 차단되고 사실이 은폐되고 있다. 한치 앞을 내다 볼수 없는 깜깜한 어두움이 국민들의 가슴을 어떤 불길한 예감으로 옥죄우고 있다. 심각한 불안을 느끼면서도 위기의 실상을 알수 없는 오리무중의 상태에서 국민들은 집권자들과 정서 지도자들에 대한 불신에 차있다. 이런 지경에 처하여, 우리는 자신들의 무능을 자탄하면서도 오직 나라 일을 걱정하는 일념에서, 대다수 국민의 뜻이라 짐작되는 바를 수렴하여 다음과 같이 제언하는 바이다.

1. 정부와 집권당은 민주 저항세력에 대한 힘의 과시만으로는 절대로 그 정당성이 획득되지 않음을 깨달아야 한다. 만에 하나라도 오늘의 난국을 한낱 정치 기술이나 정치적 조작으로써 풀 수 있다고 생각한다면 그것은 크나큰 착각이다. 나라의 어려움을 풀 수 있는 힘과 지혜는 국민으로부터 나온다. 이 나라 수 천년 역사를 통하여 국난이 있을 때마다 국민 자신이 몸으로 나라를 지켜왔다. 이러한 국민을 얕수히 여기지 말라. 이 나라 주인인 민중은 지금도 체념하고 있지 않다. 아직도 민주헌정만 수립된다면 이 난국은 타개될 수 있다고 한가닥 기대를 걸고 있다. 국민의 이 믿음을 배반하지 말라. 이 희망의 불씨를 짓밟아 끄지 말라.

이제라도 민의를 확대 수렴하여 국민이 바라는 민주화를 국민과 더불어 실현하겠다는 겸허하고 진지한 노력을 경주하라. 오늘의 이 암담한 정국을 수습하는 길은 정부와 집권당이 진정한 민주헌법으로 개정할 분명한 의사를 표명하고 구체적인 일정을 발표하는 것이다. 그렇지 않으면 국민의 주권행사를 막을 길이 없을 것이다.

2. 지금 이 나라의 경제는 파국을 향해 치닫고 있다. 외채가 국민총생산의 절반을 이미 넘어섰고, 민중의 피땀어린 노동의 댓가는 외국 빚갚는 이자와 소수 특권층의 축재와 향락으로 소비되고 있다. 마구잡이로 수입되는 외국 농축산물은 농민을 죽이고 국민경제의 토대인 농업을 황폐케 하고 있다. 강대국의 힘의 논리에 의한 수입개방압력은

이미 현실이 되어 이 나라 경제와 민중의 삶을 생존의 벼랑에 내몰고 있다. 대망의 80년대가 절반이나 지나갔음에도 민생은 개선되기는 커녕 십었자만 늘어나고 절박한 생존의 위협은 나날이 도를 더해 가고 있다.

우리는 오늘의 경제침체와 민생파탄이 단순한 경기의 하강국면이 아니라 돌이킬 수 없는 나락으로 곤두박질치고 있는 총체적 파탄임을 직감한다. 집권당과 정부는 이제라도 나라 경제의 실상을 국민에게 밝히고 오늘의 경제 난국을 타개를 위해 범국민적 협조를 구해야 한다. 경제정책을 어떤 정치목적이나 당리당략에 부수된 사항으로 생각하는 한 마지막 기회마저 놓쳐 결정적 파국을 초래하고 말 것이니, 정권적 차원의 이해를 초월하여 범국민적 차원에서 이 경제난국에 대처하는 것만이 이나라 이 민족이 살아 남을 수 있는 유일한 길임을 알아야 한다.

3. 우리는 오늘 이 땅에서 날로 심화되고 있는 권력형 폭력의 양상에 대하여 심각한 우려를 표명하지 않을 수 없다. 어째서 이 정부는 일제와 유신체제의 유물을 청산 못하고 옳바르게 정의를 구하고 민주화를 부르짖는 사람들이 박해를 받고 고문을 당해야 하는가?

민주화운동, 노동운동, 학생운동에 대해서는 물론이고, 심지어는 생존권을 요구하는 농민운동에 대해서까지 자행되고 있는 무자비한 탄압과 온갖 물리적 폭력, 특히 민주 인사와 학생에 대한 수사기관의 비인간적인 고문 사태는 나라와 겨레에 대해서나 집권당국 자들 자신에게까지도 엄청난 불행이 아닐 수 없다. 헌법 제11조에 "모든 국민은 고문받지 아니하며 형사상 자기에게 불리한 진술을 강요당하지 아니한다"고 한 규정이 있고, 또 형법 제125조에는 "재판, 검찰, 경찰, 기타 인신 구속에 관한 직무를 행함에 당하여 형사피의자 또는 기타 사람에 대하여 폭행 또는 가혹한 행위를 가할 때에 5년 이하의 징역과 10년 이하의 자격정지에 처한다"고 명시되어 있지 않은가. 이지하여 준법정신의 모범이어야 할 사법경찰이 나라의 기본법마저도 이토록 짓밟는가?

이 땅에서 어떤 형태의 폭력이든 비인간적 폭력은 용납될 수 없다. 민중의 생존권 요구나 나라의 민주화를 위한 민주단체들의 정당한 목소리를 압살하기 위하여 폭력을 사용하는 자들은 국민 앞에 사죄하고 다시는 그런 일이 없을 것을 국민에게 약속해야 한다.

4. 야당 정치인들은 지난번 선거에서 국민들이 투표로 지지해준 뜻이 어디에 있는 가를 똑똑히 보아서는 안 된다. 자신들이 국민에게 어떠한 무거운 빚을 지고 있는 가를 제삼 반성한다. 이해득실에 따른 소위 계파간의 분열양상과 일부 의원들의 신민당 탈퇴 등의 작태는 이 나라 민주화를 염원하는 국민들의 가슴에 정치에 대한 근본적인 불신을 심는 결과를 가져올 수 있음을 알고 있는가? 야당 정치인들은 국민 앞에 다시 한 번 과감한

자세로 , 역사에 영원히 씻지 못할 오명을 남기지 않도록 최선을 다해야 할 것이다.

5. 국민들은 오늘 이 나라의 운명이 어떤 파국을 향해 닫히고 있는지 직시해야 한다. 신문이나 TV, 방송 등에만 의존해서는 오늘의 위기가 얼마나 깊고 심각한 것인가 그 진상을 파악할 길이 없다. 이 나라의 주인은 분명 우리일진대 우리의 일을 우리가 알고 이 나라를 우리 손으로 지키겠다는 결심이 바로 서야 한다. 그렇지 않다면 눈을 뜬 채로 나라를 송두리 채 잃을 수도 있을 것이다. 그러므로 국민 여러분은 한사람 한사람이 이 나라의 파수꾼이 되어 온제된 부정과 비리를 파헤치며, 지금 이 나라를 누가 어찌하고 있는지, 누구의 손에 의해 운명이 좌우되고 있는지 두 눈을 부릅뜨고 감독해야 한다.

지금 우리의 노동 현장과 농촌현실은 참으로 심각하다. 국민 여러분은 현장의 심정에 관심을 기울이고 민중의 신음소리를 들어야 한다. 지금이 중요한 때다. 이 때를 놓친다면 " 이제는 늦었구나 "하고 만시지탄의 눈물을 흘리게 될 때가 반드시 올 것이다.

국민들이어, 구국의 의지를 불 매우자.

우리는 민중의 생존권 보장과 이 나라의 민주화를 위해 애쓰고 수고하는 모든 이들과 손을 잡고 힘을 합하여 이 땅에 진정한 민주주의가 수립되는 그 날까지 꿋꿋이 싸워 나갈 것을 엄숙히 다짐하며, 또한 국민 여러분의 지지와 참여를 간절히 호소하는 바이다.

1986 년 1월 12일

함석헌   김재준   홍남순   조아라   박세경   이돈명   지학순
문익환   조남기   윤반웅   김성식   이태영   은명기   안병무
문동환   박형규   이우정   송건호   고 은   이문영   고영근

2. 1986-2-사건 개요-15차 연행사건 — NCC 고문대책위원회 주관 목요예배 헌금 기도

15차 연행사건	
일시	1986년 1월 20~1월 31일
기간	구류 12일
죄명	유언비어
내용	목요예배 시 헌금 기도한 일
취급관서	강서경찰서
수감처	강동경찰서

1, 사건 경위

고 영근 목사(한국 목민 선고회장)은 1986년 1월 16일(목요일)엔, 씨, 씨 예배위원피 주최 고난 받는자와 함께하는 목요 예배에서 헌금 기도한 내용이 문제가 되어 강서경찰서로 연행되어 조사를 받고 죽심에서 10일간 구류 처분을 받은바 있다.

2, 기도한 내용

"공의토우신 하나님이시어 광주시민을 학살한 살인적 폭력 정권이 국회의원을 기소 했사오니 저 악행을 감찰하옵소서. 연두고서를 발표한 저 국정 연설은 국민들을 협박하는 협박 장 입니다.

하나님이시어 정의와 진실이 설자리를 읽어버린 이 사회에서 우미 민족은 누구를 의지하고 살아가야만 합니까?

하나님이시어 더 이상 침묵을 지키지 마시고 저 전두환 악당들을 심판하사 주님의 공의를 실현하옵소서.

김 근배 외사를 비롯한 750명 민주투사를 지켜주옵시고 저희들의 원한을 풀어주옵소서. 그리하여 속히 이땅에 민주화의 봄이 오게 하옵소서.

3, 간악한 구류 처분

1) 일반 경범과 같이 수용함(독방주지 아니함)

술먹고 술값을 내지 아니한 투현처식자들과 대소변을 제대로 가리지 못하는 정신이상자에 가까운 경범들 7,8명과 더부러 한방에 수용시겠

없습니다. 4열로 줄을 맞추어서 정좌하고 있어야만 했고 옆사람과 이야기하면 전체기압을 주기 때문에 일체의 대화가 금지 되었읍니다. 그래서 전도하거나 기도해주는 일조차 불가능 했읍니다. 그리고 경찰은 말하기를 죄짓고 감방에 들어왔으면 똑같은 죄인이라고 자주 말하여 모독을 주었읍니다.

2) 단체 기압

어떤 감방에서든지 경찰들에게 거슬리는 일이 있으면 단체로 기압을 받아야 합니다. "일어섯, 앉앗, 엎드려 뻗쳐, 대가티 박앗, 앞으로 취침, 뒤로 취침, 머람벽을 향하여 두손을 들고 밀착" 등 기압을 잡법들과 똑같이 받게하는 모멸을 받았읍니다.

3) 면회 금지

가족 외에는 일체 면회가 금지 되었읍니다. 고 개인사나 국회의원이나 재야인사나 누구를 막론하고 면회는 철저히 통제 되었읍니다. 그 반면 일반경범들은 면회가 자유로 왔읍니다.

4) 안경을 주지 아니함

안경을 주지 아니하니 일체 독서가 불가능 했읍니다. 독서를 못하게 하므로 지루한 고통을 주기 위함 이었읍니다.

5) 필기도구를 주지 아니함

일체의 필기도구를 주지 아니함으로 섧고 원고등을 쓰려고 해도 불가능 했읍니다. 일본 제국주의자들도 안중근의사에게 글쓰게 한데 비하여 너무나 가혹 했읍니다.

※ 저는 강동경찰서 수사계장에게 독방수용, 안경차입, 면회허용, 필기도구차입등 네가지를 정식으로 요청했으나 이 네가지 요청은 상부지시라는 이유로 정식으로 거절 당했읍니다. 당국은 민주인사에게 이처럼 고통을 주고 있읍니다. 지금 750여명 양심수들 모두 이런 고통을 받고 있는 것입니다. 이와같은 형행은 박정권때보다 훨씬 비인도적 형행입니다. 그리고 독일의 나치스, 일본의 군국주의 중국의 공산당의 형행보다 더 가혹한 형행 입니다.

하루속히 시정되어야 합니다.

3. 1986-2-기도문-15차 연행사건 — 목요예배 헌금 기도, "하나님 아버지께 고발합니다"

〈하나님 아버지께 고발합니다〉

하나님 아버지 하나님께 고발합니다. 신민당 7명을 기소한 이 못된 전두환 악당들을 고발합니다. 광주시민을 쏴 죽인 그 무서운 학살자들이 감히 누구에게 기소를 합니까? 이 전두환 악당들을 하나님이 방치하지 마시고 속히 심판 내려 주시기 원하옵고 기도합니다. 동포를 학살한 살인마들이 어떻게 누구를 감히 폭력자라고 고발하고 기소한단 말입니까? 이렇게 정의가 짓밟히고 이렇게 악이 횡포를 부려도 가만히 계십니까? 속히 주님이여, 심판 내려 주시고 이 전두환 악당들을 이 땅에서 깨끗이 주님께서 회개시켜 주시던가 심판 내려주시던가 하여 속히 이 땅에서 악을 진멸하여 주시기를 바라고 기도합니다.

분통 터져서 살 수가 없습니다. 오 주여, 기가 막혀서 살 수가 없습니다. 이 못된 무리들이 검사, 경찰 무리들에게 회개할 마음을 주시고 주여 심판 내려 주시옵소서. 어쩌면 이렇게 학대하고 고문하고 미워하고 가방을 뒤지고 뺨을 때릴 수가 있습니까? 이 이성 잃어버린 못된 무리들을 어떻게 하시려고 합니까? 아무리 경찰관이지만 동포를 학대하고 고문할 수 있단 말입니까? 저 못된 무리들을 어찌 방치하고 계십니까? 오 주여, 전두환 악당들을 어떻게 이렇게 횡포를 부릴 수 있게 놔두십니까? 속히 심판 내려 주시옵소서.

오 주님, 옛날 아랍왕을 멸하셨듯이 그 못된 무리들을 멸하여 주시옵소서. 하나님이시여. 이 신문을 보시옵소서. 고발장을 보시옵소서. 이 못된 행위를 보시고 주께서 가차 없이 심판 내려 주시기를 비옵니다. 속히 악이 무너지고 정의가 일어나게 하소서. 저 필리핀의 마르코스가 속히 무너지고 심판받게 하여 주시고 필리핀이 민주화가 되어 그 민주화의 바람이 우리 한국 땅으로 몰려와서 이 못된 무리가 심판받고 민주화가 승리하게 도와주시기를 원합니다. 자유당이 망할 적에 이기붕, 최인규, 이종대가 사형 당했습니다. 주여, 저 알젠틴의 못된 독재들이 지금 무기징역을 받고 종신형을 받았습니다. 그렇게 무서운 심판이 이 땅에 있었건만 이 무리들은 하나님을 두려워하지 아니하고 국민을 무서워하지 아니하고 정의 심판을 무서워하지 아니하고 못된 짓을 하고 있습니다. 오늘 9시에 전두환이가 말한 그 못된 폭언들은 하나님이시여, 잠잠히 계시지 마시고 심판 내려 주시옵소서. 국민에게 공갈하는 그 못된 말을 주께서는 방치하지 마시고 심판 내려 주시옵소서. 하나님이시여. 국민에게 폭언하고 공갈치고 있는 못된 폭도들을 심판 내려 주시기를 원합니다. 이 민족이 누구를 믿고 삽니까? 하나님이시여, 주님밖엔 믿을 이가 없는데 하나님이 가만히 계시면 어떻게 하란 말입니까? 금년을 넘기지 마시고 악한 무리에게 심판 내려 주시옵소서. 우리가 아무리 회개하기를 권고하고 충고도 했지만 그들은 듣지 아니하고 오히려 하나님을 무시하고 총칼만 믿고 있는 저들에게 하나님이시여 심판 내려 주시옵소서. 지금 옥중에서 어려움을 겪고 있는 김근태, 이을호 그 외 여러 우리 750명 민주인사들을 기억하시고 좌절하지 말도록 용기를 주셔서 그 용기로 추위를 이기고 고난을 이기고 인내할 수 있게 하여 주시고 그들이 그냥 석방되는 것이 아니라 영광스럽게 만세를 부르며 나올 수 있게 하시옵소서. 꼭 민주화가 된 다음에 만세 부르며 나올 수 있도록 축복해 주시기를 바라옵고 원하옵나이다.

우리가 고난에 동참하는 뜻으로 지금 헌금했사오니 이 헌금 받아 주시기 바랍니다. 향기로운 제물이 되게 하여 주소서. 다음 목요일에 열리는 김근태 의사의 재판에 다 참석해서 방청할 수 있게 하시고 안에서 안 된다면 밖에서라도 마음으로 기도하고 격려할 수 있도록 우리 마음에 열심을 주소서. 이렇게 어려운 시대 홀로 십자가를 지고 고난 받고 있는 그들을 우리가 모른 체해 왔습니다. 매우 부끄럽습니다. 이 서울에 천만이 살고 있건만 고난받는 이를 위하여 고난에 동참하는 자가 적으니 서울시민에게 각성할 기회를 주셔서 다 같이 고난에 동참하는 마음을 허락하여 주소서.

내 하나님 아버지. 지금 기소당한 7명의 신민당원들에게 용기 주시기 바라오며 끝까지 싸울 수 있는 분투력을 주시기 바랍니다. 결단코 불의한 자들 앞에서 무릎 꿇지 않도록 도와주시옵소서. 그리고 이 못된 악당들에게 아부하는 사이비 정치인들, 사이비 언론인들, 사이비 형사들, 사이비 학자들을 주여 회개시켜 주시옵소서. 그 악당들 가운데서 꿈틀거리고 있는 신숙주 같은 무리들, 저질 악당 옆에서 등쳐먹는 무리들은 회개시켜 주시옵고, 하나님의 심판을 내려 주시옵소서. 출세하기 위하여 불의한 악당 곁에 있는 사이비 학자들, 목사를 회개시켜 주시옵고, 오 주여. 우리 국민들이 각성하여 기필코 자유와 민주주의를 쟁취하도록 도와주시고 우리가 불의가 행하는 것을 방관하지 말고, 맹종하지 말고, 좌절하지 말고, 용기를 가지고 싸워나갈 수 있도록 한국의 모든 백성들에게 용기를 주시옵소서. 필리핀 국민에게 용기를 주셔서 그들이 기어코 민주주의를 쟁취하게끔 하시고 아울러 한국도 민주주의를 쟁취하고 독재를 물리치게 하는 용기를 내려 주시기를 원하옵고 기도합니다. 소속은 신민당에 속해 있으면서도 불의한 자들과 결탁하고 있는 못된 자들을 주님이 물리쳐 주시기를 기도합니다. 오! 신민당 의원들이 전체국민들이 무엇을 원하는가를 바르게 알고 국정에 참여하고 결코 불의에 굴하지 않도록 하나님 아버지 그들에게 힘을 주옵소서. 그래서 자유 체제 개헌을 해 나갈 수 있도록 용기를 북돋아 주소서. 이러한 많은 고난을 무릅쓰고 목요일마다 모여서 기도하는 회원들에게 용기를 주시고 기도회 회원들이 점점 확대되어서 300명~1000명 단위로 늘어나는 놀라운 기도회 운동이 일어나게 도와주시기를 간절히 바라며 예수님 이름으로 기도합니다. 아멘.

4. 1986-2-소식지- 「인권소식」 — 15차 연행사건

인 권 소 식 : 한국기독교교회협의회 인 권 위 원 회

(서울·종로구 연지동 136-46)
기독교회관 903호/764-0203

제 183 호   1986. 1. 30.

기청협, 고영근목사 구류조치에 대한 항의성명 발표

• 한국기독교교회협의회는 1월 23일 오후 6시 기독교회관 2층 대강당에서 고영근목사를 위한 목요기도회를 개최하였다. 고목사는 지난 1월 16일의 "고문 대책을 위한 목요기도회에서 구속자 가족 중 어려운 형편에 있는 사람을 돕기 위한 헌금을 봉헌하기 위한 기도를 드렸는데, 경찰은 이를 문제삼아 고 목사를 연행하여 즉심에 회부 22일부터 31일까지 10일간의 구류 처분을 받게 했다. 한편 한국기독청년협의회는 23일 "기도마저 실정법으로 가두는 현정권의 작태를 규탄한다"라는 제목의 성명을 통해, "기도는 기독교인이 하나님과 영적으로 나누는 대화이다. 따라서 기도는 자신의 신앙과 양심에 따라하는 것이며, 결코 실정법에 의하여 제한받을 수 있는 것이 아니다. 그럼에도 기도 내용을 문제삼아 유언비어 유포혐의로 구류처분을 한 것은 종교의 자유 중에 가장 본질적인 부분에 대한 도전인 것이다. 정치 권력이 자신의 귀에 거슬린다고 예배에서 행한 기도를 문제삼아 구류처분을 시킨것은 권력이 신앙의 내용까지 테두리를 둘러 가두어 버리려는 지극히 경직되고 독재적인 발상이 아닐 수 없으며, 신앙의 자유와 인권적 차원에서 결코 용납할 수 없는 작태인"것이다"라고 주장했다. 문제된 고 목사의 기도 내용은 다음과 같다.

"공의로우신 하나님이시여 광주시민을 학살한 살인적 폭력 정권이 국회의원을 기소 했사오니 저 악행을 감찰하옵소서. 연두교서를 발표한 저 국정 연설은 국민들을 협박하는 협박장입니다.
하나님이여 정의와 진실이 설자리를 잃어버린 이 사회에서 우리 민족은 누구를 의지하고 살아가야만 합니까? 하나님이시여 더 이상 침묵을 지키지 마시고 저 전두환 악당들을 심판하사 주님의 공의를 실현하옵소서 김근태의사를 비롯한 750여명 민주투사를 지켜주옵시고 저희들의 원한을 풀어주옵소서. 그리하여 속히 이땅에 민주화의 봄이 오게 하옵소서.

목협, 종교탄압에 항의하는 성명 발표

• 전국목회자 정의평화 실천협의회는 1월 27일 오후 2시 서울 서대문 선교교육원에서 열린 86년도 제 1회 중앙위원회에서 "고영근 목사의 기도를 구류 처분한 종교탄압 현실에 임하여" 성명을 발표하기로 결정하였다. 이 성명은 "기도에 대한 구류 처분은 유신정권하에서 이미 경험한 정권의 말기적 증세인 종교탄압의 극치이며 또한 법을 권력유지의 도구로 이용하는 독재정권의 폭거임을 지적하며, 규탄한다"고 밝혔다. (전문별첨)

5. 1986-2-성명서-15차 연행사건 — 전국목회자정의평화실천협의회, "고영근 목사의 기도를 구류처분한 종교탄압 현실에 임하여"

성 명 서

" 고영근 목사의 기도를 구류처분한 종교탄압 현실에 임하여"

모든 국민은 기본적으로 종교의 자유를 가지고 있으며, 이는 독재정권이 아닌 한 침해할 수 없는 인간의 생래적이고 천부적인 권리중의 하나이다. 종교의 자유를 가진다고 할 때 그것은 그 종교의 예배, 선교, 교육 등 신앙생활의 자유를 법적, 제도적으로 누리는 것을 말한다. 특별히 기독교인에게 있어서 신앙의 핵심은 성서의 말씀과 그 선포, 예배및 기도 생활, 선교와 교육을 통하여 오늘의 인간현실 가운데 예수 그리스도의 복음을 증거하는데 있다.

우리는 과거 유신독재정권하에서 성서말씀을 기소하고, 근로자 선교나 농민선교를 용공으로 매도하거나 기도회 개최를 방해하는 등 권력의 타락을 경험하면서 그 정권의 종말을 예견하였다. 이는 인간의 기본권을 더우기 신앙과 양심의 자유를 강제로 구속하고, 탄압하는 것은 몰락하는 정권의 말기적중세이기에 더욱 분명히 확언할 수 있었다.

우리는 최근 목요기도회 예배를 드리는 중의 고영근 목사의 헌금기도를 구류처분한 소식을 들었다. 더우기 구류처분중의 면회를 정당한 이유없이 제한하고 있는 실정이다. 이 사건을 통해 우리는 당국이 그동안 예배를 사찰해 왔거나 혹은 예배주최자의 허락없이도 청해왔다는 사실을 확인할 수 있으며, 또한 기독교 신앙의 핵심인 기도를 처벌하여 종교의 자유를 박탈하는 행위에 경악을 금치못한다.

이와같이 기도에 대한 구류처분은 유신정권하에서 이미 경험한 정권의 말기적 중세인 종교탄압의 극치이며, 또한 법을 권력유지의 도구로 이용하는 독재정권의 폭거임을 지적하며, 규탄한다. 이에 당국은 즉시 예배, 선교, 교육 등 모든 종교적 활동에 대한 탄압을 중지하고, 이번 사태에 사과할 것을 요구한다.

만약 이러한 종교탄압의 사태가 재발되고, 또한 사과가 이루어지지 않을 경우 본 협의회와 목회자들은 신앙양심과 기도생활을 구속하는 권력과 법의 폭거에 분연히 항거할 것임을 명백히 밝힌다.

"그러나 이 모든 일이 일어나기 전에 너희는 잡혀서 박해를 당하고 회당에 끌려 가 마침내 감옥에 갇히게 될 것이며 나 때문에 임금들과 총독들 앞에 서게 될 것이다. 그 때야말로 너희가 나의 복음을 증언할때이다."

(누가복음 21:12-13)

1986년 1월 30일

전국목회자정의평화실천협의회

6. 1986-2-성명서-15차 연행사건 — 한국기독교교회협의회 인권위원회, "기도는
   유언비어가 아니다"

성 명 서

= 기도는 유언비어가 아니다 =

지난 1월 16일 한국기독교교회협의회 인권위원회 위원인 고영근 목사가 목요기도회에서
헌금봉헌을 위한 기도를 드린 것이 문제가 되어 1월 20일 강서 경찰서로 연행, 조사를
받고 1월 22일 즉심에 회부되어, 유언비어 유포죄로 구류 10일의 선고를 받았다. 예배중의
기도를 문제삼아 유언비어 유포죄로 다룬 이번 사건은 명백하고 비열한 종교탄압이라고 하
지 않을 수 없다. 기도는 그리스도인들이 하나님과 나누는 대화이다. 기도를 통하여 우리
들은 고통과 소망을 하나님께 말씀드리고 기도의 응답을 통하여 우리는 하나님의 뜻을 이
땅에서 구현하는 선교에의 용기와 능력을 받는다. 기도는 그리스도인 신앙생활의 핵심이며
생명이다.

그러므로 이러한 기도의 내용을 정치 권력의 자의적인 기준으로 처벌의 대상으로 삼는
다는 것은 신앙의 자유, 종교의 자유에 대한 엄청난 탄압이며 그리스도인의 신앙양심에 대
한 협박이라고 하지 않을 수 없다.

고영근 목사의 기도는 오늘 이 땅에서 자행되고 있는 명백한 불의에 대한 고발과 해
방과 정의와 평화의 구현을 바라는 뜨겁고 간절한 염원이 그 주된 내용이었다. 이 시
대를 사는 순수한 신앙 양심을 대신한 것임과 동시에 이 민족과 국가에 대한 뜨거운 사
랑을 담은 것이었다. 당국은 이러한 고 목사의 기도를 유언비어로 규정하고, 고 목사에게 구
류조치를 받게 하여 소소한 잡범과 똑같은 대우를 받게 함으로써 인격적인 모욕을 주고 있
다. 그러나 분명한 사실은 기도는 결코 유언비어가 아니며, 어떠한 탄압도 그리스도의 기
도행위를 멈추게 할수는 없는 것이다.

우리는 이러한 점에서 신앙과 종교의 자유를 압살하려는 어리석은 당국의 의도에 대하
여 엄중히 항의함과 동시에 더 이상의 종교탄압 행위를 중단하도록 경고해 두고자 한다.

우리들은 당국의 어떠한 탄압에도 굴하지 않고 우리의 신앙양심이 명하는 바에 따라
기도할 것과 하나님께서 응답하시는 바에 따라 불의와 압제를 무너뜨리고 정의와 평화를
구현해 나가는 운동에 더욱 박차를 가할 것을 다짐한다.

1985. 1. 30.

한 국 기 독 교 교 회 협 의 회
인　권　위　원　회

7. 1986-2-회고록-15차 연행사건 — 목요예배에서 기도한 일로 구속되다

〈목요예배에서 기도한 일로 구속되다〉

1) 기도하게 된 경위

1986년 1월 15일 전두환 정권은 신민당 국회의원 7명을 기소하였다. 민정당 국회의원이 예산안과 조감법을 날치기 통과한 불법에 대하여 신민당 의원들이 항의하며 멱살을 붙잡고 흔든 일이 폭력이라고 하여 기소함으로 세계의 웃음거리를 자행하였다. 그리고 다음 날인 16일에 전두환은 국정연설을 하였는데 헌법개헌은 89년도에 가서 논의하자고 하며 국민에게 침묵과 맹종만을 강요하는 연설을 했다. 나는 1986년 1월 16일 10시에 방송을 통하여 전두환의 정책연설을 들었는데 그는 성난 어조로 국민에게 위압을 주는 연설을 하였다. 나는 심히 불쾌하였다. 그러고 나서 오후에 신문을 보니 개헌은 89년도에 가서나 생각해 본다는 보도였다. 마침 그날 종로 5가에서 정기적으로 열리는 목요예배에 참여했다. 그날 김상근 목사님은 설교를 통하여 전두환 정권의 비리를 강력하게 규탄하면서 회개를 촉구하는 설교를 하였다. 그날 예배 때 고난받는 구속자 중에 고문을 당한 분들을 위하여 특별 헌금을 실시하였는데 사회자인 금영균 목사님이 나에게 헌금 기도를 부탁하여 약 3분 동안 헌금 기도를 하게 되었다. 국회의원을 기소해도 국민들의 반응이 없는 데다 대통령의 공갈석인 국정연설을 하여도 아무도 반응을 보이지 않으면 안 되겠기에 나는 기도하는 시간을 빌려서 민정당의 죄악을 하나님께 고발하는 기도를 하게 되었다.

2) 여기저기서 걸려 온 전화들

목요예배를 마치고 집에 돌아오니 그다음 날인 17(금요일)에 여러 곳에서 전화가 오기를, 전두환을 그렇게 악당이라고 표현했는데 별일이 없는가 하는 문안 전화가 많이 걸려왔다. 사실 "전두환 악당"이라는 표현 가운데는 여러 가지 뜻이 내포되어 있다. 전두환 정권의 정통성을 송두리째 부정하는 표현이며 또 한편 정의사회 구현, 선진조국 창조, 민주정치의 토착화, 평화적인 정권교체 등의 화려한 구호를 모조리 부정하는 표현이었다.

3) 강서경찰서에 연행되다

(1) 정보계장의 방문

1월 18일은 나의 생일이었다. 성수동교회 성도들이 정성껏 생일을 축하하려고 우리 집을 방문하여 강태숙 전도사님의 인도로 생일축하예배를 드렸다. 그리고 19일 주일은 신일성결교회에서 하루 부흥회를 마치고 21일 신안군에 가서 도서 교회를 위한 부흥회를 인도하려고 준비하고 있었는데 20일(월) 10시경 강서경찰서 정보계장이 담당 형사인 김정기 형사와 함께 우리 집을 찾아왔다. 정보계장은 심각한 표정으로 "목사님, 경찰서까지 가서 조사받을 일이 생겼습니다. 목사님이 지난 16일 목요예배 때 기도한 내용이 문제가 된 것 같습니다. 왜 그렇게 강한 표현을 하여 고생을 해야만 합니까?" 정보계장은 비교적 부드러운 말로 경찰서까지 가자고 하기에 나는 서슴지 않고 수락했다. "좋습니다. 나도 이미 연행하러 오리라고 예상했습니다. 법정에 가서 전두환 무리들이 악당이 아닌가 악당인가를 심판 받읍시다. 나는 전두환 무리들이 악당이라고 생각하고 표현한 데 대한 소신에는 변함이 없습니다. 다만 법정에서 시비를 가릴 일만 남았습니다. 갑시다" 하면서 감옥 갈 준비를 갖추었다. 내복을 두터운 것으로 갈아입고 선교회의 중요한 서류는 감추었고 여러 가지 업무를 최혜경 간사에게 지시했다. 그리고 안방으로 가서 가족들과 뜨겁게 기도하고 강서경찰서로 갔다. 열다섯 번째의 연행이었다. 나는 차를 타고 가면서 간절히 기도했다.

(2) 강서경찰서에서 2일간 조사를 받고

강서경찰서 정보과에서 목요예배 때 기도한 내용에 대하여 2일 동안 조사를 받았다. 조사라야 별것 없고 기도한 내용을 시인하느냐고 하기에 그대로 시인한다고 말했다. 수사관은 말하기를 "왜 국가원수에게 악당이라고 하여 명예를 훼손했는가?" 하기에 나는 이렇게 답변했다. "국방 해야 할 군인이 국방 하라고 국민이 맡겨준 무기를 가지고 국방과 치안을 총책임진 계엄사령관에게 총부리를 들이대어 상관을 체포하는 군사 반란과 하극상의 범죄를 자행했고 광주 시민을 무참하게 학살한 살인죄와 또 대한민국의 국시인 민주주의를 송두리째 밟아버리고 갖은 폭력과 부정을 자행했으니 악당이 아니고 무엇입니까?

(3) 즉결재판에서 10일간 구류선고를 받다

1월 22일 아침 8시 아침 식사를 하고 9시경에 영등포 문래동에 있는 즉결재판소를 향하여 호송차를 타고 갔다. 9시 20분경에 도착하여 40분간 기다리는 동안 나는 이번에 문제가 된 기도내용을 종이에 써서 아내에게 건네주면서 인쇄해서 돌리라고 부탁했다. 그래서 그 기도문은 수천 장 인쇄되어 전국은 물론 외국까지 그 내용이 전파되었다. 나를 연행하지 않았다면 그 기도내용이 알려질 이유도 없는데 당국에서 나를 연행했기 때문에 많이 파급된 것이다. 범사가 합동하여 선을 이루게 하는 하나님께 감사드릴 뿐이었다. 일반인들의 재판이 다 끝나고 내 차례가 되었다. 재판장은 나의 인정 심문을 마치고 이번에 기도한 내용에 대하여 그렇게 기도한 사실이 있는가 하기에 나는 그러한 사실이 있다고 했더니 '구류 10일'하고는 나에게 말할 기회도 주지 않고 일어서서 나가버렸다. 재판석에는 성수동교회 강태숙 전도사님과 내 가족들이 방청했다. 재판이 끝나자 나는 호송차를 타고 강서경찰서 유치장에 수감되었다. 나는 뜻하지 않은 구류처분으로 목민교회(20일), 전남 신안군 도초교회(1월 21~25일), 전북 중리교회(1월 27~31일) 등 세 교회의 부흥회를 연기하게 되었다. 준비한 교회들에게 참으로 미안했다.

4) 강동경찰서에서 유치생활

(1) 강동경찰서에 이감

1986년 1월 20일 한교협 인권위가 주최한 예배 때 기도한 사건으로 구속되어 강서경찰서에서 신체검사를 하고 소지품을 보관하는 입감 수속을 끝낸 후 2층 독방에 수감되었다. 입방하여 기도를 마치자마자 강동경찰서로 이감하라는 지시가 내려와 소지품을 가지고 강서경찰서를 떠나 80리 가량 떨어져 있는 천호동 소재 강동경찰서로 이감을 갔다. 내 집이 있는 화곡동 지역 경찰서에 수감되어 있으면 나에게 가혹한 형을 살리기 어려우며 또한 면회 다니기도 제일 불편하도록 강동경찰서로 보낸 것이었다. 대통령을 모독한 것이 무척 괘씸했던 모양이다.

강동경찰서에 도착하여 수사과에 들어가니 수사계장이 첫눈에 낯이 익었다. 곰곰이 생각해 보니 그 수사계장은 시경 정보과 5계 취조관으로 있던 경위였다. 그때 나하고 크게 다툰 일이 있었다. 그 경위가 나를 처음 보자마자 "당신이 고영근이얏" 하며 반말을 하는 것이었다. 나는 그래서 "반말하지 마시옷. 어디다 대고 반말이옷"하며 한참 다툰 일이 있었는데 그가 강동서 수사계장으로 와 있었다. 원수는 외나무다리에서 만난다더니 이를 두고 한 말 같았다. 그 수사계장이 상부 지시인지 그때 다툰 것에 대한 보복인지는 몰라도 나는 강동서에서 제일 고통스러운 구류를 살았다. 그 경위에게는 웃음도 없고 추호의 이해도 없이 다만 싸늘한 표정으로 10일 동안 나를 심히 박대했다.

(2) 필기도구도 주지 않았다

다른 경찰서에서는 그래도 필기도구를 주었는데 강동경찰서에서는 안경도 주지 않고 필기도구도 주지 않았다. 그래서 독서도 못하고 필기도 못하여 지루한 10일을 보냈다. 온종일 일반 구류자와 줄을 맞추어 앉아 있으니 너무나 아까운 시간이 흘러갔다. 금쌀 같이 귀한 시간 12일이 너무 아까워서 기도하고 명상하는 데 힘썼다. 그때 명상하고 착상한 것이 『우리 민족의 나아갈 길』 제5권의 내용이었다. 나는 그때 제5권을 집필할 계획과 내용을 준비하고 1월 31일에 석방하자마자 2월 10일부터 집필을 착수하여 제5권을 출간하게 되었다. 제5권은 강동경찰서 유치장에서 기도하면서 영감으로 받은 하나님의 음성이었다. 그 책은 내가 오늘까지 쓴 글 중에 가장 강도 높게 전두환 정권을 질타한 책이었다. 만일 그때 독서를 할 수 있었더라면 나는 그 책에 대한 연구를 하지 못했을 것이다. 하나님께서 경찰들의 마음을 강퍅하게 하였고 그와 같은 불행을 이용하여 유치장 속에서 책을 저서할 착상을 주신 하나님께 감사할 뿐이다. 할렐루야!!!

(3) 영하 14도를 오르내리는 추위

1986년 1월 21일 대한 추위가 엄습하여 영하 14도를 내려가는 강추위가 20일 동안이나 계속되었다. 삼한사온을 무색게 하는 강추위는 변함없이 계속되어 그 추위 때문에 몹시 어려웠다. 비교적 추위를 타지 않는 내가 추워서 고통스러워할 정도의 추위라면 대단한 추위였다. 유치장의 담요가 적어서 한 장 깔고 두 장을 덮었는데도 밑에서 찬바람이 올라와서 마루는 내 체온의 덕을 보려는 듯이 찬 기운만 계속되었고 높은 천정에서도 찬 기운이 휘몰아쳐 잠을 이루지 못했다. 아내가 넣어 준 스웨터를 입은 채 잠자리에 누워도 좀처럼 잠이 오지 않았다. 도무지 밤낮으로 추워서 꼼짝할 수 없을 정도로 고통스러워 두꺼운 옷을 넣어달라고 했더니 노동자들이 시장에서 입는 털바지를 넣어주어 4일 후에는 추위를 견딜 수 있었다. 나는 비록 10일 동안 구류를 살지만 벌써 10년이 넘도록 감옥살이를 하는 재일교포들과 1,000명의 학생은 얼마나 어려울까 생각하며 추위를 이겨나갔다.

5) 나를 성원한 후원자들

(1) 목민선교회의 성원

목민선교회에서는 긴급히 임원회를 열어 나의 구속 문제에 대한 대책을 협의했다. 부회장 이해학 목사, 총무 임영천 교수, 기획부장 김동엽 목사, 선교부장 정동수 목사, 서기인 송정홍 전도사 등이 모여서 임원회를 열고 고영근 목사는 왜 구속되었는가, 기도한 내용으로 구속할 수 있는가 하는 유인물을 인쇄하여 전국 교회와 해외까지 발송하기로 결의하고 이를 즉시 실천에 옮겼다. 유인물은 전국 여러 교회로 퍼져 많은 성도들이 나를 위하여 기도로 성원하기에 이르렀다. 목민선교회 임원들의 성원은 나에게 크나큰 힘이 되었다.

(2) 외부의 성원

한교협(NCC)에서는 내가 강서경찰서에 연행되자마자 미국을 위시한 외국에 텔렉스를 통하여 구속된 사실을 알렸다. 그리고 예배위원회에서는 23일 나의 구속 문제를 놓고 기도회를 열었다. 그리고 정의평화실천 성직자회와 EYC에서는 성명서를 발표하고 기도한 내용 때문에 목사를 구류시킨 만행을 맹렬하게 규탄했다. 그리하여 한국교회 여러 지방과 여러 기관에서도 기도한 내용 때문에 목사를 체포한 전두환 정권에 대하여 성토하는 집회를 열고 나를 성원해 주었다.

(3) 석방되던 날 아침

1월 31일 오전 6시 30분 12일간의 구류를 살고 석방되었다. 수사과 직원 두 사람이 나를 우리 집까지 경찰차로 모셔다 드리겠다고 하여 나를 유치장 밖으로 안내했다. 수사과 문 앞을 나와 보니 민주헌정연구회원 10여 명이 6시부터 나를 기다리고 있었다. 여러분들이 반갑게 나를 맞아 주었다. 경찰이 나를 데리고 우리 집까지 간다고 하니까 그들은 경찰을 쏘아보며 "당신네들은 저리로 비키시옷. 고 목사님을 잡아 올 땐 언제고 이제 고생시키고 데려다준다는 것은 무엇이오. 우리 고 목사님 같은 애국자를 잡범과 혼방을 시켜 고생시키고 면회도 안 시키는 당국의 처사가 괘씸하기 그지없소" 하며 나를 데리고 경찰 구내식당으로 가서 아직 도착하

1986년 1월은 역대 한파로 기록이 세워질 정도로 몹시 추웠다. 그 시기 고영근은 구류 12일을 강동경찰서에서 심히 고통스러운 시간을 보냈다. 아내가 넣어 준 솜바지로 그나마 추위를 견뎌야만 했다.

지 못한 여러 동지들을 기다렸다. 얼마 후에 영접 나오려 했던 동지들이 모두 다 온 후에 민헌연 임원들은 나를 데리고 식당으로 가서 아침 식사를 하며 정담을 나누었다. 교계에서는 권호경 목사님이 나왔고 다른 분들은 모두 평신도들과 재야인사들이었다. 여러 차례 나에게 격려를 하고 용기를 주는 민주헌정연구회 임원들(김종완, 유중람, 나종학, 최승길, 문승만 등 여러분)이었다. 그들은 나를 너무나 존대하고 경찰을 너무나 경멸하니 경찰들은 몸 둘 바를 모르고 쩔쩔매었다. 식사가 끝난 후 나는 여러분을 위하여 간절히 기도했다.

『죽음의 고비를 넘어서』 4권, 146~165 발췌.

8. 1986-2-회의록-15차 연행사건 — 인권위원회 회의록

45

1986. 1. 30 Am 12

곳

참석

위원

[이하 내용은 손글씨로 판독이 어려움]

46

第二次 常務會

제 1986. 1. 30. Pm 3. 20

곳 本教會 牧會室

參席者. 조봉순 이운형 김정란 우형진

회장이 기도한즉 "서기가 성행 보고하니 개회을 선언하고

위기가 전회록을 낭독 하니 비어없이 받기로 가져하고

1 선히커친회가 외람코 85년도 결산보더라 총 ○천만 보현하 근에 수정서로 하고

2 2형은 목회 관권은 안현위원에비 명녀로 기도가 유언비어가 아니까고

성명서로 너기로 하 ~

이상 처버건촉 폐회 하니 3. 35이라

위원장 조봉순

서기 우영진

9. 1986-2-서간문-15차 연행사건 — 서독 장성환 목사

전 안수 사모님

또 고목사님이 구치되었다는 소식을 들었습니다. 기도
대원서라는 연락을 듣고, 그 내용을 불명한 것을 알았습니다.
"메베 메베 데게 우바옥신 " 이라고 하는님이
총리거나 다 평종 연회간 벽에 썼다는 빠치기도
있습니다마는, 고목사님의 거술에 하느님의 뜻(志)이
있어 하신 일인것 분명합니다.   그래서 義人이
간구에는 힘이 있습니다.

지금 우리가 할 일은 하느님께서 하시려 하는 그
분 뜻을 銘心히 깨달는 받나니다.

사모님: 고목사님은 사모님과 함께 이면서, 단 하느님
이 이때에 쓰시는 종입니다. 이중의 종보심을
하셔야 합니다.

나도 이곳 금요기도회에 알려서 목사님을 위한 기도를
하겠습니다. 그리고 기도 가운데서 되어지는 구체적
인 분을 간구하겠습니다.

우리의 기도의 힘은 약할수 있습니다. 그러나
안탑갑게 우리가 떨면서 오를때 간구 해 주시는
성령게 간구가 있습니다.

전안의 사모님! 용기를 내십시오.   멀리 이역에서
내려분을 위해 순수 기도를 하다는 분들도 있습니다.
주 안에서 승리하는 날도 멀지 않음 을 믿습니다.
조심스럽게 참으십시다.

                          1986. 1. 29.
                          장성환

10. 1986-2-서간문-15차 연행사건 — 미국 오충환 목사

존경하는 목사님 그리고 사모님.

너무 오랫동안 연락 못드려 죄송합니다.
그간 보내주신 서신 모두 잘 받았습니다.
목사님께서는 몸에 건강 하시오리라. 사모님께도
안녕 하신가요.
이곳에서 너무나 여러가지 소식은 듣고 있읍니다.
목사님께서 기도회 사건 때문에 또 구류를 하셨다고
무엇이라 위로의 말씀을 드려야 좋을지.
그저 답답하고 죄송스러워 뭔일니다.
이곳의 목사님께도 안녕 하시며 ○○○란 이희성
장로님의 모두 안녕 하십니다.
남선교회에서는 ○○에 조그만 성의나마 목민 신학교에
갖다드려 몇사람 안씨지만 조금씩 모은것을
보냅니다 합니다.
한인은행 은 자신으로 ○○는 저희 교회 이제 하느은행을
부탁을 드립니다.
목사님 부디 몸건강 하시고 하시는 주님의 사업
더욱이 발전이 있기를 기원 합니다.
주님의 은총이 목사님 가정에 임하지며 기원합니다.
많은 박○○ 있는 것을 감사합니다.
안녕히 계십시오

1986. 2. 17.
오충환 드림.

"최후에 한사람의 정직한 주님을 부상시다."

11. 1986-3-사건 개요-16차 연행사건 — KSCF 주최, 서울지구 대학생 설교

16차 연행사건	
일시	1986년 4월 8~4월 15일
사건 내용	KSCF 설교 사건 & 장신대 학생 수련회
취조관서	강서경찰서
수감처	강서경찰서

4월 8일   포항지역 연합집회 - 포항 북부교회

4월 10일   종로 5가 목요예배 설교 - 구속자 석방을 위한 기도회

4월 11일   대전지역 연합예배 - 제일감리교회

4월 12일   군산지역 연합예배 - 군산복음교회

4월 13일   군산복음교회 하루 부흥회

　　　　　　5개 집회 설교 무산

정의와 사랑의 근본이 되신 하나님의 크신 은총이 어려분의 가정과 섬기시는 교회 위에 그리고 하시는 모든 사업위에 풍성하게 임재 하시기를 기원합니다.

고 영근 목사님(한국 복민 선교회장)의 활동은 지난 3월에 장신대에서 500명의 학생들을 상대로 강연, 한일 신학교 부흥회로 3일동안 300명 그리고 순천지구 부활절 예배에서 400명의 교인들에게, 또한 박영건 열사 위한 투쟁, 및 매주 부흥회등을 통하여 하나님의 정의와 조국의 민주화를 외쳐 오던중 지난 3월 21일 기독 학생 연맹의 신입생 환영 예배설교가 문제가 되어 강서 경찰서에 연행되어 조사를 받고, 7일간의 구류 처분을 받았읍니다.

고 영근 목사님의 문제된 설교 내용은 다음과 같습니다.

"국방부는 우리나라의 전투력이 북한보다 미약하다고 발표 하면서 우리나라 인구는 북한보다 2배가 넘는 4,160만이고 국민 소득은 북한보다 3배가 넘는다고 했는데, 이에 따르면 비록 비율은 우리나라 국방비가 국민소득의 6%이고 북한은 24%라고 하지만 국방비의 총 액수 만큼은 우리가 많을 것임에 불구하고 화력과 탱크등의 전력이 미약한 이유는 우리 국군은 장군과 고급장교 등이 자유당때보다 숫자적으로 배나 늘었기 때문이다.

자유당과 민주당 시절의 군 최고 계급이 중장에 불과 하였지만 지금은 대장이 무려 7명이나 된다. 군법 정치하에서, 남침위협을 내세우면서도 이렇게 비능률적으로 국방비를 운용하는 것은 빨리 개선되어야 한다.

그 개선의 근본적인 방법은 민주화이다. 우리가 민주화 운동을 하는데는 세가지 조심해 두어야 할 일이 있다. 반미와 좌경, 폭력등이다.

우리가 " 미군 물러가라 "고 하기 보다는 오히려 미군을 민주화와 통일에 이용하는 슬기가 필요하다. 그러기 위해서는, 학생들이 학교 내에서 시위하기 보다는 미국 대사관이나 8군 사령부앞, 그리고 미국인 주택가등에서 " 독재자를 방조하지 말라 "고 평화적으로 시위해야 한다.

우리는 독일이나 일본과 같이 미국의 거대한 힘을 역이용하는 슬기를 발휘해야 하겠다. 이승만 정권의 악을 10이라고 표시 한다면, 박정희 독재의 악은 30이고, 전두환 독재는 50이며, 일정말기의 악은 70, 그리고 김일성의 악은 100이다.

그러므로 우리는 반공과 반독재를 동시에 하여 공산주의와 독재를 물리치고 자유 민주주의를 쟁취해야 한다. 그러기 위하여 우리는 비폭력적인 평화적 시위를 해야 한다. 그때야만 국민과 우방의 지지를 받고 민주화 운동 또한 승리할 것이다. 마루속히 정치는 정치인이 하고 군인은 국방에만 전무하며 학생은 공부에만 전무할수 있는 나라가 되기 위하여 우리 모두 민주화를 쟁취하도록 하자.

전두환 정권은 12.12 하극상과 광주시민 학살로 강탈한 것이니 그 정통성을 인정할수 없으므로 당연히 물러가야 하며 국민이 주권을 직접 행사할 수 있는 민주화가 속히 쟁취되어야 한다. 현 정권은 올림픽을, 정권유지를 위하여 유치 하였고 김일성이나 전두환은 통일보다는 권력유지에 급급하고 있다. 지금의 헌법은 불법으로 억지 통과시켠 비민주 헌법이니 마땅히 폐기 되거나 개헌 되어야 한다."

위와 같은 내용이 문제가 된 것입니다.

그리하여 이번주간에 계획된 포항지구, 군산지구, 대전지구등의 부활절 기념예배 설고와 종로5가의 고난받는자를 위한 목요예배에서 10일에 실시할 계획이던 설고도 하지 못하게 되었읍니다.

당국은 3월한달 동안의 고목사님의 활동에 대한 보복과, 4월중에 설고하게 될을 방해할 목적으로 이번에 구류처분을 낸린것으로 생각 됩니다.

우리나라의 민주화를 위하여 인권선고에 전력 투신하시는 고 영근 목사님의 노고에 대한 보답이고작, 매우 잦은 구속과 구류처분이라는 이 현실앞에서 우리선교회 임원 일동은 분노를 금할수 없음을 여러분께 호소하면서, 여러 성도 제위의 끊임없는 관심과 기도를 부탁드리는 바입니다.

하나님의 가호가 여러분위에 임하시기를 바랍니다.

1986 년 4월 10일

한국 목민 선교 회 임원 일동 드림

11. 1986-3-회고록-16차 연행사건 — KSCF 주최, 서울지구 대학생 설교

1) 서울지구 대학 신입생 환영예배 설교

1986년 3월 21일 오후 6시 서울 시내 기독학생 신입생 환영예배를 KSCF에서 주최하였다. 나는 그 예배 강사로서 초청을 받고 설교하게 되었는데 그때 약 120명의 학생에게 "기독학생의 나아갈 길"이란 제목으로 약 60분간 다음과 같은 설교를 하였다.

(1) 신앙의 좌표를 바르게 확립하자

기독교 신앙의 세 가지 좌표가 있으니 하나님의 영광, 자신의 구원, 사회정의의 실현입니다. 첫째로 하나님께 영광을 돌리는 것이 신앙생활과 인생이 사는 첫째 목적인데 하나님께 예배드리며 말씀에 순종하여 살며 구세주 예수를 영접하는 것이 하나님을 영화롭게 하는 세 가지 비결입니다. 둘째는 자신의 구원 문제인데 기독교의 구원은 전인격 구원입니다. 과거 죄에서 구원, 현재 고통에서 구원, 미래 심판에서 구원, 육신의 구원, 정신의 구원, 영혼의 구원, 개인의 구원, 가정의 구원, 사회의 구원입니다. 이러한 구원은 믿음으로 얻는 것이니 우리는 회개하여 죄사함 받고 성령으로 충만하게 거듭나고 미래에 대한 소망이 넘치게 하여 구원을 성취해야 하는 것입니다. 셋째는 인류에 봉사함으로 사회정의를 실현하는 것입니다. 그러기 위하여 우리는 불의(정치악, 경제악, 문화악, 사회악, 종교악)에 항거하며 정의를 선포하여 삶의 방향을 제시하며 인류 위해 봉사하는 사랑의 실천을 통하여 하나님의 정의를 실현하는 것이 신앙생활의 삼대 좌표입니다. 여러분은 이 세 가지 요소 중에 한가지에만 치우치지 말고 세 가지 요소가 정삼각형을 이루게 하여 신앙의 좌표를 설정하기 바랍니다.

(2) 조국을 외침 내환에서 구국하자

지금 우리 조국은 일본의 재침략, 미·소의 핵무기 대결, 공산주의의 간첩 침략, 남북한 분단의 고착화 등의 어려움이 있는데 이와 같은 외침의 문제를 해결하는 방법은 남한부터 민주화를 실현함으로 남북 간에 긴장을 완화하고 군비를 축소하며 남북교류를 단행함으로 남북이 평화적으로 접근하는 길입니다. 특별히 국가 안보 문제를 튼튼히 하는 비결도 민주화에 있는 것입니다.

얼마 전에 국방장관이 발표한 바에 의하면 우리의 국방력이 북한에 비하여 60%밖에 미치지 못하기 때문에 남침 위협이 있다고 하였습니다. 우리나라 인구가 북한의 2배이며 GNP는 북한의 3배여서 1984년 통계에 의하면 남한의 군사비는 41억 달러이고 북한의 군사비는 34억 달러로서 우리가 훨씬 많음에도 불구하고 북한이 전차나 무기가 우리를 앞지르는 이유가 무엇입니까? 그 중요한 이유는 북한은 집총한 하사관이 많고 우리는 고급장교가 많기 때문입니다.

1960년 자유당과 민주당 정권시에는 중장이 참모총장이었는데 지금은 대장이 8명이고 그때는 한 병과에 장군이 1명이었는데 지금은 병과마다 3명 내지 5명이나 되며 그때는 사단에 장군이 1명이었는데 지금은 거의 2명이니 자유당 때보다 장군과 고급장교가 배로 늘어나 그 많은 장군과 고급장교의 월급이 지급되어야 하므로 국방력은 약화될 수밖에 없는 것입니다. 그 중대한 이유는 군벌정치를 하고 있기 때문인데 그러므로 민주화를 해야만 이와 같은 모순이 시정될 것입니다. 그리고 서울 수도권에 인구를 1,350만 명이나 집결시킨 일이나, 참모차장인 중장이 국회의 원내총무와 국방위원을 때리는 작태는 남침 위협에 대비하는 태도일 수가 없는 것입니다. 군벌정치인 하루속히 정치에서 손을 떼고 국방에만 전무해야 하는 것입니다. 이것이 나라가 안정되고 안보를 강화하는 비결입니다. 국민의 지지를 받고 승리할 것입니다.

학생 여러분! 우리는 옛날 사무엘처럼 국민을 계몽시키고 의식화시키는 교육 운동, 노예근성과 이기주의를 회개하는 회개 운동, 그리고 굳게 뭉치는 단결 운동, 하나님 앞에 간구하는 기도 운동, 그리고 싸우며 쟁취하는 투쟁 운동을 전개해야 합니다. 그리하여 우리는 조국의 민주화를 성취하고 이어서 남북통일과 완전 독립을 이루어 영광스러운 조국을 후손에게 물려주고 세계 선교에 이바지하는 것이 기독 청년의 나아갈 길이며 사명인 것입니다. 여러분이 이와 같은 시대적 사명을 다하기 위하여 진리 충만, 능력 충만, 사랑 충만으로 인격을 다지고 실력을 양성하기 바랍니다. 그리하여 우리에게 맡겨진 사명을 위해 충성을 다합시다.

위와 같은 내용으로 설교를 하였다. 나는 그때 설교한 사건으로 인하여 영등포 문래동 즉결재판소에서 유언비어라는 죄명으로 구류 8일의 언도를 받고 강서경찰서에 수감되어 8일간의 구류를 살았다. 그 당시 전두환 정권은 자기 정권을 비판하면 가차 없이 구속하여 처벌하였다. 나는 국가보안법에 적용되지 않았기 때문에 구류처분만 받았던 것이다.

『죽음의 고비를 넘어서』 4권, 34~98 발췌.

2) 장신대 학생수련회 설교

1986년 4월 3일 장신대 학생들이 충현기도원에서 춘기수련회를 개최한 바 있었습니다. 주강사는 임옥 목사님이었고 시간강사는 한경직 목사님과 김한식 회장(한사랑 선교회)이고 또 내가 한 시간 특강을 담당하였습니다. 4월 3일 11시경 학생들이 자동차로 나를 안내하려고 우리 집까지 왔습니다. 나는 자동차를 타고 가면서 학생들을 통하여 수련회의 분위기를 청취했습니다. 강의를 마치고 나니 25명가량이 서면으로 질의서를 냈습니다. 비교적 어렵지 않게 차분하게 답변을 하였는데, 질문 중의 하나가 "남침 위협이 있는데 우리가 자중해야 하지 않겠느냐" 하는 질문이었습니다. 나는 그 질문에 대하여 한 마디로 남침 위협은 없다고 잘라 말했습니다.

첫째로 한미 방위조약, 조·소 방위조약이 체결되어 있기 때문에 미국과 소련이 전쟁할 의사가 있어야 남침이 가능하지 그렇지 않으면 불가능하다고 하였고, 둘째로 서울에 인구 1,350만 명과 한국경제 65%를 모아다 놓는 것은 남침 위협이 없다는 증거이며, 셋째로 국방 해야 할 군인이 국방 하지 않고 정치에 가담하고 있는 것도 남침 위협이 없는 증거이며, 넷째로 북한은 34억 달러, 남한은 41억 달러의 군사비를 사용하고 있는 가운데 남한의 군사비는 장군과 고급장교가 자유당 때보다 배나 늘어나 많은 군사비가 장군과 고급장교의 봉급으로 지불되고 있는데 이것도 남침 위협이 없기 때문에 그렇게 하는 것입니다. 다만 남침 위협이 있다고 하는 것은 독재 정권을 계속 유지하기 위하여 국민에게 침묵을 강요할 목적으로 긴장을 고조하기 위한 방법인 것입니다. 우리는 이러한 책략에 속지 말고 민주화운동을 늦추어서는 안 된다고 대답했습니다.

질문에 대한 답변을 마치고 500명 학생들의 우레와 같은 박수를 받으며 집으로 돌아왔습니다. 당국에서는 장신대 강연을 제지하지 않았습니다. 장신대에서 민주화의 열기가 86년도부터 일기 시작했습니다. 비록 한 시간의 설교지만 그 영향은 컸다고 자부합니다. 당국에서는 장신대 설교에 대하여 보복할 계획도 세웠을 것입니다.

3) 예비검속을 당하다(대회를 방해하려고)

나는 4월 둘째 주간에 여러 곳에서 초청을 받고 강연 준비를 하였습니다.

4월 8일   포항지역 연합집회 – 포항 북부교회

4월 10일   종로5가 목요예배 설교 – 구속자 석방을 위한 기도회

4월 11일   대전지역 연합예배 – 제일감리교회

4월 12일   군산지역 연합예배 – 군산복음교회

4월 13일   군산복음교회 하루 부흥회

이상과 같이 강연 청원을 받는 나와 청원한 지역에서는 대대적인 준비가 진행되었는데 당국에서는 이 집회를 못하게 하려고 4월 8일 오전 10시경에 나를 경찰서에 연행하였습니다. 이것은 실질적으로 예비검속을 단행한 것입니다.

4) 강서경찰서에서 구류(9일간)

1986년 4월 8일 오전 10시경 강서경찰서 정보계장과 담당인 김정기 형사가 우리 집에 찾아왔습니다. 강서경찰서 정보과에 가서 조사계원에게 조사를 받고 이틀 동안 대기실에 유치되었다가 10일 아침에 영등포 문래동 소재 즉결재판소에 가서 직결재판을 받았습니다. 재판장은 지난 1월에 재판하던 바로 그 판사였습니다. 재판장은 두 가지 내용을 심문했습니다. 하나는 남침 위협이 없다고 말한 근거가 무엇인가 하는 심문이었고, 또 하나는 학생들이 데모하려면 미국 대사관이나 미군 부대, 혹은 미국인의 주택가에 가서 데모하라고 선동한 이유가 무엇인가 하고 심문했습니다.

남침 위협이 없는 증거는 첫째, 한미 방위조약, 조·소 방위조약을 체결했기 때문에 미소의 허락 없이는 남침과 북침이 불가능하며 둘째, 미소가 가공할 핵무기를 가지고 있기 때문이며 셋째, 서울에 인구 1,350만 명과 경제 65%를 집결해 놓은 점, 넷째, 북한보다 많은 국방비를 장성들과 고급장교 인건비에 낭비하는 등을 감안해 보면 당국이 말하는 남침 위협같이 심각한 바는 아니며 다만 정권 연장을 위하여 남침 위협으로 긴장을 고조할 뿐이라고 설명했습니다.

두 번째로 미군을 상대로 데모를 하라고 한 것은 미국에서 전두환 독재를 임명하고 지원하고 있기 때문에 임명자에게 독재를 물리치고 민주화에 기여하라고 하는 것이 당연한 것이므로 반미하지는 말고 항미(抗美)하고 용미(用美)하는 것이 마땅하고 미국인을 상대로 시위하라고 강연했다고 설명했습니다. 판사는 설명을 들으면서 머리를 끄덕이더니 "모두 옳은 말씀인데 실정

법이 있으니 7일 동안 고생하십시오" 하여 재판이 끝났습니다. 재판 방청석에는 내 아내가 외로이 지켜보았을 뿐입니다. 나는 경찰 호송차를 타고 강서경찰서에 돌아와서 수감되었습니다.

5) 수사계장의 선처

강서경찰서 수사계장은 여러 차례 만나서 아는 사이였습니다. 내가 수사계에 들어가니까 그는 웃으면서 "또 오셨구만요. 자꾸만 고생해서 어찌합니까?" 하며 나를 안내해서 유치장으로 들어갔습니다. 유치장에 들어서자 수사계장은 담당 순경에게 지시하기를 "고 목사님을 2층 독방에 잘 모시고 불편 없게 하여 드리시오"라고 지시하니 눈치 빠른 순경들이 나의 신체검사도 하지 않고 넥타이와 허리띠 그리고 소지품만 보관하게 하고 입감시켰습니다. 유치장에 입감하면서 이렇게 선대를 받아보기는 처음이었습니다.

6) 고마운 성원자들

내가 유치장에서 수감되어 있는 중 나에게 특별면회를 온 분이 있었습니다. 목민교회 김동엽 목사님과 전종인 장로님을 비롯한 강서구 교구협의회 임원들 5, 6명이 수사계장실에 와서 나를 면회했습니다. 김동엽 목사님과 전 장로님이 주선한 면회였습니다. 참으로 감사했습니다. 삭막하고 인정이 메마를 때 면회를 오는 일은 쉽지 않은 일이었습니다. 특별히 김동엽 목사님은 재판소까지 찾아와서 격려해 주었습니다. 우리 하나님께서 축복해 주시기를 기도했습니다. 그리고 민주헌정연구회 임원들이 창구면회실을 통하여 여러 차례 나를 격려해 주었습니다. 김종완 이사장, 최승길 장로, 유중람 선생 등 여러분이었습니다. 그리고 이상준 선생, EYC 박준철 의장 등 임원들이 석방되던 날 아침에 나를 맞아 주었습니다. 내가 유치장에 구류를 살게 되었다고 신문에 보도가 되어 전국 각지의 성도들이 기도하고 격려해 주니 많은 용기를 얻었습니다. 짤막한 보도이지만 신문보도의 영향이 대단했습니다. 나는 설교를 통해 전두환 정권에 대한 불의를 공박한 데 대한 보복 그리고 다섯 곳에서 설교할 기회를 봉쇄하는 예비검속을 당하여 연행된 지 9일 만에 석방되게 되었습니다. 항상 건강한 몸과 강한 신념을 주시는 하나님께 감사와 영광을 돌릴 뿐이었습니다.

『죽음의 고비를 넘어서』 3권, 142~147 발췌.

13. 1986-5-공문 — 각 지방 「나라를 위한 기도회」, 전북, 전남, 충청, 경북, 경남지구

나라를 위한 기도회

우리나라는 엘리 당시와 같이 外侵內患의 위기에 처하여 생사의 기로에서 방황하고 있습니다. 우리나라가 국난을 타개하고 生存과 번영을 이룩하는 길은 온 국민이 잘못을 깨달고 회개하며 뜨겁게 기도해야 합니다. 그리고 새 人格을 건설하여 하나님의 뜻대로 利他主義를 生活化해야 할 것입니다. 그러기 위해서 본 선교회에서도 다음과 같이 지역별로 "나라를 위한 기도회"를 실시하고자 합니다. 귀하가 이 기도회에 참석함은 물론 이 기도회 위에 성령께서 역사하시도록 기도해 주시고 또한편 물심양면으로 뜨겁게 성원해 주시기 바랍니다.

반드시 승리의 기도회가 될 것입니다.

" 나라를 위한 기도회 내용 "

1. 목적 나라의 민족의 현실을 바르게 깨달고 뜨겁게 기도하기 위함임.

2. 참석자대상자

　　남·여 교역자부인, 그리고 평신도

3. 일시와장소

　① 전북지구　　6월 10일 (火)　　전주 성광교회　김경섭목사 시무
　② 전남지구　　6월 12일 (木)　　여수 은현교회　김정명목사 시무
　③ 충청지구　　6월 17일 (火)　　청주 제일교회　이패재목사 시무
　④ 경북지구　　6월 16일 (月)　　대구 남성교회　이진수목사 시무
　⑤ 경남지구　　6월 19일 (木)　　부산 중부교회　최성묵목사 시무

4. 강사 고영근목사

5. 연제

　① 한국교회 나아갈길　(오전 10시~오후 1시)

　　• 교계갱신을 위하여!

　　• 민족복음화 성취를 위하여

　② 우리민족의 나아갈길　(오후 2시~5시까지)

　　• 외침내환의 국난타개를 위해

　　• 조국의 민주화와 통일을 위하여

6. 시간

　　• 오전 10시부터 오후 5시까지 계속함 (9시 30분까지 도착바람)

7. 기도회 예산　(300만원 소요됨)

　① 초청장 발송비　　　　　　100 원 × 8000 교회 =　80 만원
　② 신문광고비　　　　　　　40 만원 × 4 개신문 = 160 만원
　③ 장소사용및 진행비　　　　12 만원 × 5 회 = 60 만원

〔선교회주소〕 서울시 강서구 화곡동 344-6 (전화 602-6230, 699-5772)

14. 1986-5-취지문 ― 나라를 위한 기도회, "독재 정권이 막강한 것이 문제가 아니라 민주 진영이 미약한 것이 큰 문제이다"

독재정권이 막강한 것이 문제가 아니라
민주진영이 미약한 것이 큰 문제이다.

군벌독재정권이 막강한 권력과 금력을 가지고 횡포를 부리는 것이 문제가 아니라 민주 진영이 허약하고 단결하지 못하는 것이 바로 큰 문제 입니다. 민주화를 성취하려는 우리의 민주화의 의지가 결사코 정권을 놓지 않으려는 군벌독재자의 의지보다 미약합니다. 민주화를 위한 의식화의 모임이 독재정권을 유지하려고 음모를 꾸미는 독재자 들러리 모임에 미치지 못합니다.

독재자의 하수 기관 안기부 수사국 직원들은 새벽 7시에 출근하여 밤 11시에 퇴근하므로 매일평균 16시간을 활동하는데 신민당, 민추협, NCC, 기타 운동권 단체에 근무하는 민주인사들의 활동 시간이 안기부 수사관들의 열심에 미치지 못하는 인상을 주고 있읍니다. 나자신의 활동도 안기부 수사국의 수사관들의 열심과 북한 공산당들의 열심에 미치지 못하고 있음을 자백합니다.

민족해방을 성취시키려는 모세의 열심은 강퍅하고 고집스러운 바로왕을 능가하였고, 자유의땅을 쟁취하려는 여호수아 갈렙의 열심앞에는 가나안 사람의 장대함과 금성철벽 따위는 무력했던 것입니다.

자기민족을 침략자 야빈의 손에 구출하려는 여성지도자 드보라의 열심앞에는 야빈의 철병거가 힘을 쓰지도 못하고 참패하고 말았읍니다. (삿 4 : 1-16) 자고로 조국과 민족을 구출하려는 애국자 앞에는 강한 침략자도 힘을 쓰지 못하고 참패를 겪고 말았던 것입니다.

수나라 대군과 을지문덕, 임진왜란때 일본의 침략군과 이순신 장군, 영국군대와 프랑스의 잔다크, 청산리의 수만명 일본군대의 우리의 독립군들 !

우리는 군벌정권이 강하다고 자탄만 하지말고 우리들의 힘이 미약함을 자성하고 독재정권을 정복하고도 남는 힘을 길러야 하겠읍니다. 독재정권과 공산주의를 능가하여 6천만 국민이 따라올수있는 지도이념을 창안하고 6천만 동포를 의식화시켜 정신계를 정복하고 지배해야 하겠읍니다. 독재자와 공산주의자가 기만정책으로 국민들을 속이고 있는 동안에 우리는 진실과 정의로써 국민들의 마음을 사로잡아야 할것입니다. 독재자와 공산주의자가 100 이라는 힘으로 저들의 목적을 달성하려고 활동할때에 우리는 200 이란 역량을 발휘하여 민주화와 통일독립을 위해 활동해야 할것입니다. 힘을 기릅시다. 막강한, 정신력, 조직력, 단결력, 투지력, 그리고 탁월한 전략을 세워서 불의의 아성을 무너뜨리고 내나라 내조국 땅위에 하나님의 정의가 실현되고 민주화의 꽃이 피도록 싸우고 싸워서 이기고 또 이깁시다. 전능하신 하나님이 우리와 함께 하시리니 승리는 우리의 것입니다. (수 1:5-8).

하나님께서 주시는 성령의 능력으로 무장하여 막강한 투지력을 힘껏 발휘합시다. 승리의 그날까지 전진 전진 !

15. 1986-6-성명서 — 재야간담회, "개헌 정국을 보는 우리의 입장"

개헌정국을 보는 우리의 입장

분단된 조국의 통일과 민주화를 위해 노력해온 우리들은 최근 정부와 여당이 민통련 의장 문익환목사를 소요죄로 구속·기소하고 민통련을 부당하게 왜곡 비방하는 일련의 탄압조치를 보고 분노와 우려를 금할수 없다.

문익환목사는 성직자의 양심과 애국·애족의 정열로 우리 사회의 민주화를 위해 노구를 무릅쓰고 헌신해온 이 시대의 대표적 양심이다. 정부와 여당이 대타협 정국 운운하며 민주화와 개헌에 나서겠다고 하면서, 한편으로는 이와같이 문익환목사를 비롯한 민주화 추진세력을 탄압하는 것은 개헌에 임하는 그들의 저의를 의심케하는 처사라 아니할 수 없다. 지금 국민들은 정치, 경제, 교육, 문화 등 사회의 모든 부문에서 진정으로 민주적이고 자주적인 변화를 갈망하고 있다. 작년 2.12총선때 국민들 속에서 치솟은 자유화 열풍과 최근 신민당의 개헌 현판식에서 나타난 민주화와 개헌의 바람은 지난20여년간 군사정권 아래서 숨죽이고 한숨만 쉬던 국민들이 굴종의 생활을 박차고 자신들의 자유와 권리를 찾기 위해 일어서고 있음을 증거하는 것이다. 군사독재를 종식시키고 민주정부를 수립해야 한다는 것은 누구도 막을수 없는 국민적 여망이며 이 시대의 정신이다.

이에 이 사회의 열망을 조금이나마 대변하고자 하는 충정과 애국적 양심의 발로에서 다음과 같이 우리의 입장을 천명하는 바이다.

1. 정부와 여당이 국민과의 합의에 기초한 개헌을 조금이라도 진실된 마음에서 추구한다면, 정치적 신념과 양심에 따른 행위로 인해 구속된 모든 인사들을 제한없이 석방하여야 한다. 더우기 문익환목사를 정치협상의 볼모로 가두어 두고있는 정부·여당의 태도는 규탄받아야 마땅하며 문목사는 지체없이 석방되어야 한다. 아직도 법적 절차 운운하면서 정치범들의 성격을 작위적으로 구분하고 선별적, 단계적 처리를 강변하고 있는 것은 정부·여당의 개헌에 임하는 태도를 의심케함은 물론, 그들이 과연 개헌의 진정한 의미를 제대로 인식하고 있는가 하는 의문까지 야기시키는 것이다. 개헌을 통한 민주화라 함은 이러한 정치범이 존재하지 않는 새로운 체제를 성취함을 뜻하기 때문이다. 또한 민주화를 위해 각계 각층에서 투쟁하다가 구속된 이들의 희생이 없었더라면 오늘날 거론되고 있는 개헌 또는 대타협 논의조차 존재하지 않았을 것이라는 점을 생각한다면 이들의 석방이 개헌 논의의 선결조건임은 논리적으로도 자명하다 할 것이다. 이들의 석방을 기피하는 자세에 기초한 개헌논의는 당장의 정치적 위기만을 모면

하고 실제로는 군부독재체제의 실질적 연장을 도모하려는 위장된 정치공학의 연출에 불과할 것이다. 아니면 개헌논의 그 자체까지도 현재의 '개헌정국'의 위기만 모면하고 종국에는 개헌 그 자체를 파국으로 매듭지을 자세를 단면적으로 보여주는 것이다. 충심으로 충고 하건대 모든 정치범을 지체없이 석방함으로써 개헌에 임한 열린마음, 열린 자세를 국민에게 보여주고 국민 모두 상쾌한 마음으로 개헌과정을 지켜보고 참여할 수 있게 되기를 기대하는 바이다. 정치범의 사면, 복권도 위와 똑같은 맥락에서 지체없이 이루어져야 할 것이다. 여기서 우리는 한국기독교교회협의회 인권위원회 및 신민당에서 제시한 양심수 명단을 석방대상의 정치범으로 규정함을 밝혀둔다.

2. 개헌의 중심은 국민에 의한 통치권자 직접 선출의 원칙에 있음을 명심해야 할 것이다. 이는 현재 거론되고 있는 개헌의 계기가 단순히 법리적인 차원에서 제기되어 어떠한 체제가 민주주의의 본질에 더욱 근사한 가를 규명하는데 있지 않기 때문이다. 대통령중심제와 내각책임제를 구분하는 논의는 이 논의의 역사적 계기와 시대적 요구를 분명히 파악할 때만 실효성과 정당성을 갖는다. 다시 말해서 어느 체제가 민주주의의 원리에 근사한가 하는 문제가 아니라 오늘 우리가 개헌을 요구하는 동기와 계기는 무엇이며 그 목표하는 바는 무엇인가에 대한 명확한 인식이 있어야 한다는 것이다. 우리가 대통령 직선제를 주장하는 것은 단순히 대통령 중심제가 논리적으로 더욱 민주적인 제도이기 때문이 아니다. 개헌의 목적은 이를 통해서 국민이 직접 통치권자를 선출할 수 있는 권리를 확보하고 이를 통해 군부독재를 퇴진시키고 민주정부를 구성하고자 하는 것이다. 간선에 의한 정부구성은 현재의 통치구조 위에서는 권력에 의한 대의선거의 조정 및 간선 과정에서 농간등으로 진정한 민의의 표출이 차단될 것이기 때문에 이를 반대하는 것이다. 또한 간선에 의한 권력 배분을 구실로 군부가 계속 정치권력을 장악하려는 시도는 처음부터 철저히 봉쇄되어야 할 것이다. 타협을 민주정치 의 요체라고 흔히들 말한다. 그러나 민주정치의 바탕은 민의의 수렴이고 "대타협"도 국민주권 확립의 대원칙을 벗어날 수는 없는 것이다. 대통령직선제는 이번 개헌의 취지에 비추어 우리의 변할수 없는 요구이다.

3. 개헌정국의 흐름과 관련하여 우리는 금년 상반기에 광범위하게 제기된 한국민주화과정에 있어서의 미국의 역할에 대해 몇가지 반성해야 할 문제점을 제기하고자 한다. 금년 상반기 개헌논의 과정에서 노출된 미국의 간선제 지지 입장은 국민대중 사이에 광범위하게 반미감정을 촉발시켜온 것이 사실이다. 광주사태를 계기로 제기되기 시작한

미국의 정치적 역할에 대한 의구심은 그들의 간선제 지지를 단순히 정치원론적 입장 천명이 아닌, 현 군부세력의 집권연장을 지지하는 입장의 간접적 표현이라고 받아들일 수 밖에 없다. 한국의 민주화를 위한 미국의 적극적 역할을 기대했던 우리로서는 크게 실망할수 밖에 없었다. 미국으로부터 진정한 우정을 기대했던 우리로서는 벗에게서 배신 당한 느낌마저 있어 일말의 분노조차 금할수 없다. 더구나 항간의 소문대로 미국이 '보수대연 합'을 종용한 것이 사실이라면, 이것이 바로 강대국의 편의주의적인 발상이 아닌가하고 의문을 제기해 본다.

미국이 종용하는 보수대연합이 사회정의를 추구하는 민주세력을 근원적으로 탄압하기 위한 시간과 명분을 찾는 노력에 지나지 않는다면 앞으로 더욱 큰 규모로 확산될 반 미감정을 파연 어떻게 주체할 수 있을 건인지 자못 염려되는 바크다.

왜냐하면 이러한 위장적 대타협 노력은 결국 위에서 밝힌 바와 같이 실질적 군사독 재체제의 연장 강화로 그 결과가 나타날 것이고 이렇게 볼때 이에 대한 미국의 책임 을 묻는 한국 국민의 심판은 실로 준엄해질 것이기 때문이다.

4. 개헌의 요체가 군부독재의 종식과 민주정부의 수립에 있다는 점은 위에 밝혔지만 우리는 개헌에 의해 새로이 구성될 정치체제는 우리 사회의 모든 분야에서 진정한 민 주화를 이룩하기 위한 튼튼한 기초를 제공할 수 있어야 한다는 점을 밝히고자 한다. 우리 사회를 파괴하고 있는 것은 정치적 탄압이다. 그동안 사회 제 세력의 정의추구, 특히 노동자, 농민 등 민중의 생존권 확보 및 이를 위한 정치적 권리추구를 억압하 기 위해 무자비한 탄압이 자행되었다. 그러므로 새로이 구성될 헌법은 당연히 이러한 제권리를 보장하며 이의 신장을 위한 정치적 여건의 형성을 보장하는 것이라야 할 것 이다.

이런 시각에서 볼때 최근 정부·여당이 노동자, 농민운동 및 진보적 학생운동, 재야 운동을 좌경·용공으로 왜곡 선전하고 심지어는 고문을 해서까지 용공세력으로 조작하 려는 작태는 우리로 하여금 정부·여당의 개헌 의지를 의심케 하며 사회의 민주적이 고 정의로운 발전에 전혀 뜻이 없는 것이 아닌가 하고 걱정하게 만든다. 정통성 회복 을 위한 민간정부의 수립과 사회정의에 기초한 경제체제의 모색, 핵전쟁의 위험을 제거 한 평화체제의 구축, 민족 자주성의 확립 등을 주장한 전국 대학교수단의 교수연합 선 언을 좌경으로 매도하는 정부의 태도도 이러한 맥락에서 심히 유감스럽다고 아니할 수 없다.

우리 재야 기성인들이 감히 진보와 혁신을 표방하지는 않는다. 그러나 동시에 우리는 보수를 금과옥조로 자부할 생각도 없다. 변화하는 사회환경에 능동적으로 적응하고 이 사회의 기본구성체가 되는 민중의 삶과 제 권리를 보호하는 것은 민주주의의 기본원칙이고 우리가 추구해 나갈 정치 사회의 모습이다. 이것이 이북의 공산독재체제를 극복하고 민족통일의 길을 여는 확실한 방법임은 두말할 것도 없다.

우리는 정치에 뜻을 두고 있지 않는, 다만 양심에 따라 민주주의와 정의 사회를 향한 조그만 단심을 흥허물없이 털어놓고 의견을 모아 이를 밝혀 민주주의를 향해가는 대행지의 조그마한 부분이나마 담당해 보고자하는 재야인사들의 모임이다. 우리는 우리의 이 열정과 단심이 오해없이 받아들여져 정부·여당 및 정치를 담당하고 있는 모든 이들의 정치행위에 참고가 되어 하루 빨리 민주주의를 확립하고 그안에서 민중지향적 사회정의가 실현되고 통일의 기반을 다질수 있기를 간구할 뿐이다. 다만 우리의 진의가 왜곡되고 우리가 표현하는 진실하고 옳은 뜻이 정치권에서 실현되지 않을때 우리의 이 뜻은 투쟁의 형태를 통해 표출될 수 밖에 없을 것이고, 이 투쟁속에서 간고와 희생을 겪는다하더라도 우리는 이를 사양치 않을 것이다. 우리에게는 권력도, 무력도, 금력도 없지만 그러나 양심과 신앙의 더 할수없는 큰 힘이 있기때문이다.

1986년   6월   24일

재 야 간 담 회

함석헌 김재준 홍남순 조아라 박세경 이돈명 지학순 계훈재 조남기 윤반웅 이우정 은명기 박형규 장기천 고영근 송건호 고 은 안병무 이문영 문동환

16. 1986-6 서간문 − 캐나다 런던 작은 뜻, 공천수 목사

존경하는 고영근 목사님에게.

기름진 카나다땅, 정치적 안정과 평화로운 사회, 권력이 많을 치지 않고 인간의 기본권이 보장 받은 이 사회에서 살아가고 있는 저희들이 적 나쁘고 죄송할 뿐입니다.

조국의 병든 사회에서 최루를 느끼는 고난에 동참하지 못하고 안주하지 못하여 사회의 우순지를 규탄하지 못하는 저희들이 너무 멀리 떨어져 살고있음을 안타까워 합니다.

하지만 저희들은 주님의 마음 안에 항상 기도하고 간절한 소망 속에 조국의 민주화가 이서빨리 가까와 지기를 멀리 북미땅에서 염원하고 있읍니다.

목사님! 작년 여름 직접 뵙고 뜨거운 정을 함께 나누지 못하는 아쉬운 시간을 생각하고 죄송한 마음으로 용서를 바랍니다.

그동안 몇차례의 옥고를 치루고 풀려난 것을 생각할때 예약자2섯 왕네에서 목사님의 십자가에 무릎 꿇이 경의를 올립니다. 환생하시오

여기 Canada나 미국의 동지들도 목사님의 뜻을 받들어 기도와 뜨거운 성원 속에 지원을 아끼지 않을 것입니다.

여기동봉한 $300 은 카나다 런던의 작은 뜻 모임에서 그간에 옥신 자삼한 (서울에서) 옥 가족들에게 조위금으로 전달 합니다.

목사님께서 가족들을 위로하시고 기도로써 주님의 뜻속에 고이 잠들으옥 인도 해 주시길 간구 합니다.

저희들의 사도의 목적이 오번받는 민족의 경제 차제 손에게
있오 것이나마 위로가 되고자 노력하고 있어게 와은 단체
에게도 성금을 오내고 있어 목사보의 뜻에 많은 성금을
용을 전설 하지 못함을 이해 해 주시기을 바랍니다.
목사보의 화시는 사랑하게 무신의 뜻이 언제나 함께 하시길
간절히 기구 하면서 무서히이 아뢰옵니다.

Canada 에서   1986. 년 6월 30 일
민선 좋은 뜻 모임, 회장.

          몽칠두 모림

17. 1986-6·서간문 — 재독 한인교회 목사회 장성환 목사 "현 시국에 대한 우리의 결의"

KOREANISCHE EVANGELISCHE GEMEINDE IN NRW
PFARRAMT

현시국에 대한 우리의 결의

Feininger Weg 2
5047 Wesseling
Telefon
(0 22 36) 4 38 27

서독과 서베를린을 5개지방으로 분담하여 한인교회를 섬기고 있는
고역자된 우리는 지난 7월 9일 모임을 갖고 조국현실에 대한
상호의 견해를 나누고 아래와 같은 우리의 주장을 밝히기로 결의
했다.

우리는 금년들어 한국의 전국주요도시를 중심하여 범국민적으로
직선제 개헌운동이 조직·확산되어감을 감격스럽게 보고 있다.
동시에 우리는 최근 한국의 젊은 청년·학생·노동자·농민들이 반미
자주·반파쇼 민주화투쟁을 선언하고 서민근로대중의 민생권확보를
부르짖으며 분신·투신·자살로 목숨을 내바치는 모습을 침통하게
보고 있다. 그리고 우리는 작년말 민주청년운동연합 (전의장,
김근태)에 대한 탄압에 이어 금년의 서울노동자운동연합과 전국
학생총연합 그리고 민주·통일민중운동연합 (의장, 문익환목사)과
이의 산하단체에 대한 체포·구금·고문·용공조작 등으로 민중운동의
압살만을 강화하는 모습도 보고 있다. 이와같은 현실 가운데 국난의
타개와 진정한 조국의 진로를 위하여 한국기독교 교회협의회를 비롯
하여 종교인, 언론인, 법조계, 전국 대학교수단, 노동운동권, 농·어
촌운동권 등 재야인사들의 충정어린 외침에 대해 우리는 공감치
않을 수 없다.

그러나 현정권은 이들의 의사와 요구를 해고·구속·정치적 보복 등으
로 위협하며 묵살하고 있다. 그리고 현정권은 전면에는 개헌을
내세우면서 국회내 헌법특위구성을 시도하고 있지만, 실상 그 이면
에서는 그들은 '보수 대연합'이라는 차원에서 이것을 여·야 정치인들
의 정치적 타협과 흥정거리로 삼고 국민의 개헌여망과는 달리 정권
연장에만 급급하고 있다.

조국의 천만인 개헌서명운동에 연대하여 이곳에서 개헌서명운동을
전개하고, 전두환 대통령의 독일방문을 반대했던 우리는 한국의
현정치적 상황에 대해 우리의 결의를 밝히고자 한다.

1) 현시국의 진정한 타개는 무엇 보다도 25년간의 군사독재정권을 종식시키는데 있다. 이것을 위하여서는 모든 전권을 한손에 쥐고 있는 전두환 대통령 자신이 용단을 내려 민주화의 구체적 일정을 국민에게 천명하고 이의 실현을 그의 잔유임기 전에 마칠 수 있기를 촉구한다.

1) 우리는 국민에 의한 대통령직접선거제의 개정을 지지한다. 이것이 한국의 현시점에서 군사독재정권을 종식시킬 수 있는 보다 용이한 길이라고 우리는 판단하기 때문이다. 나아가서 개정될 새헌법의 내용은 단순히 3권분립의 보장, 정치체제, 선거법의 개정 등 권력구조의 내용 만이어서는 안된다. 그 속에는 언론·출판·집회·결사·양심·종교의 자유등 기본권 보장과 이것을 침해해온 집시법·국가보안법·사회안정법·언기법등 악법철폐와 노동3권및 농어촌·도시빈민의 생존 기본권이 보장되어야 한다. 우리는 민주개혁이 단순한 인물교체나 정권교체로 보지않고 민주사회의 실현을 그 중심목표로 보기 때문이다.

1) 문익환 목사를 비롯한 1000명이 넘는 양심수를 즉각 석방하고, 김대중씨를 비롯하여 억류되고 있는 정치인의 공민권을 회복케하라. 그러므로 현난국의 타개와 민족장래의 설계에 이들이 자유스럽게 참여할 길을 열라.

1) 체포·구금·고문·용공조작·여성에 대한 성적고문 등의 인권탄압과 정치보복을 중지하고, 개헌과정에 민중이 자유스럽게 참여할 수 있도록 그 길을 개방하라.

1) 미국과 일본을 비롯한 서구 선진산업국은 더이상 한국의 군사독재정권을 그들 자국의 경제적 이득수단으로 악용하지말라.

우리는 조국의 민주사회 실현과 정의사회 구현을 위해 계속해서 기도하고, 또 우리와 뜻을 같이하는 자들과 연대하며 일해나갈 것을 다짐한다.

1986년 7월 17일 제헌절에
재독한인교회 목사회 회장, 장 성 환

18. 1986-7-공문 — 한국기독교교회협의회 인권위원회 후원회, "양심수 후원 요청의 건"

한국기독교교회협의회 인권위원회 후원회

인권위발 : 제86-22호   1986.6.25

수   신 : 담임목사님, 재정부장 귀하

제   목 : 양심수 후원 요청의 건.

　　　　억눌린자를 자유케 하시는 주님의 크신 은총이 귀 교회위에 충만하게

임재하기를 기원합니다.

　　지금 조국의 민주화를 외치다가 투옥되어 고생하는 양심수가 1,100명이 넘

어서고 있습니다. 한국교회가 받아야 할 고난을 젊은이들이 받고 있으므로 송구하

기 그지 없읍니다. 이제 무더운 여름철을 맞이하여 본 후원회는 양심수 돕기

운동을 전개하고 있사오니 귀 교회에서 많은 기도와 성금으로 고난받는 양심수를

성원하여 주시기를 앙망 하나이다.

한 국 기 독 교 교 회 협 의 회

인 권 위 원 회 후 원 회

회장 고 영 근

총무 김 동 완

※ 온라인 : 325-1-035432 김 동 완 (조흥은행)

19. 1986-8-성명서 — 재야간담회, "권 양에게"

권● 양에게

우리 재야 민주동지회 회원들은 권양 사건에 접하여 분개해 오던 중에 지난 21일에는 다 한자리에 모여서 그 사건에 대한 대책을 논의하였읍니다. 우선 우리는 권양의 그 숭고한 결단에 다만 머리를 숙일뿐 입니다. 그런 일을 당한 사람이 어찌 권양 한분이었겠읍니까? 또 그것이 어찌 그 일을 당한 특정 개인의 문제이겠읍니까? 권양은 혼신의 힘을 다 다듬어서 우리 사회의 구조적인 악과 마주 섰읍니다. 사람의 수치심을 이용해서 고문의 수단으로 삼는 악마적인 소행을 간권이 저질러 왔다는 데에 우리들은 분노를 금할수 없읍니다.

이 나라의 통치자들이 시민의 인권을 파괴하고 나아가 인간을 짓밟고서라도 정권을 유지하겠다는 부도덕한 정권에 권양은 분연히 일어서서 과감한 투쟁을 전개하신 것입니다. 똑같은 수법으로 인간의 존엄을 짓밟혀 온 모든 사람을 대신해서 또 이 구조적인 악마의 손끝에 희생당했을 많은 사람을 위해서 권양은 인류의 십자가를 지셨읍니다. 권양은 자신을 지키기보다 이웃을 지킨 것입니다.

권양은 온 몸을 던져서 파렴치한 협의 구조에 쐐기를 박은 것입니다. 불의한 역사의 흐름에 둑을 쌓은 것입니다. 고문과 협박으로 이어지는 정치와, 수치와 좌절로 격인 민주투쟁의 역사에 권양의 용기는 새로운 전기를 만들었읍니다. 무력한 스스로를 보고 좌절했던 우리에게 권양의 결단은 용기를 주었읍니다. 그것은 실로 새로운 운동의 불쏘시개가 되었읍니다.

권●양, 우리 용기를 잃지 맙시다. 우리 마음에서 사랑의 불꽃이 꺼지지 않게 합시다. 우리는 끝까지 권양의 곁에 있을 것입니다. 승리는 앞으로 다가왔읍니다. 승리는 우리의 것이 될 것입니다. 우리가 그 이름을 함부로 부르지 못하는 그 분이 우리가 알수 없는 때에, 우리가 상상도 못하는 방법으로 결단을 내리실 것입니다. 믿음과 용기를 가집시다.

부디 건강에 유념해 주십시오. 함께 싸우며 나가야 할 길은 아직 멉니다. 제발 단식만은 거두어 줄 것을 간곡히 부탁합니다. 권양이 단식을 계속 하면 우리 늙은 이들도 식사를 대하기가 매우 근육스럽읍니다. 승리의 그날까지 건강하게 함께 싸웁시다.

1986년 7월 25일

재 야 간 담 회

함석헌 김재준 홍남순 조아라 박세경 이돈명 지학순 계훈재 조남기
윤방웅 이우정 은명기 박형규 장기천 고영근 송건호 고은 안병무
이문영 문동환

20. 1986-9-성명서-17차 연행사건 — "레이건 정부에게 드리는 공개 권고문"

17차 연행사건	
일시	1986년 8월 15~8월 28일
기간	구류 4일
죄명	유언비어
사건 내용	레이건 정부에게 보내는 공개 권고문
취급관서	대전경찰서
수감처	대전경찰서

레이건 정부에게 드리는 공개 권고문

한국교회의 성직자들은 공의로우신 하나님의 은총이 미국 국민과 레이건 정부위에 충만하게 임재하기를 기원하며 공개 권고문을 드립니다.

자유, 정의, 인도주의를 표방한 미국 정부가, 시행하는 작금의 대외 정책과 특히 대한 정책을 살펴볼때, 해당국의 국민의 의사를 무시하고 소수의 독재자와 결탁하여 불의한 이권을 도모하고 있는데 대하여 유감스러움을 금할 수 없읍니다. 1882년 4월 한·미수호조약을 양국간에 체결한 이후 미국정부는 우리 민족에게 많은 과오를 범해 왔읍니다.

1905년의 타프트까즈라 밀약으로 일본의 한국침략을 방조한일, 1945년 2월 12일 얄타회담에서 소련과 더불어 한국을 38선으로 분할한 일, 1945년 9월이래 하지의 군정으로 친일파 세력을 등용하여 우리민족을 그릇되게 지배한 일, 1949년 6월 대책없는 미군철수와 1950년 1월 10일 무책임한 애치슨 선언으로 6.25남침을 결과적으로 유도 했던일, 1961년 5월 16일 박정희의 군사반란을 묵인하고 방조한 일, 1979년 12월 12일 전두환의 군사반란을 묵인하고 방조한 일, 1980년 5월 4개 대대의 한국군을 풀어놓아 광주시민 학살을 방조한 일, 1986년 5월 7일 슐츠 국무장관이 방한하여 전두환 독재를 방조하는 발언을 함으로써 민주화를 방해한 일등은 전능하신 하나님 앞에서 피할 수 없는 범죄행위이며 한·미 양국의 국가이익을 위해서도 바람직하지 못한 정책이었읍니다.

이제 우리는 하나님의 이름으로 레이건 정부에게 엄중히 항의하며 권고합니다.

레이건 정부는 하루속히 모든 과오를 회개하고 자유, 정의, 인도주의에 입각한 대외 정책과 대한 정책을 펴나가기를 바랍니다.

미국이 강대국이라고 교만해서는 결코 안됩니다. 약소국가를 무시하고 자유 정의 인도주의를 위배하면 전능하신 하나님께서 심판하실것 입니다. 하나님께서 옛날 범죄한 바벨론 제국, 페르샤 제국, 로마제국을 가차없이 심판했읍니다. 그리고 말세의 교만한 자본주의국가 바벨론도 가차없이 심판한다고 예언했읍니다 (요한계시록 18). 우리는 미국

정부가 독재자를 방조하며 더러운 이권만 취하는 죄악을 회개하고 유엔을 창설한 미국답게 세계 국가를 위해 봉사하는 나라가 되며 모범적 국가가 되기를 간절히 바랍니다.

이제 우리는 레이건 정부가 대한 정책에 있어서 다음과 같은 조항을 시정함으로써 한미간에 불편한 관계가 개선되고 깊은 우의가 증진되기를 소망하며 권고하는 바입니다.

1. 레이건 정부는 전두환 정권을 지원하지 말아야 합니다.

1979년 12월 12일 군사 반란을 일으켜 하극상의 범죄를 자행하고 1980년 5월 18일 광주시민 학살의 만행을 범하고 불법과 폭력으로 집권한 전두환 정권은 마땅히 불법집단이니 미국 정부는 전두환정권에 대하여 정통성을 인정하지 말아야 하며 지금까지 방조한바를 철저히 회개하고 지원하지 말아야 합니다.

2. 소위 점진적 민주화 대타협 정책을 시정하기 바랍니다.

미국 정부는 소위 대타협정책으로 군벌정권을 지속시키려 하나 이것은 우리나라를 크나큰 혼란으로 몰아넣는 잘못된 정책입니다. 군벌정치인은 마땅히 국민앞에 사과하고 물러가야만 참된 안정과 민주화가 된다는 것을 명심하고 대타협 정책을 고취하는 일을 시정하고 국민이 원하는 바 자유 인권이 보장되는 자유민주국가가 조속히 수립되도록 강력히 성원하기를 바랍니다.

3. 워커대사를 즉각 경질하기 바랍니다.

주한 대사 워커는 한미간의 우의를 증진시키기 보다는 오히려 독재자를 방조한 대사로 민주화를 방해하고 반미감정을 유발시켰읍니다. 그리고 미국정부로 하여금 한국의 실정을 어둡게 만들고 잘못된 정책을 수립하도록 만든 4천만 우리 민족의 증오의 대상입니다. 레이건 정부는 워커대사를 즉각 해임시키고 한국의 민주화에 기여할 유능한 대사로 경질하기를 바랍니다.

4. 잘못된 대한 정책으로 반미테러를 자초하지 말기를 바랍니다.

작금의 레이건 정부의 관리들의 언동은 우리 민족으로 하여금 반미감정을 격화시켰고 이제는 테러 행위까지 폭발할 위기에 직면했읍니다. 약소민족을 무시하는 방자한 언동은 우리민족은 물론 온세계인류에게 지탄을 받을 것이며 하나님의 진노를 자초하는 일이니 철저하게 회개하고 한국의 민주화에 협조함으로 한·미간의 우호가 회복되고 증진되기를 바랍니다.

5. 한국을 공산화되게 하지 말고 민주화에 협력하기 바랍니다.

미국 정부는 독재정권을 방조하다가 쿠바, 월남, 니카라과, 이란에서와 같은 불미스러운 전철을 한국에서도 밟지 말기를 바랍니다. 미국 정부가 계속하여 군벌독재를 방조하며 얄팍한 이권만 도모한다면 우리나라는 반미와 좌경으로 급선회하여 수습할 수 없는 파국으로 치닫게 될 것입니다.

레이건 정부는 지체하지 말고 군벌독재와 손을 떼고 4천만 민중의 편이되어 자유 정의 인도주의 원칙에서 한국의 민주화를 위해 대등한 우방으로 협조하기를 당부하는 바입니다.

6. 미국 정부는 한국의 평화통일과 독립을 협조하기 바랍니다.

미국은 한국부터 민주화 되도록 협조하고 아울러 북한도 민주화 되도록 동북 아시아 정책을 펴나가기 바랍니다. 그리고 우리나라에서 남북대화, 긴장완화, 군비축소를 촉진하므로 평화통일과 자주독립이 되도록 적극협조하기 바랍니다. 이렇게 하는 것이 자유 정의 인도주의에 입각한 바른정책이 될 것입니다.

인류의 재판장이신 하나님의 은총이 레이건 정부위에 함께 하기를 다시 기원하며 이 권고문을 드립니다.

1986년 8월 1일

이두수 목사　　조화순 목사　　고영근 목사　　장성룡 목사

허병섭 목사　　이해학 목사　　임영천 목사　　이호석 목사

정동수 목사　　　의 서명자 300명

레이건 정부에게 드리는 권고문에 대한

발 기 인

이두수 목사　　조화순 목사　　고영근 목사　　장성룡 목사

허병섭 목사　　이해학 목사　　임영천 목사　　이호석 목사

정동수 목사

발기인 귀하

본인은 귀발기인이 발기한 "레이건 정부에게 드리는 공개 권고문"에 찬동하여 서명으로 동참의 뜻을 표하는 바입니다.

1986년　　　월　　　일

서 명 자　　　　　　　　　　　㉑

주　　소

전 화 번 호

21. 1986-9-신문기사-17차 연행사건 — THE WASHINGTON POST, "U.S Support For Korea Is Assailed"

G10 SATURDAY, OCTOBER 11, 1986 · THE WASHINGTON POST

RELIGION

U.S. Support For Korea Is Assailed

Religious News Service

In a strongly worded and risky open letter, more than 300 Christian leaders in South Korea have called on the Reagan administration to "repent" and abandon its support for the ruling dictatorship in their country.

"We are terribly distressed that the American government, while claiming to stand for freedom, justice and humanity, ignores the people's opinions and seeks its own interests in collaboration with dictators," declared the leaders of the clergy and laity.

Under South Korean law, it is a criminal offense to criticize the government to foreigners. In addition, the government there regards attacks on the United States as a form of sedition and has prosecuted critics from churches.

Pastors of Protestant and Catholic churches in South Korea were among the signers of a letter that condemned U.S. backing of the rightist regime of Chun Doo Hwan. In a further act of defiance, the letter also carried the addresses, telephone numbers and thumbprints of its 311 signers.

The emotional appeal cited what it termed a history of "criminal acts" by the United States, from its backing of Japan's 1905 invasion of Korea to Secretary of State George P. Shultz's May 7 speech in support of the Chun government.

"Now in the name of God we strongly protest and offer the following advice to the Reagan administration. You must immediately repent of your sins, and establish a foreign policy and relationships with Korea based on freedom, justice and humanity," the religious leaders said.

"Just because the U.S. has superior power is no reason for it to be arrogant. If you ignore weaker nations and violate the principles of freedom, justice and humanity, you will be judged by God," they asserted.

The letter warned that continued alignment with the dictatorship will lead to acts of terrorism against the United States and strengthen the hand of communist and other anti-American forces in South Korea. "We pray that the grace of the righteous God will be with the American people and the Reagan administration," they said.

Administration officials have argued that a gradual program of achieving democracy in South Korea holds the best hope for reform.

The undated open letter was delivered to the White House by the ecumenical church-backed Coalition for Human Rights. The Washington-based group said the written appeal was led by 12 activist Protestant ministers, including the Rev. Ko Young Keun, the Rev. Cho Hwa Soon and the Rev. Lee Hae Hak.

22. 1986-9-회고록-17차 연행사건 — 레이건 정부에게 보내는 공개 권고문 사건

1) 발기인의 선정

나는 레이건에게 권고문을 보내서 미국의 대한정책을 시정하는 것이 우리나라 민주화의 지름길임을 여러 목사님들에게 강조하며 권고문을 발기하자고 했으나 선뜻 나서는 분이 없었습니다. 더욱이 NCC 관계자에게 제언했으나 지금은 그러한 권고문을 내야 할 이슈가 없다고 하며 동참할 의사가 없음을 시사했습니다. 그래서 하는 수 없이 목민선교회 임원중에 압력을 견딜 수 있는 이해학, 임영천, 정동수 목사와 상의하여 건의문을 발송하자고 뜻을 모았습니다. 그리고 정의평화목회자협의회와 같이 협력하여 발기하자고 하여 장성룡, 허병섭 목사님의 동의를 얻고 또 감리교 조화순 목사님, 이두수 목사님 등의 동의를 얻어 9명이 발기인이 되어 권고문을 기초하기로 하고 초안 작성을 내가 위임받기로 하였습니다. 그래서 권고문 초안을 작성하여 발기인들을 소집하고 문안의 통과를 보았습니다. 여러 발기인들이 문안에 찬동하면서 한 가지 제안하기를 발기인이 교계지도자급이 아니고 소장급 목사들이라 교계의 지지를 받기 어려울 것이니 교계지도자급을 추대하여 발기인을 지도자급으로 격상시키자고 하기에 나는 그 의무를 맡고 여러 지도자들 찾아 그 취지를 설명하고 발기인으로 추대하는 운동을 전개하였습니다.

2) P 목사의 반대

나는 교계지도자인 여러 목사님을 만나서 간곡히 권고해 보았으나 모두 찬동하기를 주저하였습니다. 나는 그래서 민주화운동의 대선배인 P 목사를 찾아가서 그 취지를 설명하였더니 P목사는 단호히 반대하는 것이었습니다. 반대하는 이유는 NCC의 교회와 사회위원회가 공식기구를 통하여 권고문을 내야지 개별적으로 권고문을 발송하면 한국교회의 위신상 문제가 있으며 또한 미국 정부에 권위가 없으니 중단하는 것이 좋겠다고 하며 적극적으로 반대하는 것이었습니다. 나는 그래서 발기문 인쇄를 중단하고 NCC 실무자에게 하루 속히 레이건 정부에게 권고문을 발송하라고 독촉하였습니다. 그러나 NCC 교사 위원과 실무진들은 좀처럼 권고문을 제출할 성의도 보이지 않고 아무런 움직임도 없었습니다. 그러므로 하는 수 없이 권고문을 인쇄하여 우리 발기인이 중심이 되어 서명받기를 시작했습니다.

3) 서명받기 운동

1986년 8월 2일 오전 8시 종로5가 100주년 그릴에 발기인 8명이 모여서 하나님 앞에 간절히 기도하고 서명 용지를 각각 30매씩 분배하고 8월 30일까지 서명을 완료하자고 결의하고 헤어졌습니다. 나는 8월 4일 즉시 부산을 향하여 떠났습니다. 여러 후원자를 방문하여 인사를 하고 최성묵 목사님과 박광선 목사님을 방문하여 부산지구 서명을 부탁했습니다. 350만 명이 살고 있는 부산직할시에 이 서명을 부탁할 목사가 이 두 사람밖에 없었습니다. 1,000여 교회 중에 역사의식이 있는 목사를 찾을 수 없는 것이 안타까웠습니다. 그래서 할 수 없이 밤낮 무거운 짐만 지고 있는 두 분에게 서명을 부탁하고 8월 5일 광주로 향했습니다. 8월 5일 12시 광주 한빛교회에 도착하여 윤기석, 강신석, 김경식 목사님의 영접을 받으며 인사를 나누었습니다. 광주지구 서명 용지는 강신석 목사님께 맡기고 나는 오후 3시경 전주를 향하여 신삼석 목사님을 모 장소에서 만나 사유 설명을 하고 서명 용지를 맡기고 다시 8시 고속버스로 서울에 돌아왔습니다. 3일 동안 2천 리의 여행을 마치고 귀가했습니다. 그리고 서울에 돌아와서는 15곳 지방 인권위원장에게 50매의 서명 용지를 우편으로 발송하고 서명을 요청했습니다.

4) P 목사의 끈질긴 방해

8월 18일 대전 유성 경하장에서 인권후원회 수련회가 있어서 40여 명의 목사와 평신도가 참석했습니다. 나는 그날 밤 인권후원회장이기에 모인 목사 15명가량을 남으라고 한 후 레이건 정부에게 보내는 권고문에 서명하기를 요청하였습니다. 그랬더니 P 목사가 다시 언성을 높이면서 NCC 공식기구를 통하지 아니하고 개별적인 서명운동을 하려는 것은 고영근 목사가 공명심으로 하는 일이라고 반박하고 나서는 것이었습니다. 나는 어처구니없는 발언을 반박하려다가 민주화운동하는 목사끼리 싸운다는 인상을 받을 것 같아서 부드러운 음성으로 이렇게 대답했습니다. 나는 언제든지 NCC에서 권고문을 발송하겠다면 양보하고 NCC에게 모두 넘겨줄 용의가 있으니 NCC에서 조속히 시행하라고 하였습니다. 그렇게 옥신각신하는 동안에 회중들은 하나둘 모두 나가버리고 서명은 한 사람도 하지 못하고 말았습니다. 참으로 서글픈 일이었습니다. 민주화운동도 무슨 기득권을 가지고 있는 것인지 다른 사람이 하면 안된다 하는 식으로 제재를 가하니 통탄할 일이었습니다. P 목사는 L 목사를 통하여 권고문과 서명한 명부를 미국에 보내는 시각까지 보류하라고 압력을 가해왔습니다. L 목사는 P 목사를 설득시키기 위하여 P 목사 집을 방문하여 서류를 넘겨주기로 약속한 오후 2시 30분까지 아무런 전화가 오지 않기 때문에 나는 약속대로 그 서류를 미국에 가는 인편에 넘겨주고 나니 그를 실은 기차가 떠난 후인 오후 3시경에야 전화가 왔습니다. 서명받기를 보류하고 서명받은 서류를 넘겨주지 말라는 전화였습니다. 그러나 버스가 떠난 후 손을 든 격이어서 어찌할 수 없이 서류는 미국을 향해 날아가고 말았습니다. 나라를 위하는 일에 공명심이 앞서면 실패로 돌아가기 쉬운데 자고로 독립운동과 애국운동에는 항상 공명심이 앞서기 때문에 애로가 많았습니다. 오늘도 역시 공명심 때문에 민주화운동이 지체되는 경우가 허다합니다. 자기가 아니면 안된다. 나를 통과하지 않고 하는 일은 절도요 강도다 하는 식으로 자기 권위를 세운다면 그 사람 자신이 군벌 독재자나 다를 바가 없는 자가 아니겠습니까? 교회 일이나 국가 일을 할 때 우리는 모두 생사와 공명을 버리고 이름도 없이 빛도 없이 은밀하고 성실한 마음으로 충성해야 할 것입니다.

5) 서명받는 애로

목사들에게 서명받기는 너무나 애로가 많았습니다. 많은 사람들이 서명하기를 두려워하고 주저하며 평계를 댔습니다. 어떤 이는 즉석에서 거절하기가 어려우니 다음에 우송하겠다고 하며 그 자리를 모면하려고 하는 이도 있었고, 어떤 이는 권고문을 한 번 읽어보고야 하지 않겠는가 하면서도 권고문을 읽어보지를 않았습니다. 이 모양 저 모양으로 평계를 대고 나라를 구하려는 귀한 일에 동참하기를 주저했습니다. 천신만고 여러분이 협조하여 300명의 서명을 받기에 이르렀습니다.

6) 서명한 서류를 압수당하다

나는 8·15 기념예배 설교를 하려고 성광교회(김경섭 목사 시무)에 도착하였습니다. 여러 가지 사정에 의하여 8·15 기념예배를 8월 25일 10시 30분에 드리게 되었다는 사회자의 설명후 예배가 시작되어서 나는 "우리 민족의 나아갈 길"이란 제목으로 90분간 열심히 설교했습니다. 예배를 마친 후 교역자들만 잠깐 남으라고 광고하고 예배는 폐회하였습니다. 남아 있는 교역자에게 부탁하기를 레이건에게 보내는 건의문에 서명하기를 요청하니 모든 교역자들은 아무 이의 없이 모두 서명했습니다. 만일 다른 교단 목사 같았으면 여러 말이 있으며 회피했을 터인데 기독교장로회 목사들이니 통쾌하게 서명해 주었습니다. 과연 사회의식이 분명한 교단이라고 탄복을 하였습니다.

서명을 받고 점심을 나눈 후 나는 매포에서 열리는 민주헌정연구회 강연을 위해서 대전으로 고속버스를 타려고 터미널에 갔습니다. 그때 여러 목사님들이 염려하기를 당국에서 연행할지 모르니 터미널까지 동행하는 것이 좋겠다고 하여 교사위원장 OOO 목사와 청년 한 사람이 나를 호위하고 터미널에 도착했습니다. 터미널에 가니 마침 대전 가는 버스가 10분 후에 있어서 표를 끊고 버스에 오르려고 하는데 전주경찰서 형사 하나가 나를 좀 만나자고 하더니 "저 가방 속에 서명한 명부가 있습니까?"하고 묻기에 나는 담대히 대답하기를 서명한 명부가 없습니다. "자 이 가방을 모두 뒤져 보십시오" 하니 형사는 머리를 갸웃거리며 "좋습니다. 그냥 가겠습니다" 하더니 가방을 버스 밑 짐칸에 넣도록 가만히 쳐다보고 있었습니다. 서명한 서류 봉투는 전북노회 청년이 이미 내 자리 앞 그물 속에 넣어두고 나왔기 때문에 나는 서명 봉투를 무사히 가지고 대전까지 도착하게 되었습니다. 대전에 도착한 후 대전경찰서 정보과 형사가 대공과 형사와 대기하고 있었습니다. "죄송하지만 검색을 해야겠습니다" 하며 가방 속을 샅샅이 뒤졌습니다. 나는 초조했습니다. 전주에서 온 버스가 다시 전주에 돌아갈 시간이 되었기 때문이었습니다. 만일 그 버스가 다시 전주에 되돌아가면 운전기사는 서명한 봉투를 발견하고 파출소에 신고할 것이 너무나 명약관화하기 때문이었습니다. 전주에서 승차할 때 형사와 옥신각신하는 것을 운전기사가 보았기 때문입니다. 나는 버스에 올라가서 서명한 봉투를 들고 우유를 사 먹고 봉투를 맡기려는데 나의 어깨를 툭 치며 "빨리 갑시다"하는 것이었습니다. 소스라치게 놀라서 뒤를 보니 대공과 형사가 등 뒤에서 내 옷을 붙잡고 있는 것이었습니다. "주여, 어쩌면 좋습니까? 서명한 목사님들 62명의 명단을 고스란히 빼앗기게 되었으니 하나님이여 피할 길을 주시옵소서" 하며 기도했습니다. 파출소에 갔더니 정보과 형사는 큰 고기를 낚은 어부같이 기뻐하는 표정이었습니다. 나는 그 형사에게 간청했습니다. 내가 여러 동지들에게 서명을 받아 고스란히 경찰 손에 넘기게 되었으니 내 양심이 괴롭습니다. 62명의 이름이라도 알고 사과라도 해야 하지 않겠냐고 사정했더니 형사가 허락하여 62명의 명단을 적어 전기면도기

속에 전지를 빼고 그 속에 넣어서 무사히 집으로 가져오는 데 성공했습니다.

7) 대전지법에서 구류 4일 언도 받음

파출소에서 한 시간 동안이나 기다렸더니 상부에서 경찰서로 연행하라는 지시가 내려왔다며 나를 경찰서로 연행하였습니다. 다음 날 아침 9시경 정보과 형사와 같이 10시 즉결재판을 받기 위해 법원으로 갔습니다. 법원에 도착하니 일반즉결재판은 끝나고 11시경에 나 혼자서 재판을 받게 되었습니다. 재판장이 인정 심문을 마친 후에 공개 권고문에 기재된 몇 가지 내용을 심리했습니다.

8) 4일 동안 대전경찰서에서

구류 3일 즉결재판을 받고 다시 대전경찰서에 와서 유치장에 수감되었습니다. 28일 아침 9시가 넘은 다음에야 출감하게 되었습니다. 수사과에 이르니 민주헌정연구회 동지들 7, 8명이 와서 대기하고 있었습니다. 그들에게 감사하다는 인사를 하고 서울로 향발했습니다. 나는 서울역에서 하차하지 아니하고 수원역에서 하차하여 전철을 이용하여 대방역에서 내려 택시로 화곡동의 친척 집에 가서 여장을 풀고 목욕을 하였습니다. 영등포역에서 하차하면 경찰이나 안기부에서 나를 연행해다가 서명 받은 명단을 내어놓으라고 강박할 것을 염려하여 차라리 피신하는 것이 더 좋은 방법이겠다 생각했습니다. 레이건 정부에게 보내는 공개 권고문으로 8월 28일부터 9월 11일까지 피신 생활을 계속하였습니다. 친척 집에서 며칠을 지내고 문동환 박사댁, 이문영 박사댁, 김재준 박사님 댁을 방문하기로 하였습니다. 이문영 박사님은 피신하는 데 여비가 필요하겠다며 6만 원 현금과 구두표를 주시며 격려해 주셨습니다. 정성스러운 식사를 대접받고 여러 가지로 좋은 말씀으로 큰 용기를 얻었습니다. 문동환 박사님은 건의문 내용과 전달 방법에 대하여 많은 지혜를 주셨고 김재준 박사님은 나를 자녀같이 아끼며 여러 가지 차원 높은 교훈을 주시었습니다. 위대한 스승님들에게 격려와 교훈을 받으니 마음이 흐뭇했습니다.

나는 지루한 피신 생활을 마치고 9월 11일에 당당하게 서울에 올라가서 NCC 예배위원회가 주관하는 고난받는 이와 함께 하는 목요예배 설교를 하려고 가나안농군학교를 떠나 고속버스에 몸을 실었습니다. 이미 9월 8일(월요일)에 서명한 원고는 넘겨준 다음이니 어떠한 고난이 온다 해도 이미 주사위는 던져진 다음이었습니다. 이제 목요예배 설교를 권세 있게 함으로 하나님의 정의를 선포하려는 큰일만 남은 것입니다.

9) 권고문을 미국에 보내주신 OOO

천신만고 어려움을 겪으면서 여러분들에게서 받은 서명은 발기인까지 300명에 이르렀습니다. 당초 1,000명을 목표했으나 당국의 간악한 방해로 인하여 더 이상 추진할 수가 없었습니다. 그리고 또 한 가지 어려운 문제는 미국에 보낼 인편이 없었습니다. 그런데 다행히 OOO 씨를 통하여 서명한 서류는 미국에 건너가 레이건 대통령과 상하중요 의원들에게 우송되었습니다. OOO 씨의 노력과 정성은 너무나 열심이었습니다. 고난받을 각오를 하지 않고서는 불가능한 일이었습니다.[1]

『죽음의 고비를 넘어서』 2권, 262~284 발췌.

---

1 영문 번역은 문동환 목사가 맡았다. 덕수궁 앞 베이커리 2층에서 형사들의 눈을 피해 번역을 마쳤다 한다(당시 동행했던 한국목민선교회 임원 정동수 목사 증언).

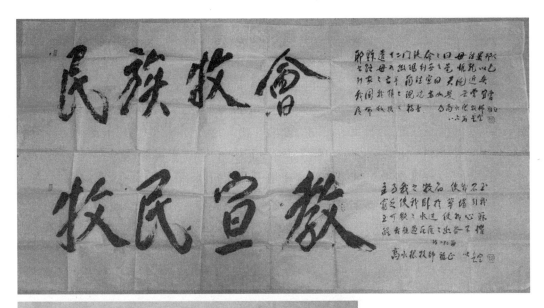

〈장공 김재준 목사 휘호(설명)〉

주내아지목자
사아부지궁핍
사아와어초장
인아지가헐지수변
사아심소성
아수과사음지유곡불구
시 23편

예수께서 자기를 따른 열두 문도에게 명하여 말씀하시기를 이방인의 길로 가지 말고,
사마리아 고을에 들어가지 말고 오직 이스라엘 집의 잃어버린 양에게로 가라 하시고
너희는 가서 천국이 가까웠다고 말하라고 하셨습니다.
우리가 보는 바와 같이 우리나라와 우리 민족의 현황도 그렇습니다.
우리의 꿈도 의당 기쁘게 구원의 복음을 선포하는 것입니다.
고영근 목사를 위해 기도하며
옹 장공

앞부분에서 당대 한국 사회의 모습을 마태복음 말씀을 빗대 언급하시어 당대의 권력을 우회 비판한 후, 민주화운동을 구원의
복음으로 치환하여 함께하는 도반으로서 응원과 격려와 결의를 한시로 써서 보낸 글로 추정됨(해석; 박찬희 교수. 서울신학대
학 역사신학과)

23. 1986-10-설교문-18차 연행사건 — 목요예배 설교, "회개하라 천국(민주화)이
가까우니라"

> 고영근 목사는 이 설교로 인하여 18회째
> 구속되어 7일간 구류를 받았습니다.
> (9월 13일)

고난받는 이와 함께하는 목요예배

회개하라 천국이(民主化가) 가까우니라.

강　사 : 고 영 근 목사 (서울서노회 전도목사)
일　시 : 1986년 9월 11일 오후 6시
장　소 : 종로 5가 기독교회관 대강당
주　최 : N C C　예배위원회

한 국 목 민 선 교 회
서울시　강서구　화곡동　344-6
전화　602-6230 · 699-5772

회개하라 친구이 (民主化가)
가까우니라 (마태 4장 17).

세계요한써 예수님께서 전도함 첫 말씀이 "회개하라 천국이 가까왔느니라"고 외쳤읍니다. 천국은 의인이 전다기보다는 회개한 죄인이가는 것이고, 저죽은 아닌이 잔다기보다 회개의 죄인이가는 것입니다. 그러므로 회개하는 천국을 향하는 천국도 가정의 천국도 사회의 천국도 회개할 때만이 이룩하는 것이나 우리 조국도 회개만이 민주적으로 입게할 수 있고 민주화도 가능케 되는 것입니다. 그러므로 민주화운동은 회개운동으로부터 시작되야 할것입니다.

사람이 발쾌하면 그 속시 마기가 그 심령 속에 침투하여 정복한 마음을 온패하려고 하며 날쾌한 전가시키며 하며 쾌법을 부패케 하는 것입니다. 그러고 작은 선을 행함으로 큰 악을 가리우는 계수를 부리며 불쾌하우기 위하야 않은 악의 형외를 넘기려고 온갖 악을 다 발휘하는 것입니다.

중국의 진시황은 반대정당을 빨았고, 로마에 네로 황제는 로마시를 세계로 전멸하였고, 후세소을 통일을 한답반 수하에군은 수의 정국에 전을 전쟁하고 현대사를 진축하는 등 여러가지 억제로 인심을 덮었고, 천주교인 9,000명을 한 성한 대천군은 경북우를 제건하는 등 않은 도무장사를 하여 억제을 낚여 읍니다. 군사반면을 일으켜 정권을 강탈한 박정희는 많은 전반자 억제을 사행하였고, 하극상의 쾌톄으로 정권을 강탈한 전두환정권은 음행을 사행하였고, 천군에 넘겨보려고 무리한 인을 하고 있는 것입니다. 자기가 범한 죄를 회개하지 아니 하고 정당화하려고 제수를 부리다면 부나나사자에게서는 제물 후시하여 국제사회에서 재명을 하고 난관에 모자하는 것입니다. 설체 현재에 서 정법을 반면 쾌법 이기나 박정희, 박정회, 히틀러, 무쏘린나 같은 경우이 물에 사후의 쾌명을 받는 것이나 순나라의 조명 않은 오거나 장군에게 그 시혜가 도하니 내형됨으나 이종용은 중순자에게 배물의 가루가 되어 고거빝이 되었으나 교 역사의 삼제를 받게 됨니다. 그리고 세계는 저수의 신령세계서 재선자에서 재선하는 것이므로 당나막 멋으로 저 진정으로 회개하고 저소우의 인경신나에 대한 쾌명을 받드시 시행하여야 하나다.

우리 신령을 받게 보는 것입니다.

그러므로 우리가 죄를 회개해야 하는데, 3 단계 회개가 시행되어야 합니다. 인간에는 죄를 많이 버리고 (30% 회개), 더 많이 버리고 (60% 회개), 산뜻하는 선한 인을 하여 얼매빚는 것이나 이것이 100% 회개이며 산뜻한 회개입니다. 우리가 회를 회개해야 하는데 시가에 죄를 회개해야 합니다. 첫째로 하나님께서 금지하신 아닌 것을 행하는 봄죄, 둘째는 하나님이 원화시는 선한 인을 하게 않은 봄죄, 셋째는 노력하지 않고 기도하는 무중해리 죄 등을 철저히 회개해야 할 것입니다. 특별히 사회적으로 큰 악이 여짓 가지가 있는데 구해야만 정리이을 넣고,정치이을 경제이을 넣게 되는 것이나 우리는 이 모든 악에 대해서 철저하게 회개를 촉구해야 할 것이다.

국제악을 회개하라

소련도 해상주 북한에 진주하면서 수많은 강간과 야탈을 일삼았으니 쩡 가리, 쩨고, 불란드를 무위하게 밥그로 집었있고 79 년 이래 나약한 아프간을 침략하고 있는 것입니다. 그리고 아시아에 80만 병력과 850 회 군을 중공시켜 긴장을 교조시켰으며 마디아 일본을 제무장시키게 만든고 한 국에서 군사독체가 진장과 독제정치를 가중하게 만든이 등있음니다. 그러고 북한의 쩡권과 화산정을 요구하여 한국의 진세정화시키고 있는 후에만 나라이나 우리 세계를 고빈데로 저상으로 분쟁을 중동시키기고 있는 소련의 회개를 강력히 촉구하여 민족과 온 세계 인류는 소련의 회개를 강력히 촉구하여 하는 것입니다.

一. 미국의 범죄

1. 소련의 범죄

2. 미국의 범죄

미국은 한국과 체결한 바 있는 한미수호조약의 신의를 저버리고 타프트—가스라밀약으로 일본의 한국침투를 방조하였고, 1945년 2월 소련과 얄타협정 한국을 38 선으로 분할한 인, 얘방후 친일파를 등용하여 그릇되 군정을 신시하였고, 얘방없는 미군철수도 6·25 동란을 가능하게 하였으나 박 정혜 전두환 등 군부의 군사바란을 육인하고 지지함으로 군부 독제를 가속하게 반든어 주었읍니다. 그리고 군사정권에 방한함을 때 반민주에 받던으로 독재화를 방관하고 독체를 계속하여 미국에 반주의 권쩡으 마무나 않은 것입니다. 그러므로 우리 민족은 이 모든 미국의 철저하게 회개하고 자유·정의·인도주의에 입각하다에 대한 정책을 받드시 시행하이 토속 정법한 회개를 촉구하여야 한다.

-4-

전두환정권은 12·12 하극상의 군사반란과 광주시민 학살로써 출범한 정권인 분별정권이나 마땅히 회개해야 할 것입니다. 독재로는 집권한지 6년밖에 넘어선 지금의 민주주의의 4백 기본원리인 자유, 평의, 평등, 인권을 송두리째 짓밟아 버리고 530여 달러의 외채만 넘겨지고 하루에 100억원이 이자를 거래해야 하는 넘부의 인플이 과다음 넘겨 있습니다. 군대의 정신문은 겨레강병과 보호를 저지하고 있으며 동체 받은 군민들이 정치, 경제, 문화 요소에 자유을 저지하고 있으며 보안사가 민간인을 제포하면서 고문을 가하는 공포와 사회를 받들고 있습니다. 언론에게 보도지침으로 경제한 인론자유를 통제하며 민주화하라고 외치다 투옥의 양심수를 석방시키기를 아니하고 유능한 정치인들을 부권하고 아니하며 현득 구형과 생방수를 반대하면서 민주화를 하라고 국민을 기만하고 있는 부천의 신상을 삶아가고 있으니 독단을 금할 수 없습니다. 우리 군인이 이제다가 이프리카 비우는 독재체제가 계속되는 동도와 양국이 되었느니 인터내주음을 금할 수 없습니다. 온 국민이 천처하게 회개하고 아니하면 우리나라는 거 설 남 길이 이 범행해 고 말 것입니다. 그러기에 정치 아무부터 철저하게 회개해야 할 것입니다.

전두환 정권은 처천교를 선교하며 주파정권 하게 하며 말고, 현재 인반을 계발할 가지도 없는 주파 헌법이나 설페하고 세 둘째 民主헌법을 제정해야 하며, 民正 憲은 총칙로 이루어지 독재정 단이나 마땅히 해체해야 할 것입니다. 만일 회개하지 않는다가 하나님께서 민정당 정권을 심재보다 더 복 큰 심판을 범에 될 것이니 여러 60년 자유당정권들이 반란 심재보다 국가 심판을 속히 회개하고 들러나기 바랍니다. 전하의 생존과 국가 민족을 위하여 속히 독재독을 회개하여 여러 정당이 이번 분이 있어 나기를 권고합니다.

三. 경제 악을 회개하라.

빈부격차가 많은 경제정책은 하나님의 뜻을 어기는 것이며 경제세계인의 실패를 이기는 것이며 공산주의를 생산하게 되는 원인이 되는 것입니다. 그러므로 이 나라 국가경제를 빈등경제를 모든해야 할 것입니다. 자본주의 경제정책 발전중 동유럽 제 국가경제를 평등경제를 방해하고 있으니, 분, 배의 평등화를 회개하고 평등경제권을 회개하고 들러나야 합니다.

그렇 전두환정권은 국민의 세혈을 먼저 회개하여야 합니다. 이 전난이 여러분이 매달 100여억원 지불합니다. 530여억달러를 서울올림픽을 위하면 101여억원을 지불합니다. 매달 45억 들어갑니다.

-3-

3. 일본의 범죄

일본은 11905년부터 40년간 침략한 범죄를 조금도 회개하지 않고 기금도 경제침략, 문화침략 때, 군사침략 때, 군사침략을 감행하고 있습니다. 지금의 일본 인권들은 독한의 김일성정권이 남한의 무장건립을 남파하여 인권과 독재를 저렴할 것이라고 시사하였는데 이것은 김일성에게 건립을 남파하라고 남 사주하는 것으로 보입니다. 더구나 방해 정책계로는 북한의 인단으로 남침할 세력을 보유하고 있다고 발표하여 일북군사가 한국의 상투적 기회와 여건을 마련하고 있는 듯이 보입니다. 우리 민족은 구성하여 일본의 제침을 막아내게 공산화를 선동하는 건태를 막아내야 하겠습니다.

4. 간접침투의 우려

금년.10월이나 11월에 일본에게 사주받은 김일성이 무장간첩을 대량 남파하여 소란을 피울 것이라는 징상이 갑니다. 그렇게 피면 기회만 잊고 던 전두환정권 군벌들은 비상계엄령을 발동하고 민주화운동에 전개를 가한 것이며 군사독재정권을 연장하는 발표를 자행할 것입니다.

이와 같이 하면 우리나라는 도르의 흐드는 민주화운동을 거슬러 흔들가는 어리석음을 자행하는 것이며 심판을 자초하여 군벌정 치인과 더 가련속이 모두 멸망하고 말 것입니다. 역사와 심판자이신 하나님의 이름으로 경고합니다. 일본은 김일성을 사주하면 안 될 것이며 김일성은 무장간첩을 남파하는 범죄를 자행하면, 전두환정권은 건전남파를 이용하여 정권 연장을 도모하지 말 것이며, 미구정치는 전두환의 정권연장책을 방해하려지 말아야 할 것이며, 국민들은 건전과 소동으로 인하여 민주화에대을 중단해서는 안될 것입니다.

二. 정치악을 회개하라.

1. 김일성 정권의 회개를 촉구한다.

김일성은 노동자·농민을 위한다고 인민의 자유행복으로 생활을 살는다고 정치이념을 표방하고 공법으로 실현한 이래 열달마다 숙청과 노동자를 파내무 하고 탄압하였는가? 김일성은 김정일에게 세습정권를 강행하려고 북한 동포들에게 긴장을 고조하기 위해 88년의 방비를 위한 전두환정권 25%를 군사비에 특비함으로써 북반동포를 피곤케 하는 현대 전두환정권 권에게 독재 할 구실을 제공하여 남부한 모든 민주화를 방해하고 있다가 하나님의 심판을 먼저 받게 못 될 것입니다.

2. 전두환정권의 회개를 권고한다.

단 합니다.

외세를 배격하고 겨울금 거족가 문제를 평화하는 유일한 방법은 조속히 민주화를 이룩하여 선진용 경제건설이 아닌 실질적 인간경제를 위주로 새로운 경제체제를 화립해야 합니다.

빈부격차와 경제악과 거래가 저국가의 경제악을 회개하고 하나님의 뜻에 따라 경제민만민 수 있는 경제평등화가 이루어지게 해야 할 것입니다.

四. 宗敎와 돈 회개하라.

기독교 신앙의 三大目的은 하나님께 대한 영광 자신의 구원, 그리고 인류에 봉사함으로 사회정의를 실현하는 일인데 한국교회는 사회정의 실현에 대하여는 아무 관심도 없고 사회적 사명을 망각하고 기복신앙과 체르교主義에 빠져가는 宗敎를 회개해야 합니다. 기독교는 사랑과 정의가 병행되어야 하는데 사랑을 빙자하여 不義를 슴理化하거나 여념이 없습니다. 그리고 借側에 운집하 병행되어야 하느데 실천과 행동이 없는 형식과 신앙에 치우치고 있는 것입니다. 그러기 예문에 민주를 위한 교회변호라기 치우하고 있는 것입니다. 그리고 구호하는 민주화(정치민주화)를 성취해야 할 터인데 民主化운동을 소홀히 하고 신자와 민주화를 외쳐가다 부득히 앙심수를 두는 일에도 인색하기 그지없습니다. 그러고 교난받는 민중을 도우려 하지 않습니다. 심거가 말을이고 십자가를 지지 않는 한국교회는 마땅히 한국교회를 위하여 사랑을 실천하며 십자가를 지고 조국의 복음화 운 정의 민주화를 위하여 순교의 자스를 가지고 역사해야 할 것입니다.

五. 民主化 운동하는 데 명심해야 할 문제

가나안을 정복하고 새나라를 건설하려는 여호수아에게 하나님께서 말씀하시기를 내게는 도르나 좀프나 좌우지 말라 그리하면 네 가는 길이 형통할 것이라고 하셨읍니다 (여호수아11:5-8).

그리고 모든 일에 左右에 치우치지 않으시 앙교 正路를 걸어가기바란 합니다. 그러므로 우리는 통일 독립의 민을 실현하를 함 배게주 그러함

니다. 지난해에 언제바되고 金吾교수가 金大中, 金潤三은 낫서겠이나 하려 가타고 한국민보여 투고했던 일이 있어 지탄을 받았읍니다. 그 때에 현실정의 실태가의 전두환, 노태우, 제이슨 실태가의 집체중, 김영삼, 모두 다 부시겠이나 하려 가타고 했으면 비난을 결게 받았음터인데 경권서이 잔자에게는 한마디 언급도 없고 평박받고 있는 제야 지도자만을 향하여 낫서겠이나 하려 가타고 했기 때문에, 다시 말해서 편벽을 치우쳤기 때문에 비난을 받았던 것입니다.

그리고 모 총화장이 무회사인을 발표할때에 공부해야한 학생들이 풍부하지 않고 집거리에 나와 메모하는 일은 학생의 本分을 망각한 처사 니 사신으로 풀어가거 모 총회정은 젊은이들에게 아용무사라고 된 비난을 받았읍니다. 이것에 의하면 학생들에게 이미한 전교를 하기 전에 구빈해야 할 군인들이 아무를 라주를 방사하고 젊은을 선불하게 선불한 일은 잘못되 이 잘못을 장자하고 군인들은 한 점은 없고 정력은 의무된 전별해야 하고 학생은 정치의 일어에게 넘겨주고 군빈은 의무된 전별해야 함이 성은 공부에만 전념해야 옳은 일이라고 했어야 좌우치 않는 正論이 되었을 것입니다.

그리기 베우리 民主化운동을 하는 民主化투사나 학생들이 민주주의의 원수인 독재를 구타할때는 반드시 공산주의부터 구타하고 다음에 군부독재를 구타해야 옳은 일입니다. 거는, 경험으로 평가한다면 이승만 독재에 의의 정도를 10라고 한다면 박정화독재는 30이고 전두환독재 는 50이고 日政當가 군주주의는 70이며 金日成당의 공산독재의 악 의 정도는 100이라고 평가해 보기도 합니다.

그러므로 독재를 물리치고 하고 반독재를 해야만 마땅한 것입니다. 반공이 결여된 반독재운동을 군질 독재거들이 좌경이며 용공분자라고 규탄해온 대해도 변명 할 길이 없는 것입니다.

그리고 外勢를 말하하면 반드시 소련, 미, 중, 일 모두 거론해야 할 것입니다. 통폭 우리와 지점 관계되거는 미구아라고 하지만 그래만 뿌슨는 전체를 놓고 본다면 소·미·일·중 이 모두 외세임에는 틀림없

화해함으로 하나되게 좋아하심 하나님의 正義를 실현할 때 天國이 조국 사회에 임재하게 될 것입니다. 그리하여 하나님께는 영광이 돌아가고 자손에게는 아름다운 조국을 물려주는 우리들이 될수있기를 바랍니다. 도드하게 흐르는 民主化의 물결은 아무도 막을 수 없을 것입니다. 民主化는 반드시 이루어질 것입니다. "회개하라 天國이 (民主化가) 가까우니라. 그러기에 회개하고 복음을 믿으라 (마가 1:15)

"그러므로 너희가 회개하고 돌이켜 너희 죄 없이함을 받으라 이것 이 하면 유쾌하게 되는 날이 (天國이) 주 앞으로부터 이를 것이요." (사도행전 3:19),

-8-

읍니다. 우리가 미국의 對韓 정책에 대하여, 구반하며 시정을 창의하는 것은 마땅하지만 순전의 혜택을 방해할 아무런 대책도 없이 무조건 주 시 미군철수하라고 한다면 反美主義者로 저탄을 받을 수는 없는 것입니다.

그러므로 우리는 소·미·中·日 등이 모두 外勢임을 인정하고 外勢 에서 탈피하여 조국의 선진독립을 위하여 슬기의 용기를 발휘하여 구 국운동을 전개해야 합니다.

또 한번 민중이라고 한 때도 민주화 운동이 앞장서고 있는 소수민을 민중이라고 하고 실제를 지키는 80%의 대중을 민중에서 소외시키거 말아야 합니다. 독재를 제외한 전체국민을 모두 민중이라고 확신하 고 전체 민중이 공명할 수 있는 自由民主主義를 실현하고 서서히 진실 민중이 이상적인 사회권구를 나아가야 할 것입니다.

그리고 민주이라고는 않어도 남한에 4천만에 구한하게 말고 북한 등 포와 해외 교포까지 우리민족으로 간주하고 구국운동을 전개해야 할 것입니다. 북한의 2천만 동포를 공산주의 악정에서 해방시키고 남한 4천만 군벌독재에서 해방시키고. 한나된 해방신앙 동중의 차이라는 약점을 들지 않을 것입니다. 그러므로 우리는 이런 용어하나 에 이르기까지 左右에 치우치지 아니하고 正路를 걸어면서 민주화를 위한 투쟁은 반드시 승리하리라고과 할 것입니다.

우리가 도에 치우지면 군벌독재에게 투쟁생의의 필요성을 계공하여 오히려 평신을 주므로 도와주는 결과가 되고그그 빈대 반공성이중하면서 독재정권을 지지하면 右傾에 대한 반동자옹으로 自生 共産主義를 生産 해 내는 결과를 가겨오게 됩니다. 그러므로 우리으로나 좌선으로나 조국 우리지 않고 反共, 反獨裁하며 自由民主主義 노선을 확립하여 조국 을 民主化하고 통일독립을 성취해야 할 것입니다.

우리 민주은 제급主義로 말미암아 你td主의 모든 죄악을 철거하고 화해하고 정치 경제 사회문화에 이르는 구조안에 뜨겁게

-7-

24. 1986-10-회고록-18차 연행사건 ― 설교한 지 3일 만에 연행되다

〈"회개하라 천국이 가까우니라" 목요예배 설교 사건〉

1) 설교한 지 3일 만에 연행되다

목요예배 설교 때 약 150명의 회중이 예배에 참석하였습니다. 약 50분에 걸쳐서 간절하게 외쳤습니다. 3, 4일 동안 원주 가나안농군학교 기도실에서 준비 기도를 하고 내려온 후였습니다. 설교를 하고 고 김세진 군의 유족과 저녁을 같이 하고 집으로 돌아왔습니다. 토요일 아침에는 미문화원 방화한 사건으로 4년 4개월간 복역하고 출감한 김은숙 선생 모녀를 나의 집에 초대하였습니다. 아침 9시경 강서경찰서 담당 형사가 찾아와서 내가 집에 있는 것을 확인하고 가는 것이 약간 수상하여 나는 손님과 대화도 못 하고 9시 20분경 집을 떠나 다른 곳에 가서 동태를 살폈습니다. 기다리는 동안 목요예배 설교할 내용을 간추려서 적었습니다. 그리고 오후 4시에는 전북 김제군 부용지방에 약속한 주일 하루 부흥회를 떠났습니다. 모처럼 약속한 집회가 깨어질 것이 우려되어 미리 떠나는 것이 좋을 것 같아서 가족에게 짐을 준비해가지고 서울역에서 만나자고 약속한 후 서울역에서 열차 편으로 이리를 향하여 몸을 실었습니다. 택시로 부용에 도착했습니다. 택시에서 내리자마자 7, 8명의 경찰이 나를 포위하더니 경찰서에 가서 조사할 것이 있으니 경찰차에 타자고 요구하는 것이었습니다. 나는 첫마디로 거절했습니다. "내가 이 지역에 와서 아무 일도 하지 않고 지금 도착하는 마당에 무엇 때문에 연행하는 것입니까? 나는 못 갑니다. 나를 연행하려면 구속영장을 가지고 오시오." 하며 호통을 쳤습니다. 정보 계장은 간곡히 말하기를 "목사님 조금만 걸리면 됩니다" 그럼에도 내가 완강히 거절하자 "목사님 이제는 할 수 없습니다. 우리는 상부의 명령을 받고 왔으니 강제로 모시겠습니다" 하며 나를 번쩍 들어서 택시에 들이미는 것이었습니다. 나는 두 발로 택시를 밀며 "강도요" 하며 소리질렀습니다. 그러나 경찰이 밀어버리니 꼼짝 못 한 채 연행되었습니다. "도대체 어디로 갑니까" "김제 경찰서로 갑니다" "김제로 가는 게 아닌데 어디로 가는 거요?" "이리경찰서로 갑니다" 하기에 나는 서울로 연행하려고 하는구나 생각했습니다.

마침내 목적지에 도달했습니다. 보초병을 보니 몸에 푸른 군복을 입었습니다. 차 문으로 자세히 보니 저들의 헬멧에 '의경'이라고 쓰여 있습니다. 나는 이곳이 전투경찰대임을 알게 되었습니다. 마음으로 약간 안심이 되었습니다. 경찰이라면 큰 고문은 없을 것을 알았기 때문입니다. 나를 승용차 안에 1시간 동안 기다리게 하더니 나를 데리고 대장실에 들어가는 것입니다. 나는 대장실에 들어가서 "도대체 어떻게 하는 것입니까?" 김제 경찰서로 간다고 하더니 그것도 아니고, 이리 경찰서에 간다고 하더니 그것도 아니고, 여기는 왜 데려온 것입니까?" 하고 격한 어조로 공박을 하자 정보계장이 말하기를 "지금 얼마 있으면 서울에서 내려와서 목사님 문제를 처리할 것이니 그때까지 기다려 주십시오. 오늘 실례가 많았습니다" 하며 공손히 말했습니다.

2) 영등포지원에서 즉결재판을 받다

주일 오후 1시 35분 김 형사와 같이 고속버스 편으로 서울에 와서 강서경찰서로 곧바로 압송되었습니다. 정보과 직원들은 너무나 친숙한 구면인지라 반갑게 인사를 하고 곧바로 조사가 시작되었습니다. 먼저 설교한 내용을 간추려 쓰라고 하기에 10매에 걸쳐서 중요한 요점만 발췌하여 쓴 다음에 간단한 조사를 받고 상부의 지시를 기다렸습니다. 경찰서에 도착한 지만 24시간 만에야 즉결재판에 회부되었다면서 영등포 지원에 가서 즉결재판을 받았습니다. 판사는 몇 가지 묻는 중에 피고인이 10월 말경에 간첩이 남파될 것이라는 말을 했는데 무슨 근거로 그러한 예언을 하였는가 하기에 나는 일본 산케이 신문과 미국 크리스챤 사이언스 신문 보도를 근거로 해서 말했노라고 답변하니 판사는 더 묻지 않고 실정법이 있으니 5일 동안 고생하시오 하고 구류 5일 금치 명령 5일로 판결을 내렸습니다.

재판을 마치고 강서경찰서 정보과에 돌아오니 그때가 오후 7시 30분경이었습니다. 마침 아내가 저녁 식사를 준비해서 면회를 왔기에 정보과 숙직실에서 식사를 마치고 아내와 함께 기도했습니다. "전능하신 하나님이여. 우리 가정이 주님께서 걸어가신 고난의 길을 따라갈 수 있게 하시니 감사하옵니다. 우리는 우리 민족이 져야 할 십자가를 지고 고난받음을 영광으로 알고 이 고난을 감내함으로 조국의 민주화와 하나님의 정의 구현을 위하여 한 모퉁이라도 담당하게 하옵소서. 온 가족과 저를 돕는 분들에게 축복하여 주옵소서. 고난을 이기신 예수님 이름으로 기도하옵니다. 아멘" 기도를 마친 후 목민선교회의 사무적으로 처리해야 할 몇 가지를 아내에게 부탁하고 즉시 유치장에 수감되었습니다.

유치장에 들어가니 근무하는 경찰들은 모두 안면이 있어서 웃으면서 맞이해 주었습니다. 나는 독방에서 독서 하고자 하니 독방에 입감시켜 달라고 요청했더니 간단한 입감 수속을 마치고 2층 독방에 입감되었습니다. 2층에는 아무도 없고 나 혼자 있으니 마치 수양하러 온 기분이었습니다. 다행히 책과 안경 그리고 필기도구까지 넣어주니 아무 불편이 없었습니다. 독서하고 글 쓰고 기도하고 명상하고 하루하루를 값있게 보냈습니다. 기도원에 기도하러 가면 식사 때마다 여러분과 대화 잔치가 벌어져 하루에 3시간 이상을 빼앗기는데 유치장은 온종일 내 시간이었습니다. 독서와 기도를 마음껏 할 수 있었습니다. 유치장이라기보다 독서실이며 기도실이었습니다. 이렇게 편리를 봐주기는 지난 4월에 이어 이번이 두 번째였습니다.

3) 추석을 다섯 번째 감옥에서 보내다

저는 이번 구류처분으로 인해 다섯 번째 감옥에서 추석을 보내야만 했습니다. 76년도에는 서울구치소에서, 78년과 79년은 광주교도소에서, 85년도에는 서울 서부경찰서 유치장에서, 86년도는 강서경찰서에서 추석을 보냈습니다. 당국과 재판부는 추석 명절 같은 것은 염두에 두지 아니하고 냉정하게 처리할 뿐이었습니다.

4) 구류기간에 면회를 오셔서 격려하신 분

이번 구류기간에 면회를 오신 분은 15일 아침 9시 30분경 강서구 국회의원인 김영배 의원으로서 보좌관과 같이 정보과장실에 오셔서 나를 격려해 주었습니다. 김영배 의원은 내가 구류될 때마다 면회를 빠지지 않고 오셨습니다. 참으로 감사했습니다. 16일 오후 2시경에는 송천영 의원과 한영애 여사께서 오셔서 수사계장 사무실에서 나와 면담을 했습니다. 오후 6시경에는 인명진 목사님께서 오셔서 철창을 사이에 두고 간절히 기도하였습니다. 17일 오전 11시경에는 목민선교회 임원인 김동엽 목사님과 화곡동 교회 전종인 장로님, 강서지구 목사님들 다섯 분이 수사계장 집무실에 오셔서 여러 가지로 격려해 주시고 6시경에는 NCC 차선각 목사님과 인권위원회 류태선 간사님이 오셔서 기도해 주시고 18일 추석날에는 민주헌정연구회 임원인 최승길 장로, 유중람 선생, 나종학 선생님, 이인섭, 김숙원 선생님, 최병훈 목사님 등 여섯 분이 오셔서 여러 가지로 격려해 주시고 기도하여 새 용기를 일으켜 주셨습니다.

19일 아침 9시 구류자들이 석방되는 시간인데 정보과에서는 7시 30분에 석방시켰습니다. 경찰서 수사과 사무실에 나오니 벌써 여러분들이 오셔서 나를 기다리고 있었습니다. 새벽 6시에 도착하여 기다렸다고 하니 감사하기 그지없었습니다. 벌써 여러 차례에 걸쳐 석방될 때마다 오셔서 격려해 주었습니다. 나는 진정으로 우리 하나님께서 그분들에게 축복해 주시기를 간구했습니다.

25. 1986-10-서간문-18차 연행사건 ─ L.A. 최욱송 목사

고영근 牧師님 貴下

"회개하라. 천국이 가까우니라.˝ 제목의 설교 유인물을 받아
감명 깊게 읽었읍니다.

하나님께서 한국을 사랑하셔서 牧師님과 같은 분을 세우시고
고란과 여러 가지 역경, 위협속에서도 지켜주심을 감사합니다.

볼초교제는 牧師님을 爲하여 恒常 祈禱하면서도 하시는
일에 조곰이라도 도움을 드리시못함을 늘 아쉽게 생각합니다.

하나님을 사랑하고 나라를 사랑하고 민족을 사랑하는 숭고한 목사고
의 신앙과 이념과 투쟁이 말씀 위에 확고히 섰음으로써
최후의 승리가 있을것을 확신합니다.

오직 나만홀로 남았다고 외롭게 호소하는 엘리야를 향하여
여호와께서 바알에게 무릎을 꿇지 아니한자 7천명을
남겨두셨다고 말씀하신것을 늘 기억하시고 牧師님을
爲하여 祈禱하는 7천명의 기도의 용사들이 있다는 사실
을 늘 상기하시기 바랍니다.

牧師님의 계속적인 건승을 비오며 이만 줄입니다.

1986년 10월 12일
L.A 에서
최 욱 송 올림

26. 1986-11-공문-인권위원회 — 구속자를 위한 변호비 및 영치금 모금 협조 청원

한국기독교교회협의회
인권위원회

110. 서울특별시 종로구 연지동 136-46 기독교회관 903 호 평화문서서함 134호   전화 : 764-0203

인권위발 : 제 86-33 호
수   신 :
제   목 : 구속자를 위한 변호비 및 영치금 모금과 87년도 인권사업
          후원 예산 책정에 대한 협조 청원

　　　　주님에 뜻에 따라, 어려운 가운데에서도 그동안 저희 인권사업을 후원하여 주신 귀하와 귀 교회(단체) 위에, 우리 하나님의 은혜가 함께 하시기를 기원합니다.

　본 후원회는 한국기독교교회협의회 인권위원회의 사업을 후원하기 위하여 모금을 계속해 오고 있으나, 최근 인권상황이 크게 악화되면서 구속자의 수가 급격히 증가되어, 법률구조활동과 영치활동 등 기본적인 인권사업에 조차 심각한 재정적인 어려움을 겪고 있습니다.

　이에 귀하와 귀 교회(단체)에 아래와 같이 청원하오니, 이 땅의 수많은 갇힌 자들을 위한 사업에 적극 동참하여 주시기를 간절히 바랍니다.

　　　　　　　　　~ 아　　　래 ~

1. 동절기를 앞두고 구속자 영치품(모포·내의)을 위한 모금에 동참하여 주시기 바랍니다.
　　현재 전국 구치소 및 교도소에 수감중인 구속자는 약 1,100 여명에 달하고 있으며, 구속자 수는 앞으로도 계속 증가될 전망입니다.(표1참조) 이들 중 대부분은 학생과 노동자들로서 가족들로부터 전혀 도움을 받지 못하는 경우도 허다합니다. 우리들의 작은 정성이 이들 갇힌 사람들을 따뜻하게 하는데 큰 도움이 될 것입니다.

　　<표1>　　　　　　　　　구속자의 증가

85년 5월	85년 7월	85년 11월	86년 1월	86년 7월
125	268	704	1,000	1,147

2. 구속자를 위한 변호비 모금에 동참하여 주시기를 바랍니다.
　　현재 양심수 혹은 정치범에 대한 법률구조활동은 한국기독교교회협의회 인권위원회와 천주교 정의평화위원회 그리고 민주화추진협의회 등에 의하여 이루어지고 있습니다.
　　인권위원회의 경우, 법률구조를 위한 년간 예산은 990만원 책정되어 있습니다. 그러나 급격한 구속자 수의 증가와 그에 따른 법률구조 요청의 증가로, 비교적 형량이 가벼운 집회 및 시위에 관한 법률위반 사건 등에 대해서는 변호인 선임을 하지 못하고, 노동 농민 도시빈민 관계 사건과 국가 보안법 위반 사건을 우선으로 하여 선임하였는데, 8월 말 현재까지 총 60여건 200여명에 대한 변호인을 선임하였읍니다. 현재 인권위원회에서 최하는 사건의 건당 변호비용은 30-40만원 정도로서 이는 일반변호인들의 변호비와

- 11 -

(대개 150만원이상) 비교할 때, 최소한의 실비에 지나지 않는 것으로서, 담당 변호인들의 헌신적인 봉사라고 하여도 과언이 아닙니다. 이러한 법률구조 사업에 소요된 비용은 총 1,785만원이며, 이는 이항목 예산의 거의 2배에 가까운 금액입니다. 이에 인권위원회는 그동안 300만원을 특별 모금하였으나 8월말 현재 495만원의 비용을 미처 지불하지 못하고 있는 실정입니다. 현재의 추세대로라면 9월부터 12월 사이에도 최소한 약30건 90명 정도에 대한 법률구조사업이 이루어져야 하며 이 경우 추가 소요 비용은 900만원 가량이 될 것으로 추산됩니다. 그리하여 8월말까지의 미불금 495만원과 합산하면 총 1,395만원의 모금이 필요한 실정입니다. 변호비 모금에 대한 귀하와 귀 교회(단체)의 도움이 꼭 필요하오니 적극 협력하여 주시기를 간절히 바랍니다.

3. 87년도 귀 교회(단체) 예산에 인권사업후원 예산을 책정하여 주시기 바랍니다. 그동안의 한국기독교교회협의회 인권위원회의 인권사업은 해외모금에 크게 의존해온 것이 사실입니다. 그러나 한국교회의 성장에 따라, 해외모금은 점차 줄어들고 있으며, 이에 따라 국내 교회 모금의 확충에 의한 재정 자립이 절실히 요망되고 있는 현실입니다.

이에 그동안 인권사업에 커다란 관심을 보여주신 귀 교회(단체)의 87년도 예산에 인권사업후원예산을 책정하여 주실 것을 부탁드리오니, 협력하여 주시기를 간절히 바랍니다.

4. 영치품 및 법률구조를 위한 헌금은 아래 구좌로 송금하여 주시면 감사하겠읍니다.

~ 아   래 ~

조흥은행온라인 구좌 325-1-035432   (국내) 예금주 김 동 완
외환은행온라인 구좌 027-13-24765-3 (국외) 예금주 김 동 완

송금 후에도 전화 혹은 우편으로 송금 내용(송금인, 송금액, 용도)을 아래 주소나 전화번호로 알려 주시기 바랍니다.

전화번호 : 764-0203
주   소 : 110 서울특별시 종로구 연지동 136-46 기독교회관 903호
         한국기독교교회협의회 인권위원회

1986. 10.

한국기독교교회협의회인권위원회 위원장 조 용 술
인권위원회후원회 회 장 고 영 근

27. 1986-11-서간문 — 시카고 한국인권운동 후원 모금 대표 김정호 목사[2]

Korean-American Campus Ministry

3460 W. Lawrence Ave. Suite 201B
Chicago, IL 60625
Phone (312) 583-5770

11/10/86

목민선교회

고영근 목사님 귀하:

하느님의 도우심과 의리가 선반 싸움 하시는 목민선교회는
목사님과 여러분께 함께 하시기 빕니다.

10여만원 모금을 동봉합니다. 모금 사명이 과히
성행하고 있어 기쁩니다. 목사님께 감사드립니다.

꺼울에 다가 오면서 추위에 고생받는 수쪽과라 가족을
생각하게 됩니다. 꺼울준비를 위한 모금도 시작 났습니다.
좋은 성과가 있기를 기도합니다.

이번달에는 어느 한분이 특별헌금을 해주셔서 액수가
좀 늘었습니다. #600 보냅니다.

목사님. 가능하시다면 "건국대학교 반독재 항의 농성"
구속학생들을 위해 성명겠으면 어떠까 합니다. 감히는
상황속에서 "어머님하여" 를 함창받으라는 제목을 읽고 가슴 특별히
아팠습니다.

건강하시고 주안에서 안녕하시기 기도합니다.

한국인권운동 후원 모금 대표 김 정 호 올림

a specialized united methodist campus ministry serving korean-american college students and young adults in northern illinois area

[2] 건국대학교 반독재 항의 농성.

28. 1986-11-자필 기록 — 후원금 지출 내역

1986. 12. 20.
서독 트트기도회에서   5000 마르크 송호
                    2,148,000원

지출

1. 법출준비   인천위원회 때 기탁   150만원
2. 서노련 노동자 구속자 (인썽건 목사에게 기탁)   42 만원
3. 구속자 면치금   고영근 목사 배분   228,000원

29. 1986-12-설교문-19차 연행사건 — 목요기도회 설교, "한국교회의 나아갈 길"

19차 연행사건	
일시	1986년 11월 7~11월 8일
사건 내용	10월 30일 목요예배 설교사건
설교 제목	한국교회의 나아갈 길(이사야 58:6-8)
취급관서	강서경찰서 정보과
수감처	강서경찰서서 정보과 조사실
재판	불구속 재판 진행중(87. 5. 25.)

오늘은 종교개혁 469주년 기념일 하루전날 입니다. 16세기 유럽의 종교개혁을 상기하면서 한국교회의 나아갈길을 세가지 방면으로 모색하고자 합니다.

[1] 한국교계 갱신을 단행하자.

(1) 신앙의 기본자세를 재정비 해야한다

기독교신앙의 세가지 목적은 첫째 하나님의 영광을 위하여, 둘째 자신의 구원을 위하여, 셋째 인류위해 봉사함으로 하나님의 정의를 실현함 등 입니다. 그런데 한국교회는 세가지 요소중에 한가지에만 치우쳐 있는 것입니다. 어떤 교회에서는 신비성에, 어떤 교회는 보수성에, 어떤 교회는 사회성에 치우치는 것이 큰 문제입니다. 우리는 이 세가지 요소중에 한 가지에만 치우쳐 편파적인 신앙을 가지지 말고 세가지 요소가 원만히 갖추어져서 조화를 이루어야 합니다.

(2) 축복의 두가지면도 갖추어져야 한다

성경에는 두가지 축복이 있는데 구약의 축복은 눈에 보이는 건강, 장수부귀, 영화, 만사형통의 축복이고 신약의 축복은 눈에 보이지 않는 축복이니 회개하고 새사람 되어서 바르게 살고 영혼의 구원과 하늘의 상급을 받는 축복입니다. 모세와 바울은 하나님과 주 예수님을 위하여 많은 고난을 받았으나 이것은 차원높은 축복이라고 아니할 수 없습니다. 한국교회는 정의를 위하여 고난 받는 것이 크나큰 축복인줄 믿고 정의위해 고난받기를 주저하지 말아야 합니다.

(3) 신앙과 윤리가 병행되어야 한다

한국교회의 신앙은 좋은 듯하나 윤리가 신앙과 병행되지 못합니다. 신앙과 생활이 일치되고 병행되어야 합니다. 십자가를 믿어서 구원을 받고 십자가를 지고 주님의 뒤를 따라가야 마땅합니다. 한국교회는 신앙만 강조하여 공리공론에 빠지지 말고 신앙을 생활화하는 운동을 전개해 나가야 할 것입니다.

(4) 정의와 사랑이 병행되어야 한다

구약에는 정의를 신약에는 사랑을 많이 강조했으므로 기독교는 정의와 사랑이 병행되어야 합니다. 그런데 한국교회는 사랑을 받고 빗나간 양심을 책망하지 않고 침묵하는 목회가 6.25때 공산당을 환영했고 지금까지 계속하여 박성희 전두환의 독재 정권을 거짓된 하기에 여념이 없습니다.

기독교는 성경의 가르침대로 정의로운 정의에 대해서는 협조하고 기도해 주고 지원해야 합니다(로마서 13:1-7) 불의한 권세에 대해서는 파괴하고 과별하며 무너뜨리고 뽑아버려야 (예레미야 1:10) 마땅합니다. 그런데 한국교회는 부조건 권세에 정의가 확립되어 있지 아니 합니다. 하루속히 한국교회는 정의를 확립하여 불의에 항거하고 의에 연약한 민중을 사랑하고 섬김으로 정의와 사랑이 병행되게 생활화 되어야 한다.

(5) 소극적인 면과 적극적인면이 병행되어야 한다.

예수님께서 십자가에서 죽으신 것은 우리가 범한 과거의 범죄를 속죄하여 구원하기 위함이며 산직에 부활한 것은 우리에게 새생명과 삶을 주시기 위한 적극적인 구원인 것입니다.

그러므로 기독교의 선행과 구원운동도 소극적(消極的)인 면과 적극적(積極的)인 면이 병행되어야 합니다. 비록 선행 질병, 범죄를 미연에 방지하고 종요. 평화, 정의를 누리며 살수있는 적극적인 선행에 힘써야 합니다. 다시 말해서 우리 민족을 파멸시 하는 정치적. 경제하고 사회악, 종교악을 파괴하고 민주화를 실현하여 우리 민족이 자유로. 평등. 인권을 마음껏 향유할수 있게 하는 적극적 선행을 힘써야 하는 것입니다. 다시 말해서 한국교회는 이 시대의 최고의 선행인 민주화를 위하여 총력을 경주해야 할 것입니다.

(6) 성직자의 십중성이 병행되어야 한다

성직자는 제사장으로서 예배를 집례하면 성체를 집례하며 신도들의 인격과 생활을 지도하는 한편 왕으로서 지역사회 주민의 도덕과 생활을 지도해야 하며, 예언자로서 사회정의를 향거하고 正義를 선포하고 삶의 시범을 보여주는 三重職이를 대하여 한쪽에 치우침이 없이 균등으로 수행해야 할 것입니다.

(7) 교회 부조리를 시정해야 합니다.

한국 교회는 교파난립, 신학교난립, 개척교회난립, 외구선교의 분립, 교권주의, 신비주의 등의 부조리를 시정하고 교회재정 30%를 동포표를 위한 선교와 봉사에 생산성 있게 사용하여야 합니다. 이러한 부조리를 시정하지 아니하면 많은 거성인은 교회를 외면할 것이고 교회는 축복받기 좋아하는 要求중심이 모이는 가성일 것입니다. 한국 교회는 이렇게 부조리한 모습을 시정하고 역사의 신앙을 반게 꺼져 아니할때 엄벌을 금할 수 없습니다. 그러므로 한국교회는 이러한 부조리를 시정하기 위하여 과감한 종교개혁을 단행하고 새로운 교회로 둥어가는 운동을 시급히 전개해야 한것입니다.

[Ⅱ] 민족복화를 실시해야 한다

한국교회는 교인만을 위한 교회가 되지 말고 6,000 만 국민을 위한 교회가 되어 복음을 사랑하고 가르치고 복음을 전파하고 생활화하는 민족복화를 실시해야 합니다. 그리하여 6,000 만 동포들이 교회를 우러러 보고 교회를 심고 또는 정의구현의 행세를 심게 해야 할 것입니다.

(1) 국민윤리를 확립하지자.

신라 교례에는 불교가, 이조시대는 유교가 국민윤리를 지도해 왔는데 지금은 기독교가 신개성을 중심하여 국민윤리를 확화해야 할 것이 이나다.
하나님의 말씀인 성례명이 신앙와 표준. 윤리의 도덕의 표준으로 생활화를 화립하고, 생활화로 표현 民主化

의 기초를 다져야 합것이며, 윤리와 기초없는 민주주의는 모래위에 세운 집과 같이 전괴하지 못한 것이기 때문입니다.

(2) 생활 이념을 확립하자.

우리가 막연하게 공산주의를 이기려하고 보다 공산주의를 능가하고 압도하는 기독교적 생활이념을 확립하여 온 국민의 정신무장을 단행함으로 민주주가 건설은 물론 공산주의를 정복하는 남북통일을 성취해야 한것입니다. 우바든 우주관, 인생관, 국가관, 경제관. 가치관을 확립하고 삼화目的. 자세. 계획. 방법을 제시함으로 국민의 생활 이념을 크도록 나가야 한것입니다. 그른로 사상을 정립하여 아니하면 국민들이 정신적으로 방황하게 그른것이 사이비 논리가 국민들을 오도하게 예수님의 利 他主義의 휴世主義의 이격한 생활이념을 조그히 확립해야 합것입니다.

(3) 애국정신을 확립하자

성경의 내 이웃을 내몸과 같이 사랑하라는 말씀은 내 조국과 민족을 비롯과 같이 사랑한다는 말씀입니다. 성경의 뜻은 신앙과 애국이 인계한 것이나 기독교가 내국에 운동을 전개하는 조국의 민주화와 통일독립을 생취하는 주도적 역할을 담당해 나가야 한것입니다. 교회는 추선하여 애국주의를 성화하고 애국정신의 한상 운동을 위해 최선과 노력을 기어져 야 한다.

(4) 동포에게 예수사랑을 받아시키자

지금 우리 민족은 사랑이 굶주리고 있습니다. 기독교인인 예수님이 전피와 누해와 사랑으로 충전 (충전) 했다가 동포에게 반사시기므로 예수 비 사랑을 6천만 동포에게 나누어 주이야 한것 입니다. 온 인류에게 말과 눈물 그리고 피를 쓴아구신 예수님 같이 800만 기독교인은 6,000만 동포에게 땀과 눈물 그리고 피에까 아껴없이 쓴아 줌으로 동포와 一體가 되어 신뢰을 이루어 나아가야 한것입니다.

[III] 복음화 운동을 전개하자

主예수 복음을 선교하여 우리 민족과 세계를 복음화 해아합은 한국교회의 최대의 사명입니다. 복음화 운동은 개인복음화를 기초로 하여 정치복음화(政治福音化), 경제복음화(經濟福音化), 문화복음화 다시 나아가 사회복음화(社會福音化)가 병행되어어야 하며나니 다시 말해서 개인복음화

-4-

의 구조복음화(構造福音化)가 병행되어야 합니다. 단일 개인 복음화 구조에서 구조복음화 外面에 버티면 기독교 비리아이가 공산화 되듯이 우리나라도 공산화가 되기 않을가 우려 될 수 있습니다. 한국 교회가 구조복음화를 실천함으로 공산주의 三大勢因인 부정부패, 독제정치를 해소시키가 아니하면 우리나라도 권력과 공산주의 를 이생수 없고 함당없는 파국을 초래하고 말것입니다.

※ 전투화 정권의 영구집권을 저지하고 민주화를 성취해야 한다.

지금 전두환정권은 하나님의 정의를 거스르고 도도히 흐르는 민주화 를 정권 역행하면서 영구 집권의 음모를 획책하고 있습니다. 저들이. 주정하는 내각제 개헌안은 세가지 면으로 비민주이며 영구 집권을 획책하고 있는 저의가 드러나고 있습니다.

(1) 자유를 봉쇄하고 폭력정치를 강화하고 있다.

전두환 정권은 민주주의 기본 원리인 자유·정의·평등·인권을 여지없 이 유린하여 자유세계에서는 보기드문 폭력정치를 강행하고 있습니다. 압으로 반공을 위하는 전두환 정권은 공산주의 방생의 씨가지 요인이 되는 비부정부, 부정부패, 독제정치를 강행하여 거꾸 공산주의를 제조하며 양상하고 있으면서도 반공을 비롯치러 비롯한 500여명의 유독한 정치인을 비롯하 있습니다. 김대중씨를 비롯한 한동을 봉쇄한 상태에서 개헌과 선거를 강행하 하니 공산당을 잡아가는 마련과한 청포가 아닐 수 없습니다. 전두환 정권은 하나님과 국민에게 매도물주고 되개하고 물리어 나가를 바랍니다. 저들의 정부 선택권은 국민에게 매돌물주고 되개하고 조국을 민주화하는 정경입니다. 이 정신의 전투화 정권은 양이 남는것 없음니다.

(2) 소선거구제도가 아닌 중선거구 제도를 확립하고 있다.

내각 책임계를 하게면 마땅히 한 선거구에서 한 사람이 당선되어야 할 타인데 조과 중선거계 도에서는 한 선거구에서 두 사람씩 당선되는 제도 이나 않으로 피하한 제도가 아닐 수 없습니다. 한 선거구 후보자가 20만 명이면 하당은 신민당은 19 되 9,999 표를 얻어 당선되고 여당인 민정 당은 단 1표를 얻는다 해도 당선되게 정사가 되었으나 92개 선거구에서

-5-

국회의원 당선자는 여야가 같은 92명이 당선케로 되어있읍니다. 거기에다 전국구 92명중 61석은 여당이 차지하고 31석은 야당이 차지하게 되어있으나 인정받은 1%의 지지를 받는다 해도 국회의원 숫자는 153명이 될것이고 야당은 여당은 국민의 99%의 지지를 받는다 해도 123명을 넘지 못하게 제도화로 되어 있으니 이렇게 불공평한 제도가 이 지구상에 어디에 또 있단 말입니까. 이러한 모순으로 많은 의석수를 여러한 민정당은 자기를 마음대로 뽑아 수상을 선출할 수 있을것이나 이러한 내각제야말로 공산당과 다를바가 없는 기만적 제도가 아닐 수 없읍니다. 만일 전국구 제도를 폐기하고 지역구만 선출함으로써 138석 민정당이 138석 당선된다 해도 인정받은 신민당의 의원을 뽑하고 배 수라면 몇석밖에 이탈시키면 민정당이 승리한수 있는 것입니다. 지금 전부 잡당은 이와 같은 음모를 꾸미고 있으면서 내각제가 가장 민주주의인양 떠들고 있으니 천인 공노할 범죄의 자배가 아닐 수 없읍니다.

진정으로 내각 제임제를 하려면 한 선거구에서 한사람씩 당선시키는 소선 거구제도를 실시해야 할 것입니다.

(3) 전두환 총재는 민정당 총재직을 계속하려고 회책한다.

내각 제임제를 하는 민주구가는 정당이 여당 총재와 수상직을 결집하고 있읍니다. 그래야만 수상이 소신껏 정치를 이끌어 나갈수 있는 것이고 있읍니다. 그런데 우리나라는 총재직과 수상직이 분리되어 수상의 하수행의 역할밖에 하지 못하게 정치 권력을 민정당 총재인 전두환씨가 계속 장악하고 있게 되는 것입니다. 마치 소련의 공산당 서기장이 수상을 장악하고 있는것과 같으며 북한의 당주석 김일성이 수상을 장악하고 있는 것과 같은 처지가 되는 것입니다. (비유적으로 표현하자면 회사 사장에서 몰러나 회장직에 오르는 것과 같다 하겠읍니다.) 만인 정당이 요구하는 내각제 개헌이나 통폐대비대 전두환씨로 소련의 바로크, 북한의 김일성과 같은 악수를 이끌어 나란나갈 현채자로 군림하게 될것이니 도 없이 앉아앉은 권력을 하두를 것이 너무나 명확합니다. 그러기 때문에 온 국민은 결사로 내각제 개헌을 반대해야 하며 그 음모를 여지 없이 쳐 봐쳐야만 합니다. 한구의 자전민을 장악하고 있는 미주 정부는 한구이 이렇게 비 민주주의로 역행하는 정치상황을 방관하다면 한나라 한구은 끝갈 같이 공산화되어 과국을 초래하고 말 것입니다. 전두환 정권의 영구

―6―

정권 음모조는 우리 국민들에게 반미감정을 격발케 하는 것이며 과격한 사회를 발작케 하는 당구의 흉계를 회책하고 있는 것입니다. 동포여!

이는 지금 무엇을 하고 있읍니까? 우리가 진보 단결 이해에 결합히 지키고 있던다면 우리나라는 틀이질 수 없는 당구의 비운을 맞게 될 것입니다. 우리 모두 내각 제임에 음모를 분쇄하고 우리들의 권리를 찾아 정연 을 선배할 수 있는 내둥뭉 의 선게 배둥뭉의 제정되도록 비둥한의 느낌을 경우 해야 합니다.

한구 교회는 남합부터 민주화를 이룩하고 우리의 민주화 통일을 부상시 키 공산주의 야성을 무너뜨리고 복음과 민주주의로 남북통일을 성화하여 동립과 변영을 이룬 조국을 후손에게 물려줄 수 있기를 바랍니다. 그리고 세계선교에 공헌하여 하나님께 영광을 돌리는 한구교회가 되기를 바라는 바입니다.

"우리의 싸우는 육체에 속한 것이 아니오, 오직 하나님 앞 에서 전고한 진을 파하는 강력이다. 모든 이론을 파하며 하나님 아는 것을 대적하여 높아진 것을 다 파하고, 모든 생각을 사로잡아 그리스 도에게 복종케 하니" (고린도후서 10장 4―5)

"주의 성방이 내게 (한구교회) 임하셨으니, 이는 가난한자에게 복 음을 전하게 하시려고 내게 기름을 부으시고 나를 보내사, 포로된자에게 자유를 눈먼자에게 다시 보게 함을 전파하며 눌린자를 자유하게하고 주의 은혜의 해를 전파하게 하려 하심이니라" (누가 4장 18―19).

―7―

30. 1986-12-소식지-「인권소식」-19차 연행사건 — 인권소식 222호, 223호

인 권 소 식 : 한국기독교교회협의회 인 권 위 원 회

(서울 · 종로구 연지동 136-46)
기독교회관 903호/764-0203

제 222 호   1986. 11. 6.

목요기도회 후 철야농성

10월 30일 목요기도회에 참석했던 목회자 기독청년·학생 및 민가협 회원 민주열사유가족협의회 회원 등 100여명은 이날 기도회가 끝난후, "전대 사태의 평화적 해결을 위한 철야기도회"를 기독교회관 8층 한국기독청년협의회 사무실에서 가졌다. 이날 철야기도회는 다음날인 31일 오후 4시까지 계속되었는데, 참석자들은 기도회를 마치면서 발표한 성명에서, "전대연합농성 참석 학생들의 주장은 현 군부독재정권의 장기집권음모 규탄"임에도 불구하고 당국이 이를 왜곡하고 있다고 비난했다.

박형규 목사, 목요기도회 축도로 연행돼

박형규목사가 11월 6일 오전 10시경 동대문경찰서로 연행되었다. 박 목사는 지난 10월 30일 목요기도회에서 축도 순서를 맡았는데, 경찰은 이를 문제삼고 있다고 한다.

인 권 소 식 : 한국기독교교회협의회 인 권 위 원 회

(서울 · 종로구 연지동 136-46)
기독교회관 903호/764-0203

제 223 호   1986. 11. 13.

● 11월 7일에는 본 위원회 위원인 고영근목사가 역시 10월 30일 목요기도회에서 설교한 내용과 관련, 연행되어 조사를 받고 검찰에 불구속 송치되었다.

31. 1986-13-자필 설교문 — "한국교회의 3대 사명"

〈한국교회의 3대 사명〉

1세기의 세례요한-20세기의 세례요한

1) 교계 갱신

(1) 3대 목적   (2) 성령 역사   (3) 축복

(4) 신앙 행위: ① 십자가 지지 않음 ② 고난받는 자 외면 ③ 사랑의 실천이 없음

(5) 사랑과 정의: ① 회개를 외치지 않음 ② 권세에 복종-항거

(6) 소극적. 적극적 선행, 민주화가 적극적 선행이다.

(7) 교역자의 3중 사명 (8) 교파난립   (9) 신학교 난립 목사 안수

(10) 개척교회 난립   (11) 예산 낭비 30%   (12) 교권주의: 총회장 운동

(13) 기복신앙: 신비주의   (14) 이기주의: 이타주의가 아님

2) 사회정화

(1) 빈부격차

  (가) 10대 재벌의 매출액; 79년 25%. 84년 72% 약 3배

  (나) 농가 부채: 79년 17.3만 원. 85년 207.1만 원 약 12배

  (다) 저임금: 10만 원 미만이 450만 명에 이름.

   - 박영진 열사 3,280*26=85,280원. 매일 14시간 40분 노동.

   - 대우어패럴 일당 2.310*26=60.000원

  (라) 수출주도형의 경제:

   - 1차산업의 몰락 - 곡물 수입, 저곡가.

   - 저임금의 희생 - 노동자의 생존 위기

   - 중소기업의 몰락 - 대기업 특혜

(마) 대외 의존경제

- 외채 도입 526억 불 1985년 말 　　　　　- 무역을 위한 국민의 회생.

- 매판자본의 상승

* 해결 방법- 민주화

- 1차산업의 발전 - 구매력 증대. 　　　　　- 2차산업 - 분배의 공정화.

- 국민 합의 - 복지의 증대

(2) 부정부패

(가) 국정감사 없는 것 13조 원

(나) 군인 장성만 늘었다

(다) 외화 도피 모건 개런티 트러스트 사 방출(조선일보 5월 30일)

- 76년~86년 14개국 1,980억 달러/ 멕시코 530억, 베네수엘라 300억, 아르헨티나 260억, 남아공화국 170억, 한국. 말레이시아 120억, 브라질, 나이지리아 100억. 인도. 필리핀 90억/ 83년 85년까지 3년 60억 달러. 새마을 관계자 2,400억 원

(3) 폭력정치

- 미·소의 폭력, 공산당의 폭력, 독재 정권의 폭력: 아스라엘 - 로마를 향하여

- 우리는 - 미국을 향하여, 미국의 전두환으로 폭력정치

- 전두환의 폭력: 우 순경 총기 사건, 동두천 군인, 박형규 목사 박종만 최루탄, 서울대 6,400명

(4) 음란 풍조: 헤롯왕의 음란

3) 복음선교

- 국민윤리 확립 　　　　　- 생활이념 확립

- 애국정신 확립 　　　　　- 구조복음화

* 3대 충만: 진리, 능력, 사랑

* 실력 양성: 양적 부흥, 질적 부흥, 단결 운동

8장

1987년도 사료

I. 수첩으로 보는 사역

1987년 1월 활동

	월일	활동 내용
	1.4.	영서교회 하루 부흥회
	1.5.	성남주민교회 특별집회
	1.6.~10.	전남지구 교역자강좌 & 전남 칠량교회(박종철 목사)
	10.	광주지구 교역자 강좌
	1.10~11.	광주 무진교회
	1.12. 1.12-13.	예장 경동노회 청년수련회 (영천, "한국교회의 나아갈 길" "우리 민족의 나아갈 길") 전두환은 국정연설을 통해 합의개헌 촉구. 이에 청년수련회 설교 시간에 "① 전두환의 국정연설은 국민을 무시하는 협박장이다 ② 전두환 정권은 불법으로 집권했으니 정권교체 운운하지 말고 회개하고 물러나는 것이 살아남는 길이다 ③ 민정당의 내각제안은 공산당식 내각제와 방불하니 개헌 운운하지 말고 회개하고 물러가라"는 내용으로 설교하였다.
	1.13~15.	경북 효동교회
	1.14.	박종철 고문치사사건 □ 경찰에 의해 불법 연행된 박종철이 물고문에 의해 사망, 정권 규탄 시위를 촉발, 민주화운동의 촉매 역할 □ 고문 종식을 위한 대책 □ 범 종교단체 연합(NCC 인권위원회 회의록 중)
	1.15~24	10일간 구류, 예장 경동노회 설교 「20차 연행 사건」
	1.27.	고문대책위원회 결성

1987년 2월 활동

	월일	활동 내용
Monthly Plan 2 1 日 연양교회 2 月 3 火 순천연합 4 水 덕치교회 34 5 木 〃 6 金 〃 7 土 〃 8 日 인천 동광 교회 9 月 담양월산 0654-2-5024 10 火 11 水 〃 12 木 〃 전남보역자 13 金 〃 14 土 15 日 법923송 0348-6-0366 16 月 장성성광 세벽135 17 火 〃 18 水 〃 19 木 우수 〃 20 金 〃 21 土 22 日 2시 반석 23 月 배자리 읍안삼호 549 (8시 인종기 24 火 〃 10시 김종두 25 水 〃 26 木 〃 27 金 보성 2시 28 土 2시 개명수 시 쌍시국	2.1.	경기 광명교회 하루 부흥회
	2.3.	순천노회 청년연합회 강연
	2.4~7.	전북 덕치교회(하정택 목사)
	2.8.	인천동광교회 하루 부흥회
	2.9~13.	담양월산교회(박상민 목사)
	2.12.	담양지구 교역자 강좌 & 전남 교역자 강좌
	2.15.	법원리 중앙교회 하루 부흥회
	2.16.	장성성광교회(공동영 목사)
	2.20.	상계동 철거민 설교
	2.22.	반석장로교회
	2.23.	영암지구 민주협의회 강연
	2.23~27.	영암 매자리교회(하계환 목사)
	2.27.	보성지구 3·1절 기념 강연(비둘기회 주최)
	2.28.	암사동 철거민 예배 설교(임시집회소) 88올림픽을 겨냥하여 환경정비라는 명목으로 상계동, 암사동 등 서울 시내 20여 개 지역의 수십만 주민들이 길거리로 내몰림.

1987년 3월 활동

월일	활동 내용
3.1.	의정부 3.1절 기념예배 설교
3.2~6.	전남 광주 비아교회(박승현 목사)
	광산지역 교역자 강좌
3.9~12.	전남 화순 춘양교회(조도현 목사)
	화순지역 교역자 강좌
3.12.	재판(인정심문): 1986.10.30. 목요예배 설교 사건. "민정당의 내각제안은 공산당식 내각제와 방불하다"
3.15.	남원지구 교회연합회 설교
3.16.	정릉교회 청년수련회 "한국 사회와 인권"
	"민정당의 내각제안은 공산당식 내각제와 방불하다" 성명서 발표
3.17.	인권위원회 회의
	허병섭 목사 재판
3.21.	민주동우회 강연 "조국의 당면과제"
3.22.	천안 동산교회 하루 부흥회
	6시 동교동
3.23.	인권위원회 회의
3.24.	아비츄(Aruizu, 미국대사관) 서기관 면담
3.25~27.	영락기도원(김병숙 회장)
3.29.	시흥 성민교회 하루 부흥회
3.30.	재판(반대 심문): 1986.10.30. 목요예배 설교 사건 (한승헌 변호사 변호)

1987년 4월 활동

	월일	활동 내용
Monthly Plan **4** (수기 메모: 월간 계획표)	4.3.	"시거 차관보의 대한정책을 규탄한다" 성명서 발표
	4.5.	역곡 부름교회 하루 부흥회
	4.6~9.	포항 장성교회(정연수 목사)
	4.10.	구속자 가족을 위한 설교(총회 사회부 주최)
	4.10~14.	구류 5일 「21차 연행 사건」 □이민우 총재와 신민당 비주류에게 공개 권고문 발송 □통일민주당 지지 성명서 사건
	4.14~15.	한신대 신앙수련회 "기독교와 민주주의"
	4.19.	대전 민중교회 하루 부흥회
	4.20~23.	성남 태평제일교회(성내은 목사)
	4.24.	안동시 부활절 청년연합예배 설교
	4.26~28.	서부교회(고정렬 목사)
	4.27.	재판 일부 연기

1987년 5월 활동

	월일	활동 내용
	5.3.	부산 초대교회 하루 부흥회
	5.4.	광주 YMCA 23명 목사 석방 단식 농성 지원 설교 "의인의 숫자가 차기까지 투쟁하자"
Monthly Plan		부산시 연합「나라를 위한 기도회」 "우리 민족의 나아갈 길"
5	5.6.	기장 선교교육원 단식기도 격려, 삭발 "에스겔의 감사기도"
	5.6. 5.7.	조찬 모임
	5.7.	예장 목회자협의회 단식농성 "의인의 숫자가 차기까지"
	5.8.	광나루 장신대학원 단식농성 "에스겔의 구국기도"
	5.10.~13.	혜성교회(김성락 목사)
	5.13.	고려대학교「나라를 위한 기도회」(8개 대학 기독학생회 주최) "기독교와 민주주의"
	5.15.	순천노회「나라를 위한 기도회」 "기독교와 민주주의"(순천중앙교회)
		순천노회 청년연합회「나라를 위한 기도회」 "기독청년의 사명"(순천신흥교회)
		순천노회 교역자 강좌 "예언자적 사명"(순천중앙교회)
	5.15~20.	구류 5일「22차 연행 사건」
	5.21.	부여지구 교역자 강좌
	5.21.	충남노회「나라를 위한 기도회」 "기독교와 민주주의"
	5.25.	이리 갈릴리교회 하루 부흥회
	5.25.	부평제일교회 신앙강연회 "기독청년회 삼대 사명"
	5.26.	여수지구「나라를 위한 기도회」 "기독교와 민주주의"
		여천지구「나라를 위한 기도회」 "한국교회의 나아갈 길"
	5.31.	나눔교회 하루 부흥회

1987년 6월 활동

	월일	활동 내용
Monthly Plan **6**	6.1.	경기지구 인권위원회 결성예배 "기독교와 인권"
	6.1~3.	NCC 인권위원회 인권문제전국협의회(광주 명상의 집)
		「인권소식」 "민주헌법쟁취국민운동본부 적극 지도"
	6.5.	판교교회 구국기도회
	6.7.	산자교회 하루 부흥회
	6.10.	목포 범국민대회
	6.12.	영등포중앙감리교회
	6.15.	노회장 연석회의
	6.21.	강경중앙교회 하루 부흥회
	6.24.	의성지구 「나라를 위한 기도회」 "기독교와 민주주의"
	6.25.	태안지구 「나라를 위한 기도회」 "기독교와 민주주의"
	6.26.	울산지구 청년수련회
	6.28.	울산 평강교회 "성령과 함께 평화를"
	6.30.	울산지구 교사수련회 "성숙한 교회 지도자와 영적 성장"
	6월	"미국 정부의 불의하고 간악한 대한정책을 규탄한다" 성명 발표

1987년 7월 활동

	월일	활동 내용
	7.1.	안동시 청년연합회 주최, 「나라를 위한 기도회」(1,000명)
	7.2.	강원노회 목사·장로 수련회
	7.3.	우이동감리교회
	7.5.	만민교회 하루 부흥회
	7.6.	울산지구 국민운동본부 간부 수련회 & 울산노회 여선교회 지도자 수련회 "성령과 함께 평화를"
	7.8.	평강교회
	7.9.	이문영 회의
	7.10.	인권위원회 회의
	7.11.	성공회 방문
	7.12.	목민교회 하루 부흥회 "좌로나 우로나 치우치지 말자"
	7.13.	수안보 강사
	7.15.	홍제동 성당 & 구세군사관학교
	7.17.	송건호
	7.18.	나주지구 인권위원회 주최 강연회
	7.19.	목민교회 헌신예배
	7.23.	고 임기윤 목사 추모예배 설교 "의인의 수가 차기까지"
	7.24.	일신교회 연합구역회 설교
	7.25.	경안노회 교사 강습회(1,200명)
	7.31.	동부교회 철야 집회

1987년 8월 활동

	월일	활동 내용
Monthly Plan **8** *(handwritten monthly planner with dates 1-31 and various notes)*	8.2~6.	화순이양교회(박민규 목사)
	8.6~8.	충남지역 기장청년연합회 "우리 민족의 나아갈 길" "기독교인의 신앙생활"
	8.9.	천호동교회, 무학교회
	8.10.	제주지구 인권선교대회
	8.12.	용인지구 8.15 기념예배
	8.13.	의정부지구 민주화 강연
	8.15.	광주지구 8.15 기념예배
	8.16.	부천 신성교회 하루 부흥회
	8.17.	무안지구 민주화를 위한 강연
	8.17~21.	기도원 연합집회(기장 김병수 목사, 청계산 기도원)
	8.21~24.	해남삼이교회(김원옥 목사)
	8.24.	완도지부 국민운동지부 강연
	8.25.	감리교여교역자 수련회
	8.25~29.	전북 고산지역 연합집회(여태권 목사)
	8.26.	고산지구 지도자 강연
	8.30.	양평동교회 하루 부흥회

1987년 9월 활동

	월일	활동 내용
	9.1.	양평동교회
	9.4.	화양감리교회
	9.6.	남전교회 하루 부흥회
	9.9~11.	신대원 사경회 "민족, 민주, 복음" 4강좌
	9.12.	나라를 위한 기도회 및 성명서 발표 "미국 정부의 불의하고 간악한 대한정책을 규탄한다"
	9.13.	오산감리교회
	9.14.	강서지구 교역자 수련회
	9.15.	광양지구 민주화를 위한 강연
	9.20.	동암교회
	9.21.	한국민주기도협의회 발족 □ 공동의장: 고영근, 조경대, 김충오 목사
	9.27.	영광지구 민주화를 위한 강연
	9.28.	"대통령 후보 선정에 대한 우리의 주장"
	9.29.	민기협 기도회
	9.29~10.6.	7일간 구류(조사 기간 포함) 「23차 연행 사건」 ① 8.12일 대전 동민회에서 강연 ② 노태우 총재 미국방문 규탄성명서(노태우 총재 대행은 미국에 가서 레이건 대통령에게 한국 대통령으로 임명받고 일본 들러 인증, 돌아와 수단 방법 가리지 않고 취임할 것이 너무나 분명하다는 성명서) ③ 민가협(김대중 씨 추대 사건)

1987년 10월 활동

	월일	활동 내용
Monthly Plan **10**	10.5.	"민주화를 위한 후보 단일화에 대한 우리의 견해" 46명 성명서 발표
	10.9.	기독교회관
	10.11.	일심교회 하루 부흥회
	10.12~15.	제주 세화리교회
	10.15.	예장 총회 인권위원회 부위원장직 해임 (특정인 지지 표명)
	10.16.	진안지구 국민운동본부 지부 민주화 위한 강연
	10.18.	성수동교회 하루 부흥회
	10.25.	새신교회
	10.29.	예장 서노회 전도목사직 해임 (특정인 지지 표명)
		영등포노회 청년연합회 "이 땅에 하나님의 공의를"
	10.30.	총신대 강연

1987년 11월 활동

월일	활동 내용
11.1.	김제지구 강연
	김제제1교회
11.3.	신원중앙교회
	호남신학교, 민주화를 위한 강연
11.4.	서울신학대학 민주화를 위한 강연
11.6.	임실제일교회
11.7.	임실지구 민주화를 위한 강연
11.8.	청주
11.9.	기독교방송
11.11.	응암동 강연
11.12.	통일민주당 창당대회
11.15.	샘터감리교회
11.17.	NCC 인권주간 행사, 해남지역 (11.16~12. 10.까지 지역순회 공동 강연)
11.18.	고창지구 인권주간 행사, 해남지역
11.19.	광양지구 인권주간 행사, 해남지역
	광주 YWCA 강연
11.20.	흥사단 강연
11.22.	성광교회
	장성지구 민주화를 위한 강연(NCC 인권주간 행사, 장성제일교회)
11.25.	부여지구 민주화를 위한 강연
11.26.	청주지역 목회자 강좌
11.27.	목포지구 민주화를 위한 강연
11.28.	광명지구 민주화를 위한 강연
11.29.	일산 갈릴리교회
11.30.	일산 교역자 강좌
	조찬 기도 & 청주

1987년 12월 활동

	월일	활동 내용
Monthly Plan **12** *(손글씨 메모)*	12.1.	광주지구 민주화를 위한 강연
	12.2.	목포지구 강연
	12.3.	전주지구 강연(유세)
	12.6.	순창지구 강연 (NCC 인권주간 행사, 순창읍 강연)
		순창교회
	12.7.	담양 & 화순지구 강연 (NCC 인권주간 행사, 담양천주교)
	12.9.	릴리 답변서
		온양지구 강연
	12.10.	"인권과 교회" 김제지역 신풍교회
		NCC 인권주간 남원지역 남원제일교회 강연
	12.11.	여수·여천지구 강연 (NCC 인권주간 행사, 여수성광교회)
	12.13.	부산지구 강연
	12.17.	구로구청 사건
	12.20.	기계제일교회 하루 부흥회

II. 세부적 활동 내용으로 보는 한 해 일정

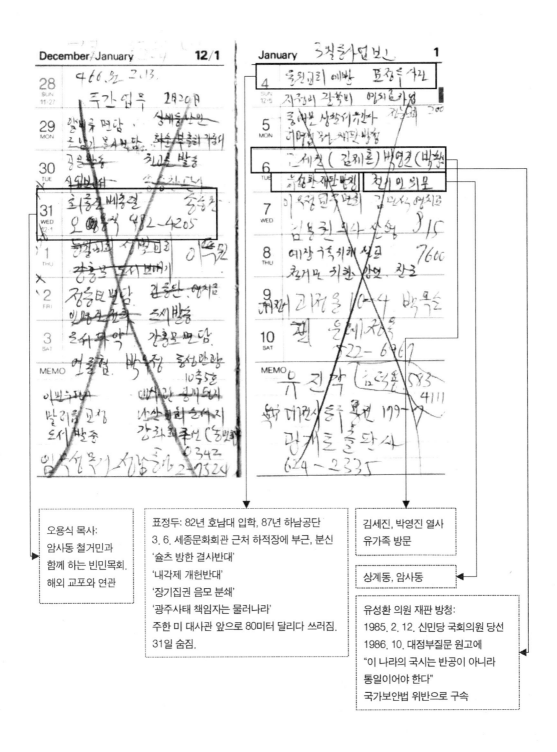

오용식 목사:
암사동 철거민과
함께 하는 빈민목회.
해외 교포와 연관

표정두: 82년 호남대 입학, 87년 하남공단
3. 6. 세종문화회관 근처 하적장에 부근, 분신
'술츠 방한 결사반대'
'내각제 개헌반대'
'장기집권 음모 분쇄'
'광주사태 책임자는 물러나라'
주한 미 대사관 앞으로 80미터 달리다 쓰러짐.
31일 숨짐.

김세진, 박영진 열사
유가족 방문

상계동, 암사동

유성환 의원 재판 방청:
1985. 2. 12. 신민당 국회의원 당선
1986. 10. 대정부질문 원고에
"이 나라의 국시는 반공이 아니라
통일이어야 한다"
국가보안법 위반으로 구속

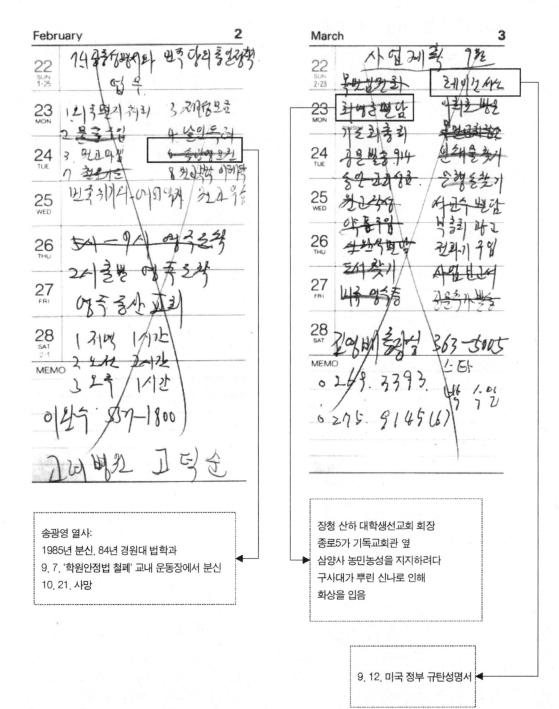

송광영 열사:
1985년 분신. 84년 경원대 법학과
9. 7. '학원안정법 철폐' 교내 운동장에서 분신
10. 21. 사망

장청 산하 대학생선교회 회장
종로5가 기독교회관 옆
삼양사 농민농성을 지지하려다
구사대가 뿌린 신나로 인해
화상을 입음

9. 12. 미국 정부 규탄성명서

목민선교

1. 순국유가족 돕기: 순국유가족회, 표정두, 박영진, 박종만, 박종철(캐나다 교포, 청담교회 성금), 김세진, 송광영, 이석구, 박종만 기념사업(운수노조) 등 총 118만 원
2. 철거민 위문과 성원: 암사동(서독 토르트몬교회 46만 원, 서독교포 141만 원), 상계동, 양평동, 구속된 철거민 대표 영치금 등 총 236만 원
3. 농성 참여와 격려: 예장 인권위 농성 주관, 기장 선교원 삭발 격려, 재야, 광주지구 목회자 단식, 전국목협 단식, 남민전 사건 가족 농성 격려, 4.13조치 철회 농성 격려 구속자 가족회, 장청, 이한열 열사, 고창지구 농민회 화상 사건 치료비, 민청련, 성공회 단식농성 신부 격려, 카톨릭농민회, 구로구청 선거 부정 사건 농성자 식사 등 79만 원
4. 민주화단체 성원: 한국기독청년협의회, 예장 청년연합회, 예장 목회자협의회, 대학생선교위원회, 민주헌정연구회, 노동상담소(서울지구), 구속자 가족협의회, 예장 인권위원회, 도시빈민선교회, 순국유가족협의회, 전국목회자정의평화협의회, 통일민주당 창당 격려, 정치범동지회, 예장 대학생선교위원회, 민주헌법쟁취 국민운동본부, 한겨레 발간 찬조, 민가협 성원, 기독교노동자 연합회, 기독여민회, 안산지구 노동상담소, 서울지구 공명선거감시단 등 345만 원

III. 고영근이 만난 사람들

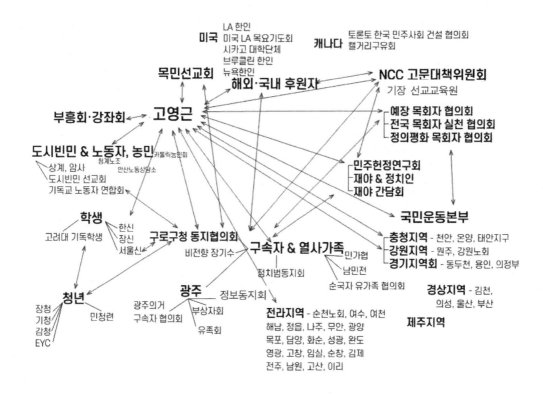

신학생 & 청년

권혁률(감청) 민청련 최영근(장청) 한경호(신대원 원우회장) 한신대 장신대 서울신대 고려대 기독학생회

언론 & 사법, 교육

강금식 목사 박세경 변호사 성내은 교수 송승찬 판사 언론협의회 윤용 교수 이기홍 변호사
이돈명 변호사 정승인 교장(거창고) 한승헌 변호사 홍남순 변호사

열사 & 구속자 가족

광주의거구속자협의회 광주의거부상자회 광주의거유족회 광주의거정보동지회
구로투쟁동지협의회(조태선) 김세진 남민전 사건 민가협 박영진 박종만 박종태 송광영 양원태
이소선 이한열 비전향장기수단체 표정두

재야 & 정치인

강홍모 계훈제 고은 국민운동본부 김근태 김민석 김병걸 김영배 노경규 명노근 문동환 문익환 민헌연
박용길 백기완 성내은 송기숙 안병무 예춘호 유성환 이경배 이문영 이우정 이의호 이중재 이태영
임채정 재야간담회 정대철 정동년 정치범동지회 지선 함석헌 허만기

도시빈민 & 노동, 농민

가톨릭농민회 기독교노동자연합회 기독여민회 노동상담소 도시빈민선교회 안산 노동상담소 청계노조
상계·암사·양평동 철거민 한창근(철거민 대표)

해외

미국:
김윤국 목사(LA 목요기도회) 김익선 목사 김정호 목사(시카고대학목회) 김화일 목사(LA 목요기도회)
안중식 목사(브룩클린한인) 송진찬 장로(나성영락) 이명렬 목사 이춘범 목사(뉴욕) 한제선 목사
캐나다:
윤용성 목사(토론토한국민주사회건설협의회) 이상철 목사 이연근 목사(캘거리 구유회)
독일:
서의실 목사(토요기도회) 이춘자 목사(괴팅겐교회) 지용성 대표(산동내)

Ⅳ. 사진으로 만나는 역사의 현장

1987. 2. 28.
암사동 철거민을 위한
예배 설교
▪ 임시집회소
▪ "강하고 담대하라"
▪ 독일 '토요기도회'와
'산동내' 모임에서 상계
동과 암사동 철거민을
위한 후원금을 전달.
▪ 4.13 호헌 직후 4월 14
일 상계동과 양평동이
철거되면서 명동성당에
서 철거 항의 농성이 이
어졌다.

1987. 4. 14~16.
한신대 신앙수련회.
- "기독교와 민주주의"
4월 14일, 강서경찰서에서 석방되자마자 한신대에 강연 시간 5분 전에 도착. 회고록에 의하면 하나님께서 구류 3일을 언도하도록 판사의 마음을 감동하사 한신대 강연회를 할 수 있었음을 감사 기도하였다고 한다.
4팀으로 나누어 4회에 걸쳐 총 1,500여 명이 참석. 강연이 끝나고, 고영근 목사는 다시 연금되었다.

1987. 7. 24.
안동시 부활절 청년연합예배.

1987. 5. 7.
예장 목회자협의회 단식농성
▪ "의인의 숫자가 차기까지"

1987. 5. 13. 고려대학교
「나라를 위한 기도회」
▪ "기독교와 민주주의"
▪ 8개 대학 기독학생회 주최

1987. 5. 15.
▪ 순천노회
나라를 위한 기도회」
"기독교와 민주주의"

▪ 순천노회 청년연합회
「나라를 위한 기도회」
"기독청년의 사명"

설교를 마친 후 순천역에서 연행 당함. 이에 항의하기 위해 순장 청 회원들이 독재타도, 호헌철 폐 구호 아래 최초 가두시위를 전개. 순천대 학생들이 가세, 순 천 처음으로 최루탄이 북부시장 에서 터졌고 이에 반발한 시민들 의 연대 시위가 이어졌다. 이 시 위는 6월로 들어서면서 학생, 교 수단, YMCA, 농민회 등 시민단 체의 연대로 이어졌고 순천에 6 월 항쟁의 햇불이 타올랐다.

1987. 5. 25.
이리갈릴리교회 이동춘 목사는 86년, 87년 이리지역 시국기도회가 원활히 진행될 수 있도록 전폭적인 지원을 아끼지 않았다

1987. 6. 22.
예장 목회자 시국기도회 야외설교
▪ 새문안교회
▪ 예장 인권위원회는 고문 추방과 호헌철폐를 위한 시국기도회를 새문안교회에서 가졌다(고영근은 인권위 부위원장으로 행사에 참석).
기도회 이후 밖으로 나온 성직자들은 광화문 진출을 시도하였고 전경들이 최루탄, 사과탄을 쏘면서 대치 상태가 되었다. 이에 고영근 목사는 즉석에서 시국 설교를 하였다.

1987. 6. 24.
경북 의성지구 「나라를 위한 기도회」.
▪ "기독교와 민주주의."
▪ 옥외집회를 시작으로 시민들의 가두시위가 자연스럽게 연결되는 시국기도회.

1987. 6. 24. 경북 의성지구 「나라를 위한 기도회」.

1987. 6. 25.
태안지구 「나라를 위한 기도회」
▪ "6.25 상기 연합기도회"
▪ 태안중앙교회
▪ 고영근 목사
▪ 태안반도 기독연합회.

1987. 6. 25.
태안지구 「나라를 위한 기도회」

1987. 7. 1.
안동교회 「나라를 위한 기도회」.
▪ 천여 명이 모인 안동지구 시국기도회
▪ 안동시 청년연합회

1987. 7. 23.
고 임기윤 목사 7주기 추모예배
▪ "의인의 수가 차기까지"
▪ 감리교 사회선교협회, 한국목민선교
회, 감리교청년연합회, NCC 예배위원
회 공동 주최

1987. 8. 10.
제주지구 인권선교대회

1987. 8. 25.
완도지구 국민운동본부 결성대회. 강연 후 가두시위

1987. 9. 9~11.
장신대 신대원 사경회 ▪ "민족, 민주, 복음" ▪ 동도기도원

1987. 9. 12.
"미국 정부의 불의하고 간악한 대한정
책을 규탄한다."
- 1987년 6월 1차 성명 발표. 서명자
  1,050명,
- 9월 12일 2차 발표 서명자 1,400명.

1987. 10.
존경하는 함석헌 선생님, 병문안.

1987. 11. 16.
무진장지부 결성대회 강연.
▪ 진안중앙교회
민주헌법 쟁취를 위한 국민운동본부가
전국적으로 결성되었다.

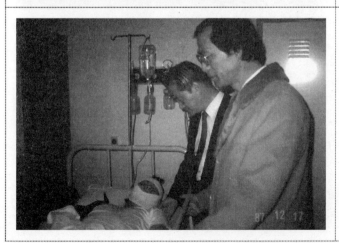

1987. 12. 17.
구로구청에서 자행한 부정선거에 항의
하여 농성하다가 경찰에게 구타당해
큰 부상을 입은 학생 방문.
특히 양원태 군의 후원을 위해 보수적
교회와 해외 교포까지 후원을 결집시
켰다.

V. 사건별 사료

1987년 사건별 사료 목록

	구분	사료명	날짜	주요 사건 내용
1	1987-1 설교문	제20차 연행사건 (1/15~1/24, 10일 구류) 예장 경동노회 청년수련회, 영천. "한국교회의 나아갈 길", "우리 민족의 나아갈 길"	1/12~13	1/12일 전두환 국정연설; 합의개헌 주장에 대하여 ① 전두환의 국정연설은 국민을 무시하는 협박장이다. ② 전두환 정권은 불법으로 집권했으니 회개하고 물러나는 것이 살아남는 길, ③ 민정당의 내각 제안은 공산당식 내각 제안과 방불하다는 요지로 설교
2	1987-1 회고록	경동노회 청년선교교육대회(영천)		
3	1987-2 자필 설교문	박종철 열사 추모예배 설교문, "민주주의의 네 가지 기본정신"	날짜미상	1987년 1월 서울대학교 학생 박종철이 치안본부 남영동 대공분실에서 조사를 받던 중 경찰의 고문으로 사망. 공안당국은 이 사건을 조직적으로 은폐하려 했으나, 1987년 5월 17일 광주민주화운동 7주기 추모미사에서 김승훈 신부의 폭로로 진상이 밝혀졌다. 사건의 은폐 조작에 가담했던 강민창 치안본부장이 사임하고 다수의 경찰 간부가 구속되면서 종결되었다. 정권 규탄 시위를 촉발시키며 이후 6월 항쟁의 기폭제 역할을 했다
4	1987-3 회고록	상계동, 암사동 철거민 예배 설교, "강하고 담대하라"	2/20, 2/28	88올림픽을 겨냥하여 환경정비라는 명목으로 목동, 상계동, 암사동 등 서울 시내 20여 개 지역의 수십만 주민들이 길거리로 내몰림. 독일교포들의 성금 전달, 실태 파악. 4.13 호헌 직후 4월 14일 상계동과 양평동을 철거. 명동성당에서 철거 항의 농성
5	1987-3 서간문	서독 토요기도회, 서의실	1/13	'구속자 법률 보조비와 영치금으로 사용해 주세요'
6	1987-3 영수증	홍성우 법률사무소	2/13	'민주화를 위하여 투옥된 양심수의 법률구조비로 영수하였습니다'
7	1987-3 서간문	서독 토요기도회, 서의실	1/26	'상계동 철거민 가운데 특히 어려움을 당하는 분들에게 전해 주었으면 하고 원합니다'
8	1987-3 서간문	캐나다 토론토 토요기도회	5/2	'고 박종철 군의 가족에게 전달하여 주시면 감사하겠습니다. 적은 액수이지만 해외 동포들의 울분의 표시로 유가족에게 작은 위로라도 되었으면 합니다'
9	1987-3 서간문	서독 산동내, 지용성	4/18	'암사동 철거민을 돕는데 써 주시기 바랍니다'
10	1987-4 자필	정릉교회 청년수련회 "한국 사회와 인권"	3/16	

	구분	사료명	날짜	주요 사건 내용
	설교문			
11	1987-5 재판안내 및 회고록	재판(인정 심문): 1986년 10월 30일 목요예배 설교 사건, "민정당의 내각제안은 공산당식 내각제와 방불하다"	3/12	1985년 2.12총선 결과 대통령직선제 개헌을 공약으로 내건 신민당이 강력한 야당으로 등장하면서 개헌 운동에 매진하게 된다. 이에 민정당은 의원내각제로 맞서게 되고 1986년 4월 30일 전두환은 노태우, 이민우, 이만섭 총재와의 회담에서 개헌으로 기본정책을 선회하였다.
12	1987-5 타인 회고록	한승헌 변호사, 『불행한 조국의 임상노트』 중에서		한승헌 변호사는 3번에 걸쳐 고영근 목사를 변호하였다. 1. 1985년 9월 목요예배 설교사건 2. 1986년 10월 목요예배 설교사건 3. 1992년 11월 유인물 사건-대통령 선거법 위반사건
13	1987-5 회고록	경범죄 처벌법 위반사건에 대한 변호		1986년 10월 30일 목요예배 설교 사건으로 불구속 입건된 사건에 대한 한승헌 변호사의 변호 과정
	1987-6 재판방청 촉구공문	목민선교회 재판 방청에 대한 촉구공문 "민정당의 내각제안은 공산당식 내각제와 방불하다"	3/16	4월 27일 오전 10시 영등포 문래동 남부지원에서 재판
14	1987-7 공문	목민선교회 재판(반대 심문) 방청 공문	3/20	
15	1987-8 성명서	"시거 차관보의 대한정책을 규탄한다" ①전두환의 88년 평화적 정권교체 약속은 평가할 만한 가치가 있다. ②과거의 죄과와 불만을 접어두라는 발언. ③특정한 정당의 안은 지지하지 않는다는 발언. ④타협과 합의로 개헌이 이루어져야 한다는 발언 등 규탄.	4/3	1987년 2월 6일 미국무성 아시아 태평양 담당 시거 차관보는 '과도기의 한국 정치'라는 제목의 연설과 인터뷰에서 군부정권을 연장하기 위한 '위장된 민주화'를 독려. "오늘날의 군인들은 한국의 국가 안보 현실로 보아 국가를 지키기 위한 기술습득이라는 극히 중대한 기본임무를 수행하는데 전적인 노력과 에너지를 집중할 것이 요청되는 새로운 시대에 살고 있다. 全 대통령과 民正黨 및 新民黨이 改憲의 필요성을 인식하고 그 작업에 착수한 점도 다 같이 칭송을 받을만한 일이다."
16	1987-9 성명서	**제21차 연행사건** (4/10~4/14, 구류 5일) "릴리 대사에게 드리는 공개 권고문"(2/3), "이민우 총재에게 드리는 공개 권고문"(3/14), "소위 신민당 비주류의원에게 보내는 공개 권고문"(3/21),		1986년 12월 24일, 연말 기자회견에서 "이민우 구상"이 발표된다. 골자는 언론자유 보장, 구속자 석방, 사면복권, 공무원의 정치중립 보장, 국회의원 선거법 협상, 지방자치제도 도입을 전두환 정권에서 수용해주면 의원내각제 개헌에 응할 용의가 있다는 것이었다. 이민우의 발표에 신민당 내에서는 이민우 구상을 지지하는 이철승 등을 필두로 한 내각제 지지파와 이민우 구상

	구분	사료명	날짜	주요 사건 내용
		"릴리 대사님께 드리는 공개 권고문(두 번째)"(3/24), "통일민주당의 창당을 지지하며 성민한다"(4/10) 총 5편의 성명서와 공개 권고문 발표사건		에 반발하는 양 김씨 세력 중심의 내각제 수용 반대파로 나뉘어 극심한 내분이 벌어졌다. 이후 이민우는 자신의 발언의 번복과 수정을 몇 차례 거듭하였고 최종적으로는 자신의 구상의 폐기를 천명하였으나 1987년 3월, 이민우는 김영배 위원장에 의해 신민당에서 제명되었다. 그 후 1987년 5월, 상도동계 의원 35명과 동교동계 의원 32명이 신민당을 탈당해 통일민주당을 창당하였다. 고영근 외 26명은 통일민주당 창당을 지지하는 성명서를 발표하였는데 이 성명서를 시작으로 고영근의 특정 정당에 대한 지지는 점점 더 적극적이 되었고 오히려 특정인을 지지하는 문제가 많은 수의 지지자를 잃게 되는 원인이 되기도 하였다.
17	1987-9 성명서	21차 연행사건 "이민우 총재에게 드리는 공개 권고문"		통일민주당 창당지지 성명서 사건
18	1987-9 성명서	21차 연행사건 "소위 신민당 비주류 의원에게 보내는 공개 권고문"		
19	1987-9 성명서	21차 연행사건 "릴리 대사님께 드리는 공개 권고문(두 번째)"		
20	1987-9 성명서	21차 연행사건 통일민주당 창당지지 성명서 사건		
21	1987-9 회고록	21차 연행사건 "통일민주당(가칭)의 창당을 지지하며 성민한다"		
22	1987-10 회고록	한신대 신앙수련회, "기독교와 민주주의"	4/14~15	
23	1987-11 공개편지	악인은 임시승리, 의인은 최후 승리!	4/30	4.13 호헌조치 후 공개 편지
24	1987-12 회고록	광주, 서울, 예장, 광나루 장신, 고려대 단식과 시국 설교	5/4	**4.13 호헌철폐를 위한 단식농성** 광주 YMCA 23명 목사 삭발 단식농성 지원 설교, "의인의 숫자가 차기까지 투쟁하자"
			5/7	**4.13 호헌철폐를 위한 단식농성** 예장 목회자협의회 삭발 단식농성 및 설교, "의인의 숫자가 차기까지"

구분		사료명	날짜	주요 사건 내용
			5/13	**4.13 호헌철폐를 위한 기도회 및 시위** 고려대학교 나라를 위한 기도회, 8개 대학 기독학생회 주최 "기독교와 민주주의"
25	1987-13 사건 개요	제22차 연행사건 (5/15~20, 구류 5일) 순천노회「나라를 위한 기도회」설교 "기독교와 민주주의 & 기독청년의 사명"	5/15	정부는 5.18이 가까워 오자 고영근을 순천서에 묶어 놓을 계획으로 순천 신흥교회 밤 집회를 마친 고영근을 연행, 조서 없이 구류 5일로 발을 묶었다. 이에 항의하는 순천 장청 회원들과 교인들이 북부시장 근처에서 시위를 하였는데 경찰은 이들을 해산시키기 위해 최루탄을 쏘았고 순천시 최초로 최루탄이 터지는 순간 북부시장에 장을 보러 온 시민들이 항의, 가세하면서 순천대 대학생들과 연대 시위를 하게 되었다. 이들의 연대 시위는 순천지역의 고등학생까지 가세하면서 6월 항쟁을 열어 순천시민의 3/4 가까운 수가 6월 항쟁에 참여하게 되었다. 순천은 34주년 6월 항쟁을 기념하기 위해 사진전과 활동가 간담회를 열면서 순천지역 구술사업과 지역 운동사를 정리하고 있다.
26	1987-13 구류 통지서	순천경찰서	5/16	위 사람은 1987. 5. 16부터 구류 5일로 당 서 유치장에 구류중이옵기 통지합니다. 순천경찰서
27	1987-13 회고록	순천노회 주최 기도회 설교사건: '기독교와 민주주의' & '한국 기독청년의 3대 사명'		
28	1987-14 구술 조사서	(사)광주전남 6월항쟁 순천, 광양 구술조사서		① 순천지역 1987년 6월항쟁 일지 ② 1987년 6월항쟁 회고 인터뷰 - 김영현(당시 순천국민운동본부 사무국장) - 류춘호(당시 순천국민운동본부 사무국장), - 김영위 (당시 장청 순천노회 청년연합회 회원)
	1987-14 옥외 설교	예장 목회자 시국기도회 (새문안교회) "우리 민족의 나아갈 길"	6/22	
	1987-15 서적	『우리 민족의 나아갈 길 6권』 출판	6/27	
	1987-16 자필 설교문	목민교회 하루 부흥회 설교, "좌로나 우로나 치우치지 말자"	7/12	
29	1987-17 자필 설교문	고 임기윤 목사 추모예배 설교, "순교자의 수가 차기	7/23	감리교청년연합회에게 목민선교회와 공동으로 추모예배를 개최하자 제안, 추모예배를 알리는 공문을 보내고

구분		사료명	날짜	주요 사건 내용
		까지"		연동교회 교육관에서 유족을 초청하여 공동 추모예배를 드림. 조화순 목사 사회, 고영근 설교 등으로 예배를 진행. 감리교 사회선교협회, 한국목민선교회, 감리교청년연합회, NCC 예배위원회 공동 주최
	1987-18 설교문	장로회 신대원 사경회 "민족, 민주, 복음" 4강좌	9/9~9/11	
30	1987-19 성명서	"미국 정부의 불의하고 간악한 대한정책을 규탄한다"(1차)	6월	1987년 6월 1차 성명 발표 서명자 1,050명. 9월 12일 2차 발표 서명자 1,400명
	1987-20 서적	『민주화냐 독재연장이냐』 1권 출판	9/15	
31	1987-21 성명서	"대통령 후보 선정에 대한 우리의 주장"	9/28	
32	1987-22 성명서	제23차 연행사건 (9/29~10/6, 7일 구류) 대전 동민회 강연(8/12), 노태우 총재 미국방문 규탄성명서(9/12), 민기협 김대중 추대사건(9/29)	9/30	
33	1987-23 성명서	"민주화를 위한 후보단일화에 대한 우리의 견해"	10/5	
	1987-24 서적	『민주화냐 독재연장이냐』 2권	11/6	
34	1987-25 출석 요구서	대통령선거법 위반 사건처리 문의	11/27	(동대문경찰서 11/28, 시경 형사과 12/2)
35	1987-26 답변서	주한미국 릴리 대사 답변서	12/9	원문 및 해석본
36	1987-27 호소문	눈물의 호소	12/19	구로구청 사건으로 인해 양원태 군 등 공정선거를 위해 선거 감시 활동에 최선을 다했던 학생, 청년들의 부상에 대한 호소문. 87년 고영근 목사 편지,
37	1987-27 서간문	토론토 한인연합 교류, 김익선 목사	1988. 1/20	'옥에 갇혀 있는 양심수를 위해 써 주세요'
38	1987-27 서간문	고영근 목사 보고서		토론토 한인연합교회 김익선 목사님 그리고 성도 여러분. 민주화 투쟁 단체 찬조, 구속자 위한 영치금 내역
39	1987-27 서간문	독일 토요기도회, 양원태 후원	1988. 6/23	'양원태 군을 후원하는 사업을 위해 모금을 하였기에 전달해 주세요. 우리 조국의 민주화와 평화통일이 이제는

구분	사료명	날짜	주요 사건 내용
			더 이상 의로운 이들의 피 흘림이 없이 …'

* 음영 처리한 부분만 자료를 싣습니다.

1. 1987-1-설교문-20차 연행사건 ─ 예장 경동노회 청년 수련회(영천)

고영근목사 사건 참고자료집

＃/◯◯◯ 인

＊고영근 목사님은 지난 12(월)~13(화)일간에 경북 영천제일 교회에서 열렸던 경동노회 청년 연합회 겨울 선교 교육대회(제4차)에서 행한 강연과 설교등이 문제되어 영천 경찰서에서 10일 간의 구류처분을 받고 고난을 당하고 계십니다. 이번 사건은 고 목사님 개인으로도 스무번째의 구속이라 합니다. 위하여 기도합 시다.

한국목민선교회 제공

196023

아침기도회 I   13일(화) 오전 7시

사회 / 서유식 서기

찬송 ································ 358 ································ 다 같이
기도 ·· 김향미
설교 ·· 고영근목사
통성기도 ··················· 교회갱신을 위하여 ··················· 다 같이

한국교회의 나아갈길   행 11 : 19 - 26

안디옥교회는 양적으로 질적으로 부흥되어 지역사회선교와 외부사회
선교를 많이하여 초대교회의 선교중심지가 되었고 후세 교회의 모범이
되었읍니다. 오늘 한국교회는 안디옥교회를 귀감삼아 교계갱신을 단행
하고 선교전략을 새롭게 수립하여 조국의 복음화와 세계복음화의 사명
을 다해야할 것입니다.

一. 교계갱신
  1. 내부의 자세를 재정비하자 - 치우치지 말고 조화를 이루자.
    (1) 신앙생활의 삼대목적초화 - 하나님의 영광·자신의 구원, 인류봉
       사로 사회정의 실현
    (2) 보이는 축복과 보이지 않는 축복 (3) 성령의 은혜와 나타나는 은사
    (4) 신앙과 윤리가 병행되야 함   (5) 정의와 사랑이 병행되야함
    (6) 소극적선행·적극적선행이 병행   (7) 목사삼중직 제사장·왕·선지자
  2. 교계 부조리를 시정하자
    (1) 교파난립 - 100여교파   (2) 신학교 난립 - 150개 신학교
    (3) 개척교회 난립 - 28,000여교회 (4) 교회재정예산 - 30% 선교봉사하자
    (5) 해외선교 - 불신선교지양   (6) 교권주의 - 총회장운동 지양하자
    (7) 신비주의 - 광신적 부흥회지양
二. 민족목회를 실시하자
  1. 국민윤리를 확립하자 - 십계명중심으로 윤리확립 (인생헌장)
  2. 생활이념을 확립하자 - 봉사주의 이념으로 삶의 방향을 제시하자
  3. 애국정신을 확립하자 - 조국과 민족을 내몸과같이 사랑하게 하자
  4. 목민선교를 실시하자 - 민중을 찾아가고, 사랑하고 가르치고 전파하자
三. 복음화 운동을 전개하자
  1. 개인복음화 - 6,500만동포들이 예수님 닮는 인격의 변화를 받도록
  2. 정치복음화 - 정치민주화 자유, 정의, 평등, 인권이 실현되도록
  3. 경제복음화 - 경제평등화, 노동윤리와 기업윤리의 생활화
  4. 문화복음화 - 문화공익화, 문화가 국민계몽과 사회발전에 기여하도록
  5. 사회복음화 - 사회복지화, 가난한자, 병든자, 노약자가 보호받도록
  6. 북한복음화 - 남북통일, 민주주의와 복음으로 통일되도록
  ※ 개인복음화와 사회복음화가 병행되게 하자.

-3-

Ⅱ 주체강의

13일 (학) 오전 9시 30분
강사 : 고 영 근 목사

우리 민족의 나아갈길 사무엘상 7 : 3 - 11

이스라엘 민족은 지도자 엘리의 무능과 국민들의 범죄로 인하여 외침내환의 국난을 당했을때 구국의 영웅 사무엘은 민족구원의 큰일을 성취하였다. 오늘 우리 민족도 외침내환의 국난에 처했으니 우리모두 사무엘 처럼 나라를 구하는 구국운동에 나서자. 나라를 위기에서 구출하고 하나님의 정의를 이 시대에 실현하자.

一. 外侵에서 나라를 구하자
  1. 일본의 재침략 — 경제침략, 문화침략, 군사침략에서
  2. 미·소의 핵무기대결 — 가공할 핵무기가 남북한에 싸여 폭발위기
  3. 남북한 분단고착화 — 통일이 점점 멀어지고 있으니 통탄할일
  4. 공산당의 간접침략 — 빈부격차, 부정부패 독재정치로 공산당의온상
  ※ 위와 같은 위기해결은 속히 민주화 하여 남북대화, 긴장완화, 군비축소해야함.

二. 内患에서 나라를 구하자.
  1. 정치 — 국시인 민주주의 요소 (자유, 정의, 평등, 인권)가 말살됨
  2. 경제 — 526억달러의 외채로 경제파멸의 위기
  3. 학원 — 25년 학생시위로 면학분위기가 악화됨
  4. 사회 — 편법주의, 한탕주의로 사회정의가 무너졌음
  5. 종교 — 기복신앙으로 현실도피하는 종교는 사회의 기생충임
  ※ 위와 같은 문제해결은 정치는 정치인이 국방은 군인이 전담하는 민주화가 되야함.

三. 조국의 民主化를 방해하는 要因
  1. 미국의 잘못된 대한정책 — 독재정권을 방조하므로 민주화를 방해함.
  2. 공산당의 방해 — 간첩남파등으로 위기를 조성하여 독재를 방조함.
  3. 군벌들의 고집 — 정치에 참여한 군벌들이 민주화를 결사반대함.
  4. 국민들의 무능 — 기만에 속아주고 폭력앞에 떨어주기 때문임

四. 조국을 위기에서 구출하는 길
  1. 회개운동 — 노예조성, 이기주의, 무사주의를 회개해야함.
  2. 기도운동 — 동포가 단결하여 뜨겁게 기도해야함.
  3. 계몽운동 — 동포가 깨닫고 6천만 모두가 민주투사가 되야함.
  4. 투쟁운동 — 비폭력운동으로 정의를 질서있게 외쳐야함.
  5. 외교운동 — 미국을 각성시키고 이용하여 민주화와 통일을 성취

2. 1987-1-회고록-20차 연행사건 — 경동노회 청년선교교육대회(영천)

〈경동노회 청년연합회 겨울선교교육대회 설교〉

1987년 1월 12일부터 14일까지 개최되는 경동노회 청년연합회 겨울선교대회에 강사로 초청을 받고 1월 12일에 "신앙생활의 좌표"라는 제목으로 100분간 설교를 하였으며, 13일 새벽 7시에 "한국교회의 나아갈 길"이란 제목으로 70분 가량 설교하고 오후 9시 30분부터 11시까지 "우리 민족의 나아갈 길"이란 제목으로 90분간 설교를 하였습니다. 12일 저녁에는 200명의 교인이 모여서 부흥회식 설교를 열심히 경청하여 많은 은혜를 받았습니다. 다음날 새벽에도 청년들만 100여 명 참석하여 말씀을 경청하였습니다.

낮의 설교는 전두환 정권의 불법 집권, 광주학살범죄, 10·25 불법으로 헌법을 통과한 일을 지적하면서 현 정권이 물러가야지 그렇지 않으면 하나님의 심판을 받는다고 역설했습니다. 그리고 전두환 총재의 국정연설은 국민에 대한 협박장이라고 비판했습니다. 그리고 민정당이 주장하는 내각책임제도 민주식 내각책임제가 아니고 공산당식 내각책임제라고 비판했습니다.

그 이유는 500명의 정치인을 복권시키지 않아서 평등원리를 파괴했고, 중선거구제도의 선거로 主權在民의 原理를 어겼으며, 당총재가 수상직을 겸해야 할 터인데 겸직한다는 보장이 없으므로 현 정권은 영구집권을 음모하고 있으니 우리 국민은 절대 민정당 논리에 속아 넘어가지 말아야 하며, 만일 저들이 불법으로 내각 제안을 강제로 통과시킨다면 우리 국민은 한 표도 민정당 후보자에게 찍어주지 말아야 합니다. 민주주의는 결단코 거저 찾아오는 것이 아니고 온 국민이 쟁취해야 합니다. 우리는 사무엘처럼 회개운동, 信仰운동, 계몽운동, 투쟁운동을 통하여 조국의 민주화를 조속히 실현하고 남북통일을 성취해야만 합니다. 이러한 내용으로 설교하였습니다.

한참 설교할 때 형사로 보이는 중년 남자가 중간에 퇴장하는 것입니다. 태도가 교인 같지 않고 아무리 보아도 정보원 같아서 나는 큰 소리로 꾸짖었습니다. "저 나가는 사람이 누구용, 교인이나 청년회원이웃?"하니 청년이 대답하기를 "교인이나 청년이 아닙니다"라고 하기에 나는 다시 큰소리로 꾸짖기를 "그러면 형사로구만. 형사들 조심하시웃. 독재 정권으로부터 교회에 가서 사찰하라고 지시를 받았으면 국민에게 미안해하는 태도로 임무를 수행해야지 거만하게 국민을 위협하고 군림하는 태도를 하면 됩니깟. 조심하시옷"라며 호통을 쳤습니다. 장내는 죽은 듯이 고요한 침묵이 흘렀습니다(중략).

11시에 강연을 마치고 20분가량 질문을 받아 답변한 후 나는 청년회장과 더불어 점심을 먹고 대구행 버스를 타고 대구로 직행했습니다. 동부 터미널에서 북부 터미널까지 택시를 타고 예천군 풍양행 버스로 부흥회 할 효동교회에 도착했습니다.

낮 공부를 마치고 사택으로 들어오려는데 이상한 분위기가 감돌았습니다. 예배 중간에 들어 온 잠바 차림의 중년이 전도사님하고 한참 심각하게 말을 주고받고 있었습니다. 그러더니 그 중년은 강사 방에 들어와서 인사를 하면서 "저는 예천경찰서 정보과장입니다. 상부에서 목사님 을 모시고 오라는 지시가 있어서 왔습니다. 죄송하지만 동행하시기 바랍니다." 나는 정보과장 에게 무슨 이유로 가자는 것인가 하고 반문했더니 "목사님이 영천에서 설교한 것이 문제가 되어 연행해 오라는 상부의 명령을 받고 왔습니다."

그러나 정보과장은 상부 지시이니 동행하자는 것입니다. 그래서 나는 정색을 하고 "정말 그렇게 연행하려면 영장을 가지고 와서 정식으로 체포하시옷. 영장 없이 연행 못 합니다"라고 했더니 정보과장이 난처하다는 표정을 지으며 풍양 지서에 가서 상부에게 품신(稟申)해 보겠 다고 하면서 나갔습니다.

다음날인 15일 낮 공부를 하려고 준비하고 있는 오전 10시 25분 난데없이 정보과장이 또 나타났습니다.

정보과장 목사님 큰일 났습니다. 상부에서 기어이 오전 중으로 모시고 오라는 엄명이 내렸 습니다. 협조해 주십시오

고 목사 내가 어제 그만큼 부탁했는데 부흥회 도중에 연행한다는 것은 선교 침해로서 옳지 않습니다. 이렇게 사건을 처리한다면 정부가 국민에게 지지를 받을 수 없습니다.

정보과장 나는 지금 그러한 설명을 들을 여유가 없습니다. 상부의 지시에 따라 집행할 뿐입 니다.

하면서 내 손을 잡아서 일으키는 것입니다.

고 목사 내가 어제도 말했거니와 구속영장을 가져오시오. 그러면 불응하겠습니다.

정보과장 할 수 없습니다. 강권으로 집행하겠습니다. 어엇- 경찰관 어서 집행햇.

하는 명령이 떨어지니 4, 5명의 사복 형사들이 우르르 집 안으로 들어와서 나를 끌고 밖으로 나가는 것이었습니다. 네 사람이 손발 하나씩 사지를 붙들고 나가니 어떻게 할 도리가 없었습니다. 한참 반항 했지만, 힘이 부족하여 경찰 기동차에 실려졌습니다. 내가 경찰서 가는 것이 무서워서가 아니라 순순히 따라가면 임의 동행이 되므로 강제로 끌려가야만 경찰들이 불법 연행한 것이 입증되기 때문이었습니다. 성도들이 낮 공부를 하려고 모여들기 시작했습니다. 여러 성도들이 비통한 마음으로 내가 연행당하는 모습을 보고 경찰 기동차로 몰려와서 나를 뺏으려 했으나 힘센 형사들 5, 6명에게 밀려나고 나는 기동차에 실려서 영천경찰서로 연행되었습니다.

경찰들이 나의 사지를 끌고 연행했고 나는 저항하면서 연행당했기에 피차 기분이 좋을 리 없었습니다. 20번째 연행과 투옥을 당하는 나는 기도하면서 주님의 인도와 가호를 호소했습니다. 특별히 약속한 부흥회와 주례를 가급적이면 할 수 있게 하여 주소서 하고 간구했습니다. 약속한 집회는 다음과 같았습니다.

1月 17日 오후 2시 100주년 회관에서 결혼식 주례
1月 18日 8시, 11시 서울 목민교회 주일예배, 설교, 주일 밤 월요일 밤 제직 훈련
1月 18日 오후 3시 영서교회 전도 설교
1月 20日 오후 1시 임순회 주례 청주에서
1月 21日 서울 혜성교회 제직 훈련
1月 22日~25日 청주 신대교회 부흥회

영천경찰서에 도착한 후 오후 4시경 대구지법 즉결재판에 갔습니다.

재판장은 30세가 되었을까 한 젊은 판사였습니다. 몇 가지 사실 여부를 확인하더니 전 모씨가 2,400억 원 부정했다는 발언은 사회와 국회에서 거론된 것은 사실이지만 확실한 실증이 없기 때문에 피의자의 발언은 유언비어이므로 구류 10일을 선고한다 하고 구류 10일이 선고되었습니다. 나는 사건 내용으로 보아 구류 5일쯤 될 것으로 예상했는데 뜻밖에 구류 10일이 선고되어 여러 교회의 집회계획이 무산된 것이 몹시 마음 아팠습니다.

영천경찰서에 도착하여 정보과장, 수사과장과 같이 저녁 식사를 마치고 곧바로 유치장에 수감 되었습니다. 유치장 근무자들은 어느 경찰서보다 공손했고 예의가 밝았습니다. 유치장 안에는 3명의 수감자가 수감 되어 있었고 나는 독방에 수감 되었습니다. 16일 아침 3명은 모두 송치되고 나 혼자 남았습니다. 마치 유치장을 전세 내고 사는 기분이었습니다. 나는 다음날인 16일에 정보과장에게 부탁하여 집필 허가와 안경을 사용할 수 있게 하라고 청원했더니 순조롭게 허락되어 독서와 집필을 할 수 있었습니다.

그리고 이번 10일간 구류처분을 받고 유치장에 수감 되었을 때, 뜻 있는 분들이 내 아내를 비롯하여 28회에 걸친 면회를 하였고, 42만 원의 영치금을 넣어주었습니다. 여러분이 면회하여 격려하는 것이 나에게 크나큰 힘이 되었습니다. 특별히 영천시의 목사님과 교회, 경동노회의 목사님과 성도들, 대구지역의 목사님과 교회, 영천지구의 재야인사들의 격려가 무엇보다도 고마웠습니다. 옛날 사도바울이 갇혔을 때 "오네시보로"가 자주 면회하여 바울 사도에게 용기와 격려를 주었는 고로 사도바울이 오네시보로 집에 하나님의 긍휼이 임재하기를 기원하였는데(딤후 1:16~18), 나도 바울의 심정으로 면회 오신 분을 위하여 간절히 기도했습니다.

『죽음의 고비를 넘어서』 3권, 164~172 발췌.

3. 1987-2-자필 설교문-박종철 열사 추모예배 설교문 — 민주주의의 네 가지 기본정신

<민주주의의 네 가지 기본 정신/마 18:1-10>
박종철 열사 추모예배 설교

- 조국의 민주화를 위하여
- 그 부모님과 유족들에게 충만하기를 기원합니다. 또 박종철 열사를 추모하면서 모인 여러 분에게 주님의 은총이 충만하기를 기원.
- 민주주의 정신은 성경에 기초했다. 자유, 정의, 평등, 인권은
    - 1774. 7. 5. 독립선언서 내용
    - 1789. 7. 14. 프랑스 혁명 내용
    - 1948. 12. 8. 유엔 헌장의 기초 정신
    - 1948. 8. 15. 대한민국 헌법의 기초 정신. 민주주의의 정신적 기초가 형성되어야 함

1) 자유 정신

(1) 하나님께서 사람에 자유를 주어 이름을 지으라 하심
(2) 하나님께서 선택의 자유를 주심(신 30:19)
(3) 그리스도께서 자유를 주심. 율법에서(갈 5:1). 하나님이 주신 자유를 사람이 속박하지 못함
    - 정치적 자유: 공민권 제한. 출·자유 500명 미복권. 공산주의의 선거
    - 경제적 자유: 직업 선택의 자유
    - 문화적 자유: 획일적 교육, 유일사상
    - 사회적 자유:
        □ 언론: 보도지침서
        □ 출판: 인쇄도 단독 압수
        □ 집회: 11. 29. 신민당 대회(차라리 황제를 하지)

2. 7. 명동성당에서 박종철 추모식 철저 봉쇄

(4) 결사: 15개 단체 해산령

(5) 종교: 예배 자유, 선교 자유, 여당을 지지할 자유. 남북이 동일함. 북에서는 공산 독재를 물리치고 남에서는 군벌 독재를 물리쳐야 함

2. 정의와 사랑

하나님 제일주의. 동포 제2주의: 사랑과 봉사. 자기 제3주의: 정의를 동반시킨다. 민주주의는 국민이 주인이 되는 것인데 정당한 선거를 통해서만 주권이 형성된다. 수양대군이 김종서와 충신을 죽이고 단종 왕 죽이고 왕이 됨. 편법과 불법의 집권. 전두환 정권은 불법 집권. 12.12. 하극상 군사 반란. 광주학살. 10.25. 헌법개헌 정통성이 없으므로 하야하고 해체해야 함.

선거의 십대 원리(행 1:12)

(1) 사유설명: 토론없이

(2) 배수공천: 공산당 유신 때

(3) 출마자유: 500명 미복권

(4) 경쟁공정: 해금 늦게. 선거 자금. 공무원 선거

(5) 비밀투표: 전방에서

(6) 직접투표: 대리투표

(7) 평등투표: 무더기투표

(8) 양심투표: 자금공세. 공약 남발

(9) 공정감사: 여야가 감시. 계엄령 하 감시없이

(10) 공정개표: 거짓개표

　　- 선거구 2인 당선 50% 삭감, 전국구 61석 31석.

　　- 소선거구제. 대통령은 직선제. 국회의원 매수

3) 평등(1. 하늘에 계신 우리 아버지 2. 주안에서 분별이 없느니래[골 3:11])

(1) 정치적 평등: 김대중 씨는 42회 연금. 복권하지 않음

(2) 경제적 평등: 빈부격차로 정치자금 염출. 10명 재벌 매상고 60% 차지.

(3) 사회적 평등: 7.5만 원 월급. 10만 원 밥 한 상. 공산당 세계도 빈부 차가 많음
   - 민주화가 되어야 함

4) 인권

(1) 한 사람도 범죄케 하지 말라(마 18)

(2) 업수이 여기지 말라(마 18)

(3) 예수님같이 대우하라. 소자 하나(마 25)

(4) 위하여 십자가에 못박았나니라(고전 8)

(5) 하나님이 기뻐하는 제사 금식: 나의 기뻐하는 금식은 흉악의 결박을 풀어주며 멍에의
   줄을 끌러주며 압제당하는 자를 자유케 하며 모든 멍에를 꺾는 것이 아니겠느냐 또 주린
   자에게 네 식물을 나눠주며 유리하는 빈민을 네 집에 들이며 벗은 자를 보면 입히며
   또 골육을 피하여 숨지 아니하는 것이 아니겠느냐(사 58:6~8)

(6) 예수님의 구세사명
   주의 성령이 내게 임하셨으니 이는 가난한 자에게 복음을 전하게 하시려고 내게 기름을
   부으시고 나를 보내사 포로된 자에게 자유를, 눈먼 자에게 다시 보게 함을 전파하며,
   눌린 자에게 자유를 주고 주의 은혜의 해를 전파하게 하려 함이라(눅 4:18~20).

▪ 법을 위반하고 있다(한국 헌법의 인권문제, 유엔 인권선언의 문제…)

   (가) 12.12. 하극상 폭력, 광주학살 사건: 책임자 처벌 안 받음, 우 순경의 총기 난
       동 사건, 동두천 군인들의 횡포, 임기윤 목사의 순교: 보안사(지금까지 미지),
       김근태 씨의 고문: 고문 안 했다, 연성수 씨, 고문으로 정신이상, 도시빈민의
       철거: 쫓겨남. 목동, 상계동, 박영진의 분신: 시신 화장, 권모 양의 성고문: 가
       해자 석방

(나) 노동자 생존권 탄압: 저임금 10만 원 결정, 농민생존 부채 심각, 교도소 내에서 이중감옥 금치 당함, 분신순국 42명 80년 이후, 박 정권 때 3명, 실종 변사 사건(우종원, 신호수, 김성수), 광산노동자 살해기도 사건(박인균), 수배자 가족 탄압. 선교 탄압: 주민교회 나가지 말라, 목사 구속: 문익환, 강희남, 허병섭, 김용우, 최성묵, 김동완, 박형규, 오충일, 장성룡, 고영근, 민주교육운동 사건: 교사 처벌, 출판 언론 문화: 체포 압수, 1,800명 구속: 건국대 1,200여 명 구속. 세계 최대 투옥.

(다) 박종철 고문치사사건: 경찰의 거짓말 '억'하고 죽었다. 얼굴을 가리우고 송치함. 본인 없는 현장 검증. 뜻밖의 일(전두환, 민정당의 증언).

(라) 고문 근절 위한 추모회: 방해

(마) 아버지의 말: 종철아 잘 가거래이 이 아부지는 할 말이 없대이. 왜 할 말이 없겠는가.

(바) 아벨의 핏소리가 호소하듯이 박종철의 핏소리가 호소한다.

(사) 너희는 거하는 땅을 더럽히지 말라. 피는 땅을 더럽히나니 피흘림을 받은 땅은 이를 흘리게 한 자의 피가 아니면 속할 수 없느니라(민 35:33).

- 회개운동: 노예운동, 이기주의, 유물주의
- 기도운동: 느헤미야 같이. 에스더
- 계몽운동: 국민이 각성해야 한다. 민정당 한 표도 안 찍어주면 된다
- 외교운동: 미국을 움직여야 함(3대 조심: 용공, 반미, 폭력)
- 투쟁운동: 평화적 시위, 편지, 전화, 결혼하지 않기

4. 1987-3-회고록 — 상계동, 암사동 철거민 예배 설교, "강하고 담대하라"

〈철거민을 성원하기 위하여〉

전두환 정권은 소위 올림픽을 빙자하여 외관상 미화를 촉진하는 재개발 건설 운동을 실시하기 위하여 빈민촌 철거를 무참히 강행했습니다. 목동과 상계동을 비롯하여 서울 시내 20여 개 지역의 빈민촌을 대책 없이 철거시키고 세입자들을 하루아침에 전쟁민 같이 비참한 고통을 겪게 하였습니다. 건물주인은 다소의 보상을 받아 뿔뿔이 헤어졌으나 買入者들은 30여만 원의 전세금을 뽑아 들고는 서울 시내 어디에도 발을 붙일 수가 없었습니다. 그러기에 저들은 철거 당한 벌판에 천막을 치고 추운 겨울을 나야만 했습니다. 거친 광야에 천막마저 헐릴 것이 염려되어 밥벌이하러 일을 나갈 수도 없고 집단적으로 천막을 지키기 위하여 하루하루 긴장 속에서 추위에 떨며 굶주린 창자를 부여잡고 生存아닌 生存을 해야만 했습니다.

나는 이 같은 소식을 신문에서 간략하게 보았으나 실제로 빈민촌에서 일하는 오용식 목사님의 자세한 설명을 듣고서야 철거민을 위한 성원에 힘쓰기를 결심했습니다. 때마침 독일의 교포들이 50만 원의 성금을 철거민을 위하여 보내왔기에 나는 암사동 철거민에게 이 성금을 전달하며 그 실태를 파악하려고 현지를 둘러보았습니다. 암사동 일대의 가옥들은 모두 철거되었고, 벽돌과 기와장이 마구 널려져 있는 폐허 위에 천막을 치고 생명을 연장하고 있는 비참한 광경을 보았습니다.

1987年 4月 13日 전두환은 헌법개헌 운동을 철회하고 다시 과거 헌법에 의하여 차기 대통령을 선출할 것이라는 소위 4.13 조치를 발표했습니다. 그리고 다음 날 4月 14日에는 상계동과 양평동의 철거민을 80대 트럭을 동원하여 이삿짐을 마구 실어다가 옮겨놓고 주민들을 비참하게 추방시켜 아비규환을 이루게 했습니다. 철거민은 명동성당 별관에 모여와서 우선 거처를 삼고 하루하루를 지냈습니다. 남녀노소 모두 200여 명이 성당 별관에서 6·25 때 피난살이 같은 집단생활을 시작했습니다. 2,000달러 GNP를 자랑하는 나라에서는 상상할 수도 없는 비참한 광경이었습니다. 그 비참한 광경을 눈으로 보지 못하고는 설명할 수가 없었습니다.

나는 명동성당에서 집단농성을 하고 있는 현장을 방문하여 격려하려고 찾아갔습니다. 많은 철거민들은 고 목사가 왔으니 좋은 말씀을 듣자고 하며 별관으로 모여들었습니다. 나는 그들에게 무엇을 말할까 하고 잠시 밖에 나가서 기도하면서 준비했습니다. 나는 그들에게 "환난을 당하나 담대하라 내가 세상을 이겼노라" 하신 주님 말씀으로 저들에게 위로와 용기를 주었습니다.

자본주의 국가에서는 국민에게, 자유는 줄 터이니 빵 문제는 각자 해결하라는 주의이고, 공산주의 국가에서는 빵 배급을 줄 터이니 자유는 공산당애게 보관하라는 주의이며 참된 민주 국가는 국민에게 自由도 주며 빵 문제도 해결할 수 있는 여건을 제공하는 것인데 전두환 군사 정권은 자유도 빼앗고 빵 문제도 해결해 주지 못하니 참으로 국민의 고혈을 빨아먹는 不義한 정권이니 우리 국민 모두가 뭉쳐서 民主化를 쟁취해야 할 것이라고 역설하였습니다.

그리고 즉시 양평동 철거 현장을 찾아갔습니다. 8시경에 도착하니 영등포 구청에서 철거를 마치고 떠나려는 무렵이었습니다. 양평동 철거민이 철거된 폐허 위에 쳐놓은 천막을 마구 헐어 버리고 살림 도구를 마구 흩어 놓았습니다. 어떤 젊은 여인이 울면서 항의하니 철거반들인가 전경인가 알 수 없는 자들이 "너는 젊고 얼굴이 반반하니 몸을 팔아도 먹고 살겠구나 왜 이리 극성이냐" 하면서 안하무인으로 주민들을 핍박하였습니다.

그 여인은 너무 분하여 울고 있다가 내가 가서 위로하려 하니 그는 나를 쳐다보면서 무서운 말을 던졌습니다. "목사님 공산당이 이보다 더 나쁩니까? 공산당들은 백성에게 배급은 준다고 하던데 이 나라는 배급은 그만두고 이렇게 천막까지 헐어버리니 우리는 어데 가서 무엇을 먹고 살아야 합니까?" 하며 원한 섞인 항의를 하여 왔습니다. 참으로 나는 그들에게 할 말을 잃었습니다.

『죽음의 고비를 넘어서』 2권, 249~254 발췌.

5. 1987-3-서간문 — 구속자 법률 보조비 지원, 서독 토요기도회, 서의실

고 영근 목사님 전 !

존경하는 고 목사님, 그리고 사모님, 또 온 가정 위에 우리 주님께서 주시는 은혜와 기쁨이 늘 함께 하시기 기원 합니다.

또 일하고 계시는 목민 선교 사업을 위하여도 늘 기도 드리고 사업이 날로 날로 더욱 퍼지고 큰 영광을 우리 하나님께 돌리게 되기를 간구 합니다.

지난 해 정집사를 통해서 말씀드린대로 저의 토요기도회에서 고소자들을 위한 헌금과 모금을 여곳에서 한 결과 조그만 정성을 전해드립니다. 저의 회계를 통해 2000 마르크를 송금하고 동시에 이곳의 교회가 모금한 1500마르크를 제가 보내드립니다. 이 돈이 따로 들어가지만 구속자들 법률보조비와 영치금으로 적지만 사용해 주시고 영수증을 보내주시면 고맙겠읍니다.

계속하여 헌금하고 노력하겠읍니다. 그리고 정집사가 만나뵙고 나눈 말씀을 이번 1월 탑정기 모임에서 목민선교사업을 돕는 구체적인 방안을 결정하려고 합니다. 기도하면서 우리 주님께서 좋은 해결을 주시기를 간구합니다.

그리고 전해주신 달력과 표어를 고우들께 나누어 드렸읍니다. 감사합니다.

부디 건강하시고 우리에게 능력을 주시는 하나님께서 늘 함께 하시길 기도드립니다.
            1987. 1. 13

서독에서, 토요기도회 회장 서   의   실 올림

구속자들 법률 보조비와 영치금으로 적지만 사용해 주시고 영수증을 보내주시면 고맙겠습니다.

6. 1987-3-영수증 — 홍성우 법률사무소

영 수 증

일금 700,000원 정

상기금액을 고향군목사를 통하여 민주화를 위하여 투옥된 양심수의 법률

구조비로 영수하였습니다.

1987. 2. 13.

변호사 홍 성 우

서독교오기도회서의실대표귀하

변호사 홍 성 우 법률사무소
서울·중구 서소문동55의4 (배재빌딩503호)
755-6868

민주화를 위하여 투옥된 양심수의 법률 구조비로 영수
하였습니다.

7. 1987-3-서간문 — 상계동 철거민 후원, 서독 토요기도회, 서의실

> 상계동 철거민 가운데, 특히 어려움을 당하는 분들에게 전해주었으면하고 원합니다. ◀

존경하는 고 영근 목사님께 !

추운 겨울애 목사님과 사모님, 온 가정에, 그리고 목민 선교 사업에 함께 도우시고 일하시는 모든 분들이 건강하시고 평안하시길 빕니다.

그동안도 또 얼마나 분주하시게 지내시고, 어려운 일들도 인해 수고를 하시고 걱정을 하시며 지내 셨는지 저희들이 잘 모르지만, 다르게 무엇을 할 수 없는 저희들이 어려움을 당한 분들을 위해 깨어서 기도하도록 노력할려고 합니다. 그리고 저희들의 기도와 작은 정성을 모아서 고 목사님을 통해 서로 위로하고 아픔을 나누려고 계속 노력하려고 합니다. 이곳에서 신문을 통해 또 다시 무서운 고문으로 한 귀한 생명을 죽인 만행을 듣고 저희들도 가슴이 아픕니다.

지난 번 편지를 보내드리고, 그 중간에 도르트문드지역 교회에서 어려운 분들을 위로하고, 우리가 그 분들의 어려움을 조금씩 나누어지는 표로 이 헌금을 보내기로 결정하고 보내왔읍니다. 이분들이 1000 마르크는 상계동 철거민 가운데, 특히 어려움을 당하는 분들 에게 전해주었으면하고 원합니다. 신문애 그곳에서 천막을 치고 추위를 피해 살면서 교회도 하고 있다고 들었읍니다. 그리고 1500 마르크는 구속자들(민주 양심수) 법률보조 비로 사용해 달라고 합니다.

그리고 이곳 주일학교 어린이들이 헌금으로 모은 600 마르크는 구속자들 가족 자녀들에게 필요한 학용품이나 긴급한 것을 도울 수 있으면 합니다. 고 목사님, 이 600 마르크돈 사용이 우리 자녀들 교육에 매우 중요하다고 사료되기에 어려우시더라도 신경을 써서 도와주십시오. 이 아이들이 어려운 사람과 함께 사는 일, 그것을 통한 기쁨과 보람을 맛보고, 용기가 될 수 있다면 더 큰 기쁨이 저희들에게는 없겠읍니다. 절대로 저희들이 전시효과를 보자는 생각이 아니고, 결국 이 아이들이 우리를 대 이어 일 해야할 귀한 생명들이기 때문입니다.

지난 편지에 전했듯이 1월 정기모임에서 목민선교회를 위한 조금이라도 장기적인 지원을 함께 생각하고 뜻을 모아 정할려고 합니다. 이일을 위해서도 기도합니다.

이곳 에서 목사님께 일을 도와달라고만 하면서 저희들이 아직까지 성의껏 협조 못한 것을 다시한번 용서를 바랍니다. 부디 건강하시고 주님은총 가운 데 평안을 빌며 끝으로 저희 기도회회원께 보내주신 답력과 표어, 그리고 책자들 에 대하여 진심으로 감사를 전해드립니다. 또 소식 전하겠읍니다. 안녕히 계십시오.

1987. 1. 26   토요 기도회를 대표 해서   서   의실 올림

> 우리 자녀들 교육에 매우 중요하다고 사료되기에 어려우시더라도 신경을 써서 도와 주십시오. 이 아이들이 어려운 사람과 함께 하는 일, 그것을 통한 기쁨과 보람을 맛보고 용기가 될 수 있다면 더 큰 기쁨이 저희들에게는 없겠습니다.

8. 1987-3-서간문 ― 고 박종철 열사 가족 성금 요청, 캐나다 토론토 토요기도회

목민 선교회 고 영근 목사님께!

사탄이 그 입고 있던 위장을 벗고 마지막 반악을 시작 하였읍니다. 악으로 시작한 권력이나 선으로 끝맺음을 하리라고 한 번도 믿어 본일은 없지만, 온 국민이 당하는 어려움을 생각 하면 그 무너짐이 처참하여 다시는 누구도 하나님과 민족 앞에 이와 같은 죄를 범하는 일이 없도록 하느님 큰 경계를 내려 달라고 기도 드립니다.

여러 차례에 걸쳐 여러가지 문서와 영수증 (목민기도회가 담아 보내기로 송금한) 들을 보내 주신 것을 감사 드립니다. 이곳 TORONTO 에는 훌륭한 목사님들과 한국 민주화를 위한 여러 단체들의 노력으로 북미주 어느 도시 보다 의식 수준이 높아 진 것을 하나님께 감사 드립니다.

지난 2월 14일 고 박종철군 고문 치사 규탄 교민 궐기 대회는 영하 20도의 강 추위에도 불구 하고 약 400여 교민이 시청앞 광장에 모여 성공리에 마쳤읍니다. 규탄 대회 재정 결산을 마치고 여기 잔금 #210.된 을 목사님께 송금 합니다. 고 박종철군의 가족 에게 전달 하여 주시면 감사 하겠읍니다. 적은 액수이지만 해외 동포들의 온정의 표시로 유가족에게 작은 위로라도 되었으면 합니다.

이곳 우리 들은 고 목사님이 이 시대 우리 민족을 위하여 하나님이 보내신 예언자임을 믿읍니다. 오직 하나님의 명령을 따라 민족의 앞날을 위해 생명을 내 놓은 그러한 행동은 결코 악을 이기고 만 것이라고 믿읍니다. 부디 하나님의 경려와 도우심이 늘 함께 하시길 빕니다.

몇년전 이곳에 오셔서 주신 말씀들이 아직 우리들을 뜨겁게 합니다. 이 고난을 통하여 우리 모두가 하나님의 사랑하는 백성이 되어지길 기도 드립니다. 이 중요한 시기에 깨어 기도 드립니다. 다시 서서 뵐 때까지 안녕히 계십시오.   1987. 5. 2.

캐나다 토론토 목민기도회 회우 김 화일 드림.

9. 1987-3-서간문 — 서독 산동내. 지용성, 암사동 철거민 후원

1987-3 서간문 — 암사동철거민 후원 (△이) 18. 4. 87. Bens

— 산 동 내 —

목근 목사님 께.

이름 으로 문안 드립니다. 목사님께서 보내 주신
사진은 잘 받아 보았읍니다. 답장이 늦어 제출 함
회원들과. 상의 하여. 이답장을. 쓰느라 늦었읍니다
날자로. 산동내 모임. 환액. 3110 DM 를. 송금
의견되로. 암사동 철거민을. 돕는되. 써주시기 바랍니다
(산동내 회원들이 모여 결정 했읍니다).

목민 선교. 간사 지원 문제는. 토요 기도회와 중복
산동내 에서는. 모금을. 하여. 토요 기도회 회계 압
토요 기도회 에서. 모금 환액을. 보내기로. 합의를 했읍니
목사님께서 하시는. 사업 위에 주님이 늘 함께
모아 기도 드리면서. 1머나면 이국 에서나마. 목사님 께서
아니. 주변 사람에. 동참 한수 왔다면 저이들은
저이 산동내. 회원들을 되신 하여 안부
드립니다

소식 자주 주십시오.

서독에서. 산 동 내. 대표.

지 용 성.

10. 1987-4-자필 설교문 — 정릉교회 청년수련회, "한국 사회와 인권"

〈한국 사회와 인권〉

사 58:6-8, 1987. 3. 16 정릉교회 청년수련회

1) 성서의 인권 정신: 하나님의 형상대로 창조

(1) 만물의 영장: 만물 지배권 주심(창 2)

(2) 억울한 자의 핏소리 들으심: 아벨의 핏소리(창 4:10)

(3) 십계명으로 인권 보호: 살인치말라(출 20)

(4) 생활 보호운동: 율례로써(민 35:33)

너희는 거하는 땅을 더럽히지 말라. 피는 땅을 더럽히나니 피흘림을 받은 땅은 이를 흘리게 한 자의 피가 아니면 속할 수 없느니라

(5) 약자 보호운동:

나의 기뻐하는 금식은 흉악의 결박을 풀어주며 멍에의 줄을 끌러주며 압제당하는 자를 자유케 하며. 모든 멍에(악한 제도)를 꺾는 것이 아니겠느냐. 또 주린 자에게 네 식물을 나눠주며 유리하는 빈민을 네 집에 들이며 벗은 자를 보면 입히며 또 네 골육을 피하여 숨지 아니하는 것이 아니겠느냐. 주린 자에게 네 심정을 동하며 괴로워하는 자의 마음을 만족케 하면 네 빛이 흑암 중에서 발하며 네 어두움이 낮과 같이 될 것이니(사 58: 6~10).

(6) 가난한 자 보호:

가난한 자를 불쌍히 여기는 것은 여호와께 꾸이는 것이니 그 선행을 갚아주시리라(잠 19:17).

(7) 이웃사랑: 네 이웃을 네 몸과 같이 사랑하라(레 19:18).

너는 네 이웃을 압제하지 말며 늑탈하지 말며 품꾼의 삯을 아침까지 밤새도록 네게 두지 말며 너는 귀먹은 자를 저주하지 말며 소경 앞에 장애물을 놓지 말라. 너는 재판할 때에 불의를 행치 말며 가난한 자의 편을 들지 말며 세력있는 자라고 두호하지 말고 공의로 사람을 재판할지니라(레 19: 13~15).

너는 네 백성 중에 돌아다니며 사람을 논단하지 말라. 네 이웃을 대적하여 죽을 지경에 이르게 하지 말라. 너는 네 형제를 미워하지 말며 원수를 갚지 말며 동포를 원망하지 말라. 네 이웃을 네 몸과 같이 사랑할지니라(레 19:18).

〈신약〉

소자 … 삼가 이 소자 중 하나도 업신여기지 말라. 누구든지 나를 믿는 소자 하나를 실족(범죄)케 하면 차라리 연자맷돌을 그 목에 달리우고 깊은 바다에 빠뜨리는 것이 나으니라(마 18:1~10) 지극히 작은 소자 하나에게 행한 것이 내게 행함이라(마 25:46).

〈메시아의 사명 인권옹호〉

주의 성령이 내게 임하셨으니 이는 가난한 자에게 복음을 전하게 하시려고 내게 기름을 부으시고 나를 보내사 포로된 자에게 자유를. 눈먼 자에게 다시 보게 함을 전파하며 눌린 자를 자유케 하며 주의 은혜의 해를 전파하게 하려 하심이니라(눅 4:18).

너희 형제에게 죄를 지어 그 약한 양심을 상하게 하는 것이 곧 그리스도에게 죄를 짓는 것이니라(고전 8:12).

2) 과거의 인권탄압

(1) 조선 시대
- 인신매매 - 결혼 때. 노예 매매   - 3족 형벌
- 고문행위; 주리를 틀다   - 양반상놈제도: 계급
- 남존여비

(2) 일정시대
- 고문행위 - 독립투사에게   - 자유박탈- 민족차별

(3) 공산치하
- 강제수용소   - 고문
- 자유박탈   - 잔인: 시신을 화장실에

3) 오늘의 인권탄압: 1961년 이후

(1) 원인: 불법 집권 - 폭력으로 유지
(2) 5.16 군사 반란 긴급조치, 12.12 군사 반란, 5·18의 학살 범죄, 범죄를 합리화하려고
(3) 헌법을 어기고 있음(별지), 유엔헌장을 어기고 있음(별지)

- 우순경 총기 학살 1982년 4월
- 동두천 군인의 총기횡포
- 임기윤 목사 고문 학살(1980.7)
- 김근태씨 고문
- 광주 철거사건(박흥숙, 1978년)
- 연성수의 정신이상
- 박영진의 분신(1986. 3)
- 권 모양의 성고문
- 교도소의 금치: 이중감옥
- 노동자의 저임금: 노동삼권 탄압 10만 원 이하
- 농민의 부채: 소값
- 분신 순국: 80년 이후 46명 현 정권 43명
- 실종 변사사건: 우종원, 신호수, 김성수
- 광산노동자 살해미수: 박인균
- 수배자 가족 탄압
- 선교탄압: 예배자유, 선교탄압, 주민교회
- 목사 구속; 고영근 18회, 문익환, 박형규, 허병섭, 강희남, 오충일, 김동완, 김상근, 장성룡, 김경식, 김용우, 최성묵
- 건국대 1,200명 구속 세계 최고
- 목사들에 대한 보복; 80명
  - 현재 구속자 1986년 11. 14 현재
  - 84년 이전 사건 74명
  - 85년 이후 학생시위 2,224명, 노동운동 150명, 재야운동 172명, 농민운동 16

명, 철거민 7명

- 합계 2,643명

(4) 인권문제 해결의 방법 - 복음화가 되어야

- 개인 복음화; 성령 역사

  - 하나님 제일, 이웃동포 제2, 자기 제3
  - 이기주의 회개, 덴마크와 같이. 성령으로 봉사주의 정신으로 6대 악을 제거

- 구조복음화 - 정치민주화

  - 외침의 문제; 일본, 핵무기, 통일, 공산주의
  - 내환: 정치는 정치인이, 빈부격차의 경제모순, 학원 사태, 사회정의, 정치자유 봉쇄, 선거
  - 법의 부당 총재직 분리, 직선제와 내각제

- 민주화의 길

  - 미국에게 각성 촉구
  - 공산주의 경계
  - 국민의 각성: 계몽운동, 회개운동, 기도운동, 외교운동, 투쟁운동

○ 인권문제 - 생존기본권, 민주화 - 공산주의 승리, 통일자주독립

①진리충만 ②능력충만 ③사랑충만

①양적부흥 ② 질적부흥 ③단결

11. 1987-5-재판안내문 — 목요예배 설교사건(1986. 10. 30): 민정당의 내각제안은 공산당식 내각제와 방불하다

민정당의 내각제안은 공산당식 내각제와 방불하다

민정당이 1986년 4월 갑자기 호헌에서 개헌으로 그 기본 정책을 선회한 것은 국민의 요구에 부응하거나 굴복해서가 아니라 2,000년까지 전두환 권력체제를 유지하려고 장기집권 계획을 보다 효과있게 수행하려는 음모에서 비롯된 것이었다. 민정당이 주장하는 내각제가 일본, 서독, 영국 등 선진국에서 실시하고 있는 내각제인 양 그들은 선전하지만 사실은 소련과 북한에서 실시하고 있는 공산당식 내각제와 방불하다는 것을 우리는 직시하고 그 기만선전에 속지 말아야 한다. 민정당 내각제가 공산당식 내각제와 방불하다는 것은 다음 세 가지 이유에서이다.

첫째 정치참여의 자유를 봉쇄하고 있는 점이 공산당 정치형태와 유사하다.

민주주의 첫째 원리는 '자유'인데 전두환정권은 정치적 자유를 봉쇄하고 유능한 정치인 500여명을 악법으로 정죄하고 복권시키지 않아 실질적으로 정치 참여의 자유를 근본적으로 봉쇄하고 있다. 이것은 마치 공산당정권이 공산당원만 정치에 참여할 수 있게 하고 있는 것이나 다를 바가 없다. 전두환정권은 군벌독재정권을 맹종하거나 인정하는 정치인에 한해서만 부분적 자유를 허용하고 있다. 민정당 정권이 공산당과 다른 민주적 정권이라면 지체하지 말고 자격정지된 정치인을 복권하고 악법을 폐지하는 동시에 언론, 출판, 집회, 결산, 종교력 자유를 허용함으로써 누구든지 정치에 참여하여 공평하고 자유롭게 정치활동을 전개할 수 있도록 보장해야만 한다.

둘째 국민의 의사와 반대되는 인물이 당선되는 점이 공산당식 선거제도와 유사하다.

북한 공산정권은 공산당이 추천하는 공산당원이 단일 후보로 출마하여 당선되게 함으로써 국민의 의사와 반대되는 인물이 국회에 나아가 오직 김일성의 꼭둑각시 노릇만 하게 된다. 우리나라도 지금의 선거법이 한 선거구에서 두 사람이 당선되게 하였으므로 민정당이 국민의 지지를 못 받아도 차점으로 당선되게 되며 거기에다가 전국구 국회의원을 민정당이 67%나 차지하므로 국회의석 과반수를 점유하여 민정당에서 정권을 장악하기에 편리하게끔 선거법이 되어 있다. 그러기 때문에 국민의 지지를 받지 못하는 관제 국회의원이 정권을 농락하는 점에 있어 북한이나 남한이나 마찬가지로 비민주적인 제도인 것이다.

신민당은 자유세계에서 실시하고 있는 소선거주 제도(한 선거구에서 한 사람만 당선되는 제도)를 주장하고 있으나 민정당은 냉담한 태도로써 지금의 선거제도를 그대로 끌고 나아갈 심산인 것이다. 전두환 중심의 영구집권을 획책하는 민정당은 결단코 소선거구 제도를 실시하지 않고 비민주적인 지금의 선거제도를 그대로 유지할 것은 너무나 자명한 일이다.

셋째 당총재와 수상직을 분리시키는 점이 공산당식 내각제와 유사하다.

자유 세계의 내각제도는 당총재가 수상직과 겸하였으므로 수상이 소신껏 정책을 수행할 수가 있으나 공산세계의 내각제도는 당총재(서기장 혹은 주석)와 수상직이 분리되어 있으므로 수상이 당총재의 하수인 역할밖에 할 수 없게 되어 있다. 지금 민정당의 내각제도는 전두환씨가 총재직을 2,000년까지 계속할 계획 아래서 수상은 부총재로서 전두환총재에게 충성을 맹세하는 심복이라야만 국회에서 당선되도록 은밀히 획책하고 있다. 그러므로 전두환씨는 대통령직을 88년 2월에 그만둘지 모르지만 당총재로서 권력을 계속 유지해 나가게 될 것이다.(비유적으로 표현하자면 전두환씨는 마치 사장직을 사임하고 회장직으로 승격하는 것과 같다고 하겠다) 그러기에 평화적 정권교체란 명백한 거짓이며 김일성체제와 같이 영구집권을 도모하는 무서운 흉계이다. 전두환 정권은 민주주의 기본원리인 자유, 정의, 평등, 인권을 파괴하면서 국민을 탄압하며 독재정치를 감행하는 형태가 김일성 공산집단을 닮아가고 있으니 전두환 정권은 "반공운운"할 자격이 없다. 전두환 정권은 입으로만 반공을 외칠 뿐, 뒷면으로는 공산주의의 발생요인인 빈부격차, 부정부패, 독재정치를 감행하므로 공산주의를 제조하는 결과를 초래하고 있다.

민정당의 영구집권 음모가 이러함에도 불구하고 미국은 군벌정권을 방조하고 있고, 신민당의 비주류들은 자중지란을 일으켜 민정당을 방조하고 있으며, 깨달음이 없는 국민은 군벌독재에 맹종하고 있으니 통탄을 금할 수 없다. 우리민족 4천만 모두가 대오 각성하여 민정당의 공산당식 내각제를 단호히 배격하고 민주적인 직선제 헌법을 제정하도록 순국을 각오하고 조국의 민주화를 쟁취해야 할것이다. 그리고 더 나아가서 남북통일과 미·소·중·일 등 외세에서 탈피하여 자주독립을 성취하는 데 혼신의 힘을 기울여야 할 것이다.

고 영근목사는 위와 같은 내용으로 86년 10월 30일 종로5가 기독교회관에서 '고난받은 이와 함께한 목요예배'때 설교한 것이 문제가 되어 불구속 기소되었고, 4월 27일 오전 10시 영등포 문래동 남부지원에서 재판을 받게 됩니다. 많은 성원과 방청을 바랍니다.

1987년 3월 16일

한 국 목 민 선 교 회

서울시 강서구 화곡동 344 - 6   전화 602-6230,   699-5772

12. 1987-5-타인 회고록 — 한승헌 변호사, 『불행한 조국의 임상노트』 중에서

〈고영근 목사 반정부 투쟁사건〉

한국목민선교회장 고영근(高永根) 목사만큼 유신 군사 독재에 정면으로 맞서 싸운 성직자도 드물다. 연행 투옥 26회, 공판 횟수 50회, 옥중생활 4년 2개월, 실로 놀라운 투쟁이자 수난이었다.

나는 그중 세 건의 사건을 변호했다. 첫 번째는 1985년 9월 한국기독교교회협의회 주최 '고난받는 이와 함께 하는 예배' 설교사건, 고 목사는 유신정권에 아부하는 목사를 비판했다고 명예훼손죄로 유죄판결을 받았다. 두 번째는 1986년 10월 목요기도회 설교사건, 전두환 정권을 신랄하게 비난했다 하여 유언비어 날조 유포죄로 기소되었다.

세 번째 사건은 1992년 11월에 있었던 유인물 사건, 민자당 김영삼(金泳三) 대통령 후보의 무능과 부도덕을 지탄하는 유인물을 배포했대서 구속 기소되었다. 죄명은 대통령선거법 위반.

그는 노태우(盧泰愚) 대통령에게 보낸 공개 권고문에서 "김영삼 씨의 무능과 부도덕한 처사를 누구보다 더 더 잘 알고 있는 노태우 대통령이 그런 사람을 대통령 후보자로 지명한 것"을 지탄했다. 그가 감히 그렇게 말한 근거는 무엇이었을까. 나는 법정에서 물었다.

김영삼 후보를 무능하다고 표현한 이유는 무엇인가요.

"나는 김영상 후보가 원고 없이 즉석연설하는 것을 몇 차례 들은 적이 있는데, 그 내용이 빈약하여 듣기가 민망할 정도였습니다. 북한의 노련한 김일성을 상대하여 그를 압도해야 할 실력자가 대통령 후보로 출마해야만 할 터인데 너무나 그 수준에 미치지 못하기 때문에 무능하다고 표현했습니다."

김영삼 후보를 부도덕하다고 말한 이유는 무엇인가요.

"정치인의 생명은 신의입니다. 김 씨는 국민이 군사정권을 견제하라고 야당 의원으로 뽑아 국회에 보냈는데 노태우, 김종필(金鍾泌)과 함께 밀실에서 야합하여 국민의 여망을 저버린 점, 3당이 합당할 때 내각제를 하기로 각서까지 써놓고서도 절대로 그런 일이 없다고 거짓말을 한 점, 신문에 합의각서가 공개되자 부끄러워하기는커녕 어떤 자가 합의각서를 공개했느냐고 분노하는 모습을 보고 저는 아연실색하여 그를 부도덕하다고 표현했습니다."

1심에서는 징역 10월의 실형이 떨어졌고 2심에 가서야 겨우 집행유예가 되었다. 그러나 1992년 같은 대통령선거 때 야당의 김대중 후보를 용공주의자로 몰아붙인 사람들은 누구 한 사람도 선거법 위반으로 처벌받은 일이 없었다.

13. 1987-5-회고록 ─ 경범죄처벌법 위반사건에 대한 변호, 한승헌, 『분단 시대의
   피고들』

〈경범죄처벌법 위반사건에 대한 변호〉

나는 1986년 10월 30일 종로 5가 기독교회관 대강당에서 한교협(KNCC)이 주최하는 "고
난받는 이와 함께하는 목요예배"에 설교 사건으로 불구속 입건되었다. 그때에도 한승헌 변호사
를 찾아가 의논드렸더니 또 흔쾌히 허락하면서 무료변론을 맡아주셨다. 당시는 많은 변호사들
이 정치적 사건에 대한 변론은 기피하던 때였는데 조금도 주저하지 않고 맡아주신 용기와 고마
움에 감사드릴 따름이다.

그때 기소된 설교 내용은 "전두환 정권은 빈부격차, 부정부패, 독재통치를 자행하여 자생
공산주의를 생산하고 있다" 그리고 "민정당의 내각제안은 공산당식 내각제를 방불케 한다"라는
것이었다.

나는 1987년 3월 30일 서울지법 남부지원에서 재판장 구욱서, 검사 김윤성, 변호사 한승헌,
방청인 70여 명이 지켜보는 가운데 재판을 받게 되었다.

재판장의 인정 심문이 끝나고 한 변호사의 반대신문이 시작되었는데, 나의 소견을 충분히
개진할 수 있도록 유도하는 신문이었다.

한승헌 피고인이 민정당의 내각제를 반대한 이유는 무엇입니까?

고영근 민정당은 박정희 정권의 18년간 장기집권에 이어서 또다시 내각제 개헌을 하여 장기
    집권을 도모하려고 획책하기 때문에 이를 저지하고 민주화를 성취하기 위하여 내각
    제 개헌을 반대했던 것입니다

한승헌 피고인은 민정당의 내각제안이 공산당식 내각제와 방불하다고 표현함으로써 현 정
    부를 공산당과 같다고 몰아붙였는데 너무 과격하다고 생각하지 않습니까?

고영근 사실이 공산당과 같이 때문에 과격하다고 생각하지 않습니다.

한승헌 민정당의 내각제안이 공산당식 내각제와 방불하다고 한 구체적인 근거를 제시할
    수 있습니까?

고영근 민정당의 내각제가 공산당과 방불한 점은 세 가지입니다. 첫째, 정치인과 재야인의 정치참여를 '정치정화법'으로 억제, 500여 명이나 정치에 참여하지 못 하게 해 놓고 선거를 실시하려는 작태는 공산당들이 당원만 출마하고 비당원은 출마할 수 없도록 한 것과 같기 때문입니다.

둘째, 국민의 의사에 어긋나는 인물도 당선되게 되어 있는 선거법입니다. 북한은 노동당이 추천하는 1명의 후보만이 당선되게 하여 국민이 반대하는 자도 당선되는 것처럼 우리나라는 한 선거구에서 두 사람이 당선되게 되어 있고, 거기에 이른바 전국구 의원은 민정당이 67%를 차지하고 있습니다. 이렇게 되면 국민이 반대하여도 민정당 후보자는 3분의 2를 차지하게 되므로 바로 이 점이 공산당과 방불한 점입니다.

셋째, 자유세계의 내각제는 당총재가 총리(수상)직을 겸직하므로 총리가 소신껏 일할 수 있으나 공산당식 내각제는 당총재(주석)가 총리(수상)를 임명하기 때문에 총재만이 권한이 강하고 총리는 허수아비에 불과합니다. 민정당의 내각제는 전두환 총재가 2000년대에도 계속해서 총재직을 유지하고 충성하는 심복에게 총리직을 임명할 계획을 수립하고 있습니다.

한승헌 선거법은 어떻게 고쳐야 한다고 생각합니까?

고영근 국회의원 선거는 한 선거구에서 한 사람만 뽑는 소선거구제를 택해야 하며, 전국구 의원은 각 정당의 득표율에 따라 공정하게 배분되어야 합니다. 그리고 대통령선거는 지방자치제가 정착될 때까지 직선제로 선거하고 투표와 개표 관리가 공정하도록 제도적 장치가 마련되어야 합니다.

한승헌 피고인은 성직자로서 법정에 나와 재판받는 것을 수치로 생각합니까, 아니면 영광으로 생각합니까?

한승헌 변호사님은 마지막으로 다음과 같은 변론을 하였다.

피고인 고영근 목사는 성직자로서 정치에 참여할 욕심이나 의사가 전혀 없고 다만 하나님의 정의를 우리 조국에 실현하려는 사명감을 가지고 한평생 일해왔습니다. 고영근 목사가 발표하는 매년의 사업보고서를 보면 그는 공명정대하게 살아왔고 수많은 사재를 바쳐 수십만 권의 책을 출간하고 기증함으로써 국민계몽에 노력하였으며 고난받는 겨레와 감옥에서 고생하는 양심수에게 관심과 사랑을 베풀고 있는 사랑의 실천자임은 많은 사람들이 알고 있는 그의 삶입니다.

고영근 목사는 북한 공산 치하에서 쓰라린 경험을 한 바 있어 우리나라 정치에서 공산주의의 자생하려는 바를 우려하여 독재 통치를 견제하고 민주화를 성취하려는 구국 이념에서였을 뿐 사회를 불안하게 할 목적이나 정치적 욕심은 추호도 없다고 본 변호인은 확신합니다. 더구나 청와대에서 작성한 비밀계획에서도 전두환 총계의 장기집권 계획이 명백한바, 유언비어라고 정죄하기 어렵습니다.

민정당의 내각제는 공산당식 내각제와 방불하다고 한 부분에 대한 설명은 삼척동자도 이해하고 수긍할 정도로 논리가 명백하여 피고인에게는 마땅히 무죄가 선고되어야 할 것이라 사료되오니 재판장님의 현명한 판결을 기대합니다.

무거운 표정으로 구욱서 재판장이 '피고인에 대하여 형을 면제한다'는 판결을 내림으로써 재판은 끝났다.

재판장에 오신 이해학 목사, 정동수 목사, 박점동 장로, 유중람 선생 등 많은 민주인사들이 '민주주의 만세'를 부르며 승리의 박수와 함께 환호를 올렸다. 한승헌 변호사님도 특유의 잔잔한 웃음으로 기뻐하셨다. 정치 사건에 대한 재판에서는 '형을 면제한다'는 판결은 대단히 어려운 일이었고 희귀한 일이었기 때문이었다.

14. 1987-7-공문 — 목민선교회 재판(반대심문) 방청 공문

한 국 목 민 선 교 회

목민제 701 호   1987 . 3 . 20

수 신 : 각 회원 및 성원자 귀하

제 목 : 고 영근 목사 재판 방청요청의 건

　　　　" 임마누엘 " 성은중 귀 가정의 평강과 번영이 있기

를 기원 합니다,　　　본 선교회장　고 영근 목사의 공판이

다음과 같이 개정되오니　여러분이 방청 하셔서 성원할 수 있

도록　 왕림 주시기를　앙망 합니다,

　　　　　　　　　" 다 음 "

일 시 : 1987 년 3월 30 일 (월요일) 오전 10시 정각

장 소 : 영등포 문래동 서울 지방법원 남부지원 3호실

　　　　한 국 목 민 선 교 회

　　　　　　부 회장　이 매 학
　　　　　　총　　무　임 영 천

15. 1987-8·성명서 ― 시거 차관보의 대한정책을 규탄한다

시거 차관보의 對韓政策을 비판한다.

1987년 2월 6일 미국무성 아시아 태평양 담당 시거 차관보는 뉴욕 아스토리아 호텔에서 "과도기의 한국정치"라는 제목으로 연설한 내용과 동아일보 정종문 특파원과의 단독인터뷰 내용 등을 자세히 검토해 보면, 우리 국민이 원하는 민주화 곧 자유, 정의, 평등 인권이 보장 되는 민주화가 아니고 군벌정권을 연장하기 위한 "위장된 민주화"를 독려하는 연설과 발언 으로서 우리민족의 규탄을 받을수밖에 없는 발언이었읍니다.

1. '전두환의 88년 평화적 정권 교체의 약속은 평가할 만한 가치가 있다'는 발언

전두환은 유능한 정치인 500여명을 복권시키지 않고, 비민주적 선거법에 의하여 민정당원 이 다수국회에 진출하여 자신에게 충성하는 심복을 수상으로 선출되게 함으로써 자신은 당총 재로서, 북한의 김일성 같이 영구집권을 획책하고 있는데도 시거차관보는 이와같은 흉계를 익히 알고 있으면서, 그것이 평가할 만한 가치가 있다고 전두환을 두호하니 이는 한국의 민 주화를 방해하는 발언이 아닐 수 없다.

2. '과거의 죄과와 불만은 접어두라'는 발언

전두환정권이 12.12 하극상으로 군사반란을 일으켜 정의질서를 파괴한 범죄, 1980. 5. 18 광주시민 대학살로 천인공노한 살인적 범죄, 1980. 10. 25 계엄령하에 불법으로 헌법 을 개헌하여 민주주의를 파고한 범죄. 7년동안 민주주의를 짓밟고 국민을 탄압한 엄청난 범 죄등을 자행하였다. 그런데 과거의 죄과와 불만은 접어 두라고 하였는데 이많은 범죄는 회개 치 아니하면 엄중하신 하나님의 심판을 받아야 할 범죄임에도 불구하고 이 많은 범죄가 미국 의 비호아래 자행되었으므로 과거를 접어 두라고 하여 은폐 시키려하니 마땅히 규탄을 받아 야 한다.

3. '특정한 정당의 특정한 안은 지지하지 않는다'는 발언

한국의 작전권을 가진 미국정부가 두 차례의 군사반란으로 정권을 찬탈한 일을 묵인하여 군벌들이 막강한 힘을 소유하게 하고 그 반면 야당과 국민은 상대적으로 모든 자유와 권리를 빼앗기고 있는 현시점에서 여, 야를 초월하여 아무편도 들지 않고 지켜 보겠다는 발언을 하는 것은 비양심적이고 교활한 발언이 아닐수 없다.

4. '타협과 합의로 개헌이 이루어져야 한다'는 발언

전두환 정권이 민주적 방법으로 집권한 정권이라면 마땅히 타협과 합의로 개헌해야 하겠지 만, 엄연히 불법으로 정권을 강탈한 강도집단인데 그들과 더불어 대화와 타협을 하라는 것이 무슨 말인가?

이는 마치 남의 주택을 침입한 강도가 주인과 격투를 하는 현장에 제삼자가 나타나 주인과 폭력의 강도에게 말하기를 서로 50%씩 양보, 타협하여 해결하라고 하는 망언과도 다를 바 가 없다.

5. '김대중씨가 릴리대사와의 대화를 거부했다'는 말

릴리 대사가 김대중씨와 만나자고 요청한 장소가 대사관저나 김대중씨 자택이나, 제3장소였다면 왜 응하지 않았겠는가? 우리민족의 지도자요 민주화 운동의 구심인물인 김대중씨를 차관 저택에서 만나자고 한 릴리대사의 처사는 우리 국민을 무시하는 오만한 처사가 아닐수 없다. 작년 6월 슐츠장관이 경호견을 끌고 외무부 장관실로 들어간 무례함과 다를 바가 없는, 예의 도덕도 없이 무뢰한의 처사이기에 거절한 것이 아니겠는가?

6. '은퇴한 정치인은 어느나라가 국가적 자원으로서 조언이 필요하다' 는 말

은퇴하는 대통령이 민주주의 방식으로 국민이 선출한 대통령이라면 시거차관보의 발언이 백번타당하다. 그러나 전두환은 군인으로서 군인의 본분을 망각하고 쿠데타를 일으며 편법으로 집권한 민주주의 파괴자인데 어떻게 그를 은퇴 정치인이라 할것이며 그의 자문을 받으란 말인가? 이것은 전두환의 영구집권 획책에 협조하는 발언이므로 마땅히 우리 국민의 규탄을 받아야 한다.

7. '미국은 40년동안 한국에서 민주주의와 인권을 포함, 정치, 경제 사화의 발전을 지지해왔다' 는 말

1945년 9월 8일 미군이 한국에 상륙하여 우리 나라의 독립을 위해 싸운 애국 지사들을 소외시키고 침략자에게 아첨하던 친일파를 등용하여 3년간 군정을 실시 할때 우리나라의 혼란은 형언할 수 없었다. 그리고 1949년 6월 29일, 공산주의의 남침위험이 있었음에도 불구하고 미군은 대책없이 철수, "애치슨"과 "덜레스"의 무책임한 망언으로 6.25 남침을 결과적으로 유도 하였고, 한국의 작전권을 가지고 있는 미국이 박정희, 전두환의 군사반란을 묵인하여 그들은 자국내에 초청, 부각시킴으로써 26년간 군벌독재를 실시케 하고 민주주의를 짓밟은 미국이 이제 파렴치하게도 한국의 민주주의 실현에 공헌했다고 큰소리 치니 우리 민족은 참으로 분노를 금할 수 없다.

※ 미국정부는 위와같은 잘못을 회개하고 대한정책을 개선하여 한국에 진정한 민주화가 성취되도록 협조함으로써 한미간 평등한 우의를 지속할 수 있기를 바란다.

1. 정치, 언론, 출판, 집회, 결사, 종교의 자유가 최대한, 즉시 실현되도록 협조하기를 바란다.
2. 군벌정치인은 물러가고 완전한 문민정치를 실현하도록 협족하기 바란다.
3. 불가능한 타협과 합의 개헌을 사주하지말고 대통령 직선제안과 내각책임 제안을 국민 자신의 투표로써 선택하여 국민이 지지하는 제도로 헌법을 개정함으로써 참된 민주화가 실현되도록 협조하기를 바란다.

이와같이 하면 한국에서 반미운동이 사라져 버리고 민주화가 이루어져 북한 공산주의에 승리할 수 있을 것이며 한미간에 평등한 우의가 지속될 수 있을 것이다.

1987년 4월 3일

고 영 근

서울시 강서구 화곡동 344-6   (전화 : 602-6230)

16. 1987-9-성명서-21차 연행사건 — 릴리 대사에게 드리는 공개 권고문

"릴리 대사에게 드리는 공개권고문"

한미간의 우의와 공존공영을 실현하려는 정책수행을 위하여 주한 미국대사로 부임하신 릴리 대사님과 대사관 직원 위에 하나님의 은총이 충만하게 임재하기를 기원합니다.

저의 성직자들은 작년 9월에 미합중국 레이건정부에게 별지와 같은 내용으로 공개권고문을 발송한 바가 있읍니다. 저희들은 지금도 미국정부에게 바라고 요청하는 바가 그 권고문 내용과 같으므로 중복되는 내용은 피하면서 몇가지 권고하고자 합니다.

작금 미국정부의 관리들은 한국의 개헌 문제에 관하여 언급하기를 여·야간에 어느 편도 치우치지 않고 공정한 입장에서 주시하겠다고 표명한 바 있었읍니다. 이 말은 얼핏 들으면 공정한 것 같으나 사실은 전두환 군벌정권을 방조하는 발언입니다.

<u>한국의 작전권을 장악하고 있는 미국이 전두환집단이 군사 쿠데타로 민주주의를 짓밟고 독재통치를 감행하도록 묵인하고 방조하므로써 그 결과 군벌독재가 유능한 정치인의 정치활동을 묶어 놓고 국민의 기본권과 모든 자유를 구속할 뿐만 아니라 막강한 군사력과 정보기관, 그리고 정치자금을 독점하게 하였읍니다.</u>

그 반면 신민당과 국민들은 군벌들에 의하여 모든 자유와 권리가 박탈당하고 무서운 탄압과 교란작전으로 힘을 쓸수 없게 되었읍니다. 국민의 손발이 묶여있고 눈과 입이 막히고 닫혀져 있는 상태에서 민주주의를 쟁취할 수 있는 운동을 전개하기가 불가능한 처지에 놓여 있으니 전두환 독재정권과 신민당과 힘의 비교는 100 대 1 도 안될 것입니다.

오늘의 한국 상황이 이러한데도 불구하고 미국 관리들이 여·여간 어느편도 들 수 없다고 초연한 듯이 발언하는 것은 수긍하기 어려운 궤변이라 하겠읍니다.

<u>미국 정부가 실제적으로는 전두환 군벌독재를 방조하고 있으면서도 한국에서 민주주의가 발전될 수 있기를 희망한다고 표현함으로써 우리 국민들에게 미국에 대한 적개심과 반미감정이 폭발하도록 만들고 있는 것입니다. 미국 정부가 진정으로 한국의 민주화를 바란다면은 마땅히 민주주의를 짓밟고 있는 군벌독재가 물러가고 정치는 정치인이 담당하도록 조처해야 마땅할 것입니다.</u> 작금 미국 관리들이, 한국의 여·야가

합의개헌을 함으로써 민주주의가 발전되어 나가기를 희망한다고 하였는데 이말은 크나큰 모순된 말이라 아니할 수 없는 것입니다.

전두환 정권이 민주주의 방법에 의해서 집권하여 정통성을 갖춘 정권이라 한다면 당연히 그렇게 해야만 할 것입니다. 그러나 전두환 정권은 군사반란을 일으켜 민주주의가 국시인 대한민국의 정치질서를 파괴하고 불법으로 정권을 강탈한 집단이므로 그들과 합의개헌을 하라는 것은 마치 가마귀 탈색하여서 백로를 만들겠다는 망상과 다를 바가 없는 어리석은 일이라 하겠읍니다. 차라리 미국정부는 전두환 군벌독재를 계속 지지하겠다고 공언하는 것이 솔직한 표현일 것입니다.

여·야가 합의개헌을 하라는 미국의 대한 정책은 우리 민족으로 하여금 반미감정을 증대시키며 미국인에 대한 테러와 폭력적 반미운동이 격화되도록 조장하는 결과를 가져오게 될 것입니다. 진정으로 미국 정부에게 다시 권고합니다. 한국에서 군벌정치는 더 이상 계속될 수 없음을 미국정부는 깨닫고 하루 속히 군벌독재가 물러가고 한국에서 민주주의가 뿌리를 내리도록 강력한 지원을 아끼지 말기 바랍니다. 한국이 민주화되는 것이 아시아에서 공산주의의 위협을 막아내고 공산주의 세력을 근본적으로 소멸할 수 있는 첩경이라 하겠읍니다.

한국의 민주화만이 한국이 살고, 또 미국의 국가 이익에도 도움이 될 것입니다. 만일 미국 정부가 군벌독재를 계속 지원한다면, 한국도 월남의 비극적 전철을 밟게될지도 모른다는 우려를 금할 수 없으며 적대 세력에게 내어주는 결과를 가져오게 될지도 모르는 것입니다.

미국 정부는 지체하지 말고 한국의 민주화를 위하여 적극 협력하며 한미간에 평등한 우의가 증진되도록 정책을 수립하고 시행하기를 강력히 권고하는 바입니다. 그리하면 전능하신 하나님께서 미국 정부를 축복해 주실 것이며 세계 인류는 미국에게 찬사와 지지를 아끼지 않을 것입니다.

1987년 2월 3일

한 국 목 민 선 교 회

대 표 고 영 근 드림

17. 1987-9-성명서-21차 연행사건 — 이민우 총재에게 드리는 공개 권고문

"이 민우 총재에게 드리는 공개 권고문"

외침내환의 국난을 해결하고 조국을 민주화해야 할 중대한 시기에 신민당 총재의 중임을 맡으시고 수고하시는 이민우 총재님 가정위에 하나님의 크신 은총이 충만하게 임재하기를 기원합니다.

총재님께서 지난 12월 26일 "7개항의 민주화 선행조건후 내각 책임제 개헌협상용의"를 골자로 하는 총재님 구상을 발표 하였다가 1월 15일 이를 철회한바 있었고 수일전에 슐즈장관 방한후 다시금 선민주화를 재론하므로 신민당의 지도노선의 혼미를 거듭하게 된데 대하여 유감스러움을 금할 수 없어서 좁은 소견의 권고문을 드리오니 참고 하여 주시기를 앙망 합니다. .

첫째로 7개항의 선민주화가 가능하다고 보십니까?

12.12 군사반란을 일으켜 정권을 강탈한 폭력집단인 민정당 정부가 총재님이 요구하는 7개항의 민주화를 실현할 것으로 보는 것은 마치 흑인을 목욕시켜 백인을 만들려는 망상과 다를 바가 없습니다.

헌특이 구성된 이래 구속자 석방은 고사하고 투옥에 투옥을 거듭하고 있으며 신민당의 11월 29일 집회와 박종철 의사의 추도회까지 물리적으로 탄압하는 민정당을 향하여 선민주화를 요구하고 "내각책임제 협상용의 검토 운운"하는 저의가 의심스럽습니다. 총재님은 지난 2년간 민정당에게 많은 속임을 당하고 그들의 폭력앞에 많은 고난을 받지 않았습니까? 그런데도 불구하고 흉악한 강도 떼들에게 7개항의 선민주화를 제안하는 것은 미국의 사주를 받은 피동적 제안 이었던가? 아니면 민정당에게 매수 되었던가? 아니면 총재님의 정신이 몽롱해졌던가? 셋중에 하나 일 것입니다.

둘째 "내각제 개헌 협상용의"가 웬말 입니까?

지금 민정당이 주장하는 내각제안은 총재직과 수상직을 불리 시키므로 전두환총재가 2000년까지 집권하려는 계획을 가지고 영구집권을 획책하는 공산당식 내각제인데 어떻게 저들과 협상할 용의가 있단 말입니까? 저들의 내각제의 골자는 전두환의 영구집권을 위한 흉계인데 총재님은 저들이 전두환의 영구집권을 포기할 가능성이 있다고 보십니까?

아니면 총재님이 전두환의 영구집권을 협조하려는 것입니까? 만일 이 총재님이 민정당의 내각제를 저지 시키지 못하고 성사하게 한다면 이완용과 같은 반역자로 낙인찍혀 역사의 죄인이 되고 말 것입니다.

셋째, 진정으로 십자가를 지려거든 당총재를 사임하시기 바랍니다.

애당초 신민당은 김대중 김영삼 두분이 주축이 되어 창당되었고, 두분 김선생님이 정쇄법에 묶여 있어서 이민우 총재님이 대리역으로 총재를 맡은 것은 천하가 모두 주지하고 있는 사실인데 이제 중대한 고비에 이르러 총재님이 신민당의 주인 행세를 하려고 두분 김선생님과 불화를 일으키고 민주반역자이며 간신배들인 비주류 몇 사람의 지원을 받아 독자 노선을 고집하는 저의가 어데 있읍니까?

총재님께서 여러차례 언급하기를 70 노구에 무슨 욕심이 있겠는가 오직 국가와 민족을 위하는 일이라면 십자가를 지겠다고 공언 하셨는데 이 말씀이 국민을 속이기 위한 감언리설이 아니고 사실이라면 지금 즉시 신민당 총재직에서 미련없이 물러나시는 것이 옳은일 일것이며 나라와 민족을 위하여 십자가를 지는 것일 것입니다.

당총재직을 맡은지 2년이 넘도록 민정당에서 사면복권과 구속자 석방도 얻어내지 못한 이 총재님은 하루속히 물러나고 전당대회를 앞당겨서 직선제 개헌을 실현하게 해야만 할것입니다.

아직도 정신 못차리고 있는 미국의 그릇된 타협정책에 동조하여 조국의 민주화를 그르치지 말고 용기있게 총재직에서 물러나십시요 만일 총재직에 연연든가 미국의 사주를 받아 민주화 대업을 그르친다면 이총재님은 민족사에서 속죄받지 못할 민주 반역자가 될것입니다.

정권강도이며 살인집단인 민정당 정권하고 대화니 타협이니하며 시간을 끌지 말고 한시바삐 당총재직을 유능한 지도자에게 넘겨 주어서 온 국민이 단합된 힘으로 군사독재를 몰아내고 민주화를 성취하게 해야 할 것입니다. 민정당 집단하고 대화로 해결하기는 불가능하고 오직 국민의 힘으로 강도집단을 밀어내어야만 합니다.

이민우 총재님 용감하게 총재직을 사퇴하고 4, 5월에 직선제 개헌을 성취할 수 있도록 위대한 영단을 내려 주십시요 이것이 국민이 바라는 여망 에! 부응하는 것이며 나라를 위해 십자가를지는 것이며 그리고 총재님께서 민족앞에 떳떳하게 되는 길 입니다. 총재님께서 어려운 용단을 내렸다는 기쁜 소식이 발표되기를 손모아 기도하면서 이 권고문을 드립니다. 명철케하시는 하나님의 크신 은총이 이총재님과 함께 하시기를 기도 합니다.

1987 년   3 월   14 일

발신인 : 강서구 화곡동 344-6
　　　　　고 영 근
수신인 : 종로구 인의동 28-9 신민당 중앙당사
　　　　　이 민 우 총재님 귀하

18. 1987-9-성명서-21차 연행사건 — 소위 신민당 비주류 의원에게 보내는 공개 권고문

"소위 신민당 비주류의원에게 보내는 공개 권고문"

오늘 우리 조국이 민주화를 쟁취하느냐 못하느냐하는 중대한 기로에 서있는 이때 온 국민은 손에 땀을 쥐고 국민의 지원을 받아 국회에서 활동하는 신민당의원에게 정신적으로나마 성원을 보내며 지켜보고 있읍니다.

이렇게 중대한 시기에 "소위 이민우 구상"의 파동으로 직선제 개헌열기에 찬물을 끼얹어 국민을 분노케 하더니 이제는 또 신민당 비주류계와 소위 중도파들이 신민당의 단결을 와해하며 직선제 열기에 찬물을 끼얹으며 추잡한 자중지란을 일으키고 있으니 통반을 금할 수 없읍니다.

첫째로, 소위 비주류의원들은 민주화를 위하여 무엇을 하였읍니까?

전두환 정권 강도들이 군사반란을 일으켜 정권을 강탈한 지 7년 동안 소위 정치한다고 하는 비주류의원들은 조국의 민주화를 위하여 무엇을 하였읍니까? 임기윤 목사(부산 제일감리교회)와 박종철의사 등 여러 민주인사가 고문을 받아 죽어갈 때에 비주류의원들은 무엇을 하고 있었읍니까? 김종태, 박종만, 김세진, 표정두 열사 등 43명이 민주화를 부르짖으며 자기몸에 기름을 끼얹고 분신 순국할 때 비주류의원들은 무엇을 하였읍니까? 성직자와 학생들 수천명이 여러 차례 감옥에서 혹독한 고생을 할 때 비주류의원들은 무엇을 하였읍니까?

노동자와 농민들이 생존에 위협을 받아 자살까지 하면서 생존권보장을 울부짖을 때 비주류의원은 무엇을 하였읍니까? 전두환 정권이 7년 동안 횡포를 부릴 때 비주류의원들은 군벌독재를 저항하다가 파출소라도 가본일이 있읍니까?

그대들도 추호의 양심이 있다면 국민 앞에서 부끄러움을 알아야 하지 않겠읍니까? 국민들이 그대들에게 위임한 "직선제로 민주화를 성취하라"는 과제는 내어던지고 신민당내에서 추잡한 당파싸움을 일삼고 있으니 우리 국민은 분노를 금할 길이 없읍니다.

둘째로, 소위 비주류의원의 당권싸움은 누구를 위한 것입니까?

비주류의원들이 소위 반 김세력을 형성하여 극한 투쟁을 하는 것은 민주화를 열망하는 국민을 위한 것입니까? 아니면 민주화를 말살하고 영구집권음모를 관철하려는 전두환 집단을 위한 것입니까?

비주류파 그대들이 아무리 감언이설로 변명해도 나타나는 결과는 전두환 정권의 앞잡이(?) 노릇을 하여 민주화를 파괴하고 있는 민주 반역자들의 작태임을 피할 길이 없읍니다.

전두환 독재를 물리치고 민주화하라는 사명을 부과하여 그대들을 국회로 보내준 국민의 여

망을 여지없이 배신해도 국민 앞에 송구한 마음이 없단 말입니까? 그대들이 차라리 민정당에 입당하여 전두환에게 충성을 하였더라면 우리 국민이 그대들을 향한 분노는 그렇게 격렬하지는 않았을 것입니다.

세째로, 소위 비주류의원들은 하나님의 심판을 두려워 하십시오.

이철승, 이택희, 이택돈, 신도환, 김재광, 박한상, 이기택 조연하 김옥선 그리고 그를 추종하는 비주류계 중도파 의원들! 그대들은 하나님의 엄중한 심판과 역사의 냉엄한 심판을 두려워하십시오. 민주화를 쟁취하는 국민이 승리하여 민주화가 되는날 민주반역자에게 내려질 국민의 심판은 추상같을 것입니다.

세계적으로 도도히 흐르는 민주화의 물결은 우리 한국에도 흘러들어와 얼마 안가서 군사독재는 역사의 심판을 받고 쓰러질 터인데 그대들은 한치 앞을 보지 못하고 민주화를 방해하는 민주반역의 범죄를 자행하고 있음이 웬일입니까? 우리 국민들은 전두환 독재자보다 오히려 신민당에 소속되어 있으면서 민주화를 역행하며 자중지란을 일으키고 있는 소위 비주류의원들에 대한 분노가 더욱 더 극렬하다는 것을 명심하고 대오각성하기 바랍니다.

＊비주류의원 여러분! 잘못을 회개하고 대통단결하여 민주화에 공헌하기 바랍니다.

금년 5월은 민주화 달성을 위한 결정적인 달입니다. 여러분이 잘못된 과거를 청산하고 이제라도 두 분 김선생님을 구심점으로 삼고 국민여망에 부응하여 민주화를 위해 강렬한 투쟁에 나서기 바랍니다.

특별히 이철승의원과 이택희의원의 자숙을 권고합니다.

여러분이 민주화에 공헌하면 우리 국민은 과거의 잘못을 묻지 않고 여러분께 대한 성원을 아끼지 않을 것입니다. 여러분은 민주화에 공헌하여 민주투사가 되느냐 아니면 민주화에 반역하여 민주반역자가 되느냐, 좌우간에 결단해야 할 시점이 바로 이때입니다.

명철케 하시는 하나님의 은총이 여러분과 함께 하기를 기원합니다.

1987년 3월 21일

민주화를 열망하는

고 영 근 드림

서울시 강서구 화곡동 344-6 (한국목민선교회)

19. 1987-9-성명서-21차 연행사건 ─ 릴리 대사님께 드리는 공개 권고문(두 번째)

" 릴리 대사님께 드리는 공개 권고문 (두번째) "

한미간의 외교업무를 수행하기에 수고하시는 릴리대사님과 주한미국대사관 직원 여러분에게 하나님의 크신 은총이 임재하시기를 기원합니다.

저희 성직자들은 지난 2월 3일 대사님께 공개편지를 드린 바 있었는데 아무런 반응도 없고, 한국에 대한 미국정책에 변화가 나타나지도 않아서 다시금 두번째 공개편지를 드립니다.

릴리대사님은 주한 미국 대사로 부임한 이래 민주반역자 전두환 독재자와 그 둘러리들과는 만나서 대화를 하고 우리 민족의 지도자이며 민주화의 구심 인물인 김대중 선생님과 기타의 민주인사들과 만남을 회피하고 있는 처사가 우리 국민으로 하여금 미국에 대한 실망을 느끼게 하였읍니다. 더우기 지난 3월 6일 한국을 방문한 바 있는 슐츠국무장관은 우리민족 4천만이 목마르게 간절히 소망하고 있는 민주화에 대해서는 일언반구 도움되는 발언을 하지 않고 전두환 독재자만 만나서 밀담을 나누고 그대로 떠나버린 처사가 민주화를 바라는 우리민족을 격분케 하고 말았읍니다. 뿐만 아니라 독재정권의 악법에 의하여 정치 활동이 금지되어 있는 김대중, 김영삼씨 등을 대리하여 신민당 총재직을 맡고 있는 이민우씨에게 미국 정부는 타협을 종용하는 그 릇된 정책으로써 신민당의 단결을 와해시키고 있는 처사에 대하여 우리는 참을 수 없는 분노를 느끼고 있읍니다.

미국정부는 우리민족이 원하는 완전한 민주주의를 지원하려는 성의는 전혀 보이지 않고, 폭력과 불법으로 정권을 강탈하여 집권한 현 군벌정권을 계속 유지시키려는 그 릇된 정책으로 우리 국민에게 반미감정을 더욱 야기시키고 있읍니다.

전두환은 형식상 대통령직을 사임할지 모르나 실제적 권력행사는 배후에서 여전히 계속하려고 획책하고 있는데, 미국정부는 이것을 정치발전이요, 평화적 정권교체로 인정하려고 애쓰고 있으니, 이같은 정책은 미국이 한국에 대해서 자국의 이익만 취하려는 의도가 개재해 있음을 우리 국민이 직시하기 때문에 우리로 하여금 미국에 대한 반미 감정을 누를 길이 없도록 만들고 있읍니다.

우리 성직자들은 지금까지 우리국민의 반미감정을 억제시키고 한미간의 우호증진에 최선을 다하여 왔으나, 미국정부가 여전히 군벌정권을 방조하며 한국의 민주화를 방해한다면 우리는 반미하는 국민을 설득시킬 명분도 없으며 오히려 우리들마저 반미운동을 하지 않을수 없게 되리라고 생각합니다. 미국이 공산주의 위험을 막아주고 있다는 안보논리의 명분을 가지고 군벌정권을 방조하여 한국의 민주화를 방해한다면 미국도 소련보다 나을 것이 없는 우리민족의 원수로 바꿔어질 수 밖에는 없을 것입니다.

릴리대사님이 이렇게 중대한 시기에 주한대사로 부임했으니 전두환 독재정권의 설득에 깊이 빠져들어, 우리 국민의 소리는 듣지 않고 잘못된 정책을 강행함으로 크나큰 오점을 남기는 일이 없기를 바랍니다. 그러기 위하여 김대중선생을 비롯한 재야 지도자와 자주 만나서 우리 민족의 절박한 실정을 올바르게 파악하고 대한 정책을 전폭적으로 개선하여 국민이 열망하는 민주화에 협력하시기 바랍니다.

이 길만이 한국의 이익과 미국의 이익이 공동으로 이루어지는 길입니다.

만일 미국정부가 멀리 내다보지 못하는 근시안적 사고 방식으로 군벌정권을 유지시키려 한다면 한국은 물론 미국의 국가이익에도 위배되는 크나큰 불행을 초래하게 될 것입니다.

전능하신 하나님은 공의로 역사를 심판하시니 하나님뜻에 합당한 정책을 펴나가기를 미국정부에게 권고하는 바입니다.

릴리대사님은 한국의 민주화에 기여함으로써 정의의 사도요 평화의 사도로서 위대한 업적을 한국에 남길 수 있기 바라마지 않습니다.

릴리대사님과 미국 정부에게 명철케 하시는 하나님의 은총이 충만하기를 기원하면서 이 권고문을 드립니다.

1987년 3월 24일

한 국 목 민 선 교 회

대표 목사 고 영 근

서울특별시 강서구 화곡동 344-6

20. 1987-9-성명서-21차 연행사건 — 통일민주당(가칭)의 창당을 지지하며 성민한다

성 명 서

—통일 민주당 (가칭)의 창당을 지지하며 성민한다.—

우리는 조국의 민주화를 열망하는 국민의 뜻을 성취하기 위하여 선명한 기치를 들고 창당하는 신당의 쾌거에 전폭적으로 지지하는 바이다.

12.12 하극상과 광주시민학살등 폭력과 편법으로 출발한 군사 독재정권은 민주적인 정통성을 갖추지 못하였기에 일찍 국민앞에 사과하고 퇴진했어야 마땅했다. 그럼에도 불구하고 민정당 정권은 영구집권을 위한 내각제안을 고집하며 지금껏 국민의 여망을 외면하고 민주화 운동을 물리적으로 탄압하여 왔다.

더구나 미국은 군사독재 정권을 지지하고 성원하는 그릇된 대한정책을 고수해 왔으며 일본정부 또한 미국의 대한 정책에 편승한 간악한 책동을 일삼아 왔음에 대하여 우리는 분개하지 않을 수 없으며, 한편 미국의 사주를 받은 소위 "이민우 구상"으로 직선제 개헌 운동에 찬물을 끼얹는 이민우의 처사와 소위 신민당내 비주류파의 반민주적 작태에 대하여서도 온 국민과 더불어 우리는 분노를 금할 수 없다.

국민이 열망하는 직선제 개헌 열기가 민정당의 공작정치에 의하여 여지없이 소멸되어 가는 이때 민주화를 열망하는 온 국민을 대표하여 싸워줄 선명한 민주 정당을 차제에 고대하여 왔다.

그러던 차 지난 8일 선명한 민주화의 기치를 들고 신당을 창당한다는 통일 민주당의 발표에 접하고 우리는 전폭적인 지지와 성원을 보내는 바이다.

국민의 여망인 민주화를 외면하고 영구집권을 강행하려는 민정당은 이번에 창당되는 신당이 국민의 진정한 목소리임을 알아 어서 속히 회개하고 선택적 국민투표로 반영되는 국민의 참뜻에 순응함으로 속죄받기를 바란다.

끝으로 새로 창당되는 신당은 국민의 뜨거운 기대에 부응하여 그 생사와 공명을 모두 조국의 민주제단에 드려 조국의 민주화와 통일독립에 기여하는 참신한 정당이 되기를 간곡히 바라며 이에 격려와 지지의 뜨거운 박수를 보내는 바이다.

1987 . 4 . 10 .

윤 반 웅 (한국 정치범 동지회 회장)

고 영 근 (한국 목민 선교회 회장)

김 경 섭 (전북 민주 헌법 쟁취 위원회 공동의장)

신 삼 석 (전북 인권 선교 협의회 위원장)

강 세 현 (전북 민주 헌법 쟁취위원회 실행위원장)

박 영 신 (전북 정의 실천 성직자 협의회 회장)

김 종 득 (전남 민주화 추진 성직자 협의회 회장)

김 호 현 (첫토 기도회 회장)

김 영 원 (한국 기독교 농민회 총 연합회 회장)

이 해 학 (주민 교회 목사, 한국 목민 선교회 부회장)

김 금 동 (한국 정치범 동지회 상임의장)

김 종 오 (성남 N.C.C 인권위원장)

이 동 련 (이리 ' 익산 인권위원장)

정 옥 균 (이리. 익산 인권위원회 총무)

김 영 진 (전남 NCC 인권위 총무, 전남 민주회복 국민 협의회 사무국장)

김 태 현 (5.18 광주의거 부상자회 홍보 위원장)

임 영 천 (예장 목회자 협의회 정의 인권위원회 위원장)

박 봉 신 (백마 중앙 교회 목사, 고양군 기독교 연합 회장)

양 기 동 (능곡 원능 교회 목사, 고양군 기독교 연합회 총무)

정 동 수 (원당 동광 교회 목사, 신학 목우회 회장)

이 한 섭 (인권 문제 연구소)

권 오 창 (한국 정치범 동지회 회원)

윤 승 종 (인권 문제 연구소 회원)

남 상 도 (전남 민주화 추진 성직자 협의회 회원)

장 재 철 (목민 선교회 회원)

이 협 (정치범동지회 간사장)

이 남 하 (정치범동지회 대변인)

21. 1987-9-회고록-21차 연행사건 — 통일민주당 창당지지 성명서 사건

〈통일민주당 창당지지 성명서 사건〉

한국 목민선교회에서는 1987년 4월 9일 종로5가 소재 100주년기념관에서 지방의 인권 유관 단체와 서울에서 활동하는 민주운동 단체의 대표 45명에게 초청장을 발송하여 시국대책 의회를 소집하였습니다. 이번의 협의회에서는 미국의 그릇된 대한정책을 규탄하며 군벌 독재 와 단절시켜 민주화를 촉진하려는 운동을 전개하는 데 그 목적이 있었습니다.

나는 이 협의회에 참가할 45명에게 두 차례나 공문을 발송했고 또 전화로써 참석을 요청하 여 45명 전원이 참석할 준비를 갖추었습니다. 그리고 나는 4월 6일부터 포항시 장성교회 부흥 회를 인도하려고 떠났습니다.

택시에 승차하여 경주로 달리려고 하는데 경찰차가 뒤따르고 있었습니다. 나는 아무래도 체포되는 것 같아서 심히 不安하였습니다. 포항 장성교회에서 부흥회 한 내용은 별문제가 없겠 으나 9일 밤 열리는 시국대책협의회를 저지하려는 나를 구류하려는 계획이라 짐작되어서 어찌 하든지 체포되지 않기 위해 기도하면서 대책을 강구하였습니다.

택시로 한참 달리면서 힐끔힐끔 뒤를 돌아보니 약 100미터 가량의 간격을 두고 경찰차가 뒤따랐습니다. 한참 만에 포항과 경주시 경계에 위치한 검문소에 와서 경찰차는 따라오기를 멈추고 본서에다 전화를 걸고 있는 것 같았습니다.

나는 그때 얼른 떠오르는 생각이 경주로 가면 잡힐 것이 분명하니 영천을 경유하여 대구역 으로 가는 것이 제일 안전할 것이라 판단되어 택시 기사에게 영천으로 가자고 했습니다. 택시 기사는 벌써 영천시 진입로를 지나왔으니 되돌아가야 한다고 하기에 요금은 더 지불할 터이니 영천으로 가자고 하였습니다. 운전기사는 두말하지 않고 차를 돌려서 오던 길로 되돌아갔습니 다. 조금 가다 보니 경찰차는 나를 열심히 따르려고 달리고 있었습니다. 나는 속으로 빙긋이 웃으면서 '너희들이 오늘 허탕 치고 나를 놓친 것 때문에 문책을 받겠구나' 하면서 안강을 통과 하여 영천에 도착했습니다.

영천에서 즉시 대구로 가기 위하여 다시 택시를 갈아타고 동대구역으로 가지 않고 대구역으 로 달렸습니다. 동대구로 가면 형사대가 파견되어 있을 것이라 판단되었기 때문이었습니다.

본 대구역에 가니 마치 8시 50분 열차가 있어서 즉시 기차를 타고 서울로 향하였습니다. 나는 서울로 가면서, 오늘 대회를 무사히 진행할 수 있기를 위하여 간절히 기도했습니다. 어느덧 기차는 수원역에 도착하여 수원역에서 下車하였습니다. 수원역에서 下車한 것은 영등포역이나 서울역에 가면 형사대가 나를 기다리고 체포할 것이 너무나 명확하기 때문이었습니다. 수원역에서 下車하여 전철을 타고 대방역에서 下車하여 택시를 이용하여 화곡동에 있는 聖徒의 집에 가서 3시간 가량 숨어있었습니다. 그리고 4시경에 택시를 타고 종로5가 100주년기념관 근처 모 음식점에 가서 동태를 살폈습니다. 그런데 경찰들은 100주년 기념관을 봉쇄하고 심한 통제를 강행했습니다. 나는 그 음식점에서 1시간 가량 기다리면서 선교회 간사인 최혜경 양에게 대책을 지시했습니다.

협의회에 참석한 대표자들을 우선 "롱비취" 식당으로 안내하여 식사를 대접한 후 7시 30분까지 시청 앞 K제과 3층에서 모임을 갖자고 하였습니다. 나는 경찰의 눈을 피하여 시청 앞 K제과 근처에서 마땅한 장소를 물색했으나 장소 얻기는 불가능하였습니다. 성공회 대성당은 박종기 신부님이 계시지 않아서 사용할 수 없었고 마땅한 여관도 없어서 할 수 없이 K제과 3층에서 모임을 갖기로 하였습니다. 약 22명 모였기에 문동환 박사님께서 한미관계의 재조명이라는 강연을 하시고 청중들은 진지하게 강연을 경청하였습니다.

모인 분들은 한미관계의 시각을 달리하고 대책을 협의하기 시작했습니다. 미국의 대한정책을 규탄하는 성명 운동은 절대 필요하나 시기적으로 강한 이슈가 없기 때문에 당분간 보류하고 지금 가장 거론되고 있는 신당 창당을 위해 지지성명을 발표하자고 이견이 모아졌습니다. 그래서 즉석에서 신당 창당을 지지하는 서명을 시작했습니다. 23명이 서명을 마치고 신촌 여관에 가서 성명서를 작성하기로 하였습니다. 서울에서 온 대표들은 대부분 귀가하고 지방대표들이 신촌에 소재한 모 여관으로 모여서 성명서를 작성하였습니다. 내가 초안을 하고 다른 대표들이 수정하여 성명서 문안을 작성하고 윤승중 집사님이 복사를 하여 23명에게 배부했습니다.

독재 정권은 신당 창당을 방해하고 갖은 모략을 자행했습니다. 우리 국민들은 신당을 적극적으로 성원하여 민주화를 촉진해야 하겠기 때문에 신당 지원하는 일에 모두가 적극적으로 찬동하여 성명서를 작성하는 일이나 서명하는 일에 아무 어려움이 없이 진행하였습니다. 우리 국민들이 강력하게 독재 정권에 항거하고 규탄해야 하지만 합법적인 창구로 강력하고 선명한 야당이 필요하기 때문입니다. 온 국민이 제일야당인 민주당을 적극 지원하며 필요할 때는 채찍질하고 또 탈선할 때는 견제하여야 하기 때문에 우선 지원하여 사기를 진작시키는 일이 필요했던 것입니다.

우리는 성명서를 작성하고 잠자리에 들었습니다. 하나님께 감사하고 내일의 기자회견을 성공리에 진행하도록 간구했습니다. 여관에서 몇 방에 나누어 취침하고 새벽 7시에 기상하여 7시 30분경 종로 5가 기독교회관 인권위원회에 모였습니다. 전주의 강세헌 박사님이 외신기자와의 연락을 담당하였고 국내외 기자는 김금동 의장이 담당하여 9시에 기자회견이 시작되었습니다. 전주의 신삼석 목사님이 경위 설명을 하고 내가 성명서를 낭독함으로 기자회견을 진행하였습니다. 국내 신문은 모두 23개 단체대표가 신당 창당을 지지하는 성명서를 발표하였다고 일제히 보도하였습니다.

시청 앞 지하철에서 계단으로 올라오는데 강서경찰서 대공과 형사가 나에게 접근해 오더니 "고 목사님이시지요? 나는 강서경찰서 대공과 형사입니다. 강서경찰서로 좀 가셔야 하겠습니다"라고 하기에 나는 서슴지 않고 "그렇게 합시다. 그런데 내가 집을 떠난 지 5일이 되었으니 옷이나 갈아입고 갑시다"라고 했더니 그들은 그렇게 하자고 하여 택시를 타고 집에 도착했습니다.

5일 만에 만나는 가족이 반가웠으나 또다시 연행되어 며칠이 될지 몇 년이 될지 모르는 기약 없는 길을 가야만 했습니다. 가족들과 모여 앉아 하나님께 기도를 드리고 내복과 덧버선을 신고 내가 보아야 할 성경책과 "한국전쟁의 기원"이라는 책을 가지고 강서경찰서 대공과에 연행되었습니다. 지금까지는 정보과에 연행되었는데 이번에는 대공과에 연행하는 것이 내 기분을 상하게 하였습니다. 대공과장실에서 커피를 한 잔 마시고 바로 조사를 받기 시작했습니다.

조사하는 내용은 "이민우 총재에게 드리는 공개 권고문" 내용, 소위 신민당 비주류의원에 보내는 공개 권고문 내용, 민정당 내각 제안은 공산당식 내각 제안과 방불하다는 유인물 내용, 신당 창당을 지지하는 성명서 내용 등이었습니다. 조사관은 부드러운 표정이 없고 독사같이 쌀쌀한 표정이었습니다. 조사관은 조사내용 가운데 고 목사가 설교한 내용 중에서 빈부격차가 심하면 공산주의가 자생한다고 표현하였는데 이와 같은 이론은 칼 마르크스의 이론과 동일하여 칼 마르크스 노선을 지지하는 표현이니 문제가 될 수 있는 표현이어서 이것은 엄중한 법의 심판을 받아야 한다는 것입니다.

조사가 끝났는가 했더니 조사관은 또다시 다른 것을 조사했습니다. 내가 포항에서 출발하여 서울에 도착하기까지의 세밀한 동태와 서울에 도착하여 성명서를 작성하고 기자회견을 하게 된 경위와 동태를 엄밀하게 조사하는 것이었습니다. 모름지기 내가 포항에서 경찰의 감시와 추적을 벗어나서 서울에 도착했다는 보고를 받고 서울역, 영등포역, 고속버스터미널에 많은 형사를 파견했는데 내가 서울에 무사히 도착하였다면 형사들의 검문 상태에 허점이 있는가 알아보려 했던 것이며 허점이 있었다면 근무자를 문책하기 위함이라 판단되었습니다. 듣는 말에 의하면 포항경찰서에서 나를 놓친 형사가 시말서를 썼다는 소문을 들었습니다.

나는 강서경찰서에 도착하여 조사를 받기 시작한 지 3일만인 4월 12일(주일) 아침에 영등 포 즉결재판소에 가서 즉결재판을 받았습니다. 판사는 민정당식 내각제안은 공산당식 내각제 와 방불하다는 대목을 집중으로 심문했습니다. 나는 판사에게 항의하기를 내가 이 사건 때문에 불구속으로 재판을 받고 있는데 또 이 문제를 가지고 재판을 하니 一事不在理 원칙에 어긋나는 것이 아니냐 항의했더니 판사는 그런가 하면서 구류 3일을 언도하였습니다.

나는 다시 강서경찰서에 돌아와서 유치장에 구류되었습니다. 유치장에 20여 차례 출입했지 만 역시 정이 들지는 않았고 유치장에 들어가는 것이 퍽 기분이 좋지 않았습니다. 그러나 이 길이 주님이 조국을 위해 십자가를 지는 길이라 확신하고 고난을 감내하였습니다. 이번이 21회 째 받는 고난이었습니다. 부족한 종이 우리 주님의 고난에 동참하며 조국의 민주화를 위하여 십자가 지는 것이 나에게 큰 기쁨과 보람이 되었습니다.

오래전부터 약속한 14일(화요일)에는 한신대학의 강연을 해야 하기 때문에 아침 7시에 출 감할 수 있게 하여 달라고 청했습니다. 그랬더니 그렇게 한다고 약속했습니다. 그러나 다음 날 아침 7시가 되어도 출감 시키지 않았습니다. 대공과에서 약속을 어긴 것이었습니다. 7시 45분이 되니 그때에야 나오라고 하여 출감하였습니다. 수사과에 나왔더니 예장 청년 15명이 나를 영접하려고 대기하고 있었습니다. 나는 그들과 반갑게 악수를 하고 애국가를 소리 높여 부르고 하나님께 감사기도를 드렸습니다.

『죽음의 고비를 넘어서』 2권, 302~308 발췌.

22. 1987-10-회고록 — 한신대 신앙수련회, "기독교와 민주주의"

〈한신대학 고난주간 신앙강연회〉

1987년 4월 14일 강서경찰서에서 석방되자마자 즉시 옷을 갈아입고 택시에 몸을 싣고 영등 포역에서 특급열차를 이용하여 수원에 도착하였습니다. 그리고 한신대학 버스를 타고 캠퍼스에 도착하니 10시 25분이었습니다. 강연 시간 5분 전에 도착하였습니다. 우리 하나님께서 구류 3일을 언도 하도록 판사의 마음을 감동하사 한신대학 강연회를 할 수 있게 한 것이 얼마나 감사한지 기적 같은 일이어서 하나님께 몇 번이고 감사의 기도를 드렸습니다. 한신대학 강당은 약 500명 정도 수용하기에 편리하기 때문에 학교에서는 4팀으로 나누어서 4회에 걸쳐 강연회를 실시하였습니다. 약 1,500명이 참석하였습니다.

나는 시간마다 "기독과 민주주의"라는 제목으로 80분가량 강연을 했습니다. 기독교인이 민주화운동에 앞장서야 한다는 것을 성서를 기초로 하여 역설하였습니다. 그리고 외침내(外侵內)의 국난에 처한 조국을 구하는 방법은 오직 民主化이니 民主化만이 조국을 살리는 길이라고 갈파하였습니다. 그런데 조국의 민주화를 방해하는 要因은 外勢들이며 또 북한의 김일성 집단과 우리국민의 無能때문이라고 갈파하였고, 우리가 민주화를 실현하는 길은 사무엘 때처럼 회개, 기도, 계몽, 단결, 투쟁운동을 전개하는 길이라고 그 방안을 제시하였습니다. 우리가 성령의 지혜와 능력을 힘입어서 신앙 중심한 민주화운동을 전개하면 반드시 승리의 영광을 차지할 것이라고 열변을 토했습니다.

학생들은 강연을 듣는 순간 여러 차례 박수갈채를 보냈습니다. 한신 대학생에게 박수를 받기란 참으로 어려운 일인데 그때 성령께서 역사한 것이 분명했습니다. 강연의 내용보다는 내가 22회 걸쳐 고난받은 것과 사랑의 실천에 대한 간증이 저들로 하여금 박수를 치지 않을 수 없게 하였다고 생각되었습니다. 나는 강연 때 깊이 기도하는 심정으로 성명을 힘입어 증거하려고 최선을 다했습니다. 강연회를 주최한 교무실에서는, 역사상 제일 성황이었고, 학생의 반응이 좋았다고 만족해하였습니다. 당국에서는 한신대 강연이 끝난 후부터 나를 연금하여 꼼짝도 못하게 하였습니다. 그러나 한신대 강연은 이미 끝난 후였습니다. 한신대 강연은 14일과 16일 2일에 걸쳐서 매일 2강좌씩 진행하였던 것입니다.

한신대에서는 4회에 걸쳐 28만 원의 강사비를 지급하여 나는 선교사업비에 너무나 유용하게 사용하였습니다. 근년에 들어 처음 많이 받는 사례비였습니다.

『죽음의 고비를 넘어서』 3권, 176~177 발췌.

23. 1987-11-공개 편지 — "악인은 임시승리, 의인은 최후승리"

惡人은 임시승리, 義人은 最後 勝利!

의로우신 예수님을 정죄하여 십자가에 못박아 죽이고 승리의 개가를 부르던 교권주의자와 로마 군국주의 독재자들은 사흘만에 예수님께서 부활하심으로 저들의 승리의 개가는 사라지고 폭력적 횡포는 패배하고 말았습니다.

자고로 악한자는 임시로는 승리하는것 같으나 최후의 승리는 義人에게 있는 것입니다. 현세에서도 상선벌악 (賞善罰惡) 이 역사속에서 시행되고 있으나 특별히 하나님의 심판때는 너무 분명하게 악한자는 갑절로 형벌을 받게되고 의로운자는 갑절로 상급을 받게 됩니다. (계시록 18 : 6 , 막 10 : 30). 1937 년 7 월 4 일 中·日전쟁이 일어나서 1 년만에 中國의 요지가 日本에게 점령되므로써 아시아의 패권을 일본이 완전히 장악하는듯이 보일때 많은 애국지사들이 祖國을 위한 독립운동을 포기하고 日本정권에게 무릎을 꿇고 애국의 지조를 함락하고 말았습니다.

그후 1941 년 12 월 8 일 다시 日本이 美國·英國에게 선전을 포고 하므로 太平洋 전쟁이 일어나서 일본군이 태평양을 석권했을 때 많은 애국지사들이 독립운동은 무모한 싸움이 아니겠는가, 생각되어 日本정권에게 무릎을 꿇고 애국의 지조를 꺾어 친일파 노릇을 하다가 해방을 부끄럽게 맞았고 반민특위에 의하여 준엄한 역사의 심판을 받았던 것입니다.

이것은 모두 최후승리는 義人에게 있다는 확신이 부족하고 현실의 유혹과 압력에 유혹을 받았기 때문에 애석하게도 애국의 지조를 버리게 되었던 것입니다.

박 정권이래 지금까지 26 년 긴 세월속에 걸쳐 독재정권이 횡포를 부리니 많은 정치인과 지도자들이 독재정권에게 무릎을 꿇고 애국의 지조와 양심의 지조를 버리는 자들 일어나니 애석하기 그지 없습니다.

심지어 하나님의 상의로운 심판을 믿는다는 종교인마저 義人의 最後 승리를 망각하고 독재자에게 구여절나는 아부를 일삼으니 통탄을 금할 수 없습니다.

우리는 "사법 귀정" 正義의 승리를 확신하고 용감하게 不義와 싸워서 승리해야 될 것입니다. 십자가에 못박히시고 三日만에 부활하사 승천하셔서 義人의 고난을 감찰하시고 계시는 예수님을 앙망하면서 좌절과 후퇴없이 선한 싸움을 싸워 나아가야 하겠읍니다

독재 성권은 최후발악하여 수단방법을 가리지 않고 폭력과 기만을 弄두르니 우리는 하나님이 지혜와 능력을 받아서 용감하게 죄악의 세력을 물리치고 하나님의 정의를 이 시대 우리민족에게 구현해야 하겠습니다.

조국의 民主化와 통일, 이것이 이 시대를 살아가는 우리의 지상과제이며 엄숙한 사명 입니다. 우리는 옛날 에스더와 같이 "죽으면 죽으리라"하는 순국의 각오를 가지고 조국의 민주화를 위하여 땀과 눈물 그리고 피까지 쏟아 바쳐서 民主化를 쟁취해야 될 것입니다.

의로운자와 同行하사 승리를 주시는 하나님과 함께 힘차게 전진 또 전진합시다. 승리는 우리의 것입니다.

1987 년 4 월 30 일

고 영 근

24. 1987-12-회고록 — 광주, 서울, 예장, 광나루 장신, 고려대 단식과 시국 설교

〈삭발 단식기도〉

광주 목회자 단식기도 설교(YMCA) "의인의 숫자가 차기까지 투쟁하자"

1987년 4월 13일 전두환은 개헌추진을 중단하고 호헌한다고 선언함으로 한국 정계를 발칵 뒤집어 놓았습니다. 국내외 국민들이 모두가 이럴 수가 있는가 하고 개탄하여 항거했습니다. 특별히 천주교 신부들이 광주를 위시하여 서울, 춘천, 대구, 대전, 부산, 원주, 광주, 전주 등지에서 단식기도 운동을 시작했고, 4월 25일부터는 光州의 기독교 목사님 20여 명이 단식을 시작했습니다. 그리하여 단식기도 운동이 요원의 불길처럼 번져 갔고, 고려대학교 교수의 성명서 발표 후 전국 대학교수 1,300여 명과 예술인, 문화인들이 계속하여 성명서에 서명하는 운동이 전개되고 있었습니다. 전두환 정권은 4.13 조치를 발표해 놓고 어쩔 줄을 모르고 당황하였습니다.

나는 성남교회 부흥회와 강서구 서부교회 부흥회를 맡아서 어쩔 수 없이 단식운동을 주도하지 못하고 부흥회와 강연을 위해 시간을 바쳤습니다. 그리하여 광주에서 단식하는 YMCA를 방문하여 격려하기로 하고 5월 4일 광주를 찾아가 단식기도하는 정종득 목사 외의 22명을 방문하고서 "義人의 숫자가 차기까지 투쟁하자"하는 제목으로 설교하고 간절히 기도하였습니다. 그리고 5만 원의 격려비를 지원했습니다. 내가 앞장서지 못하는 것이 부끄러웠고 죄송스러웠습니다. 다행히 광주지역 목사님들이 13일에 걸쳐 단식하고 기도하는 것이 기독교의 자랑으로 여기면서 부산으로 강의차 출발했습니다.

서울지구 정의 · 평화실천목회자협의회 삭발 단식기도 설교, "에스겔의 감식기도"

그리고 5월 4일에는 서울지구의 정의 · 평화실천목회자협의회에서 삭발하고 단식기도를 시작했습니다. 나는 5월 6일 한국기독교장로회 선교교육원을 찾아서 단식기도를 격려하였습니다. 때마침 외신기자들이 와서 TV를 촬영하면서 취재를 하였습니다. 나는 다음날 예장 목회자협의회에서 단식을 주도해야 하기 때문에 정평교역자 단식에는 참여할 수 없어서 삭발함으로 단식에 동조하는 의사를 표시하기로 하여 즉석에서 삭발을 하였습니다. 그리고 나서 "에스겔의 감식기도"라는 제목으로 설교하고 기도함으로 여러 교역자에게 격려하였습니다. 그리고

2만 원의 격려비로 성의를 표시하고 다음날부터 예장 목협 위주의 단식기도를 시작했습니다.

예장 목회자 단식기도 설교, "의인의 숫자가 차기까지"

예장 목회자들은 100주년 4층 회의실에 약 30명 모여서 이정학 회장님의 설교로 개회 예배를 드리고 5월 7일 오후 2시부터 48시간 기한부 단식을 시작했습니다. 나는 저녁 설교 시간에 에스겔의 기도와 같이 우리 북한의 범죄와 남한의 범죄를 양어깨에 걸머지고 기도해야 할 것이며 4,000년간 우리 선조들이 지은 죄를 대신해서 다니엘처럼 기도하자고 역설하는 설교를 하였습니다. 우리가 모두 行動하는 義人이 되어 하나님의 요구하는 義人의 숫자에 도달하도록 간구하는 義人의 기도가 되자고 역설하였습니다.

예장 목회자 기도회에 참석한 교역자는 50명에 도달했습니다. 기도회를 진행하는 동안 임택진 목사, 차관영 목사, 김형태 목사, 주계명 목사님이 말씀을 전해 주었으며, 5월 9일 오후 1시 주계명 목사님의 설교로 폐회 예배를 마쳤습니다. 1주일이 넘는 단식이 되지 못하고 불과 48시간의 단식이며 또 기도 장소가 복잡한 총회장실이어서 진지하게 진행하지 못한 점이 유감스러웠습니다. 그러나 짧은 기간이지만 기도회를 가진 것은 다행한 일이었습니다. 천주교 신부들에 비하여 우리의 기도가 정성이 부족한 것이어서 하나님 앞과 국민 앞에 송구한 마음 금할 수 없었습니다. 그러나 우리의 간구가 헛되지 않고 반드시 민주화의 꽃을 피우고야 말리라는 확신이 생겼습니다.

광나루 장신대학원 학생 단식기도 설교, "에스겔의 구금기도"

8일 오후 2시에는 광나루 장신대학원 학생들이 단식하는 데 격려차 가서 격려의 설교를 하였습니다. 단식하는 30명의 학생과 여러 학생이 약 300명 모여서 설교를 경청하였습니다. 에스겔과 다니엘 같은 기도의 사람이 되고 行動하는 義人이 되자고 강조하였습니다. 그리고 十字架와 復活의 증인이 되기 위하여 十字架를 믿는 同時에 十字架를 몸으로 지고 나가야 하며 주님의 부활을 믿어 새 생명을 얻어 부활의 적극적인 구원과 같이 적극적인 善行을 위하여 民主化운동에 나서자고 호소하였습니다.

『죽음의 고비를 넘어서』 3권, 173~175 발췌.

성직자들이 가톨릭 사제들과 달리 통일된 복장이 없는 점을 안타깝게 생각하여 한국기독교교회협의회(NCCK) 인권위원회 등이 중심이 되어 전문가의 디자인을 채택하여 제작한 것이다. 보라색은 기독교에서 그리스도의 고난을 상징하며(막 15:16~19) 박정희 정권 당시부터 구속자 가족들(지금의 민주화운동가족협의회)이 보라색 스카프를 착용하였던 점에 착안하여 색깔을 정했다. 목 아래 가슴 가운데 부분에는 '그리스도'(Christ)의 희랍어 첫 두 글자인 키(X)와 로(P) 각 글자로 장식을 넣었다(설명; 김거성 목사 페북에서 인용).

고려대학교 기독학생회, 나라를 위한 기도회 설교

1987년 5월 13일 오후 5시에서 7시까지 고려대학교에서 서울 시내 8개 대학교 기독학생회 주최로 나라를 위한 기도회를 실시한 바 있었는데 나는 그때 강사로 초청되었습니다. 그때는 마침 5월 10일부터 강서구 발산동에 소재한 혜성교회에서 부흥회를 인도하던 중이었습니다.

고려대학교의 기도회가 이 시국에 너무나 중요하기 때문에 부흥회하는 교회에는 죄송하지만, 수락하게 되었습니다.

부흥회 마지막 날인 13일 낮 공부를 12시 30분까지 단축하여 끝내고 즉시 택시로 약속한 고려당(종로2가)에서 고려대학 기독학생회 총무를 만나서 큰딸 성숙 양과 함께 고려대학교에 택시로 들어가는 데 성공했습니다.

학교에 들어가 총학생회장실에서 오후 5시까지 기다렸습니다. 기다리는 동안 신문방송학과 윤용 교수님을 방문하며 시국에 관한 환담을 하고 다시 학생회장실로 돌아왔습니다.

5시 5분 전에 대강당에 나아가니 학생들이 모여들기 시작했습니다. 삽시간에 약 500여 명이 회집되었습니다. 고려대학교 기독학생회장의 사회로 시작된 기도회는 5시 30분부터 내가 설교할 수 있었습니다. 설교 제목은 한신대학에서 설교했던 그대로 "기독교와 민주주의"라는 박수를 보내며 조금도 동요하지 않고 경청했습니다. 5, 6명의 교수들도 참석하여 경청하였습니다. 학생들은 기도회를 끝내고 다시 9시부터 철야기도회에 들어간다고 광고하고 철야기도회를 연속했습니다. 학생들이 나라를 위하여 기도하는 것은 우리나라를 위하여 참으로 바람직한 일이었습니다.

나는 기도회를 마치고 교회로 돌아가서 저녁 집회를 인도하려고 했으나 경찰들이 철통같이 둘러싸서 문밖으로 나갈 수가 없었습니다. 시간은 벌써 8시가 되었는데 도저히 부흥회를 인도할 수가 없어서 교회에 전화를 걸어서 어려운 사정을 알리고, 나는 학교에서 경찰이 철수하기를 기다렸습니다. 교회 앞에 참으로 미안하기 그지없었습니다.

그러나 담임 목사 김성락 목사님은 이해가 많고 애국심이 많은 분이어서 부흥회는 은혜롭게 마치게 되었습니다. 밤 11시가 되니 경찰들은 내가 학교 밖으로 나간 줄 알고 철수했습니다. 그래서 나는 학교 뒷문으로 나가 재빨리 택시를 타고 화곡동에 도착하였으나 집에는 들어가지 못하고 여관에 가서 12시경에 잠자리에 들었습니다.

강서경찰서 담당 형사는 나의 행방을 찾느라고 야단이 났습니다. 고려대학교에서는 나갔다고 성북경찰서 경찰이 말하고, 발산동 교회에는 도착하지 않았다고 하니 안기부와 경찰서에서는 고영근 목사가 행방불명 되었다고 야단법석을 떨었다고 합니다. 나는 그날 밤 여관에서 자고 아침 7시경 순천을 향하여 출발하려고 고속버스에 몸을 실었습니다. 순천노회에서 주최하는 기도회에 가려고 하루 먼저 출발했던 것입니다.

고영근은 양복 대신 국민복을 즐겨 입었다. 평소에 늘 검소했던 그답게 양복보다 국민복을 더 선호하였다. 그가 1980년부터 1990년 말까지 입은 국민복은 총 4벌이었는데 현재는 작은 크기의 국민복 2벌만 남아 있다.

25. 1987-13-사건개요-22차 연행사건 — 순천노회「나라를 위한 기도회」설교

순 천 노 회 설 교 사 건

제 목 : 나라를 위한 기도회   강 사 : 고 영 근

일 시 : 1987년 5월 15일   장 소 : 순천 중앙 교회

주 최 : 순 천 노 회

1. 설교제목 : 기독교와 민주주의 (11시 일반교인들에게)

   내용요약 : 기독교가 왜 민주화 운동에 나서야 하는가를 성서적으로
   해석하고 오늘 민주화 해야할 국내외 정세와 또 민주화
   의 방해요소를 해결하고 민주화할 전략을 제시하면서 사
   무엘의 구국운동을 소개
   회개운동, 기도운동, 계몽운동, 단결운동, 투쟁운동을 전개하
   여 조국의 민주화와 통일을 성취해야 한다.

2. 설교 제목 : 고역자의 자세 (2시. 순천노회 교역자들에게)

   내 용 : 일반적인 고역자의 자세와 특히 예언자의 사명에 충성
   해야 한다고 강조.

3. 설교 제목 : 한국 기독청년의 3대 사명 (오후 7시. 청년들에게)

   내용 요약 : 교계 갱신 사회정화 복음선교를 설명하고 기복신앙과 개인
   구원에만 치우친 한국교계의 각성과 정의 실현을 위하여
   분발해야 한다고 역설.   사회적 모순인 빈부격차, 부정부
   패, 폭력정치를 해결하는 방법은 조국을 민주화하는 길밖
   에 없다고 갈파, 그리고 복음운동은 개인복음화와 구조
   복음화가 병행되어야 하며 우리 청년들의 구국운동은 신앙
   구국, 외교구국, 교육구국, 투쟁구국운동을 전개해야 한다고
   역설.

사건일지 :

5월 15일. 기도회가 끝나고 10시 50분 차로 상경하려고 열차에 오르던중
　　　　　건장한 중년들이 대기 시킨 승용차에 강제승차 순천경찰서로 연행

5월 16일. 9시 재판 (순천지법에서) 유언비어 유포죄

　　　　젊은 판사는 경찰의 공소사실을 읽어보더니 인정심문에 이어서
　　　　두 가지 내용의 심문을 하였다.

질 문 : 첫째, 독재자의 하수인이 쇠고기를 수입하여 2,400억원의 폭리
　　　　를 취하고 국회소환을 불용하고 외국으로 유유히 출국한 것
　　　　은 독재정권의 비호를 받았기 때문이니 이와같이 엄청난
　　　　부정부패가 없어지려면 속히 민주화가 되어야 한다는 부
　　　　분에 대해서 이 사실을 어떻게 알았는가 ?

　　답 : 2,400억 부정했다는 것은 기독교 농민신문에 공개되었던
　　　　것이고 국회 소환을 불용하고 해외에 출국한 것은 일반신
　　　　문에 보도된바 있는데 어떻게 유언비어가 되는가

질 문 : 둘째, 민정당식 내각제안은 공산당식 내각제안과 방불하다는 대목

　　답 : 그 대목은 당총재와 수상직이 겸임하면 서구식 내각제이고
　　　　당총재와 수상직을 분리하려는 공산당식 내각제안 것을 천
　　　　하가 모두아는 사실인데 어떻게 유언비어가 될수 있나 ?
　　　　더구나 이 대목은 이미 구류 4일을 살았고 지금 재판이 진
　　　　행중인데 같은 내용으로 세차례나 법정에 서게 되서야 되느
　　　　냐.

질 문 : 마지막으로 한말이 있는가 ?

　　답 : 지금 판단하기에 진짜 유언비어는 작년 11월 이기백 국방장
　　　　관이 멀쩡하게 살아있는 김일성이가 죽었다고 발표하여 온

구민과 세계앞에 나라 망신을 시켰는데 그렇게 엄청
난 유언비어에 대해서는 추호의 징벌도 하지않고 오
히려 만천에 공개된 사실을 말한 나를 유언비어라
고 10여회나 구류처분을 받게하는 현정권의 불법을
지적하지 않을수 없다.
이와 같은 불법이 자행되지 않으려면 하루 속히 민
주화가 되는 길뿐이다.

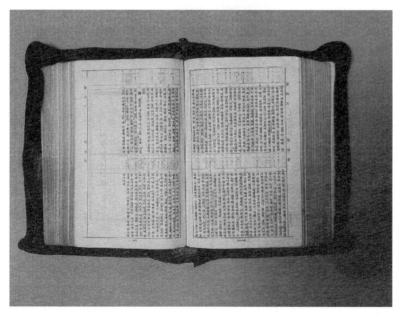

고영근은 연행되어 구류처분을 받으면 암기하여 두었던 성경을 다시 묵상하였다. 그는 성경을 암송
하기로 유명한데 구류로 유치장에 수감되면 성경묵상과 다음 출판할 저서의 초안을 기획하였다.

26. 1987-13-구류통지서-22차 연행사건 — 순천노회

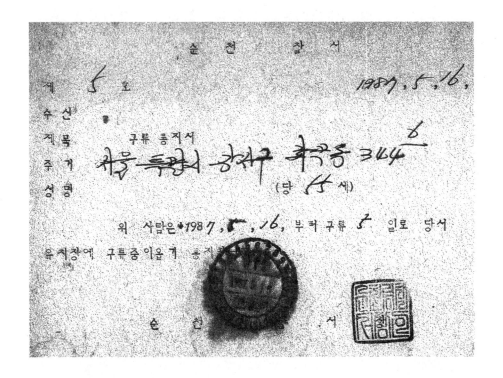

27. 1987-13-회고록-22차 연행사건 — 순천노회 주최 기도회 설교사건

〈기독교와 민주주의〉
순천노회 주최 기도회(중앙교회 11시)

나는 1987년 5월 15일 11시 순천노회 주최로 나라를 위한 기도회에 강사로 초청받았습니다. 당국에서 나를 연금하고 있는 기간이어서 기도회에 무사히 가서 설교할 수 있을 것인가 염려하면서 주님께서 인도하사 무난히 사명을 다할 수 있도록 기도하면서 준비하였습니다. 5월 13일 고려대학교에서 서울 시내 8개 대학교 기독학생 주최로 열린 기도회 설교를 하고 경찰의 감시망을 뚫고 밤 11시에 뒷문으로 빠져나와 곧장 화곡동 모 여관에서 자고 아침에 고속버스 편으로 순천에 도착했습니다. 오후 2시 순천에 도착하자 즉시 택시에 몸을 싣고 광양의 모 여관에서 피신해 있었습니다. 순천에서 내가 도착한 것을 알게 되면 연행할지 모르기 때문이었습니다. 광양에서 목욕과 이발을 하고 피곤한 몸을 위해 충분한 휴식을 취했습니다.

15일 아침 8시 합승 택시로 순천 중앙교회에 도착하여 노회 서기의 안내를 받고 융숭한 아침 식사를 대접받았습니다. 단식한 이후라 영양 보충이 필요할 것이라며 정성을 다하여 접대하면서 나를 격려해 주었습니다. 잠시 후에 노회장 한순칠 목사님이 오셔서, "이번 기도회는 노회 결의로 개최하는 의의 깊은 기도회입니다. 경찰 당국이 저지하려는 것을 온건하게 진행하는 조건으로 협조를 피차에 약속했으니 과격한 표현은 자제하면서 진행하는 것이 여러가지로 좋을 것"이라고 나에게 당부하였습니다.

그리고 지난 2월에 모였던 기도회는 조금 과격했다는 평가가 있었다는 말도 첨가하면서 어디까지나 온건한 표현을 하였으면 좋겠다는 뜻으로 노회장의 입장을 밝혔습니다. 중앙교회 당회장실에서 이귀철 당회장님과 노회 임원 여러분들의 인사와 격려를 받으면서 대회 시간을 기다렸습니다. 교인들이 파도 같이 밀려와서 내 마음은 대단히 기뻤으며 흥겨웠습니다.

대회장을 나서니 약 1,200명 가량의 남녀 신도들이 운집했습니다. 한순칠 노회장님의 사회로 시작된 기도회는 유은옥 목사의 기도와 중앙교회 성가대의 찬양 후 나는 "기독교와 민주주의"라는 제목으로 설교하였습니다. 기독교가 어찌하여 민주화운동에 나서야 하는가를 성서적으로 해석하고 오늘 민주화해야 할 국내외 정세와 또 민주화의 방해 요소를 해결하고 민주화할 전략을 제시하면서 사무엘의 구국 운동을 소개하였습니다. 회개운동, 기도운동, 계몽운동, 단결운동, 투쟁운동을 전개하여 조국의 민주화와 통일을 성취해야 한다고 갈파했습니다.

약 1시간 30분 가량의 긴 설교였으나 1,200명 청중이 숨을 죽이고 경청하며 은혜를 받았습니다. 상당한 감명을 받았다고 확신했습니다. 나는 설교 후에 헌금에 대하여 강력히 강조했습니다. 70세 노인인 문익환 목사님과 강희남 목사님이 옥중에서 단식하며 고난받고 있는데 우리는 따뜻한 방에서 이불을 덮고 처자식과 같이 안락하게 살아갈 때 죄송한 마음이 있어야 하지 않겠는가? 그리고 우리들이 몸으로 민주화에 헌신하지 못한다면 헌금으로라도 민주화에 동참해야 하지 않겠는가 하며 호소했습니다. 잠시 후 헌금 시간에 성도들이 정성을 다하여 헌금한 결과 200여만 원의 헌금이 나와서 100만 원은 구속자 위한 영치금으로 전달해 달라고 나에게 위탁하였고, 강사인 나에게 선교활동비와 사례비 그리고 교통비를 겸하여 50만 원을 건네주었습니다.

교역자 위한 강좌회, "교역자의 자세"(중앙교회 교육관 3시)

성도들이 선한 일에 동참하고 행동하는 것을 볼 때 감격스러워서 하나님께 지극한 감사와 영광을 돌렸습니다.

예배가 끝난 후 즉시 점심 식사를 마치고 3시부터 4시 30분까지 중앙교회 교육관에서 교역자를 위한 강좌회가 있었습니다. 교역자 약 100여 명이 참집하였고 모두가 무엇을 갈급히 사모하는 열정으로 말씀을 고대하고 있었습니다.

나는 에스겔 33장 7~9까지 읽고 교역자의 자세에 대하여 말하며 특별히 예언자의 사명에 충성해야 한다고 강조하였습니다. 강좌 후에 뜨겁게 감사기도를 하고 몇 가지 질문을 받고 강좌회를 마쳤습니다. 순천노회 교역자가 거의 다 참석한 셈이었습니다. 순천노회는 어느 노회보다 단합이 잘 되고 모이기를 힘쓰는 노회임을 목도하였습니다.

민주화를 위한 기도회 및 청년 주일 기념 예배, "한국 기독 청년의 3대 사명"(신흥교회, 8시)

교역자 강좌회가 끝난 후 순천 역전에 위치한 동경장여관에서 약간 휴식했다가 저녁 식사를 마치고 8시부터 신흥교회에서 개최되는 "민주화를 위한 기도회 및 청년주일 기념예배"에 강사로 설교하게 되었습니다. 그때의 설교 제목은 "한국 기독 청년의 三代使命"이라는 것으로 교계 갱신, 사회정화, 복음선교를 설명하면서 기독신앙과 개인구원에만 치우친 한국 교계의 각성과 정의실현을 위하여 분발해야 한다고 역설하였고, 사회적 모순인 빈부격차, 부정부패, 폭력정치를 해결하는 방법은 조국을 민주화하는 길밖에 없다고 갈파했습니다. 그리고 복음화운동은 개인복음화와 구조복음화가 병행되어야 하며 우리 청년들의 구국운동으로는 신앙구국, 外交救國, 敎育救國, 투쟁구국운동을 전개해야 한다고 역설했습니다. 이 기도회는 나의 설교 90분을 포함하여 10시 30분에 끝나게 되었습니다.

나는 청년 기도회가 끝나자마자 순천역으로 직행하여 10시 50분 차로 上京하려고 개찰구를 거쳐 열차에 오르려고 달려가는데 난데없이 건장한 중년이 내 옆에 오더니 "경찰입니다. 잠깐 경찰서에 가셔야 하겠습니다" 하면서 지체없이 나의 양팔을 끼고 대기해 놓았던 기동차에 강제로 승차시켜서 경찰서로 연행했습니다. 경찰서에 오니 수사과장실에 앉아 있는데, 즉결재판을 받으러 갈 것이라고 했습니다.

아무런 조서도 받지 않고 밤 11시 30분에 재판을 받게 하다니 처음 당하는 일이었습니다. 나로서는 하루바삐 재판을 받는 것이 유리하지만 12시가 가까우니 불가능할 것이라 생각했더니 내 추측대로 재판은 내일 아침 9시에 한다며 나를 상황실 숙직실에서 자도록 요청하여 추위에 떨면서 하룻밤을 보냈습니다.

5월 16일 朴正熙가 군사 반란을 일으켜 민주주의를 짓밟던 날이었습니다. 나는 세면과 식사를 마치고 9시에 순천지원으로 도착했습니다. 젊은 판사는 경찰의 공소사실을 읽어보더니 인정 심문에 이어서 두 가지 내용의 심문을 하였습니다. 독재자의 하수인이 쇠고기를 수입하여 2,400억 원의 폭리를 취하고 국회 소환도 불응하고 외국으로 유유히 출국한 것은 독재 정권의 비호를 받았기 때문이니 이와 같은 엄청난 부정부패가 없어지려면 속히 민주화가 되어야 한다는 부분에 대하여 이 사실을 어떻게 알았는가 하기에 2,400억 부정했다는 것은 기독교 농민신문에 공개되었던 것이고 국회 소환에 불응하고 해외에 출국한 것은 일간신문에 보도된 바인데 어찌하여 유언비어가 되느냐 하고 항의하였습니다.

두 번째 항목에 있어서 민정당식 내각제안은 공산당식 내각제와 방불하다는 대목에 이르러 당총재와 수상직을 겸임하면 서구식 내각제이고 당총재와 수상직을 분리하면은 공산당식 내각제인 것은 天下가 모두 아는 사실인데 어떻게 그 말이 유언비어인가 하고 따졌습니다. 더구나 이 대목에 대해서는 이미 구류 4일을 살았고 지금 재판이 진행 중인데 같은 내용으로 세 차례나 법정에 서게 해서야 되느냐 하고 강력히 항변하였습니다.

판사는 그런가 하면서 공소 요지를 몇 번 읽어보더니 나에게 할 말이 없느냐 하기에 제가 판단하기에 진짜 유언비어는 작년 11월 이기백 국방장관이 멀쩡하게 살아있는 金日成이 죽었다고 발표하여 온 국민과 세계 앞에 나라 망신을 시킨 것이라 하겠는데 그렇게 엄청난 유언비어에 대해서는 추호의 징벌도 하지 않고 오히려 만천하에 공개된 사실을 말한 나를 유언비어라고 10여 회나 구류처분을 받게 하는 현 정권의 불법을 지적하지 않을 수 없는 일입니다.

이와 같은 不法이 자행되지 않으려면 하루속히 民主化가 되는 길이라고 진술하였습니다. 판사는 잠시 생각하더니 구류 5일, 유치명령 5일을 언도했습니다.

재판이 끝나고 경찰서에 돌아와서 유치장에 수감 되었습니다. 순천경찰서는 특별히 밤색으로 된 수의복으로 갈아입혔습니다. 몸에 맞지 않는 수의복을 입고 한 시간가량 감방 안에 있는데, 순천노회장을 비롯한 노회 임원 10명이 나에게 면회를 오자, 수사과 직원들이 당황하면서 유치장에 들어오더니 속히 수의복을 벗고 내가 입고 온 국민복으로 갈아입게 한 후 서장실로 면회를 나갔습니다. 경찰서장은 노회 임원에게 많은 공박을 받고 있는 터이라 얼굴이 붉어져 있었습니다.

노회장 한순칠 목사는 경찰서장을 힐책하고 있었습니다. 서장님이 노회장하고 약속하기를 교회에서 행사를 온건하게 하면 평온하게 하겠다고 하고서는 강사를 체포하여 구류처분을 내리면 완전히 약속을 파기한 것이 되며 또 노회장 입장을 난처하게 만들었으니 앞으로 어떻게 당국을 믿고 지역 일을 할 수 있겠느냐 하고 항의하고 있었습니다.

서장은 그저 머리를 조아리면서 "할 말이 없습니다. 미안하게 되었습니다"를 연발할 뿐이었습니다. 제 판단하기에는 안기부 본부에서 나를 원천연금 시키기 위하여 설교에서 흠을 잡아 구류를 살게 하라고 엄명을 내린 것 같이 판단되었습니다. 5·18 의거일이 매년 돌아올 때마다 나를 연금했는데 금년에는 광주와 나주에서 나를 강사로 초청하는 기미를 알아차리고 아예 유치장에 연금(구류)하려는 작전이었던 것입니다.

순천경찰서장은 이 사실을 노회장에게 공개할 수도 없고 꿀 먹은 벙어리 모양으로 그저 '죄송합니다'라고 반복할 뿐이었습니다. 이것이 바로 군인통치의 병폐이며 정보정치의 병폐입니다.

그러나 나는 부천시 나눔교회 하루 부흥회를 가지 못하는 것이 죄송할 뿐 감옥에서 편안히 쉬리라 생각하니 오히려 마음이 가벼웠습니다. 순천경찰서장은 노회장에게 미안하여 최대한 편리를 도모해 주었습니다. 책과 안경이며 백지와 볼펜 등 서슴지 않고 넣어주었고, 심지어 신문까지 넣어주었습니다.

유치장에 면회 오신 분은 다음과 같습니다.

16일 10시 노회 임원 10명, 경찰서장실.

16일 11시 청년연합회 임원 8명, 수사과 사무실.

16일 15시 청년 지도 목사 1명, 일반 면회실.

16일 22시 각 교회 청년회장 15명, 수사과 사무실.

17일 7시 처, 수사과 사무실.

17일 7시 30분 처, 청년연합회장 부회장 3명, 수사과 사무실.

17일 12시 30분 제일교회 당회원 15명, 수사과 사무실.

17일 12시 30분 세광교회 여집사 4명, 수사과 사무실.

17일 14시 30분 순천노회 임원 청년회 정·부회장 8명, 수사과 사무실.

17일 16시 세광교회 여선교회 8명, 수사과 사무실, 내복, 두유.

17일 17시 30분 승산교회 당회원 5명, 수사과 사무실, 두유, 잣죽 30.

17일 23시 30분 순천노회 청년회 대표 7명, 수사과 사무실, 시위 문제로.

18일 11시 30분 YMCA 총무 1명, 면회장, 드링크.

18일 13시 청년연합회 임원 4명, 수사과 사무실, 빵.

18일 14시 30분 순천지역 교역자 8명, 수사과 사무실, 우유 30.

18일 16시 중부지역 교약자 7명, 수사과 사무실.

18일 16시 40분 보성 윤철주 선생 부부 2명, 면회장.

18일 17시 허경만 의원과 유중람 선생 7명, 수사과.

18일 17시 10분 김상호, 주용순, 송훈섭 3명, 수사과, 음료수.

19일 9시 고성숙, 김영위, 류춘호 청년회장 3명, 수사과, 음료수.

19일 11시 이협(정치범) 3명, 수사과, 음료수.

19일 11시 20분 승산교회 여전도회 3명, 수사과.

19일 11시 30분 광양제일, 김상호, 유은옥 외 7명, 수사과.

19일 13시 승산교회 장로님 2명, 수사과 사무실, 음료수 1박스.

19일 14시 노회장 외 12명, 수사과 사무실.

19일 16시 김정명(여수은현) 2명, 면회장.

순천경찰서에서는 나에게 최선을 다하여 선대해 주었습니다. 수의복을 입히는 규칙을 깨고 츄리닝을 입게 하였고, 독방을 주어 자유롭게 생활하게 했으며, 면회도 매일 10회에 걸쳐서 시켜주었습니다. 대부분 서장실, 혹은 수사과 사무실에서 시켜주었으며, 일반면회소에서는 3, 4회 정도였습니다.

서장님과 수사과장은 매일 한 차례씩 사무실로 초청하여 커피를 접대하였고, 접견물도 금지시키지 않고 모두 차입해 주었습니다. 서장님을 위시한 간부들이 자주 감방 앞에 와서 불편한 것이 없느냐고 문안하기 때문에 근무자들은 최선을 다해 경의를 표하였습니다. 일반 수감자들에게 미안할 정도로 선대해 주었습니다.

사실 순천경찰서로서는 나를 구속하여 구류시킬 의사가 없었는데 상부에서 5·18 행사를 원천봉쇄하려고 구류를 지시했으니 순천경찰서장은 그렇다고 해명할 수도 없고, 지방 목사님들은 강력한 항의를 하니 난처할 수밖에 없었습니다. 17일 주일 밤 순천시 청년들 35명이 경찰서 앞에 몰려와서 시위를 하였습니다. "고영근 목사를 석방하라" "군사독재 정권 물러가라"는 등 구호를 과감히 외치면서 시위를 하였습니다.

『죽음의 고비를 넘어서』 3권, 187~194 발췌.

28. 1987-13-구술조사서-22차 연행사건 — (사)광주전남 6월항쟁 순천, 광양
  구술조사서

1987. 6월항쟁
순천 · 광양
구술조사서

(사)광주전남 6월항쟁

후원 : 전라남도

순천지역 1987년 6월항쟁 일지

정리 : 박 선 택

1987년

5월 14일 순천대학교 5월 준비위원회에서 5월 투쟁선포식 개최

5월 15일 순천 예수교장로회(통합) 순천노회 청년회연합회(순장청) 주최로 저녁 7시 순천중앙교회에서 고영근 목사 초청 민주화 기도회 진행, 저녁 9시 30분경 기도회 후 순천역에서 서울로 가려다 고영근 목사, 류춘호(순장청회장) 경찰에 연행됨.

이에 순장청 회원 20여 명 경찰서 항의 방문 전개, 경찰 최루탄을 쏘며 진압, 전원 연행. 고영근 목사의 중재로 연행자 석방되고 고영근 목사님은 5일간 구류를 받음.

기도회에 참석한 순천대 학생들 독재타도, 호헌철폐의 구호아래 최초 가두시위 전개.

5월 17일 저녁 7시경 순천중앙교회에 순장청회원들 4-50여 명 모여 고영근 목사 석방 기도회를 개최한 후, 피켓과 현수막을 들고 순천경찰서까지 항의 방문 전개함.

5월 18일 순천대에서 5.18 광주민중항쟁 추모식과 사진, 판화, 시 전시회 및 촌극을 하고, 성토대회 및 가두시위를 전개함, 순천대생 14명 연행됨

5월 19일 순천대학교 교수 20명 시국 성명서 발표

> ### 현시국과 대학현실에 대한 우리의 견해
>
> 오늘날 우리 사회와 대학은 중대한 위기에 직면해 있다. 이 같은 오늘의 현실을 볼 때 민족의 길을 밝혀나갈 수 있는 방안에 대한 논의가 점점 희박해져 감을 통감한다. 따라서 사회와 대학의 어려운 현실을 극복하기 위하여 우리는 다음과 같은 견해를 밝힌다.
>
> 1. 개헌은 꼭 실현되어야 한다.
>   4월 13일 정부가 발표한 개헌 노력 중단의 이유는 납득할 수 없으므로 민주적 개헌논의가 재개되기를 촉구한다.
>
> 2. 대화의 자유는 보장되어야 한다.
>   대학인의 현실참여는 민주적인 방법으로 이루어져야 하며, 정부는 대학인의 견해를 폭넓게 받아들여야 한다.
>
> 3. 언론의 자유는 보장되어야 한다.
>   정부는 언론이 국민의 것임을 인식하고 언론에 대한 모든 규제조치를 철폐하여야 한다. 또한 언론인은 오늘의 현실을 직시하고 편파적인 보도를 즉각 중지하여야 한다.
>
> 1987년 5월 19일
> 순천대학교 교수 20명 일동

5월 19일 순천대학교에서 연행 학생 석방과 5월 학살 진상규명 시위 전개, 광주 놀이패 '신명'의 '화려한휴가' 마당극 거행, 이날 시위로 5명 부상함

5월 20일 순천대에서 5.18 추모제 경과보고 및 교수시국선언 지지대회 개최, 이 과정에서 2명의 학생 자해.

1987년 6월항쟁 회고 인터뷰

김 영 현
당시 순천국민운동본부 사무국장

–1987년 6월 항쟁 기억이 어떠하신가요?

전남 다른 지역에서는 그렇게 크게 일어나지는 않았어요. 순천이 크게 일어났지요. 저는 그때 국본 사무국장으로 활동했어요. 순천지역 운동사로 보면 여순사건 이후로 많이 침체, 침묵 상태였는데 시민운동, 민주화운동이 시작된 것은 순장청 운동이 시작되면서부터였어요.

순천노회연합회도 민주화운동으로 발전된 것은 장청 전국연합회 때문이에요. 장청 (장로회 청년회), 기청(기독교 청녕회), 감청(감리회 청년회)이 가장 활발히 활동할 때였어요. 세력도 있고 정치운동, 민족민중운동으로 발전된 것이지요.

당시 순천대학교도 학생운동 초창기였고, 순장청에서는 오래전부터 공부를 했어요. 김영위 씨, 류춘호 씨, 이상석 씨 등이 함께할 때예요. 6월 항쟁 때 크게 사건이 벌어져요. 5월 15일 날 고영근 목사님이 오셔서 중앙교회에서 강연을 하시고 난 후 저녁에 경찰에 연행이 되었어요. 그때 '민족민중의 해방을 위하여'라는 플래카드를 중앙교회 앞에다 붙여놨었어요. 강연 주제를 걸었지요. 그래서 제가 경찰에 연행되어 갔어요. 목사님 강연 전날쯤 되었을 거예요. 그리고 다음 날 고영근 목사님 강연이 진행된 거예요.

목사님이 경찰서에 끌려간 후 장청 회원들이랑 함께 경찰서 앞에 항의하러 갔어요. 그런데 경찰도 당시 시민들의 시위가 없을 터라 우리의 시위를 황당하게 보고 그랬어요. 처음있는 집회였으니까요. 그날 우리들이 연행되자 제일교회 장로님들이 경찰서로 왔어요. 전체 장로들이 항의하러 왔고 저희들은 풀려났었어요. 고영근 목사님도 아마 그날인가 그다음 날인가 풀려난 거로 기억해요. 목사님이 바로 석방되지 않아서 며칠간 항의 시위를 했던 거 같아요. 이 사건이 순천에서 시위가 확산하는 도화선이 되었을 겁니다.

1987년 6월항쟁 회고 인터뷰

류 춘 호
당시 순천 국민운동본부 사무국장

김 영 위
당시 대한예수교장로회(통합) 순천노회청년회연합회 회원

– 1987년 6월 항쟁 이전에는 어떤 활동을 하였나요?

EYC(한국기독청년연합회)가 진보적인 활동을 많이 할때야. 대한예수교장로회(통합) 순천노회 청년회연합회(약칭 순장청) 활동을 했어.

순장청 회원들이 당시 순천에 성북교회, 제일교회, 중앙교회, 남부교회 등 청년들이 많았지요. 순천 YWCA 강영숙 간사님이 오래전부터 순장청 활동을 했죠. 중앙교회를 다니셨구요. 장세순 씨도 중앙교회를 다녔고요. 임원 회의는 한 달에 한 번씩 할 때였었지요. 그리고 순장청 행사를 하면 몇백 명씩 모일 때 였어요.(김영위님) 시국행사는 아니지만...

– 5.15일 신흥교회에서 기도회를 하셨다는데요?

대한예수교장로회(통합) 순천노회 청년연합회(약칭 순장청)에서 청년주일 헌신예배를 신흥교회(현 순천의 교회)에서 서울 목민선교회 고영근 목사님을 초청하여 기념예배를 드리고, 고영근 목사님을 배웅하기 위해 순천역 지하계단으로 내려가는 도중 경찰들에게 연행되었어. 그리고 나는 바로 석방되고 고영근 목사님은 5일간 구류를 살게 되었어. 그리고 그 주 일요일(5월 17일) 지교회에서 저녁예배를 드린 후 중앙교회에 모여 순장청 회원들이 피켓을 들고 순천경찰서까지 행진을 하고 경찰서 앞에서 고영근 목사 석방 시위를 진행했는데 그때 경찰들이 진압하면서 최루탄을 난사했어. 그때 지교회 청년들이 많이 참석했지, 한 7-80명 되었을 거야. 그 시간이 밤 9시가 넘었어. 아마 그때가 순천에서 처음으로 최루탄이 터진 날일 거야. 그 사건으로 인해 순천대 학생들도 경각심을 가지고 당시 시국에 참여하게 되지 않았을까 생각해. 그 즈음에 이상석 씨 소개로 순천대 학생 정달영, 최수호, 박성호, 김부곤, 류호형, 현철이 등을 소개받았던 거 같아요. 그 전에는 특별한 교류가 전혀 없었어요.

고영근 목사님 석방 시위 전후로 순천대 학생들을 만났던거 같고 그 과정에서 시국에 대한 이야기와 여러 교류 등이 되었을텐데 구체적인 만남이나 날짜는 잘 생각이 나지가 않아요. 고영근 목사님이 순천경찰서에 구류되어 있는 상황이라 순장청에서는 심각한 상황이었어요. 김은수 장로님(승산교회), 윤후근 장로님(제일교회). 선민규 장로님 등 훌륭하신 장로님들이 계셔서 많은 도움을 주셨지. 김은수 장로님은 그 후 국민운동본부 공동대표를 하셨지.

– 그러면 순장청에서는 고영근 목사님 구류사건 이후부터 자체적으로 목사님 석방을 위한 고민을 하던 상황이었네요?

그렇지, 심각한 상황으로 인식하고 있었으니까. 서울에서 모셔와서 시국강연후

순천에서 연행되어 잡혀갔으니까 미안하기도 하고 분노스럽기도 하고 그랬지. 고영근 목사님이 순천에서 연행되었을 때 열 일곱, 여덟 번째 구금되었을 거야. 그때 목사님이 전국적으로 강연을 많이 다니셨거든. 강연이 시원시원해. 아마 순천에서 강연하실 때에도 강하게 하셨어. 교인들도 강연을 들으면서 마음의 짐을 덜었을 거야. 그래서 경찰들이 주시하다 강제연행해 간 거지. 경찰서에 많은 자료들이 있을텐데.
(지난 정권 때 많은 자료가 소실됨을 구두로 확인함)
(순천노회 회의록에 검토 필요)

– 김영위 목사님은 그때 순장청 회원이셨나요?

서울에 인명진 목사님 시호 하면서 국민운동본부 구로지역 교육국장을 했었죠. 12월 선거 때 순천에 와서 같이 활동했고, 서울하고 순천을 연결하고 강사 섭외 등을 했었고, 순천에서 활동은 항쟁때 없었고 교류 활동에 주력했었죠.
그때 고영근 목사님을 내가 순천에 소개해서 강연을 오셨지요. 제 생각으로도 고영근 목사님 강연 이후 순천경찰서 앞에서 순장청 회원들과 교인들이 고영근 목사 석방 시위를 하고 최루탄이 터지면서 순천에서 시위가 촉발되는 시점이 아닌가 생각해요. 고영근 목사님과 그 따님이 서울 갈릴리교회에 다닐 때에요. 저도 그때는 갈릴리교회 전도사로 시무할 때입니다. 고영근 목사님 사위가 현재 순천대학교 교수로 재직 중이세요.

29. 1987-17-자필 설교문 ― 고 임기윤 목사 추모예배 설교, "순교자의 수가 차기까지"

위대한 순교자 고 임기윤 목사님의 7주기 추모예배를 드리는 이 시간 유족들과 고인을 추모하여 이 예배에 참석하여 순교자를 기리는 여러분에게 주님의 크신 은총이 함께 하기를 기원합니다.

광주항쟁 이후 첫째 순교, 보안사에 연행되어 고문으로 사망. 50여 명 순국

*임기윤 목사님은

　(1) 하나님의 사도 ― 목회

　(2) 정의의 사람 ― 불의 항거

　(3) 진실의 사람 ― 꾸밈이 없고

　(4) 용기의 사람 ― 주저하지 않음. 굴복치 않고

　(5) 고귀한 사람 ― 결백, 부정이 없고

　(6) 애국의 사람 ― 나라 걱정

*세례요한이 순교자라면 임 목사는 순교자. 순교자가 아니라는 궤변. 하나님의 정의 구현

계시록의 환상; 제단 아래의 순교자

　피에 대한 신원 ― 언제까지, 그 수가 차기까지 ― 기다리라

*두 가지의 순교자

　(1) 죽임을 당한 순교자-천국에서 호소

　(2) 살아있는 순교자-날마다 죽는 생활(고전 15:31) 행동하는 의인, 숨은 의인

○ 예언자의 생활을 하자

1) 불의에 항거하고 정복하자; 정의확립 위해. 수양대군의 정당화

(1) 국제악

　소련과 중공 ― 북한 민주화 ― 김정일 체제 인정

　　　미국과 일본 – 전두환 지지. 노태우 체제 협조
　(2) 정치악
　　　구속자 석방 – 600명
　　　최루탄 계속 발사 – 성공회 신부 단식
　　　전투경찰의 옷 갈아입음. 노태우 체제 – 군벌체계 계속 유지
　　　노태우는 회개하고 퇴진해야 함
　　　민정당은 마땅히 해체해야 함
　　　대화와 타협은 강도와 타협함과 동일
　(3) 경제악
　　　외채 저임금, 저곡가. 매판자본, 빈부격차
　　　국정감사 없는 민주화는 위선
　　　민주화 경제문제 해결
　(4) 문화악
　　　3S 정책 – 우민정책, 학원 병영화, 언론탄압 – 매스컴 사용
　(5) 사회악

2) 나아갈 바 방향을 제시하자 ― 세례요한

　(1) 국민윤리 확립 – 십계명으로
　(2) 생활이념 확립 – 이타주의로.
　(3) 애국정신 확립 – 愛國如己
　(4) 민주화의 방향 – 기독교 사회 민주주의-서독
　(5) 남북통일의 방향 – 영세중립국, 비판과 대안이 병립되게 해야 함
　(6) 좌우에 치우치지 말라. 군벌과 공산주의 – 모두 독재, 소련과 미국-모두 외세

3) 삶의 시범을 보여주자 - 살아있는 순교자

(1) 몸으로 – 투옥과 고문을 견디며

(2) 마음으로 - 자나깨나 나라를 염려, 기도

(3) 물질로서 - 5%이상 50%까지 헌금

(4) 명예를 바쳐 - 운동권 내 질투(지방색, 종파, 사리, 당리당략)

(5) 생명을 바쳐 - 일사각오

○민주화가 되지 않는 이유: 살아있는 순교자(투옥자)가 10만 명이 되면

(1) 민정당의 해체: 시거의 망언, 공평하게 지켜보다

(2) 미국의 대한정책을 바꾸어야 함, 노태우 성원하려는 음모를 분쇄해야 함

(3) 국민이 승리하도록 이끌어야 함

(4) 한국교회의 각성을 위해

　　진리충만 - 예언자의 지식, 이사야. 예레미야 거짓폭로

　　능력충만 - 순교할 용기

　　사랑충만 - 자신희생, 십자가 지려는 희생정신

　　고난 후에 - 영광

　　십자가 후에 - 부활 - 최후승리는 의인에게. 공의로운 심판주가 처결하신다.

30. 1987-19-성명서 — 미국 정부의 불의하고 간악한 대한정책을 규탄한다(1차)

성 명 서

美國政府의 不義하고 간악한 對韓政策을 규탄한다

우리 聖職者 일동은 '86年9月, 레이건정부에게 不義한 對韓政策의 改善을 공개권고문으로 강력히 촉구하였고 금년2월에 릴리 주한美大使에게 두 차례에 걸쳐 보낸 공개권고문을 통하여서도 그릇된 對韓政策을 是正하라고 권고한 바 있었지만 이에 대한 반응이 없었으며, 또한 릴리大使에게 面談을 신청하여 對話를 촉구한 바 있었으나 美國政府나 주한美大使館에서는 일체의 答信이나 응답이 없었음을 아울러 유감으로 생각한다.

그러기에 우리 聖職者들은 美國政府가 우리의 권고문이나 對話 요청, 또는 학생들의 文化院점거를 통한 요구 조건 제시 등의 平和的 方法으로는 추호의 反應을 나타내지 않는 교활하고 간악한 政府로 단정하고 이제는 날카로운 규탄과 강력한 시위, 기타 과격한 方法으로 對應하지 아니하면 안 된다는 것을 늦게나마 깨닫고 부득이 우리 성직자들 자신이 美國大使館 앞에서 시위까지 하려고 도모하기에 이르렀다.

우리 聖職者들은 지금까지 청년·학생들의 과격한 反美運動을 견제하면서 오직 美國政府가 韓國의 民主化에 협조할 것을 기대하여 왔다. 그러나 금년2월6일 시거차 관보의 對韓政策의 연설이나, 5月20日의 해러스 던롭 참사관의 毅言 등을 검토해 볼 때 美國政府가 전두환 軍部 독재를 계속 지원하겠다고 간접으로 公言한 바나 다름없는 현실에 대하여 우리는 경악과 분노를 참을 길이 없다. 그러므로 이제부터 우리는 한국에서 일어나고 있는 극렬한 反美運動에 對하여 전처럼 견제할 名分을 잃었으며 급기야는 우리 聖職者들마저도 미국정부를 규탄하는 抗美運動에 나서게 된 것임을 이에 宣言하는 바이다. 소련의 東進을 막으려고 韓半島를 자국의 軍事基地로 利用하고 있는 美國이 교활하게도 韓國에서 共産主義 南侵을 막아 주기 위해서만 存在하고 있는 恩人인 양 우리 민족에 對해 오만방자한 태도를 보여왔으며, 독재자를 지원함으로써 民主主義를 파괴하는 犯罪行爲를 자행한 일은 더 以上 묵과할 수 없어서 우리는 全能하신 하나님의 이름으로 美國의 犯罪를 규탄하며 悔改를 강력히 促求하는 바이다. 新約聖書 요한계시록에 나타나는 (바다에서 나오는 짐승)이나 (땅에서 나오는 짐승)과도 같이 昨今 美國이 世界人類에 對해 보여 준 對外政策은 소련과 더불어 마치 20世紀의 두 악마나 되려는 듯이 自由正義·人道主義를 파괴하며 방자하게 弱小民族을 우롱하며 착취하고 있다.

今年 2 月 6 日, 시거차관보는 그의 연설중에 "전두환정권의 과거의 罪過와 不滿은 접어두고 모든 사람이 未來를 위해 努力해야 한다." 라고 말하였는데 도대체 이 무슨 궤변이란 말인가? 전두환집단은 12.12 하극상으로 軍事反亂을 일으켰으며, 국방 임무를 수행해야 할 軍人이 光州市民을 무참히 학살했으며, 10.25 憲法改憲을 계엄령하에서 不法으로 通過시켰으며, 7 年동안 民主主義를 탄압함으로써 國民不和를 일으키는 등 하나님의 심판을 면할 수 없는 엄청난 犯罪를 자행해 왔다.

美國政府가 진정 自由正義와 人道主義를 표방하는 民主國家라면 당연히 非民主的 군벌정권의 退陣을 권고하고 民主化를 성원해야 마땅할 터인데 오히려 군벌독재의 과거의 罪過와 국민의 不滿을 접어두라고 한 것을 보면 전두환 정권의 가공할 犯罪가 美國政府의 묵인과 방조 등의 合作으로 이루어졌기에 美國政府가 끝까지 전두환정권을 지지하며 성원하려는 것이 아니겠는가?

그리고 해리스 던롭 참사관이 말한 바에 의하면 "88 年 2 月 政府이양이 이루어지고 나면 3 月부터는 개헌논의를 포함한 광범위한 民主化 努力이 재개될 것" 이라고 하였는데 의와 같은 發言은 美國政府가 군벌독재를 계속해서 성원하여 다시 집권하게 하고 民主化(?)는 그 후에나 논의하겠다는, 기만적이고도 한국의 民主化에 저해되는 간악한 發言이 아닐수 없다. 軍事독재를 계속하여 지원하겠다고 表明한 美國政府는 民主化를 강력히 要求하고 있는 우리나라에 宜戰을 布告한 것이나 다를 바가 없다. 이제 우리 聖職者들은 하나님의 뜻을 거스르고 우리 민족의 염원인 民主化를 방해하는 美國政府에 對하여 歷史의 심판자이신 하나님의 이름으로 즉시 悔改할 것을 促求하며 아울러 우리는 이의 성취를 위해 과감히 투쟁할 것을 宜言하는 바이다. 世界의 平和와 人類의 幸福을 표방하고 유엔을 창설한 바 있는 美國政府가 어쩌하여 世界人類 特히 弱小民族의 人權을 무시하고 무기와 상품을 팔아 먹기 위하여 非人道的인 惡政을 서슴지 않는가? 世界人類의 대미 규탄과 反美 시위를 自招하려고 그러는 것인가? 20世紀의 바벨론 (사단의 왕국)이 되어 하나님의 심판을 받으려고 그러하는가? 美國政府가 속히 悔改치 아니하면 世界人類의 증오를 받아 하나님의 엄중한 심판을 결단코 면치 못할 것임을 강력히 경고하는 바이다.

美國政府는 韓國에서 군벌독재를 支援하는 간악한 政策을 즉시 철회하고 4,200 만 國民이 목마르게 염원하는 民主化를 즉시 성원하기 바란다. 그렇게 하면 反美 적개심으로 격화된 우리국민의 反美감정은 사라지고 우리 민족과 美國이 서로 平等한 友邦으로 돈독한 우의가 存立될 것을 확신하는 바이다.

우리는 美國政府의 시급한 猛省을 촉구하며, 이에 각자 서명함으로써 우리 聖職者들의 熱意를 이 성명서를 통해 表明하는 바이다.

1987年 6月

서 명 자   인

주   소

교회또는기관

윤반웅	정규오	양동석	고영근	김종오	조경대	임영천	김성락	김병현	김규섭
강만원	유기문	김경식	박종욱	박석열	정동수	문일호	김동판	김갑선	송두규
최병권	장춘호	이만석	김재규	강기출	양기동	김호현	이두수	김일권	정종수
송재회	배성덕	김남호	임성철	김태서	배성봉	유태규	양동술	윤기석	임기준
채성길	김창수	김용대	이기태	민홍기	김병균	장현권	박승채	고연주	공동영
서용주	김승봉	배동천	배성묵	박대선	음세관	서영철	박성무	송남용	오동욱
한경수	김안식	배동문	윤용혁	김현석	신경식	심경섭	박상인	위경일	김시원
김종문	주연도	나길종	임성열	정 창	손무욱	김동식	문신웅	박종윤	오나종
김삼용	임규선	유성환	양학승	황덕언	김춘곤	권영대	김갑배	박준실	염동권
김정오	배성남	이두영	김용욱	안길섭	유윤수	최부욱	정동영	김병문	송 일
유순부	방윤택	유운팔	황기섭	정일연	신성균	정대수	김왈술	차명수	김용철
도진록	공성석	노태현	이영용	김동수	서금석	이창주	정기영	이영종	차유황
윤재만	이정목	김현배	박춘희	오경환	서일호	박선규	조영훈	김대규	이윤식
박병윤	장중식	강만동	박찬재	임서현	정인기	정상분	박형구	송훈섭	노정열
김흥철	정길재	정현성	김록현	양종배	임영천	복원배	신동서	정연주	오진수
황치상	이명춘	정우용	송판욱	신용호	김정언	장남준	김덕종	김병철	강천식
주용신	박요한	김일남	공호영	신철종	유중현	김정기	강명수	백귀동	신원호
김원호	조영귀	강대언	조영일	문효련	정종환	이기호	문일헌	조민영	황인찬
김순석	김세명	김성수	주종렬	김병호	김영주	송명암	이광용	이성철	홍영수
김덕중	박석오	김영춘	유상환	김정두	홍정윤	이병호	윤수봉	박영률	허봉회
임덕홍	김성진	서정인	이희대	정영민	정길성	박문억	전두환	이상덕	김계남
문성희	정동선	정성규	강은평	전석근	정 술	정종원	유재린	정상수	이영우
장길준	신길우	이강모	정원태	이남수	김국현	김정주	김민광	이 은	손재규
이해민	나학수	이명섭	김형규	윤영배	최성호	서순석	조도연	진권섭	임한섭
박균태	김광훈	문정절	송주정	남상탁	안황호	김경천	박원배	박기붕	김산용
최사채	유광옥	김정팔	정병욱	김형기	최봉길	최창학	김정선	김풍전	손재명
김신복	송영호	조남붕	박재평	교재곤	고성곤	최용호	박경석	허성구	하정택
설흥섭	김진택	신영구	고은석	장영휘	황성종	윤재운	박종욱	주계인	심은섭
김영곤	정정덕	윤길원	박도재	구행모	곽영희	김종대	이만신	박봉신	김동훈
박준성	강달수	이재수	장민수	편부성	김승변	석필환	임성헌	김재철	송무홍
조남기	김해성	강순칠	정진철	유운필	최익준	최준구	곽병준	신동국	이준호
윤응인	윤명철	유영소	김영배	이명수	민병복	박종호	김영진	박인배	김동우
김석한	음동성	이병호	김장해	박기권	구현무	김종용	최진수	이길수	김종현
오영근	박종렬	김천일	김용대	김봉한	장성통	구락서	이길만	백남운	안기중
안상혁	임성현	신삼석	문정식	정창수	김정호	조화순	류요선	박진관	이근복
정종득	손은하	장정권	김임환	임병구	유홍서	김병균	김진석	김춘학	정형근

신기석	성희경	권영직	박상만	우연수	신성식	이명남	박성인	임명흠	유병택
배성덕	남성덕	남상도	김옥진	이종학	박종철	김형규	김종권	한봉철	이우송
이종기	박상규	장동진	김기현	박진원	김명구	김수철	김종수	민성식	김옥렬
김송달	김기찬	고현철	김형환	선오식	조배규	김진호	박태현	이천열	이준호
정희찬	이명복	이동강	석 현	이광진	김정렬	강정일	한욱전	이홍산	강명식
이동진	백종대	임종철	유광수	임종하	백일균	홍송표	김현완	장철희	이화천
박봉신	김명희	김운기	조정섭	박인석	이찬호	이건성	노정렬	정영옥	무원식
공윤배	조정섭	김흥중	정희원	정 철	이진현	한연석	장종섭	변 찬	전선용
황명호	오명국	송윤기	배성덕	엄상현	김용환	서용주	방철호	이경남	한철완
명노근	장원덕	장은수	이재순	김동길	주현명	설경래	오태기	박재웅	김애순
김남영	유순기	황중식	유종상	김명천	김재식	김광동	김정웅	이한홍	윤구현
유진호	김정록	안배도	윤종균	곽병배	조기력	김태규	이영옥	유우열	이명길
경남호	오용진	이경화	최태주	최기섭	서진선	박동렬	한경오	김치성	손승락
윤마태	장명하	임현택	안상문	장재철	심규섭	정재길	김원일	김영철	김형순
송치수	박선래	김성호	김철수	김동규	김성한	박천덕	배주식	김옥천	김진우
박영주	권원덕	권영철	방승수	나순형	이영옥	이인수	좌영복	김경수	최병렬
황현찬	이규동	남성현	유영만	최병홍	이철규	노성섭	구봉완	조문현	정대진
주원장	이창식	김종우	전진서	최복해	조수현	이성우	강기현	김낙환	강석봉
라광호	최용돈	김홍관	이상민	임영희	김용우	황규원	이광수	이기복	신광철
원형수	호정길	남재영	최근식	노정길	방두석	지성래	박용삼	김윤오	박원국
강효순	변선규	강익성	이재홍	오성균	최창현	오민평	정동오	고현종	박원찬
고원휘	배선극	나대복	이병원	이수희	이종열	김종호	김성용	인태훈	임찬호
박창원	이천세	유재천	박세영	강행구	김문조	김용호	문상욱	이무영	최만석
이선형	이기종	최성갑	이명철	김상인	이춘복	최서진	김경수	이환출	유신준
이상호	김선희	김광수	김상근	조용순	정태현	김명분	윤문자	정영화	민혜림
이춘국	서정달	안재엽	전용호	신종철	양기모	최종우	김정림	장정희	고무환
최흥남	김흥수	박동대	이근식	황요한	서만권	박영길	윤봉순	임경섭	천상봉
김병문	김병화	김용철	정이남	최기철	박종덕	이동훈	정동영	이병창	김 용
이종기	조흥구	최정홍	김성호	채요한	조정원	김윤환	조두현	이영근	정진일
김덕주	편희권	이만희	강승문	강석원	장지현	이중식	김동신	이계심	양재천
이봉조	송용종	황성종	이명환	곽성준	백성훈	유윤종	이인혁	김달원	강석근
장세문	전진로	김길동	이순래	김상규	김봉성	최관섭	임준빈	최기안	한인호
김용호	장달윤	김잔기	최준호	이윈상	손형규	홍인표	김윤희	한순집	이경석
정길영	김성덕	김용한	심길보	조남주	최덕기	서성민	성취경	신은주	이준필
박수일	조준래	김수현	성맹문	추만호	조용복	최남순	김세봉	홍성근	정충익
이병길	송훈섭	송일조	최동아	석용정	인광운	어천열	송영호	황계식	이근종

이희완	최두철	고만호	임만기	박규돈	김진문	고재하	서병환	박종호	이완영
김태수	김정수	임현재	나동일	고또식	문기성	김경환	임종수	이상호	김중국
장동엽	김호현	한문수	윤문자	윤구현	최은주	이경석	박욱영	서경자	조규혜
김형규	방준철	박흥재	김준곤	최영희	정보충	한수열	이열범	이승관	김태석
박경용	전춘섭	리영숙	양승식	정운태	임준태	최준부	조일섭	황규명	정장면
김태권	강종식	이영일	양화선	김석주	박귀명	박갑용	박해철	이진권	이성수
박금호	임용봉	신원회	조창현	최정우	이현원	이경남	이종학	박형운	이상운
김익환	조윤호	임한섭	김종재	김연욱	신중우	윤종한	안기영	정규오	박병윤
박종윤	나광수	이시우	오라종	정근식	문호련	최용	조성포	박천길	김관수
황복동	강극수	이운해	박공채	채영남	김형곤	박정일	김창래	조기수	최윤동
이병삼	박영삼	이영천	임경래	정경균	이경섭	박광래	김의규	이승유	김진남
남백률	진배근	박병환	김권배	강대춘	정창직	최행조	김재일	박갑용	박재우
고재천	임병현	이재명	김병욱	전순균	박상태	신승호	김경운	배광수	위경일
최기준	강대언	김영남	박균태	주행규	지재철	서익수	장헌권	박종일	김병환
안중섭	이해민	박재우	장세균	이창도	황영준	조해면	고동식	최용모	김광준
선영구	최영기	박영식	박이영	김선주	김원욱	박연만	신영규	유영훈	김용부
유태규	정채성	김윤철	박병근	이타판	김종주	진영식	조성국	정현택	김해수
김종식	박유수	고병학	김인규	정석원	최정미	정태현	서광모	김우성	이일남
장우겸	김장수	최재환	채국린	고용석	조서오	최전식	최대석	심창조	박용구
김경곤	곽수광	남상용	김영독	김화선	백유융	박광대	안홍숙	기회석	최의환
이선희	황호익	위경일	유종근	손세용	송인규	김용신	노영상	한수동	김귀환
원상호	강상기	이동규	윤병한	연미욱	이순배	이호준	김태곤	김만숭	이재수
곽태문	정향래	송덕규	이성재	현병석	정봉규	정태현	장광윤	박종덕	정우
권용태	리학민	정동옥	홍순철	노남도	박승남	구용언	이갑구	주승중	이성흥
임광호	박성엽	성귀명	채성문	최재권	김수원	신현배	임영인	박동혁	김영
김영철	김성남	김황중	김중곤	김흥권	정성균	윤재우	김유수	박영기	안기호
이춘수	신명호	김영수	최경택	이원돈	이종윤	이명수	서형열	송영애	김도현
민기태	공경습	김상훈	손요나	이만상	이재명	이인구	전재수	임서현	박귀명
송의철	이동균	한영	김재일	이희동	최규철	이동남	김태구	윤창구	김광영
이진현	김동환	이덕직	박문용	강순복	이중삼	마두라	김두철	김윤판	이종승
이병호	박종대	임연욱	황삼석	이은돌	정병준	최진길	장정모	김명남	이재철
안봉섭	이성주	한재엽	박귀동	공병우	오정관	유재채	김영진	김계건	김영숙
김진남	김갑태	이종상	정태봉	이세용	유의용	박성운	곽영환	오정수	박성배
한용한	최기준	권재환	리화수	안기학	나병청	이용길	천병석	이창열	박무수
문현수	박희영	손달익	김원욱	이종국	최승관	엄배순	김재옥	우애현	우복구
김범규	김승환	박승관	박상수	이흥만	김영결	조순장	송창용	윤영섭	안희홍
나홍석	심진봉	권호만	유용식	정승모	송경희	황홍렬	임광빈	김영호	윤창오
나은형	김봉수	윤상천	정영춘	명종남	문상훈	공동영	조석원	황영수	임대식

과연주	김용문	문용오	문영일	김원진	정종립	이승남	최옥서	정북훈	이오근
노문주	김화원	최경만	이승남	성국경	이주찬	임현선	이중삼	임재영	정용주
이준호	정희찬	이상주	천정명	유익현	노재건	홍인식	이생호	박임배	정행업
김영곤	안병호	조기성	차대현	이재우	나승율	양기동	김병찬	조기봉	박성규
지선명	정명희	현순호	이만희	이길영	이영재	구대수	조창현	유미란	추교화
김용우	안병팔	정용철	윤순재	김길흥	한철인	김남철	한봉길	홍문식	홍 기
정도성	정성하	이규대	류동수	황필규	설호희	함종현	나요섭	김성복	유승기
안정찬	최현성	정선웅	홍담연	이철규	민은영	최창의	이영기	서기남	전준식
김춘삼	김영규	안교성	박상진	정현재	정홍렬	허봉기	김성진	송화섭	이정권
전명호	김양중	강오철	이승호	박문재	강일준	신현경	구영기	신 정	박남주
김흥자	최대원	김은진	신옥수	이진호	박용화	채수용	김지호	공석초	김만배
배효건	신광호	안혜련	이영희	김병열	박성도	송순희	김영식	변영석	김경환
김재송	김진영	김승남	김시영	박동주	설은주	박태영	문영학	손영남	김영춘
신성환	류태성	노상용	신을철	강병회	김유곤	김준철	고성필	박미섭	김한억
권경흠	류인원	박금희	석기한	이계원	김재중	김철호	김경택	김종복	김윤한
김광철	조봉래	김진변	이성재	하장식	정승화	박무종	이철주	한봉길	정혜근
권용식	엄인영	박천웅	손철구	강성봉	박중수	박국대	김대복	이장호	김종우
정성진	김보현	김장렬	안광덕	조형래	홍성택	황남덕	황의성	신경섭	송은용
조성욱	최동환	황세형	박경천	이강원	김재겸	차정규	한철인	성강수	박승호
김호기	박호롱	천정명	이경용	김정호	정도성	임덕현	조재일	이사홍	최원칠
이진수	양봉호	정종모	전진구	지철수	추영남	권이준	이금호	이근형	조성기
이정현	이종식	오영주	최순종	조영훈	조원섭	박유철	정진호	장순택	이종숙
이상열	최혜진	재창종	우만재	신동설	오필승	유병현	오천숙	이동아	윤관현
이진식	정일영	김종식	임은환	정진모	정금교	정종훈	갈범석	이승왕	강평식
김사무엘									

31. 1987-21-성명서 ― "대통령 후보 선정에 대한 우리의 주장"

대통령 후보 선정에 대한 우리의 주장

온국민의 투쟁으로 이제 민주화의 문이 열렸다! 우리는 어떤 희생을 무릅쓰고라도 이 기회에 반듯이 민주사회를 이룩해야한다.

우리의 민주화는 단적으로 군사정권의 종식을 의미한다. 그것은 바로 군은 그 본래의 의무인 국가방위에 전념하므로 정치에 있어서 엄정중립을 지키도록하는 일이다.

그러기 위해서는 선거에서 압도적 승리로 국민에 절대지지를 받는 정부를 수립해야한다. 그러나 선거에 승리했어도 새정부가 민주사회를 수호하려면 다음의 과제들을 수행할수 있는 정책과 능력을 갖추어야한다.

1) 광주사태를 위시한 군사정권아래 희생된 원한을 해결 승화할수 있는 구체적 방안과 능력을 제시해야한다. 그것의 해결없이 새로운 민주사회를 시작할수 없으며 그것은 계속 민주사회를 위협하는 불씨가 될 것이다.

2) 산업사회 과정에서 빚어진 갈등을 해소할 수 있어야 한다. 그것은 공정한 분배체제를 수립하는 일이다. 노동자와 농민이 더불어 잘 살수있는 의지와 정책없이 안정된 민주사회를 지향할 수 없다.

3) 분단상황을 극복하고 통일문제를 해결해야 한다. 바로 이 분단상황이 군사 독재의 구실이 되어 왔기때문에 그것의 극복없이 참된 민주사회 수립은 불가능하다.

그런데 수권정당으로 나선 민주당이 이같은 중대문제에 대한 뚜렷한 정책을 내세워 국민의 뜻을 물으려는 자세는 보이지않고 어이 정권인수가 기정사실화 된듯이 계파싸움에만 혈안이 된것 같은 인상을 주고 있다.

국민은 두 김씨를 잘알면서도 그들의 정치철학이나 정책을 잘 모른다. 그런것을 불문하고 대통령을 선택하라는 것인가 ? '나만 믿고 대통령으로 뽑아 달라'는 식의 후보자는 민주사회를 책임질수 없다. 대통령후보는 민주당내의 문제가 아니라 전국민의 문제이며 따라서 국민에 의해 결정돼야한다. 그런데 민주당은 국민의 뜻은 아랑곳없이 후보단일화를 장담하며 그것은 단 두사람의 담판으로 이룩될 수 있다는 태도는 전혀 납득이 되지 않는다. 물론 우리의 현실이 국민의 뜻을 객관적으로 밝힐 처지가 아님을 모르는바 아니다.

그러나 어떤 형태로든지 국민에게 물으려는 노력없이 계파간에서 서로 우선권의 명분을 내세우며 심지어는 80년도에 집권욕 때문에 조작한 과문서까지 유포 시키므로 국민을 현혹하게 하거나, 어떤 후보는 비토 세력이 있어 안된다는 등의 구실로 대권이 사율화의 대상인듯한 설왕설래는 국민을 분노하게 한다.

무엇보다 군세력의 반발을 문제로 제시하는 것은 민주화의 목적을 근본적으로 망각하는 언동이다. 그렇다면 앞으로의 민주사회도 "비토 그룹"에 종속된 채 건설하겠다는 것인가?

민주당은 당당하게 국민앞에서 납득할만한 원칙위에서 후보자를 선출할 수 있는 방법을 제시하고 그 범위에서 협상해야하며 그리고 그런 과정에서 결정된 바를 승복할뿐 아니라 진정한 민주화를 위해 함께 나갈수 있는 의지와 장치를 마련하여 국민에게 제시하여야한다.

우리는 아직 엄존하는 군사정권밑에 있으며 아직도 예측 불허하는 난제들을 앞에 두고 있다 국민의 관심은 참된 나라건설에 있지 민주당이거나 어떤 계보에 있는 것이 아니다.

민주당은 국민의 입장에 서야한다. 그러므로 계파간의 이해관계를 초월한 결단을 내려야 만다. 그렇지 않으면 민주당은 국민에게 버림을 받을 것이다.

1987년 9월 28일

함석헌	문익환	윤반웅	홍남순	이태영	조아라
박세경	강희남	조남기	안병무	조용술	김윤식
예춘호	은명기	고 은	지 선	박용길	이우정
박영숙	이소선	성래운	이문영	문동환	박희준
명노근	김병걸	송기숙	김동원	노희관	이방기
이광우	홍성현	우창웅	임영천	김호현	한승헌
이기용	유기선	김경섭	김경식	임기준	박종기
남재희	김재열	금영균	고영근	김상근	조승혁
오충일	윤기석	최성묵	윤응오	정규오	조경대
조철현	김정수	이병보	손종의	박성훈	김민수
김창호					

(민주화운동기념사업회 아카이브에서 인용)

32. 1987-22-사건 개요 — 23차 연행사건

고영근목사 연행 사건

고영근목사 (한국목민선교회 회장) 는 1987년 9월 28일 저벽 화곡동자택에서 강서경찰서 대공과 형사들에게 연행, 시경 공안수사부에서 조사를 받고 응암동소재 직결재판소에서 구류 5일을 받고 동대문 경찰서에 수감되었읍니다.

고영근목사는 1987년 8월 12일 대전에서 강연한 내용과 9월 21일 노태우 방미와 관련, 성명서 (미국정부의 불의하고 간악한 대한 정책을 규탄한다) 를 발표했다는 것이 문제가 되어 구류를 살게되었읍니다. 민주화를 한다고장담한 현정권이 목사의 강연 내용을 트집잡고 성직자를 구류에 처하는 것은 납득할 수 없는 비민주적 처사라 아니할 수 없읍니다. 온 국민은 군사독재정권의 비민주적 언론, 자유탄압을 파감히 규탄하고 민주화에 더욱더 매진합시다.

-강 연 내 용-

오늘 우리 조국이 일제에서 해방된지 42년동안 북한은 소련에 의하여, 남한은 미국에 의하여 실제적 지배를 받고 있으니 통탄을 금할 수 없읍니다. 우리민족이 외침내환에서 생존자유를 성취하려면 금년가을 선거혁명으로 민주화를 쟁취하는 길뿐입니다. 지금 미국은 유능한 정치인인 김대중선생의 출마자유를 봉쇄시키고 노태우를 내세워 또다시 한국에 군벌정권을 수립하려고 무서운 공작정치를 자행하고 있읍니다.

우리민족은 대오각성하여 미국과 군벌이 기피하는 김대중선생을 기어이 출마시키고 그반면 미국과 군벌이 내세우려는 노태우에게는 한표도 찍어주지 아니하여 참패시킴으로써 우리민족이 '들쥐'가 아니라는 것을 미국과 온세계에 보여주는 동시에 자유민주주의를 쟁취하고 통일독립의 기초를 닦아야 하겠읍니다. 전두환과 노태우는 1979년 12월 12일 전방의 병력을 이끌고 당시 참모총장이며 계엄사령관인 정승화대장을 아무절차도 밟지 않고 종적을 가하여 상관을 체포하는 하극상과 군사반란의 범죄를 자행하였읍니다. 마땅히 군법에 의하여 엄벌을 받아야 할 처벌의 대상자들이 불법으로 대통령직과 요직을 7년간이나 지냈고 또다시 범죄의 주역인 노태우가 대통령에 출마하겠다고 하니 이는 하나님의 공의에 어긋나는 일이며 민주정신에 위배되는 일인 동시에 우리국민을 무시하는 처사가 아닐 수 없읍니다. 우리 국민은 또다시 군벌들의 감언이설에 속지말고, 그들의 협박앞에 떨지말며, 과감한 선거혁명으로 민주화를 쟁취해야 하겠읍니다.

우리는 모두 이시대의 예언자이며 민주투사이신 고영근목사님을 위하여 더많이 기도하고 뜨거운 성원을 아끼지 맙시다.

(고영근목사님은 이번 연행으로 23회째 고난을 겪고 있읍니다.)

1987년 9월 30일

한국목민선교회
한국민주기도협의회

(연락처 서울특별시 강서구 화곡동 344-6)

33. 1987-23-성명서 — "민주화를 위한 후보단일화에 대한 우리의 견해"

민주화를 위한 후보 단일화에 대한 우리의 견해

1971년 이후 16년 만에 맞는 이번 대통령 선거는, 오랫동안 계속되어온 권위주의적 군사통치로부터 국민이 주인이 되는 민주체제로의 전환점이 되는 중대한 역사적 의미를 지닌다. 따라서 이번 선거에 거는 국민의 기대가 그 어느때보다도 크며, 특히 전 국민적 민주화 투쟁의 결과로 대통령 중심 직선제 개헌이 이루어 지는 것이므로 이제 국민들의 관심이 민주 대통령 후보에 집중되고 있다.

우리는 민주 세력의 후보 단일화에 관련하여 그간에 진행되어온 논의의 과정을 지켜보면서 비민주적이고 무원칙한 논리들이 범람하고 국민의 이해보다 계보의 이해가 앞서는 것을 보고, 우리의 견해를 다음과 같이 피력하고자 한다.

1. 이번 선거의 가장 중대한 의미는 군사통치에서 문민정치로의 완전한 전환과 유신잔재의 깨끗한 청산에 있다고 본다. 군부의 세력적 배경과 군사통치의 연장선상에서 형성된 정치권력이나 정치 지도자는 새로운 문민시대의 주역이 될 수 없음이 명백하다. 또한 유신체제는 이미 국민에 의해 거부되고 역사적인 심판이 끝난 것임에 비추어, 유신의 주역이 이제 새삼스럽게 국민의 심판을 받겠다는 것은 역사와 국민을 우롱하는 태도이다.

2. 이번 선거는 '유신·일부 정치화된 군부 세력'과 '민주세력'과의 대결에 그 핵심이 있으며, 따라서 민주세력의 후보 단일화는 민주화를 원하는 국민들의 절실한 기대와 요구에 대한 대전제가 되어야 한다고 본다. 그러나, 민주세력의 후보 단일화는 "내가 아니면 안된다"는 아집이나 누구는 안된다"는 부정적인 이유나 계보 논리에서가 아니고 민주주의를 실천해가는데 필요한 원칙과 국민적 요구에 의해 이루어져야 한다. 후보단일화는, 양 김씨만의 협의나 협상에 의해서 이루어지거나, 나름을 더 사랑하는 사람이 양보해야 한다는 식의 논리로 추진 되어서는 안되며, 국민을 배제한 채 민주당 양 계파의 대결과 협상에 의해서 이루어져서도 안되고 그 성명도 없다고 본다.

3. 우리는 '무조건적 조속한 단일화' 논리를 반대한다. 이 논리는 오늘 양 김씨 담판의 결렬로 국민들에게 실망을 안겨 주었을 뿐이며, 이것은 상식적인 판단으로도 넉넉히 예견할 수 있었던 일이었다. 오늘 국민들에게 준 커다란 실망감의 전적인 책임은 바로 이 '무조건적 조속한 단일화' 논리에 기인한다고 본다.

4. 우리는 민주 세력의 후보단일화 과정 자체가 군부독재 종식을 위한 국민적의지와 역량을 결집, 강화하는 과정이 되어야 하며, 동시에 새로운 민간 민주 정부의 청사진을 마련하기 위한 국민 모두의 요구를 수렴하는 과정이 되어야 한다고 믿는다. 이를 위해서는 양김씨가 이제부터라도 국민과의 직접 대화를 통해서 민주화 열기를 고취시키고 정책토론을 전개하면서 국민적 지지도를 확인하는 과정을 밟는 것이 바람직하다고 생각한다. 그리고 이러한 과정을 통해 (사실상의 예비선거식 과정을 거쳐) 국민에 의한 선택으로 단일화가 이루어져야 한다고 믿는다.

5. 우리는 민주세력 안에서의 후보단일화 논의에 있어 비민주적인 논리들이 후보선정의 기준으로 제시되는 것을 경계한다.

   (1) 국민의 의사나 결집 위에 머물 그룹을 상정하는 논리는 지금까지의 군인 정치를 정당화하는 위험 천만한 발상이라고 본다. 우리의 민주화 투쟁은 바로 군부가 국민위에 군림하는 것을 거부하는 싸움이었다. 군부의 반발을 기피하려는 의도가 국민의 선택에 선행하여 민주 대통령후보 선정의 기준으로 거론되는 것은 반민주적, 시대역행적 논리라고 생각한다.

   (2) 5.18광주 사태의 당사자는 국민화합을 위해서 부적절이고 갈등의 당사자가 아닌 제3자가 해결해야 한다는 논리 또는 설득력이 없다고 본다. 국민들의 민주화투쟁의지가 폭발적으로 결집된 중요한 이유의 하나가 5.18광주 사태에 연루하는 제5공화국의 정통성 시비에 있다고 볼때, 정통성 시비에 대한 논쟁을 배제하고 민주 대통령 후보를 선정하자는 것은 어불성설이다.

   (3) "지역감정해소를 위해 영호남의 후보가 대결해서는 안된다"는 논리는 오히려 "그러면 영남끼리만 대결하라는 것인가?"라는 반사적 논리를 유발시킨다. 민주대통령 후보를 선정함에 있어 특정 지역 출신에 대한 부정적 평가로 자격을 논하는 것은 봉건적 편견이다. 현실적으로 지역에 소속되지 않은 후보자가 있을 수 없음에 비추어, 특정지역 출신은 안된다는 말은 그 자체가 지역대결 감정을 부채질하고 이를 격화시킨다.

6. 우리는 대통령중심제하의 새 정부를 책임질 지도자는 그 역사적 사명이 중차대한 만큼, 냉철한 역사의식을 가지고 국민을 섬기는 민주적 지도자여야 한다고 본다. 우리는 사회의 시대적 과제인 탈군부 문민정치화, 계층간, 지역간 갈등의 해소, 자주적 외교노선과 분단된 민족의 평화적 통일을 지향하는 역사의식과 이에 근거한 정책의 제시야말로, 후보선정에 있어서나 대통령선거에 있어 가장 중요한 국민적 판단과 선택의 기준이 되어야 함을 다시한번 확인한다. 우리 국민이 바라던 새로운 역사적 전환점에서 민주 세력의 후보 단일화가, 비민주적이고, 시대역행적 논리에 의해 아무어 진다면, 이것은 국민의 심판을 다시 받아야 마땅하다. 민주주의의 기본 원칙과 실현의지가 후보단일화 논의의 중심에 서기를 기대한다.

1987년 10월 5일

함석헌 김광석 윤반웅 박세경 강희남 지 선 조남기 안병무 조용술 은명기 이태영 이우정 문동환 고 은
박용길 박영숙 김관규 이소선 이문영 탁희준 성래운 명노근 장을병 고영근 예춘호 김용복 송기숙 김병걸
한승헌 김상근 임기준 최성묵 홍성현 금영균 박종기 김재열 조승혁 문용오 문정식 성규오 조경대 김호현
조철현 날재희 이소라 전계량

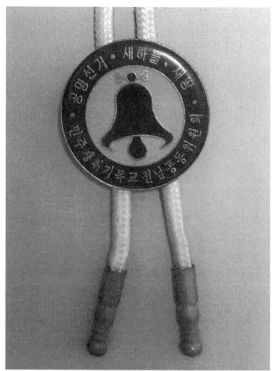 

공명선거를 위해 당대 제작한 기념품. 서양에서 넥타이 대신 메달이나 보석에 끈을 매달아 만든 것에 착안하여 더운 여름에 조이는 타이 대신 편하게 착용하여 목회자들의 동질감을 위하고 재원 모금을 위해서 제작된 볼로타이 일종이다 (설명: 유재무 목사).

34. 1987-25-출석요구서 - 대통령 선거법 위반 사건처리 문의

제5호   1987. 11. 30

출석요구서

에 대한 사건 처리를 위
하여 문의할 일이 있으니87 년11 월
일 부터 11 월30 일 사이의 0 시
에 수사과 형사제 2 반으로 이 출
석요구서와 인장 및 주민등록증을
가지고 나와 주시기 바라며 출석하
시기전에 월 일 시에 출석할
것인지를 전화   번으로 사건담
당자에게 알려 주시기 바랍니다.

경찰서 수사과

사법경찰관 경위 박 해 수
시천담당자

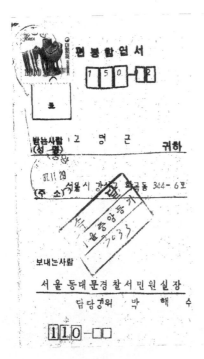

제 1520 호   1987. 11. 28

출석요구서

에 대한 사건 처리를 위
하여 문의할 일이 있으니87 년11 월
30 일 부터 12 월 1 일 사이의 11:00시
에 수사과 형사계 2 반으로 이 출
석요구서와 인장 및 주민등록증을
가지고 나와 주시기 바라며 출석하
시기전에 11 월 30 일 10 시에 출석할
것인지를 전화 765-2134 번으로 사건담
당자에게 알려 주시기 바랍니다.

동 대 문 경찰서 수사과

사법경찰관 경위 박 해
시천담당자 경장 김 상 억

제　호　　　　　　198７.12.2.

출 석 요 구 서

지하 에 대한 대통령 선거법위반 건 처리를

위하여 문의할 일이 있으니 1987년 12월

5 일부터　　월　　일 사이의

시에 형사과 지능 제 2 반으로

이출석요구서와 인장 및 주민등록증을

가지고 나와주시기 바라며 출석하시기

전에　　월　　일　　시에 출석할

것인지를 전화 762-800번으로 사건담

당자에게 알려 주시기 바랍니다.

서울특별시　경찰국　형사과

사법경찰관 경위 이봉구

전화 —　　사건담당자 경사 백창현 ㊞

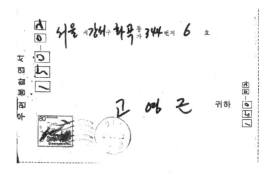

서울 강서구 화곡동 344번지 6 호

고 영 근 귀하

서울중로구 인의동 48-26
（우. 로멸청사내）

서울특별시경찰국
형사과
知能係

35. 1987-26-답변서 — 주한미국 릴리 대사 답변서(원문 및 해석본)

Embassy of the United States of America

Seoul, Korea

December 9, 1987

Reverend Ko Young-geun
c/o Korean Democratic Prayer's Association
136-46 Yonji-dong, Jongro-ku
Seoul

Dear Reverend Ko:

Thank you for your most recent letter to me dated November 20. I understand that over the years you have met often with U.S. Embassy officers including Kathy Stephens and Alex Arvizu, so I believe you are well acquainted with U.S. policy with respect to Korea. I would, however, like to comment on the three points you raise in your letter.

1. <u>We wish you to withdraw your wrongful policy of setting up a regime under Roh Tae Woo.</u>

In less than ten days, Koreans will participate in a truly historic election, one that will enable them to select the president in Korea's first direct presidential election in sixteen years. Our position on the election is clear: we support wholeheartedly the concept of fair and open elections. Our position on the candidates is equally clear: we are neutral; we do not, and will not, support any particular candidate for president. Any candidate who claims that he has or will get the support of the U.S. Government as a candidate is wrong: we support the process, not any individual or party. This point was made clear in a July speech by Assistant Secretary of State Gaston Sigur and has been reaffirmed time and time again by official spokesmen. I have enclosed a copy of Dr. Sigur's speech for your reference.

2. <u>We urge you not to pursue the so-called "gradual democratization" policy.</u>

The pace of democratization is up to the Korean people. We support wholeheartedly the Korean people's aspirations for greater democratization and we are encouraged by the progress being made in that regard. At the same time, the vast majority of Koreans with whom I have met understand that "democratization" is not something that happens overnight. It is a process of institution building, of instituting checks and balances, and its ultimate success

will depend on the Korean people, not on the United
States. The first, and most important step, will be a
free election on December 16 in which the Korean people
choose their own president. The U.S. will congratulate
and work with whoever wins. We hope all Koreans, no
matter who they supported in the election, will do the
same.

3. <u>We ask your positive cooperation in the
establishment of a fresh and truly democratic government.</u>

Please rest assured that the U.S. Government looks forward
to cooperating closely with the next democratically
elected government of the Korean people. Only the Korean
voters will decide who this will be. But whoever is the
elected choice of the Korean people, I can say with full
confidence that the U.S. Government would look forward to
working with his administration.

I hope this letter clarifies some of the
misunderstandings you may have had about U.S. policy and
that you will relay these views to your colleagues. In
the meantime, I hope that you will keep in contact with
our Embassy officers in what I hope are mutually
productive exchanges.

Sincerely,

James R. Lilley
American Ambassador

Encl.: Speech by Dr. Sigur

대한민국 서울

주한 미국 대사관

1987년 12월 9일

서울 종로구 연지동 136-46 한국민주기도협의회

고영근 목사님 귀하

친애하는 고목사님,

최근 11월 20일자로 저에게 보내주신 서신에 감사의 말씀을 전합니다. 저는 목사님께서 수년간 캐시 스티븐스와 알렉스 아비주 등 미국 대사관 직원들과 만나 오셨다는 사실을 알고 있으며, 그렇기 때문에 목사님께서 미국의 대한(對韓) 정책에 관하여 매우 잘 인지하고 계시리라 믿고 있습니다. 그러나 목사님께서 서신을 통해 제시하신 세 가지 사안에 관하여 다음과 같이 말씀드리고자 합니다.

1. 우리 정부가 노태우 정권 수립에 일조한다는 목사님의 부당한 주장을 철회하시기 바랍니다.

   앞으로 열흘이 채 안 되는 시일 내에 한국 국민은 16년 만의 대한민국 첫 대통령 직선제를 통해 자신들의 대통령을 스스로 선출할 수 있는 참으로 역사적인 선거에서 표를 행사할 것입니다. 이번 선거에 대한 미국 정부의 입장은 다음과 같이 분명합니다. 미국 정부는 전적으로 공정하고 투명한 선거를 지지합니다. 또한 대통령 후보들에 대한 미국 정부의 입장 역시 동일하게 다음과 같이 명확합니다. 중립적이며 결코 그 어떤 특정 후보도 대통령에 당선시키기 위해 지지하지 않습니다. 미국 정부의 지원을 받고 있거나 받을 것이라고 주장하는 후보가 있다면 이는 허위입니다. 우리 정부는 선거의 과정을 지지할 뿐 특정 개인이나 정당을 지지하지 않습니다. 이 점은 지난 7월에 있었던 가스통 시거 국무부 차관보의 연설에서 명확히 밝힌 바 있으며, 공식 대변인을 통해 수차례 반복하여 확인한 사항입니다. 목사님께서 참고하실 수 있도록 시거 박사의 연설문을 동봉하였습니다.

2. 우리 정부는 목사님께서 소위 "점진적 민주화" 정책에 관해 더 이상 이의 제기를 하지 않기를 촉구합니다.

   민주화의 속도는 한국 국민의 몫입니다. 우리 정부는 더 위대한 민주화를 향한 한국 국민의 염원을 진심으로 지지하고 있으며 이러한 관점에서 이루어지는 진보에 고무되고 있습니다. 이와 동시에 제가 만나 본 대다수의 한국인은 "민주화"란 하루아침에 이루어지는 것이 아니라는 사실을 알고 있습니다. 민주화란 제도를 확립하고 견제와 균형을 구축하는 과정이며, 궁극적으로 민주화의 성공은 미국이 아닌 한국 국민에게 달려 있습니다. 한국 국민이 자신의 대통령을 직접 뽑게 될 12월 16일의 자유선거는 그러한 민주화의 시작이자 가장 중요한 발걸음이 될 것입니다. 미국은 어느 후보가 당선되더라도 당선을 축하하고 협력할 것입니다. 우리 정부는 한국 국민 모두가 이번 선거에서 자신이 지지했던 후보가 누구였든 상관없이 같은 마음이기를 희망합니다.

3. 우리 정부는 목사님께서 새로 들어설 진정한 민주 정부 구축에 적극적으로 협조해 주시기를 부탁드립니다.

미국 정부가 국민에 의해 민주적으로 선출된 차기 한국 정부와 긴밀히 협력하기를 기대하고 있다는 사실은 의심의 여지가 없습니다. 오직 한국 유권자만이 어느 후보를 대통령으로 뽑을지 결정할 것입니다. 그리고 저는 한국 국민이 선택하는 대통령이라면 그 누구라도 상관없이 미국 정부가 새 행정부와 협력하기를 기대하고 있다고 자신있게 말씀드릴 수 있습니다.

본 서신을 통해 혹시라도 있을 지 모를 미국 정책에 관한 목사님의 오해가 해소되고 목사님을 통해 그러한 견해가 뜻을 함께 하는 분들께 전달되기를 바랍니다. 이와 더불어 제가 바라는 상호 생산적인 교류 측면에서 우리 대사관 직원들에게 지속적으로 연락 주시기를 바라겠습니다.

감사합니다.

미국 대사 제임스 R. 릴리 배상

동봉: 시거 박사 연설문

36. 1987-27-호소문 — 눈물의 호소

눈물의 호소

국내외에서 조국의 민주화를 위하여 물심양면으로 충성하신 귀하의 가정위에 하나님의 크신 은총이 임하기를 기원하며 또한편 깊은 감사와 경의를 드립니다.

이번 선거에서 군부정권은 금권, 관권, 컴퓨터로 엄청난 부정을 자행하여 조국의 민주화는 또다시 용배가 가로 놓이는 위기에 직면해 있습니다.

지금 전국에서 부정선거에 대해 무효화 선언을 하고 군부독재의 퇴진을 요구하는 함성이 요원의 불길처럼 확산되고 있읍니다.

우리는 결단코 부정선거에 승복하고 좌시할수만 없읍니다. 부정선거의 무효를 외쳐서 기어이 민주화를 쟁취해야만 합니다. 지금 부정선거에 항의하는 애국시민 수천명이 연행, 비참한 구타를 당하며 사경을 헤메고 있는 국민들이 계속 불어나고 있읍니다.

눈물없이는 애국시민이 당하는 참상을 차마 볼수가 없읍니다. 팔다리와 바라기 ~~~~ 머리가 ~~~~ 밤안에 ~~~~ 애국시민을 위문할때 빈 손으로 위문해야 하는 우리들의 피로운 심정 또한 말로 형용할수가 없었읍니다.

우리를 대신하여 고난의 십자가를 지고 불구자가 되어 죽어가는 그분들에게 얼굴을 들수가 없었읍니다. 이 긴급하고 절박한 현실앞에서 체면을 생각할 여지없이 또다시 귀하에게 모금을 호소하오니 가급적 빠른 시일내에 모금하여 성원해 주시면 감사하겠읍니다.

우리는 결단코 승리의 그날까지 선한 싸움을 멈추지 말아야 하겠읍니다. 사망권세와 불의한 권세를 이기시고 부활하신 우리 주님께서 주시는 성령의 능력으로 우리 힘차게 전진 또 전진합시다.

승리는 우리의 것입니다.

1987. 12. 19에

고명근이가 호소합니다.

37. 1987-2-27-서간문 — 토론토 한인연합교회 - 김익선 목사

고 목사님

건투를 빕니다

삼면 속에서 새 희망을 찾아 분심시다

믿을 수 없는 건 인간 입니다. 하나님께서 무슨 기회를
받아 감영하지 못해도나 누구의 괄목물을 돕지지 말고
동회의 아픔을 속에 놀아야 되리라 생각합니다.

또 하나님 및 □□ 을 돌본하도, 말음시면 목에
갇혀있는 양심수를 위해 써 주십시오. 멀수록
이런 인권 액수를 더욱 돌본 해앱합니다. 교회 회로
입니다. 우리의 뜻이 다가져지 않기나
목사님. 사업님 그리고 자녀들의 건강을 빕니다
그모든 일째 나라 분들에 리틀비로도 써 주십시오

하나님이 도와주나 참내나 사랑의 목사님 하시는
할들기 좋만 하시기를 빕니다

                                              1,987년 1월 2□일
                                         토론토한인연합교회
                                              김익선목사

옥에 갇혀 있는 양심수를 위해
써 주십시오.

38. 1987-27-서간문 — 고영근 목사 보고서

토론을 하던 언행교회 청년 여러분

살에서 하나님의 크신 은총이 청년여러분 가정마다 교회의
내 출만 하기 넘치기를 기도합니다. 여러분께서 모아주신
정금은 다음과 같이 별기 사직서를 첨부하여 보내아 있음을
알려드립니다.

　(一)　민주화투쟁 단체에게 찬조　　　　20만원

1. 국본부당기투쟁 합의회 (대동한 창호)　　10만원
2. 범민족세력총합 추진회 (대동 이상수)　　5만원
3. 국본사건 부상자 사면에게로 양친대지금비　5만원

　(二)　구속자 위한 영치금　　　　　　40만원

이름	사건명	죄목	구감처	액수	영수자
김리선	국본부광천거 가만서	서울교 보안법	서울구치로	30,000	박남식
김병로	〃	민충법	〃	〃	박용숙
이창로	〃	경인열	영등포구치로	〃	안수옥
김명기	〃	학생	〃	〃	김광민
황세인	〃	〃	〃	〃	윤길순
우등우	〃	쁘친데	〃	〃	김옥섭
다민호	〃	학생	〃	〃	강성자
최옥영	〃	〃	〃	〃	홍해선

39. 1987-27-서간문 ─ 독일 토요기도회, 양원태 후원

존경하는 고영근 목사님

역사의 주이신 우리 하나님께서 목사님과 사모님, 그리고 온 가정위에와 목민선교 사업위에
한없는 사랑과 은총으로 함께 하시기를 기원합니다.
목사님께서 지난 6월 2일자로 보내주신 서신은 잘 받아 보았습니다. 아직도 정부에서 여러 가지
일들을 가지고 고 목사님의 활동을 제한하고 억제하는 소식을 듣고 속에서 울분이 오릅니다.
아무쪼록 모든 일들위에 하나님의 능력과 간섭이 함께 하셔서 목사님과 저희들이 함께 만나서
우리 하나님의 크신 사랑과 능력을 찬양드릴 수 있는 기회를 우리들에게 주시옵기만 기도드립니다.

저희들이 이 곳에서 양원태 군을 후원하는 사업을 위해 모금을 하였기에 이 편지에 그 액수와
회원 명단을 알려드리오니 목사님 앞으로 송금된 금액을 전달해 주시고 그 영수증을 보내주시면
저희들에게 기쁨이 되겠습니다.
이런 저런 짓궂은 어려운 일들을 저희들을 대신해서 도와 주시는 목사님과 목민선교회에
깊은 감사와 함께 저희들의 부족한 성원을 용서하시기를 아울러 빕니다.

1. 방우찬 230마르크   2. 이준식 250마르크   3. 임근수 250마르크
4. 서의실 250마르크   5. 토요기도회 250마르크   합계 1,230마르크

모두 성의가 부족해서 적은 정성을 보냅니다. 아직도 이 모금을 하고 있지만 또 다시 보내기로 하고
먼저 보내는 것입니다.
우리의 조국의 민주화와 평화통일이 이제는 더 이상 외로운 이들의 피흘림이 없이 우리에게 함께
주님의 고난에 동참하게 하시고 우리와 함께 민주와 평화와 민족의 자주로 인도하시는 성령의 크신 능력이
우리민족과 교회위에 함께 하시기를 기도합니다. 고 목사님위에 주님의 크신 은총과 위로가 항상 함께
하시기를 빌며 안녕히 계십시오.

재독 노르트라인 베스트활렌 기독교 한인교회 연합회 토요기도회
운영위원 최영옥, 이준식, 서의실 올림

1988. 6. 23.

부 록

형태별 사료 목록

	분류	내용	년.월.일	출처
1	설교문	나를 보내소서	1981. 1. 21.	예장청년 겨울선교대회
		순교의 제물이 되자	1982. 1. 27.	예장청년 겨울선교대회
		순국열사의 핏소리	1982. 5. 18.	광주 2주기 추모예배
		우리 민족의 나아갈 길	1983. 10~12.	미국, 캐나다, 독일교포
		정의를 확립하자	1983. 2. 24.	문부식 구명운동(부산미문화원방화 사건) 한국기독교교회협의회 목요기도회 설교
		기독교의 세 가지 원리	1984. 1. 18.	예장청년 겨울선교대회
		회개치 않으면 망하리라	1984. 5. 3.	목요기도회 설교
		광주시민 학살한 전두환과 한국교회 모두 회개하라	1984. 7. 16.	박조준 목사 구속사건 진상규명을 위한 목요기도회
		가난한 자의 호소	1984. 8. 29.	청주 고난받는자를 위한 예배, 청주 도시산업선교회
		회개하라 천국이 가까웠느니라 광주 시민 학살 죄를 회개하라	1985. 5. 6.	「나라를 위한 기도회」&광주 앰네스티 공동주최 설교
		느헤미야의 구국운동 (초안 첨부)	1985. 9. 2.	목요기도회 설교
		회개하라 천국이(민주화가) 가까우니라	1986. 9. 11.	목요기도회 설교
		한국교회의 나아갈 길	1986. 10. 30.	목요기도회 설교
		기독교와 민주주의	1987. 5. 15.	순천노회 주최, 「나라를 위한 기도회」 설교
		우리 민족의 나아갈 길	1985. 8. 15.	전주 완산교회 시국 설교
		지도자의 자세와 민중의 각오	1985.	날짜 미상
		강폭하지말고 무소하지 말라	1985. 10. 17.	인권예배
		십자가와 부활	1986. 4. 20.	전주 4.19 기념예배
		회개하라 천국(민주화)이 가까우니라	1986. 9. 11.	목요기도회 설교
		한국교회의 나아갈 길	1986. 10. 30.	목요기도회 설교
		한국교회의 3대 사명	1986	날짜 미상
		예수께서 세상에 오신 목적	1986. 12. 21.	갈릴리교회 시국 설교

	분류	내용	년.월.일	출처
		한국교회의 나아갈 길	1987. 1. 12.	예장 경동노회 청년 수련회
		민주주의의 네 가지 기본정신	1987. 2.	박종철 추모예배 설교
		강하고 담대하라	1987. 2. 28.	암사동 철거민 예배 설교
		한국 사회와 인권	1987. 3. 16.	정릉교회 시국 설교
		기독교와 민주주의 & 기독청년의 사명	1987. 5. 15.	순천노회 「나라를 위한 기도회」
		좌로나 우로나 치우치지 말라	1987. 7. 12.	목민교회 시국 설교
		순교자의 수가 차기까지	1987. 7. 23.	임기윤 목사 추모예배
		민족, 민주, 복음	1987. 9. 12.	장로회신대원 사경회
2	성명서	1. 오늘의 민주국민선언	1984. 5. 16.	재야간담회(23명)
		2. 새로운 항일의 깃발을 드높이자	1984. 9. 2.	일본재침략저지위원회(77명)
		3. 총선에 즈음하여	1985. 2.	재야간담회
		4. 양심수는 지체없이 석방되어야 한다	1985. 5. 2.	재야간담회(19명)
		5. 현 시국에 대한 우리의 입장	1985. 8. 27.	재야간담회(20명)
		6. 조국의 위기 타개를 위한 우리의 제언	1986. 1. 12.	재야간담회(21명)
		7. 개헌 정국을 보는 우리의 입장	1986. 6. 24.	재야간담회(20명)
		8. 권 양에게	1986. 7. 25.	재야간담회(20명)
		9. 전두환 정권의 영구집권 음모를 규탄한다	1986. 10. 24.	고영근
		10. 이민우 총재에게 드리는 공개권고문	1987. 3. 14.	고영근
		11. 소위 신민당 비주류의원에게 보내는 공개권고문	1987. 3. 21.	고영근
		12. 민정당의 내각제안은 공산당식 내각제와 방불하다	1987. 3. 16.	한국목민선교회
		13. 통일민주당의 창당을 지지하며 성 민한다	1987. 4. 10.	27인(윤반웅, 고영근 등)
		13. 악인은 임시승리, 의인은 최후승리!	1987. 4. 30.	고영근
		14. 김영삼 총재님께 드리는 공개 권고문	1987. 7. 23.	고영근
		15. 노태우 총재대행에게 드리는 공개 권고문	1987. 7. 23.	고영근

	분류	내용	년.월.일	출처
		16. 대통령 후보선정에 대한 우리의 입장	1987. 9. 28.	재야, 기독인 61명 서명
		17. 민주화를 위한 후보단일화에 대한 우리의 견해	1987. 10. 5.	46인(함석헌, 김관석, 윤반웅 등)
3	미국 정부의 대한정책 비판성명서	1. 미국 정부의 대한정책 시정을 촉구합니다.	1980. 7. 7.	고영근
		2. 레이건 정부에게 드리는 공개 권고문	1986. 8. 1.	발기인 9명, 서명자 300명
		3. 릴리 대사에게 드리는 공개 권고문	1987. 2. 3.	한국목민선교회 고영근 외 7인 임원
		4. 릴리 대사님께 드리는 공개 권고문 (두 번째)	1987. 3. 24.	한국목민선교회 대표 고영근
		5. 시거 차관보의 대한정책을 비판한다 & 릴리 대사 답변	1987. 4. 3.	고영근
		6. 미국 정부의 불의하고 간악한 대한정책을 규탄한다	1987. 6. 12.	발기인 5명, 서명자 1,050명(2차 9. 12)
		7. 릴리 대사에게 보내는 공개 권고문 (세 번째)	1987. 7. 22.	고영근
		8. 릴리대사 답변서	1987. 12. 9.	릴리
4	진정서 기도문 호소문 추모사	1. 고 임기윤 목사 추모예배 추모사	1982. 7. 6.	고영근
		2. 미문화원 방화사건 진정서	1983. 2. 17.	고영근(문부식 구명운동)
		3. 옥에 갇힌 자를 돌아봅시다	1985. 3. 20.	인권위원회 후원회 호소문
		4. 목요기도회 헌금기도문	1986. 1. 16.	고영근(한국기독교교회협의회 목요기도회)
		5. 눈물의 호소	1987. 12. 19.	고영근
5	저서	1. 민족의 나아갈 길	1982. 9.	한국목민선교회
		2. 우리 민족의 나아갈 길 1~6권	1984~1985	한국목민선교회
		3. 민주화냐 독재연장이냐 1	1987	한국목민선교회
6	본인회고록	1. 부산 대연교회 부흥회 압력	1980. 5. 26.	죽음의 고비 4
		2. 동노회연합집회 압력	1980. 6. 25.	죽음의 고비 2
		3. 성남 주민교회 부흥회 압력	1980. 9. 15.	죽음의 고비 2
		4. 전북 김제 난산교회 설교	1981. 2. 7.	죽음의 고비 2
		5. 부산동노회 청년부흥회	1981. 8. 13.	죽음의 고비 2
		6. 청주 노동교회 (정진동목사)	1981. 11. 12.	죽음의 고비 2

	분류	내용	년.월.일	출처
		7. 장강영 청년연합집회	1982. 4. 14.	죽음의 고비 2, 4
		8. 부산지구 교역자 수련회	1982. 6. 7.	죽음의 고비 2
		9. 문부식, 김현장 구명운동 건의	1982. 10. 5.	죽음의 고비 3
		10. 광주항쟁 3주기 추모예배 설교방해 납치	1983. 5. 19.	죽음의 고비 4
		11. 춘천지구 교역자 강좌회	1983. 6. 16.	죽음의 고비 2
		12. 이리지구 시사 강좌회	1983. 6. 21.	죽음의 고비 2
		13. 서울 한빛교회 수요예배 납치	1983. 6. 22.	죽음의 고비 4
		14. 5·18 예배방해 납치	1985. 5. 18.	죽음의 고비 3
		15. 민생문제와 학원안정법 문제 대한 국회의사당 시위 및 기도사건	1985. 8. 28.	죽음의 고비 3
		16. 상계동, 암사동 철거민 예배	1987. 2. 20, 28	죽음의 고비 2
		17. 목요예배 설교사건	1987. 3. 12.	한승헌, 『분단 시대의 피고들』 고영근 편
		18. 한신대 신앙수련회	1987. 4. 14.	죽음의 고비 3
		19. 광주 23명 목회자 삭발 농성	1987. 5. 4.	죽음의 고비 3
		20. 예장 목회자협의회 삭발 단식	1987. 5. 7.	죽음의 고비 3
		21. 고려대학교 나라를 위한 기도회	1987. 5. 13.	죽음의 고비 3
7	타인 구술 녹취록	1. 김대중 구명 활동	2021. 3. 17.	노경규 선생 전화 녹취록
		2. 광주 2주기 추모예배 설교	2020. 11. 4.	김병균 목사 구술 녹취록
		3. 광주 2주기 추모예배 설교	2019. 9. 25.	안성례 권사 구술 녹취록
		4. 광주 2주기 추모예배 설교	2020. 11. 4.	김경일 신부 구술 녹취록
		5. 문부식 구명 설교와 범인은닉 연행 사건	2021. 3. 10.	노경규 선생 구술 녹취록
		6. 이리지구 시사 강좌회	2020. 11. 5.	이동춘 목사 구술 녹취록
		7. 현대인을 위한 교양강좌회	2020. 11. 26.	임영천 교수 구술 녹취록
		8. 재야간담회	2020. 12. 8.	고은 시인 전화 녹취록
		9. 순천 나라를 위한 기도회	2020. 11. 27.	김영위 목사, 류춘호 선생 집담 구술 녹취록
8	서간문 (개인 및 공개 편지	1. 김영삼 총재님께 드립니다.	1980. 5. 16.	고영근
		2. 구속자에게 보내는 편지	1981. 4. 15.	고영근
		3. LA 최욱송	1985. 7. 30.	

	분류	내용	년.월.일	출처
		4. 시카고 김정호 목사	1985. 10. 3.	
		5. WCC 박경서 목사	1985. 9. 19.	
		6. 나성목요기도회 이종원	1985. 10. 31.	
		7. 투산장로교회 주보	1985. 12. 22.	
		8. 나성목요기도회 목회서신(김영철)	1985. 12. 25.	
		9. 정참종 독일교포, 구로공단지원	1985. 7. 30.	
		10. 워싱턴 영락교회 강요섭	1986. 1. 4.	
		11. 시카고 김정호 목사	1986. 1. 15.	
		12. 서독 장성환 목사	1986. 1. 29.	
		13. 서독 오충환 목사	1986. 2. 17.	
		14. 재독한인교회 장성환 목사	1986. 7. 17.	
		15. 캐나다 런던 작은 뜻 공천수목사	1986. 6. 30.	
		16. LA 최욱송	1986. 10. 12.	
		17. 시카고 김정호 목사	1986. 11. 10.	
		18. 나성 목요기도회 김영철 목사	1986. 11. 29.	
		19. 독일 토요기도회	1987. 1. 13.	
		20. 독일 토요기도회 서의실	1987. 1. 26.	
		21. 공개서한 "악인은 임시승리, 의인은 최후 승리"	1987. 4. 30.	고영근
		22. 독일 산동내	1987. 4. 18.	
		23. 캐나다 목요기도회 김화일	1987. 5. 2.	
		24. 토론토 한인연합회 김익선	1987. 11. 20.	
		25. 독일 서의실(양원태 후원)	1988. 6. 23.	
9	공문 및 영수증	1. 고난받는 형제를 위한 재정후원 요청의 건	1985. 3. 20.	한국기독교교회협의회 인권위원회 후원회
		2. 나라를 위한 기도회 알림 공문	1986. 6. 10.	한국 목민선교회
		3. 양심수 후원 요청의 건	1986. 6. 25.	한국기독교교회협의회 인권위원회 후원회
		4. 구속자를 위한 변호비 및 영치금 모금	1986. 10.	인권위원회
		5. 영치금 차입 내역 및 영수증	1986	한국목민선교회
		6. 홍성우 법률사무소 영수증	1987. 2. 13.	후원금 영수 내역, 홍성우

	분류	내용	년.월.일	출처
		7. 재판 방청에 대한 촉구공문	1987. 3. 16.	목민선교회
		8. 재판 반대 심문을 알림	1987. 3. 20.	목민선교회
10	수첩 및 소책자	1. 수첩(1980~1987년)		고영근
		2. 나를 보내소서	1981. 1. 21.	예장청년 겨울선교대회
		3. 순교의 제물이 되자	1983. 1. 27.	예장청년 겨울선교대회
		4. 현대인을 위한 교양강좌회	1983~1984	7~14호, 목민선교회
		5. 선교전략	1987. 9. 9.	장로회신대원 사경회
11	타인 기록문	1. 한승헌, 『불행한 조국의 임상노트』	1997. 6. 10.	일요신문사 편집부
		2. 6월항쟁 순천, 광양 구술조사서	2020. 12. 31.	(사)광주전남 6월항쟁
		3. 「인권소식」	1984~1987	한국기독교교회협의회 인권위원회
		4. 「민주화운동기념사업회」아카이브		
		5. 『한국기독교사회운동사』 10권, 1986~1987	2020. 11. 27.	한국기독교교회협의회
		6. 인권위원회 회의록		NCC 인권위원회
		7. 『김경일 신부의 삶 이야기』	2019. 3. 20.	김경일, 도서출판 쇠뜨기
12	자필 기록문	1. 구속자 위한 성금 전달 내역	1987	자필 기록문 105번, 106번
		2. 교도소별 구속자 명단	1982~1984	서류
		3. 해외 집회 및 구속자 성금 현황	1983	자필 기록문 108번
13	개인 소장품	1. 문구류: 안경, 시계, 만년필 등		유족
		2. 의류: 국민복, 성직자 보라색 셔츠, 목사 가운 등		유족
		3. 장공 김재준 목사 휘호 2매		유족
14	사진	연도별 사진